역주 예개

An outline of art

지은이 유희재(劉熙載, 1813~1881) 중국 근대의 문론가 겸 시문가로, 자는 백간(伯簡), 호는 융재(融齋), 만년에는 오애자(寤崖子)라는 호를 사용하였다. 강소성(江蘇省) 흥화(興化) 사람으로, 1844년(道光 24), 32세 때에 진사가 되었고, 한림원서길사(翰林院庶吉士)에 뽑혔다가, 다시 편수관(編修官)에 제수되었으며, 1864년(同治 3), 53세 때에 국자감사업(國子監司業)이 되었다. 그 뒤에 광동학정(廣東學政), 첨사부(詹事府) 좌춘방(左春坊) 좌중윤(左中允)으로 옮겼는데, 1866년에 임기가 차기도 전에 벼슬에서 물러났다. 하지만 같은 해에 증국번(曾國藩)이 양강총독(兩江總督)에 임명되자, 상해에서 공창(工廠)의 일을 하게 되었는데, 이 일을 계기로 만년에는 상해(上海) 용문서원(龍門書院)의 주강(主講)으로 14년간이나 있었다. 그는 평생 동안 교육사업에 종사하였고, 학술연구에 잠심하였으며, 경학(經學), 음운학(音韻學), 산학(算學)에 정통하였고, 더 나아가 자(子)·사(史)·시(詩)·부(賦)·사곡(詞曲)·서법(書法)에도 해박하였다. 저술로는 『고동서옥육종(古桐書屋六種)』 즉 『사음정절(四音定切)』 4권, 『설문쌍성(說文雙聲)』 2권, 『설문첩운(說文疊韻)』 2권, 『작비집(昨非集)』 4권(우언고사 사집인 『오애자(寤崖子)』 1권 포함), 『지지숙언(持志塾言)』 2권, 『예개』 등이 있다.

옮긴이 윤호진(尹浩鎭, Yun, Hojin) 1957년 경기도 남양주에서 출생했다. 국민대학교 한문학과를 졸업하고, 한국정신문화연구원(현 한국학중앙연구원) 부설 한국학대학원을 졸업하였으며, 성균관대학교 대학원 한문학과 박사과정을 수료하고 문학박사학위를 취득하였다. 1990년부터 경상대학교 한문학과 교수로 있다. 영국 셰필드대학 방문교수(2001.3~2002.2), 중국 무한대학 방문학자(1996.3~1997.8)를 지냈고, 미국 애리조나 주립대학교 방문학자(2009.9~2010.02)를 지냈다. 논문으로는 「서정한시의 의미표출양상에 관한 연구」 외 40여 편이 있고, 역서로는 『조선부』 외 20여 종이 있으며, 저서로는 『한시와 사계의 화목』(교학사, 1997) 등이 있다.

옮긴이 허권수(許捲洙, Heo, Kweonsoo) 1952년 경상남도 함안에서 출생했다. 성균관대학교 대학원 한문학과 문학박사과정을 수료하고 문학박사학위를 취득하였다. 1983년부터 경상대학교 중문학과·한문학과 교수로 있으며, 중국 화중사범대학 겸직교수를 맡고 있다. 중국 북경대학 방문학자(2007.9~2008.8), 중국 북경사범대학 고급방문학자(1995.3~1996.2)를 지냈고, 경상대학교 남명학연구소 소장, 우리한문학회 회장을 지냈고, 현재 한국한문교육학회 부회장, 연민학회 회장을 맡고 있다. 논문으로는 「17세기 남인과 서인의 학문적 대립」 외 70여 편이 있고, 역서로는 『시화총림』 외 20여 종이 있으며, 저서로는 『절망의 시대 선비는 무엇을 하는가』(한길사, 2001) 등이 있다.

역주 예개

1판 1쇄 인쇄 2010년 5월 5일
1판 1쇄 발행 2010년 5월 15일

지은이 / 유희재
옮긴이 / 윤호진 · 허권수
펴낸이 / 박성모
펴낸곳 / 소명출판
등록 / 제13-522호
주소 / 137-878 서울시 서초구 서초동 1621-18 (란빌딩 1층)
대표전화 / (02) 585-7840
팩시밀리 / (02) 585-7848
somyong@korea.com / www.somyong.co.kr

값 38,000원

ISBN 978-89-5626-473-8 93820

역주 예개

藝槪

유희재 지음

윤호진 · 허권수 옮김

◈ 일러두기

1. 번역의 저본은 『續修四庫全書』(上海古籍出版社) 수록본(同治本)이다. 이밖에 廣文書局本(1927), 『劉熙載集』(華東師範大學出版社, 1993) 수록본, 標點本(上海古籍出版社, 1978) 등도 참고하였다.
2. 단락의 구분은 저본에 따랐으며, 독자의 편의를 위해 각 권의 각 단락에 일련번호를 부여하였다.
3. 독자가 역문과 원문을 쉽게 대조할 수 있도록 역문 아래에 원문을 실었다.
4. 번역은 직역을 위주로 하되 필요한 경우 의역을 하였다.
5. 주석은 가능하면 상세하게 달려고 노력하였고, 특히 원문의 출전을 밝히는 데에 힘을 썼다.
6. 인물에 대한 주석은 『中國歷代人名大辭典』 上·下(上海古籍出版社, 1999), 『표준국어대사전』(국립국어연구원) 등 사서를 참고하였다.
7. 이 책에서 사용한 문장부호는 다음과 같다. 서명은 『 』, 편명 · 작품명은 「 」, 한글 표기와 한자 표기 병행 시 음가가 다른 경우는 [ ]를 약물로 표시했다.

역자 서문

한문학(漢文學)을 연구하는 사람들은, 지부해함(地負海涵)의 한중(韓中) 고적(古籍)을 검토해야 하는 큰 과업이 있어 항상 정신적인 압박을 받는다. 거기에다 문학 연구의 이론적 체계화를 이루어야 하기에, 올바른 길을 제시해주는 명쾌한 문학 이론서가 있으면 좋겠다는 아쉬움을 늘 갖고 있다. 많은 종류의 문학 이론서가 있지만, 대부분 서양 서적의 번역본이라 이해하기 쉽지 않다. 또 역사와 문화가 다른 또 한문학에 그대로 적용하기에 적절하지 않다.

불초가 지난 1994년 중국 북경(北京)에 1년 반 머무는 동안 서점에서 『예개(藝概)』라는 상해고적출판사(上海古籍出版社)의 표점본(標點本) 서적을 처음으로 접하고, 갈망했던 동양의 전통적인 문학이론서라 눈이 번쩍 뜨였다. 즉각 구입하여 틈틈이 읽어 보게 되었다. 문학창작론, 비평론, 작가론 분야에서, 이전에 많이 나왔던 단편적이고 감상적(鑑賞的)인 시화(詩話)류와는 차원이 다른 종합적이면서도 정밀하고 논리적인 책이라는 것을 알았다. 그리고 그 가운데 서예의 역사와 이론을 정리한 「서개(書槪)」는 중국 역사상 가장 완비된 서예이론서이자 비평서라는 것을 알았다.

저자 유희재(劉熙載, 1813~1881)는 호가 융재(融齋)인데, 강소성(江蘇省) 흥화현(興化縣) 출신으로 1844년에 과거에 합격하여 관직에 나가 한림원(翰林院) 서길사(庶吉士), 편수(編修), 국자감(國子監) 사업(司業), 광동제학사(廣東提學士) 등 문한(文翰)에 관계된 직책에서 근무하다가 곧 사직하고는 일생도록 벼슬에 나가지 않고 고향에 돌아와 학문 연구와 제자 양성에 전념했다. 만년에는 상해(上海) 용문서원(龍門書院)을 주도하면서 강의하였다. 그의 학문 범위는 대단히 넓어서 경학(經學)은 물론이고, 시문, 역사, 제자서, 음운학, 서예, 수학 등에까지 두루 정통했고, 저술도 매우 다양하고 풍부하였다. 『예개』 이외에도 『설문쌍성(說文雙聲)』, 『고동서옥찰기(古桐書屋札記)』, 『작비집(昨非集)』 등 다양하다. 그는 청(淸)나라 말기 중국을 대표하는 문예이론가로서 이 『예개』는 그가 평생 문예에 대한 생각을 모아 정리한 것이다. 이 책 속에 흐르는 일관된 주제는, 모방을 반대하고 개별 작가의 독창성과 개성을 강조하는 것이다. 그의 이 『예개』는 왕국유(王國維)의 『인간사화(人間詞話)』 등에 지대한 영향을 끼쳤다.

그 뒤 관심을 갖고 보니, 『예개』는 중국에서 고전문학연구가들의 필독서로서 매우 비중 있는 고전이었다. 각종 서적 소개에 빠짐없이 등장하였고, 최근 『예개』에 대한 연구가 한창 고조되고 있었다.

언젠가는 이 책을 꼭 완역을 해서 국내 학계에 소개하여, 참고할 이론서 부족에 목말라하는 국내 동학(同學) 들에게 조금의 보탬이라도 되게 해야겠다는 생각을 하게 되었다.

95년 가을 국내로 돌아와 곧 번역에 착수해야지 했는데, 하루하루 미루다가 어느덧 10년의 세월이 흘렀다. 마침 같은 과의 현료(賢僚) 윤호진(尹浩鎭) 교수도 나와 꼭 같은 생각을 갖고 있어 공동으로 각자가 자기 주전공 분야와 가까운 부분을 나누어 번역하기로 했다. 윤교수는 평소에 시론(詩論) 등 문학이론을 연구해 왔기 때문에『예개』가운데서「시개(詩槪)」,「부개(賦槪)」,「사곡개(詞曲槪)」를 맡고, 불초가「문개(文槪)」,「서개(書槪)」,「경의개(經義槪)」를 맡았다.

그 무렵 한국연구재단의 고전명저 번역분야의 지원을 받아 완역을 하기에 이르렀다. 번역을 끝내 한국연구재단에 번역 원고를 제출했는데, 재단에서 지정한 두 분의 심사위원으로부터 번역 원고의 심사를 받았다. 이 두 분은 익명이라 누군지는 모르지만, 번역자 이상으로 원고를 꼼꼼하게 읽어 내용은 물론이고, 번역 문장, 심지어 토씨 하나까지도 일일이 지적하여 번역의 완성도를 높여주었다. 그 당시로서는 역자들과 의견이 맞지 않아 상당히 번거로웠지만, 지금 돌이켜 생각하면 아주 고마운 분들이라 감사드린다.

이제 몇 차례의 교정을 거쳐 곧 출판할 시기에 다다랐다. 이 책의 출판을 계기로 한문학 연구가 한 단계 더 제고되고, 동양고전에 대한 연구가 더 활기를 띠기를 빌어마지 않는다.

2009년 7월 13일

許捲洙 序

해제 _『藝槪』에 대하여

윤호진(尹浩鎭)

1. 머리말

『예개』는 청대 말기의 문인인 유희재(劉熙載, 1813~1881)가 문학전반과 서예에 걸친 분야의 이론을 정리한 책이다.

문학을 포함한 예술 전반에 걸쳐 그 이론을 정리한 책이 없는 것은 아니지만, 중국문학사에서 『예개』처럼 예술영역에 속하는 여러 분야에 대해 독립적으로 체계를 세워 정리한 책은 찾아보기 어렵다. 따라서 이 책이 비록 청대 말기에 저작되어 문학사상에 미친 영향이 『문심조룡(文心雕龍)』, 『시품(詩品)』, 『창랑시화(滄浪詩話)』 등 남조와 당송 시기에 나온 문학이론서 내지 시화서에 비해 적다고는 하지만, 저자 유희재의 문학사상을 이해하는 데에는 물론 더 나아가서는 중국의 예술분야를 전반적으로 이해하는 데 매우 긴요한 책이라 할 것이다.

이 책의 가치는 이 책이 세상에 나온 뒤 일찍부터 인정이 되어 왔지만 워낙 넓은 분야를 포괄하고 있으며, 그 내용도 중국문학사 상의 수많은 작품들을 가져다가 작품의 출처를 대부분 밝히지 않고 논증에 활용하고 있어서 내용을 이해하기 쉽지 않았으므로, 중국에서조차 이에 대한 연구서는 물론 주석서조차 없는 실정이다.[1] 사정이 이러하니 우리나라에서 이 책에 접근하기는 매우 어려운 상황이다. 이러한 현실에 기초하여 한국연구재단에서 동서양명저번역사업의 일환으로 이 책을 번역대상 자료목록에 올려, 지금 번역을 하게 된 것은 참으로 다행한 일이 아닐 수 없다.

이 책은 그간 상해고적출판사에서 표점하여 인행한 것과, 화동사범대학에서 『유희재집』의 일부로 표점하여 인행한 것이 있지만, 여기에서는 『속수사고전서(續修四庫全書)』에 수록된 동치본(同治本)을 기초로 하여 번역하였다.

이 글은 그간 유희재와 『예개』에 대해 소개한 몇몇 중국 문학사전 및 백과사전의 내용과 『청사고(淸史稿)』의 「유희재전」 및 화동사범대학본의 유입인(劉立人)이 쓴 「전언(前言)」 가운데 『예개』 부분, 그리고 왕기중(王氣中)의 『유희재화예개(劉熙載和藝概)』(上海古籍出版社, 1987) 등을 참고하여 작성하였음을 밝혀 둔다.

1) 부분적으로는 『예개』 가운데 『서개』에 대해 1984년 고전상신(高畑常信)이 동경에서 번역하여 목이사(木耳社)에서 간행한 것이 있고, 『사곡개』와 『경의개』에 대해 등운(鄧雲) · 이가재(李家才) · 황륜생(黃倫生) · 이민승(李民勝)이 북경에서 주역(註譯)하여 광명일보출판사(光明日報出版社)에서 간행한 것이 있다.

2. 저자

저자인 유희재(劉熙載)는 중국 근대의 문론가 겸 시문가로, 자는 백간(伯簡), 호는 융재(融齋), 만년에는 오애자(寤崖子)라는 호를 사용하였다. 그는 청나라 가경(嘉慶) 18년(1813)에 태어나 광서 7년(1881)에 졸하였다. 강소성(江蘇省) 흥화(興化) 사람으로, 도광(道光) 24년(1844) 그의 나이 32세 때에 진사가 되었고, 한림원서길사(翰林院庶吉士)에 뽑혔다가, 다시 편수관(編修官)에 제수되었다. 목종(穆宗) 동치(同治) 3년(1864) 그의 나이 53세 때에 국자감사업(國子監司業)이 되었다. 그 뒤에 광동학정(廣東學政), 첨사부(詹事府) 좌춘방(左春坊) 좌중윤(左中允)으로 옮겼는데, 동치 5년(1866)에 임기가 차기도 전에 벼슬에서 물러났다. 하지만 같은 해에 증국번(曾國藩)이 양강총독(兩江總督)에 임명되자, 상해에서 공창(工廠)의 일을 하게 되었는데, 이 일을 계기로 만년에는 상해(上海) 용문서원(龍門書院)의 주강(主講)으로 14년간이나 있었다.

그는 평생동안 교육사업에 종사하였고, 학술연구에 잠심하였으며, 경학(經學), 음운학(音韻學), 산학(算學)에 정통하였고, 더 나아가 자(子), 사(史), 시(詩), 부(賦), 사곡(詞曲), 서법(書法)에도 해박하였다. 『청사고(淸史稿)』의 「유희재전」에서는 그에 대해 "평생동안 육경, 子史 및 도교·불교의 말에 환히 통하지 않은 바가 없었다"라고 하였다.

저술은 매우 풍부하여 생전에 『고동서옥육종(古桐書屋六種)』, 즉 『사음정절(四音定切)』 4권, 『설문쌍성(說文雙聲)』 2권, 『설문첩운(說文疊韻)』 2권, 『작비집(昨非集)』 4권(우언고사사집인 『오애자(寤崖子)』 1권 포함), 평생 학생들을 가르치면서 적어 놓았던 것을 모은 『지지숙언(持志塾言)』 2권, 한 해 한 해 글을 논하고 예를 담론한 것을 모아놓은 『예개』를 스스로 편집하였다. 후대의 사람들이 또 그의 유고 『고동서옥찰기(古桐書屋札記)』 1권, 『유예약언(游藝約言)』 1권, 『제예서존(制藝書存)』 1권을 모아 『고동서옥속

각삼종(古桐書屋續刻三種)』이라는 책으로 판각하였다.

3. 체재와 내용

『예개』는 저자 만년에 편찬되어, 동치(同治) 12년(1873)에 서각(이하 동치본)이 된 이후에, 왕국안(王國安)의 표점본이 1978년 상해고적출판사(이하 상해고적본)에서 나왔으며, 1993년 화동사범대학출판사(華東師範大學出版社, 이하 화동사범본)에서 『유희재집(劉熙載集)』의 일부로 간행이 되었다. 동치본에는 유희재가 쓴 「서」가 있고, 상해고적본은 동치본을 저본으로 하여 책머리에는 1978년에 쓴 왕국안(王國安)의 「전언(前言)」이 있으며, 화동사범본은 상해고적본과 동치본을 바탕으로 유입인(劉立人)과 진문화(陳文和)가 표점을 하고, 유입인이 「전언(前言)」을 쓴 것이다.

책의 이름이 갖는 뜻에 대해 작자는 「자서(自序)」에서 말하기를, "예라고 하는 것은 도가 드러난 것이다. 학자가 육경에 모두 통하여 하는 까닭이 여기에 있다[藝者, 道之形也. 學者兼通六經, 尙矣]"라고 하여, 육경이 모든 예의 근본이 됨을 말하였다. 그리고 자신이 예(藝)를 논할 때 "그 개략적인 것을 말하기를 좋아하여" 책의 이름을 '개(槪)'라 하였다고 하였다.

이 책은 「문개(文槪)」, 「시개(詩槪)」, 「부개(賦槪)」, 「사곡개(詞曲槪)」, 「서개(書槪)」, 「경의개(經義槪)」 등 6권으로 나뉘어 있다. 『예개』는 목차에서 보듯 그 내용은 산문, 시가・부・사・곡・팔고문 등의 문체에서부터 서법에 관한 것까지를 포괄하고 있다.

다음에는 『예개』에 들어있는 개별 문헌들에 대해 하나하나 그 개략적인 모습을 살펴보고자 한다.[2)]

권1의 「문개」는 340조로 이루어져 있는데, 중국의 고대 산문을 논한 것인데, 대략 크게 두 부분으로 나눌 수 있다. 앞에서는 중국 고대 산문이 발전해온 자취를 살폈는데, 선진시기로부터 명나라 때까지의 중요한 산문작가와 작품을 시대 순으로 평하였다. 뒤에서는 '논'의 관점에서 산문을 창작할 때의 이론에 관한 몇몇 문제와 문장을 쓰는 기교에 대해 설명하였다.

「문개」의 첫머리에서는 우선 문장의 본원에 대해 논하였는데, 그는 여기에서 육경이 문장의 모범이 됨을 말하였다. 역대 산문작가와 작품을 품평하는 부분은 비교적 많은 분량을 차지한다. 그는 『좌전』, 『사기』 및 당송팔대가(唐宋八大家)의 여러 작품 등에 대해 평하였는데, 이는 그것들이 중국 고대산문의 발전에 있어 지대한 영향을 미쳤기 때문이다. 뿐만 아니라, 「문개」에서는 제자백가의 글을 전면적으로 평하기도 하였다.

「문개」에서는 산문을 창작할 때의 예술적 경험을 포괄하여 정리하고 있는데, 중요한 것을 예로 들면, ① 명리(明理), ② 언지(言志), ③ 주정(主情), ④ 귀의(貴意), ⑤ 중식(重識), ⑥ 심기(審氣), ⑦ 신사(愼辭), ⑧ 상법(尙法), ⑨ 비화(非華)이다. 이것을 보면, 그가 여러 종류의 산문에 대하여 각각의 특징에 의거하여 논하고 있음을 알 수 있다.

「문개」는 『예개』의 어떠한 것보다도 양적으로 풍부하며, 또 깊이 있게 논의가 이루어져 있어, 중국의 산문문학을 이해함에 있어 필수적인 저작이라 할 것이다.

권2의 「시개」는 285조로 이루어져 있는데, 선진으로부터 송나라 때까지의 시가를 주로 논하고 있다. 시의 본질에 관하여 유희재가 논한 것은 대략 세 가지 설이다. 첫째, 천인합일에 관한 설이다. 그는 제일 첫머

---

2) 이하 권1 「문개」에서부터 권6 「경의개」까지 『예개』의 내용을 소개한 부분은 劉立人이 쓴 『劉熙載集』 「前言」(華東師範大學出版社, 1993)의 것을 요약한 것이다.

리에 있는 『시위(詩緯)』 가운데의 「함신무(含神霧)」와 『문중자(文中子)』 가운데의 「중설관랑편(中說關朗篇)」에서 언급한 것을 통하여 확인할 수 있다. 둘째, '시언지(詩言志)'와 '사무사(思無邪)' 통일설이다. 셋째, 문장은 깨우치는 데에 장기가 있고, 시는 취하는 데에 특기가 있다는 설이다.

그리고 「시개」에서 시가의 시작을 논함에 적지 않는 예술을 감상하는 데에 있어 매우 긍정적인 몇 가지의 관점을 제시하였는데, 첫째 '필부필부를 대신하여 짓는 말이 가장 어렵다'는 것이다. 둘째는 '시품은 인품에서 나온다'는 것이고, 셋째는, '곡을 알려면 마땅히 그 진실에 대해서 들어야 한다'의 관점이고, 넷째는 '취향과 숭상하는 바는 예로부터 구별이 있다', '꼭 우열을 나눌 필요는 없다'란 관점이다. 이것들은 비록 그의 독창적인 것은 아니라 하더라도 그의 시론의 지향에 어디에 있는가를 살피는 데 중요한 부분을 차지하는 것이라 할 것이다.

「시개」에 드러나 있는 시가이론은 청나라 시단에 큰 영향을 미쳤다. 특히 신운파(神韻派)·성령파(性靈派)·격조파(格調派)·기리파(肌理派)와 같은 청나라 시단을 대표하는 여러 유파의 형성에 기여하였다는 평가를 받았다.

권3의 「부개」는 137조로 이루어져 있는데, 부의 기원, 유변, 작자와 작품, 부의 효용, 부의 작법 등에 대해 논하였다. 부의 유변에 대해서 유희재는 "부는 마땅히 참과 거짓으로 논해야 하며, 바름과 변함으로 논해서는 안 된다. 바르지만 거짓인 것은 변하면서 참된 것보다 못하니, 굴자의 부가 숭상되는 까닭이다[賦當以眞僞論, 不當以正變論. 正而僞, 不如變而眞. 屈子之賦所由尙已]"라고 논하였다.

또 부를 짓는 일과 작자의 생활과의 관계에 대해 논하여 "밖에 있는 것은 사물의 빛이고, 나에게 있는 것은 생겨나는 뜻이다. 두 가지가 서로 어우러지면서 부가 나온다. 만약 자신의 생동하는 뜻이 들어가는 곳이 없다면, 사물의 빛은 다만 한가한 일이 될 것이니, 뜻있는 선비들이 황급하게 물어서 미칠 수 있는 것이겠는가[在外者物色, 在我者生意, 二者相摩相盪而賦出焉. 若與自家生意無相入處, 則物色祇成閒事, 志士遑問及乎]?"라고 하였다.

부에서 예술적 형상을 어떻게 구성할 것인가 하는 문제에 대해 논하여 "부는 사물을 형상화함에 실상을 살펴서 모습을 똑같이 하는 것은 쉽고, 아무 것도 없는 것에서 형상을 엮어내는 것은 어렵다. 형상을 엮어낼 수만 있다면, 형상은 이에 끊임없이 생겨나서 다함이 없다. 당나라 때 승려 교연(皎然)이 '작용'으로 시를 논한 것을 부에 옮겨 적용할 수 있다[賦以象物, 按實肖象易, 憑虛構象難. 能構象, 象乃生生不窮矣. 唐釋皎然以'作用'論詩, 可移之賦]"라고 한 바 있다.

이것들은 「부개」에서 가장 많이 인용이 되는 부분이기도 한데, 유희재의 부에 대한 인식을 잘 알 수 있는 자료들이다.

권4의 「사곡개」는 159조로 되어 있는데, 제목으로는 사와 곡을 함께 다룬 것으로 되어 있지만, 대부분이 사에 관한 것이고 곡에 관한 것은 그리 많지 않다. 그 원인은 중국문학사에서 곡보다 사의 비중이 커서 작품도 많을 뿐만 아니라, 그것들에 관한 논의 가운데서도 사에 관한 것이 많다는 데에 있다고 하겠다. 뿐만 아니라, 유희재 스스로 "사(詞)와 곡(曲)은 본래 떨어질 수 없는 것인데, 오로지 사는 문언(文言)으로 짓고 곡은 성언(聲言)으로 짓는다[詞曲本不相離, 惟詞以文言, 曲以聲言耳]"라고 「사곡개」의 맨 뒤에서 말한 바와 같이, 사와 곡에 관한 논의는 상당 부분 공유할 수 있기 때문에 중복하여 논하지 않았다는 데에도 그 원인이 있다.

유희재는 「사곡개」를 통하여 사에 관한 많은 견해를 제시하였는데, 그 가운데에서도 유명한 '사삼품(詞三品)'을 논한 것이 있으며, 창작에 관한 논의, 사의 성율과 예술 기교 등에 대해서 논하였다.

이른바 '사삼품'이라는 것은 진동보(陳同甫)가 「삼부악(三部樂)」에서

"조금도 엉금엉금 기어 올라가듯 아첨하지 않고,[3] 또한 높고 가파르게 우뚝 솟은 산처럼 거만하지 않으며, 반드시 본색의 인물에 통한다[沒些兒媻珊勃窣, 也不是崢嶸突兀, 管做徹元分人物]"[4]라고 한 것을 사의 세 가지 품격을 설명하는 말로 이용한 것인데, 유희재는 "나는 그 말을 빌어 사의 품격을 변별하고자 한다. 사는 '본색의 인물[元分人物]'을 최상으로 삼고, '높고 가파르게 우뚝 솟은[崢嶸突兀]' 것은 그래도 그 기이하고 걸출함을 잃지 않은 것이고, '엉금엉금 기어 올라가는[媻珊勃窣]' 것은 아첨에 빠진 것이다[余欲借其語以判詞品 : 詞以'元分人物'爲最上, '崢嶸突兀'猶不失爲奇傑, '媻珊勃窣'則淪於側媚矣]"라고 한 바 있다.

그는 성율 및 예술적 성취에 대해서 주미성의 사를 들어 "주미성(周美成)의 사는 더러 아름다움이 갖추어지지 않은 것이 없다고 일컫는다. 내 생각에 사를 논함에 품격보다 우선적인 것은 없다고 생각한다. 미성의 사는 진실로 넉넉하고 아름다우며, 정밀하고 공교롭지만 다만 '정(貞)'이란 자만은 얻을 수 없는 것이 당연하다. 이 때문에 사대부들은 그를 배우려 하지 않는다. 그를 배운다면 하루종일 뜻이 어느 곳에 매여 있는 줄을 모른다[周美成詞, 或稱其無美不備. 余謂論詞莫先於品. 美成詞信富艶精工, 只是當不得箇'貞'字. 是以士大夫不肯學之, 學之則不如終日意縈何處矣]"라고 한 것을 볼 수 있다.

권5의 「서개」는 246조로 되어 있는데, 각종 서체의 특징과 필법 등에 대해 논하였다. 유희재는 여기에서 서법의 기원과 서법에서 중시할 것은 무엇인가 하는 점 등에 대해 논하였다. 그는 서법의 첫머리에서 "성인(聖人)이 『주역(周易)』을 지을 즈음에 형상(形象)을 만들어 그 의미를 다 나타내었다. 의미는 하늘이 열리기 전부터 존재한 것이니 글씨의 본체

---

3) 사마상여(司馬相如)의 「자허부(子虛賦)」에 "媻珊勃窣上金堤"라는 구절이 있는데, 이선(李善)은 이에 대해 "엉금엉금 기어 올라가는 것"이라 하였다.

4) 이 사는 진량의 『용천사(龍川詞)』에 보이는데, 본래는 '百二十歲'라는 구절이 더 있는 것을 여기에서는 생략하였다.

(本體)가 되고, 형상은 하늘이 열리고 난 뒤에 나타난 것이니 글씨의 작용이 된다[聖人作易, 立象以盡意. 意, 先天, 書之本也; 象, 後天, 書之用也]"라고 하였고, 맨 뒤에서 "글씨를 배우는 사람은 두 가지 보는 법이 있는데, 사물을 보는 것과 자신을 보는 것이다. 사물을 보아서 자기의 감정과 맞추고, 자신을 보아서 덕을 통하는 것이다. 이렇게 하면 글씨 쓰기 전후의 일이 글씨 아닌 것이 없으니, 글씨 쓸 때를 알 수 있을 것이다[學書者有二觀 : 曰觀物, 曰觀我. 觀物以類情, 觀我以通德. 如是, 則書之前後莫非書也, 而書之時可知矣]"라고 한 것에서 볼 수 있는 바와 같이 서법에서 그 결구나 모양과 같은 서법의 형상성 내지 예술성에 중점을 두기도 하였지만, 그보다는 서법을 하는 사람의 정신을 더욱 중시한 것을 볼 수 있다. 이러한 논의는 서법을 하나의 기예로 보지 않고, 예술사상을 내포하고 있는 것으로 보는 관점을 바탕으로 하고 있는 것이다.

권6의 「경의개」는 95조로 되어 있는데 주로 팔고문(八股文)을 평론한 것이다. 따라서 이 글이 작자가 이 책을 지을 당시의 상황과는 달리 팔고문이 여타의 시문 등에 비해 현대 사람들에게 비중이 약하여 그리 쓸모없는 글이 되기는 하였지만, 이 글 가운데에는 문학에 관한 더 세밀한 부분에서는 문장의 구성 등과 같은 측면에서 매우 유용한 논의가 내재되어 있다. 예를 들면 "무릇 글을 지음에 있어, 그 논지를 전개해 나갈 때, 그 요점을 한 마디 말로 포괄할 수 있어야 한다. 확대해 나가면 천자 만자의 글이 될 수 있지만, 요약하면 한 마디 말이 될 수 있어야 하나니, 이른바 핵심어(核心語)라는 것이다. 파제(破題)[5]와 기강(起講)[6]에서 핵심을 잘 장악해야 한다. 승제(承題)[7] 등 팔고문(八股文)의 각 부분은

---

5) 파제(破題) : 당(唐)나라나 송(宋)나라의 과거시험에서, 시부(詩賦)나 경의(經義)를 지을 때, 첫머리의 몇 구절에서 그 글의 요지를 말하는 것을 말한다. 명나라 청나라 때의 팔고문(八股文)의 처음 두 구절을 '파제'라고 일컬었는데, 고정된 형식이 되었다.

6) 기강(起講) : 경의(經義)나 팔고문(八股文)을 지을 때 본격적으로 논의를 시작하는 부분.

7) 승제(承題) : 팔고문(八股文)에서 파제(破題) 부분의 내용을 계승하여 3,4구로 부연해

여기서 나누어져 서술되는 것이다. 핵심어는 모두 다 모름지기 확대할 수도 있고, 정밀할 수도 있어야 하는데, 어떤 장(章)의 요지와 절(節)의 요지와 구(句)의 요지 가운데서 마땅히 중요하게 다루어야 할 곳은 중요하게 다루어야 한다. 억지로 의견을 내어놓아서는 안 된다. 핵심어를 이미 장악했으면, 동적(動的)인 부분은 정적(靜的)인 것으로써 조절하고, 번거로운 것은 간결한 것으로써 다스려야 한다. 하나의 맥락으로 끝까지 밀고나가 백 번 변화할지라도 그 으뜸 되는 취지에서 이탈해서는 안 된다. 병사들은 장수가 아니면 거느려지지 않는 것과 같고, 활쏘기에서 과녁이 아니면 적중시키려는 뜻을 두지 않는 것과 같다[凡作一篇文, 其用意俱要可以一言蔽之. 擴之則爲千萬言, 約之則爲一言, 所謂主腦者是也. 破題・起講, 扼定主腦; 承題・八比, 則所以分攄乎此也. 主腦皆須廣大精微, 尤必審乎章旨・節旨・句旨之所當重者而重之, 不可硬出意見. 主腦旣得, 則制動以靜, 治煩以簡, 一線到底, 百變而不離其宗, 如兵非將不御, 射非鵠不志也]"라 한 것에서 이러한 견해를 읽을 수 있다.

이상에서 『예개』에 들어 있는 하나하나의 독립된 문헌들이 어떠한 체제와 내용을 가지고 있는가를 살펴보았는데, 『예개』에 포괄된 내용을 간략히나마 살펴보는 일은 쉽지 않아 유입인의 견해를 소개하는 정도에 그쳤다.

위에서 소개한 바와 같이 『예개』의 각 권의 체제는 대개 먼저 각 분야의 통론을 서술하고, 그 뒤에 각론을 붙이고, 이어서 작법을 논하고 있다. 이러한 과정을 통하여 산문과 시가 등 각종 예술 문체의 체제와 결구의 특징, 그리고 사작(寫作)의 기교, 중요한 작가・작품을 논하고 있다.

나가는 부분.

4. 가치－맺음말을 겸하여

『예개』는 시와 문장을 위시하여, 부·팔고문, 그리고 서예를 포괄하는 예술을 이해하는 데 있어서 매우 중요한 자료로 평가되고 있음에도 불구하고, 국내외적으로 번역이 된 바가 없다. 중국에서조차 1978년에 상해고적출판사에서 교점을 하여 출판한 것 이외에는 주석본이나 번역본 모두 나오지 않았다. 다만 『예개』 가운데 「서개」만이 일본에서 번역되고 주석이 되어 출판된 적이 있다.

이처럼 『예개』가 아직 깊이 있게 연구되거나 소개가 되지 않고 있는 까닭은, 시기적으로 늦은 청대 말엽에 저작되었을 뿐만 아니라, 내용이 다양한 분야를 포괄하고 있어 어느 한 개인이 선불리 번역하기 어려운 까닭으로 생각된다. 따라서 같은 청대에 나온 섭섭(葉燮)의 『원시(原詩)』와 같은 것은 이미 번역, 주석본이 중국에서 두 종 이상 나왔음에도 불구하고 『예개』는 표점본 이상의 연구가 이루어지지 않고 있는 것이다.

우리나라에서도 『예개』라는 책 자체가 널리 보급이 되지 않았을 뿐만 아니라, 이에 대한 번역이나 주석 등은 전무한 형편이다.[8] 다만, 이에 대한 연구논문으로 1980년 이종진(李鍾振) 교수에 의해 「유희재(劉熙載)의 논사소고(論史小考)－소사(蘇詞)에 관한 사품(詞品)을 중심으로」라는 논문이 『중국문학』 제7집에 발표된 바 있으며, 1983년 이병한(李炳漢) 교수에 의해 「유희재(劉熙載)의 시론체계(詩論體系)」라는 글이 『중국문학』 제10집에 소개된 바가 있고, 심상형(沈相亨)의 「유희재의 『예개·문개』 연구」(연세대 석사논문, 1992), 정하영(丁夏榮)의 「유희재 문예비평의 원리－『예개』를 중심으로」(고려대 석사논문, 1998), 이석형(李奭炯) 교수의 「유희재사론체계고(劉熙載詞論體系考)」(『仁濟論叢』 10권 1호, 1994)가 있는 정도이다.

8) 운림당(雲林堂)에서 간행한 고전상신(高畑常信)의 『서개』 번역본을 중역한 것이 있기는 하지만, 누구의 번역인지 알기가 어렵게 되어 있다.

따라서 『예개』는 그 중요성이 매우 큼에도 이것을 쉽게 활용할 수 있는 여건이 마련되지 않아 활용도 및 인지도가 낮은 상태이므로, 이에 대한 주석 및 번역을 통하여 그 가치를 제대로 인식하고 평가할 수 있는 토대를 마련하는 일은 매우 필요한 것이라 할 것이다.

이상에서 살핀 것처럼 『예개』의 저자 유희재는 청대 말엽의 대표적인 문예이론가로서 『예개』 이외에도 많은 저작을 남기어 그의 광범하고도 탁월한 문예이론을 정리하였지만, 『예개』는 그 가운데에서도 가장 핵심을 이루는 중요한 저작이다. 동치본은 최근 중국에서 편찬된 속수사고전서에 수록되어 있으며, 상해고적본은 시중에서는 이미 구하기 어려우며, 화동사범본은 현재 서점에서 구할 수 있다.

그러나 그 내용이 여러 학문 영역에 걸쳐 있으며, 어려운 고문으로 되어 있어 중국은 물론이고 우리나라를 비롯한 이웃나라에서 참고하기에 매우 어렵다. 따라서 이 책을 주석 내지 번역한 책의 출간이 매우 필요한 실정이다. 그럼에도 불구하고 이 책은 중국에서도 백화번역문이나, 자세한 주석본이 아직 나오지 않고 있다. 다만 일본에서 「서개」만을 독립시켜 상세한 주석을 하여 간행한 일이 있다.

따라서 이 책을 우리말로 번역하여 자세한 주석을 낸다면, 중국이나 일본에서보다도 우리나라에서 중국 및 동아시아의 고전문예학의 이론을 공부하고 이해하고자 하는 사람들에게 커다란 도움을 줄 수 있을 것이다. 최근에 중국의 고전 문예이론에 관한 관심이 높아져서 중국시학, 시화뿐만 아니라 문장학, 문화 등에 관한 저술이 번역, 또는 저술되는 때에 이 책은 문예학 연구 및 발전에 많은 기여를 할 수 있을 것이라 판단된다.

아울러 이 책의 번역은 『예개』 자체를 연구하고 이해하는 데 커다란 도움을 줄뿐만 아니라, 중국문예학의 이론 더 나아가서는 한국을 포함한 동아시아 문예이론의 연구에 막대한 힘이 될 수 있을 것으로 생각된다.

서문(序文)

예(藝)라는 것은 도(道)가 나타난 것이다. 학자들이 육예(六藝)[1]에 통한 지는 오래 되었다. 그 다음은 문장의 각각의 명칭과 종류를 하나하나 들면 예(藝)가 아닌 것이 없고, 도에 그 뿌리를 두지 않은 것이 없다.

혹자가 "예(藝)의 실마리가 매우 복잡하다"라고 이른다면, "예란 것은 지극히 상세한 것이 아니면 족히 도(道)를 갖출 수가 없소"라고 나는 말하겠다. 비록 그러하나 상세함을 극도로 하고자 해도 상세함을 극도로 할 수 있겠는가? 만약 이것을 들어 저것에서 개괄하거나, 적은 것을 들어 많은 것을 개괄한다면, 어찌 꼭 남김없이 다해야만 비로소 그 요지를 다 밝힐 수 있겠는가?

---

1) 육예(六藝) : 예(禮)·악(樂)·사(射)·어(御)·서(書)·수(數).

이런 까닭으로 평소에 나는 예(藝)를 말하면서도 개괄된 것을 말하기를 좋아하였다. 이제 다시 존재하는 것을 편집하여 그 이름을 붙였다. 장자(莊子)는 "대개 일찍이 들은 것이 있었다"라는 말을 취하였고, 태사공(太史公 : 司馬遷)은 "문사(文辭)는 개괄적으로도 조금도 본 적이 없다"라고 했다. 들을 '문(聞)'자와 볼 '견(見)'자는 모두 '개(槩)'로써 말하는 것이지, 한 구비에 한정된 것은 아니다. 대개 그 대의(大意)를 얻으면 조그마한 결함은 해로울 것도 없다. 또 사물과 접촉하는 대로 의미를 끌어내다 보니, 뚜렷하게 빠진 것이 은연중에 갖추어진 것이 아닐 줄 어떻게 알겠는가?

『대대례기(大戴禮記)』[2]에서 들으니, "도(道)에 통하면 반드시 간명(簡明)해진다"라고 한다. '개(槩)'자는 간명하게 되는 것임을 알 수 있다. 과연 도에 통했는지의 여부에 이르러서는 사람들이 보는 것에 남아 있다. 나는 애초에 감히 반드시 그렇게 된다고 기필(期必)하지는 못한다.

동치(同治)[3] 계유년(癸酉年, 1863) 중춘(仲春)에 홍화(興化)[4] 유희재(劉熙載) 융재(融齋)는 스스로 서문을 쓴다.

藝者, 道之形也. 學者兼通六藝, 尙矣! 次則文章名類, 各擧一端, 莫不爲藝, 卽莫不當根極於道. 顧或謂藝之條緖綦繁, 言藝者非至詳不足以備道. 雖然, 欲極其詳, 詳有極乎? 若擧此以槪乎彼, 擧少以槪乎多, 亦何必殫竭無餘, 始足以明指要乎! 是故, 余平昔言藝, 好言其槪, 今復

---

2) 『대대례기(大戴禮記)』: 진시황(秦始皇)의 분서갱유(焚書坑儒)로 흩어진 예를 한(漢)나라에 들어와 대덕(戴德)과 그 당질 대성(戴聖)이 전수받았다. 대덕이 전수받은 것을 『대대례기(大戴禮記)』, 대성이 전수받은 것을 『소대례기(小戴禮記)』라고 한다. 『소대례기』는 곧 『예기(禮記)』이니, 십삼경(十三經)에 편입되었으나, 『대대례기』는 들지 못했다.

3) 동치(同治) : 청(淸)나라 목종(穆宗)의 연호. 1861~1874년.

4) 홍화(興化) : 강소성(江蘇省)에 있는 고을 이름. 유희재(劉熙載) 가문이 대대로 세거하였다.

於存者輯之, 以名其名也. 莊子取“槪乎皆嘗有聞.”, 太史公歎“文辭不少槪見.”, ‘聞’ ‘見’皆以‘槪’爲言, 非限於一曲也. 蓋得其大意, 則小缺爲無傷, 且觸類引伸, 安知顯缺者非卽隱備者哉! 抑聞之大戴記曰 : “通道必簡.” ‘槪’之云者, 知爲‘簡’而已矣. 至果爲通道與否, 則存乎人之所見, 余初不敢意必於其間焉.

同治癸酉仲春興化劉熙載融齋自敍

권1

문개(文概)

1

육경(六經)[1]은 문장의 모범이다. 성인(聖人)의 뜻은 경서(經書)에 크게 갖추어져 있음을 볼 수 있는데, 그 깊이와 넓이는 끝이 없다. 곧 『문심조룡(文心雕龍)』[2]에서 이른바, "백가(百家)들의 문장이 저마다 생동하지만 결국 육경(六經)의 범위 안에 있다"[3]라고 한 말과 같다.

六經, 文之範圍也. 聖人之旨, 於經觀其大備. 其深博無涯涘, 乃『文心雕龍』所謂"百家騰躍, 終入環內"者也.

---

1) 육경(六經) : 『시경(詩經)』, 『서경(書經)』, 『역경(易經)』, 『예기(禮記)』, 『춘추(春秋)』, 『악경(樂經)』. 『악경』은 진시황(秦始皇)의 분서갱유(焚書坑儒)로 없어지고 오경(五經)만 남았다. 유교의 경전을 일반적으로 '육경'이라 일컫는 것이지, 꼭 여섯 가지 경전만을 가리키는 것은 아니다.

2) 『문심조룡(文心雕龍)』 : 남북조시대 양(梁)나라의 문학가 유협(劉勰)이 지은 문학이론서.

3) 『문심조룡(文心雕龍)』 「종경편(宗經篇)」에 나오는 말이다. 원문은 "百家騰躍. 終入環內"이다.

2

도리(道理)가 있는 문학가가 있고, 의리(義理)가 있는 문학가가 있고, 사리(事理)가 있는 문학가가 있고, 정리(情理)가 있는 문학가가 있다.[4] 이 네 부류의 문학가에 관한 이야기는 유소(劉劭[5])가 지은 『인물지(人物志)』[6]에 보인다. 글 짓는 능력은 이 네 부류에서 다 이야기했다. 그러니 어느 것인들 경서의 영향을 받지 않았겠는가?

有道理之家, 有義理之家, 有事理之家, 有情理之家; '四家'說見劉劭『人物志』. 文之本領, 祇此四者盡之. 然孰非經所統攝者乎?

3

구류(九流[7])가 모두 육경에 뿌리를 두었는 바, 『한서(漢書)』[8] 「예문지(藝文志)」를 보면, 그 개괄적인 것을 알 수 있다. 좌구명(左丘明[9])의 시대에는 육경만 있었고, 여러 학파는 아직 있지 않았지만, 그의 책 속에서 취한 뜻은 순수한 것만 있고 잡된 것은 없는 그런 정도가 아니다. 양자운(揚子雲[10])이 품조(品藻)라고 한 용어는 그 뜻이 은미(隱微)하다.[11]

---

4) 이상의 네 부류 가운데 도리지가(道理之家)는 도(道)를 이치로 여기기 때문에 자연에 통할 수 있다고 했고, 사리지가(事理之家)는 사(事)를 이치로 여기기 때문에 번거로운 것을 다스리는 데 밝다고 했고, 의리지가(義理之家)는 의례지가(義禮之家)로 되어 있는데 의(義)를 예(禮)로 여기기 때문에 득실에 분명하다고 했고, 정리지가(情理之家)는 정(情)을 이치로 여기기 때문에 사물의 변화를 극대화할 수 있다고 했다.

5) 유소(劉劭) : 삼국시대(三國時代) 위(魏)나라의 학자. 저서로 『인물지(人物志)』가 있다.

6) 『인물지(人物志)』 : 위(魏)나라 유소(劉劭)가 지은 책으로, 인물을 알아보는 방법을 기술하였다. 4가에 관한 내용은 권상(卷上) 「재리(材理)」에 나온다.

7) 구류(九流) : 전국시대(戰國時代)에 활약하던 아홉 개의 학파. 유가(儒家)·도가(道家)·묵가(墨家)·음양가(陰陽家)·명가(名家)·법가(法家)·종횡가(縱橫家)·잡가(雜家)·농가(農家). 일반적으로 제자백가(諸子百家)를 가리켜 일컫는 말이다.

8) 『한서(漢書)』 : 후한(後漢)의 반고(班固)가 지은 전한(前漢)의 역사를 기술한 정사(正史). 「예문지」는 문헌의 목록과 저자를 기록한 것이다.

9) 좌구명(左丘明) : 춘추시대(春秋時代)의 역사가. 『춘추좌씨전(春秋左氏傳)』을 지었다.

10) 양자운(揚子雲) : 한(漢)나라의 학자 양웅(揚雄). 자운(子雲)은 그의 자(字). 저서로 『양자법언(揚子法言)』, 『태현경(太玄經)』 등이 있다.

11) 품조(品藻) : 사람이나 시문(詩文)의 수준을 평가하는 일. 여기에서 '은미하다'고 한

九流皆託始於六經, 觀『漢書』「藝文志」 可知其槪. 左氏之時, 有六經未有名家, 然其書中所取義, 已不能有純無雜. 揚子雲謂之品藻, 其意微矣.

4

『춘추(春秋)』[12]에, "겉으로 나타난 문장은 이러하지만 의미하는 뜻은 다른 데 있다"라는 말이 있는데, 좌구명(左丘明)이 이런 비법을 알고 있었다. 이런 까닭에 그의 문장은 허(虛)와 실(實)이 상호관계를 갖고 함축되어 있기도 하고, 두 군데 다 뜻이 있으나 사람들이 예측하지 못하는 경우도 있다.

『春秋』"文見於此, 起義在彼." 左氏窺此祕, 故其文虛實互藏, 兩在不測.

5

좌구명(左丘明)이 『춘추』의 경문(經文)을 풀이함에 있어, "정미(精微)하면서도 뜻이 뚜렷한 경우, 기록하였으나 뜻이 미묘한 경우, 완곡(婉曲)하면서 문채(文彩)를 이룬 경우, 뜻을 다 나타냈으나 왜곡(歪曲)된 것이 없는 경우, 나쁜 일을 징계하고 착한 일을 권면한 경우"[13] 등 다섯 가지 체례(體例)가 있다. 좌씨가 사실을 서술하면서, 실제로 곳곳에서 이 다섯 가지 체례에 바탕을 두었다.

"微而顯, 志而晦, 婉而成章, 盡而不汙, 懲惡而勸善." 左氏釋經, 有

것은 어떤 사람이 양웅에게 좌구명의 『좌전』에 대해 물어오자 '품조(品藻)'라는 두 마디로 평한 것을 두고 한 말이다.

12) 『춘추(春秋)』: 춘추시대(春秋時代) 노(魯)나라의 역사서인데, 공자(孔子)가 정리했다고 한다.

13) 정미(精微)하면서도 …… 권면한 경우: 진(晋)나라 학자 두예(杜預)가 쓴 「춘추좌씨전(春秋左氏傳序)」에 나오는 말. 『춘추좌씨전』의 사실 기술 체례(體例)를 다섯 가지로 분류하였다.

此五體. 其實左氏敍事, 亦處處皆本此意.

6

좌구명이 사실을 서술하면서, 어지러운 것은 정리하고, 외로운 것은 보완하고, 판에 박힌 것은 활력을 불어넣고, 곧은 것은 완곡하게 만들고, 속된 것은 고상하게 만들고, 마른 것은 윤택하게 하였다. 재단(裁斷)하고 변화시키는 방법이 이에 크게 갖추어져 있다.

左氏敍事, 紛者整之, 孤者輔之, 板者活之, 直者婉之, 俗者雅之, 枯者腴之. 翦裁運化之方, 斯爲大備.

7

유지기(劉知幾)[14]는 『사통(史通)』[15]에서 『춘추좌씨전(春秋左氏傳)』[16]을 두고 이르기를, "그 말은 간결하면서도 요점을 잡았고, 그 사실은 상세하면서도 넓다"라고 했다. 내가 생각하건대, 후세 오랜 기간에 걸쳐서 역사가들은 일반적으로 이 법도(法度)에서 벗어나지 않았다. 『후한서(後漢書)』[17]에서 순열(荀悅)[18]의 『한기(漢記)』를 칭찬하여 "말은 요약되어 있고 사실은 상세하다"라고 했고, 『신당서(新唐書)』[19]는 "문장은 간략하게

14) 유지기(劉知幾): 당(唐)나라의 역사가. 벼슬은 비서소감(秘書少監)을 지냈다. 평생 역사 편찬에 종사했다. 역사가는 모름지기 재(才)·학(學)·식(識) 등 삼장지재(三長之才)를 갖추어야 한다고 주장했다. 역사이론서인 『사통(史通)』은 후세에 끼친 영향이 크다.

15) 『사통(史通)』: 당(唐)나라 역사가 유지기(劉知幾)가 지은 역사이론서. 내편 10권에서는 사가(史家)의 체례(體例)를 논하였고, 외편 10권에서는 사적(史籍)의 원류(源流)와 득실을 논하였다.

16) 『춘추좌씨전(春秋左氏傳)』: 춘추시대 좌구명(左丘明)이 지은 『춘추』에 대한 주석서. 줄여서 『좌씨전(左氏傳)』, 또는 『좌전(左傳)』이라고 부른다. 『춘추』의 주석서가 아니고, 그 자체가 독자적인 역사서라고 주장하는 설도 있다.

17) 『후한서(後漢書)』: 진(晋)나라 범엽(范曄)이 지은 후한의 기전체(紀傳體) 사서.

18) 순열(荀悅): 후한 말기의 학자. 벼슬은 시중(侍中)을 지냈다. 『한서(漢書)』를 편년체(編年體)로 개편한 『한기(漢記)』를 지었다.

19) 『신당서(新唐書)』: 후진(後晋)의 유후(劉昫)가 편찬한 『구당서(舊唐書)』는 조급하게 편찬하여 문제가 있어, 북송(北宋) 때에 이르러 구양수(歐陽脩) 송기(宋祁) 등이 칙명

되고, 내용은 풍부하게 되는 것"을 숭상하였는데, 이들은 『좌씨전(左氏傳)』의 서술의 우수성을 알고 있었던 것이다.

劉知幾『史通』謂『左傳』"其言簡而要, 其事詳而博." 余謂百世史家, 類不出乎此法. 『後漢書』稱荀悅『漢記』"辭約事詳.", 『新唐書』以"文省事增"爲尙, 其知之矣.

8

"번거로우면서 정리는 되지 않은 것", "속되면서 전아(典雅)하지 못한 것", "사실대로 기록하지 않은 것", "상벌이 공정하지 않은 것", "문채가 바탕을 이기지 못하는 것" 등을 두고 역사가들은 '다섯 가지 곤란한 점[五難]'이라고 일컫는다. 『좌씨전』을 비평하는 사람들은 이 말을 빌려서 『좌씨전』에서 반대되는 사례를 보는데, 그렇게 해보면, 『좌씨전』은 여러 가지 아름다운 점을 아울러 다 갖추고 있다는 것을 알 수 있게 된다.

"煩而不整", "俗而不典", "書不實錄", "賞罰不中", "文不勝質", 史家謂之'五難'. 評『左氏』者, 借是說以反觀之, 亦可知其衆美兼擅矣.

9

두원개(杜元凱)[20]가 『춘추좌씨전(春秋左氏傳)』에 서문을 쓰면서, "『좌씨전』의 문장은 느긋하다"라고 했다. 여동래(呂東萊)[21]는 이르기를, "문장은 조용하면서도 자세하고 뜻은 유독 깊은 데까지 이르렀다. 오직 『좌씨전』에 실린 그 당시 임금들의 말이 그러하다. 대개 성인(聖人)이 남긴 혜택이 아직 멀지 않았고 함양(涵養)한 바가 나름대로 달랐으므로, 그 말

(勅命)을 받아 새로 편찬한 당나라의 기전체(紀傳體) 사서.

20) 두원개(杜元凱) : 『춘추좌씨전(春秋左氏傳)』에 주석을 단 진(晋)나라의 장수 두예(杜預). 원개(元凱)는 그의 자(字).

21) 여동래(呂東萊) : 남송(南宋)의 학자 여조겸(呂祖謙). 동래는 그의 호. 벼슬은 직비각(直秘閣)을 지냈다. 『춘추좌씨전(春秋左氏傳)』을 주제별로 분류하여 논설로 만든 『동래박의(東萊博議)』를 지었다. 문집 『여동래집(呂東萊集)』이 있다.

의 분위기가 급박(急迫)하지 않는 것이 이와 같았다"라고 했다. 두원개의 글 아래에 하나의 주석으로 달 수 있겠으니 아마도 "대개 '완(緩)'자의 뜻은 자랑하지도 않고 조급하지도 않은 것이지, 늘어져 엄격(嚴格)하지 않은 것은 아니다"라고 주석을 하나 다는 것이 옳았을 것이다.

杜元凱序『左傳』曰 : "其文緩." 呂東萊謂 : "文章從容委曲而意獨至, 惟『左氏』所載當時君臣之言爲然. 蓋繇聖人餘澤未遠, 涵養自別, 故其辭氣不迫如此." 此可爲元凱下一注脚. 蓋"'緩'乃無矜無躁, 不是弛而不嚴"也.

10

문장은 원기(元氣)를 얻으면 중후(重厚)해진다. 『춘추좌씨전』의 내용은 비록 쇠퇴한 세상의 일이라고 말하지만, 그래도 상당히 많은 원기(元氣)가 있다.

文得元氣便厚. 『左氏』雖說衰世事, 卻尙有許多元氣在.

11

『춘추좌씨전』의 문장을 배우는 사람들은, 마땅히 내용과 법도를 우선하고 기상에는 비중을 덜 두어야 한다. 기상이 뛰어나면 조용하고 바르고 고상하게 된다. 그러나 그 당시 문채(文彩)가 바탕보다 중시되는 습속(習俗)이 있었기 때문에, 한쪽으로 치우쳐 가며 닮으려고 하는 사람이 있었다. 후세 사람들은 반드시 『춘추좌씨전』의 문장과 비슷하게 되는 데만 집착하니, 늘어지고 화려하기만 한 잘못에 빠지게 될까 두렵다.

學『左氏』者, 當先意法而後氣象. 氣象所長, 在雍容爾雅. 然亦有因當時文勝之習而觭重以肖之者. 後人必沾沾求似, 恐失之嘽緩侈靡矣.

12

소영사(蕭穎士)[22]가 위술(韋述)[23]에게 주는 편지에서 이르기를, "『춘추곡량전(春秋穀梁傳)』[24]에서 간결함을 본받고, 『춘추공양전(春秋公羊傳)』[25]에서 자세함을 얻는다"라고 했다. 이 두 마디 말의 뜻은 모두 다 명백하다. 오직 "『좌씨전(左氏傳)』에서 그 문채를 얻는다"라고 말했는데, '문채'란 말의 뜻을 잘 이해해야 한다. 타고난 바탕과 어긋나게 하는 것이 문채가 아니지만고, 실속 없이 곱기만 한 것 또한 문채는 아니라는 것을 마땅히 알아야 하겠다.

蕭穎士與韋述書云 : "於『穀梁』師其簡, 於『公羊』得其覈." 二語意皆明白. 惟言"於『左氏』取其文.", '文'字要善認, 當知孤質非文, 浮豔亦非文也.

13

『춘추좌씨전(春秋左氏傳)』에, 전쟁 가운데서 바야흐로 이기려는 자는 반드시 먼저 경계하고 두려워하는 뜻이 있다고 서술되어 있다. 한원(韓原)[26]의 전투에서 진(秦)나라 목공(穆公)이 한 말[27]이나, 성복(城濮)[28]의 전투에서 진(晋)나라 문공(文公)이 한 말[29]이나, 필(邲)[30] 땅의 전투에서

22) 소영사(蕭穎士) : 당(唐)나라의 문학가. 벼슬은 강주자사(江州刺史)를 지냈다. 고문(古文)에 능하여 이름이 있었다.

23) 위술(韋述) : 당(唐)나라 문학가. 벼슬은 공부상서(工部尙書)를 지냈다. 사관직(史官職)에 오랫동안 있었고, 『당직의(唐職儀)』 등 많은 저서를 남겼다.

24) 『춘추곡량전(春秋穀梁傳)』 : 『춘추』의 주석 가운데 하나로, 전국시대 노(魯)나라 사람인 곡량적(穀梁赤)이 지었다.

25) 『춘추공양전(春秋公羊傳)』 : 『춘추』 주석서의 하나로, 전국시대 제(齊)나라 사람인 공양고(公羊高)가 지었다.

26) 한원(韓原) : 진(晋)나라의 땅 이름.

27) 진(秦)나라 목공(穆公)이 한 말 : 춘추시대 진(晉)나라 혜공(惠公)이 진(秦)나라 목공(穆公)에게 선전포고를 하자 목공이 사신을 통해서 이렇게 대답했다. "진(晋)나라 임금이 자기 나라로 돌아가지 못했을 때는 과인이 그를 위해서 걱정했고, 나라로 돌아간 뒤 아직 안정이 안 되었을 때도 과인이 마음에 부담이 되었다. 만약 임금의 자리가 안정됐다면 과인이 그의 작전명령을 감히 받들지 않을 수 있겠는가?" 목공은 자기 하고 싸울 형편도 못되면서 선전포고를 하니, 상대가 걱정되지만 응전하지 않을 수 없다는 느긋한 태도를 취하였다.

28) 성복(城濮) : 하남성(河南省) 임복성(臨濮城) 있던 땅 이름.

초(楚)나라 장공(莊公)이 한 말[31] 등이 다 그런 사례이다. 이기지 못할 전투에서는 이와 반대다. 가리키는 뜻을 보고서 귀착할 결론을 알 수 있다. 그래서 문장은 그렇게 되는 까닭을 밝히는 곳에서 붓을 대는 것을 귀하게 여긴다.

『左氏』敍戰之將勝者, 必先有戒懼之意, 如韓原秦穆之言, 城濮晉文之言, 邲楚莊之言, 皆是也. 不勝者反此. 觀指覩歸, 故文貴於所以然處著筆.

14

『춘추좌씨전(春秋左氏傳)』은 치밀한 면을 잘 활용하였고, 『전국책(戰國策)』[32]은 성긴 면을 잘 활용하였다. 『전국책』의 문장 배치 방법과 문장 쓰는 방법 등은 기이하다. 만약 자구(字句)의 정밀하고 엄한 것을 논한다면, 좌구명(左丘明)은 진실로 독보적인 존재로 추앙 받을 수 있다.

『左傳』善用密. 『國策』善用疎. 『國策』之章法・筆法奇矣, 若論字句之精嚴, 則左公允推獨步.

15

좌구명(左丘明)과 사마천(司馬遷)[33]은 둘 다 지나치게 감정적이다. 그래서 육경(六經)의 뜻에 있어 모두 출입하지 않음이 없다. 만약 목소리와

---

29) 진(晋)나라 문공(文公)이 한 말: 진나라 문공이 여러 나라와 연합하여 초(楚)나라와 싸울 때, 신하 자범(子犯)이 출전하자고 주장하자, "초나라의 은혜를 어쩔 것이냐?"하며 신중한 태도를 보였다.

30) 필(邲): 하남성(河南省) 정주(鄭州) 동쪽에 있는 땅 이름.

31) 초(楚)나라 장공(莊公)이 한 말: 초나라 장공이 진(晉)나라와 싸우면서, "'지(止)'자와 '과(戈)'자를 합친 글자가 '무(武: 싸움을 멈추게 한다)'자이다" 등 전쟁을 함부로 해서는 안 된다는 취지의 말을 하고 있다.

32) 『전국책(戰國策)』: 전국시대(戰國時代) 각국 모사(謀士)들의 책략을 모은 책.

33) 사마천(司馬遷): 한(漢)나라의 역사가. 자는 자장(子長). 벼슬은 역사를 담당하는 태사령(太史令)을 지냈다. 중국 기전체(紀傳體) 사서의 전범인 『사기(史記)』를 저술하였다.

얼굴빛을 변하지 않는 침착한 점을 논한다면, 좌구명(左丘明)은 사마천(司馬遷)과 비교하여 한 등급 위다.

左氏與史遷同一多愛, 故於六經之旨均不無出入. 若論不動聲色, 則左於馬加一等矣.

16

"이리 저리 달리면서 사냥하는 것은 사람의 마음으로 하여금 발광하게 만든다"[34]라는 말이 있는데, 좌구명(左丘明)의 재주와 학문으로도 그 문장은 반드시 법도에 맞게 지었고, 그 식견과 생각은 원대했다.

"馳騁田獵, 令人心發狂.", 以左氏之才之學, 而文必範我馳驅, 其識慮遠矣.

17

『국어(國語)』 가운데서 「주어(周語)」[35]와 「노어(魯語)」에는 고사(故事)가 많고, 「제어(齊語)」에는 제(制)[36]가 많고, 「진어(晋語)」와 「월어(越語)」에는 모략(謀略)이 많다. 그 문장은 매우 중후하면서도 매우 정밀한 곳이 있고, 이리저리 편집하여 소략(疎略)한 곳도 있으니, 읽는 사람이 분별해서 취하는 것이 마땅하다.

『國語』: 「周」·「魯」多掌故, 「齊」多制, 「晉」·「越」多謀. 其文有甚厚甚精處, 亦有翦裁疎漏處, 讀者宜別而取之.

18

유유주(柳柳州)[37]가 「비국어(非國語)」[38]를 지었다. 그러나 그 책에 붙

34) 이리 저리 …… 만든다 : 『노자(老子)』에 나오는 말이다.

35) 「주어(周語)」: 『국어』 가운데 주나라에 관계된 부분.

36) 제(制) : 임금의 명령을 적은 글.

37) 유유주(柳柳州) : 당(唐)나라 문학가 유종원(柳宗元). 유주자사(柳州刺史)를 지냈으므로 이렇게 부른다. 당송팔대가(唐宋八大家)의 한 사람으로 당대(唐代) 고문운동(古文運

인 자신의 서문에서, 『국어(國語)』의 문장을 일러, "깊이가 있고 규모가 크고 뛰어나고 특이하다"라고 했고, 「여위중립서(與韋中立書)」에서, "『국어』를 참고해서 그 정취(情趣)를 넓혀야 한다"라고 했으니, 『국어』의 문장이 아름답다는 것을 알 수 있다.

柳柳州嘗作「非國語」, 然自序其書, 稱『國語』文"深閎傑異."; 其與韋中立書謂"參之『國語』以博其趣." 則『國語』之懿, 亦可見矣.

19

『춘추공양전(春秋公羊傳)』과 『춘추곡량전(春秋穀梁傳)』 두 가지 전(傳)에서 해석해 나가는 방법은, 견해(見解)를 미루어 헤아리는 것이 지극히 은미(隱微)하다. 학문을 좋아하고 깊이 생각하는 사람이 아니면 이런 해석을 해낼 수가 없다. 전해들은 것에 다른 것이 있으면, 의심나는 점과 신빙할 수 있는 점을 아울러 다 남겨 두었으니, 바로 "감히 지나치다고 여겨 폐기하지 못한다"는 뜻이다.

『公』·『穀』二傳解義, 皆推見至隱, 非好學深思不能有是. 至傳聞有異, 疑信並存, 正其"不敢過而廢之."之意.

20

『춘추공양전(春秋公羊傳)』을 지은 공양고(公羊高)와 『춘추곡량전(春秋穀梁傳)』을 지은 곡량적(穀梁赤) 두 사람은 『춘추(春秋)』의 경문(經文)을 잘 읽었다. 가벼이 읽을 곳, 중시해서 읽을 곳, 천천히 읽을 곳, 빨리 읽을 곳 등등, 읽는 방법이 같지 않아야 내용이 구별된다. 『장자(莊子)』「일편(逸篇)」[39]에 "중니(仲尼)[40]가 『춘추』를 읽는데 노자(老子)가 부뚜막 머리

動)을 주도했다. 문집 『유하동집(柳河東集)』이 있다.

38) 「비국어(非國語)」: 『국어』라는 책의 문장은 좋으나 내용에 황당한 것이 있어 후세의 학자들을 오도할 우려가 있으므로, 유종원(柳宗元)이 그 잘못을 바로잡은 글이다.

39) 「일편(逸篇)」: 지금의 『장자』 속에 들어 있지 않고 흩어져 다른 책에 보이는 장자의 글. 이 인용문은 왕응린(王應麟)의 『곤학기문(困學紀聞)』에 실려 있다.

에 앉아서 들었다"라고 했다. 이 글은 비록 우언(寓言)에 속하지만, 『춘추』 읽기를 숭상했다는 증거가 될 수 있다.

『公』·『穀』兩家善讀『春秋』本經 : 輕讀, 重讀, 緩讀, 急讀, 讀不同而義以別矣. 『莊子』「逸篇」: "仲尼讀『春秋』, 老聃踞竈觚而聽." 雖屬寓言, 亦可爲『春秋』尙讀之證.

21

『춘추좌씨전(春秋左氏傳)』은 예(禮)를 숭상하기 때문에 문장이 좋고, 『춘추공양전(春秋公羊傳)』은 지혜를 숭상하기 때문에 의미가 잘 통하고, 『춘추곡량전(春秋穀梁傳)』은 의리를 숭상하기 때문에 정정당당하다.

『左氏』尙禮, 故文; 『公羊』尙智, 故通; 『穀梁』尙義, 故正.

22

『춘추공양전』은 규모가 비교적 크고, 『춘추곡량전』은 귀결되는 뜻이 비교적 바르고, 『춘추좌씨전』은 규모가 『공양전』보다 크나 귀결되는 뜻은 가끔 『곡량전』에 미치지 못한다.

『公羊』堂廡較大, 『穀梁』指歸較正. 『左氏』堂廡更大於『公羊』, 而指歸往往不及『穀梁』.

23

「단궁편(檀弓篇)」[41]은 문장은 간결하면서 뜻은 정밀하다. 명쾌하게 이야기하기도 하고 직설적으로 이야기하기도 했다. 다 말하기 어려운 것은, 구절 속의 핵심적인 단어나 문장 밖의 의미에 함축적으로 간직해 두고서, 사람들로 하여금 그 사실을 스스로 터득하도록 했다. 이 얼마나 신비로운 경지(境地)인가!

---

40) 중니(仲尼) : 공자(孔子)의 자(字).

41) 「단궁편(檀弓篇)」: 『예기(禮記)』의 편명(篇名).

「檀弓」語少意密, 顯言・直言所難盡者, 但以句中之眼・文外之致含藏之, 已使人自得其實. 是何神境!

24

『춘추좌씨전(春秋左氏傳)』은 근엄하여 문장이 풍부하고 의리가 밝으니 사람의 노력을 다한 것이다. 「단궁편(檀弓篇)」은 잘 조화되어 말이 개괄적이면서도 뜻이 정밀하니, 자연스러운 온전함에서 나온 것이다.

『左氏』森嚴, 文瞻而義明, 人之盡也. 「檀弓」渾化, 語疎而情密, 天之全也.

25

문장이 자연스러운 것으로는 「단궁편」만한 것이 없고, 묘사를 잘 한 것으로는 『고공기(考工記)』[42]・『춘추공양전(春秋公羊傳)』・『춘추곡량전(春秋穀梁傳)』만한 것이 없다.

文之自然無若「檀弓」, 刻畫無若「考工」・『公』・『穀』.

26

「단궁편(檀弓篇)」은 문장이 정성스럽고 시원하고 지극하고, 「고공기」는 문장이 잘 짜여졌으면서도 정미(精微)하고 지극하다.

「檀弓」誠慤頎至, 「考工」樸屬微至.

27

「문상편(問喪篇)」[43]은 뜻이 간절하고 구슬퍼서 「삼년문편(三年問篇)」과 함께 『예기(禮記)』 가운데서도 지극한 문장이다. 「삼년문편」의 큰 요점은 『순자(荀子)』[44]에서 나왔으니, 「문상편」이 전해진 것도 또한 틀림없

---

42) 「고공기(考工記)」: 『주례(周禮)』의 편명.

43) 「문상편(問喪篇)」: 『예기(禮記)』의 편명.

이 오래됐다는 사실을 알 수 있다.

「問喪」一篇, 纏綿悽愴, 與「三年問」皆爲『戴記』中之至文. 「三年問」大要出於『荀子』, 知「問喪」之傳, 亦必古矣.

28

『공자가어(孔子家語)』[45]는 유향(劉向)[46]이 교정한 것이 남아 있는 것은 아니지만, 왕숙(王肅)[47]이나 공맹(孔猛)[48]이 능히 가짜로 지어낼 수 있는 것도 아니다. 대개 유가(儒家)에 속하는 사람들이 여러 곳에 실린 기록을 모아서 만들어 낸 책이다. 그래서 순수한 곳도 있고 잡된 곳도 있으니, 읽는 사람이 스스로 분별해야 할 뿐이다.

『家語』非劉向校定之遺, 亦非王肅·孔猛所能託. 大抵儒家會集記載而成書, 是以有純有駁, 在讀者自辨之耳.

29

『공자가어(孔子家語)』의 좋은 점을 『공자가어』에 나오는 한 마디 말로 평한다면, "돈독하고 고아하고 절도(節度)가 있다"라고 하겠다.

『家語』好處, 可卽以『家語』中一言評之, 曰: "篤雅有節."

---

44) 『순자(荀子)』: 전국시대 조(趙)나라 순황(荀況)이 지은 책. 유가(儒家)에 속하는 책이나, 성악설(性惡說)을 주장하였으므로, 유학자들로부터 계속 배척을 받았다.

45) 『공자가어(孔子家語)』: 공자의 언행 및 제자들과의 문답을 수록한 책. 위(魏)나라 왕숙(王肅)이 주석을 달았는데, 왕숙의 위작(僞作)이란 설도 있다.

46) 유향(劉向): 전한(前漢) 말기의 학자. 많은 책을 교정하였다. 저서로 『설원(說苑)』, 『신서(新序)』 등이 있다.

47) 왕숙(王肅): 삼국시대 위(魏)나라의 학자. 저서로 『공총자(孔叢子)』가 있고, 『공자가어(孔子家語)』에 주석을 붙였다.

48) 공맹(孔猛): 삼국시대 위(魏)나라 인물. 공자의 22대손인데, 자기 집에 소장되어 있던 『공자가어』를 왕숙(王肅)에게 전한 사람이다.

30

『공자가어』의 문장 가운데, 순수한 곳은 「단궁편(檀弓篇)」에 가깝고, 잡된 것 가운데 심한 곳은 간혹 『공총자(孔叢子)』[49]의 수준에도 미치지 못한다.

『家語』之文, 純者可幾「檀弓」, 雜者甚或不及『孔叢子』.

31

『국어(國語)』의 문제점에 대해서는 증자고(曾子固)[50]가 「전국책목록서(戰國策目錄序)」에서 다 이야기했다. 또 소노천(蘇老泉)[51]이 「간론(諫論)」에서 말하기를, "소진(蘇秦)[52] 장의(張儀)[53]에게서 나는 그들의 전술(戰術)은 인정하지만 그들의 마음가짐은 인정하지 않는다"라고 했다. 대개 이 뜻을 미루어서 보건대, 노중련(魯仲連)[54] 같은 사람이 진(秦)나라를 황제나라로 여기지 않은 것은 정당한 일이다. 그러나 스스로 "내가 다른 사람들을 위해서 근심스러운 일을 물리치고 어려운 일을 풀고 어지러운 일을 해결한다"라고 칭찬하였으니, 전술이 없는 것은 아니라는 것을 알 수 있다. 그러한즉, 글을 읽는 사람은 그 글을 읽어 어디에 쓸 것인가를 생각해 봐야 할 따름이다. 글을 읽어 사용하는 것이 좋지 못하다면 무

49) 『공총자(孔叢子)』: 공자의 언행을 기록한 책. 공자의 8대손 공부(孔鮒)가 편찬했다고 하나, 지금 전해오는 책은 후인의 위작(僞作)이다.

50) 증자고(曾子固): 북송(北宋)의 문학가 증공(曾鞏). 자고는 그의 자(字). 당송팔대가(唐宋八大家)의 한 사람이다. 문집 『증남풍집(曾南豐集)』이 있다.

51) 소노천(蘇老泉): 북송(北宋)의 문학가 소순(蘇洵). 노천은 그의 호. 동파(東坡) 소식(蘇軾)의 아버지다. 당송팔대가(唐宋八大家)의 한 사람. 문집 『소노천집(蘇老泉集)』이 있다.

52) 소진(蘇秦): 전국시대의 종횡가(縱橫家). 책략(策略)에 뛰어났다. 진(秦)나라의 침략에 대비하기 위해서 나머지 여섯 나라가 연합전선을 펴 대항할 수 있도록 합종책(合縱策)을 제시하였다.

53) 장의(張儀): 전국시대 종횡가(縱橫家)에 속하는 인물. 책략이 뛰어났다. 진시황(秦始皇)에게 유세하여, 육국(六國)의 연합을 저지할 연횡책(連橫策)을 제안하였다.

54) 노중련(魯仲連): 전국시대 제(齊)나라의 의사(義士). 진(秦)나라의 세력이 점점 강대해져 가자 어떤 사람이 진나라를 황제 나라로 섬기자고 권유하자, "동해 바다를 밟고 죽을지언정 그렇게 할 수 없다"하고 단호하게 거절하였다.

슨 책을 읽은들 옳겠는가?

國策疵弊, 曾子固『戰國策』目錄序盡之矣. 抑蘇老泉「諫論」曰 : "蘇秦·張儀, 吾取其術, 不取其心." 蓋嘗推此意以觀之, 如魯仲連之不帝秦, 正矣. 然自稱"爲人排患釋難解紛亂.", 其非無術可知. 然則, 讀書者亦顧所用何如耳. 使用之不善, 亦何讀而可哉!

32

전국시대(戰國時代) 유세가(遊說家)들의 말은, 그 마음을 쓰는 데 있어서 먼저 그들의 토대를 잘 마련해 둔다. 그래서 마치 잘 공격하는 사람은 다른 사람으로 하여금 방어하지 못하게 하고, 잘 방어하는 사람이 다른 사람으로 하여금 공격하지 못하게 하는 것과 같다. 그렇게 하지 않고 오로지 문장을 지을 때 기이한 것만 구한다면, 비록 사람을 놀라게 하고 기뻐하도록 할 수 있지만, 취약해서 쉽게 부서짐을 면하지 못한다.

戰國說士之言, 其用意類能先立地步, 故得如善攻者使人不能守, 善守者使人不能攻也. 不然, 專於措辭求奇, 雖復可驚可喜, 不免脆而易敗.

33

문장 가운데서 통쾌한 것은 침착하지 못하고, 침착한 것은 통쾌하지 못하지만, 『전국책(戰國策)』만은 통쾌하면서도 침착하다. 문장 가운데서 빼어난 것은 웅혼(雄渾)하지 못하고, 웅혼한 것은 빼어나지 못하지만, 『전국책』만은 웅혼하면서도 빼어나다.

文之快者每不沈, 沈者每不快, 『國策』乃沈而快. 文之雋者每不雄, 雄者每不雋, 『國策』乃雄而雋.

34

『전국책(戰國策)』 가운데서, 명쾌하기로는 우경(虞卿)[55]이 누완(樓緩)[56]을 꺾는 내용만한 것이 없고, 강개(慷慨)하기로는 형경(荊卿)[57]이 연(燕)나라 태자 단(丹)을 이별하는 내용만한 것이 없다.

『國策』明快, 無如虞卿之折樓緩; 慷慨, 無如荊卿之辭燕丹.

35

『전국책』의 문장에는 두 가지 종류가 있는데, 하나는 굳세고 밝고 잘 묶는 것인데 가의(賈誼)[58]가 이런 점을 얻었고, 하나는 침울(沈鬱)[59] 돈좌(頓挫)[60]한 것인데 사마천(司馬遷)이 이런 점을 얻었다.

『國策』文有兩種: 一堅明約束, 賈生得之; 一沈鬱頓挫, 司馬子長得之.

36

두보(杜甫)[61]의 시 「의골행(義鶻行)」에, "갑자기 날아올라 외로운 그림자 빙빙 도누나[斗上捩孤影]"라는 구절이 있는데, '갑자기[斗]'라는 한 글자가 매의 기이한 변화를 극도로 잘 형용하였다. 글 하는 사람들이 붓을 사용함에 있어서 두보가 이 '두(斗)'자를 사용하는 비결을 얻는다면, 곧 능히 한꺼번에 천길 아래로 떨어지거나, 한 번 나르면 하늘에 닿게 될 수 있을 것이다. 『전국책(戰國策)』에서는 이런 용례를 더욱 쉽게 볼 수 있다.

杜詩「義鶻行」云: "斗上捩孤影." 一'斗'字形容鶻之奇變極矣. 文家用

---

55) 우경(虞卿) : 전국시대(戰國時代) 유세가. 우경(虞慶)으로도 쓴다. 조(趙)나라의 효성왕(孝成王)에게 유세하자 황금 100일(鎰)과 백벽(白璧)을 내렸고, 두 번째로 방문했을 때는 상경(上卿)에 임명하였다.

56) 누완(樓緩) : 전국시대 조(趙)나라 무령왕(武靈王)의 신하.

57) 형경(荊卿) : 전국시대 연(燕)나라 자객. 본명은 형가(荊軻). 진시황을 죽이기 위하여 칼을 들고 진나라로 갔다가 실패하여 붙잡혀 살해되었다.

58) 가의(賈誼) : 전한(前漢) 문제(文帝) 때의 문학가・사상가. 사부(辭賦)에 능하였다.

59) 침울(沈鬱) : 문장이 침착하고 무게가 있음.

60) 돈좌(頓挫) : 문장의 기세가 변화로움.

61) 두보(杜甫) : 당(唐)나라의 대시인. 자는 자미(子美). 벼슬은 공부원외랑(工部員外郎)을 지냈다. 중국문학사상 최고의 사실주의 시인으로 시성(詩聖)으로 일컬어진다. 시집 『두공부시집(杜工部詩集)』이 남아 있다.

筆得'斗'字訣, 便能一落千丈, 一飛沖天. 『國策』其尤易見者.

37

한유(韓愈)[62]는 "맹자(孟子)는 순박하디 순박하다"라고 말했고, 정자(程子)[63]는 "맹자는 모두가 웅변이다"라고 말했다. 한유는 맹자를 순자(荀子)[64]나 양웅(揚雄)[65]에 상대해서 말한 것이고, 정자는 공자나 안자(顏子)[66]에 상대해서 말한 것이다.

韓子曰 : "孟氏醇乎醇." 程子曰 : "孟子儘雄辯." 韓對荀・揚言之, 程對孔・顏言之也.

38

『맹자』의 문장은 지극히 간결하면서도 지극히 쉽다. 마치 뱃사공이 키를 잡고 강물 한가운데서 자유자재로 배를 저어 가는 것과 같은데, 배를 밀어 옮기려고 힘을 쓰는 사람은 자기도 모르는 사이에 저절로 굴복하게 된다. 구산양씨(龜山楊氏)[67]가 『맹자』를 논하기를, "천변만화(千變

---

62) 한유(韓愈) : 당(唐)나라의 문학가. 자는 퇴지(退之), 호는 창려(昌黎). 벼슬은 이부시랑(吏部侍郎)을 지냈다. 당대 고문운동(古文運動)을 주도하였고, 당송팔대가(唐宋八大家)의 한 사람이다. 문집 『한창려집(韓昌黎集)』이 있다.

63) 정자(程子) : 북송(北宋)의 유학자 정호(程顥)・정이(程頤) 형제를 가리킨다. 송대 성리학의 기틀을 마련한 학자다. 정호는 명도선생(明道先生), 정이는 이천선생(伊川先生)이라고 일컫는다. 여기 나오는 말은 정호가 한 말이다.

64) 순자(荀子) : 전국시대 조(趙)나라 사상가 순황(荀況). 자는 경(卿). 여러 나라를 유세하다가 제(齊)나라의 직하학궁제주(稷下學宮祭酒)와 초(楚)나라의 난릉령(蘭陵令)을 지내고 난릉에서 저서와 강학하며 지냈다. 그의 학문은 유학에 근본을 두었으나 여러 학설의 장점을 널리 수용하였다. 성악설(性惡說)을 주창하고, 선왕(先王)의 법도를 본받는 것을 반대하였기 때문에 오랫동안 유학자들의 배척을 받았다. 저서로 『순자(荀子)』가 있다.

65) 양웅(揚雄) : 한(漢)나라의 학자. 자는 자운(子雲). 저서로 『양자법언(揚子法言)』, 『태현경(太玄經)』 등이 있다.

66) 안자(顏子) : 공자의 제자. 자는 자연(子淵), 이름은 회(回). 공자가 학문을 좋아하는 그의 정신을 여러 번 칭찬했다.

67) 구산양씨(龜山楊氏) : 북송의 유학자인 양시(楊時)를 가리킨다. 자는 중립(中立), 구산은 그의 호. 벼슬은 용도각직학사(龍圖閣直學士)에 이르렀다. 정자(程子)의 사대 제자

萬化)의 이야기가 다만 '심(心)'자로부터 왔다"라고 했으니, 근본을 탐구한 말이라 할 수 있다.

『孟子』之文, 至簡至易, 如舟師執柁, 中流自在, 而推移費力者不覺自屈. 龜山楊氏論『孟子』"千變萬化, 只說從'心'上來.", 可謂探本之言.

39

『맹자』의 문장은 갖가지로 변하지만 그 으뜸 되는 뜻을 벗어나지 않았는데, 이런 점은 다른 제자백가도 마찬가지다. 그가 제자백가보다 뛰어난 점은 뜻을 분석하는 것이 지극히 정밀한 데 있다. 그 말을 사용하는 방법이 지극히 정밀한 것만은 아니다.

『孟子』之文, 百變而不離其宗, 然此亦諸子所同. 其度越諸子處, 乃在析義至精, 不惟用法至密也.

40

"옳은 것을 모은다[集義]", "기를 기른다[養氣]" 등의 말이 맹자의 능력이다. 여기에 종사하지 않으면서 맹자의 문장만 배운다면, 겉모양만 그럴 듯하게 되지 않겠는가?

"集義"·"養氣", 是孟子本領. 不從事於此, 而學孟子之文, 得無象之然乎?

41

순자(荀子)는 육예(六藝)[68]의 귀결점을 밝혔다. 그 학문으로 볼 때, 충분히 큰 학자로 칠 수 있다. 그가 공자(孔子)를 높이고, 이단(異端)을 내치

가운데 한 사람이다. 저서로는 『구산집(龜山集)』, 『구산선생어록(龜山先生語錄)』 등이 있다.

68) 육예(六藝) : 유교의 육경(六經), 즉 『예기(禮記)』, 『악경(樂經)』, 『서경(書經)』, 『시경(詩經)』, 『역경(易經)』, 『춘추(春秋)』를 말한다. 또 유교에서 학생을 가르치는 여섯 개의 과목. 예(禮), 악(樂), 사(射), 어(御), 서(書), 수(數).

고, 왕도(王道)를 높이고 패도(霸道)를 천하게 보는 것은 맹자의 뜻과 같다. 독자들이 가려서 취하지 못하고, 반드시 지나치게 흠을 잡는 것은 또한 미혹된 것이다.

荀子明六藝之歸, 其學分之, 足了數大儒. 其尊孔子, 黜異端, 貴王賤霸, 猶孟子志也. 讀者不能擇取之, 而必過疵之, 亦惑矣.

42

맹자(孟子)가 살았던 시대에도 공자(孔子)의 도가 이미 드러나지 못했는데, 하물며 순자(荀子)가 살았던 시대이겠는가? 순자는 세상의 잘못을 바로잡으려고 하다가 너무 지나치게 갔다. 비록 말의 뜻을 만들어낸 것이 때로 혹 과격했지만 스스로 아는 것이 분명하고 도(道)를 믿는 것이 독실하지 않은 사람이라면, 그렇게 할 수 없었을 것이다.

孟子之時, 孔道已將不著, 況荀子時乎! 荀子矯世之枉, 雖立言之意時或過激, 然非自知明而信道篤者, 不能.

43

『역전(易傳)』[69]에서 순자를 두고, "지혜는 높으나 예(禮)는 낮다"라고 했다. 순자가 말한 것이 다 순수할 수는 없지만, 대개 그의 말은 예와 지혜의 사이에 있다.

『易傳』言"智崇禮卑." 荀卿立言不能皆粹, 然大要在禮智之間.

44

굴원(屈原[70])의 「이소(離騷)」[71]의 취지는 단지 "백 명이 생각해도 내가

69) 『역전(易傳)』: 북송(北宋)의 정이(程頤)가 지은 『역경(易經)』에 대한 주석서. 의리(義理)의 관점에서 역(易)의 원리를 풀이한 것으로, 상수학(象數學)을 위주로 한 것과는 다른 점이 많다.

70) 굴원(屈原): 전국시대 초(楚)나라 문학가. 그의 작품은 대부분 남방의 서사시집인 『초사(楚辭)』에 수록되어 있다.

가는 것만 같지 못하다"라는 말로 요약할 수 있다. 백 명은 여수(女媭)[72] · 영분(靈氛)[73] · 무함(巫咸)[74]이 다 이들이다.

屈子「離騷」之旨, 只"百爾所思, 不如我所之."二語足以括之. 百爾, 如女媭 · 靈氛 · 巫咸皆是.

45

사마천(司馬遷)의 「굴원전찬(屈原傳贊)」에 이르기를, "그 뜻을 슬퍼한다"라고 했고, 또 "일찍이 눈물을 흘리지 않은 적이 없었다. 그 사람됨을 보고 싶다는 생각을 했다"라고 말했다. "뜻"이나 "사람됨"등은 굴원을 논하는 말이다. 이는 사마천이 굴원의 깊은 것을 보았기 때문이다.

太史公「屈原傳贊」曰: "悲其志." 又曰: "未嘗不垂涕, 想見其爲人." "志"也, "爲人"也, 論屈子辭者, 其斯爲觀其深哉!

46

맹자(孟子)가 말하기를, "「소반(小弁)」[75] 시에서 원망한 것은 어버이를 친하게 생각한 것인데, 어버이와 친하고자 하는 것이 인(仁)이다"라고 했다. 무릇 충신이 임금을 섬기는 일이나, 효자가 어버이를 섬기는 것은 다 한 가지다. 굴원(屈原)의 「이소(離騷)」가 만약 맹자의 논정(論定)을 거쳤다면, 반드시 깊이 취하는 바가 있었을 것이다.

孟子曰: "「小弁」之怨, 親親也. 親親, 仁也." 夫忠臣之事君, 孝子之事親, 一也. 屈子「離騷」若經孟子論定, 必深有取焉.

---

71) 「이소(離騷)」: 굴원의 작품. 굴원이 충성을 다하여 나라를 위해서 일했으나, 간신들의 참소를 입어 추방되어 그 우수(憂愁)를 담아 지었다. 후세 사부(辭賦) 문학의 효시가 되었다.

72) 여수(女媭): 굴원의 누이 이름. 굴원의 태도를 비난했다.

73) 영분(靈氛): 전설 속의 신령스런 무당.

74) 무함(巫咸): 전설적인 신령스런 무당.

75) 「소반(小弁)」: 『시경(詩經)』「소아(小雅)」에 나오는 편명(篇名). 시국을 한탄하면서 올바르게 살아가려고 노력하는 마음을 노래한 시다.

47

"글이 아름다워서 실용성이 적다[文麗用寡]"[76]라는 말은 양웅(揚雄)이 사마상여(司馬相如[77])를 두고 일컬은 말이다. 그러나 이 말로써 굴원(屈原)을 일컬을 수는 없다. 대개 굴원의 글은 능히 독자로 하여금 충성을 다하고 사악한 사람을 미워하는 뜻을 일으키게 하니, 실용성이 적지 않다.

"文麗用寡.", 揚雄以之稱相如, 然不可以之稱屈原. 蓋屈之辭, 能使讀者興起盡忠疾邪之意, 便是用不寡也.

48

국수(國手)가 바둑을 두면, 옆에서 관전하는 사람들은 이치를 모르지만 두는 사람은 확실히 안다. 「이소(離騷)」의 글도 이와 비슷하다. 잘 읽지 못하는 사람은 여기 갔다 저기 갔다 황홀하여 일정함이 없다고 의심한다. 모든 것이 자기 눈이 낮은 것 때문이라는 것을 알지 못하는 것이다.

國手置棋, 觀者迷離, 置者明白. 「離騷」之文似之. 不善讀者, 疑爲於此於彼, 恍惚無定, 不知只由自己眼低.

49

소노천(蘇老泉 : 蘇洵)이 이르기를, "시인은 우유(優柔)하지만 소(騷)를 짓는 사람은 맑고 깊다"라고 했다. 실제로 맑고 깊은 가운데 다시 우유한 뜻이 있는 것이다.

蘇老泉謂"詩人優柔, 騷人淸深.", 其實淸深中正復有優柔意.

50

옛 사람들은 뜻이 붓보다 앞에 있었다. 그래서 행동거지가 한가할 수

---

76) 글이 아름다워서 실용성이 적다[文麗用寡] : 한(漢)나라 문학가 양웅(揚雄)의 『양자법언(揚子法言)』에 나오는 말이다.

77) 사마상여(司馬相如) : 전한(前漢)의 문학가. 자는 장경(長卿). 부(賦)를 잘 지었다.

있었던 것이다. 후세 사람들은 뜻이 붓 뒤에 있다. 그래서 손발이 바쁘고 어지러운 것이다. 두예(杜預)가 『춘추좌씨전(春秋左氏傳)』의 문장을 칭찬하여 "그 글은 느긋하다[其文緩]"라고 했고, 조자환(曹子桓)[78]은 굴원을 칭찬하여 "느긋하고 박자가 느리다[優游緩節]"라고 했는데, '느긋한 것[緩]'이란 것이 어찌 쉽게 미칠 수 있는 것이겠는가?

古人意在筆先, 故得擧止閒暇; 後人意在筆後, 故至手脚忙亂. 杜元凱稱『左氏』"其文緩.", 曹子桓稱屈原"優游緩節.", '緩', 豈易及者乎!

51

『장자(莊子)』라는 책은 얼핏 보면, 멋대로 어지러이 말하는 것 같지만, 그 골수 속에 법도(法度)가 다 들어있다. 장자 스스로 "미친 듯이 날뛰고 망령되이 행동하지만, 큰 도(道)를 밟고 있다"라고 말했다. 배우는 사람들은 어찌하여 "큰 도를 밟는 곳[蹈大方]"에서 그것을 구하지 않는가?

『莊子』文看似胡說亂說, 骨裏卻儘有分數. 彼固自謂"猖狂妄行而蹈乎大方."也. 學者何不從"蹈大方"處求之?

52

장자는 허탄(虛誕)함 속에 참된 것을 붙이고, 현묘(玄妙)함 속에 실질적인 것을 붙여 두었다. 이에서 우언(寓言)의 오묘함을 볼 수 있다.

莊子寓眞於誕, 寓實於玄, 於此見寓言之妙.

53

장자의 글 쓰는 법은, 끊었다가 이었다가 하는 절묘함에 있다. 「소요유편(逍遙遊篇)」 같은 경우를 보면, 붕새를 이야기하다가 문득 매미, 작

78) 조자환(曹子桓) : 삼국시대 위(魏)나라 문제(文帝)인 조비(曹丕). 자환은 그의 자. 조조(曹操)의 아들로 아우 조식(曹植)과 함께 문학에 뛰어났다. 그의 『전론(典論)』「논문(論文)」은 중국문학사상 최초의 본격적인 비평문이다.

은 비둘기, 세가락 메추라기를 이야기하니, 이는 끊어진 것이다. 그 아래에 가서 이를 이어서 "이는 큰 것과 작은 것의 구분이다"라고 말하니, 이는 윗글의 끊어진 곳을 다 이어주는 것이다. 그 아래 글에 나오는 송영자(宋榮子)·허유(許由)·접여(接輿)·혜자(惠子) 등을 이야기한 여러 곳도, 끊어진 곳인데 이어지지 않은 곳이 없었다.

莊子文法斷續之妙, 如「逍遙遊」: 忽說鵬, 忽說蜩與鷽鳩·斥鷃, 是爲斷; 下乃接之曰"此大小之辨也.", 則上文之斷處皆續矣; 而下文宋榮子·許由·接輿·惠子諸斷處, 亦無不續矣.

54

문장에는 두 편을 합하여 관건(關鍵)이 되는 것이 있다. 『장자(莊子)』「소요유편(逍遙遊篇)」의 "작게 아는 사람은 크게 아는 사람에게 미치지 못하고, 짧게 사는 사람은 오래 사는 사람에게 미치지 못한다"라는 말이 있는데, 독자들은 처음에 그 뜻이 어디에 비중을 두었는지 깨닫지 못하게 된다. 바로 「제물론편(齊物論篇)」의 "천하에서 가을 터럭의 끝보다 더 큰 것은 없다"라는 네 구절에 이르러서야 비로소 이 말은 미리 이 곳을 위하여 뒤집기 위한 터전이라는 것을 알게 될 것일 따름이다.

文有合兩篇爲關鍵者. 『莊子』「逍遙遊」"小知不及大知, 小年不及大年.", 讀者初不覺意注何處, 直至「齊物論」"天下莫大於秋毫之末."四句, 始見前語正豫爲此處翻轉地耳.

55

문장의 신묘(神妙)함으로는 능이 나는 것보다 더 나은 것이 없다. 장자(莊子)가 붕새를 두고 "노하여 난다"라고 말했는데, 이제 그 글을 보면 까닭 없이 왔다가 까닭 없이 가는 것으로, 그의 "난다[飛]"라는 것의 기미(機微)를 얻은 것이다. 붕새가 장자 되기를 배운 것이 아닌 줄 어찌 알겠는가?

文之神妙, 莫過於能飛. 莊子之言鵬曰"怒而飛.", 今觀其文, 無端而來, 無端而去, 殆得"飛"之機者. 烏知非鵬之學爲周耶?

56

『장자』「제물론편(齊物論篇)」의 "땅이 기운을 불어내는 것을 이름하여 바람이라 한다"라는 한 단락은 사물을 체득하여 정미(精微)한 데로 들어간 것이다. 이것과 정신적으로 비슷한 것으로는 『고공기(考工記)』[79] 이후로 유종원(柳宗元)[80]의 문장에 간혹 이런 것이 있다.

『莊子』「齊物論」"大塊噫氣, 其名爲風."一段, 體物入微. 與之神似者, 『考工記』後, 柳州文中亦間有之.

57

"뜻은 티끌세상 밖으로 나가고, 괴이함은 붓 끝에서 생겨난다"라는 말로써 『장자(莊子)』의 문장을 평할 수 있다. 그 근원은 이미 「천하편(天下篇)」에서 다 말했다. 곧 "충실하여 그만둘 수 없다"라는 말이다.

"意出塵外, 怪生筆端.", 『莊子』之文, 可以是評之. 其根極則「天下篇」已自道矣, 曰: "充實不可以已.".

58

장자가 노년에 쓴 문장은 평담(平淡)한 것이 많다. 『장자』 가운데, "장자가 바야흐로 죽어갈 제, ……"라는 한 단락은 그가 만년에 지은 것임에 의심할 것이 없다. 그러나 그 문장은 어찌 그리도 한결같이 매우 기이한지?

---

79) 『고공기(考工記)』: 백공(百工)이 할 직분에 대해서 기술한 글이다. 『주례(周禮)』에 동관(冬官: 工典)이 빠져 있으므로 이 『고공기』로서 보완하였다.

80) 유종원(柳宗元): 당나라의 문학가. 자는 자후(子厚). 벼슬은 하동자사(河東刺史)를 지냈다. 한유(韓愈)와 함께 고문운동(古文運動)을 주도하였다. 당송팔대가(唐宋八大家)의 한 사람. 문집 『유하동집(柳河東集)』이 있다.

老年之文多平淡. 『莊子』書中有"莊子將死"一段, 其爲晩年之作無疑, 然其文一何諔詭之甚!

59

장자는 뛰어 넘는 방법을 썼고, 「이소(離騷)」는 돌아서 끌어안는 방법을 썼고, 『전국책(戰國策)』은 혼자 열어 가는 방법을 썼고, 『춘추좌씨전(春秋左氏傳)』과 『사기(史記)』는 양 쪽으로 붙이는 방법을 썼다.

莊子是跳過法, 『離騷』是回抱法, 『國策』是獨闢法, 『左傳』·『史記』是兩寄法.

60

걸어갈 길이 있으면 결국은 걸어갈 길이 없는 데로 귀착된다. 굴원(屈原)이 이른 바 "높은 곳에 올라가도 나는 기쁘지 않고, 아래로 들어가는 것도 내 또한 할 수가 없다"[81]라는 것이 바로 이런 경우다. 걸어갈 길이 없으면 마침내 걸어갈 길이 있는 데로 귀착하게 된다. 장자(莊子)가 이른 바 "이제 그대에게 다섯 섬 들어가는 큰 표주박이 있는데, 그것을 배로 삼아 강과 호수로 떠갈 생각을 왜 하지 않는 거요?", "이제 그대에게 큰 나무가 있는데, 그것을 아무 얽매임 없는 이상향이나 광막한 들판에 왜 심지 않는 거요?"[82]라는 것이 바로 이것이다. 굴원과 장자 두 사람이 지은 책의 전체적인 취지는 이 말로서 개괄할 수 있겠다.

有路可走, 卒歸於無路可走, 如屈子所謂"登高吾不說, 入下吾不能." 是也. 無路可走, 卒歸於有路可走, 如莊子所謂"今子有五石之瓠, 何不慮以爲大樽而浮於江湖?", "今子有大樹, 何不樹之於無何有之鄕, 廣莫之野."是也. 而二子之書之全旨, 亦可以此槪之.

---

81) 『초사(楚辭)』 九章 「사미인(思美人)」에 나오는 구절이다.

82) 이상 두 구절은 『장자(莊子)』 「소요유편(逍遙遊篇)」에 나오는 구절이다.

61

유자후(柳子厚 : 柳宗元)의 「변열자(辯列子)」에 이르기를, "그 문장은 『장자(莊子)』와 같으나 더욱더 질박(質朴)하고 온후(溫厚)하다. 인위적으로 지은 것이 적다. 글을 잘 하는 사람들이 버려둘 수 있겠는가?"라고 했다. 살펴보건대, 『열자』는 실로 『장자』가 으뜸으로 쳐 근본으로 삼은 바였다. 그 문사(文辭)가 기이한 것은 때로 『장자』보다 더 한 경우도 있으나, 오직 그 기운은 장자의 방종(放縱)함과 같지 않을 따름이다.

柳子厚「辯列子」云 : "其文辭類『莊子』, 而尤爲質厚, 少爲作, 好文者可廢耶?" 案 : 『列子』實爲『莊子』所宗本, 其辭之諔詭, 時或甚於『莊子』, 惟其氣不似莊子放縱耳.

62

문장의 길과 좋아하고 숭상하는 바는, 『장자(莊子)』와 『열자(列子)』가 나와서 한 번 변하였고, 불경(佛經)이 중국에 들어오고서부터 또 한 번 바뀌었고, 『세설신어(世說新語)』[83]란 책이 이루어지고 난 뒤 또 한 번 변했다. 이 여러 책은 사람들 가운데서 읽지 않는 사람이 드물고, 읽고서 즐기지 않는 사람이 드물기에, 때때로 이와 함께 변했다. 오직 가까이 갔으면서도 빠지지 않거나, 부리려 해도 부려지지 않는 사람은 뛰어난 대가다.

文章蹊徑好尙, 自『莊』·『列』出而一變; 佛書入中國又一變; 『世說新語』成書又一變. 此諸書, 人鮮不讀, 讀鮮不嗜, 往往與之俱化. 惟涉而不溺, 役之而不爲所役, 是在卓爾之大雅矣.

63

문장가들은 『장자』·『열자』 이외에 『능엄경(楞嚴經)』[84]과 『정명경(淨

83) 『세설신어(世說新語)』 : 남북조시대 송(宋)나라 유의경(劉義慶)이 지은 필기류(筆記類) 저서로서, 당시의 야사, 문단의 이면사, 인물평, 소화(笑話) 등을 수록하였다.

名經)』[85] 등을 일컫기를 좋아한다. 식견 있는 사람들은 "이 두 불경은 『관윤자(關尹子)』[86]와 비슷하지, 『장자』·『열자』와는 가깝지 않다"라고 한다. 대개 두 불경은 글 써 나가는 방법이 앞으로 나가기만 하지 물러날 줄은 모르는데, 『장자』나 『열자』에는 곡진(曲盡)한 정취가 있고, 『장자』는 더욱더 아련하면서도 기이한 변화가 있다. 마치 바람이 물 위를 지나가면 저절로 무늬를 이루는 것과 같다.

文家於『莊』·『列』外, 喜稱『楞嚴』·『淨名』二經. 識者知二經乃似『關尹子』, 而不近『莊』·『列』. 蓋二經筆法有前無卻; 『莊』·『列』俱有曲致, 而『莊』尤縹緲奇變, 乃如風行水上, 自然成文也.

64

한비자(韓非子)[87]는 칼날 끝이 너무 날카롭다. 『장자』「천하편(天下篇)」에서, 『노자』의 도술(道術)에서 "날카로우면 부러진다[銳則挫矣]"라고 훈계한 말을 칭찬했다. 애석하도다! 한비자가 「해로(解老)」와 「유로(喻老)」[88]편을 지었으면서도 살피지 못했음이여. 『한비자』의 대체적인 득실(得失)에 대해서는 사마천(司馬遷)이 이미 말했다.

韓非鋒穎太銳. 『莊子』「天下篇」稱『老子』道術所戒曰: "銳則挫矣." 惜乎非能作「解老」·「喻老」而不鑒之也. 至其書大端之得失, 太史公業已言之.

---

84) 『능엄경(楞嚴經)』: 불경의 명칭. 당나라의 반자밀제(般剌密帝)가 한문으로 옮겼다.

85) 『정명경(淨名經)』: 곧 『유마힐경(維摩詰經)』. 구마라집(仇摩羅什)이 번역한 것이 가장 크게 유행한다.

86) 『관윤자(關尹子)』: 춘추시대 말기 함곡관(函谷關)을 지키던 관리인 관윤(關尹)이 지은 책. 성은 윤(尹), 이름은 희(喜). 노자(老子)로부터 『도덕경(道德經)』 5천 자를 받았다. 지금 전해 오는 『관윤자』는 후대의 위작이다.

87) 한비자(韓非子): 전국시대 말기 한(韓)나라 사상가. 성명은 한비(韓非)이다. 순자(荀子)의 제자인데 법으로 나라를 다스릴 것을 주창하였다. 그의 사상은 전국시대 법가사상(法家思想)의 토대가 되었다. 저서로 『한비자』가 있다.

88) 「해로(解老)」와 「유로(喻老)」: 두 편 다 『노자』에 대한 한비자 자신의 견해를 밝힌 글이다.

65

관자(管子)[89]는 법가(法家)의 방법을 썼지만 정도(正道)를 잃지는 않았다. "위에서 법도를 따르면 육친(六親[90])의 관계가 굳어지고, 네 가지 벼리[91]가 펼쳐지면 임금의 명령이 시행된다"라는 말은 신불해(申不害[92])나 한비자(韓非子)가 능히 말할 수 있는 바가 아니다.

管子用法術, 而本源未爲失正. 如"上服度, 則六親多固; 四維張, 則君令行.", 此等語豈申・韓所能道!

66

주(周)나라와 진(秦)나라 사이의 제자백가(諸子百家)의 글은 비록 순수함과 박잡(駁雜)함은 같지 않으나, 모두 자기가 그 글 속에 있다. 후세에 문장을 짓는 사람들은 여기 갔다 저기 갔다 하고 이리저리 돌아보아 여러 사람들의 뜻에 맞추려고 하니, 제자백가들에게 깊이 부끄러워해야 할 것이다.

周・秦間諸子之文, 雖純駁不同, 皆有箇自家在內. 後世爲文者, 於彼於此, 左顧右盼, 以求當衆人之意, 宜亦諸子所深恥與!

67

진(秦)나라의 문장은 웅장하면서도 기이하고, 한(漢)나라의 문장은 순박하면서도 온후(溫厚)하다. 대개 세상을 초월한 고상한 이야기에 있어서는, 한나라가 진나라만 못하지만, 경서(經書)에 바탕을 두고서 주장을 세우는 것은 진나라가 한나라처럼 될 수가 없다.

---

89) 관자(管子): 춘추시대 제(齊)나라의 정치가. 이름은 중(仲), 자는 이오(夷吾). 그의 정치사상을 담은 『관자(管子)』를 지었다.

90) 육친(六親): 부, 모, 형, 제, 처, 자.

91) 네 가지 벼리: 예(禮), 의(義), 염(廉), 치(恥).

92) 신불해(申不害): 전국시대 정(鄭)나라의 사상가. 법가(法家) 사상을 갖고서 군주의 전제정치를 강조하였다. 신자(申子)를 지었으나, 이미 없어졌다.

秦文雄奇, 漢文醇厚. 大抵越世高談, 漢不如秦; 本經立義, 秦亦不能如漢也.

68

가장 따라갈 수 없는 전한(前漢)시대 문장은 문제(文帝)[93]의 조서(詔書)[94]이다. 『서경』 『주서(周書)』 「여형편(呂刑篇)」을 두고 논하는 사람들이 "슬퍼하고 측은하다[哀矜惻怛]"라고 여기는데, 오히려 삼대(三代 : 夏·殷·周)의 충후(忠厚)한 뜻이 남아 있는 것을 볼 수 있다. 그러나 「여형편」은 문장은 지극하지만, 실제로는 지극하지 않다. 문제의 조서가 정이 지극하면서도 문채가 나는 것과 어찌 같겠는가?

西京文之最不可及者, 文帝之詔書也. 周書「呂刑」, 論者以爲"哀矜惻怛.", 猶可以想見三代忠厚之遺意. 然彼文至而實不至, 孰若文帝之情至而文生耶?

69

전한(前漢)의 문장은 갖추어지지 않은 문체(文體)가 없다. 큰 도(道)를 이야기한 사람은 동중서(董仲舒)[95]이고, 제자백가에 정통한 것으로는 『회남자(淮南子)』[96]가 있고, 사실을 서술한 사람으로는 사마천(司馬遷)이 있고, 일을 논한 사람으로는 가의(賈誼)[97]가 있고, 사장(詞章)에는 사마상여(司馬相如)가 있다. 사람들은 이 몇 사람의 문장이 순수하고, 기세가 흔

93) 문제(文帝) : 전한(前漢)의 제5대 황제.
94) 조서(詔書) : 황제가 내리는 명령서.
95) 동중서(董仲舒) : 전한의 사상가. 한무제(漢武帝)에게 건의하여 유교를 국교로 삼도록 했다. 『춘추번로(春秋繁露)』를 지었다.
96) 『회남자(淮南子)』 : 전한 때 회남왕(淮南王)에 봉해진 한고조(漢高祖)의 손자 유안(劉安)이 자기 막하(幕下)의 학자들에게 각각 그 도를 강론하게 하여 만든 책. 여러 가지 사상이 잡다하게 섞여 있으나 도가적(道家的) 색채가 짙다.
97) 가의(賈誼) : 전한시대의 문학가. 정치가. 벼슬은 태중대부(太中大夫)에 이르렀다. 그의 정론으로 「과진론(過秦論)」과 「치안책(治安策)」이 있다.

들림이 없고, 그윽하고, 밝고, 차분하여 각각 그 지극한 바가 있다는 것을 안다. 더욱더 그 근원에서 궁구해야만 마땅할 것이다.

西漢文無體不備 : 言大道則董仲舒, 該百家則『淮南子』, 敍事則司馬遷, 論事則賈誼, 辭章則司馬相如. 人知數子之文, 純粹・旁礴・窈眇・昭晰・雍容, 各有所至, 尤當於其原委窮之.

70

가의(賈誼)가 정사를 아뢸 때, 대개 예(禮)를 근본으로 삼았다. 유흠(劉歆)[98]이 지은 「이양태상박사서(移讓太常博士書)」에서 이르기를, "한(漢)나라의 유학자로는 오직 가생(賈生 : 賈誼)뿐이다"라고 했는데, '유(儒)'자 한 글자를 아주 분명하게 썼다. 어찌하여 태사공(太史公 : 司馬遷)에 대해서는, "신불해(申不害)와 상앙(商鞅[99])에 밝다"라고 일컫기만 했을까?

賈生陳政事, 大抵以禮爲根極. 劉歆「移讓太常博士書」云 : "在漢朝之儒, 惟賈生而已." 一'儒'字下得極有分曉. 何太史公但稱其"明申・商."也?

71

가의(賈誼)가 일을 도모하고 생각한 글은 책사(策士)들이 능히 말할 수 있는 바가 아니고, 나라를 다스리는 제도에 대한 글은 경서를 공부하는 서생이 말할 수 있는 바가 아니다. 그 뒤에 등장한 한(漢)나라 신하 가운데 그의 한 갈래나 한 마디만이라도 얻었으면 다 족히 조정에 건의하고 그 당시 세상에 이름을 독차지할 수 있었을 것이다. 그러나 모든 것을

98) 유흠(劉歆) : 전한(前漢)의 문헌학자. 자는 자준(子駿). 유향(劉向)의 아들이다. 황문랑(黃門郎)이 되어 많은 도서를 정리하였다. 저서 『칠략(七略)』은 중국 역사상 최초의 도서분류목록이다.

99) 상앙(商鞅) : 전국시대 사상가. 진(秦)나라에서 정승을 지내며 부국강병의 기초를 닦았다. 본명은 공손앙(公孫鞅)인데, 상(商) 땅에 봉해졌으므로 상앙이라 일컫는다. 저서로 『상군서(商君書)』가 있다.

다 포괄적으로 소유했으면서도 정통한 사람과 어찌 같을 수 있겠는가?

賈生謀慮之文, 非策士所能道; 經制之文, 非經生所能道. 漢臣後起者, 得其一支一節, 皆足以建議朝廷, 擅名當世. 然孰若其籠罩群有而精之哉!

72

유종원(柳宗元)의 「여양경조빙서(與楊京兆憑書)」에 "밝기는 가의 같다[明如賈誼]"라고 말했는데, '밝기[明]'라는 글자에 체(體)와 용(用)이 다 나타나 있다. 『문심조룡(文心雕龍)』에서 "가의는 뛰어나다. 그래서 문장은 간결하면서도 그 체(體)는 맑다"라고 일컬었는데, 말은 비록 비교적 상세하지만, 가의를 문사(文士)로만 본 것 같다.

柳子厚「與楊京兆憑書」云: "明如賈誼." 一'明'字體用俱見. 若『文心雕龍』謂"賈生俊發, 故文潔而體淸.", 語雖較詳, 然似將賈生作文士看矣.

73

『수서(隋書)』[100] 「이덕림전(李德林傳)」에 임성왕(任城王) 개(湝)[101]의 「유양준언서(遺楊遵彦書)」에 이르기를, "나라를 다스릴 큰 체제(體制)에 있어서는 가의(賈誼)나 조조(鼂錯)[102]의 무리이고, 벌레를 새기듯 문장을 다듬는 조그만 재주는 사마상여(司馬相如)나 양웅(揚雄)의 무리에 거의 가깝습니다"라고 했다. 이는 이덕림이 두 방면에 아울러 뛰어났음을 중요하게 여기고 아름답게 여긴 것일 따름이다. 그러나 사마상여나 양웅의 뛰어

---

100) 『수서(隋書)』: 수나라의 정사(正史)로 이십오사(二十五史)의 하나. 당(唐)나라 위징(魏徵) 등이 태종(太宗)의 명을 받아 지었다.

101) 임성왕(任城王) 개(湝): 북제(北齊)의 왕족. 성은 고씨(高氏). 북제의 시조인 문선제(文宣帝) 고양(高洋)의 아우로 임성왕(任城王)에 봉해졌다. 영주자사(瀛州刺史)가 되어 선정을 베풀었다.

102) 조조(鼂錯): 전한의 정치가. 법가(法家)의 학문을 익혀 벼슬이 어사대부(御史大夫)에 이르렀다. 지혜가 많아 지낭(智囊)이라는 별명을 얻었다.

난 바는 자구를 다듬는 데 있는 것이고, 그 식견이나 논의는 가의나 조조에 비할 바가 아니라는 것을 알 수 있다.

『隋書』「李德林傳」, 任城王湝「遺楊遵彦書」曰 : "經國大體, 是賈生·鼂錯之儔; 雕蟲小技, 殆相如·子雲之輩." 此重美德林之兼長耳. 然可見馬·揚所長在研錬字句, 其識議非賈·鼂比也.

74

조가령(鼂家令)[103]이나 조영평(趙營平)[104]은 모두 책략을 세우는 글에 뛰어났다. 조충국(趙充國)에게서는 일을 이룬 점을 취한 것이지 꼭 기이한 것 때문은 아니고, 조조(鼂錯)에게서 그 시대에 절실한 점을 취한 것이지, 그가 꼭 높아서 그런 것은 아니었다.

鼂家令·趙營平皆深於籌策之文. 趙取成其事, 不必其奇也; 鼂取切於時, 不必其高也.

75

동중서(董仲舒)의 학문은 본래 『춘추공양전(春秋公羊傳)』에 근본을 두었으나, 나아가고 물러나고 하는 행동이 예(禮)가 아니면 행하지 않았으니, 그가 예에 깊었던 것이다. 그가 대도(大道)를 논한 것을 보면 심오하면서도 크고 넓다. 또 여러 경전의 내용을 알고 있어 꿰뚫지 않은 것이 없었다.

董仲舒學本『公羊』, 而進退容止, 非禮不行, 則其於禮也深矣. 至觀其論大道, 深奧宏博, 又知於諸經之義無所不貫.

---

103) 조가령(鼂家令) : 조조(鼂錯)를 가리킨다. 조조가 태자가령(太子家令)이라는 관직을 지냈기 때문이다.

104) 조영평(趙營平) : 전한의 공신 조충국(趙充國). 영평후(營平侯)에 봉해졌다. 충절(忠節)이 있고 지략이 뛰어났다.

76

동중서가 「대책(對策)」에서 "육예(六藝)의 과목이나 공자(孔子)의 학술에 속하지 않는 모든 것은 다 그 길을 끊어, 함께 나아가지 못하게 하십시오"라고 말했으니, 그 식견은 탁월하다. 양웅(揚雄)은 "성철(聖哲)의 글이 아니면 좋아하지 않았다"라고 이야기했으니, 대개 이런 뜻에 알맞지만, 동중서가 자득(自得)한 것만은 못하다.

董仲舒「對策」, 言"諸不在六藝之科 · 孔子之術者, 皆絶其道, 勿使並進.", 其見卓矣. 揚雄"非聖哲之書不好.", 蓋衷此意, 然未若董之自得也.

77

한(漢)나라의 제도는 왕도(王道)와 패도(覇道)를 섞어서 썼다. 한나라의 문장은 주(周)나라의 것과 진(秦)나라의 것을 아울러 본받았다. 오직 동중서만이 시종일관 진나라의 기미(氣味)가 전혀 없었다.

漢家制度, 王覇雜用; 漢家文章, 周 · 秦幷法. 惟董仲舒一路無秦氣.

78

사마천(司馬遷)의 『사기(史記)』는 『춘추좌씨전(春秋左氏傳)』과 한 가지 계통이다. 『좌씨전』은 경전인 『춘추』에 앞서서 일을 시작하고 『춘추』보다 나중에 의리로 끝냈고, 『춘추』에 의하여 이치를 분변하고, 『춘추』에다 다른 것을 섞어서 합쳤다. 『사기』는 서술하면서 논의를 같이 했으므로, 여러 가지 법이 다른 데로 옮겨가지 않고서도 이미 다 갖추어져 있다.

馬遷之『史』, 與『左氏』一揆. 『左氏』'先經以始事', '後經以終義', '依經以辯理', '錯經以合異'; 在馬則夾敍夾議, 於諸法已不移而具.

79

문장의 도(道)는 시대에 맞게 하는 것이 중요하다. 『춘추(春秋)』는 『서경(書經)』과 같지 않음은 물론이다. 곧 『좌전(左傳)』과 『사기(史記)』를 가지고 말하자면, 『좌전』을 억지로 『사기』로 만들게 되면 급박하게 되고, 『사기』를 억지로 『좌전』으로 만들면 늘어지게 된다. 오직 시대에 맞게 사라졌다 자라났다 하는 것이다. 이런 점이, 같지 않은 것이 바로 같아지는 까닭이다.

文之道, 時爲大. 『春秋』不同於『尙書』, 無論矣. 卽以『左傳』·『史記』言之, 强『左』爲『史』, 則嶕殺; 强『史』爲『左』, 則嘽緩. 惟與時爲消息, 故不同, 正所以同也.

80

문장에 『좌전(左傳)』과 『사기(史記)』가 있는 것은 마치 서예에 왕희지(王羲之)[105]와 왕헌지(王獻之)[106]가 있는 것과 같다. 장회관(張懷瓘)[107]이 서예를 논하여 이르기를, “만약 빼어난 기운이 가로 세로 거리낌 없는 것은 왕희지가 왕헌지보다 좀 못하다. 비녀를 꽂고, 옷을 차려입고 예악(禮樂)을 갖추는 점에 있어서는 왕헌지가 왕희지를 계승하지 못하다”라고 했다.

文之有『左』·『馬』, 猶書之有羲·獻也. 張懷瓘論書云: “若逸氣縱橫, 則羲謝於獻; 若簪裾禮樂, 則獻不繼羲.”

81

“말세에는 이익을 다투는데 오직 저들은 의리로 달려갔다”라는 말은 사마천(司馬遷)이 『사기(史記)』「백이열전(伯夷列傳)」에서 한 말이다. 『사기』 전체에서 의리를 중시하는 취지도 이와 다르지 않다. 책 속에서 이

105) 왕희지(王羲之): 중국 동진(東晋)의 서예가. 자는 일소(逸少). 고금의 서예의 장점을 모아 자신의 서체를 만들었는데, 특히 행서(行書)와 초서(草書)를 잘 썼다. 서성(書聖)으로 추앙되고 있다. 대표작품으로 「난정서(蘭亭叙)」, 「십칠첩(十七帖)」 등이 있다.

106) 왕헌지(王獻之): 동진(東晋)의 서예가. 자는 자경(子敬). 왕희지(王羲之)의 아들로 행서와 초서에 뛰어났다. 아버지 왕희지와 병칭하여 희헌(羲獻)이라고 한다.

107) 장회관(張懷瓘): 당(唐)나라의 서예이론가. 저서로 『서단(書斷)』이 있다.

익을 말하는 곳에서는 포상(褒賞)하는 곳에 폄하(貶下)하는 뜻을 붙이고 있다. 반고(班固)[108]가 "권세와 이익을 숭상하고 빈천을 부끄러워하였다"라고 사마천에 대해서 비판하였는데, 후세 사람들이 다시 반고를 비판하는 것이 마땅하도다!

"末世爭利, 維彼奔義.", 太史公於敍「伯夷列傳」發之. 而『史記』全書重義之旨, 亦不異是. 書中言利處, 寓貶於褒. 班固譏其崇勢利而羞貧賤, 宜後人之復譏固與!

82

사마천(司馬遷)의 문장은 정신과 기혈(氣血)이 갖추어지지 않은 것이 없다. 배우는 사람들은 그 참된 경지는 얻지 못하고 그 모양만 비슷하게 따른다. 이는 장자(莊子)가 이른바 "살아 있는 사람의 행동이 아니고 죽은 사람의 이치에만 이른 것이니, 다만 괴이함만 얻을 뿐이다"[109]라는 격이다.

太史公文, 精神氣血, 無所不具. 學者不得其眞際而襲其形似, 此莊子所謂"非生人之行而至死人之理, 適得怪焉."者也.

83

사마천의 문장은 성긴 것과 치밀한 것이 다 그 극치에 나아갔다. 치밀한 것이 그 의법(義法)[110]이다. 소자유(蘇子由)[111]는 사마천의 글을 일

---

108) 반고(班固) : 후한(後漢)의 역사가. 자는 맹견(孟堅). 『한서(漢書)』를 저술하였다.

109) 『장자(莊子)』「천하편(天下篇)」에 나오는 구절이다.

110) 의법(義法) : '의(義)'는 문장의 내용을 가리키고, '법(法)'은 문장의 형식을 가리키는데, 내용상 포창과 폄하, 찬미와 풍자, 논단(論斷), 우의(寓意) 등이 있어야 하고, 형식상으로 문장의 구도, 서사방법, 순서 등을 갖추어야 된다는 주장이다. 의법이란 말은 사마천(司馬遷)이 맨 먼저 하였고, 문장에서 의법을 강조하여 작문의 기본강령으로 내세운 사람은 청나라 동성파(桐城派) 고문가인 방포(方苞)이다.

111) 소자유(蘇子由) : 북송(北宋)의 문학가 소철(蘇轍). 자유는 그의 자. 호는 영빈(潁濱). 소식(蘇軾)의 아우. 벼슬은 대중대부(大中大夫)에 이르렀다. 당송팔대가(唐宋八大家)의

컬어, “느긋하고 호탕하여 기이한 기운이 있다”라고 했지만, 그 의법에 있어서는 오히려 말하지 못했다.

太史公文, 疎與密皆詣其極. 密者, 義法也. 蘇子由稱其“疎蕩有奇氣.”, 於義法猶未道及.

84

사마천은 때로 황하(黃河)나 한수(漢水)처럼[112] 넓고 큰 말을 하면서도, 그 뜻과 이치는 도리어 자세하게 들어가 간격이 없다. 비평하는 사람들이 “사마천의 글은 도(道)를 어지럽혔지만, 그래도 좋다”라고 하는데, 실제로는 본래 도를 어지럽힌 것도 아니다.

太史公時有河漢之言, 而意理卻細入無間. 評者謂“亂道卻好.”, 其實本非亂道也.

85

『사기(史記)』에서는 일을 서술함에 있어서 글 밖에 의미가 무궁하다. 비록 시내 하나 골짜기 하나라도 다 장강(長江 : 揚子江)이나 황하와 같다.

『史記』敍事, 文外無窮, 雖一溪一壑, 皆與長江・大河相若.

86

일을 서술함에 있어서, 끊어진 말을 끼워 넣는 것은 합당하지 않다. 사마천은 손님의 자리에 주인의 뜻을 붙이니, 정말 미묘하도다.

敍事不合參入斷語. 太史公寓主意於客位, 允稱微妙.

한 사람으로 문장에 뛰어났다.

112) 황하(黃河)나 한수(漢水)처럼 : 후한(後漢)의 학자 왕충(王充)의 『논형(論衡)』에, “한나라에는 글을 쓴 사람이 많은데, 사마천(司馬遷)이나 양웅(揚雄)은 황하나 한수고, 그 나머지는 경수(涇水)나 위수(渭水)다”라고 했다.

87

사마천의 문장은 세상을 슬퍼하는 뜻이 많고, 세상일에 대해서 분개하는 뜻은 적다. 이런 까닭으로 몸을 항상 높은 곳에 세운다. 읽는 사람들이 혹 그것을 슬퍼하는 것이라 여기기도 하고, 혹 분개하는 것이라고 여기기도 하는데, 자신의 그릇의 용량을 증명할 수 있는 것이다.

太史公文, 悲世之意多, 憤世之意少, 是以立身常在高處. 至讀者或謂之悲, 或謂之憤, 又可以自徵器量焉.

88

사마천의 문장은 육예(六藝 : 六經)와 제자백가(諸子百家)의 취지를 아울러 포괄했다. 다만 그 슬퍼하는 감정과 눌렀다 높였다 하는 정치(情致)는 『시경(詩經)』과 『초사(楚辭)』에서 얻은 것이 많다.

太史公文, 兼括六藝百家之旨. 第論其惻怛之情, 抑揚之致, 則得於『詩三百篇』及『離騷』居多.

89

「이소(離騷)」를 배워서 그 감정을 얻은 사람은 사마천(司馬遷)이고, 그 문장을 얻은 사람은 사마상여(司馬相如)다. 사마상여는 비록 감정에서 얻은 것이 없지 않지만, 문장 쪽이 많다. 모양을 떠나서 비슷한 것을 얻은 것은 마땅히 사마천이 우위에 있다.

學「離騷」得其情者爲太史公, 得其辭者爲司馬長卿. 長卿雖非無得於情, 要是辭一邊居多. 離形得似, 當以史公爲尙.

90

사마천(司馬遷)이, "배워서 엿보지 않은 것이 없다", "일을 잘 가리키고, 감정을 표현했다"라는 말로 『장자(莊子)』를 칭찬했는데, 또한 자신을 묘사한 것이다.

"學無所不闚.", "善指事類情.", 太史公以是稱『莊子』, 亦自寓也.

91

문장은, 구름 속의 용이나 안개 속의 표범처럼 나왔다 사라졌다 하거나 숨었다가 나타나거나 하는 등 변화가 비할 데 없는데, 이 점에 있어서 『장자(莊子)』나 「이소(離騷)」나 사마천이 한 가지다.

文如雲龍霧豹, 出沒隱見, 變化無方; 此『莊』·「騷」·太史所同.

92

예법(禮法)을 숭상하는 사람은 『좌전(左傳)』을 좋아하고, 천기(天機)를 숭상하는 사람은 『장자(莊子)』를 좋아하고, 성정(性情)을 숭상하는 사람은 「이소(離騷)」를 좋아하고, 지계(智計)를 숭상하는 사람은 『전국책(戰國策)』을 좋아하고, 의기(意氣)를 숭상하는 사람은 『사기(史記)』를 좋아한다. 좋아하는 것은 각각 사람으로 말미암지만, 책의 본래의 용량은 애초에 이 때문에 더하거나 줄거나 하지 않는다.

尙禮法者好『左氏』, 尙天機者好『莊子』, 尙性情者好「離騷」, 尙智計者好『國策』, 尙意氣者好『史記』. 好各因人, 書之本量初不以此加損焉.

93

사마천(司馬遷)의 문장은 초(楚)나라와 한(漢)나라 사이의 문장과 서로 가깝다. 초나라나 한나라 사람의 열전(列傳)을 지을 때, 각각의 부분에서 그 나라의 언어를 인용하였는데 자기의 정신과 서로 뒤섞여 차이가 없으므로, 독자로 하여금 구분하지 못하게 한다.

太史公文與楚·漢間文相近. 其傳楚·漢間人, 成片引其言語, 與己之精神相入無間, 直令讀者莫能辨之.

94

사마천은 정밀한 생각과 빼어난 운치는 모두 반고(班固)보다 낫다. 어떤 사람이, "빼어난 운치는 반고가 미치지 못하는 것은 진실로 그러하지만, 정밀한 생각은 어찌해서 다릅니까?"라고 물었다. 내가, "사마천은 능히 법도(法度)가 없는 곳에서 법도를 만들어 내는데, 반고는 법도를 베풀기 어려운 곳을 만나게 되면, 그 수가 차이나는 것을 볼 수 있다"라고 대답해 주었다.

子長精思逸韻, 俱勝孟堅. 或問: "逸韻非孟堅所及, 固也. 精思復何以異?" 曰: "子長能從無尺寸處起尺寸, 孟堅遇尺寸難施處, 則差數覩矣."

95

사마천(司馬遷)의 문장에서 한유(韓愈)는 그 웅장함을 얻었고, 구양수(歐陽脩)[113]는 그 빼어남을 얻었다. 웅장한 사람은 곧고 빠른 것을 잘 활용한다. 그래서 그 발단에서 기이함이 나오는 것을 볼 수 있다. 빼어난 사람은 느긋함을 잘 활용하기 때문에 실마리를 끌어냄에 있어서 절묘한 데로 들어가는 것을 볼 수 있다.

太史公文, 韓得其雄, 歐得其逸. 雄者善用直捷, 故發端便見出奇; 逸者善用紆徐, 故引緒乃覘入妙.

96

『화결(畫訣)』[114]에서, "돌은 면이 세 개 있고, 나무는 가지가 네 개 있다"라고 말했는데, 대개 붓을 놀리는 방법에는 모름지기 음양(陰陽)과 향

113) 구양수(歐陽脩): 북송의 문학가. 자는 영숙(永叔), 호는 육일거사(六一居士), 벼슬은 참지정사(參知政事)를 지냈다. 당송팔대가(唐宋八大家)의 한 사람으로 송나라 고문(古文)을 일으켰다. 문집 『육일거사집(六一居士集)』이 있다.

114) 『화결(畫訣)』: 명(明)나라 공현(龔賢)이 지은 그림을 그리는 데 필요한 중요한 방법을 설명한 책. 이외에 청(淸)나라 공연식(孔衍栻)이 지은 『화결』도 있다.

배(向背)를 겸해야 한다는 뜻이다. 사마천의 문장에서 때때로 이런 기법을 만날 수 있다.

『畫訣』: "石有三面, 樹有四枝." 蓋筆法須兼陰陽向背也. 於司馬子長文往往遇之.

97

사마천의 문장은 장장사(張長史)[115]가 가무(歌舞)와 전투에서 그 뜻과 법을 취하여 초서(草書)를 만드는 것과 같다. 그 비결은 무아(無我)의 경지에서 만물을 자신으로 삼는 데 있다.

太史公文, 如張長史於歌舞·戰鬪, 悉取其意與法以爲草書. 其祕要則在於無我, 而以萬物爲我也.

98

『회남자(淮南子)』는 같은 부류를 연결시켜 뜻을 비유하는 점에 있어서는 『주역(周易)』과 『장자(莊子)』에 근본을 두었기에 기이하면서도 크고 풍부하다. 또 능히 그 재주를 활용하였기에 비록 춘추전국시대(春秋戰國時代) 제자백가(諸子百家)들과 동시에 나왔다 할지라도 충분히 일가(一家)의 저작이 될 수 있었을 것이다.

『淮南子』, 連類喩義, 本諸『易』與『莊子』, 而奇偉宏富, 又能自用其才; 雖使與先秦諸子同時, 亦足成一家之作.

99

가의(賈誼)·사마천(司馬遷)·『회남자(淮南子)』 등 세 종류의 문장은 모두 춘추전국시대의 남긴 뜻을 가지고 있다. 동중서(董仲舒)나 유흠(劉歆)

115) 장장사(張長史): 당(唐)나라 서예가 장욱(張旭). 좌솔부장사(左率部長史)를 지냈으므로 이렇게 일컫는다. 서법에 정통하였고, 특히 초서에 뛰어나 초성(草聖)이라고 일컬어진다.

의 문장은 한(漢)나라 문장의 본래 모습이다.

賈長沙・太史公・『淮南子』三家文, 皆有先秦遺意; 若董江都・劉中壘, 乃漢文本色也.

100

사마상여(司馬相如)의 문장은 비록 실용성은 결핍되어 있지만, 행동거지는 긍지 있고 존귀하게 하였고, 대개 법도에 맞고 규모가 컸다. 그래서 한유(韓愈)가 비문(碑文)을 지을 때 많이 본받았다.

司馬長卿文雖乏實用, 然擧止矜貴, 揚搉典碩, 故昌黎碑板之文亦儀象之.

101

사(辭)나 부(賦)에 나오는 변려문(騈儷文)을 사용하여 글을 짓는 것은 송옥(宋玉)[116]의 「대초왕문(對楚王問)」에서 시작되었다. 이 뒤로는 추양(鄒陽)[117]・매승(枚乘)[118]・사마상여(司馬相如) 등이 있다. 다만 이런 체(體)를 사용할 때는 반드시 알맞은 바를 가려야 한다. 옛날 사람들은 "글을 지을 때 완곡하게 넌지시 간하는 것을 주로 하는[主文譎諫]" 경우가 아니면, 이런 방식을 취하는 경우가 드물다.

用辭賦之騈麗以爲文者, 起於宋玉「對楚王問」, 後此則鄒陽・枚乘・相如是也. 惟此體施之, 必擇所宜, 古人自"主文譎諫"外, 鮮或取焉.

102

유향(劉向)의 글은 족히 동중서(董仲舒)를 이을 만했다. 동중서는 『춘추

116) 송옥(宋玉) : 전국시대 초(楚)나라의 문학가. 사부(辭賦)에 능하였다. 대표작으로 「초혼(招魂)」, 「구변(九辯)」 등이 있다.

117) 추양(鄒陽) : 한(漢)나라의 문학가. 자유로운 필치로 유명하다. 대표작으로 「옥중상양왕서(獄中上梁王書)」가 있다.

118) 매승(枚乘) : 전한(前漢)의 문학가. 사부(辭賦)에 능하였다. 대표작 「칠발(七發)」이 있다.

공양전(春秋公羊傳)』을 전공했고, 유향은 『춘추곡량전(春秋穀梁傳)』을 전공했다. 동중서가 대책(對策)을 짓거나 유향이 봉사(封事)를 올릴 때 둘 다 『춘추(春秋)』를 인용하면서, "천지간의 떳떳한 경전이고, 고금에 두루 통하는 의리다"라고 했다. 그들이 배운 바는 큰 것에 힘썼기 때문에, 그들은, 경서를 공부하는 서생들이 세세한 문제의 같고 다름을 분변하느라 말이 많은 버릇과는 같지 않다는 점을 알 수 있다.

劉向文足繼董仲舒. 仲舒治『公羊』, 向治『穀梁』. 仲舒對策, 向上封事, 引『春秋』並言"天地之常經, 古今之通義.", 亦可見所學之務乎其大, 不似經生習氣, 譊譊置辯於細故之異同也.

103

유향(劉向)이나 광형(匡衡)[119]의 문장은 다 경술(經術)에 근본을 두었다. 유향은 간담(肝膽)을 토하여 정성스럽고 측은한 면이 있었으나 경서를 이야기할 때는 도리어 큰 내용을 이야기하는 곳이 있다. 광형은 경서를 이야기할 때는 비교적 세세하나, 뜻이 말을 따라가지 못하는 것을 느낄 수 있다.

劉向・匡衡文皆本經術. 向傾吐肝膽, 誠懇悱惻, 說經卻轉有大意處; 衡則說經較細, 然覺志不逮辭矣.

104

양웅(揚雄)이 도리를 이야기할 때는 큰 견식(見識)을 찾았다고 말할 수 있다. 그런데 본래부터 도(道)가 충분한 사람은 글이 저절로 흘러나온다. 양웅이 지은 『태현경(太玄經)』[120]이나 『양자법언(揚子法言)』[121]은 어찌하

119) 광형(匡衡) : 전한(前漢)의 학자. 자는 치규(稚圭). 『시경(詩經)』에 정통했다.
120) 『태현경(太玄經)』 : 한나라 양웅이 지은 책. 『주역』을 본떠서 지었다.
121) 『양자법언(揚子法言)』 : 한(漢)나라 양웅(揚雄)이 지은 책. 공자의 『논어(論語)』를 본떠서 지었다.

여 기운이 다하고 힘이 다했는지?

揚子雲說道理, 可謂能將許大見識尋求. 然從來足於道者, 文必自然流出. 『太玄』·『法言』抑何氣盡力竭耶?

105

양웅의 『양자법언(揚子法言)』은 좀 고지식한 내용이 있다. 대개 자기의 생각만 가지고 말을 만들어 냈는데, 사람들이 괴이하게 여기고 싫어해도 조금도 흔들리지 않았다.

『揚子法言』有些憨意. 蓋專己創言, 人雖怪且厭之, 弗爲少動也.

106

동파(東坡)[122]가 「답사민사서(答謝民師書)」에서 양웅(揚雄)을 두고, "어렵고 깊은 말을 잘 만들어 내어 얕고 쉬운 말을 꾸몄다"라고 했다. 증자고(曾子固 : 曾鞏)가 「답왕심보논양웅서(答王深甫論揚雄書)」에서 "내 스스로 내 학문에 진전이 있다 생각되는 것은 매양 양웅의 글에서 얻은 바가 있기 때문이다"라고 했다. 증공과 소식(蘇軾)이 보는 바가 이처럼 같지 않았다. 왕안석(王安石)[123]이 「여왕심보서(與王深甫書)」에서 또한 양웅을 대단히 추겨 올렸다. 이른바 "맹자가 죽고 난 뒤에 능히 대인(大人)을 이야기하면서 노자(老子) 장자(莊子)에로 흘러들지 않은 사람은 양웅뿐일 것이다"라고 한 것이 바로 그것이다.

東坡「答謝民師書」謂揚雄"好爲艱深之辭, 以文淺易之說." 子固「答

---

122) 동파(東坡) : 북송(北宋)의 문학가 소식(蘇軾)의 호. 자는 자첨(子瞻). 벼슬은 한림학사(翰林學士)를 지냈다. 당송팔대가(唐宋八大家)의 한 사람. 저서로 『동파집(東坡集)』이 있다.

123) 왕안석(王安石) : 북송(北宋)의 정치가. 문학가. 자는 개보(介甫), 호는 반산(半山), 사람들이 임천선생(臨川先生)이라고 불렀다. 신법(新法)을 만들어 개혁정치를 실현하려고 했으나 반대파들의 반대로 성공을 이루지 못했다. 당송팔대가(唐宋八大家)의 한 사람. 저서로 『임천집(臨川集)』이 있다.

王深甫論揚雄書」云:“鞏自度學每有所進, 則於雄書每有所得.” 曾·蘇所見不同如此. 介甫「與王深甫書」亦盛推雄, 如所謂“孟子沒, 能言大人而不放於老·莊者, 揚子而已.”是也.

107

사마온공(司馬溫公)124)이 『양자법언(揚子法言)』에 서문을 쓰기를, “맹자(孟子)는 시서(詩書)를 좋아하여 글이 곧으면서 드러나 있고, 순자(荀子)는 예(禮)를 좋아하여 글이 풍부하면서도 곱고, 양자(揚子:揚雄)는 『주역(周易)』을 좋아하여 글이 간결하면서도 심원하다”라고 했다. 맹자·순자·양웅을 아무 차이 없이 한꺼번에 일컬었다. 한유가 세 사람을 논한 것과는 달랐다.

司馬溫公敍『揚子』, 謂“孟子好詩書, 文直而顯; 荀子好禮, 文富而麗; 揚子好『易』, 文簡而奧.” 孟·荀·揚並稱無別, 與昌黎之論三子異矣.

108

양웅(揚雄)의 말의 문제점은, 바로 성인(聖人)과 비슷하게 했기 때문이다. 『주자어류(朱子語類)』125)에서, “능히 성인(聖人)의 마음을 얻었다면, 말이 비록 각각 달라도 내용이 성인과 같으면 해될 것이 없다”라고 했다. 학문이란 자신이 실제로 터득하는 것을 귀하게 여긴다는 것을 여기서 알 수 있다.

揚子雲之言, 其病正坐近似聖人. 『朱子語類』云:“若能得聖人之心, 則雖言語各別, 不害其爲同.” 此可知學貴實有諸已也.

---

124) 사마온공(司馬溫公): 송나라의 정치가이자 역사가인 사마광(司馬光). 자는 군실(君實), 호는 속수(涑水). 벼슬은 좌복야(左僕射)를 지냈으며, 왕안석(王安石)의 신법(新法)을 반대하였다. 온국공(溫國公)에 봉해졌고, 시호는 문정(文正)이다. 19년간 심혈을 기울여 『자치통감(資治通鑑)』을 완성하였고, 문집 『사마문정집(司馬文正集)』이 있다.

125) 『주자어류(朱子語類)』: 주자의 제자들이 주자와 그 제자들 사이에 문답한 말을 분류하여 기록한 것. 주자의 이학(理學) 체계가 종합적으로 반영되어 있다.

109

손초(孫樵)[126]의 「여고석망서(與高錫望書)」에 이르기를, "문장은 얼굴과 같은데, 역사를 서술하는 재주가 가장 어렵다. 사마자장(司馬子長 : 司馬遷)의 경지에 이른 사람으로는 천년 동안에 유독 양자운(揚子雲 : 揚雄)이 있다는 것만 들었다"라고 했다. 내가 생각해 보니, "자운(子雲)이 지은 사서(史書)는 지금 볼 수가 없다. 대개 반고(班固)에 의해서 이미 『한서(漢書)』에 채택되어 들어갔을 것이다. 『한서』「양웅전(揚雄傳)」은 아마 혹 양웅 자신이 스스로 서술한 것일는지? 또한 그 대강을 볼 수가 있다.

孫可之「與高錫望書」云 : "文章如面, 史才最難. 到司馬子長之地, 千載獨聞得揚子雲." 余謂子雲之史, 今無可見, 大抵已被班氏取入『漢書』. 『漢書』「揚雄傳」, 或疑出於雄所自述, 亦可見其梗概矣.

110

반고(班固)의 문장은 동중서(董仲舒) · 광형(匡衡) · 유향(劉向) 등 여러 사람들을 우러러 으뜸으로 쳤다. 비록 기미(氣味)는 이미 후한(後漢) 때의 것이지만, 바르고 우아하고 깊이 있고 두터운 것이 그 장점이다.

班孟堅文, 宗仰在董生 · 匡 · 劉諸家, 雖氣味已是東京, 然爾雅深厚, 其所長也.

111

소철(蘇轍)이 사마천(司馬遷)을 칭찬하여, "느긋하고 자유스러워 기이한 기운이 있다"라고 했고, 유협(劉勰)[127]이 반고(班固)를 칭찬하여, "재단(裁斷)한 것이 치밀하고 생각이 화려하다"라고 했다. 느긋한 것[疏]과

---

126) 손초(孫樵) : 당나라 문학가. 자는 가지(可之). 벼슬은 중서사인(中書舍人)일 지냈다. 문집 『손초집(孫樵集)』이 있다.

127) 유협(劉勰) : 남북조시대 양(梁)나라의 문학이론가. 언화는 그의 자. 그가 지은 『문심조룡(文心雕龍)』은 중국 고전문학 비평에 지대한 영향을 끼친 명저이다.

치밀한 것[密] 두 글자는 그 쓰임새가 끝이 없다.

蘇子由稱太史公"疎蕩有奇氣.", 劉彦和稱班孟堅"裁密而思靡" '疎' · '密'二字, 其用不可勝窮.

112

왕충(王充)[128] · 왕부(王符)[129] · 중장통(仲長統)[130] 등 세 사람의 문장은 후한(後漢) 시대에 있어 뛰어난 글이다. 이제 나누어 살펴보자면, 『논형(論衡)』[131]은 기이하면서도 독창적인 것으로 『회남자(淮南子)』에 가까운 편이다. 『잠부론(潛夫論)』[132]은 순박하고 두터워 동중서(董仲舒)의 글에 가까운 편이다. 『창언(昌言)』[133]은 뛰어나면서도 힘이 있어 가의(賈誼)와 비슷하다. 범엽(范曄)[134]이 『후한서(後漢書)』에서 이 세 사람을 비난하여, "한 쪽 구석의 것을 이야기하기 좋아했다"라고 했다. 그러나 각자가 일가(一家)를 이루었다고 봐도 무방하다.

王充 · 王符 · 仲長統三家文, 皆東京之矯矯者. 分按之 : 大抵『論衡』奇創, 略近『淮南子』; 『潛夫論』醇厚, 略近董廣川; 『昌言』俊發, 略近賈長沙. 范史譏三子"好申一隅之說.", 然無害爲各自成家.

---

128) 왕충(王充) : 후한(後漢)의 문학이론가. 벼슬은 군공조(郡功曹)에 이르렀다. 저서로 『논형(論衡)』이 있다.

129) 왕부(王符) : 후한의 학자. 은거하면서 학문에 전념하였다. 저서로 『잠부론(潛夫論)』이 있다.

130) 중장통(仲長統) : 후한 말기의 문학가. 벼슬은 상서랑(尙書郎)을 지냈다. 저서로 『창언(昌言)』이 있다.

131) 『논형(論衡)』 : 후한 때 왕충(王充)이 당시 세상 상황에 분개하여 권선징악(勸善懲惡)의 뜻을 붙여 지은 사상서.

132) 『잠부론(潛夫論)』 : 후한의 왕부(王符)가 편찬한 정치이론서.

133) 『창언(昌言)』 : 후한의 중장통(仲長統)이 지은 정치이론서.

134) 범엽(范曄) : 남북조시대 송(宋)나라의 역사가. 자는 울종(蔚宗). 박학하고 문장에 능했다. 저서로 『후한서(後漢書)』가 있다. 반역을 꾀하다가 처형되었다.

113

왕충(王充)의 『논형(論衡)』은 홀로 자신의 견해를 펼쳤는데, 생각의 힘이 보통 사람들보다 뛰어났다. 비록 때때로 격렬하여 편벽한 것에 가까운 것이 있지만, 그 뛰어난 조예(造詣)를 덮을 수는 없다. 그래서 채옹(蔡邕)[135]이나 유지기(劉知幾)는 그 책을 매우 중시했다. 한유(韓愈)가 '성(性)에는 세 가지 품격이 있다'라고 한 설도 『논형』의 「본성편(本性篇)」에 힘입은 것이다.

王充『論衡』, 獨抒己見, 思力絶人, 雖時有激而近僻者, 然不掩其卓詣. 故不獨蔡中郎・劉子玄深重其書, 卽韓退之'性有三品'之說, 亦承藉於其「本性篇」也.

114

왕충(王充)의 『잠부론(潛夫論)』은 모두 덕과 의리를 귀하게 여기고 영예와 이익은 억누르는 그런 취지이다. 비록 점을 논하고 꿈을 논했지만, 역시 그렇다.

『潛夫論』皆貴德義・抑榮利之旨, 雖論卜・論夢亦然.

115

후한(後漢)의 문장은 점점 화려한 변려문(駢儷文)으로 들어갔다. 이렇기 때문에 전한(前漢)의 수준을 기대하기는 어렵다. 목습(繆襲)[136]이 중장통(仲長統)을 칭찬하여, "재주와 문장이 족히 동중서(董仲舒)・가의(賈誼)・유향(劉向)・양웅(揚雄)을 이을 만하다"라고 했다. 지금 「창언(昌言)」을 이 몇 사람의 글을 함께 읽어 보았다. 그 기운과 격조가 과연 서로 어금버

135) 채옹(蔡邕) : 후한 말기의 학자. 자는 백개(伯喈). 다방면의 학문에 정통하였고, 특히 서예에 뛰어나 육경(六經)을 직접 써서 돌에 새겨 낙양(洛陽)의 태학(太學)에 세웠는데, 이것이 이른바 '희평석경(熹平石經)'이다. 문집 『채중랑집(蔡中郎集)』이 있다.

136) 목습(繆襲) : 삼국시대 위(魏)나라 인물. 벼슬은 상서(尙書)에 이르렀다. 재주와 학문이 있어 저술한 바가 많았다.

금한지?

東漢文浸入排麗, 是以難企西京. 繆襲稱仲長統"才章足繼董·賈·劉·揚." 今以「昌言」與數子之書並讀, 氣格果相伯仲耶?

116

중장통(仲長統)은 최식(崔寔)[137]의 『정론(政論)』에서 깊이 인정한 바가 있는데, 이르기를, "모든 임금 된 사람은 마땅히 한 벌을 베껴서 자리 옆에 두어야 한다"라고 했다. 『정론』에서 말한 바를 살펴 보니, 권도(權道: 임기응변적인 방법)를 주로 하였고, 경도(經道: 원리에 맞는 정상적인 방법)을 주로 하지 않았고, "시대와 세상을 구제하는 데 있어서 꼭 요임금 순임금을 따라할 것이 없다"라고 했다. 이런 것이 어찌 세상을 다스리는 정상적인 법도가 되겠는가? 이런 정도의 책에 중장통이 그렇게도 탄복했으니, 그가 지은 『창언(昌言)』의 취지가 전부 다는 순수하지 못한 것이 마땅하도다.

仲長統深取崔寔『政論』, 謂: "凡爲人主, 宜寫一通, 置之坐側." 按『政論』所言, 主權不主經, 謂"濟時拯世, 不必體堯蹈舜." 此豈爲治之常法哉? 而統服之若此, 宜其所著之『昌言』, 旨不皆粹也.

117

최식(崔寔)의 『정론(政論)』은 패도정치(覇道政治)의 법도와 통치술을 참작하였다. 순열(荀悅)의 『신감(申鑒)』[138]은 옛날 성스러운 임금들의 인의(仁義)를 밝힌 것이다. 순열은 네 가지 나쁜 것[139]을 물리치고 다섯 가지

---

137) 최식(崔寔): 후한(後漢)의 학자. 자는 자진(子眞), 최원(崔瑗)의 아들. 벼슬은 상서에 이르렀다. 여러 유학박사(儒學博士)들과 함께 오경을 정리했다. 저서로는 『정론(政論)』이 있다.

138) 『신감(申鑒)』: 후한 때 순열(荀悅)이 지은 책. 정치의 원리에 관해서 논한 내용이 많다.

139) 네 가지 나쁜 것: 『논어(論語)』에서 공자(孔子)가 네 가지 나쁜 것으로, 가르치지 않고 죽이는 것, 미리 깨우치지 않고 결과를 요구하는 것, 법령을 문란히 하여 기한에 이

정사[140]를 숭상하였으니, 진실로 후세의 법도나 훈계가 될 만하다. 최식은 전한(前漢)의 선제(宣帝)가 문제(文帝)보다 낫다고 말했는데, 그 의도는 쇠약해진 한나라의 폐단을 바로잡는 데 있었으므로, 자기도 모르는 사이에 말이 지나쳤을 따름이다.

崔寔『政論』, 參覇政之法術; 荀悅『申鑒』, 明古聖王之仁義. 悅言屛四患, 崇五政, 允足爲後世法戒; 寔言孝宣優於孝文, 意在矯衰漢之弊, 故不覺言之過當耳.

118

힘 있는 문장과 장렬한 절개 있는 사람으로 한(漢)나라 말기에 두 사람이 있었으니, 공문거(孔文擧)[141]와 장자원(臧子源)[142]이 그런 사람이다. 조자건(曹子建)[143]과 진공장(陳孔璋)[144]의 글이 건안(建安)[145]시대의 걸출한 존재지만, 그들에게 비할 바가 아니다.

遒文壯節, 於漢季得兩人焉, 孔文擧・臧子源是也. 曹子建・陳孔璋

르는 것, 출납할 때 인색한 것 등을 들었다.

140) 다섯 가지 정사 : 순열(荀悅)이 『신감(申鑒)』에서 밝힌 다섯 가지 정사는 이러하다. 농상(農桑)을 일으켜 백성들이 살아가도록 하는 일, 백성들의 호오(好惡)를 살펴 그 풍속을 바로잡는 일, 문교(文敎)를 떨쳐서 교화를 펴는 일, 국방을 튼튼히 하여 위엄을 유지하는 일, 상벌을 분명히 하여 법으로 다스리는 일.

141) 공문거(孔文擧) : 후한 말기의 학자 공융(孔融). 문거는 그의 자. 벼슬은 태중대부(太中大夫)에 이르렀다. 재기로 자부하였고, 이름이 천하에 가득하였다. 조조(曹操)의 비위를 거스르는 말을 자주 하다 조조에게 피살되었다. 문학으로 뛰어나 건안칠자(建安七子)의 한 사람에 들고, 문집 『공북해집(孔北海集)』을 남겼다.

142) 장자원(臧子源) : 후한의 학자 장홍(臧洪). 자원(子源)은 그의 자. 벼슬은 청주자사(青州刺史)에 이르렀다. 뒤에 원소(袁紹)의 시기를 받아 피살되었다.

143) 조자건(曹子建) : 삼국시대 위(魏)나라 조조(曹操)의 아들인 조식(曹植). 자건은 그의 자. 진왕(陳王)에 봉해졌다. 문학으로 이름이 높았고, 문집 『조자건집(曹子建集)』을 남겼다.

144) 진공장(陳孔璋) : 삼국시대 위(魏)나라의 문학가 진림(陳琳), 공장은 그의 자. 벼슬은 문하독(門下督)에 이르렀다. 처음에 원소(袁紹)에게 벼슬하다가 조조에게 갔는데, 문장에 뛰어나 군국기무(軍國機務)에 관한 글이 모두 그의 손에서 나왔다. 건안칠자(建安七子)의 한 사람. 문집 『진기실집(陳記室集)』이 있다.

145) 건안(建安) : 후한 헌제(獻帝)의 연호. 196~220년.

文爲建安之傑, 然尙非其倫比

119

한(漢)나라 북해태수(北海太守) 공융(孔融)의 문장은 비록 문체가 변려문(駢儷文)에 속하지만, 우뚝하고 힘있고 찬란하여, 사람으로 하여금 그 사람을 생각나게 한다. 당(唐)나라 이덕유(李德裕)[146]의 글은 기골이 높은데 거의 그 자취를 이을 만 했다.

孔北海文, 雖體屬駢麗, 然卓犖遒亮, 令人想見其爲人. 唐李文饒文, 氣骨之高, 差可繼踵.

120

정현(鄭玄)[147]의 「계자익은서(戒子益恩書)」는 온화하여 『시경(詩經)』과 『예기(禮記)』의 기운을 함축하고 있다.

鄭康成「戒子益恩書」, 雍雍穆穆, 隱然涵『詩』·『禮』之氣.

121

한(漢)나라와 위(魏)나라 사이에 문장이 그 바탕을 잃고 말았다. 제갈량(諸葛亮)[148]의 세상을 경륜할 글도 그 당시에는 "문채(文彩)가 곱지 못하다"고 하여 괴이하게 여겼다. 그러나 저 고운 글들이 실용에 있어서는 어떠한가?

漢·魏之間, 文滅其質. 以武侯經世之言, 而當時怪其"文采不艶."

146) 이덕유(李德裕) : 당나라의 문신. 자는 문요(文饒). 벼슬은 태자소보(太子少保)에 이르고 위국공(衛國公)에 봉해졌다. 독서와 글짓기를 좋아하였다. 저서로 『회창일품집(會昌一品集)』이 있다.

147) 정현(鄭玄) : 후한 때의 유명한 학자. 자는 강성(康成), 여러 경전에 널리 통하여 많은 주석을 달았다. 그는 고문경학(古文經學)을 위주로 하면서 금문경학(今文經學)의 설을 아울러 채택하였다. 저서로 『모씨전(毛氏箋)』 등이 있다.

148) 제갈량(諸葛亮) : 삼국시대 촉한(蜀漢)의 승상. 자는 공명(孔明). 무후(武侯)에 봉해졌다. 문집 『제갈무후집(諸葛武侯集)』이 있다.

然彼艶者，如實用何!

122

증공(曾鞏)이 「서간중론목록서(徐幹中論目錄序)」에서 이르기를, "서간(徐幹)[149]은 육예(六藝)를 고찰하여 공자와 맹자의 취지를 미루어 설명했다"라고 했다. 나는 "서간의 문장은 그 이치가 박잡(駁雜)하지 않을 뿐만 아니라, 그 기운 또한 차분하고 화목하니, 수양이 어느 정도에 도달한 사람이 아니면 이를 수 없는 것이다"라고 생각한다.

曾子固「徐幹中論目錄序」謂"幹能考六藝，推仲尼·孟子之旨." 余謂"幹之文非但其理不駁，其氣亦雍容靜穆，非有養不能至焉."

123

서간(徐幹)의 『중론(中論)』은 도리를 말하는 것이 바르고 진실하다. 「심대신편(審大臣篇)」은 순자(荀子)를 극도로 추숭하였으나 유세하는 선비는 인정하지 않았다. 「고위편(考僞篇)」은 이름을 구하는 것을 성인(聖人)이 극도로 금지한 것으로 여기고 있으니, 그 가르침을 대개 볼 수 있다. 위(魏)나라 문제(文帝)[150]가 그를 칭찬하여, "문채를 머금고 바탕을 끌어안고 편안하고 맑고 욕심이 적어 기산(箕山)에 숨을 뜻[151]이 있다"라고 했으니, 대개 그 사람을 정확하게 본 것이다. 그러나 서간이 어찌 이 말 때문에 명망을 더하겠는가?

徐幹『中論』，說道理俱正而實.「審大臣篇」，極推荀卿,而不取遊說之

149) 서간(徐幹): 후한 말기의 문학가. 자는 위장(偉長). 박학하였고, 사부(辭賦)와 시에 능하였다. 저서에 『중론(中論)』, 『서위장집(徐偉長集)』이 있다.

150) 위(魏)나라 문제(文帝): 삼국시대 위나라 조조(曹操)의 아들 조비(曹丕). 자는 자환(子桓). 문학에 뛰어났다. 그가 쓴 『전론(典論)』 「논문(論文)」은 중국문학사에 있어서 최초의 본격적인 평론이다.

151) 기산(箕山)에 숨을 뜻: 상고시대에 소보(巢父)와 허유(許由)가 세상에 뜻을 끊고 하남성(河南省)의 기산(箕山) 영수(潁水) 사이에서 숨어 지냈다.

士, 「考僞篇」以求名爲聖人之至禁, 其指槪可見矣. 魏文稱其"含文抱質, 恬淡寡欲, 有箕山之志.", 蓋爲得之. 然偉長豈以是言增重哉?

124

진수(陳壽)[152]의 『삼국지(三國志)』를 두고, 『문중자(文中子)』[153]에서는 "큰 의리에 의거하고 이단(異端)은 다 깎아 버렸다"라고 했다. 조공무(晁公武)[154]는 『독서지(讀書志)』에서 "수준 높고 간명하여 법도가 있다"라고 말했다. 의리 '의(義)'자와 법도 '법(法)' 두 글자가 역사가의 요결임을 알 수 있다.

陳壽『三國志』, 『文中子』謂"其依大義而削異端.", 晁公武『讀書志』謂"其高簡有法.", 可見'義'·'法'二字爲史家之要.

125

진(晋)나라 원강(元康)[155] 연간에 범군(范頵)[156] 등이 표(表)를 올려 이르기를, "진수(陳壽)의 문장은 그 아름다움이 사마상여(司馬相如)에 미치지 못하나, 그 질박하고 정직함은 낫습니다"라고 했다. 이 말은 아주 도리에 벗어났다. 사마상여는 사(辭) 작가이고, 진수는 역사가이다. 문체(文體)가 본래 다른 것인데, 문채와 바탕을 어찌 아울러 논할 수 있겠는가?

晋元康中, 范頵等上表, 謂"陳壽文, 艶不及相如, 而質直過之." 此言殆外矣. 相如自是辭家, 壽是史家, 體本不同, 文質豈容並論!

---

152) 진수(陳壽) : 진(晋)나라의 역사가. 자는 승조(承祚). 저작랑(著作郎)에 임명되어 『삼국지(三國志)』를 편수하였다.

153) 『문중자(文中子)』 : 수(隋)나라 왕통(王通)이 지은 책. 『문중자중설(文中子中說)』, 『중설(中說)』 등의 이칭이 있다.

154) 조공무(晁公武) : 송(宋)나라 학자. 자는 자지(子止), 호는 소덕선생(昭德先生). 벼슬은 이부시랑(吏部侍郎)에 이르렀다. 집에 장서가 많아 책을 교정하고 대지를 논술하여 『군재독서지(郡齋讀書志)』를 편찬하였다. 문집 『소덕집(昭德集)』이 있다.

155) 원강(元康) : 진(晋)나라 혜제(惠帝)의 연호. 291~299년.

156) 범군(范頵) : 진(晋)나라 사람이나, 자세한 생애는 미상이다.

126

왕통(王通)[157]의 『문중자(文中子)』에서는 사마천(司馬遷)과 반고(班固)는 억누르면서 진수(陳壽)는 인정하였으니, 말한 것이 지나친 듯하다. 그러나 진수의 『삼국지』를 보면 그 사건의 실정을 세련되게 잘 요약하였고, 한 글자 한 구절을 지을 때 매우 신중히 다루었으니, 비록 사마천이나 반고도 마땅히 마음으로 굴복하였을 것이다.

『文中子』抑遷・固而與陳壽, 所言似過. 然觀壽書練覈事情, 每下一字一句, 極有斤兩, 雖遷・固亦當心折.

127

육대(六代)[158]의 문장 가운데는 아름답게 만드는 재주는 많으나 세련되게 하는 재주는 적다. 세련되게 만드는 재주로는 육기(陸機)[159]를 그런 사람이라고 할 수 있다. 대개 그의 생각은 정미(精微)한 데까지 들어갔고, 그의 재주는 다시 큰 것을 담을 만했다. 그래서 그가 지은 작품은 모두 우뚝이 스스로 그 뼈대를 세웠다. 『문심조룡(文心雕龍)』에서는 단지 "감정은 번성하고 말은 숨었다"라고 요약했는데, 그 내용을 전혀 다 포괄하지 못한 것이다.

六代之文, 麗才多而練才少. 有練才焉, 如陸士衡, 是也. 蓋其思旣能入微, 而才復足以籠鉅, 故其所作, 皆傑然自樹質幹. 『文心雕龍』但目以"情繁辭隱.", 殊未盡之.

157) 왕통(王通) : 수(隋)나라 때의 학자. 자는 중엄(仲淹). 제자가 천여 명이나 되었는데, 당나라 초기 위징(魏徵)・이정(李靖) 등이 그의 제자다. 저서로는 『중설(中說)』(일명 『文中子』)가 있다. 제자들이 올린 사시(私諡)는 문중자(文中子)이다.

158) 육대(六代) : 중국 남북조시대의 남조(南朝).

159) 육기(陸機) : 진(晋)나라의 문학가. 자는 사형(士衡). 그가 지은 「문부(文賦)」는 중국문학사상 중요한 문학이론으로 꼽힌다.

128

도연명(陶淵明)[160]이 지은 글은 많지 않다. 또 글 짓는 데 마음에 둔 적이 없는 것 같다. 그러나 그의 글은 배워서 될 수 있는 것이 아니다. 그의 글처럼 짓기가 어려운 것이 아니라, 그의 가슴처럼 되기가 어려운 것이다.

陶淵明爲文不多, 且若未嘗經意. 然其文不可以學而能. 非文之難, 有其胸次爲難也.

129

역사가의 학식은 마땅히 문사들보다 위로 뛰어나야 한다. 범엽(范曄)이 일찍이 말하기를, "문사들이 지은 글 같은 것은 짓기 부끄러워한다"라고 했다. 그러나 역사가의 글은 문사들의 섬세하면서도 잡다한 견해에서 때때로 떨쳐 새롭게 되는 것이 적지 않다.

史家學識當出文士之上. 范蔚宗嘗自言"恥作文士文." 然其史筆於文士纖雜之見, 往往振刷不盡.

130

유지기(劉知幾)는 『사통(史通)』에서 반고(班固)의 글을 칭찬하여, "말은 온화하면서도 고상하고 이치는 통쾌하면서도 적절하다. 더욱 아름다운 점은 『서경(書經)』의 전(典)[161]과 고(誥)[162]의 기풍이 있는 것이다"라고 했다. 범엽(范曄)은 『후한서(後漢書)』「순리전(循吏傳)」 이하의 여러 서(序)와 논(論)을 두고 스스로 이르기를, "필세(筆勢)가 자연스러워 때때로 가

160) 도연명(陶淵明) : 동진(東晋)시대의 문학가. 자는 연량(淵亮). 일설에는 연명(淵明)은 자이고 이름은 잠(潛)이라고 한다. 중국문학사상 가장 위대한 전원시인(田園詩人). 시문집 『도연명집(陶淵明集)』이 남아 있다.

161) 전(典) : 『서경(書經)』 가운데 「요전(堯典)」, 「순전(舜典)」 등의 편이 들어 있다.

162) 고(誥) : 『서경(書經)』 속에 「중훼지고(仲虺之誥)」, 「탕고(湯誥)」, 「대고(大誥)」, 「강고(康誥)」, 「주고(酒誥)」, 「소고(召誥)」, 「낙고(洛誥)」 등의 편이 들어 있다.

의(賈誼)의 「과진론(過秦論)」[163]보다 못하지 않다"라고 했다. 『사통(史通)』에서도 "범엽은 가의에게서 그 자취를 참작했다"라고 했다. 반고와 범엽은 두 종파(宗派)로서, 여기서 구분된다.

『史通』稱孟堅"辭惟溫雅, 理多愜當, 其尤美者有典 · 誥之風." 范史自謂循吏以下諸序論, "筆勢縱放, 往往不減「過秦篇」."; 『史通』亦言"蔚宗參蹤於賈誼." 班 · 范兩家宗派, 於此別矣.

131

역도원(酈道元)[164]이 산수를 서술한 것은 우뚝하고 깨끗하고 층층의 깊이가 있어, 문득 『초사(楚辭)』 중의 「산귀(山鬼)」나 「초은사(招隱士)」 같은 뛰어난 경지가 있다. 역도원의 글은 유주자사(柳州刺史) 유종원(柳宗元)의 유기(遊記)의 선도(先導)가 될 것인저!

酈道元敍山水, 峻潔層深, 奄有『楚辭』「山鬼」·「招隱士」勝境. 柳柳州遊記, 此其先導耶!

132

유협(劉勰)의 「신론(新論)」의 체재는 『한비자(韓非子)』 「설림편(說林篇)」 및 『회남자(淮南子)』의 「설산훈편(說山訓篇)」 「설림훈편(說林訓篇)」에서 나왔다. 그 가운데 나오는 격언을 예로 들면 「신독편(愼獨篇)」에 나오는, "홀로 서서 자기의 그림자에 부끄럽지 말고, 홀로 잘 때 이불에 부끄럽지 말아라"라는 말 등은, 육조시대에 몇 사람이나 이런 말을 할 수 있었

---

163) 「과진론(過秦論)」: 전한(前漢)의 가의(賈誼)가 지은 정론(政論). 진(秦)나라 정치의 잘못을 비판한 글이나, 사실은 진나라의 일을 빌려 당시의 정치를 공격한 것이다. 문장이 힘이 있고 유창하면서 읽으면 사람을 숙연하게 하는 힘이 있다. 전형적인 한나라 초기의 문장이다.

164) 역도원(酈道元): 북위(北魏)시대의 학자. 자는 선장(善長). 그는 호학하고 기이한 책을 좋아하였는데, 그가 지은 『수경주(水經注)』는 중국 고대의 지리명저이고 문장도 우미(優美)하다.

겠는가?

劉勰「新論」體出於『韓非子』「說林」及『淮南子』「說山訓」·「說林訓」. 其中格言, 如「愼獨篇」"獨立不慙影, 獨寢不愧衾."二語, 六朝時幾人能道及此?

133

왕통(王通)의 『중설(中說)』은 그 문인이 기록한 것 같다. 그 뜻과 의리는 정밀하면서도 충실하고, 그 기상은 온화하면서도 느긋하여, 그 쌓인 경륜을 볼 수 있다. 기록한 사람이 체재를 얻었음을 알 수 있다.

王仲淹『中說』, 似其門人所記. 其意理精實, 氣象雍裕, 可以觀其所蘊, 亦可以知記者之所得矣.

134

『순자(荀子)』와 『문중자(文中子)』는 예악(禮樂)의 뜻에 깊이가 있다. 그 문장은 『순자』가 비교적 웅혼(雄渾)하면서도 준엄하고, 『문중자』는 심각하면서도 완곡하니, 그 바탕과 학문이 각각 서로 가까이한 바가 있음을 상상할 수 있다. 이 이후로 당나라의 한유(韓愈)와 이고(李翱)[165] 두 사람도 문장에 있어서 그 길이 갈라진 것이 역시 이러했다.

『荀子』與『文中子』皆深於禮樂之意. 其文則『荀子』較雄峻, 『文中子』較深婉, 可想其質學各有所近. 後此如韓昌黎·李習之兩家文, 分塗亦然.

135

『순자(荀子)』의 말은 후세 왕들에게 법도가 되었고, 『문중자(文中

---

165) 이고(李翱) : 당나라의 문학가. 자는 습지(習之). 벼슬은 절도사를 지냈다. 한유(韓愈)에게서 문장을 배워 정취가 혼후(渾厚)하여 그 당시 추중을 받았다. 문집 『이문공집(李文公集)』이 있다.

子)』에서는 한(漢)나라 일곱 명의 어진 임금[166]만 일컬었는데, 다만 간추리겠다는 의도였다. 송(宋 : 劉宋)나라 영가(永嘉)[167] 연간의 여러 사람들은 드디어 이런 뜻에 근거하여 확장하여 학파를 만들었다. 모든 논의가 여기에 바탕을 두었는데, 편파적으로 근거하다 보니 규모가 작은 것을 면하지 못하게 되었다.

『荀子』言法後王, 『文中子』稱漢七制之主, 特節取之意耳. 至宋永嘉諸公, 遂本此意衍爲學派, 而一切議論因之, 未免偏據而規小矣.

136

"하늘을 두려워하고 사람들을 불쌍히 여겨라[畏天憐人]"라는 네 글자는 『문중자(文中子)』「주공편(周公篇)」에 보이는데, 대개 주역(周易)을 논한 것이다. 지금 『중설(中說)』이란 책 전부를 읽어 보면, 그의 심법(心法)이 모두 다 여기서 나오지 않았다는 것을 알 수 있다.

"畏天憫人"四字, 見『文中子』「周公篇」, 蓋論易也. 今讀『中說』全書, 覺其心法皆不出此意.

137

차산(次山) 원결(元結)[168]의 문장은 뜻이 크면서도 깐깐한 사람의 말이었다. 그가 지은 「출규(出規)」라는 글은 어떤 일을 해 보겠다는 데 뜻이 있었고, 「처규(處規)」라는 글은 지키는 것이 있는 데 뜻이 있었다. 「칠불여(七不如)」라는 일곱 편의 글은 세상일에 분개하는 뜻이 너무 깊은 것 같지만, 세상을 걱정하는 뜻이 정말 매우 진지하다. 이 또한 족히 모진

166) 한(漢)나라 일곱 명의 어진 임금 : 왕통(王通)이 『중설(中說)』에서 문무의 업적을 이룬 한나라 황제 일곱 명을 꼽았는데, 곧 고조(高祖)・문제(文帝)・무제(武帝)・선제(宣帝)・광무제(光武帝)・명제(明帝)・장제(章帝)이다.

167) 영가(永嘉) : 진(晋)나라 회제(懷帝)의 연호. 307~312년.

168) 원결(元結) : 당나라의 문학가. 자는 차산(次山). 벼슬은 도주자사(道州刺史)에 이르렀다. 문장이 힘이 있어 특이하였다.

사람을 청렴하게 만들고 나약한 사람으로 하여금 뜻이 서게 할 수 있는 것이다. '굽을 것을 바로잡으려다 지나치게 바르게 한다'는 말로 지목할 수는 없는 것이다.

元次山文, 狂狷之言也. 其所著「出規」, 意存乎有爲; 「處規」, 意存乎有守. 至「七不如」七篇, 雖若憤世太深, 而憂世正復甚摯. 是亦足使頑廉懦立, 未許以'矯枉過正'目之.

138

선공(宣公) 육지(陸贄)[169]의 글은 근본을 귀하게 여기면서 실용에 접근하였으니, 이미 요량 없는 선비의 물정에 어둡고 엉성한 것은 아니고, 또 패도(霸道)가 섞인 공리(功利)의 글과는 다르다. 여기서 인정과 이치의 밖에 따로 경세제민(經世濟民)의 방법이 없다는 것을 알 수 있다.

陸宣公文, 貴本親用, 旣非督儒之迂疎, 亦異雜霸之功利. 於此見情理之外無經濟也.

139

육선공(陸宣公 : 陸贄)의 주의(奏議)를 네 글자로 평한다면, '정당하고 진실하고 간절하고 사실에 맞다'라 하겠다.

陸宣公奏議, 評以四字, 曰 : '正實切事.'

140

육선공(陸宣公)의 주의(奏議)의 오묘하고 능한 것이 가의(賈誼)의 것과는 같지 않다. 가의의 말도 오히려 쓰이지 않았는데, 하물며 당(唐)나라

---

169) 육지(陸贄) : 당나라의 문신. 자는 경여(敬輿). 벼슬은 동문하평장사(同門下平章事)에 이르렀다. 어려서부터 사람됨이 신실하고 유학을 좋아했다. 그가 지은 주의(奏議)는 조리가 정밀하고 문장이 유창하여 후세의 모범이 된다. 시호는 선공(宣公). 저서로 『육선공주의(陸宣公奏議)』가 있다.

덕종(德宗)의 도량이 한(漢)나라 문제(文帝)[170]에게 비길 바가 아님에랴? 그래서 격앙되고 말을 잘하고 단정적으로 말하는 것은 행해지기 어려운 것이 있다. 그러나 느긋하게 여유를 가지면 부드럽게 먹혀들 수가 있는 것이다. 또 그 기운이 더욱 평이하고 완곡하면 그 뜻이 침착하고 간절해질 수 있는 것이다. 그래서 후세에 말을 아뢰는 사람들은 육선공의 방법을 배우는 사람들이 많다. 오직 체제만은 그의 변려체(騈儷體) 문장을 꼭 그대로 따를 것은 없다.

陸宣公奏議, 妙能不同於賈生. 賈生之言猶不見用, 況德宗之量非文帝比. 故激昂辯折有所難行, 而紆餘委備可以巽入. 且氣愈平婉, 愈可將其意之沈切. 故後世進言多學宣公一路, 惟體制不必仍其排偶耳.

141

가의(賈誼)와 육선공(陸宣公)의 문장은 사실상 기상에 구분이 있다. 그 사실을 논하는 것 같은 사례는 육상산(陸象山)[171]이 가장 잘 이야기하였다. 육상산의 이야기는 이러하다. "가의는 일 위에서 인의(仁義)를 이야기하였고, 육지(陸贄)는 인의 위에서 일을 이야기하였다."

賈生·陸宣公之文, 氣象固有辨矣. 若論其實, 陸象山最說得好: "賈誼是就事上說仁義, 陸贄是就仁義上說事."

142

독고급(獨孤及)[172]의 문장은 사악함을 누르고 바른 것을 인정하는 것

170) 문제(文帝) : 한(漢)나라의 제5대 황제. 가의(賈誼)가 벼슬할 당시의 황제였다.

171) 육상산(陸象山) : 송나라의 학자 육구연(陸九淵). 상산(象山)은 그의 호. 자는 자정(子靜). 주자와 동시대 사람인데, 주자와 달리 지행합일(知行合一)을 주장하였다. 문집 『육상산집(陸象山集)』이 있다.

172) 독고급(獨孤及) : 당나라의 문신. 자는 지지(至之). 벼슬은 상주자사(常州刺史)를 지냈다. 논의에 뛰어나 명쾌하게 선악을 잘 구분하여 선진(先秦)과 전한(前漢)나라의 기풍이 있었다. 문집 『비릉집(毗陵集)』이 있다.

이 한유(韓愈)의 문장과 같았다. 당(唐)나라 『실록(實錄)』에서는 "그가 글 짓는 것을 한유가 스승으로 삼았다"라고 했으나, 한유가 스스로 말한 적은 없어, 한유에게 배운 사람들은 다시는 말하지 않았다. 『당서(唐書)』에 실린 그의 전(傳)에서 겨우 "양숙(梁肅)·고삼(高參)·최원한(崔元翰)·진경(陳京)·당차(唐次)·제항(齊抗) 등이 그를 스승으로 섬겼다"라고 했는데, 거기에 한유는 들어 있지 않다. 그의 문장이 충분히 존중을 받을 만하다면, 한유가 스승으로 삼은 것은 실로 관계가 되지 않는다.

獨孤至之文, 抑邪與正, 與韓文同. 唐『實錄』稱"韓愈師其爲文.", 乃韓則未嘗自言, 學於韓者復不言. 『唐書』本傳亦僅言"梁肅·高參·崔元翰·陳京·唐次·齊抗師事之.", 而韓不與焉. 要其文之足重, 固不係乎韓師之也.

143

창려(昌黎) 한유(韓愈)는 맹자(孟子)의 '남의 말을 잘 알아듣고, 호연지기(浩然之氣)를 기르는' 전통을 이었다. 「답이고서(答李翱書)」를 보면, 학문과 수양을 아울러 이야기했음을 알 수 있다.

昌黎接孟子'知言養氣'之傳, 觀「答李翊書」, 學養並言, 可見.

144

창려(昌黎) 한유(韓愈)가 이르기를, "인의(仁義)한 사람은 그 말이 온화하다"라고 했고, 노천(老泉) 소순(蘇洵)[173]은 "맹자(孟子)와 한유(韓愈)는 온후하고 순박하다"고 여겼는데, 그 의미가 은연중에 합치된다.

昌黎謂"仁義之人, 其言藹如." 蘇老泉以"孟·韓爲溫醇.", 意蓋隱合.

---

173) 소순(蘇洵) : 송나라의 문학가. 자는 명윤(明允), 호는 노천(老泉). 벼슬은 문안현주부(文安縣主簿)를 지냈다. 고문(古文)에 뛰어나 아들 소식(蘇軾)·소철(蘇轍)과 함께 당송팔대가(唐宋八大家)에 들어갔다. 문집 『가우집(嘉祐集)』이 있다.

145

이치를 이야기하고 일을 논할 때 자기도 모르게 타협하는 것은 곧 근본이 완성되지 않았기 때문이다. 한유(韓愈)의 문장을 보면 노련하고 진실하여, 긴요한 것을 다 말하였다. 나름대로 기교를 사용하고 기이함을 부리는 사람으로 하여금 한유의 글을 바라보면 저절로 물러서게 만들 것이다.

說理論事, 涉於遷就, 便是本領不濟. 看昌黎文老實說出緊要處, 自使用巧騁奇者望之辟易.

146

한유(韓愈)의 문장은 팔대(八代)[174]의 쇠퇴함을 일으켰다 하나 사실은 팔대의 성공을 집대성한 것이다. 대개 옛날 것을 잘 활용하는 사람은 능히 옛날 것을 변화시켜 포괄하지 않음이 없다. 그래서 능히 제거하지 못하는 것이 없게 되는 것이다.

韓文起八代之衰, 實集八代之成. 蓋惟善用古者能變古, 以無所不包, 故能無所不掃也.

147

팔대의 쇠퇴함이란 그 시대의 문장은 안으로는 기운이 다했으면서도 밖으로만 화려한 것을 이른 것이다. 한유는 '만 가지 괴이하고 두렵고 혹한 것을 누르고 막았으니', 당시에 있어서 정말 허한 기운을 보완하고 종기를 녹여 없애는 좋은 약이 되었다.

八代之衰, 其文內竭而外侈. 昌黎易之以'萬怪惶惑, 抑遏蔽掩', 在當時眞爲補虛消腫良劑.

174) 팔대(八代) : 후한(後漢) · 위(魏) · 진(晋) · 송(宋) · 제(齊) · 양(梁) · 진(陳) · 수(隋)의 여덟 왕조.

148

한유(韓愈)는 글을 논하여, "오직 옳게 할 따름이다"라고 했다. 내 생각으로는 이 '옳다[是]'라는 글자의 주석은 두 가지가 있는데, 하나는 '바르다[正]'이고, 다른 하나는 '참되다[眞]'이다.

昌黎論文曰 : "惟其是爾." 余謂'是'字註脚有二 : 曰'正', 曰'眞'.

149

한유는 이 '시(是)'자와 다를 '이(異)' 두 글자로 문장을 논했다. 그러나 두 글자는 모름지기 그대로 하나로 합치되어야 한다. '다르지 않은 옳음'이라면 범상할 따름이고, '옳지 않은 다름'이라면 망령될 따름이다.

昌黎以'是'·'異'二字論文, 然二者仍須合一. 若'不異之是', 則庸而已; '不是之異', 則妄而已.

150

한유는 스스로 말하기를, "육경(六經)의 취지를 요약하여 글을 이룬다"라고 했다. 취지란 오로지 줄거리를 가지고 말하는 것이요, 그 글이 꼭 서로 비슷해야 하는 것은 아니다. 그래서 비록 『장자(莊子)』, 「이소(離騷)」, 양웅(揚雄)과 사마상여(司馬相如)의 문장에서 널리 취하고 아울러 자료를 구했지만, 경서의 뜻을 요약한 것은 그대로 존재해 있다. 육참(陸傪)175)이 이고(李翶)의 「복성서(復性書)」를 보고, "그대의 말은 공자(孔子)의 마음일세"라고 했는데, 역시 문장이 공자와 비슷해서 그렇게 말한 것은 아니었다.

昌黎自言"約六經之旨而成文." 旨字專以本領言, 不必其文之相似. 故雖於『莊』·「騷」·太史·子雲·相如之文博取兼資, 其約經旨者自在也. 陸傪聞李習之「復性書」曰 : "子之言, 尼父之心也." 亦不以文似

175) 육참(陸傪) : 당나라의 문신. 자는 공좌(公佐). 벼슬은 흡주자사(歙州刺史)를 지냈다. 사람을 알아보는 안목이 있었고, 한유(韓愈)·이고(李翶) 등과 친하게 지냈다.

孔子而云然.

151

한유(韓愈)가 유종원(柳宗元)의 글을 논하여, "웅장하고 심오하고 고아하고 건장하여 사마천(司馬遷)과 비슷하다"라고 했다. 이 논평을 보면 유종원만 알 수 있을 뿐만 아니라, 한유가 사마천에게서 얻은 것도 아울러 알 수 있다.

昌黎謂柳州文"雄深雅健, 似司馬子長." 觀此評, 非獨可知柳州, 並可知昌黎所得於子長處.

152

문장을 논할 때, 어떤 사람은 귀착하는 취지만 오로지 숭상하기도 하고, 어떤 사람은 기상과 풍격(風格)만 오로지 숭상하기도 하나, 모두 다 한쪽으로 치우친 것을 면하지 못한다. 『구당서(舊唐書)』「한유전(韓愈傳)」에 나오는, "경전과 『서경(書經)』 고(誥)의 가리킨 취지와 사마천(司馬遷)과 양웅(揚雄)의 기상과 풍격"이라는 두 마디 말은 한유의 뜻을 미루어서 말을 만든 것인데, 보는 관점이 갖추어졌다고 말할 수 있겠다.

論文或專尙指歸, 或專尙氣格, 皆未免著於一偏. 『舊唐書』「韓愈傳」"經·誥之指歸, 遷·雄之氣格"二語, 推韓之意以爲言, 可謂觀其備矣.

153

한유의 문장은 두 종류가 있는데, 모두 다 「답위지생서(答尉遲生書)」에 나타나 있다. 하나는 "밝은 것은 의심이 없다", "행실이 준엄한 사람은 말도 엄하다"라는 것이고, 다른 하나는, "느긋하게 노니는 사람은 여유가 있다", "마음이 순박한 사람은 기상이 온화하다"라는 것이다.

昌黎文兩種, 皆於「答尉遲生書」發之: 一則所謂"昭晰者無疑.", "行峻而言厲."是也; 一則所謂"優游者有餘.", "心醇而氣和."是也.

154

한유(韓愈)는 스스로 그 문장에 대하여 말하기를, "때때로 감격하기도 하고 원망하기도 하고 기괴하기도 한 말이 있다"라고 했다. 양웅(揚雄)은 이런 말을 하려고 하지 않았다. 이것이 바로 한유의 가슴이 평탄하고 솔직하여 양웅보다 높이 뛰어나 양웅이 따라가지 못하는 점이다.

昌黎自言其文"亦時有感激怨懟奇怪之辭.", 揚子雲便不肯作此語. 此正韓之胸襟坦白高出於揚, 非不及也.

155

한유가 「송궁문(送窮文)」[176]에 대해서 스스로 일컬어, "한 가지 능함만 오로지 하지 않고, 괴이하고 기이함을 때에 맞게 베풀지 못했는데, 다만 스스로 장난삼아 지었다"라고 했다. 소식(蘇軾)이 일찍이 황정견(黃庭堅)[177]과 더불어 유종원(柳宗元)의 「하왕참원실화서(賀王參元失火書)」에 대해서 말하기를, "이 사람은 괴이하고 기이한데 또한 세 가지 끝[178] 가운데서 한 가지 좋은 곳을 얻었다"라고 했다. 여기서 '또한[亦]'이라는 말에서 한유를 추앙하는 미묘한 뜻을 붙였다.

昌黎「送窮文」自稱其文曰 : "不專一能, 怪怪奇奇, 不可時施, 祇以自嬉." 東坡嘗與黃山谷言柳子厚「賀王參元失火書」, 曰 : "此人怪怪奇奇, 亦三端中得一好處也." '亦'字言外寓推韓微旨.

156

"하나의 파도가 평평해지지 않아서 다른 하나의 파도가 일어났다. 나

176) 「송궁문(送窮文)」: 한유(韓愈)가 지은 사람을 궁하게 만드는 귀신을 내보내는 내용을 희필(戲筆)로 쓴 글이다.

177) 황정견(黃庭堅): 송나라의 문학가. 자는 노직(魯直), 호는 산곡(山谷). 벼슬은 지태평주사(知太平州事)를 지냈다. 강서시파(江西詩派)를 창설하였고, 글씨에도 능했다. 문집 『예장황선생문집(豫章黃先生文集)』이 있다.

178) 세 가지 끝: 문사의 붓끝, 무사의 칼끝, 변사(辯士)의 혀 끝.

아가고 들어가고 하는 변화를 끝까지 따라잡을 수는 없지만 법도는 어지럽혀서는 안 된다." 이 말은 백석(白石) 강기(姜夔)[179]의 『시설(詩說)』에 나오는 이야기다. 이런 경지는 항상 한유의 문장에서 만난다.

"一波未平, 一波已作, 出入變化, 不可紀極, 而法度不可亂.", 此姜白石『詩說』也. 是境常於韓文遇之.

157

한유(韓愈)의 「여이습지서(與李習之書)」는 느긋하고 맑고 변화가 심한데, 곧 이고(李翺)와 한 가지 의식과 풍격(風格)이다. 구양수(歐陽脩)의 문장은 여기서 근원을 이끌어낸 듯하다.

昌黎「與李習之書」, 紆餘澹折, 便與習之同一意度. 歐文若導源於此.

158

한유(韓愈)가 말하기를, "문장을 지음에 있어 책이 집에 가득하다"라고 했는데, 책이라는 것은 글을 짓기 위해서만 쓰이는 것은 아니다. 그가 지은 「노은묘지(盧殷墓誌)」를 보면 "읽지 않은 책이 없지만, 다만 그것을 써서 시를 짓는 바탕으로 삼는다"라고 말했는데, 일찍이 다른 사람을 위해서 애석히 여기던 바를 자신이 그대로 따라한 것이다.

昌黎言"作爲文章, 其書滿家." 書非止爲作文用也. 觀所爲「盧殷墓誌」云:"無書不讀, 然止用以資爲詩." 曾是惜人者, 而自蹈之乎?

159

의산(義山) 이상은(李商隱)[180]의 「한비시(韓碑詩)」에 이르기를, "「요전(堯

179) 강기(姜夔): 송나라의 문학가. 자는 요장(堯章), 호는 백석도인(白石道人). 시와 사(詞)에 능했고, 음률에 정통했고, 글씨도 잘 썼다. 그의 사는 후세에 영향이 크다. 저서로 『백석도인시집(白石道人詩集)』, 『백석도인가곡(白石道人歌曲)』, 『시설(詩說)』 등이 있다.

180) 이상은(李商隱): 당나라 말기의 문학가. 자는 의산(義山), 호는 옥계생(玉谿生). 벼슬은 검교공부원외랑(檢校工部員外郞)을 지냈다. 시문에 능하여 당시 온정균(溫庭筠)과

典)」과 「순전(舜典)」[181]의 글자를 고치고, 「청묘(淸廟)」와 「생민(生民)」[182]의 시를 막 뜯어고쳤도다[點竄堯典舜典字, 塗改淸廟生民詩]"라고 했는데, 그가 한유를 논한 것은 외적인 것이다. 옛 사람이 이른바 '광대의 문장'이란 것이 어찌 바로 이상은이 이른 말과 같지 않겠는가?

李義山「韓碑詩」云: "點竄「堯典」·「舜典」字, 塗改「淸廟」·「生民」詩." 其論昌黎也外矣. 古人所稱'俳優之文', 何嘗不正如義山所謂?

160

한유(韓愈)는 "묵은 말을 힘써 제거한다"라는 말을 숭상했다. 이른 바 '묵은 말[陳言]'이란 것은 꼭 옛 사람의 말을 훔쳐와서 자기 것으로 만드는 것만이 아니다. 견식과 의론이 범속하고 비근한 데로 떨어져 능히 한 단계 뛰어나거나 한 층 깊이 들어가지 못하는 것이다. 지극한 생각을 구상하여 지어내는 사람의 처지에서 본다면, 모두가 다 '묵은 말'이다.

昌黎尙"陳言務去." 所謂'陳言'者, 非必勦襲古人之說以爲己有也, 只識見議論落於凡近, 未能高出一頭, 深入一境, 自「結撰至思」者觀之, 皆'陳言'也.

161

글이 혹 열매를 맺은 것도 있고, 혹은 텅 비어 영적(靈的)인 것도 있는데, 비록 각각 뛰어난 바가 있지만, 다 바탕 되는 학문에 구속을 받는 것을 면하지 못한다. 시험 삼아 한유(韓愈)의 글을 보면, 열매를 맺은 곳이 일찍이 텅 비어 영적인 것 아닌 것이 없고, 텅 비어 영적인 곳도 열매를 맺지 않은 곳이 없다.

文或結實, 或空靈, 雖各有所長, 皆不免著於一偏. 試觀韓文, 結實處

더불어 온리(溫李)라는 명칭이 있었다. 문집 『번남문집(樊南文集)』을 남겼다.

181) 「요전(堯典)」과 「순전(舜典)」: 둘 다 『서경(書經)』의 편명.

182) 「청묘(淸廟)」와 「생민(生民)」: 둘 다 『시경(詩經)』의 편명.

何嘗不空靈, 空靈處何嘗不結實!

162

한유(韓愈)가 말하기를, "학문은 그것으로써 도(道)를 하려는 것이고, 글은 그것으로써 이치를 하고자 할 따름이다"라고 했고, 또 "내가 옛 것에 뜻을 두는 것은 그 문장을 좋아할 뿐만 아니라 그 도를 좋아하기 때문일 따름이다"라고 했다. 소식(蘇軾)이 그를 칭송하여, "문장으로는 팔대(八代)의 쇠퇴함을 일으켰고, 도학(道學)으로는 천하의 빠진 것을 구제했다"라고 했다. 문장과 도학이 어찌 판연히 두 가지 일이겠는가?

昌黎曰 : "學所以爲道, 文所以爲理耳." 又曰 : "愈之所志於古者, 不惟其辭之好, 好其道焉耳." 東坡稱公"文起八代之衰, 道濟天下之溺." 文與道, 豈判然兩事乎哉!

163

장적(張籍)[183]이 한유(韓愈)를 일러, "다른 사람과 더불어 알맹이 없는 잡다한 이야기만 한다"라고 했다. 유종원(柳宗元)은 한유의 「모영전(毛穎傳)」[184]을 대단히 칭찬했다. 두 사람의 의견이 서로 어긋나는 것 같다. 한유가 글을 논한 것을 돌아보면, '순박하다', '자유롭다'라고 했는데, 장적은 순박한 것 위에서 추구했고, 유종원은 자유로운 것 위에서 감상한 것이니, 다 한유의 뜻이다.

張籍謂昌黎"與人爲無實駁雜之說.", 柳子厚盛稱「毛穎傳」. 兩家所見, 若相逕庭. 顧韓之論文曰'醇'曰'肆', 張就醇上推求, 柳就肆上欣賞, 皆韓志也.

183) 장적(張籍) : 당나라의 문학가. 자는 문창(文昌). 벼슬은 국자사업(國子司業)을 지냈다. 악부시(樂府詩)에 능하였는데, 한유(韓愈) · 백거이(白居易) 등의 추숭을 받았다.

184) 「모영전(毛穎傳)」 : 한유가 붓을 의인화해서 지은 가전(假傳) 작품.

164

동래(東萊) 여조겸(呂祖謙[185])의 『고문관건(古文關鍵)』[186]에서 유종원(柳宗元)의 글을 일러, "『국어(國語)』에서 나왔다"라고 했다. 왕응린(王應麟)[187]은 이르기를, "유종원이 『국어(國語)』를 비난했지만, 그의 글은 『국어』로써 법을 삼은 것이 많다"라고 했다. 나는 유종원의 문장은 『국어』로부터 배워 들어갔으나, 글을 지을 때 『국어』로부터 나온 것은 아니라고 생각한다. 대개 『국어』는 말할 때 전고(典故)를 드는 경우가 많은데, 유종원의 장점은 '깔끔하게 하고 절도 있게 하려는 것'에 있다.

呂東萊『古文關鍵』謂柳州文"出於『國語』."; 王伯厚謂"子厚非『國語』, 其文多以『國語』爲法." 余謂柳文從『國語』入, 不從『國語』出. 蓋『國語』每多言擧典, 柳州之所長乃尤在'廉之欲其節'也.

165

유종원(柳宗元)의 문장이 힘을 얻은 바는 「여위중립논사도서(與韋中立論師道書)」에 갖추어져 있다. 여조겸(呂祖謙)이 "유종원의 문장은 『국어(國語)』에서 나왔다"라고 이른 것은 오로지 한 가지 문체만 가리켜서 말한 것이다.

柳文之所得力, 具於「與韋中立論師道書」. 東萊謂"柳州文出於『國語』.", 蓋專指其一體而言.

---

185) 여조겸(呂祖謙) : 남송(南宋)의 학자. 자는 백공(伯恭), 호는 동래(東萊). 벼슬은 저작랑(著作郎)을 지냈다. 박학다식하였다. 주희(朱熹)·장식(張栻)과 절친하게 지내어 당시 동남삼현(東南三賢)이라는 칭호가 있었다. 저서로는 『송문감(宋文鑑)』, 『여태사집(呂太史集)』 등이 있다.

186) 『고문관건(古文關鍵)』: 여조겸(呂祖謙)이 한유(韓愈)·유종원(柳宗元)·구양수(歐陽脩)·증공(曾鞏)·소순(蘇洵)·소식(蘇軾)·장뢰(張耒) 등의 글 60여 편을 뽑아서 그 구상하는 방법과 구도를 짜는 방법을 설명하여 글 짓기 공부에 도움이 되도록 편찬한 책.

187) 왕응린(王應麟) : 송나라의 학자. 자는 백후(伯厚), 호는 심녕거사(深寧居士). 벼슬은 예부상서(禮部尙書)에 이르렀다. 저서로는 『옥해(玉海)』, 『곤학기문(困學紀聞)』, 『심녕집(深寧集)』 등이 있다.

166

유종원이 「답위중립서(答韋中立書)」에 이르기를, "『곡량전(穀梁傳)』을 참고하여 그 기운을 엄하게 하고, 『장자(莊子)』와 『노자(老子)』를 참고로 하여 그 실마리를 자유롭게 하고, 『국어(國語)』를 참고하여 그 정취를 넓게 하고, 「이소(離騷)」를 참고하여 그 그윽함에 이르게 하고, 태사공(太史公: 司馬遷)을 참고로 하여 그 깨끗함을 드러낸다"라고 했다. 「보원군진수재서(報袁君陳秀才書)」에 이르기를, "『춘추좌씨전(春秋左氏傳)』, 『국어(國語)』, 장자(莊子)와 굴원(屈原)의 글에서 좀 채취했다. 『곡량전(穀梁傳)』과 태사공(太史公)은 매우 준엄하고 간결하여 출입할 만했다"라고 했다.

柳州「答韋中立書」云: "參之『穀梁』以厲其氣, 參之『莊』·『老』以肆其端, 參之『國語』以博其趣, 參之「離騷」以致其幽, 參之太史以著其潔." 「報袁君陳秀才書」亦云: "『左氏』·『國語』·莊周·屈原之辭, 稍采取之; 『穀梁子』, 太史公甚峻潔, 可以出入."

167

동래(東萊) 여조겸(呂祖謙)이 이르기를, "유종원(柳宗元)의 글을 배운다면, 그의 웅변을 마땅히 경계해야 한다"라고 했다. 나는 "유종원의 글은 각각의 체를 아울러 갖추었으니, 웅변만을 오로지 숭상한 것은 아니다"라고 생각한다. 또 웅변은 정말 빠져서는 안 될 곳이 있다. 명도(明道) 정호(程顥)가 "『맹자(孟子)』는 모두 웅변이다"라고 한 것이 바로 그런 것이다.

東萊謂"學柳文當戒他雄辯." 余謂"柳文兼備各體, 非專尙雄辯者." 且雄辯亦正有不可少處, 如程明道謂"『孟子』儘雄辯."是也.

168

유종원(柳宗元)이 스스로 말하기를, "문장을 지을 때 일찍이 감히 흐릿한 기운으로 내놓은 적이 없었고, 감히 자랑하는 기운으로 지은 적이 없었다"라고 했다. 내가 일찍이 한 마디 말로써 단정해서 말하기를, "유종원의 문장은 허비한 기운이 없다. 흐릿한 기운이나 자랑하는 기운은 다 허비하는 기운이다. 흐릿한 것이 허비하는 것이 되는 것은 쉽게 알 수 있지만, 자랑하는 것이 허비하는 것이 되는 것은 알기 어려울 따름이다"라고 하였다.

柳州自言 : "爲文章, 未嘗敢以昏氣出之, 未嘗敢以矜氣作之." 余嘗以一語斷之曰 : "柳文無耗氣. 凡昏氣・矜氣, 皆耗氣也. 惟昏之爲耗也易知, 矜之爲耗也難知耳.

169

유종원의 문장은, 기괴한 봉우리와 특이하게 둘러친 병풍 같은 봉우리와 같아, 층층이 보이고 겹겹이 나타난다. 그래서 그런 경지에 이르는 데는 네 가지 종류의 필법(筆法)이 있다. 곧 우뚝이 갑자기 일어나는 법, 빙 둘러 가는 법, 급하게 마무리짓는 법, 천천히 왔다갔다하는 법 등이다.

柳文如奇峰異嶂, 層見疊出, 所以致之者,有四種筆法 : 突起, 紆行, 峭收, 縵迴也.

170

유종원이 산수(山水)를 기록하고 인물을 형상하고 글을 논하는 데 있어서 그 형용에 정취를 다하지 않은 것이 없다. 스스로 "온갖 모양을 다 가두어 담았다[牢籠百態]"라고 이름했으니, 정말 알맞은 말이다.

柳州記山水, 狀人物, 論文章, 無不形容盡致. 其自命爲"牢籠百態", 固宜.

171

유종원(柳宗元)의 「영주용흥사동구기(永州龍興寺東邱記)」에 이르기를, "유람하는 것은 대개 두 가지가 있는데, 마음을 텅 비우는 것과 오묘한 정취를 느끼는 것이니, 이렇게 할 따름이다"라고 했다. 「원가갈기(袁家渴

記)」에 이르기를, "배가 가는 것이 끝나는가 했더니, 문득 또 끝이 없었다"라고 했고, 「우계시서(愚溪詩序)」에 이르기를, "만물을 다 씻고, 온갖 모양을 다 가두어 담았다"라고 했는데, 이런 말들은 다 그 문장의 경지를 스스로 비유한 것이다.

柳子厚「永州龍興寺東邱記」云: "遊之適大率有二: 曠如也, 奥如也, 如斯而已." 「袁家渴記」云: "舟行若窮, 忽又無際." 「愚溪詩序」云: "漱滌萬物, 牢籠百態." 此等語, 皆若自喩文境.

172

문장은 정신을 단련하고 기운을 단련하는 것을 상반부의 일로 삼고, 글자를 다듬고 구절을 다듬는 것을 하반부의 일로 삼는다. 이런 원리는 주역(周易)의 도리에 선천(先天)과 후천(後天)이 있는 것과 같다. 유종원은 타고난 자질이 매우 높아 비록 하반부로부터 힘을 얻었지만, 상반부도 일찍이 치우치거나 굽은 적이 없었다.

文以鍊神鍊氣爲上半截事, 以鍊字鍊句爲下半截事, 此如易道有先天後天也. 柳州天資絶高, 故雖自下半截得力, 而上半截未嘗偏絀焉.

173

유종원(柳宗元)은 백성들의 고통상에 관심을 두었으므로 다스리는 곳에서는 은혜로운 정치가 있었다. 「포사자설(捕蛇者說)」[188]과 「송설존의서(送薛存義序)」[189] 등의 글을 읽어보면, 그 정신이 맺힌 곳을 가히 얻을

188) 「포사자설(捕蛇者說)」: 당(唐)나라 유종원(柳宗元)이 지은 글. 뱀을 잡아 세금을 대신하는 장씨(蔣氏)가 뱀 때문에 물려 죽을 뻔한 적이 여러 번 있었고, 자기 조부 부친이 뱀에 물려 죽었지만, 다른 직업으로 바꾸지 않고 뱀을 잡는 이유는 그래도 세금에 시달리는 백성들보다 행복하다고 생각하기 때문이었다. 당시 가렴주구하는 관리들을 풍자한 글로서 사람의 마음을 감동시키는 역량이 돋보인다.

189) 「송설존의서(送薛存義序)」: 당(唐)나라 유종원(柳宗元)이 지은 산문 작품. 자기 동향 친구로 영주(永州) 영릉현(零陵縣)의 임시 고을원을 맡았던 설존의(薛存義)가 백성을 위해서 노력하는 자세를 부각시켰다. 문장이 짧지만 힘있고 날카롭다.

수 있다.

柳州係心民瘼, 故所治能有惠政. 讀「捕蛇者說」·「送薛存義序」, 頗可得其精神鬱結處.

174

문장에 있어서, 정밀하고 능한 것과 변화하는 것보다 더 귀한 것이 없다. 한유(韓愈)의 「송동소남유하북서(送董邵南遊河北序)」는 변화의 극치라고 이를 수 있다. 유종원(柳宗元)의 「송설존의서(送薛存義序)」는 정밀하고 능한 것의 극치라 할 수 있다.

文莫貴於精能·變化. 昌黎「送董邵南遊河北序」, 可謂變化之至; 柳州「送薛存義序」, 可謂精能之至.

175

한유(韓愈)가 글의 취지를 논한 것은 「답위지생서(答尉遲生書)」에서 볼 수 있는데, "군자는 그 실질을 삼간다"라고 했다. 유종원(柳宗元)이 글의 취지를 논한 것은 「보원군진수재서(報袁君陳秀才書)」에서 볼 수 있는데, "대저 문장은 행동으로써 근본으로 삼는데, 먼저 그 속마음을 성실하게 하는 데 있다"라고 했다.

昌黎論文之旨, 於「答尉遲生書」見之, 曰: "君子愼其實." 柳州論文之旨, 於「報袁君陳秀才書」見之, 曰: "大都文以行爲本, 在先誠其中."

176

한유(韓愈)는 양웅(揚雄)을 여러 번 칭찬했고, 유종원(柳宗元)은 양웅의 『양자법언(揚子法言)』에 주석을 단 적이 있다. 이제 두 사람의 글을 보면, 수사(修辭)하고 글자를 다듬는 데 있어서 양웅에게서 얻은 것이 있다. 뜻과 이치에 있어 자료로 취한 것이 많게 된 것은 당연하다.

昌黎屢稱子雲, 柳子厚於『法言』嘗爲之注. 今觀兩家文, 修辭鍊字, 皆有得於揚子. 至意理之多所取資, 固矣.

177

한유(韓愈)의 문장은 물과 같고, 유종원(柳宗元)의 문장은 산과 같다. "넓고 세차게 쏟아지고", "마음을 텅 비우고 오묘한 정취를 느끼고"라는 표현에서 두 사람이 아마도 각자 마음에 드는 바가 있었을 것이다.

昌黎之文如水, 柳州之文如山. "浩乎沛然.", "曠如奥如.", 二公殆各有會心.

178

주자(朱子)가 말하기를, "한퇴지(韓退之 : 韓愈)는 논의(論議)가 바르고 규모가 넓고 크다. 그러나 유자후(柳子厚 : 柳宗元)가 비교적 정밀한 것만은 못하다"라고 했다. 이 말은 원래 유종원의 「논갈관자(論鶡冠子)」 등의 편을 오로지 가리켜서 한 말이다. 후세 사람들이 혹 이 말로 인해서 "유종원의 모든 문장의 정밀함이 한유의 위에 있다"라고 생각한다면 잘못이다.

朱子曰 : "韓退之議論正, 規模闊大, 然不如柳子厚較精密." 此原專指柳州「論鶡冠子」等篇, 後人或因此謂"一切之文精密槪出韓上.", 誤矣.

179

배우는 사람들이 한유(韓愈)나 유종원(柳宗元)의 문장을 깊이 읽지도 않았으면서 곧 한유를 높이고 유종원을 누르는 데 마음을 두는 것이 가장 비루한 습관이다. 안수(晏殊)[190]가 이르기를, "한퇴지(韓退之)는 성인의 가르침을 붙들어 인도하고 이단을 잘라 제거했으니, 이것이 그의 잘한 점이다. 고전을 조술(祖述)하고 「이소(離騷)」와 「대아(大雅)」, 「소아(小

190) 안수(晏殊) : 송나라의 문학가. 자는 동숙(同叔). 벼슬은 재상(宰相)에 이르렀다. 문장이 섬려(贍麗)하였고, 시와 사(詞)를 잘했다. 시호는 원헌(元獻)이다. 문집 『원헌유문(元獻遺文)』과 사집(詞集) 『주옥사(珠玉詞)』가 있다.

雅)」[191]를 법도로 삼아, 위로 옛날 삼대(三代)를 전하고, 아래로 백가(百家)를 다 포괄하여 글 짓는 무대에서 마음대로 활동하고 널리 두루 본 것으로는 유자후(柳子厚) 한 사람일 따름이다"라고 했는데, 이 논의는 매우 위대하면서 특이하다.

學者未能深讀韓・柳之文, 輒有意尊韓抑柳, 最爲陋習. 晏元獻云: "韓退之扶導聖教, 剗除異端, 是其所長; 若其祖述墳・典, 憲章「騷」・雅, 上傳三古, 下籠百氏, 橫行闊視於綴述之場, 子厚一人而已." 此論甚爲偉特.

180

이고(李翶)의 문장을 두고 소순흠(蘇舜欽)[192]이 이르기를, "말은 한유(韓愈)에 미치지 못하고, 이치는 유종원(柳宗元)보다 낫다"라고 했다. 노천(老泉) 소순(蘇洵)의 「상구양내한서(上歐陽內翰書)」는 구부렸다 고개를 들었다 하며 읍하고 사양하는 모양을 취한 것인데, 이치 '이(理)'자와 모양 '태(態)'자를 합치면 그 온전한 모습을 볼 수 있다.

李翶之文, 蘇子美謂"辭不逮韓, 而理過於柳."; 蘇老泉「上歐陽內翰書」取其俯仰揖讓之態. 合'理'與'態', 而其全見矣.

181

한유(韓愈)가 유정부(劉正夫)[193]가 문장에 대해서 물은 것에 답하기를, "어려운 것이나 쉬운 것은 없다. 오직 옳은 것뿐일 따름이다"라고 했다.

---

191) 「대아(大雅)」, 「소아(小雅)」: 『시경(詩經)』의 시를 내용에 따라 분류하면 연회 때 쓰는 시를 모은 것.

192) 소순흠(蘇舜欽): 송나라의 문학가. 자는 자미(子美), 호는 창랑옹(滄浪翁). 벼슬은 집현교리(集賢校理)에 이르렀다. 시문에 조예가 깊었고, 그 체는 호방하였다. 문집 『소학사집(蘇學士集)』이 있다.

193) 유정부(劉正夫): 당나라 문신. 일명 유암부(劉巖夫). 자는 자경(子耕). 진사에 급제하였다.

이고(李翶)의 「답왕재언서(答王載言書)」에 이르기를, "어려운 것을 좋아하는 사람은 말하기를, '문장은 마땅히 깊어야 하고 쉬워서는 안 된다'라고 하고, 쉬운 것을 좋아하는 사람은 말하기를, '문장은 마땅히 화통(和通)해야지 어려워서는 안 된다'라고 한다. 이것은 모두 감정에 치우친 바가 있어 막혀서 흐르지 않는 것으로 문장에서 주가 되는 바를 알지 못하는 것이다"라고 했다. 여기서 두 분의 문장은 일맥상통하는 것을 볼 수 있다.

昌黎答劉正夫問文曰: "無難易, 惟其是而已." 李習之「答王載言書」曰: "其愛難者, 則曰'文章宜深不當易.'; 其愛易者, 則曰'文章宜通不當難.' 此皆情有所偏, 滯而不流, 未識文章之所主也." 於此見兩公文一脈相通矣.

182

이고(李翶)의 문장은 기운이 한유(韓愈)에 미치지 못한 것 같다. 그러나 그의 열전(列傳)에서 "문장의 정취가 혼후(渾厚)하여 당시에 추중을 받았다"라고 했다. '치(致)'자 하나를 가지고 구해본다면, 그 오묘함을 은연중에 알 수 있다.

李習之文, 氣似不及昌黎, 然傳稱其"辭致渾厚, 見推當時.", 由一'致'字求之, 便可隱知其妙.

183

한유(韓愈)의 문장은 『맹자(孟子)』에서 나왔고, 이고(李翶)의 문장은 『중용(中庸)』에서 나왔다. 이고의 문장을 으뜸으로 삼는 사람이 한유의 문장을 으뜸으로 삼는 사람보다 많은 것이 송나라 문장이다.

韓文出於『孟子』, 李習之文出於『中庸』; 宗李多於宗韓者, 宋文也.

184

한유는 왕중엄(王仲淹)의 「중설(中說)」을 칭찬하지 않았지만, 이습지(李習之)가 왕재(王載言)에게 답하는 편지에서는 칭찬하였다. 지금 이습지의 글을 보면, 부앙하고 읍양한 것이 진실로 「중설」에 가까움을 알 수 있다.

韓昌黎不稱王仲淹中說, 而李習之答王載言書稱之. 今觀習之之文, 俯仰揖讓, 固於中說爲近.

185

황보식(皇甫湜)[194]이 문장을 논하여 일찍이 말하기를, "문장은 기이하고 이치는 바르다"라고 했다. 그러나 그 의미를 종합적으로 보면, 결국은 기이한 것을 좋아하는 데로 귀일(歸一) 된다. 「답이생서(答李生書)」에 이르기를, "뜻이 새로워지면 보통 것과 달라지고, 보통 것에서 달라지면 괴이하게 된다. 말이 높아지면 무리에서 뛰어나고 무리에서 뛰어나면 기이해진다"라고 했다. 이는 대개 한유(韓愈)를 배웠으나, 다만 이른바 '괴상하고 기이한 것만 배워 혼자 장난치는' 자이다.

皇甫持正論文, 嘗言"文奇理正." 然綜觀其意, 究是一於好奇. 如「答李生書」云: "意新則異常, 異於常則怪矣; 詞高則出衆, 出於衆則奇矣." 此蓋學韓而第得其所謂'怪怪奇奇, 祇以自嬉'者.

186

어떤 사람이 "황보식(皇甫湜)의 문장은 양웅(揚雄)에 비교하면 어떻습니까?"라고 묻기에, 내가 "문장은 『태현경(太玄經)』에 가까우나, 이치는 오히려 『양자법언(揚子法言)』에 미치지 못한다"라고 대답해 주었다. 또 "이관(李觀)[195]이 문사(文辭)를 숭상한 것은 어떻습니까?"라고 묻기에,

---

194) 황보식(皇甫湜) : 당나라의 문학가. 자는 지정(持正), 벼슬은 공부랑중(工部郎中)에 이르렀다. 한유(韓愈)를 따라 고문(古文)을 배워 문장이 기벽(奇僻)하고 험오(險奥)했다. 한유의 사위이다.

"옛 사람을 따라 하지 않는 것이 그럴 듯하다"라고 했다.

或問持正文於揚子雲何如? 曰 : "辭近『太玄』, 理猶未及『法言』." 問較李元賓之尙辭何如? 曰 : "不沿襲前人似之."

187

문장으로 한유(韓愈)의 전통을 얻은 사람 가운데서 이고(李翺)는 이치에 정밀하고, 황보식(皇甫湜)은 문사(文辭)를 잘 다듬었다. 이고 일파가 바로 북송(北宋) 명문장가들의 발원지가 되었다. 황보식을 전통을 따라 배운 사람 가운데 손초(孫樵) 이후로는 일가를 이룬 사람을 들어 본 적이 드물다.

文得昌黎之傳者, 李習之精於理, 皇甫持正練於辭. 習之一宗, 直爲北宋名家發源之始; 而祖述持正者, 則自孫可之後, 已罕聞成家者矣.

188

두목(杜牧)[196]의 식견은 그 당시에 걸출했다. 그가 지은 「죄언(罪言)」이란 글을 보면 이렇게 말했다. "상등 가는 계책으로는 자신을 다스리는 것 만한 것이 없고, 중등 가는 계책으로는 위(魏)나라를 취하는 것 만한 것이 없고, 가장 하등 가는 계책으로는 쓸 데 없이 싸우는 것이다". 또 이덕유(李德裕)에게 두 번이나 대책(對策)을 올렸는데, 모두 다 당시의 시세에 간절한 것이었고, 상황이 그렇게 되기 전에 이해(利害)를 미리 본 것이었다. 문장을 가지고 논한다면 쓸 데 없이 싸우지 않은 사람이라고 말할 수 있다.

杜牧之識見, 自是一時之傑. 觀所作「罪言」, 謂"上策莫如自治, 中策

195) 이관(李觀) : 당나라의 문학가. 자는 원빈(元賓), 벼슬은 태자교서랑(太子校書郎)을 지냈다. 문장을 잘 하였는데 옛 사람의 것을 답습하지 않았다. 한유(韓愈)와 함께 일컬어졌다.

196) 두목(杜牧) : 당나라 말기의 시인. 자는 목지(牧之), 호는 번천(樊川). 낭만적인 시를 많이 썼다. 문집 『두번천집(杜樊川集)』이 있다.

莫如取魏, 最下策爲浪戰.”; 又兩進策於李文饒, 皆案切時勢, 見利害於未然. 以文論之, 亦可謂不浪戰者矣.

189

손초(孫樵)[197]의 「여우인논문서(與友人論文書)」에 이르기를, “말은 반드시 높게 된 뒤에 기이해지고, 뜻은 반드시 깊게 된 뒤에 정교해진다”라고 했다. 이런 으뜸 되는 취지를 손초는 내무택(來無擇)[198]에게서 얻었고, 내무택은 황보식에게서 얻은 것일까?

孫可之「與友人論文書」云: “詞必高然後爲奇, 意必深然後爲工.” 如斯宗旨, 其卽可之得之來無擇, 無擇得之持正者耶?

190

광명(廣明)[199] 때의 조서(詔書)에 이르기를, “손초(孫樵)에게는 양웅(揚雄)과 사마천(司馬遷)의 문장의 분위기가 있다”라고 했다. 손초가 「여고석망서(與高錫望書)」에 이르기를, “사마천과 양웅의 글에 익숙하다”라고 했다. 그러한즉, 조서에서 이른바 ‘마(馬)’는 사마천을 가리키는 것이지 사마상여(司馬相如)를 가리키는 것은 아닐 것이다?

廣明時詔書, 謂“孫樵有揚·馬之文.” 樵「與高錫望書」自稱“熟司馬遷·揚子雲書.” 然則詔所云‘馬’者, 殆亦指史遷, 非相如耶?

191

유세(劉蛻)는 문장의 뜻으로 스스로 일가를 이루려고 했다. 「산서(山

---

197) 손초(孫樵): 당나라의 문장가. 자는 가지(可之), 벼슬은 중서사인(中書舍人)에 이르렀다. 문장을 지을 때 기이하게 하려고 의도적으로 노력했다. 문집 『손가지집(孫可之集)』이 있다.

198) 내무택(來無擇): 당나라 중기의 문학가로 황보식(皇甫湜)과 서신을 주고받았으나, 사서(史書)에는 그에 관한 기록이 전혀 나타나지 않는다.

199) 광명(廣明): 당나라 희종(僖宗) 때의 연호. 880~881년.

書)」 18편, 「고어부(古漁父)」 4편 같은 것은 말은 비록 궁벽하지만 붙인 뜻이 멀지 않은 적이 없었다. 『초사(楚辭)』를 배워서 더욱 깊은 정취가 있었다. 「애상죽(哀湘竹)」, 「하청강(下淸江)」, 「초제자(招帝子)」 같은 작품은 비록 3장에 그치나 자못 「구가(九歌)」[200]의 남긴 뜻을 얻었다.

劉蛻文意欲自成一子. 如「山書」十八篇, 「古漁父」四篇, 辭若僻, 而寄託未嘗不遠. 學『楚辭』, 尤有深致, 「哀湘竹」·「下淸江」·「招帝子」, 雖止三章, 頗得「九歌」遺意.

192

이고(李翱)가 「여육참서(與陸傪書)」에서 한유(韓愈)의 문장을 매우 추앙하여, "일찍이 제1장인 「획린해(獲麟解)」를 써 보고서 그 나머지는 미루어 알았다"라고 했다. 손초(孫樵)가 「여왕림서(與王林書)」에서 「진학해(進學解)」를 칭찬하여, "땅에서 솟아 하늘에 의지했고, 구절구절이 살아 있다"라고 했다. 이제 두 사람의 글을 보니, 그들이 가까이하는 바를 알 수 있겠다.

李習之「與陸傪書」, 盛推昌黎文, 謂"嘗書其一章曰「獲麟解」, 其他可以類知." 孫可之「與王霖書」, 稱「進學解」, "拔地倚天, 句句欲活." 今觀兩家文, 信乎各得所近.

193

『송사(宋史)』 「유개전(柳開傳)」에서 "유개(柳開)[201]가 처음에는 한유(韓愈) 유종원(柳宗元)을 흠모하여 글을 지었다"라고 했다. 「목수전(穆修傳)」에 이르기를, "오대(五代)로부터 문장이 피폐하게 되었는데, 나라 건국

200) 「구가(九歌)」 : 『초사(楚辭)』에 실린 작품 이름.
201) 유개(柳開) : 송나라의 문학가. 자는 중도(仲塗). 벼슬은 감찰어사(監察御史)를 지냈다. 송나라 초기에 고문(古文)을 창도한 큰 공이 있다. 문집 『하동선생집(河東先生集)』이 있다.

초기에 유개(柳開)가 비로소 고문(古文)을 하였다"라고 했다. 이제 목수(穆修)[202]가 지은 「당유선생문집후서(唐柳先生文集後序)」에서 이르기를, "하늘이 나에게 두터이 즐길 것을 준 것이 많다. 처음에는 나를 한유(韓愈)로 배부르게 하더니, 이윽고 나를 유종원(柳宗元)으로 배부르게 해 주었다. 하늘이 나에게 두터이 주지 않았다고 말한다면, 어찌 하늘을 속이는 일이 아니겠는가?"라고 했다. 그가 배운 것이 유개(柳開)와 한 가지임을 알 수 있다.

『宋史』「柳開傳」, 稱"開始慕韓愈·柳宗元爲文." 「穆修傳」亦言"自五代文敝, 國初柳開始爲古文." 今觀伯長所爲「唐柳先生文集後序」云: "天厚余嗜, 多矣: 始而饜我以韓, 旣而飫我以柳. 謂天不吾厚, 豈不誣也哉!" 可知其所學, 與仲塗一矣.

194

윤수(尹洙)[203]는 구양수(歐陽脩)보다 앞서 고문(古文)을 지었는데, 구양수가 그 글을 칭찬하여, "간명(簡明)하면서도 법도가 있다"라고 했다. 또 "공자(孔子)의 육경(六經) 가운데서 오직 『춘추(春秋)』만 가히 담당할 수 있다"라고 했다. 윤수는 본래 『춘추(春秋)』에 깊이가 있었다. 문정공(文正公) 범중엄(范仲淹)[204]이 그의 문집의 서문을 쓰면서 일찍이 다 이야기했다. 문희공(文僖公) 전유연(錢惟演[205])이 쌍계루(雙桂樓)를 일으키고 임원

---

202) 목수(穆修): 송나라 문학가. 자는 백장(伯長). 벼슬은 영주문학참군(潁州文學參軍)을 지냈다. 오대(五代) 이래로 화려해진 문풍을 바로잡아 고문(古文)의 전통을 회복하기 위하여 노력하였다. 문집 『목참군집(穆參軍集)』이 있다.

203) 윤수(尹洙): 송나라의 문학가. 자는 사로(師魯). 벼슬은 기거사인(起居舍人)에 이르렀다. 구양수(歐陽脩) 등과 함께 고문(古文)을 창도하였다. 문집 『하남집(河南集)』이 있다.

204) 범중엄(范仲淹): 송나라의 문신. 자는 희문(希文), 벼슬은 참지정사(參知政事)에 이르렀다. 시호는 문정(文正)이다. 시문에 능하였고, 만년에 지은 「악양루기(岳陽樓記)」는 널리 인구에 회자되었다.

205) 전유연(錢惟演): 송나라 초기의 문신. 자는 희성(希聖). 벼슬은 공부상서(工部尙書)를 지냈다. 박학하고 글에 능했다. 문집 『전의집(典懿集)』이 있다.

역(臨園驛)을 지었을 때 윤수(尹洙)와 구양수(歐陽脩) 등이 모두 기문(記文)을 지었다. 구양수의 기문은 모두 수천 자였으나 윤수는 단지 오백 자만 썼다. 구양수가 그의 간명하면서도 예스러운 것에 탄복하였다. 이 역시 간명하면서도 법도가 있는 하나의 증거이다.

尹師魯爲古文先於歐公. 歐公稱其文"簡而有法.", 且謂"在孔子六經中, 惟『春秋』可當." 蓋師魯本深於『春秋』, 范文正爲撰文集序嘗言之. 錢文僖起雙桂樓, 建臨園驛, 尹・歐皆爲作記. 歐記凡數千言, 而尹祇用五百字, 歐服其簡古. 是亦簡而有法之一證也.

195

문정공(文正公) 범중엄(范仲淹)이 요주(饒州)[206]로 좌천되었을 때 윤수(尹洙)가 글을 올려, "범중엄은 신의 사우(師友)이니, 원컨대 함께 좌천시켜 주시옵소서"라고 말했다. 그가 나라를 위해 어진이를 중히 여기는 것이 이러하였다. 그러나 범중엄이 지은 「악양루기(岳陽樓記)」에 대해서는, "전기체(傳奇體)일 따름이군"이라고 했다. 그가 좋아하는 사람에게도 아부하지 않는 것이 이러하였다. 진실로 능히 옛날 학문으로써 당시 세상을 떨쳐 일으키기에 마땅하였다.

范文正貶饒州, 師魯上書, 言"仲淹臣之師友, 願得俱貶." 其爲國重賢如此. 而於文正所爲「岳陽樓記」, 則曰"傳奇體耳." 其不阿所好又如此. 固宜能以古學振起當時也.

196

구양수(歐陽脩)의 문장은 사마천(司馬遷)의 간결함에 가까우나, 그윽한 감정과 고아한 운치는 시인의 취지를 얻은 것이 많다.

歐陽公文幾於史公之潔, 而幽情雅韻, 得騷人之指趣爲多.

---

206) 요주(饒州) : 지금의 강서성(江西省) 파양현(鄱陽縣)에 있던 고을 이름.

197

구양수(歐陽脩)의 『오대사(五代史)』[207]의 여러 논(論)은 '하늘을 두려워하고 사람들을 가엾게 여기'는 취지를 깊이 얻었다. 대개 그 일은 말할 것이 못되나 또 차마 말하지 않을 수 없을 것 같다. 말하는 것이 자기에게는 거스르지만, 말을 하지 않으면 세상을 징계할 수가 없다. 말에 나타난 감정도 또한 슬퍼할 만하다. 구양수의 다른 글들에도 측은해 하는 뜻이 많다.

歐陽公『五代史』諸論, 深得'畏天憫人'之旨, 蓋其事不足言, 而又不忍不言; 言之怫於己, 不言無以懲於世. 情見乎辭, 亦可悲矣. 公他文亦多惻隱之意.

198

굴원(屈原)의 「복거(卜居)」와 사마천(司馬遷)의 「백이전(伯夷傳)」의 절묘한 점은 의심하지 않을 일에서 도리어 생동감 있는 구절을 끼워 넣는 데 있다. 구양수의 글도 왕왕 이와 비슷한 것이 있다.

屈子「卜居」, 史記「伯夷傳」, 妙在於所不疑事, 卻參以活句. 歐文往往似此.

199

구양수(歐陽脩)는 한유(韓愈)의 글을 칭찬하여, "깊고 두텁고 웅장하고 넓다"라고 했다. 소순(蘇洵)이 구양수의 글을 칭찬하여, "느긋하게 다 갖추어져 있다"라고 했다. 대저 구양수는 자기 마음을 다하여 한유를 배웠으나, 천성적으로는 이고(李翺)에게 더 접근해 있다. 소순만이 구양수에게 "이고에게는 선생의 모습이 있습니다"라고 했을 뿐만 아니라, 구

207) 『오대사(五代史)』: 오대(五代)의 역사서. 신구 두 종이 있는데, 『구오대사(舊五代史)』는 송나라 설거정(薛居正)이 편찬했고, 『신오대사(新五代史)』는 구양수(歐陽脩)가 보충하고 고쳐 편찬한 것이다.

양수 자신의 글에서 또한 이르기를, "이고의 시대에 태어나서 이고와 더불어 오르락내리락 해 봤으면"이라고 했다. 그 논(論)에서 숭상한 바를 가히 알 수 있다.

歐公稱昌黎文"深厚雄博.", 蘇老泉稱歐公文"紆餘委備." 大抵歐公雖極意學韓, 而性之所近, 乃尤在李習之. 不獨老泉於公謂"李翺有執事之態.", 卽公文亦云"欲生翺時, 與翺上下." 其論所尙, 蓋可見矣.

200

첩산(疊山) 사방득(謝枋得)[208])이 이르기를, "구양공(歐陽公 : 歐陽脩)의 문장은 한 시대의 종사(宗師)다. 그러나 칼날을 거두어 감추고, 빛을 숨기고 향기를 가라앉혔으므로 한문공(韓文公 : 韓愈)의 기괴(奇怪)하여 기뻐할 만하고 놀랄 만한 것보다는 못하다"라고 했다. 살펴보건대, 구양수의 기이함은 한유만 못하지만, 본디 기이함을 가지고 있었다. 그러나 한유의 누르고 막고 가려서 스스로 드러나지 않게 한 것과 차이가 어찌 멀겠는가?

謝疊山云 : "歐陽公文章爲一代宗師, 然藏鋒歛鍔, 韜光沈馨, 不如韓文公之奇奇怪怪, 可喜可愕." 按歐之奇不如韓, 固有之; 然於韓之「抑遏蔽掩, 不使自露」, 詎相遠乎?

201

노천(老泉) 소순(蘇洵)은 동중서(董仲舒)를 '물정에 어둡다'고 여겼고, 조조(鼂錯)를 '사기성이 있다'고 여겼으면서, 가의(賈誼)를 일러 "두 사람의 재주가 있으면서 흐르지 않았다"라고 여겼다. 내가 생각컨대, "소순의 문장은 길을 취한 것이 동중서와는 다르나, 글의 의미를 만들 때는 왕

---

208) 사방득(謝枋得) : 송나라 말기의 문학가. 자는 군직(君直), 호는 첩산. 벼슬은 지신주사(知信州事)를 지냈다. 송나라 말기 의병을 일으켜 원나라에 대항하다가 잡혀 단식 끝에 순절하였다. 역대의 문장을 가려 뽑은 『문장궤범(文章軌範)』과 문집 『첩산집(疊山集)』이 있다.

왕 조조(鼂錯)로써 뒤섞었다. 동중서를 물정에 어둡다고 여긴 것은 동중서에게 아무런 손실이 없으나, 조조를 사기성이 있다고 여긴 것에 대해서는 아마도 조조가 승복하지 않을 것이다"라고 한다.

蘇老泉迂董詐鼂, 謂賈生"有二子之才而不流." 余謂"老泉文取徑異於董, 而用意往往雜以鼂. 迂董, 於董無損; 詐鼂, 恐鼂不服也."

202

한유(韓愈)가 「답유정부서(答劉正夫書)」에서 말하기를, "만약 성인(聖人)의 도리에서 글을 쓰지 않는다면 그뿐이지만, 쓴다면 반드시 그 능한 사람을 숭상할 것인져!"라고 했다. 증공(曾鞏)이 소순(蘇洵)의 글을 칭찬하여 말하기를, "긴 것으로 하여금 능히 요약되게 하고, 먼 것으로 하여금 능히 가깝게 하고, 큰 것으로 하여금 능히 정미(精微)하게 하고, 작은 것으로 하여금 능히 드러나게 하고, 번거로운 것으로 하여금 어지럽지 않게 하고. 방자한 것으로 하여금 흘러 타락하지 않게 한다"라고 했다. '능(能)'이라는 한 글자는 족히 소순이 힘을 얻은 것을 밝혔으니, 꼭 한유(韓愈)와 더불어 길고 짧은 것을 비교할 것은 없다.

昌黎「答劉正夫書」曰: "若聖人之道不用文則已, 用則必尙其能者." 曾南豐稱蘇老泉之文曰: "修能使之約, 遠能使之近, 大能使之微, 小能使之著, 煩能不亂, 肆能不流." '能'之一字, 足明老泉之得力, 正不必與韓量長較短也.

203

글을 논하면서 『곡량전(穀梁傳)』과 『손자(孫子)』, 『오자(吳子)』를 극도로 칭찬하는 사람은 드물다. 유독 유종원만이 "『곡량전』을 참고하여 그 기운을 엄하게 했다"라고 했다. 소순은 말하기를, "『손자』와 『오자(吳子)』는 간명하고 절실하다"라고 했다. 아마도 좋아하면 반드시 그 부류를 따르는 것인가?

論文鮮有極稱『穀梁』·『孫』·『吳』者, 獨柳州曰 : "參之『穀梁』以厲其氣." 老泉曰 : "『孫』·『吳』之簡切." 殆好必從其所類耶?

204

노천(老泉) 소순(蘇洵)이 말하기를, "'바람이 물위로 불어 흩어진다[風行水上渙]'는 이 말이 천하의 지극한 문장이다"라고 했다. 내가 생각컨대, 소식(蘇軾)의 문장은 '일사천리(一瀉千里)'이고, 소철(蘇轍)의 문장은 '파도가 한 번 칠 때마다 세 번 꺾이는데', 역시 소순의 이 말에 뿌리를 둔 것이다.

蘇老泉云 : "風行水上渙, 此天下之至文也." 余謂大蘇文'一瀉千里', 小蘇文'一波三折', 亦本此意.

205

동파(東坡) 소식(蘇軾)의 문장은 『맹자(孟子)』에서 영향을 받았고, 또 가의(賈誼)에게서도 영향을 받았다. 육지(陸贄)의 문장은 『장자(莊子)』에서 영향을 받았고, 또 소진(蘇秦)·장의(張儀)에게서 영향을 받았다. 마음과 눈이 좁고 막힌 사람은 그들의 넓고 통달함을 취하여 스스로를 넓게 만드는 것이 옳다. 꼭 순수하게 나아가는 것으로써 자신을 단속할 것은 없다.

東坡文亦『孟子』, 亦賈長沙; 陸敬輿亦『莊子』, 亦秦·儀. 心目窒隘者, 可資其博達以自廣, 而不必槪以純詣律之.

206

소식(蘇軾)의 문장은 다만 어디에서 재료를 따오는 법을 쓴다. 이는 이해가 다른 사람보다 뛰어나기 때문에 곳곳에서 재료를 만난다. 그 이치가 보통보다 지나쳐서 지키기 어려운 점은 실로 갖추어 논할 겨를이 없다.

東坡文只是拈來法, 此由悟性絶人, 故處處觸著耳. 至其理有過於通而難守者, 固不及備論.

207

소식의 문장은 장벽을 깨뜨려 소통하게 하는 어법(語法)이다. 그러나 그가 발을 디딘 곳은 그 나름대로 온당한 곳이다. 비유하자면 배가 큰 바다를 가면서 키를 잡는 것은 안정되게 하지 않은 적이 없는 것과 같다. 멋대로 말하여 권도(權道)에 맞지 않은 것과는 다르다.

東坡文雖打通牆壁說話, 然立脚自在穩處. 譬如舟行大海之中, 把柁未嘗不定, 視放言而不中權者異矣.

208

『노자(老子)』에 이르기를, "미더운 말은 아름답지 않고, 아름다운 말은 미덥지 않다"라고 했다. 소식(蘇軾)의 문장은 채택할 만한 미더운 말이 없지 않은데, 배우는 사람들은 굳이 아름다운 말에서만 탄복하고 즐기는데, 무슨 까닭인지?

『老子』云: "信言不美, 美言不信." 東坡文不乏信言可採, 學者偏於美言歎賞之, 何故?

209

소식(蘇軾)의 문장은 미묘한 말이 많다. 그가 글을 논하여 "통쾌하게", "뜻이 통하게", "분명하게"라고 했다. 바로 이런 것이 아니면 미묘한 것을 나타낼 수가 없는 것이다.

坡文多微妙語. 其論文曰"快"·曰"達"·曰"了", 正爲非此不足以發微闡妙也.

210

"원대한 생각은 넓은 경지에서 나오고, 고상한 자취는 보통 사람들에게서 뛰어났다네[遠想出宏域, 高步出常倫]."[209] 문학가가 이런 능력을 갖추면 곤궁한 처지를 만나도 다 통할 수 있다. 또 고의로 곤란한 경지를 설치하여 통하는 묘한 작용을 나타내는 것도 해롭지 않다. 소식(蘇軾)의 글에는 이런 사례가 있다.

"遠想出宏域, 高步超常倫." 文家具此能事, 則遇困皆通. 且不妨故設困境, 以顯通之之妙用也. 大蘇文有之.

211

동파(東坡) 소식(蘇軾)이 『장자(莊子)』를 읽고 감탄하여 말하기를, "옛날에 내가 의견이 있어도 입으로 말하지 못했는데, 지금 이 책을 보니, 내 마음을 얻었도다"라고 했다. 후세 사람이 소식의 글을 읽는다면, 또한 마땅히 이런 말이 있을 것이다. 대개 그가 보통 사람보다 뛰어난 것은 능히 이야기해 낸다는 것이지, 단지 볼 수 있는 것만은 아니다.

東坡讀『莊子』, 嘆曰 : "吾昔有見, 口未能言; 今見是書, 得吾心矣." 後人讀東坡文, 亦當有是語. 蓋其過人處在能說得出, 不但見得到已也.

212

소식(蘇軾)은 긴요하지 않은 제목에서 긴요하지 않은 말을 해 내는 것과 일찍이 있은 적이 없었던 제목에서 일찍이 없었던 말을 해내는 것을 가장 잘한다. 이른바 "그대는 어디에서 보고서, 이런 사람 없는 모양을 얻었는가[君從何處看, 得此無人態]?"[210]라는 경지인져!

東坡最善於沒要緊底題說沒要緊底話, 未曾有底題說未曾有底話, 抑

---

209) 이 구절은 진(晋)나라 혜강(嵇康)의 「언지(言志)」라는 시에 나오는 구절이다.

210) 소식(蘇軾)의 「고우진직필처사화안이수(高郵陳直弼處士畫雁二首)」라는 시에 나오는 구절이다.

所謂"君從何處看, 得此無人態."耶!

213

구양수(歐陽脩)의 문장은 느긋하여 여유가 있는데, 소식의 문장은 분명하여 의심할 것이 없다.

歐文優游有餘, 蘇文昭晰無疑.

214

왕안석(王安石)의 문장은 쓸 데 없는 것을 쓸어버리는 데 능하다면 소동파의 문장은 만들어내는 데 능하다. 쓸어버리기 때문에 높아지고, 만들어내기 때문에 넉넉해진다.

介甫之文 長於掃, 東坡之文 長於生掃. 故高生, 故贍.

215

소식(蘇軾)의 문장은 솜씨가 있으면서도 쉽다. 그가 "진관(秦觀)[211]은 나의 정교함을 배웠고, 장뢰(張耒)[212]는 나의 평이함을 배웠다"라고 말한 것을 보면 분명히 자신을 칭찬하는 말을 했다. 장뢰의 뛰어난 식견과 대단한 논의는 진관보다 뛰어났지만, 실로 소동파의 테두리 안에 들어 있었던 것이다.

東坡之文工而易. 觀其言"秦得吾工, 張得吾易.", 分明自作贊語. 文潛卓識偉論過少游, 然固在坡函蓋中.

---

211) 진관(秦觀) : 송나라의 문학가. 자는 소유(少游), 호는 회해거사(淮海居士). 벼슬은 태학박사(太學博士)를 지냈다. 소식(蘇軾)의 제자. 시문에 능하였다. 문집 『회해집(淮海集)』이 있다.

212) 장뢰(張耒) : 송나라의 문학가. 자는 문잠(文潛), 호는 가산(柯山). 벼슬은 태상소경(太常少卿)을 지냈다. 소식의 제자이다. 문집 『완구집(宛丘集)』이 있다.

216

소철(蘇轍)은 구양수의 글을 칭찬하여, "조용히 상황에 맞추어 소리를 내거나 색깔을 드러내지 않았으나 의리는 저절로 뛰어났다"라고 했다. 소식의 「답장문잠서(答張文潛書)」에 이르기를, "자유(子由 : 蘇轍의 자)의 문장은 넓디 넓고 깨끗하여 일창삼탄(一唱三歎[213])의 소리가 있다. 그리고 그 빼어나고 걸출한 기운은 끝내 매몰시킬 수가 없다"라고 했다. 이 어찌 구양수에게서 얻은 것이 아니겠는가?

子由稱歐陽公文"雍容俯仰, 不大聲色, 而義理自勝." 東坡「答張文潛書」, 謂"子由文汪洋澹泊, 有一唱三歎之聲, 而其秀傑之氣, 終不可沒." 此豈有得於歐公者耶?

217

소철이 말하기를, "자첨(子瞻 : 蘇軾)의 문장은 기이하고, 나의 문장은 다만 평온할 따름이다"라고 했다. 내가 생각컨대, 백세토록 전해지는 문장은 '기이함'과 '평온함' 두 글자로써 결판난다.

子由曰 : "子瞻之文奇, 吾文但穩耳." 余謂百世之文, 總可以'奇'·'穩'兩字判之.

218

왕진(王震[214])의 「남풍집서(南豐集序)」에 이르기를, "선생은 유향(劉向)과 같다고 자부하였고, 한유(韓愈)는 어떤 사람인지를 알지 못했다"라고 했다. 서문 안에서 또 이르기를, "그는 넓고 여유 있고 고아하고 무게 있어 스스로 일가를 이루었다"라고 했다. 아아! 스스로 일가를 이룬 사

213) 일창삼탄(一唱三歎) : 한 사람이 노래하면 세 사람이 화답한다. 음악이나 시문이 우아하고 아름다워 여유가 있어 사람들로 하여금 찬탄하게 만든다는 뜻이다.

214) 왕진(王震) : 송나라의 문신. 자는 자발(子發). 벼슬은 용도각직학사(龍圖閣直學士)를 지냈다. 재주가 뛰어나 신종(神宗)의 칭찬을 들었다.

람이 아니라면 또한 어찌 능히 유향을 잘 배우겠는가?

王震「南豐集序」云:“先生自負似劉向, 不知韓愈爲何如爾.” 序內卻又謂其“衍裕雅重, 自成一家.” 噫! 藉非能自成一家, 亦安得爲善學劉向與?

219

증공(曾鞏)의 문장은 사리를 다 궁구하였고, 그 맛은 바르고 고아하고 깊이 있고 두터워 사람으로 하여금 위대한 사람의 느긋함을 보았으면 하고 생각하게 한다. 왕안석(王安石)이 이르기를, “편안히 몰아서 천천히 가서 중용(中庸)의 조정을 글러 지나서 그 방에 이른 사람은 두 어진이를 놔두고 누구이겠는가?”라고 했다. 두 어진이란 정지(正之)[215]와 자고(子固 : 曾鞏)이다. 그러한즉 증공의 문장은 곧 증공의 사람됨과 닮았다.

曾文窮盡事理, 其氣味爾雅深厚, 令人想見「碩人之寬」. 王介甫云: “夫安驅徐行, 轥中庸之廷而造乎其室, 舍二賢人者而誰哉?” 二賢, 謂正之・子固也. 然則, 子固之文卽肖子固之爲人矣.

220

창려의 글은 의사(意思)가 굳고 곧으며, 구양수와 증공은 부드럽고 완만하다. 굳고 곧은 것은 본령에 이른 것이지만, 부드럽고 완만한 것은 다시 함양해야만 한다.

昌黎文意思來得硬直, 歐・曾來得柔婉. 硬直見本領, 柔婉正復見涵養也.

221

한유(韓愈)는 문학에 있어서 자신의 재주를 감추지 않았다. 그래서 비록

215) 정지(正之) : 송나라 조자직(趙子湎)의 자. 벼슬은 보문각직학사(寶文閣直學士)를 지냈다. 그러나 왕안석이 언급한 사람인지의 여부는 알 수 없다.

육경(六經)을 요약하여 문장을 이루었으면서도 일찍이 자신에 근본하여 고문(古文)이 이룩되지 않은 적이 없었다. 구양수(歐陽脩)와 증공(曾鞏)에 이르러서는 감히 바로 자신을 문장가로 자부하지는 못했다. 이들을 한유와 비교해 보면, 지혜가 깊은 것과 예의로 낮추는 것의 구별이 있다.

韓文學不掩才, 故雖「約六經之旨而成文」, 未嘗不自我作古. 至歐·曾則不敢直以作者自居, 較之韓, 若有智崇禮卑之別.

222

왕안석(王安石)의 문장은 『맹자(孟子)』와 한유(韓愈)의 글에서 법도를 취하였다. 증공(曾鞏)의 「여개보서(與介甫書)」에서 구양수(歐陽脩)의 말을 서술하여, "『맹자』와 한유의 문장은 비록 높으나 꼭 닮을 필요는 없습니다. 그 자연스러움을 취할 뿐입니다"라고 했다. 그 학문의 틀에 접근한 바와 지나치게 넘치는 것을 모두 볼 수 있다.

王介甫文取法『孟』·韓. 曾子固「與介甫書」述歐公之言曰: "孟·韓文雖高, 不必似之也, 取其自然耳." 則其學之所幾與學之過當, 俱可見矣.

223

왕안석(王安石)이 지은 『해맹자(解孟子)』 14권은 숭녕(崇寧)[216]과 대관(大觀)[217] 사이에 과거응시자들이 으뜸으로 치던 바이다. 그 사실은 『군재독서후지(郡齋讀書後志)』[218]에 나타나 있다. 왕안석의 「상인서(上人書)」에 이르기를, "맹자가 말하기를, '군자는 스스로 터득하고자 한다'라고 했다. 맹자가 이른 것은 글에만 적용되는 것은 아닐 따름이지만, 또한 가히 작문의 근본취지로 삼을 만하다"라고 했다. 이러니 그가 『해맹

216) 숭녕(崇寧): 송나라 휘종(徽宗)의 연호. 1102~1106년.

217) 대관(大觀): 송나라 휘종(徽宗)의 연호. 1107~1117년.

218) 『군재독서후지(郡齋讀書後志)』: 송나라 조공무(晁公武)가 지은 서적 해제집. 『군재독서지(郡齋讀書志)』는 원지(原志) 4권, 후지(後志) 2권, 고이(考異) 1권, 부지(附志) 2권으로 되어 있다. 고이와 부지는 조희변(趙希弁)이 지었다.

자』를 지은 뜻은 어찌 문장에 있지 않았겠는가?

王安石『解孟子』十四卷, 爲崇・觀間擧子所宗, 說見『郡齋讀書後志』. 觀介甫「上人書」有云: "孟子曰: '君子欲其自得之也.' 孟子之云爾, 非直施於文而已, 然亦可託以爲作文之本意." 是則『解孟』亦豈無意於文乎?

224

왕안석(王安石)의 문장이 한유(韓愈)에게서 얻은 것은 '묵은 말을 힘써 제거하는' 데 있을 따름이다. 그가 한유를 헐뜯어 "묵은 말을 힘써 제거한다는 것은 말세에 과시하는 것이라[力去陳言誇末俗]"라는 구절이 있는데, 실은 마음이 한유에게로 쏠리고 있었던 것이다.

介甫文之得於昌黎, 在'陳言務去' 其譏韓有"力去陳言誇末俗."之句, 實乃心鄕往之.

225

증공(曾鞏)이 일찍이 왕안석(王安石)의 문학을 칭찬하여 양웅(揚雄)보다 못하지 않다고 했다. 그리고 왕안석이 「영양웅(詠揚雄)」이라는 시에서, "천고의 웅장한 문장 성인의 참된 경지에 나아가고, 보잘것없는 존재 거론할 것도 없네[千古雄文造聖眞, 眇然幽息入無倫]"라고 했다. 그 문장을 흠모함이 이렇게 깊으니, 반드시 그 글을 본받으려 해도 미치지 못할까를 두려워했을 것이다.

曾子固稱介甫文學不減揚雄, 而介甫「詠揚雄」亦云: "千古雄文造聖眞, 眇然幽息入無倫." 慕其文者如此其深, 則必效之惟恐不及矣.

226

왕안석(王安石)의 문장은 순자(荀子)와 양웅(揚雄)을 좋아하였는데, 순자는 굳센 것을 가지고 글을 짓기를 좋아했고, 양웅은 어려운 것을 가지고 글을 짓기를 좋아했다.

介甫文兼似荀·揚. 荀, 好爲其矯; 揚, 好爲其難.

227

유종원(柳宗元)은 「비국어(非國語)」[219]를 지었으면서도 문장은 『국어』를 배웠다. 반산(半山) 왕안석(王安石)은 "순경(荀卿)은 망령된 것을 좋아했고, 순경은 예를 모른다"라고 말했으면서도 문장은 자못 순자와 닮았다. 문장가는 자기가 비난하고 흠을 잡았다 해서 그것을 버리지는 않은 것이 소식(蘇軾)이 이른바 "나는 맹교(孟郊)[220]의 시를 싫어하지만, 다시 맹교의 말을 짓는다네"라는 것과 한 가지다.

柳州作「非國語」, 而文學『國語』; 半山謂"荀卿好妄, 荀卿不知禮.", 而文亦頗似荀子. 文家不以訾謷爲棄取, 正如東坡所謂"我憎孟郊詩, 復作孟郊語."也.

228

왕안석의 문장은 능히 품격으로 이긴 것이다. 그는 다른 사람이 취하면 자기는 버리는 것을 보건대, 자처(自處)한 지위가 매우 높았다.

荊公文是能以品格勝者, 看其人取我棄, 自處地位儘高.

229

왕안석의 문장은 허물을 내거는 방법을 잘 썼다. 한두 마디 말만 써서 다른 사람들의 몇 개의 큰 단락을 다 쓸어버리니, 이 얼마나 간명하고 귀한 것인가?

半山文善用揭過法, 只下一二語, 便可掃卻他人數大段, 是何簡貴!

219) 「비국어(非國語)」: 전국시대 역사서인 『국어』를 비판한 글.

220) 맹교(孟郊): 당나라 중기의 시인. 자는 동야(東野). 한유와 절친했다. 문집 『맹동야집(孟東野集)』이 있다.

230

첩산(疊山) 사방득(謝枋得)이 왕안석(王安石)의 글을 평하여, "붓의 힘은 간명하면서도 굳세다"라고 했다. 내 생각으로는 남쪽 사람들의 글은 번잡하고 약한 결점이 있는 것이 열에 여덟 아홉이니, 왕안석 같은 사람이 아니었으면 아마도 바로잡아 떨쳐 일어나게 하지 못했을 것이다.

謝疊山評荊公文曰: "筆力簡而健." 余謂南人文字, 失之冗弱者十常八九, 殆非如荊公者不足以矯且振之.

231

왕안석의 글은 야위고 단단하여 신과 통한 것이다. 이것이 강서(江西) 지역 사람들의 본색이니, 황정견(黃庭堅) 일파의 시와 함께 보아야 한다.

半山文瘦硬通神. 此是江西本色, 可合黃山谷詩派觀之.

232

왕안석의 「유포선산기(遊褒禪山記)」에 이르기를, "더욱 깊이 들어가면 그 나아가기가 더욱 어렵고 보는 것은 더욱 기이하다"라고 했다. 내가 보기에, '깊다[深]', '어렵다[難]', '기이하다[奇]'라는 이 세 글자가 공의 학문과 문장의 득실이 여기에 다 나타나 있다.

荊公「遊褒禪山記」云: "入之愈深, 其進愈難, 而其見愈奇." 余謂'深'·'難'·'奇'三字, 公之學與文, 得失並見於此.

233

왕안석(王安石)의 문장은 하급의 어리석은 사람이나 보통사람의 의견은 다 벗겨버리고 쓰지 않았으니, 이것은 그의 장점이다. 상등 가는 지혜로운 사람의 의견도 다 벗겨 버리고 쓰지 않았으니, 이 점은 병통이 적지 않다.

介甫文於下愚及中人之所見, 皆剝去不用, 此其長也; 至於上智之所見, 亦剝去不用, 則病痛非小.

234

왕안석(王安石)의 「상소학사서(上邵學士書)」에 이르기를, "저는 일찍이 근세의 문장을 걱정한 적이 있습니다. 말은 이치를 돌아보지 않고, 이치는 일을 돌아보지 않기 때문입니다. 고사(故事)를 쌓는 것으로써 학문이 있는 것으로 여기고, 어구를 다듬고 꾸미는 것으로써 정밀하고 새롭다 여기니, 비유하자면, 기이한 꽃을 따서 즐기는 것과 같습니다. 비록 빛나고 향기나고 문채가 있고 선명하고 화려하여 사랑할 만하지만, 그 뿌리나 쓰임새를 구하면 아무 것도 없는 것입니다"라고 했다. 또 「상인서(上人書)」에 이르기를, "이른바 글이라는 것은 세상에 도움되는 것이 있도록 힘써야 할 따름이고, 이른바 말이란 것은 그릇에 조각이나 그림이 있는 것과 같은 것입니다. 가령 정교하고 화려하다 해도 꼭 쓰이기에 적합한 것이 아니고, 설령 쓰이기에 적합하다 해도 꼭 정교하고 화려한 것은 아닙니다"라고 했다. 나는 "왕안석의 문장은 진실로 말만 숭상하는 정교하고 화려한 것과는 다르나, 다만 이런 폐단에서 벗어나려고 생각하지 않기 때문에 꼭 쓰임새가 있거나 쓰임에 적당하지는 않은 것일 따름이다"라고 생각한다.

介甫「上邵學士書」云 : "某嘗患近世之文, 辭弗顧於理, 理弗顧於事, 以襞積故實爲有學, 以雕繪語句爲精新. 譬之擷奇花之英, 積而玩之, 雖光華馨采, 鮮縟可愛, 求其根柢濟用, 則蔑如也." 又「上人書」云 : "所謂文者, 務爲有補於世而已矣. 所謂辭者, 猶器之有刻鏤繪畫也. 誠使巧且華, 不必適用; 誠使適用, 亦不必巧且華." 余謂"介甫之文, 洵異於尙辭巧華矣, 特未思免於此弊, 仍未必濟用適用耳."

235

왕안석(王安石)의 문장은 약과 같은저! 병을 치료하면 살게 될 수 있지만, 양생하다가 도리어 병들게 만드는 격이다.

半山文其猶藥乎? 治病可以致生, 養生或反致病.

236

왕안석(王安石)이 세상 사람들의 병을 말한 것은 옳지만, 자신이 위치한 곳은 옳지 못하다.

半山說得世人之病好, 只是他立處未是.

237

왕안석(王安石)의 문장 가운데서, 골육(骨肉)의 정에 대해서 언급한 것은 쓰라리고 슬프고 목이 메는데, 그 말은 가슴속에서 우러나온 것이다. 다른 글은 이런 뜻을 바탕으로 확충시켜나가지 못했다.

介甫文每言及骨肉之情, 酸惻嗚咽, 語語自腑肺中流出, 他文卻未能本此意擴而充之.

238

이구(李覯)[221]의 문장을 두고, 주자(朱子)가 이르기를, "큰 주제가 있는 데서 논의를 일으킨 것이 옛날의 『잠부론(潛夫論)』 종류와 같다"라고 했다. 유훈(劉壎)[222]이 『은거통의(隱居通議)』[223]에서 이구가 지은 「원주학기(袁州學記)」를 일러, "구양수(歐陽脩)나 소식(蘇軾)보다 월등하게 나으니 백세토록 없어지지 않을 것이다"라고 했다. 내가 살펴보니, 이구의 학문은

221) 이구(李覯) : 송나라의 문학가. 자는 태백(泰伯). 호는 우강선생(盱江先生). 벼슬은 태학설서(太學說書)를 지냈다. 문장에 뛰어났고 경학에 정통하였다. 문집 『직강선생문집(直講先生文集)』이 있다.

222) 유훈(劉壎) : 송나라 말기 원나라 초기의 문학가. 자는 기잠(起潛), 호는 수촌(水村). 벼슬은 교수(敎授)를 지냈다. 시문에 뛰어났다. 문집 『수운촌고(水雲村稿)』가 있다.

223) 『은거통의(隱居通議)』 : 원(元)나라의 유훈(劉壎)이 지은 책. 모두 31권. 시문을 평론한 내용이 많은데, 옛날 사람의 설을 많이 인용하였다.

『주례(周禮)』에 깊었는데, 그가 지은 글은 모두 다 법도가 근엄하였다. 『송사(宋史)』의 열전에는 단지 그가 올린 「명당정제도서(明堂定制圖序)」만 실려 있는데, 이는 오히려 그의 최고의 작품은 아니다. 소식(蘇軾)이 이르기를, "일찍이 태백(泰伯 : 李覯)이 그 문장을 두고 스스로 평하기를, '하늘이 나를 장차 오래 살게 할 것일까? 내가 지은 것이 실로 풍족하지 못하다. 그렇지 않으면 도움을 받아서 옛 사람을 볼 수 있도다'라고 했다"라고 했다. 이 말을 보면 그가 평생 애써 노력하여 높은 경지에 나갔다는 것을 알 수 있다.

李泰伯文, 朱子謂其"自太虛起議論, 如古『潛夫論』之類." 劉壎『隱居通議』謂其所作「袁州學記」"高出歐·蘇, 百世不朽." 按泰伯之學, 深於『周禮』, 其所爲文, 率皆法度謹嚴. 『宋史』本傳但載其所上「明堂定制圖序」, 尙非其極也. 東坡謂"嘗見泰伯自述其文曰 : '天將壽我與, 所爲固未足也; 不然, 斯亦足以藉手見古人矣.'" 觀是言, 其生平之力勤詣卓具見.

239

유창(劉敞)[224]의 문장은 옛 것을 본뜨기를 좋아했다. 그래서 평론하는 사람들 사이에 칭찬과 비난이 반반씩이다. 그러나 그는 학문에 있어서 연구하지 않은 것이 없었다. 그 가운데서 큰 것으로는 『춘추(春秋)』를 풀이한 것이 있는데, 옛 사람들이 말하지 않았던 것이 많이 있다. 조정에서 예악(禮樂)에 관한 일이 있을 때면 반드시 그의 집에 나아가 물어 결정을 받아왔으니, 어찌 문장뿐이겠는가? 다만 그의 문장만 가지고 논한다 해도, 구양수(歐陽脩)가 그의 묘지명(墓誌銘)을 지으면서, "말을 세우고 물러나 앉아 한꺼번에 아홉 편의 제(制)를 지었는데, 문사가 법도에 맞

224) 유창(劉敞) : 송나라의 학자. 자는 원보(原父), 호는 공시(公是). 벼슬을 판남경어사대(判南京御史臺)를 지냈다. 학문이 넓었고, 특히 『춘추(春秋)』에 뛰어났다. 『춘추권형(春秋權衡)』, 『춘추전(春秋傳)』을 지었고, 문집 『공시집(公是集)』이 있다.

고 고아(高雅)하여 각각 그 체(體)를 얻었다"라고 칭찬했다. 주자(朱子)는 "재주와 생각이 매우 많아 솟아 나왔다"라고 칭찬했으니, 또한 그 수준의 대략을 볼 수 있다.

劉原父文好摹古, 故論者譽訾參半. 然其於學無所不究, 其大者如解『春秋』, 多有古人所未言. 朝廷每有禮樂之事, 必就其家以取決, 豈曰文焉已哉! 卽以文論, 歐公爲作墓誌, 稱其"立馬卻坐, 一揮九制, 文辭典雅, 各得其體", 朱子稱其"才思極多, 湧將出來", 亦可見其崖略矣.

240

충정공(忠定公) 이강(李綱)[225]의 주소(奏疏)는 일을 논의함에 있어서 바로 가리키고 분명하고 시원하였고, 그의 타고난 자질도 당(唐)나라 육지(陸贄)보다 나았다. 그러나 그의 『서격지(書檄志)』에서 "격문을 짓는 일을 한 번 맡게 되면 모두 마땅히 육선공(陸宣公 : 陸贄)로써 법도로 삼았다"라고 한 것을 보면, 육선공에게서 얻은 것이 깊다는 것을 알 수 있다.

李忠定奏疏, 論事指畫明豁, 其天資似更出陸宣公上. 然觀其『書檄志』云 : "一應書檄之作, 皆當以陸宣公爲法." 則知得於宣公者深矣.

241

주자(朱子)의 문장은, 안팎이 투명하여 훤히 통한다. 그래서 평이하게 이야기해 내지만, 도리어 기이한 것을 자랑하는 사람이 용렬하다는 것을 깨닫게 되고, 분명하게 이야기해 내지만, 자신이 심오하다는 것을 믿는 사람이 얕다는 것을 느끼게 된다. 그가 주된 뜻을 세워 확정할 때는 걸음걸음마다 돌아본다. 먼 듯하면서도 가깝고, 끊어진 듯하면서도 이어지는 것은 중요한 일이 아니다.

---

225) 이강(李綱) : 송나라의 문신. 자는 백기(伯紀), 호는 양계(梁溪), 시호는 충정(忠定). 벼슬은 문하시중(門下侍中)에 이르렀다. 금(金)나라에 대항하려는 계획을 여러 차례 올렸으나 채택되지 않았다. 문집 『양계집(梁溪集)』이 있다.

朱子之文, 表裏瑩徹. 故平平說出, 而轉覺矜奇者之爲庸; 明明說出, 而轉覺恃奧者之爲淺. 其立定主意, 步步回顧, 方遠而近, 似斷而連, 特其餘事.

242

주자(朱子)가 이르기를, "내 나이 스무 살 때쯤에 남풍선생(南豐先生 : 曾鞏)의 글을 읽기를 좋아하여 혼자서 가만히 본떴다. 마침내 재주와 힘이 얕고 짧아서 그 소원을 이룰 수가 없었다"라고 했다. 또 이르기를, "나는 스무 살이 되기 전에 남풍선생의 글을 읽었는데, 그 말이 엄격하고 그 이치가 바른 것을 사랑하여 늘 '사람이 말을 만들 때는 마땅히 이러해야 한다'라고 생각했는데, 구차한 문인이 아니기 때문이었다"라고 했다. 주자가 증공에게 감복한 것이 이러했으니, 그가 거기서 힘을 얻었다는 것을 꼭 물을 것이 있겠는가?

朱子云 : "余年二十許時, 便喜讀南豐先生之文, 而竊慕效之, 竟以才力淺短, 不能遂其所願." 又云 : "某未冠而讀南豐先生之文, 愛其詞嚴而理正, 居常以爲'人之爲言, 必當如此', 乃爲非苟作者."朱子之服膺南豐如此, 其得力尙須問耶?

243

용천(龍川) 진량(陳亮)[226]은 구양수(歐陽脩)의 문장을 배우기를 좋아하였다. 일찍이 구양수의 글을 뽑아 『구양문수(歐陽文粹)』라 하였는데, 그 서문은 구양수의 글과 서로 비슷하였다. 그러나 다른 글은 다 비슷하지는 않았다. 이는 사람이 물을 마시면 그것이 차가운지 따뜻한지는 자신이 알 수 있는 것과 같다. 원래 꼭 한 글자 한 구절을 본뜰 것은 없으니,

226) 진량(陳亮) : 송나라의 학자. 자는 동보(同甫), 호는 용천(龍川). 주자(朱子)와 절친했으나 학문적으로는 서로 용납하지 못했다. 그는 경세제민(經世濟民)을 위한 '사공지학(事功之學)'을 창도하였다. 문집 『용천집(龍川集)』이 있다.

그 자취를 따라가면서 그 밟아간 법도만 따르는 것과 같은 것이다.

陳龍川喜學歐文, 嘗選歐文曰『歐陽文粹』. 其序極與歐文相類, 然他文卻不盡似之. 此如人飮水, 冷煖自知, 原不必字摹句擬, 類於執迹以求履憲也.

244

진량(陳亮)의 「상효종황제서(上孝宗皇帝書)」에서는 도학(道學)을 깎아내리고 공박하여, "지금 세상의 유학자로서 정심성의(正心誠意)[227]의 학문을 한다는 자들은 다 제 정신이 아니라서 아픈 줄을 모릅니다"라고 했다. 그리고 「중흥론(中興論)」에 스스로 발문(跋文)을 붙이고 다시 말하기를, "하루는 양구산(楊龜山)[228]의 『구산어록(龜山語錄)』에서, '사람은 머무른 그런 뒤에 어떤 일을 함이 있을 수 있다. 재주와 지혜가 있는 선비는 학력(學力)으로 안정시키지 않으면 안 된다'라고 한 말을 읽고서 나도 모르게 멍하니 정신을 잃었다"라고 했다. 진량이 공박한 사람은 실질이 없는 사람이지 구산(龜山) 일파를 공박한 것은 아니었다.

陳同甫「上孝宗皇帝書」貶駁道學, 至謂"今世之儒士, 以爲得正心誠意之學者, 皆風痺不知痛癢之人." 而其自跋「中興論」, 復言"一日讀楊『龜山語錄』, 謂'人住得然後可以有爲, 才智之士非有學力卻住不得.', 不覺怳然自失." 可見同甫之所駁者, 乃無實之人, 非龜山一流也.

245

진량(陳亮)의 글 가운데 당시의 폐단을 풍자하고 공격한 것은 형세를

---

227) 정심성의(正心誠意): 유학 가운데서 특히 마음의 공부에 힘을 쏟아 수양에 힘쓰는 공부를 '도학(道學)'이라고 불렀는데, 이들은 『대학(大學)』에서 말하는 "마음을 바로잡고 마음을 정성스럽게 한다"는 일에 더욱 정력을 쏟았다.

228) 양구산(楊龜山): 송나라의 학자인 양시(楊時). 구산은 호, 자는 중립(中立). 정자(程子)의 제자. 벼슬은 용도각직학사(龍圖閣直學士)에 이르렀다. 문집 『구산집(龜山集)』 이외에 많은 저서가 있다.

바로 지적하여 묘사해 내었는데, 벼슬에 등용되려는 마음에 영향을 받은 사람과 비교할 바가 아니었다. 「사상효종황제서(四上孝宗皇帝書)」 및 「중흥오론(中興五論)」 같은 것이 그런 것이다. 다만 그 생각은 멋대로 휘두르고 기상을 크게 떠벌렸다. 만약 자신이 그 일을 맡았다면 아마도 번거로움을 견디어 오래 버티지 못했을 것이다. 조영평(趙營平 : 趙充國)이나 제갈공명(諸葛孔明)이 일을 논한 것을 보면, 어찌 일찍이 멋대로 휘두르고 떠벌리기를 이렇게 한 적이 있던가?

陳同甫文箴砭時弊, 指畫形勢, 自非絀於用者之比, 如「四上孝宗皇帝書」及「中興五論」之類是也. 特其意思揮霍, 氣象張大, 若使身任其事, 恐不能耐煩持久. 試觀趙營平·諸葛武侯之論事, 何嘗揮霍張大如此!

246

상산(象山) 육구연(陸九淵)의 글에 대해서, 유훈(劉壎)의 『은거통의(隱居通議)』에서 「왕형공사당기(王荊公祠堂記)」를 칭찬하였고, 또 「여양수서(與楊守書)」 및 「여서자의시랑서(與徐子宜侍郎書)」를 칭찬하여 각각 평하는 말을 달았다. 내가 보건대, 육구연의 문장은 『맹자(孟子)』의 알맹이를 얻은 것이니, 의도적으로 버리고 취하고 하는 것을 용납하지 않고, 또 평하기도 쉽지 않다. 그의 글을 평할 때는 모름지기 그의 『어록(語錄)』 속의 "하늘로부터 내려왔고, 가슴 속으로부터 흘러나왔으니, 자기가 갖고 있는 것이다"라는 말과 같이 하는 것이 실상에 접근할 수 있는 길이다.

陸象山文, 『隱居通議』稱其「王荊公祠堂記」, 又稱其「與楊守書」及「與徐子宜侍郎書」, 且各繫以評語. 余謂陸文得『孟子』之實, 不容意爲去取, 亦未易評. 評之須如其『語錄』中所謂"從天而下, 從肝肺中流出, 是自家有底物事.", 乃庶幾焉.

247

후세에 제자서(諸子書)를 배우는 사람들은 그 줄거리를 구하려고 하지 않고, 어려운 글자 껄끄러운 구절만 오로지 숭상하는데, 이는 크게 잘못된 것이다. 제자백가 같은 그런 문체(文體)를 만들려고 하면 모름지기 신명(神明)이 보통 사람들보다 뛰어나고 정밀하게 쌓은 바를 다 궁구해야만 이에 능히 만물에 의미를 붙여 얕은 것으로 인해서 깊은 뜻을 나타낼 수 있는 것이다. 빛이 부족하면서 억지로 비추려고 하는 사람이 관여할 수 있는 것이 아니다. 당(唐)나라 송(宋)나라 이전의 것은 갖추어 논하기가 어렵다. 『욱리자(郁離子)』[229]는 제자백가 가운데서 가장 늦게 나와 체제가 비록 완전히 순수하지는 못해도, 내용과 이치는 자못 실용적이다.

後世學子書者, 不求諸本領, 專尙難字棘句, 此乃大誤. 欲爲此體, 須是神明過人, 窮極精奧, 斯能託寓萬物, 因淺見深, 非光不足而强照者所可與也. 唐・宋以前, 蓋難備論. 『郁離子』最爲晩出, 雖體不盡純, 意理頗有實用.

248

유학(儒學)・사학(史學)・현학(玄學)[230]・문학은 『송서(宋書)』[231] 「뇌차종전(雷次宗傳)」에 보인다. 대저 유학의 근본은 『예기(禮記)』와 『순자(荀子)』이고, 사학의 근본 되는 책은 『서경(書經)』 『춘추(春秋)』와 사마천(司馬遷)이고, 현학의 근본은 『주역(周易)』과 『장자(莊子)』이고, 문학의 근본은 『시경(詩經)』과 굴원(屈原)이다. 후세에 글을 짓는 사람들이 길을 취한다면, 여기서 벗어나지 않을 것이다.

儒學, 史學, 玄學, 文學, 見『宋書』「雷次宗傳」. 大抵儒學本『禮』・『荀子』是也; 史學本『書』與「春秋』, 馬遷是也; 玄學本『易』, 『莊子』是也; 文學本『詩』, 屈原是也. 後世作者, 取塗弗越此矣.

229) 『욱리자(郁離子)』: 명(明)나라 유기(劉基)가 지은 책. 총 10권이다. 문명세계에 이를 수 있는 방법을 제시하였다.

230) 현학(玄學): 중국 위진남북조시대에 유행하던 도가(道家)의 학문.

231) 『송서(宋書)』: 남조 송(宋)나라의 정사. 양(梁)나라 심약(沈約) 등이 편찬하였다.

249

『공총자(孔叢子)』에 "재아(宰我)[232]가 묻기를, '군자도 말을 숭상합니까?'라고 하자, 공자께서 '군자는 이치로써 숭상한다'라고 했다"라는 기록이 있다. 『문중자(文中子)』에 이르기를, "글은 이야기하면서 이치에 미치지 못한다면 이는 천하에 글이 없는 것이다"라고 했다. 한유(韓愈)는 비록 일찍이 이르기를, "말이 부족하면 족히 문장을 이룰 수 없다"라고 했으나, 반드시 "학문은 도(道)를 위한 것이고, 문장은 이치를 위한 것이다"라고 말했다. 육기(陸機)의 『문부(文賦)』[233]에 "이치는 바탕을 붙들어서 줄기를 이룬다"라고 말했다. 유협(劉勰)의 『문심조룡(文心雕龍)』에서 "정밀한 이치가 글이 된다"라고 말했다. 그러한즉 이치를 버려두고서 글을 논하는 사람들은 무엇을 취하는지?

『孔叢子』: "宰我問: '君子尙辭乎?' 孔子曰: '君子以理爲尙.'" 『文中子』曰: "言文而不及理, 是天下無文也." 昌黎雖嘗謂"辭不足不可以爲成文.", 而必曰: "學所以爲道, 文所以爲理." 陸士衡『文賦』曰: "理扶質以立幹." 劉彦和『文心雕龍』曰: "精理爲文." 然則舍理而論文辭者, 奚取焉?

250

글은 기이한 것이나 정상적인 것이 나를 막론하고 다 이치를 밝히는 것을 취한다. 시험 삼아 보면, 글 가운데서 어느 것이 『장자(莊子)』보다 더 기이하겠는가? 그러나 진부량(陳傅良)[234]은 "『장자』는 허공을 달리면

---

232) 재아(宰我): 춘추시대 노(魯)나라 사람. 공자(孔子)의 제자. 성은 재(宰), 이름은 여(予), 자는 자아(子我). 언어에 뛰어났다. 제(齊)나라에 가서 임치대부(臨淄大夫)를 지냈다.

233) 『문부(文賦)』: 진(晋)나라 육기(陸機)가 지은 문학의 이치에 관해서 논한 부 형식의 글. 유협(劉勰)은 『문심조룡(文心雕龍)』에서 『문부』를 비평하여, "『문부』가 곡진하다고 하나 개괄적인 것은 자세하게 이야기했지만 실체가 갖추어지지 않았다"라고 했다.

234) 진부량(陳傅良): 송나라의 학자. 자는 군거(君擧), 호는 지재(止齋). 벼슬은 보모각대제(寶謨閣待制)를 지냈다. 문장으로 당세에 이름을 날렸다. 『시해고(詩解詁)』, 『주례설(周禮說)』 등 많은 저서를 남겼고, 문집 『지재집(止齋集)』이 있다.

서도 이치가 있다"라고 말했다. 하물며 『장자』보다 정상적인 글임에랴?

文無論奇正, 皆取明理. 試觀文孰奇於『莊子』, 而陳君擧謂其"憑虛而有理致.", 況正於『莊子』者乎?

251

이치를 밝히는 글은 큰 요점이 두 가지가 있나니, 첫째는 앞 시대 사람이 이미 발표한 것을 밝히는 것이고, 둘째는 앞 시대 사람이 아직 발표하지 않은 것을 확대하는 것이다.

明理之文, 大要有二, 曰 : 闡前人所已發, 擴前人所未發.

252

일을 논하거나 일을 서술하거나 간에 모두 사리를 다 궁구하는 것을 우선으로 한다. 사리가 다 궁구된 그런 뒤에 문장의 법을 다시 이야기할 수 있다. 그러지 않고 사물과 유리(遊離)되어 문장을 구한다면, 족히 쓰임에 적합하여 썩지 않은 적이 있었던가?

論事敍事, 皆以窮盡事理爲先. 事理盡後, 斯可再講筆法. 不然, 離有物以求有章, 曾足以適用而不朽乎?

253

『양자법언(揚子法言)』에 이르기를, "일과 말이 서로 알맞으면 경전(經典)이 된다"라고 했다. 내가 보건대, 일만이 마땅히 말과 알맞아야 하는 것이 아니고, 의리가 더욱 알맞아야 하는 것이다. 『맹자(孟子)』의 "그 일은 제(齊)나라 환공(桓公)과 진(晋)나라 문공(文公)의 것이다"라고 한 몇 마디 말을 보면 알 수 있다.

『揚子法言』曰 : "事辭稱則經." 余謂不但事當稱乎辭而已, 義尤欲稱也. 觀『孟子』"其事則齊桓·晉文.", 數語可見.

254

어떤 일을 말하려고 하면 반드시 그 일을 깊이 알아야 한다. 사리(事理)가 곡진한 데 이르면 그 글이 확실하여 마멸될 수가 없다. 『고공기(考工記)』 같은 것이 바로 그런 경우이다. 『양서(梁書)』[235] 「소자운전(蕭子雲傳)」에 "진(晋)나라 역사서를 지으면서 「이왕열전(二王列傳)」[236]에 이르러서 초서와 예서의 법을 논하는 글을 지으려고 하였으나 뜻대로 되지 않다 드디어 글을 이루지 못하였다"라는 내용이 실려 있다. 이 역시 실사구시(實事求是)의 정신을 볼 수 있다.

言此事必深知此事, 到得事理曲盡, 則其文確鑿不可磨滅, 如『考工記』是也. 『梁書』「蕭子雲傳」載其"著晉史, 至「二王列傳」, 欲作論草隸法, 不盡意, 遂不能成." 此亦見實事求是之意.

255

『주역(周易)』 「계사전(繫辭傳)」에 이르기를, "그 마음을 수월하게 가진 뒤에 말한다"라고 했고, 양웅(揚雄)은 이르기를, "말은 마음의 소리다"라고 했다. 그러니 말은 마음의 학문이라는 것을 알 수 있다. 하물며 글이란 것의 모양새는 더욱 말의 정밀한 것임에랴?

『易』「繫傳」謂"易其心而後語." 揚子雲謂"言爲心聲.", 可知言語亦心學也. 況文之爲物, 尤言語之精者乎!

256

뜻이란 것은 글의 전체적인 핵심이다. 글은 같지 않아도 뜻은 한 가지인 것은 마치 거문고를 연주하는 사람이 소리는 비록 바꾸어도 곡조

---

235) 『양서(梁書)』: 남북조시대 양(梁)나라의 역사서. 당(唐)나라 요사렴(姚思廉)이 지었는데, 모두 56권으로 되어 있다.

236) 「이왕열전(二王列傳)」: 유명한 서예가 왕희지(王羲之)와 그 아들 왕헌지(王獻之)의 열전.

는 변하지 않는 것과 같다. 도연명(陶淵明)의 "늘 글을 지어 스스로 즐기며 자기 뜻을 나타내었다"라고 한 말이 좋도다!

志者, 文之總持. 文不同而志則一, 猶鼓琴者聲雖改而操不變也. 善夫陶淵明之言曰 : "常著文章自娛, 頗示己志."

257

어떤 사람이 "도연명(陶淵明)이 이른 바 '자기의 뜻을 보인다'라고 할 때의 자기 뜻은 다른 사람의 것과 구별이 있는지요?"라고 물었다. 내가 "다만 마음에 맞게 말할 따름이다"라고 대답했다. 가령 반드시 다른 사람과 다르게 하는 것으로 고상하게 여긴다면, 큰 천하 천고의 먼 세월에 어찌 자기와 같은 사람이 전혀 없겠는가?

或問 : "淵明所謂'示己志'者, 己志其有以別於人乎?" 曰 : "只是稱心而言耳." 使必以異人爲尙, 豈天下之大, 千古之遠, 絶無同己者哉?

258

"성인(聖人)의 감정은 말에 나타난다"라는 말은 『주역(周易)』을 지으면서 한 말이다. 글을 짓는 사람들이 감정으로 글을 만들어내면, 글 읽는 사람들은 글로 감정을 일으킨다. 『주역』의 가르침이 신통한데, 신통한 것은 이 때문이다. 감정이 글과 맞지 않으면 어찌 사람만 감동시키기 어렵겠는가? 자기에게 있어서도 '정성이 없으면 물건이 아무런 존재가치가 없게 된다'.

"聖人之情見乎辭", 爲作『易』言也. 作者情生文, 斯讀者文生情. 『易』敎之神, 神以此也. 使情不稱文, 豈惟人之難感, 在己先'不誠無物'矣.

259

「문부(文賦)」에 이르기를, "뜻은 줄거리를 잡아서 기술자의 우두머리가 된다"라고 했으니, 글에서는 뜻을 숭상하는 것이 분명하다. 미루어서

위로 올라가면, 성인(聖人)이 "글은 말을 다 못하고, 말은 뜻을 다하지 못한다"라고 했는데, 바로 뜻이 다함이 없기 때문이다.

「文賦」: "意司契而爲匠." 文之宜尙意明矣. 推而上之, 聖人"書不盡言, 言不盡意.", 正以意之無窮也.

260

『장자(莊子)』가 말하기를, "말이 귀한 것은 뜻 때문이다. 뜻에는 베푸는 바가 있다. 말에는 뜻이 따르는 것이 있는데, 이것은 말로써 전달할 수가 없다. 그러나 세상에서는 말을 귀하게 여겨 책에다 전한다"라고 했다. 이는 뜻이 귀한 까닭을 아는 것으로, 우연히 그렇게 된 것은 아니다. 글을 짓는 사람이 만약 뜻을 귀하게 여길 줄을 알지 못한다면, 뜻이 따르는 것을 어찌 논하겠는가?

『莊子』曰: "語之所貴者, 意也. 意有所施. 意之所隨者, 不可以言傳也. 而世因貴言傳書." 是知意之所以貴者, 非徒然也. 爲文者苟不知貴意, 何論意之所隨者乎?

261

글은 식견(識見)을 위주로 한다. 제목을 인식하고 뜻을 세우는 일은 식견이 높고 탁월하며 정미하고 자세하지 않으면 핵심에 맞추기가 어렵다. 재(才)·학(學)·식(識)의 세 가지 장점 가운데 식견이 더욱 중요하니, 어찌 유독 역사를 지을 때만 그러하겠는가?

文以識爲主. 認題立意, 非識之高卓精審, 無以中要. 才·學·識三長, 識爲尤重, 豈獨作史然耶?

262

"말의 기운을 낼 때는 이에 더럽고 어그러진 것은 멀리한다"[237]라고 했는데, 이것은 '기(氣)'로써 말을 논한 시초다. 한유(韓愈)의 「여이익서(與

李翊書)」와 유종원(柳宗元)의 「여위중립서(與韋中立書)」에서 '기(氣)'에까지 논의가 미쳤는데, 한유는 기를 기를 수 있는 것으로 돌렸으니, 말을 하는 데 근원한 바가 있다.

"出辭氣, 斯遠鄙倍矣.", 此以'氣'論辭之始. 至昌黎「與李翊書」, 柳州「與韋中立書」, 皆論及於'氣', 而韓以氣歸之於養, 立言較有本原.

263

『전론(典論)』의 「논문(論文)」 및 한유(韓愈)와 유종원(柳宗元)은 모두 '기(氣)'자 하나를 높였다. 내 생각으로는 글의 기는 마땅히 『예기(禮記)』「악기편(樂記篇)」에 나오는 "강한 기운은 성내지 말고, 부드러운 기운은 두려워하지 말라"라는 두 구절의 말과 같이 해야 한다.

自『典論』「論文」以及韓·柳, 俱重一'氣'字. 余謂文氣當如「樂記」二語, 曰:"剛氣不怒, 柔氣不慴."

264

문장에는 사계절의 기운을 갖추는 것을 귀하게 여긴다. 그러나 기운이 순수한가, 뒤섞였는가, 두터운가, 얕은가를 더욱 모름지기 살펴 분변해야 한다.

文貴備四時之氣, 然氣之純·駁·厚·薄, 尤須審辨.

265

한유(韓愈)의 「송진수재동서(送陳秀才彤序)」에 이르기를, "글은 그것으로서 이치를 만들어 내는 것이다"라고 했고, 「답이익서(答李翊書)」에서는 "기운은 물이고, 말은 뜨는 물건이다. 물이 크면 크고 작은 물건이 다 뜬다. 기운이 성하면 짧거나 긴 모든 말과 높거나 낮은 모든 소리에

---

237) 말의 …… 멀리한다: 『논어(論語)』「태백편(泰伯篇)」에 나오는 말이다.

다 알맞다"라고 했다. 익국공(益國公) 주필대(周必大)[238]의 「송문감서(宋文鑑序)」에 말하기를, "신이 들으니 글의 성쇠는 기운에서 주관되고, 말이 잘되고 못되고는 이치에 달려 있다 합니다. 옛날 훌륭한 제왕이 다스리던 시대에는 사람들이 수양된 바가 있어 교육에 다른 익힘이 없었습니다. 그래서 기운의 성함은 마치 물이 물건을 띄우는 것과 같아 뜨지 않는 것이 없었으니, 그 이치의 분명함이 마치 촛불이 물건을 비추는 듯하여 그윽하고 숨은 곳이라도 통하지 않는 곳이 없었습니다"라고 했는데, 그 취지는 모두가 다 한유에게서 근원한 것이었다.

韓昌黎「送陳秀才彤序」云: "文所以爲理耳." 答李翊書云: "氣, 水也; 言, 浮物也. 水大而物之浮者大小畢浮, 氣盛則言之短長與聲之高下者皆宜." 周益公序「宋文鑑」曰: "臣聞文之盛衰主乎氣, 辭之工拙存乎理. 昔者帝王之世, 人有所養而敎無異習. 故其氣之盛也, 如水載物, 小大無不浮; 其理之明也, 如燭照物, 幽隱無不通." 意蓋悉本昌黎.

266

글은 원기(元氣)와 서로 합치되어야 하고, 훈계는 기운이 다한 데서 찾아야 한다. 기운을 모으는 것과 펼쳐 돋보이게 하는 것이 크게 비교가 된다.

文要與元氣相合, 戒與盡氣相尋. 翕聚・僨張, 其大較矣.

267

『공총자(孔叢子)』에 말하기를, "평원군(平原君)[239]이 공손룡(公孫龍)[240]

238) 주필대(周必大): 송나라의 문신. 자는 자충(子充), 또는 홍도(洪道), 호는 성재(省齋). 벼슬은 좌승상(左丞相)에 일렀고, 익국공(益國公)에 봉해졌고, 시호는 문충(文忠)이다. 문장에 뛰어났고, 문집 『성재집(省齋集)』이 있다.

239) 평원군(平原君): 조(趙)나라 무령왕(武靈王)의 아들 조승(趙勝). 평원군은 봉호(封號). 빈객을 좋아하여 문하에 식객이 수천 명에 이르렀다. 외교에 능하여 여러 차례 조나라의 위기를 구출하였다.

에게 이르기를, '그대는 다시는 공자고(孔子高)[241]와 일을 가지고 논쟁을 하지 마시오. 그 사람은 이치가 말보다 낫고, 그대는 말이 이치보다 낫소'"라고 했다. 양웅(揚雄)이 말하기를, "일과 말이 서로 알맞으면 경전이 된다"라고 했다. 한유(韓愈)는 말하기를, "말이 부족하면 글이 될 수가 없다"라고 했는데, 이때의 '말[辭]'이란 글자는 대개 이미 그 안에 이치와 일을 포함하고 있다. 그렇지 않으면, 순자(荀子)가 이른바 "말에서 가려지면 그 사실을 알지 못한다"라는 것과 같지 않을 수 있겠는가?

『孔叢子』曰："平原君謂公孫龍曰：'公無復與孔子高辯事也. 其人理勝於辭, 公辭勝於理.'" 揚子曰："事辭稱則經." 韓昌黎則曰："辭不足, 不可以爲成文." 此'辭'字大抵已包理事於其中. 不然, 得無如荀子所謂"惠子蔽於辭而不知實."者乎?

268

말에 관계된 걱정거리로는 넘치는 것과 미치지 못하는 것에서 벗어나지 않는다. 『주역(周易)』「계사전(繫辭傳)」에 말하기를, "글을 꾸며야 한다"한 것은 미치지 못하는 것이 없는 것이고, 『예기(禮記)』「곡례편(曲禮篇)」에서 말하기를, "말을 허비하지 않는다"라고 했으니 너무 지나친 것이 없는 것이다.

辭之患不外過與不及. 『易』「繫傳」曰"其辭文.", 無不及也. 「曲禮」曰"不辭費", 無太過也.

269

글 가운데에서 글자를 사용하는 일은 글자를 마땅한 곳에 쓰는 데에

240) 공손룡(公孫龍) : 전국시대 조(趙)나라의 변설가. 백마비마설(白馬非馬說)로 유명하다. 제후들 사이의 전쟁을 막으려고 활약을 많이 했다. 저서로 『공손룡자(公孫龍子)』가 있다.

241) 공자고(孔子高) : 전국시대 노(魯)나라 사람인 공천(孔穿). 자고는 그의 자. 공자(孔子)의 후손으로 여러 나라의 초빙에도 응하지 않았다. 일찍이 평원군(平原君)의 처소에서 공손룡(公孫龍)의 견백이동(堅白異同)의 설을 굴복시킨 적이 있었다.

있지 기이하게 쓰는 데에 있지 않다. 예컨대 송자경(宋子京 : 宋祁)은 기이한 글자를 쓰는 일을 좋아하였는데, 이 또한 하나의 병통이다.

文中用字, 在當不在奇. 如宋子京好用奇字, 亦一癖也.

270

문채(文彩)를 놓는 것도 말이고 바탕이 되는 것도 말이다. 넓히는 것도 말이고, 요약하는 것도 말이다. 바탕이 된다는 것은 『주역』에서 이른바 "말을 바르게 하고 말을 단정적으로 하는 것인저!"라고 한 것과 같다. 요약하는 것은 『서경(書經)』에서 이른바 "말은 구체적이면서도 요약된 것을 숭상한다"라고 한 것과 같다.

文, 辭也; 質, 亦辭也. 博, 辭也; 約, 亦辭也. 質, 其如『易』所謂"正言斷辭"乎? 約, 其如『書』所謂"辭尙體要"乎?

271

말을 할 때는 반드시 그 절주(節奏 : 말의 장단 · 고저)에도 관심이 미쳐야 한다. 절주에는 조화되는 것과 삐뚤어지는 것 이외에는 없다. 얕게 아는 사람들은 조화만 취할 줄 알고, 삐뚤어져야 할 데 삐뚤어지게 해야 한다는 것을 모른다. 삐뚤어지게 하는 것도 조화다. 조화하지 않아야 할 때에 조화하는 것은 조화되는 것이 삐뚤어진 것이다.

言辭者必兼及音節, 音節不外諧與拗. 淺者但知諧之是取, 不知當拗而拗, 拗亦諧也; 不當諧而諧, 諧亦拗也.

272

'글 짓는 법[書法]'이란 두 글자는 『좌전(左傳)』에 보이는데, 글 짓는 사람이 법을 말한 것으로는 처음이다. 『장자(莊子)』 「우언편(寓言篇)」에 말하기를, "말하여 법도에 맞게 해야 한다"라고 했고, 조공무(晁公武)가 진수(陳壽)의 『삼국지(三國志)』를 칭찬하여, "고상하고 한가하여 법도가 있다"라고 했고, 한유(韓愈)가 이르기를, "자후(子厚 : 柳宗元)가 글 짓는 것을 입으로 이야기하고 가리켜 주는 것을 받으니, 모두 법도가 있어 볼 만하게 되었다"라고 했고, 구양수(歐陽脩)가 윤수(尹洙)의 문장을 짓는 것을 칭찬하여, "간명하면서도 법도가 있다"라고 했으니, 법도를 마땅히 강구해야 한다는 것을 알 수 있다.

'書法'二字見『左傳』, 爲文家言法之始. 『莊子』「寓言篇」曰"言而當法." 晁公武稱陳壽『三國志』"高簡有法." 韓昌黎謂"經承子厚口講指畫爲文辭者, 悉有法度可觀." 歐陽永叔稱尹師魯爲文章"簡而有法." 具見法之宜講.

273

변화를 통해야만 천지간에 남을 문장을 이룰 수 있다. 한 번 닫히고 한 번 열리는 것을 변화라고 한다. 그러하니 글 짓는 법도의 변화를 가히 알 수 있을 따름이다.

通其變, 遂成天地之文. 一闔一闢謂之變, 然則文法之變可知已矣.

274

군대의 모양은 물을 본뜨는데 글도 또한 그렇다. 물이 근원지에서 출발하여 파도를 일으키고 제 갈 곳으로 돌아가는 것이 글의 시작과 중간과 마지막을 보여주는 것이니, 그 법도가 이미 갖추어지지 않았는가?

兵形象水, 惟文亦然. 水之發源・波瀾・歸宿, 所以示文之始・中・終, 不已備乎?

275

전체 글의 취지를 들어 혹은 글의 첫머리에 두기도 혹은 글 중간에 두기도 하고, 혹은 글의 끝에 두기도 한다. 글의 첫머리에 둘 때는 뒤에 가서 반드시 돌아봐야 하고, 글의 끝에 둘 적에는 앞에서 반드시 밝혀야 한다. 글의 가운데 둘 적에는 앞에서 밝히고 뒤에서 돌아봐야 한다. 돌아보거나 밝히는 것이 이른바 '글의 눈[文眼]'이라는 것이다.

揭全文之指, 或在篇首, 或在篇中, 或在篇末. 在篇首則後必顧之, 在篇末則前必注之, 在篇中則前注之, 後顧之. 顧·注, 抑所謂'文眼'者也.

276

단편의 글을 짓는 법은 '완곡하면서 틀을 이루는 것'에서 벗어나지 않는다. 장편의 글을 지을 때는 '내용을 자세하게 쓰면서도 더럽히지 않는 것'에서 벗어나지 않는다.

作短篇之法, 不外'婉而成章'; 作長篇之法, 不外'盡而不汙'.

277

『문심조룡(文心雕龍)』에서 이르기를, "하나로 꿰뚫는 것이 어지러움을 구제하는 약이다"라고 했다. 나는 "하나로 꿰뚫는 것은 형태와 자취를 없애는 것을 고상하게 여긴다"라고 생각한다. 당(唐)나라 승려 교연(皎然)[242]이 시를 논하면서 "바늘과 실을 던져 버려라"라고 한 것과 같은 격이다.

『文心雕龍』謂"貫一爲拯亂之藥." 余謂"貫一尤以泯形迹爲尙." 唐僧皎然論詩所謂"抛鍼擲線."也.

278

장법(章法)[243]은 이어나가는 것이 어려운 것이 아니라 끊는 것이 어렵다. 선진시대(先秦時代)[244]의 문장은 잘 끊었으므로 수준이 높아 따라가

---

242) 교연(皎然) : 당나라의 승려로 문학에 뛰어났다. 자는 청주(淸晝), 사령운(謝靈運)의 10세 손이다. 어려서부터 출가하였는데, 육우(陸羽) 등 문사들과 친교를 맺었다. 『시식(詩式)』이라는 시 이론서와 문집을 남겼다.

243) 장법(章法) : 글씨나 그림의 전체적인 구도. 여기서는 문장 한 편의 전체적인 구성을 말한다.

기가 쉽지 않다. 그러나 '바늘과 실을 버려라'라는 말도 완전히 눈을 따라 가는 것은 아니다. '언덕을 굴러 내려가고 시내를 달려가는 것'도 전적으로 고삐가 손에 있는 것에 의지하는 것이다. 끊어지는 곳을 밝히는 것이 바로 은연중에 이어지는 것을 밝히는 것이다.

章法不難於續而難於斷. 先秦文善斷, 所以高不易攀. 然'拋鍼擲線.', 全靠眼光不走; '注坡驀澗.', 全仗韁轡在手. 明斷, 正取暗續也.

279

문장을 짓는 방법 가운데 돌고 몰아가는 것은 전적으로 붓에 의지한다. 붓은 성정(性情)이 되고, 먹은 형질(形質)이 된다. 먹이 붓을 따르도록 하는 것은 마치 구름이나 파도가 바람을 따르는 것과 같은 것이니, 베풀어서 되지 않는 것이 없는 법이다.

文章之道, 斡旋驅遣, 全仗乎筆. 筆爲性情, 墨爲形質. 使墨之從筆, 如雲濤之從風, 斯無施不可矣.

280

한 마디 말에 천만 마디 말의 운명을 맡기는 것이 되나니, 곧 붓끝이 삼만 근의 무게를 짊어지는 것이다. 그러나 이 한 마디는 크게 소리치고 표시를 내는 데 있는 것이 아니다. 대개 가벼운 것이 무거운 것을 운반하는 것도 왕왕 있다.

一語爲千萬語所託命, 是爲筆頭上擔得千鈞. 然此一語正不在大聲以色, 蓋往往有以輕運重者.

281

붓을 손님으로 삼으면 뜻이 주인이고, 붓을 주인으로 삼으면 뜻은 손

244) 선진시대(先秦時代): 중국에서는 춘추전국시대(春秋戰國時代)를 일반적으로 일컫는 말이다.

님이다. 『사기(史記)』「위세가찬(魏世家贊)」이나 한유(韓愈)의 「송동소남유하북서(送董邵南遊河北序)」가 바로 이런 비결로써 지은 글이다.

客筆主意, 主筆客意. 如『史記』「魏世家贊」·昌黎「送董邵南遊河北序」, 皆是此訣.

282

의법(義法)은 문장에 있어서 큰 요점이다. 『사기(史記)』「십이제후연표서(十二諸侯年表序)」에서 공자(孔子)가 『춘추(春秋)』를 정리한 것을 칭찬하기를, "그 말과 글을 요약하여 번거롭고 중복되는 것을 제거하여 의법(義法)을 제정하였다"라고 했는데, 이것이 의법(義法)을 처음으로 말한 것이다.

「義法」居文之大要. 『史記』「十二諸侯年表序」稱孔子次『春秋』, "約其辭文, 去其煩重, 以制義法." 此言「義法」之始也.

283

이치에 뛰어나면 말에 사물이 있고, 법에 뛰어나면 말에 질서가 있다. 글을 공부하는 사람들은 '사물'이니 '질서'니 하고 자랑스레 말하면서 왜 실제로 이치나 법에서 구하지 않는지?

長於理則言有物, 長於法則言有序. 治文者矜言'物','序', 何不實於理法求之?

284

글을 지을 때 이치나 법을 숭상하는 사람은 크게 잘 하지도 못하지만 또 크게 실패하지도 않는다. 재주나 기운을 숭상하는 사람은, 크게 이기지 않으면 크게 실패한다. 한(漢)나라의 정불식(程不識)[245]이나 이광(李

245) 정불식(程不識) : 전한(前漢) 때의 장군. 벼슬은 장락위위(長樂衛尉)를 지냈다. 사람됨이 청렴하고 문장의 법도에 밝았다. 변방의 고을 원으로서 이광(李廣)과 함께 흉노(匈奴)를 쳐 공을 세웠다. 군사를 다스리는 것이 엄격하였는데, 명장으로 일컬어진다.

廣),[246] 당(唐)나라의 이적(李勣[247])이나 설만철(薛萬徹[248])의 대장 노릇하는 방식을 보면 알 수 있다.

文之尙理法者, 不大勝, 亦不大敗; 尙才氣者, 非大勝則大敗. 觀漢程不識·李廣, 唐李勣·薛萬徹之爲將, 可見.

285

소식(蘇軾)의 「진정육선공주의차자(進呈陸宣公奏議箚子)」에 이르기를, "약은 비록 의원의 손에 의해서 바쳐지지만, 처방은 옛날 사람에게서 전해 오는 것이 많습니다"라고 했다. 「상신종황제서(上神宗皇帝書)」에 이르기를, "대저 일이 만약 행할 수 있는 것이라면 꼭 모두 다 고사(故事)가 있어야 하는 것은 아닙니다"라고 했다. 대개 법이 뜻보다 높으면 법을 쓰고, 뜻이 법보다 높으면 뜻을 쓰는데, 뜻을 써서 법에서 그 신명(神明)을 바로잡는다. 문장 한 가지만 어찌 유독 그렇지 않겠는가?

東坡「進呈陸宣公奏議箚子」云: "藥雖進於醫手, 方多傳於古人." 「上神宗皇帝書」云: "大抵事若可行, 不必皆有故事." 蓋法高於意則用法, 意高於法則用意, 用意正其神明於法也. 文章一道, 何獨不然?

---

246) 이광(李廣): 전한(前漢)시대의 명장. 벼슬은 우북평태수(右北平太守)를 지냈다. 전후 40여 년 동안 변방의 고을 원을 맡아 흉노(匈奴)를 쳐서 비장군(飛將軍)이라는 칭호를 얻었다. 그 뒤 대장군 위청(衛靑)을 따라 흉노를 치러 갔다가 길을 잃어버렸다가, 문책을 받게 되자 자결하였다.

247) 이적(李勣): 당(唐)나라 장수. 자는 무공(懋功). 벼슬은 상서좌복야(尙書左僕射)를 지냈다. 그는 군사를 쓸 때 작전을 잘 세웠고, 전승을 거두면 그 공을 부하들에게 다 돌렸고, 상으로 받은 물건도 부하들에게 다 나누어주었다.

248) 설만철(薛萬徹): 당(唐)나라의 장군. 벼슬은 우무위대장군(右武衛大將軍)을 지냈다. 그는 처음에 이건성(李建成)을 지지하다 패하여 숨었다가 태종(太宗)에게 발탁되어 돌궐(突厥)을 치는 데 공을 세워 부마가 되었다. 그 뒤 불평을 품었다가 변방으로 추방되었다. 다시 사면되어 돌아와 영주자사(寧州刺史)가 되었으나 반역을 꾀하다가 사형 당했다.

286

사실을 서술하는 데 필요한 학문은 모름지기 육경(六經)과 제자백가의 취지를 꿰뚫어야 한다. 사실을 서술하는 글은 모름지기 오행(五行)[249]과 사시의 기운을 갖추어야 한다. "그것이 안에 있기에 밖으로 비슷하게 나타나도다[維其有之, 是以似之]"[250]라는 원리는 바꿀 수가 없는 것이다.

敍事之學, 須貫六經九流之旨; 敍事之筆, 須備五行四時之氣. "維其有之, 是以似之.", 弗可易矣.

287

크게 특별히 쓰는 법과 상호 연관시켜서 쓰는 법, 사실을 서술하는 방법은 이 두 가지에 근본하면 끝없이 미루어 확대해 나갈 수 있다.

大書特書, 牽連得書 : 敍事本此二法, 便可推擴不窮.

288

사실을 서술하는 데는, 이치를 붙이는 방법, 감정을 붙이는 방법, 기운을 붙이는 방법, 식견을 붙이는 방법 등이 있다. 아무런 붙이는 것이 없으면 꼭두각시에 불과하다.

敍事有寓理, 有寓情, 有寓氣, 有寓識. 無寓, 則如偶人矣

289

사실을 서술할 때는 주된 생각이 있어야 한다. 마치 전(傳 : 주석)에 경전(經典)이 있는 것과 같다. 주된 생각이 정해지면, 이것보다 앞서는 것은 이전의 경전이 되고, 이것보다 뒤지는 것은 후세의 경전이 된다. 이것에 의거하는 것은 의거한 경전이 되고, 이것과 어긋나는 것은 잘못된

---

249) 오행(五行) : 만물을 이루는 기본 되는 원소. 목(木)·화(火)·토(土)·금(金)·수(水).

250) 『시경(詩經)』「소아(小雅)」「상상자화편(裳裳者華篇)」에 나오는 구절이다. '사람이 마음속에 쌓인 학덕이 있으면 저절로 밖으로 나타난다'는 뜻이다.

경전이 된다.

敍事有主意, 如傳之有經也. 主意定, 則先此者爲先經, 後此者爲後經, 依此者爲依經, 錯此者爲錯經.

290

사실을 서술하는 데는 특별히 서술하는 것, 종류별로 서술하는 것, 정상적으로 서술하는 것, 부대적(附帶的)으로 서술하는 것, 실제로 서술하는 것, 다른 사실을 빌려서 서술하는 것, 상세히 서술하는 것, 요약해서 서술하는 것, 순서대로 서술하는 것, 거꾸로 서술하는 것, 연결해서 서술하는 것, 끊어서 서술하는 것, 미리 서술하는 것, 보충해서 서술하는 것, 여러 가지에 걸쳐서 서술하는 것, 끼워 넣어 서술하는 것, 원리대로 서술하는 것, 미루어 서술하는 것 등등 각각의 종류가 같지 않다. 조종하는 끈이 내 손에 있으면, 여러 가지로 종합하고 변화하는 것이 오직 내 하고자 하는 대로 된다.

敍事有特敍, 有類敍, 有正敍, 有帶敍, 有實敍, 有借敍, 有詳敍, 有約敍, 有順敍, 有倒敍, 有連敍, 有截敍, 有豫敍, 有補敍, 有跨敍, 有插敍, 有原敍, 有推敍, 種種不同. 惟能線索在手, 則錯綜變化, 惟吾所施.

291

사실을 서술하는 데는 치수 · 무게 · 재단 · 위치 · 정신 등이 있어야 한다.

敍事要有尺寸, 有斤兩, 有翦裁, 有位置, 有精神.

292

사실을 논하는 논조는 조화로워야 하고, 사실을 서술하는 어조는 딱딱해야 한다. 『춘추좌씨전(春秋左氏傳)』에서 한 편을 이룰 때마다 사람들의 말을 끌어왔다. 이런 까닭으로 논의에서 서술로 들어갔는데, 조화로운 곳은 많고 껄끄러운 곳은 적다는 것을 느낄 수 있다.

論事調諧, 敍事調澀. 左氏每成片引人言, 是以論入敍, 故覺諧多澀少也.

293

역사는 미미한 것을 드러내는 것보다 더 중요한 것이 없다. 사실을 기술하거나 말을 만들어내거나 할 것 없이 역사 가운데는 미미한 것을 드러낸다는 뜻이 있어야 한다.

史莫要於表微. 無論紀事纂言, 其中皆須有表微意在.

294

사람을 위해서 전(傳)을 지을 때는 반드시 그 사람과 자기 사이에 같으면 옳다고 하고 다르면 그르다고 하게 된다. 이치의 공평함을 능히 유지해야만이 그것을 글로 썼을 때 그 실상을 왜곡시키지 않을 수 있는 것이다.

爲人作傳, 必人己之間, 同弗是, 異弗非, 方能持理之平, 而施之不枉其實.

295

전(傳)에서 사실을 서술할 때, 혹은 이러한 데 이르게 된 사유를 서술하고 나서 과연 이와 같다 하기도 하지만, 혹은 이러한 일에 이르지 않게 된 연유를 서술하지도 않고서 마침내 이와 같다고 하기도 한다. 대개 그 사람의 뜻과 행실과 그 때와 지위 등을 종합해서 무게를 잘 달아가지고 내놓아야 한다.

傳中敍事, 或敍其有致此之由而果若此, 或敍其無致此之由而竟若此, 大要合其人之志行與時位, 而稱量以出之.

296

유협(劉勰)의 『문심조룡(文心雕龍)』에서 이르기를, "여러 사람들이 논의해서 이름을 붙인 것은 『논어(論語)』에서 비롯되었다"라고 하면서, 『주관(周官)』[251]에 나오는 "도(道)를 논하여 나라를 다스린다"라는 한 마디 말을 인용하지 않았다 하여 후세에서 비난하나, 사실은 지나치다. 『주관』에 비록 도를 논한 글이 있지만, 그 논한 것이 상세하지 못하다. 『논어』에 실린 말은 처음과 끝이 다 갖추어져 있다. 그러니 논(論)하는 글은 『논어』가 아니면 무엇을 본받을 것인가?

劉彦和謂"群論立名, 始於『論語』.", 不引『周官』"論道經邦."一語, 後世誚之, 其實過矣. 『周官』雖有論道之文, 然其所論者未詳. 『論語』之言, 則原委具在. 然則論非『論語』, 奚法乎?

297

논의(論議)할 때는 말이 이치보다 이기게 해서는 안 된다. 말이 이치를 이기면 사람에게 반대되는 것이 사실이 되고, 사람을 이기는 것으로 명분을 삼게 되니, 그 폐단은 이루 다 말로 할 수 없다. 『문심조룡(文心雕龍)』「논설편(論說篇)」에서 '논(論)'자를 풀이하여, "논리가 있고 없고[倫理有無][252]를 따지고", "모든 말들을 종합하여 한 가지 이치를 정밀하게 연구하였다"라는 설이 있는데, '논'자의 취지를 잘 파악한 것이다.

論不可使辭勝於理. 辭勝理則以反人爲實, 以勝人爲名, 弊且不可勝言也. 『文心雕龍』「論說篇」解'論'字, 有"倫理有無"及"彌綸群言, 研精一理"之說, 得之矣.

---

251) 『주관(周官)』: 곧 주례(周禮). 십삼경(十三經)의 하나. 주나라의 관직제도에 관한 책이다. 본래 『주관』이라는 명칭으로 불렸으나, 한(漢)나라 유흠(劉歆)이 『주례』라고 고쳐 부른 뒤로부터 『주관』이라고 부르는 사람은 거의 없게 되었다.

252) 지금 전해오는 『문심조룡(文心雕龍)』에는 "倫理無爽"으로 되어 있다. 청(淸)나라 황숙림(黃叔琳)의 『문심조룡집주(文心雕龍輯注)』에서 밝혀 두었다.

298
준걸(俊傑)한 인물의 논설도 있고, 유생이나 속된 선비의 논의도 있는데, 이익의 폐단을 밝히고 시비를 살피는 것이 준걸한 인물의 것인져!

有俊傑之論, 有儒生・俗士之論. 利弊明而是非審, 其斯爲俊傑也與!

299
논설의 실수는 혹은 나올 때 잘못하는 경우가 있고, 혹은 들어갈 때 잘못하는 경우도 있다. 나올 때의 실수는 들어갈 때의 실수에 비교해 보면 그래도 오히려 나은 것이리라.

論之失, 或在失出, 或在失入. 失出視失入, 其猶愈乎!

300
법으로써 폐단을 제거하면 폐단 또한 쉽게 생겨난다. 논설을 만들 때 마땅히 삼가는 것이 법을 만드는 것과 같이 해야 한다.

法以去弊, 亦易生弊. 立論之當愼, 與立法同.

301
시비를 논하는 것은 따를 것이냐 말 것이냐를 결정하려는 때문이다. 따르느냐 마느냐는 구차해서는 안 되는데, 시비를 조금이라도 문란하게 해서 되겠는가?

論是非, 所以定從違也. 從違不可苟, 是非可少紊乎?

302
사람이 많아지면 일도 많아져서 두루 다 논의하기가 어렵기 때문에 한 가지를 예로 들어 논하는 것이다. 하나의 줄이 삼만 근의 무게를 끈다면, 어떤 관계가 되겠는가?

人多事多, 難徧論, 借一論之. 一索引千鈞, 是何關係!

303

『문부(文賦)』에 이르기를, “논설은 정미(精微)하면서 밝게 통하네”라고 했다. ‘정미’한 것은 뜻을 가지고 말한 것이고, ‘밝게 통하는 것’은 말을 가지고 말한 것이다. ‘정미’한 것은 어려워야 할 뿐만 아니라 오직 옳아야 한다. ‘밝게 통하는 것’은 쉬워야 할 뿐만 아니라 통달해야 한다.

『文賦』云：“論精微而朗暢.” ‘精微’以意言, ‘朗暢’以辭言. ‘精微’者, 不惟其難, 惟其是; ‘朗暢’者, 不惟其易, 惟其達.

304

논설에서는 결단하는 말을 억지로 내리는 것을 귀하게 여기지 않는다. 대개 이것은 놓아두고 저것을 들어 차분하게 서술하여 일의 이치에 근본하여 이미 곡진(曲盡)한 데에 이르러 남김이 없게 되어야 한다.

論不貴强下斷語. 蓋有置此擧彼, 從容敍述, 而本事之理已曲到無遺者.

305

장자(莊子)가 이르기를, “이 세상 바깥의 것은 존재하여도, 성인(聖人)은 논하지 않는다. 이 세상 안의 것은 성인은 논하기는 해도 의논하지는 않는다. 『춘추(春秋)』에 담긴 세상을 경륜하는 옛날 훌륭한 왕의 뜻은 성인이 의논하기는 해도 분변(分辨)하지는 않는다”라고 했다. 나는 “논하지 않고 의논하지 않고 분변하지 않을 것이 있다면, 논하고 의논하고 분변하는 것이 마땅할 것이다”라고 생각한다.

莊子曰：“六合之外, 聖人存而不論; 六合之內, 聖人論而不議; 『春秋』經世先王之志, 聖人議而不辯.” 余謂“有不論·不議·不辯, 論·議·辯斯當矣.”

306

사실을 서술하는 데는 법도가 있어야 한다. 그러나 식견이 없으면 법도가 공허하게 된다. 사실을 논하는 데는 식견이 있어야 한다. 그러나 법도가 없으면 식견도 어두워진다.

敍事要有法, 然無識則法亦虛; 論事要有識, 然無法則識亦晦.

307

문장에는 '사명(辭命)'이라는 하나의 체(體)가 있는데, '명(命)'과 사(辭)가 한 사람에게서 나오는 것이 아니다. 옛날 외교관이 사명(使命)을 받들어 갈 때는 '명(命)'만 받은 것이지, '사(辭)'는 받은 것이 아니다. 전희(展喜)[253]가 군사를 먹일 때, 전희가 전금(展禽)[254]에게 명(命)을 받은 사실에서 알 수 있다. 만약 '사'와 '명'이 한 사람에게서 나온다면 또한 '사명(辭命)'이라고 할 것이다. 그러한즉, 주된 뜻으로 '명'을 삼고, 그 뜻을 통달하게 하는 것을 '사'라고 해도 뜻은 통할 수 있다.

文有'辭命'一體, '命'與'辭'非出於一人也. 古行人奉使, 受'命'不受'辭'. 觀展喜犒師, 公使受命於展禽, 可見矣. 若出於一人而亦曰'辭命', 則以主意爲'命', 以達其意者爲'辭', 義亦可通.

308

사명(辭命)의 취지는 충고(忠告)에 있고, 그것의 용도는 완전히 착한 도(道)에 있다. 사명(使命)을 받들어 감에 '명(命)'만 받고 '사(辭)'는 받지 않는 것은, 대개 시대적 상황으로 말미암아 적절하게 변하는 곳이니, 거기에는 달아보고 헤아린 많은 것이 존재한다.

辭命之旨在忠告, 其用卻全在善道. 奉使受'命'不受'辭', 蓋因時適變, 自有許多衡量在也.

---

253) 전희(展喜) : 춘추시대 노(魯)나라 사람.

254) 전금(展禽) : 춘추시대 노(魯)나라의 정치가. 전(展)은 성, 금(禽)은 자, 이름은 획(獲). 식읍지가 유하(柳下)이고, 시호가 혜(惠)이기 때문에 보통 유하혜(柳下惠)라고 부른다.

309

사명(辭命) 역시 사실을 서술하는 것과 논의하는 것 두 가지일 따름이다. 『춘추좌씨전(春秋左氏傳)』 안에 있는 사명(辭命)을 보면 알 수 있다.

辭命亦祇敘事・議論二者而已, 觀『左傳』中辭命可見.

310

사명(辭命)의 문체(文體)는 미루어 보면, 모두가 응용문(應用文)이 될 수 있다. 응용문은 자기보다 손위로 보내는 것, 자기와 대등한 곳에 보내는 것, 자기보다 아래로 보내는 것 등이 있다. 그 말을 귀중하게 여기는 것은 그 일을 귀중하게 여기는 까닭이다.

辭命體, 推之卽可爲一切應用之文. 應用文有上行, 有平行, 有下行. 重其辭乃所以重其實也.

311

진수(陳壽)의 「상고촉승상제갈량고사(上故蜀丞相諸葛亮故事)」에 말하기를, "고요(皐陶)[255]의 모(謨)는 간략하면서도 우아하고, 주공(周公)[256]의 고(誥)는 번거로우면서도 자세하다. 왜냐하면, 고요는 순(舜)임금이나 우(禹)임금과 함께 이야기했으나, 주공은 여러 아랫사람들과 맹세한 것이기 때문이다"라고 했다. 『진서(晋書)』[257] 「이밀전(李密傳)」에 있는 말도 대략 이와 한 가지다. 사명(辭命)은 각각 알맞은 바가 있는 것이니, 이런 뜻으로 미루어보는 것이 옳다.

---

255) 고요(皐陶) : 상고시대 순(舜)임금의 신하. 형법을 맡았는데 정직한 것으로 이름났다. 그의 생각을 담은 글인 「고요모(皐陶謨)」가 『서경(書經)』에 편으로 들어가 있다.

256) 주공(周公) : 주(周)나라의 정승. 주나라 문왕(文王)의 아들이고, 무왕(武王)의 아우다. 주나라의 문물제도를 정비하여 유교의 기반을 확립한 공이 있다. 공자(孔子)가 매우 흠모한 인물이다. 그의 생각이 담긴 「주고(周誥)」가 『서경(書經)』에 편으로 들어가 있다.

257) 『진서(晋書)』 : 당(唐)나라 방현령(房玄齡)・이연수(李延壽) 등이 편찬한 서진(西晋)과 동진(東晋)의 기전체(紀傳體) 역사서. 모두 130권이다.

陳壽「上故蜀丞相諸葛亮故事」曰 : "皐陶之謨略而雅, 周公之誥煩而悉. 何則? 皐陶與舜·禹共談, 周公與群下矢誓故也." 『晉書』「李密傳」中語略與之同. 辭命各有所宜, 可由是意推之.

312

글에서 중요한 것은 능력과 기상(氣像)이다. 능력은 크고 깊게 해야 하고, 기상은 순수하면서도 아름답게 해야 한다.

文之要, 本領·氣象而已. 本領欲其大而深, 氣象欲其純而懿.

313

노자(老子)는 말하기를, "말에는 으뜸 되는 뜻이 있어야 한다"라고 했다. 묵자(墨子)는 "말을 만들면서 그 부류(部類)에 밝지 못하면 반드시 곤란하게 된다"라고 했다. '으뜸 되는 뜻'과 '부류'라는 두 글자는 글의 체(體)와 용(用)에 있어서 다 포괄한 것이다.

老子曰 : "言有宗." 墨子曰 : "立辭而不明於其類, 則必困矣." '宗'·'類'二字, 於文之體用包括殆盡.

314

글은 실로 구절구절마다 글자 글자마다 다 생각에서 명령을 받아야 한다. 생각에는 순수한 것과 뒤섞인 것, 평평한 것과 비뚤어진 것, 높은 것과 낮은 것 등 같지 않은 것이 있다. 만약 신중하게 분변하여 취사선택하지 않으면, 처음에는 털끝만큼 차이가 나도 나중에는 천리나 잘못되게 된다.

文固要句句字字受命於主腦, 而主腦有純·駁·平·陂·高·下之不同, 若非愼辨而去取之, 則差若毫釐, 繆以千里矣.

315

글에서 숭상할 바는 마땅히 없어야 할 것은 다 없애고, 마땅히 있어야 할 것은 다 있게 하는 것에서 벗어나지 않는다. 그래서 한유(韓愈)가 「답이익서(答李翊書)」에서 이르기를, "오직 묵은 말을 제거하기에 힘쓴다"라고 했고, 「번소술묘지명(樊紹述墓誌銘)」에서 이르기를, "그 부유하기는 마치 낳아 기르는 듯하여 만물이 다 갖추어진다"라고 했다. 유종원(柳宗元)의 「우계시서(愚溪詩序)」에 이르기를, "만물을 다 씻어내면서 모든 모양을 포괄해야 한다"라고 했다.

文之所尙, 不外當無者盡無, 當有者盡有. 故昌黎「答李翊書」云: "惟陳言之務去." 「樊紹述墓誌銘」云: "其富若生蓄, 萬物必具." 柳州「愚溪詩序」云: "漱滌萬物, 牢籠百態."

316

글에는 말하지 않는 것으로써 말하는 것으로 삼는 경우가 있다. 『춘추(春秋)』에 보면, 쓴 것도 있고, 쓰지 않은 것도 있다. 그것을 쓰면 사실이 드러나고, 그것을 쓰지 않으면 의미가 정미(精微)해진다.

文有以不言言者. 『春秋』有書有不書, 書之事顯, 不書之意微矣.

317

글에는 묘사하는 곳이 있고, 짓는 곳이 있다. 사람들이 다 말하는 것을 '묘사한다'고 하고, 나 혼자만 말하는 것을 '짓는다'라고 하는 것이다. 『좌전(左傳)』과 『사기(史記)』는 두 가지를 아울러 다 썼다.

文有寫處, 有做處. 人皆云云者, 謂之'寫'; 我獨云云者, 謂之'做'. 『左傳』·『史記』兼用之.

318

도리(道理)를 강조하는 사람을 보면 말에 이치가 막히는 경우가 많다.

옛날 책을 위주로 하는 사람을 보면 말에 일이 막히는 경우가 많다. 그래서 어렵고 깊은 것이 바로 얕고 비루(鄙陋)한 것이 되고, 번성하고 넓은 것이 빈한하고 검소한 것이 된다. 문장가들이 이런 것을 가지고서 스스로 만족하여 세상에 자랑한다면 어찌 되겠는가?

乍見道理之人, 言多理障; 乍見故典之人, 言多事障. 故艱深正是淺陋, 繁博正是寒儉. 文家方以此自足而夸世, 何耶?

319

'꾸미지 않는 것[白賁]'이 『주역(周易)』 비괘(賁卦)의 상효(上爻)[258]이니, 이에 그 등급이 극상(極上)에 있는 글은 단지 '본래의 빛깔[本色]'뿐이라는 것을 알 수 있다.

'白賁'占於賁之上爻, 乃知品居極上之文, 只是'本色'.

320

군자의 글은 욕심이 없고, 소인의 글은 욕심이 많다. 욕심이 많은 것은 아름다움이 믿음을 이기고, 욕심이 없는 것은 믿음이 아름다움을 이긴다.

君子之文無欲, 小人之文多欲. 多欲者美勝信, 無欲者信勝美.

321

글에서 화려함을 숭상하면 날로 쇠퇴해지고, 열매를 숭상하면 날로 무성해진다. 빛깔은 늙으면 쇠락해지지만 지혜는 늙을수록 많아지는 것과 같다.

文尙華者日落, 尙實者日茂. 其類在色老而衰, 智老而多矣.

258) 비괘(賁卦)의 상효(上爻) : 비괘 상구(上九)의 효사는 "꾸미지 않아 아무런 허물이 없다[白賁, 无咎]"로 되어 있다.

322

문장에는 옛날과 요즈음의 구분이 있나니, 대저 옛날 것은 질박한데 요즈음 것은 화려하고, 옛날 것은 고졸(古拙)한데 지금 것은 정교하고, 옛날 것은 자기 마음을 믿는데 지금 것은 세상의 칭찬을 구한다. 산문 문체를 지어 곧 '고문(古文)'이라고 이름하는 것은 옳지 않다.

文有古近之分, 大抵古樸而近華, 古拙而近巧, 古信己心而近取世譽, 不是作散體便可名'古文'也.

323

문장에는 세 가지 옛날 것을 따르는 법이 있는데, 옛날의 말을 지으면 『주역(周易)』에 가깝고, 옛날의 말을 본받으면 『예기(禮記)』에 가깝고, 옛날의 말을 다듬으면 『춘추(春秋)』에 가깝다.

文有三古 : 作古之言近於『易』, 則古之言近於『禮』, 治古之言近於『春秋』.

324

문장은 옛 것을 본받는 것을 귀하게 여긴다. 그러나 가슴 속에 하나의 옛 '고(古)'자가 미리 가로 놓여 있는 것이 걱정이다. 대개 글은 오직 옳은 것 참된 것일 뿐이다. '옳은 것'과 '참된 것'을 버려두고서 형식적으로 모방함에 있어 옛날 것을 구하는데, 옛날 것을 귀하게 여기는 것이 과연 이러하겠는가?

文貴法古, 然患先有一'古'字橫在胸中. 蓋文惟其是, 惟其眞. 舍'是'與'眞', 而於形模求古, 所貴於古者果如是乎?

325

문장에는 일곱 가지 경계해야 할 것이 있다. 뜻에는 잡된 것을 경계해야 하고, 기상에는 부서지는 것을 경계해야 하고, 구도에는 어지러운 것을 경계해야 하고, 말에는 습관적인 것을 경계해야 하고, 글자에는 편벽된 것을 경계해야 하고, 상세하고 간략한 것에는 알맞음을 잃는 것을 경계해야 하고, 시비에는 실상을 잃는 것을 경계해야 한다.

文有七戒, 曰: 旨戒雜, 氣戒破, 局戒亂, 語戒習, 字戒僻, 詳略戒失宜, 是非戒失實.

326

『문심조룡(文心雕龍)』에서는 숨을 '은(隱)'자와 빼어날 '수(秀)'자 두 글자로써 문장을 논하였는데, 미루어 뜻을 나타냄이 매우 정미(精微)하였다. 거기서 이르기를, "어둡고 막힌 것이 '은(隱)'이 아니고, 새기고 깎는 것이 '수(秀)'가 아니다"라고 하여 앞으로 번져갈 폐단도 미리 잘 막았다.

『文心雕龍』以'隱'·'秀'二字論文, 推闡甚精. 其云"晦塞非'隱', 雕削非'秀'.", 更爲善防流弊.

327

말 밖으로 끝이 없는 것이 무성할 '무(茂)'자요, 말 안으로 다 채운 것이 빽빽할 '밀(密)'자다. 한(漢)나라의 문장은 무성하기는 전한(前漢) 때와 같았고, 빽빽하기는 후한(後漢) 때와 같았다.

言外無窮者, '茂'也; 言內畢足者, '密'也. 漢文茂如西京, 密如東京.

328

고사(故事)를 많이 쓰는 것과 고사를 쓰지 않는 것은 각각 그 폐단이 있다. 글을 잘하는 사람은 종이 가득히 고사를 쓰면서도 모든 가진 것을 허비한 적이 없고, 온 종이에 고사를 쓰지 않으면서도 모든 가진 것을 포괄하지 않은 적이 없었다.

多用事與不用事, 各有其弊. 善文者滿紙用事, 未嘗不空諸所有; 滿紙不用事, 未嘗不包諸所有.

329

글씨를 잘 쓰는 사람은 점이나 획은 미미해도 정신과 모양이 저절로 풍족하게 되고, 점이나 획이 커도 기상과 체제가 얽매이지 않는다. 글이 침착하고 표일(飄逸)한 것도 마땅히 이것에 준하여 볼 것이다.

善書者, 點畫微而意態自足, 點畫大而氣體不累. 文之沈著 · 飄逸, 當準是觀之.

330

다스림이 어지러움을 이기고, 지극한 다스림이 다스림을 이긴다. 지극한 다스림의 기상은 밝고 밝을 뿐이다. 글도 간혹 질서 있게 논리적이고 자취가 없어지지 않은 것을 마땅히 올려서 상등으로 쳐야 한다.

治勝亂, 至治勝治. 至治之氣象, 皞皞而已. 文或秩然有條而轍迹未泯, 更當躋而上之.

331

옛날 뜻을 외우고 기술하는 것과 말세의 풍속을 풍자하는 것이 문장의 정상적인 것과 변모한 것이니, 이 두 가지는 구별할 수가 있다.

詞述古義, 箴砭末俗 : 文之正變, 卽二者可以別之.

332

글에도 사계절이 있다. 『장자(莊子)』에 나오는 "홀로 자다가 깨어서 말한다"라는 때(봄)가 있고, 『맹자(孟子)』에 나오는 "밝음을 향해서 다스린다"라는 때(여름)가 있고, 「이소(離騷)」에 나오는 "비바람이 어두운 듯"이라는 때(가을)가 있고, 『전국책(戰國策)』에 나오는 "음식에 송사가 있다"라는 때(겨울)가 있다.

文有四時 : 『莊子』"獨寐寤言"時也; 『孟子』, "嚮明而治"時也; 「離騷」, "風雨如晦"時也; 『國策』, "飮食有訟"時也.

333

글에는 우러러 보는 것, 구부려 보는 것, 수평적으로 보는 것이 있다. 우러러 보는 것은 그 말이 공손하고, 구부려 보는 것은 그 말이 자애롭고, 수평적으로 보는 것은 그 말이 곧다.

文有仰視, 有俯視, 有平視. 仰視者, 其言恭; 俯視者, 其言慈; 平視者, 其言直.

334

글에는 본래의 자리가 있다. 맹자(孟子)는 본래 자리에서 굳세게 피하지를 않았고, 한유(韓愈)에 이르러서는 점점 본래 자리를 피하였고, 구양수(歐陽脩)는 피하는 것이 더욱 심하였다. 무릇 본래 자리를 피하면 쉽게 아리땁게 되고, 쉽게 나약해진다. 글이 구양수에 이른 이후에는 본래 자리를 피하는 것으로써 홀로 얻은 전통으로 여기게 되었으니, 또한 치우친 것이다.

文有本位. 孟子於本位毅然不避, 至昌黎則漸避本位矣, 永叔則避之更甚矣. 凡避本位易窈眇, 亦易選懦. 文至永叔以後, 方以避本位爲獨得之傳, 蓋亦頗矣.

335

글의 방법에 대해서 경전(經典)의 말을 대략 들어서 밝히고자 한다. "말은 뜻을 전달하면 될 따름이다",[259] "말을 손질하여 그 정성을 세운다",[260] "말은 비근하면서도 뜻은 멀다",[261] "말은 체계가 서고 요약된 것을 숭상한다",[262] "말이 업적을 이루는 데 이른다",[263] "선왕의 법도

259) 『논어』 「위령공편(衛靈公篇)」에 나오는 말.
260) 『주역(周易)』 건괘(乾卦)에 나오는 말이다.
261) 『맹자(孟子)』 「진심장구하편(盡心章句下篇)」에 나오는 말이다.
262) 『서경(書經)』 「필명편(畢命篇)」에 나오는 말이다.
263) 『서경(書經)』 「우서편(虞書篇)」에 나오는 말이다. 그러나 본문에서는 『서경』에서의

에 맞는 말이 아니면 감히 말하지 않는다",[264] "그 마음을 수월하게 한 뒤에 말한다"[265] 등등이다.

文之道, 可約擧經語以明之, 曰: "辭達而已矣.", "修辭立其誠.", "言近而指遠.", "辭尙體要.", "乃言底可績.", "非先王之法言不敢言.", "易其心而後語."

336

문장가가 득력(得力)한 곳을 다른 사람들은 모른다. 소식(蘇軾)의 「표충관비(表忠觀碑)」를 두고 왕안석(王安石)이 앉아 있는 손에게 묻기를, "결국 자장(子長: 司馬遷)의 무슨 말과 같은가?"라고 하자 앉아 있던 손이 흠칫했다고 하는 경우가 바로 이것이다. 힘을 들인 곳을 다른 사람은 이해 못하는 것이다. 구양수(歐陽脩)가 글을 지으려고 하면 먼저 『사기(史記)』의 「일자전(日者傳)」을 외운 것이 바로 이런 경우이다.

文家得力處, 人不能識, 如東坡「表忠觀碑」, 王荊公問坐客"畢竟似子長何語, 坐客悚然."是也, 用力處人不能解, 如歐陽公欲作文, 先誦『史記』「日者傳」是也.

337

『주역(周易)』「계사전(繫辭傳)」에서 "사물이 서로 섞여 있으므로 그래서 '문(文: 무늬)'이라고 한다"라고 말했고, 『국어(國語)』에서 "사물이 하나뿐이면 '문(文)'이 없다"라고 했고, 서개(徐鍇)는 『설문통론(說文通論)』에서 "강한 것과 약한 것, 단단한 것과 부드러운 것이 서로 어울려 사물을 이룬다. 그래서 '문(文)'이란 글자는 '인(人)'자와 '예(乂)'자 합쳐져서 된 글자다"라고

내용과는 약간 달리 단장취의(斷章取意)하였다. 원래 뜻은 "너의 말이 업적을 이루는 것에 이르렀으니"의 뜻이다.

264) 『효경(孝經)』「경대부장(卿大夫章)」에 나오는 말이다. 원래 『효경』에서는 '不敢言'의 '言'자가 '道'자로 되어 있다.

265) 『주역(周易)』「계사전(繫辭傳)」에 나오는 말이다.

했다. 『주자어류(朱子語類)』에서 "두 가지 사물이 서로 상대적으로 필요로 하는 것을 '문(文)'자가 있게 되는 것이다. 만약 서로 헤어져 떠나면 '문'자가 될 수가 없다"라고 했다. 글을 짓는 사람이 어찌 글월 '문(文)'자가 생겨나게 된 연유를 생각하지 않을 수 있겠는가?

『易』「繫傳」: "物相雜, 故曰'文'." 『國語』: "物一無文." 徐鍇『說文通論』: "强弱相成, 剛柔相形, 故於文, '人'·'乂'爲'文'." 『朱子語錄』: "兩物相對待故有'文', 若相離去便不成'文'矣." 爲文者, 盍思'文'之所由生乎?

338

『좌전(左傳)』에서 "말을 글로 나타내지 않으면 가도 멀리 가지 못한다"라고 했는데, 후세 사람들은 무엇을 일러 "글로 나타내지 않는다"라고 하는지 늘 이해를 못한다. 외전(外傳: 『國語』)을 인용하여 주를 달되, "사물이 하나뿐이면 '문(文)'이 없다"라고 하는 것 만한 것이 없다.

『左傳』: "言之無文, 行而不遠." 後人每不解何以謂之"無文", 不若仍用外傳作註, 曰: "物一無'文'."

339

『국어(國語)』에서 "사물이 하나뿐이면 '문(文)'이 없는 것이다"라는 말을 후세 사람들은 다시 마땅히 "사물에 하나가 없으면 '문(文)'이 없다"는 것을 알아야 한다. 대개 '하나'라는 것은 글의 참된 주재자다. 반드시 하나가 그 가운데 있어야만이 저 하나가 아닌 것을 능히 쓸 수 있는 것이다.

『國語』言"物一無'文'.", 後人更當知"物無一則無文". 蓋'一'乃文之眞宰, 必有一在其中, 斯能用夫不一者也.

340

옛날 사람들이 혹 글을 이름하여 '필(筆)'이라 했다. 『양서(梁書)』「유견오전(庾肩吾傳)」에 보면 태자가 상동왕(湘東王)에게 서신을 보내면서, "사조(謝朓)[266]와 심약(沈約)[267]의 시와 임방(任昉)[268]과 육수(陸倕)[269]의 글[筆]"이라고 했다. '필(筆)'을 시에 대칭되는 말로 썼다. 대개 '뜻을 말하는 것'을 '시(詩)'라 하고, 사실을 서술하는 것을 '필(筆)'이라고 한다. 사실은 '필'이란 것은 입으로 하는 말에 대칭 되는 말로 쓴 것이다. 『진서(晋書)』「악광전(樂廣傳)」에 이런 기사가 실려 있다. 악광(樂廣)[270]은 청담(淸談)을 좋아하였으나 글[筆]에는 뛰어나지 못했다. 장차 하남윤(河南尹)을 사양하면서 반악(潘岳)[271]에게 표문(表文)을 지어달라고 요청하였다. 반악이 "마땅히 그대의 뜻을 얻어야 하는데"라고 하자, 악광은 200구의 말을 지어 자기의 뜻을 서술하였다. 반악이 그것에 바탕하여 차례대로 배열하여 곧 이름난 글[名筆]을 이루었다. 그 당시 사람들이 모두 "악광이 반악의 글을 빌리지 않거나, 반악이 악광의 뜻을 취하지 않았다면 이 아름다움을 이룰 수 없었을 것이다"라고 했다. 한유(韓愈) 역시 이르기를, "그 입으로 거론할 뿐만 아니라 또 그 책에 적었다[筆]"라고

266) 사조(謝朓) : 남북조시대 제(齊)나라의 문학가. 자는 현휘(玄暉). 벼슬은 남동해태수(南東海太守)를 지냈다. 오언시에 뛰어나 당시(唐詩)에 많은 영향을 미쳤다. 문집 『사선성집(謝宣城集)』이 있다.

267) 심약(沈約) : 남북조시대 양(梁)나라의 문학가. 자는 휴문(休文). 벼슬은 좌광록대부(左光祿大夫)를 지냈다. 시부(詩賦)에 능하여 당시(唐詩)에 많은 영향을 미쳤다. 문집 『심은후집(沈隱侯集)』이 있다.

268) 임방(任昉) : 남북조시대 양(梁)나라의 문학가. 자는 언승(彦昇). 벼슬은 비서감(秘書監)을 지냈다. 그의 문장은 심약(沈約)의 시와 병칭되어 '임필심시(任筆沈詩)'라는 말이 있게 되었다. 문집 『임언승집(任彦昇集)』이 있다.

269) 육수(陸倕) : 남북조시대 양(梁)나라의 문학가. 자는 좌공(佐公). 벼슬은 태상경(太常卿)을 지냈다. 사조(謝朓) 심약(沈約) 등과 함께 서저팔우(西邸八友)의 한 사람이다.

270) 악광(樂廣) : 진(晋)나라의 정치가. 자는 언보(彦輔). 벼슬은 상서령(尙書令)을 지냈다.

271) 반악(潘岳) : 진(晋)나라의 문학가. 자는 안인(安仁). 벼슬은 급사황문시랑(給事黃門侍郎)을 지냈다. 시부(詩賦)에 능하여 육기(陸機)와 병칭되었다. 문집 『반황문집(潘黃門集)』이 있다.

했다. 이것을 보면 글을 '필(筆)'이라고 명명한 사례를 볼 수 있다. 그러나 한유는 글을 '문(文)'이라고 일컬은 경우가 많다. "한(漢)나라 사람들은 글에 능하지 않은 사람이 없지만, 오직 사마상여(司馬相如)·태사공(太史公: 司馬遷)·유향(劉向)·양웅(揚雄) 등이 그 가운데서 최고다"라고 한 것이 바로 이런 것이다.

古人或名文曰'筆'. 『梁書』「庾肩吾傳」太子與湘東王書曰: "謝朓·沈約之詩, 任昉·陸倕之筆." '筆'對詩言者, 蓋'言志'之謂'詩', 述事之謂'筆'也. 其實'筆'本對口談而言. 『晉書』「樂廣傳」: "廣善淸言, 而不長於筆. 將讓尹, 請潘岳爲表. 岳曰: '當得君意.' 廣乃作二百句語, 述己之志, 岳因取次比, 便成名筆. 時人咸云: '若廣不假岳之筆, 岳不取廣之旨, 無以成斯美也.'" 昌黎亦云: "不惟擧之於其口, 而又筆之於其書." 觀此而'筆'之所以命名者見矣. 然昌黎於筆多稱'文', 如謂"漢朝人莫不能爲文, 獨司馬相如·太史公·劉向·揚雄爲之最."是也.

권2

시개(詩槪)

1

『시위(詩緯)』「함신무(含神霧)」[1]에서 말하기를, "시란 것은 천지(天地)의 마음을 담아 표현하는 것이다"라고 하였다. 『문중자(文中子)』[2]에서는 말하기를, "시란 것은 백성의 성정(性情)을 읊는 것이다"라고 하였다. 이것을 통하여 시란 하늘과 사람이 합하여 하나가 되는 것임을 알 수 있다.

『詩緯』「含神霧」曰 : "詩者, 天地之心." 『文中子』曰 : "詩者, 民之性

1) 『시위(詩緯)』「함신무(含神霧)」: 『시위』는 『시경』의 위서(緯書)이고, 「함신무」는 그 편명 가운데 하나이다. 『수서(隋書)』「경적지(經籍志)」에 의하면, 위(魏)나라의 박사(博士) 송균(宋均)이 『시위』 18권의 주를 달았다고 되어 있으나, 지금은 전해지지 않는다. 다만, 『고징서(古徵書)』 및 『옥함산방집일서(玉函山房輯佚書)』에 『시위』의 「추도재(推度災)」·「사력추(氾歷樞)」·「함신무(含神霧)」 세 편이 수록되어 있을 뿐이다.

2) 『문중자(文中子)』: 중국 수나라 때 왕통이 쓴 유가서. 『논어』를 모방하여 왕통과 문인(門人)의 대화 형식으로 구성하였으며 중도(中道)에 의한 왕도(王道)의 실현과 유불도(儒佛道) 삼교의 일치를 논술하였다. 10권으로 되어 있다.

情也.” 此可見詩爲天人之合.

2

‘시언지(詩言志)’[3]는 『맹자』에서 ‘문(文)’, ‘사(辭)’, ‘지(志)’에 대해 말한 것의 근본이 되는 바이다.[4] ‘사무사(思無邪)’[5]는 자하(子夏)의 「시서(詩序)」에서 “정에서 발하여, 예의에서 그친다”라고 말한 것의 근본이 되는 바이다.

‘詩言志’, 『孟子』‘文’・‘辭’・‘志’之說所本也. ‘思無邪’, 子夏「詩序」“發乎情, 止乎禮義.”之說所本也.

3

「관저(關雎)」[6]에서는 ‘부부 간에 사랑이 깊으면서도 구별할 줄 알아야 한다[摯而有別]’를 취하였고, 「녹명(鹿鳴)」[7]에서는 ‘음식을 먹게 되면 서로 부르는 것[食則相呼]’을 취하였다. 시라고 하는 것은 이러한 뜻을 얻어야만, 풍(風)과 아(雅)[8]와 어울릴 수 있는 것이다.

「關雎」取“摯而有別”, 「鹿鳴」取“食則相呼”. 凡詩能得此旨, 皆應乎風・雅者也.

4

「시서(詩序)」에서 “‘풍(風)’은 ‘바람이 부는 것’이니, 곧 바람이 불어서

---

3) ‘시언지(詩言志)’ : 여기서는 『서경』의 「순전」에 나오는 말이다.

4) 이 내용은 『맹자』「만장(萬章) 상」에 보인다.

5) ‘사무사(思無邪)’ : 공자가 『논어』「위정(爲政)」편에서 한 말이다.

6) 「관저(關雎)」: 『시경』「국풍(國風)」 주남(周南)의 첫 번째 작품이다. 곧 『시경』의 가장 첫머리에 있는 작품으로 첫 구절이 “關關雎鳩”라는 구절로 되어 있어 ‘관저장’이라고 약칭하여 부른다.

7) 「녹명(鹿鳴)」: 『시경』「소아」의 「녹명」이란 시이다.

8) 풍(風)과 아(雅) : 『시경』의 15국풍의 시와 「소아(小雅)」・「대아(大雅)」의 시를 통칭하는 말이다.

움직이게 하는 것이다"라고 하였다. '풍(風)'의 뜻이 지극히 은미하면서 지극히 심원한 것임을 알 수 있다. 「이남(二南)」[9]에서 문왕의 교화를 노래한 것을 살펴보라! 말과 뜻의 은미하면서도 심원한 것이 어떠한가?

「詩序」 "風, 風也. 風以動之.", 可知風之義至微至遠矣. 觀「二南」詠歌文王之化, 辭意之微遠, 何如?

5

변풍(變風)은 「백주(柏舟)」[10]에서 시작되었다. 「백주」와 「이소(離騷)」[11]는 같은 뜻으로 지은 것이다. 그것을 읽으면 그것을 지은 사람의 뜻과 처지를 아울러 이해할 수 있다.

變風始「柏舟」. 「柏舟」與「離騷」同旨, 讀之, 當兼得其人之志與遇焉.

6

「대아(大雅)」가 변한 것은 세상을 근심하는 마음을 갖추고 있고, 「소아(小雅)」가 변한 것은 삶을 걱정하는 뜻이 많이 담겨 있다.

「大雅」之變, 具憂世之懷; 「小雅」之變, 多憂生之意.

7

「송(頌)」은 진실로 "훌륭한 덕의 실상을 찬미한 것"이라 할 수 있는데, 그러나 반드시 그러한 경지에 이른 까닭을 밝혀서 후인을 권면하는 뜻을 담아야 하니, 그 뜻은 또한 「아(雅)」와 통한다.

「頌」固以"美盛德之形容", 然必原其所以至之之由, 以寓勸勉後人之意, 則義亦通於「雅」矣.

---

9) 「이남(二南)」: 『시경』 「국풍」의 「주남(周南)」과 「소남(召南)」을 아울러 가리키는 말이다.

10) 「백주(柏舟)」: 『시경』 「국풍」 「패풍(邶風)」의 작품이다.

11) 「이소(離騷)」: 중국 초나라의 굴원이 지은 부(賦). 조정에서 쫓겨난 후의 시름을 노래한 것으로 『초사』 가운데에서 으뜸으로 꼽힌다.

8

「아」와 「송」은 서로 통한다. 예를 들면 「송」의 「민여소자(閔予小子)」[12] · 「방락(訪落)」[13] · 「경지(敬之)」[14] · 「소비(小毖)」[15]는 「아」에 가깝고, 「아」의 「생민(生民)」[16] · 「공유(公劉)」[17]는 「송」에 가깝다.

「雅」·「頌」相通, 如「頌」「閔予小子」·「訪落」·「敬之」·「小毖」近「雅」, 「雅」「生民」·「篤公劉」近「頌」.

9

"조화로운 것이 맑은 바람과 같다[穆如淸風]"[18]라 하고, "엄숙하고 조화되어 울린다[肅雝和鳴]"[19]고 하였는데, 「아」와 「송」 가운데 뛰어난 것은 이 두 말로 모두 가릴 수 있다.

"穆如淸風", "肅雝和鳴", 「雅」·「頌」之懿, 兩言可蔽.

10

「시서정의(詩序正義)」[20]에서는 "비(比)와 흥(興)은 비록 모두 외물에 의탁하는 것이지만, 비는 드러내고 흥은 숨기니, 드러내는 것을 먼저하고 숨기는 것을 뒤에 하는 것이 마땅하다. 그러므로 비가 앞에 있는 것이

---

12) 「민여소자(閔予小子)」: 『시경』 「주송(周頌)」 「민여소자지습(閔予小子之什)」에 있다.
13) 「방락(訪落)」: 『시경』 「주송(周頌)」 「민여소자지습(閔予小子之什)」에 있다.
14) 「경지(敬之)」: 『시경』 「주송(周頌)」 「민여소자지습(閔予小子之什)」에 있다.
15) 「소비(小毖)」: 『시경』 「주송(周頌)」 「민여소자지습(閔予小子之什)」에 있다.
16) 「생민(生民)」: 『시경』 「대아(大雅)」의 「생민지습(生民之什)」에 있다.
17) 「공유(公劉)」: 『시경』 「대아(大雅)」의 「생민지습(生民之什)」에 있다. 원문의 '篤'자는 잘못 들어간 것이다. 『시경』 원문의 첫 구절이 '篤公劉'로 시작될 뿐이다.
18) 이 구절은 『시경』 「대아(大雅)」의 「탕지습(湯之什)」에 있는 「증민(蒸民)」의 한 구절이다.
19) 이 구절은 『시경』 「주송(周頌)」 「신공지습(臣工之什)」에 있는 「유고(有瞽)」의 한 구절이다.
20) 「시서정의(詩序正義)」: 당나라 때의 주석가 공영달(孔穎達)의 『시경정의(詩經正義)』의 일부로, 「시서」에 대해 주석을 해놓은 것이다.

다. 「모전(毛傳)」에서는 다만 말하기를, '홍이다'라고만 하였으니, 그 이치가 숨어있기 때문이다"라고 하였다. 내가 보건대 『문심조룡(文心雕龍)』「비흥(比興)」편에서 이르기를, "모공(毛公)[21]이 전을 기술할 적에 유독 홍체(興體)만을 드러내었으니, 이는 어찌 풍과는 통하고[22] 부와는 같으며, 비는 드러내고 홍은 숨는다고 생각해서 그런 것이 아니겠는가?"라고 하였다. 『정의』는 대개 이것을 바탕으로 하였다.

「詩序正義」云:"比與興雖同是附託外物, 比顯而興隱, 當先顯後隱, 故比居先也. 毛傳特言'興也', 爲其理隱故也." 案:『文心雕龍』「比興」篇云:"毛公述傳, 獨標興體, 豈不以風異而賦同, 比顯而興隱哉." 『正義』蓋本於此.

11

"물상(物象)을 취하는 것이 비이고, 뜻을 취하는 것이 홍이다"[23]라고 하였는데, 이 말은 교연(皎然)[24]의 『시식(詩式)』[25]에서 나왔으니, 곧 유언화(劉彦和)[26]가 말한 "비는 드러내고 홍은 숨긴다"[27]라는 뜻이다.

"取象曰比, 取義曰興", 語出皎然詩式, 卽劉彦和所謂"比顯興隱"之意.

---

21) 모공(毛公):『시경』에 대한 주석서 가운데『시훈전(詩訓傳)』이라고도 일컬어지는『모전(毛傳)』을 지은 것으로 알려진 노나라 사람 모형(毛亨)을 말한다.

22)『문심조룡』에 "風通"이라 되어 있는데, 이것에 따라 해석하였다.

23) 당나라 때의 시승 교연(皎然)이 지은『시식』의「용사(用事)」편에 나오는 내용이다.

24) 교연(皎然): 당나라 때의 스님이며 시인·시론가. 속성은 사씨(謝氏). 장성(長城) 사람.『저산집(杼山集)』10권,『시식(詩式)』등을 지었다.

25)『시식(詩式)』: 당나라의 시승(詩僧) 교연이 찬한 시 이론서. 모두 5권으로 되어 있는데, 1권에서는 시가원리와 오격(五格) 가운데 1격에 대해서 논하였고, 2권 이하에서는 2격에서부터 5격까지를 나누어 설명하고 있다.

26) 유언화(劉彦和): 중국 남북조시대 양나라의 학자, 문인인 유협(劉勰, 495~552)을 일컫는 말. 그의 자가 언화(彦和)이다. 강소(江蘇) 경구(京口)에서 태어났다. 저술로『文心雕龍』을 남겼다.

27)『문심조룡』제36「비흥(比興)」에 나오는 말이다.

12

『시경』에는 스스로 즐거워하는 것이 한 종류 있는데, “오막살이 집일 망정[衡門之下]”[28]이 이것이고, 스스로 면려하는 것도 한 종류 있는데 “쾅쾅 박달나무 베어[坎坎伐檀兮]”[29]가 이것이고, 스스로 마음 아파하는 것도 한 종류 있는데, “북문을 나서니[出自北門]”[30]가 이것이고, 스스로 자랑하고 스스로 조롱하는 것도 한 종류 있는데 “익히고 익히어[簡兮簡兮]”[31]가 이것이고, 스스로 경계하는 것도 한 종류 있는데 “빈틈없는 위의 지닌[抑抑威儀]”[32]이 이것이다.

『詩』, 自樂是一種, “衡門之下”是也; 自勵是一種, “坎坎伐檀兮”是也; 自傷是一種, “出自北門”是也; 自譽自嘲是一種, “簡兮簡兮”是也; 自警是一種, “抑抑威儀”是也.

13

“이 마음의 시름을, 그 누가 알아주리[心之憂矣, 其誰知之]?”[33]는 시인의 근심이 보통 사람들보다 지나침을 보여준다. “혼자 자다 깨어나 말하노니, 이 생활을 못 잊는다고 언제나 다짐하네[獨寐寤言, 永矢弗諼]”[34]는 시인의 즐거움이 보통 사람들보다 지나침을 보여준다. 세상을 근심하고 하늘의 뜻을 즐거워하는 것이 마땅히 이와 같아야 한다.

“心之憂矣, 其誰知之”, 此詩人之憂過人也. “獨寐寤言, 永矢弗告”,

28) 『시경』 「국풍」 「진풍(陳風)」의 「형문(衡門)」에 나오는 구절이다.
29) 『시경』 「국풍」 「위풍(魏風)」의 「벌단(伐檀)」에 나오는 구절이다.
30) 『시경』 「국풍」 「邶風」의 「북문(北門)」의 구절이다.
31) 『시경』 「국풍」 「邶風」의 「간혜(簡兮)」의 구절이다.
32) 『시경』 「대아」 「탕지습(湯之什)」의 「억(抑)」의 구절이다.
33) 『시경』 「국풍」 「위풍(魏風)」의 「원유도(園有桃)」에 나오는 구절이다.
34) 『시경』 「위풍(衛風)」 「고반(考槃)」에 나오는 구절이다. 그런데, 원문에는 “獨寐寤言, 永矢弗告”로 되어 있으나, 「고반」의 첫장에는 “獨寐寤言, 永矢弗諼”으로 되어 있고, 세 번째 장에는 “獨寐寤宿, 永矢弗告”으로 서로 다르게 되어 있다. 여기에서는 유희재가 옮겨 적을 때 착간이 된 것으로 보고, 첫장의 것으로 고쳐서 번역하였다.

此詩人之樂過人也. 憂世樂天, 固當如是.

14

"새하얀 흰 망아지가, 저 깊은 골짜기에 있네[皎皎白駒, 在彼空谷]"[35]는 마음 밖에서 나온 것이고, "수레에 짐을 싣고, 수레에 소를 매었네[我任我輦, 我車我牛]"[36]는 마음속으로 들어간 것이다. "기럭기럭 기러기 울며 가고, 환히 아침 햇살 비치네[雝雝鳴雁, 旭日始旦]"[37]는 그 시작을 마땅하게 생각한 것이고, "비바람 컴컴하게 몰아치니, 닭의 울음 그치지 않네[風雨如晦, 鷄鳴不已]"[38]는 그 끝을 지킨 것이다.

"皎皎白駒, 在彼空谷", 出乎外也. "我任我輦, 我車我牛", 入乎中也. "雝雝鳴雁, 旭日始旦", 宜其始也. "風雨如晦, 雞鳴不已", 持其終也.

15

진서산(眞西山)[39]은 『문장정종(文章正宗)』 「강목(綱目)」에서 이르기를, "『삼백오편(三百五篇)』[40]의 시 가운데 바로 의리를 말한 것은 몇 개 되지 않는다. 그러나 읊조리고 노래하는 사이에 은근히 그 성정의 바름을 얻는 것이 바로 이른바 의리이다"라고 하였다. 내 생각에 시는 더러 감정에 의리를 담으면 의리가 더욱 지극해 지고, 더러 경치에 감정을 담으면 감정이 더욱 깊어지니, 이것이 또한 『삼백오편』의 뜻이다.

---

35) 『시경』 「소아」 「홍안지습(鴻雁之什)」의 「백구(白駒)」에 나오는 구절이다.
36) 『시경』 「소아」 「어조지습(魚藻之什)」의 「서묘(黍苗)」에 나오는 구절이다.
37) 『시경』 「국풍」 「패풍(邶風)」의 「포유고엽(匏有苦葉)」에 나오는 구절이다.
38) 『시경』 「국풍」 「정풍(鄭風)」의 「풍우(風雨)」에 나오는 구절이다.
39) 진서산(眞西山) : 중국 남송(南宋) 때 학자 진덕수(眞德秀, 1178~1235)를 가리키는 말이다. 서산은 그의 호이고, 자는 경원(景元)·경희(景希)이다. 주돈이·호안국(胡安國)·주희·장식(張拭) 등의 학문을 장려하였다. 저서에 제왕의 필독서라고 일컫는 『대학연의(大學衍義)』와 『서산선생문집(西山先生文集)』, 『서산독서기(西山讀書記)』 등이 있다.
40) 『삼백오편(三百五篇)』 : 『시경』을 달리 일컫는 말이다. 『시경』의 시가 대략 300여 편 되기 때문에 이렇게 말한다. 정확하게는 305편이고, 6편의 제목만 전하는 것까지 합하면 311편이다.

眞西山『文章正宗』「綱目」云: “『三百五篇』之詩, 其正言義理者蓋無幾, 而諷詠之間, 悠然得其性情之正, 卽所謂義理也.” 余謂詩或寓義於情而義愈至, 或寓情於景而情愈深, 此亦『三百五篇』之遺意也.

16

시 가운데 사물에 대한 은미한 마음을 비유한 것은 「풍」에 가깝고, 사람이 크게 다스려야 할 것을 밝힌 것은 「아」에 가깝고, 천지와 귀신의 깊은 뜻에 통한 것은 「송」에 가깝다.

詩喩物情之微者, 近「風」; 明人治之大者, 近「雅」; 通天地鬼神之奧者, 近「頌」.

17

「이소(離騷)」를 회남왕(淮南王)[41]은 「국풍」과 「소아」에 비유하였고, 주자(朱子)는 『초사집주(楚辭集註)』에서 “그 말 가운데 신에게 성대하게 제사지내는 것은 「송」에 가깝다”라고 하였다. 이백(李白)은 「고풍(古風)」[42]에서 말하기를, “바른 소리는 얼마나 아득한 곳에 있나? 슬프고 원망하는 것이 시인을 움직이네[正聲何微茫, 哀怨起騷人]”[43]라고 하였다. 대개 “『시』가 망하자 『춘추(春秋)』가 일어났다”[44]라는 뜻이 있는 것이지, 『이소』를 낮게 본 것이 아니다.

41) 회남왕(淮南王): 전한의 사상가, 문인인 유안(劉安)을 가리킨다. 한나라 고조의 손자이며, 아버지의 뒤를 이어 회남왕(淮南王)에 봉해졌다. 독서와 가야금을 즐겼고 글을 잘 지었다. 문장을 잘하고 재능이 뛰어나 무제(武帝)의 명을 받고 「이소전(離騷傳)」을 지었다. 또한 수천 명의 학자와 방술사를 불러 『회남자(淮南子)』를 편찬케 했는데, 그 내용은 주로 도가(道家)의 자연천도관(自然天道觀)을 중심으로 하여 선진시대의 제자백가의 각종 사상을 종합한 것이다. 후에 모반 사건에 연루되어 자살하였다. 문집이 있었으나 지금 전하지 않는다.

42) 「고풍(古風)」: 『이태백집』 권1에 있는 「고풍59수(古風五十九首)」를 말한다.

43) 「고풍59수(古風五十九首)」 제1수에 나오는 구절이다. 앞의 구절은 『시경』을 두고 말한 것이고, 뒤의 구절은 『이소』를 두고 한 말이다.

44) 『맹자』 「이루(離婁) 하」에 나오는 말이다.

「離騷」, 淮南王比之「國風」·「小雅」, 朱子『楚辭集註』謂"其語祀神之盛, 幾乎頌." 李太白「古風」云: "正聲何微茫, 哀怨起騷人." 蓋有"詩亡春秋作"之意, 非抑騷也.

18

유협(劉勰)은 「변소(辨騷)」에서 『초사(楚辭)』에 대해 "체는 삼대(三代)의 것을 본받았고, 풍은 전국(戰國)의 것을 뒤섞었다[體憲於三代, 風雜於戰國]"[45]라 하였다. 다만 그 체를 논한 것일 뿐으로 그 뜻을 논한 것만 못하다. 뜻은 진실로 삼대(三代)[46]에서 질정할 수 있는데, 비록 처지를 바꾼다 해도 모두 그러할 것이라고 해도 옳다.

劉勰「辯騷」謂『楚辭』"體慢於三代, 風雜於戰國." 顧論其體不如論其志, 志苟可質諸三代, 雖謂易地則皆然, 可耳.

19

한(漢)나라 무제(武帝)의 「추풍사(秋風辭)」[47]는 「풍」이고, 「호자가(瓠子歌)」[48]는 「아」이다. 「호자가」는 백성을 근심하는 생각이 담겨 있으니, 「운한(雲漢)」[49]을 족히 이을만하다. 그런데 문중자(文中子)[50]는 하필 「추풍」을 두고 "후회하는 뜻이 싹텄다"[51]라고 하였는가?

漢武帝「秋風辭」, 「風」也; 「瓠子歌」, 「雅」也. 「瓠子歌」憂民之思, 足

45) 원문에는 "體慢於三代, 風雅於戰國"라고 되어 있으나, 『문심조룡』「변소」에 따라 본문과 같이 고쳤다.

46) 삼대(三代): 중국 고대의 세 왕조. 즉 하(夏)·은(殷)·주(周)를 말한다.

47) 「추풍사(秋風辭)」: 중국 한나라 무제가 지은 작품. 하동(河東)에 가서 후토(后土)에 제사 지낸 후에 여러 신하들과 술잔을 기울이면서 읊은 것이라고 한다.

48) 「호자가(瓠子歌)」: 한나라 무제가 어산(漁山)을 지나며 지었다는 시가이다.

49) 「운한(雲漢)」: 『시경』「대아(大雅)」「탕지십(蕩之什)」의 「운한(雲漢)」을 말한다.

50) 문중자(文中子): 중국 수나라 유학자 왕통(王通, 584~617)의 사시(私諡). 자는 중엄(仲淹). 강학(講學)에 힘썼으며 저서에 『중설(中說)』이 있다.

51) 이 말은 문중자의 『중설(中說)』 권4 「주공편(周公篇)」에 보인다.

繼雲漢, 文中子何但以「秋風」爲“悔志之萌”耶?

20

무제의 「추풍사」·「호자가」·「백량여군신부시(柏梁與群臣賦詩)」[52]는 후세 사람이 그 가운데 한 체만 얻어도 대가가 될 수 있을 것이니, 무제가 대가라는 것은 두말할 필요가 없다.

武帝「秋風辭」, 「瓠子歌」, 「柏梁與群臣賦詩」, 後世得其一體, 皆足成一大宗, 而帝之爲大宗不待言矣.

21

어떤 사람이 묻기를, “「안세방중가(安世房中歌)」[53]와 효무제(孝武帝)가 지은 「교사(郊祀)」[54]의 여러 노래는 어느 것이 기이하고 바르냐”고 하였다. 대답하기를, “「방중」은 바르고 바른 것이고, 「교사」는 기이하고도 바른 것이다”라고 하였다.

或問 : “「安世房中歌」與孝武「郊祀」諸歌孰爲奇正?” 曰 : “房中, 正之正也; 郊祀, 奇而正也.”

22

한나라 「교사」의 여러 악부는 음악으로 예를 상징한 것이다. 따라서 전아하고도 크며 엄숙하고도 그윽하여, 다른 악부와는 격이 다른 것으로 본다.

---

52) 「백량여군신부시(柏梁與群臣賦詩)」: 이른바 「백량대시(柏梁臺詩)」를 말한다. 무제가 신하들과 백량대에서 지은 시인데, 한 사람이 한 구절씩 짓고, 각 구마다 운이 달려 있는 것이 특징이다. 후대에서는 이러한 형식의 시를 백량체라 불렀다.

53) 「안세방중가(安世房中歌)」: 한(漢)나라 고조(高祖)의 희인(姬人)인 당산부인(唐山夫人)이 지은 음악이다. 부인이 문아(文雅)를 외고 익혀 방중 사악(房中祠樂) 70장(章)을 지었다고 한다. 격운(格韻) 높고 엄하였으며 규모가 간결하면서도 예스럽다고 한다.

54) 「교사(郊祀)」: 한나라 무제가 지었다는 악부로, 교사를 지낼 때 쓰기 위한 것이었는데, 지금은 19장만 남아 있다고 한다.

漢「郊祀」諸樂府, 以樂而象禮者也. 所以典碩肅穆, 視他樂府別爲一格.

23

진(秦)나라 비석 가운데 운이 있는 것은 질박하면서도 굳세고, 한(漢)나라의 악부는 전아하면서도 돈후하다. 예를 들면 「상송(商頌)」, 「주송(周頌)」은 기체(氣體)가 다른 것이다.

秦碑有韻之文質而勁, 漢樂府典而厚. 如商・周二頌, 氣體攸別.

24

질박하면서도 문채가 있고, 곧으면서도 부드러운 것은 「아」 가운데 좋은 것이다. 한나라 때의 시에는 「풍」과 「송」은 많지만, 「아」는 적다. 「아」의 뜻은 위전(韋傳)[55]의 풍간이 아니었다면, 그 누가 그것을 간직했을까?

質而文, 直而婉, 雅之善也. 漢詩風與頌多, 而雅少. 雅之義, 非韋傳諷諫, 其孰存之?

25

이릉(李陵)[56]이 소무(蘇武)[57]에게 준 오언시는 다만 이별의 근심을 서술하였을 뿐이고, 사실에 대해 한마디도 말하지 않았다. 그러나 말 밖의 뜻이 무궁하여 사람들에게 자기도 모르게 그리움에 빠져서는 안 되게끔 한다. "만 리를 지나오면서 사막을 건넌다[經萬里兮度沙漠]"[58]이란 노

55) 위전(韋傳) : 위맹(韋孟). 서한 초나라의 팽성(彭城) 사람. 초나라 원왕(元王)의 사부가 되었다. 세 왕의 재상을 역임하였는데, 유무(劉戊)가 황음(荒淫)한 것을 보고, 시를 지어 풍간하였다. 뿐만 아니라, 벼슬을 버리고 추(鄒) 땅에 이사하여 이곳에서 죽었다.

56) 이릉(李陵, B.C.?~B.C.74) : 전한의 무장. 자는 소경(少卿). 이광(李廣)의 손. 무제 때 흉노와 싸워 패하고 흉노에게 투항하여 그곳에서 20년을 지내다가 병사했다.

57) 소무(蘇武, B.C.?~B.C.60) : 자는 자경(子卿). 무제 때 흉노에 사신으로 갔다가 억류되어 19년 동안 온갖 고초를 견디다가 마침내 귀국함.

58) 원문에는 '幕'으로 되어 있으나, 『전한기(前漢紀)』 16 「효소제(孝昭帝)」 6년 조에는

래는 의미가 자못 얕은데도 『한서(漢書)』「소무전(蘇武傳)」에서는 이것을 싣고, 이릉의 작품이라고 하였는데, 과연 그런가?

李陵贈蘇武五言但敍別愁, 無一語及於事實, 而言外無窮, 使人黯然不可爲懷. 至"徑萬里兮度沙幕"一歌, 意味頗淺, 而『漢書』「蘇武傳」載之, 以爲陵作, 其果然乎?

26

「고시십구수(古詩十九首)」[59]는 소무(蘇武)·이릉(李陵)과 동일한 비애를 노래한 것이지만, 「고시」[60]에는 호방하고 광달한 뜻이 아울러 담겨 있으니, 소무·이릉의 시가 한결같이 완곡하게 함축을 한 것과는 햇볕에 늘어지고 그늘에 오그라드는 것처럼 다르다. 사람을 알고 세상을 논하는 사람이 스스로 말 밖의 뜻을 얻을 수만 있다면, 진실로 종영(鍾嶸)[61]이 『시품(詩品)』[62]에서 「고시」는 '「국풍」에서 나왔고', 이릉의 작품은 '『초사』에서 나왔다'고 평한 것처럼 말할 필요는 없는 것이다.

「古詩十九首」與蘇·李同一悲慨, 然古詩兼有豪放曠達之意, 與蘇·李之一於委曲含蓄, 有陽舒陰慘之不同. 知人論世者, 自能得諸言外, 固不必如鍾嶸『詩品』謂古詩"出於國風", 李陵"出於楚辭"也.

'漠'으로 되어 있다. 본문에서는 『전한기』의 기록을 따라 '漠'으로 고쳤다.

59) 「고시십구수(古詩十九首)」: 중국 고대의 시가. 작자를 알 수 없을 뿐만 아니라, 어느 한 사람에 의해 지어진 것이 아니고, 후한 말부터 여러 사람의 손을 거쳐 완성된 것으로 전해진다.

60) 「고시」: 여기에서는 「고시십구수」를 줄여 쓴 말이다.

61) 종영(鍾嶸): 양나라 영천(潁川) 사람. 자는 중위(仲偉). 제나라에 벼슬하여 남강왕(南康王) 국시랑(國侍郎)이 되었고, 천감(天監) 연간에 서중랑(西中郎)이 되었고, 진안왕(晉安王)의 기실(記室)이 되었다. 『주역』에 정통하였다고 하며, 『시품(詩品)』 3권을 지었다(『양서』 49).

62) 『시품(詩品)』: 양나라 때 사람 종영이 지은 시품평서. 모두 3권으로 되어 있다. 유협의 『문심조룡』과 함께 중국의 비평문학을 체계적으로 정리한 초기의 업적으로 높이 평가받는다.

27

「고시십구수」는 근거도 없이 어지럽게 말을 하니, 그것을 읽으면 절로 사방을 돌아보아도 어디로 갈까 주저하고, 온갖 생각이 번갈아 모여드는 것을 깨달을 수 있다. 시가 이러한 지경에 이르면, 비로소 그 가운데 사물이 있다고 말할 수 있는 것이다.

「十九首」鑿空亂道, 讀之自覺四顧躊躇, 百端交集. 詩至此, 始可謂其中有物也已.

28

조공(曹公)[63]의 시는 기상이 크고 힘이 세어서 모든 것을 가두고 덮칠 수 있는 것이다. 건안(建安)의 제자(諸子)들[64] 가운데에는 짝을 찾을 수 없다. 자건(子建)[65]은 은근히 "인의를 가진 사람은, 그 말이 은은히 드러난다"[66]는 뜻이 있다. 종영은 시를 품평함에 "예스럽고 솔직하며 슬프고 처량한 것[古直悲凉]"[67]을 "인륜은 주공과 공자를 본받는다[人倫周孔]"[68]의 위에 더하지 않았으니, 어찌 나름대로의 생각이 없었겠는가?

曹公詩氣雄力堅, 足以籠罩一切, 建安諸子, 未有其匹也. 子建則隱

63) 조공(曹公) : 삼국시대 위나라의 시조 조조(曹操, 155~220)를 가리키는 말이다. 자는 맹덕(孟德). 황건의 난을 평정하여 공을 세우고 동탁(董卓)을 벤 후 실권을 장악하였다. 208년에 적벽(赤壁) 대전에서 유비와 손권의 연합군에게 크게 패하여 중국이 삼분된 후 216년에 위왕(魏王)이 되었다. 권모에 능하고 시문을 잘하였다

64) 건안(建安)의 제자(諸子)들 : 건안은 후한 헌제의 연호. 이 무렵 활동했던 여러 문인들을 가리키는데, 특히 건안칠자가 유명하다. 공융(孔融)·진림(陳琳)·왕찬(王粲)·서간(徐幹)·완우(阮瑀)·응창(應瑒)·유정(劉楨)을 이른다.

65) 자건(子建) : 삼국시대 위나라 조식(曹植)의 자. 무제 조조(曹操)의 아들이며, 문제 조비(曹丕)의 동생으로 진사왕(陳思王)에 봉해졌다. 태자 계승 문제로 인한 암투로 평생 불우한 처지에 놓여 있었다. 육친의 불화를 상징적으로 노래한 「칠보시(七步詩)」가 유명하다. 송나라 때 편찬된 『조자건집(曹子建集)』이 있다.

66) 이 말은 본래 이 구절은 송나라 위중거(魏仲擧)가 편한 『오백가주창려문집(五百家注昌黎文集)』 권16에 있는 「답이익서(荅李翊書)」에 있는 것이다.

67) 이 말은 종영의 『시품』 권3에 보인다.

68) 이 말은 종영의 『시품』 권1에 보인다.

有“仁義之人，其言藹如.”之意. 鍾嶸品詩，不以“古直悲涼”加於“人倫周·孔”之上，豈無見乎?

29

조식(曹植)은 「증정의왕찬(贈丁儀王粲)」에서 이르기를, “즐거워하는 것과 원망하는 것은 곧은 원칙이 아니고, 중도에 맞는 것과 화합하는 것은 진실로 본받을 만하다[歡怨非貞則，中和誠可經]”라고 하였다. 이 뜻은 「풍」·「아」의 정종으로 추대할 수 있다는 것인데, 골기(骨氣)와 정채(情彩)에 대해서는 종영(鍾嶸)의 논설에 갖추어져 있다.

曹子建「贈丁儀王粲」有云：“歡怨非貞則，中和誠可經.” 此意足推「風」·「雅」正宗. 至骨氣情采，則鍾仲偉論之備矣.

30

공간(公幹)[69]은 기가 뛰어나고 중선(仲宣)[70]은 정이 뛰어났는데, 조식의 한 체가 있다. 후세의 시는 대개 이 두 가지 정종을 넘어서지 않는다.

公幹氣勝，仲宣情勝，皆有陳思之一體. 後世詩率不越此兩宗.

31

육사형(陸士衡)[71]의 시는 거칠기는[72] 하지만, 잘못이 있으면 내보내고 잘못이 없는 것만 들여보낸다. 평이하면서도 내실이 있는 곳은 여러 번

69) 공간(公幹)：중국 후한 말기의 문인 유정(劉楨)의 자. 건안칠자(建安七子)의 한 사람으로, 뛰어난 문장가이다. 작품에 「증종제(贈從弟)」 3수가 있다.

70) 중선(仲宣)：중국 삼국시대 위나라의 시인 왕찬(王粲, 177~217)의 자. 건안 칠자의 한 사람으로, 조조를 섬겼다. 작품에 「칠애시(七哀詩)」, 「종군시(從軍詩)」 등이 있다.

71) 육사형(陸士衡)：중국 진(晉)나라의 문인 육기(陸機, 260~303)를 말한다. 그의 자가 사형이다. 동생 육운과 더불어 이륙(二陸)이라고 칭송된다. 오(吳)나라가 망한 후, 동생과 함께 진나라에서 벼슬하였다. 화려한 문장을 썼으며, 조식(曹植) 이후의 제일인자로 꼽힌다. 주요 저서에 「문부(文賦)」, 「변망론(辨亡論)」, 「육사형집(陸士衡集)」 등이 있다.

72) 원문의 “粗枝葉大”는 일을 처리하는 것이 거칠다는 뜻이다.

보아도 상관이 없다. 바로 남에게 없는 견해가 있기 때문에 홀로 도달한 것은 우뚝하고 뛰어난 경지를 밟았다. 어찌 경박한 자가 재주를 부려 한 마디 말을 한 뒤에 곧바로 다른 사람들이 좋다고 말하기를 바라는 것과 같으랴?

陸士衡詩, 粗枝大葉, 有失出, 無失入, 平實處不妨屢見. 正其無人之見存, 所以獨到處亦躋卓絶. 豈如沾沾戔戔者, 才出一言, 便欲人道好耶?

32

유협(劉勰)은 "육기(陸機)는 긍지가 있고 중후하다"고 하였다. 그러나 근세에 육기의 시를 논하는 사람들 가운데 더러는 반복되는 구절 때문에 그를 헐뜯는다. 그러나 반복되는 구절은 있으되, 가벼운 구절은 없는 것이 바로 대가의 품위이다.

劉彦和謂「士衡矜重」, 而近世論陸詩者, 或以累句訾之. 然有累句, 無輕句, 便是大家品位.

33

육기의 악부는 금석 같은 소리와, 풍운 같은 기운이 있어, 읽는 사람의 마음을 놀라게 하고 혼백을 감동시킬 수 있다. 비록 조식의 여러 악부들이 앞 시대 사람들에게서 오로지 아름답다고 여겨지지는 못하였으니, 다른 사람들은 논해 무엇하겠는가?

士衡樂府, 金石之音, 風雲之氣, 能令讀者驚心動魄. 雖子建諸樂府, 且不得專美於前, 他何論焉!

34

완사종(阮嗣宗)[73]의 「영회시(詠懷詩)」는 그 뜻이 진실로 깊고도 높을 뿐만 아니라, 그 말을 만드는 신묘함은 오고감에 단서가 없어 자취를 찾을 수 없다. 후대의 사홍(射洪)[74]의 「감우시(感遇詩)」, 이백(李白)의 「고풍59수」와 같은 작품은 바라보는 것조차 미치지 못한다.

阮嗣宗「詠懷」, 其旨固爲淵遠, 其屬辭之妙, 去來無端, 不可蹤迹. 後來如射洪「感遇」·太白「古風」, 猶瞻望弗及矣.

35

숙야(叔夜)[75]의 시는 준렬(峻烈)하고 완적의 시는 광일(曠逸)하다. 백이(伯夷)·숙제(叔齊)[76]는 항복하지도 않고 욕을 당하지도 않았으며, 우중(虞仲)·이일(夷逸)[77]은 은거하면서 멋대로 말하였다. 홍취를 갖는 것과 숭상하는 것은 예로부터 구별된다.

叔夜之詩峻烈, 嗣宗之詩曠逸. 夷·齊不降不辱, 虞仲·夷逸隱居放言, 趣尙乃自古別矣.

---

73) 완사종(阮嗣宗): 중국 삼국시대 위(魏)나라의 사상가·문학자·시인인 완적(阮籍, 210~263)을 말한다. 그의 자가 사종이다. 죽림칠현의 한 사람으로, 노장(老莊)의 학문을 연구하였으나 정계에서 물러난 후, 술과 청담(淸談)으로 세월을 보냈다. 저서에 『완사종집』, 『달장론(達莊論)』 등이 있다.

74) 사홍(射洪): 중국 당나라의 시인 진자앙(陳子昂, 661~702). 자는 백옥(伯玉). 궁체를 지양하고 한위(漢魏)의 기골 찬 시풍을 계승할 것을 주창하였으며, 성당(盛唐) 문학의 기초가 되는 업적을 남겼다. 작품에 「감우(感遇)」 38수가 있다.

75) 숙야(叔夜): 중국 삼국시대 위(魏)나라의 문인 혜강(嵇康, 223~262). 그의 자가 숙야(叔夜)이다. 죽림칠현의 한 사람으로, 작품으로 「유분시(幽憤詩)」, 「금부(琴賦)」 등이 저명하다.

76) 백이(伯夷)·숙제(叔齊): 중국 은나라 말에서 주나라 초기의 현인. 주나라 무왕이 은나라의 주왕을 치려고 했을 때, 이들은 신하로서 임금을 치는 것이 옳지 않다고 함께 간하였으나 받아들여지지 않고 주나라가 천하를 통일하자 수양산으로 들어가 고사리를 캐어 먹다가 굶어 죽었다고 한다.

77) 우중(虞仲)·이일(夷逸): 우중은 서주(西周) 때의 우국(虞國)의 임금. 주장(周章)의 아우. 무왕이 은나라를 멸망시킨 뒤에 주나라의 북쪽 하나라의 터에 우중을 임금에 봉하였다. 이일은 춘추시대 주나라 대부인 이궤제(夷詭諸)의 후예. 은거하며 벼슬하지 않았다. 어떤 사람이 출사할 것을 권하자, 이일은 소에 비유하여 말하기를, "차라리 들에서 멍에를 지고 밭을 갈지언정, 차마 비단옷을 입고 묘당에 들어가 희생이 되지는 못하겠다"라고 하였다.

36

세련되지 아니한 것은 시 가운데 아름다운 것이므로, 표성(表聖)[78]의 『시품(詩品)』에 '소야(疎野 : 거칠고 세련되지 못함)'라는 하나의 품이 있다. 종영(鍾嶸)이 좌태충(左太冲)[79]을 일러 "육기보다 세련되지 않았다"고 한 것에서, '세련되지 않았다'는 것은 아름답지 않다는 말이다. 그러나 좌사는 호방한 것이지 세련되지 않은 것이 아니니, 「영사」를 보면 알 수 있다.

野者, 詩之美也, 故表聖『詩品』中有'疎野'一品. 若鍾仲偉謂左太沖"野於陸機", '野'乃不美之辭. 然太沖是豪放, 非野也, 觀「詠史」可見.

37

장경양(張景陽)[80]의 시는 포명원(鮑明遠)[81]의 시를 열었는데, 포조는 굳세고 뛰어난 것이 다른 사람들보다 우뚝하였다. 그러나 다듬어 기를 상하지 않게 한 것으로는 반드시 장협을 독보적인 존재로 추대해야 한다. 비에 괴로움을 당하는 여러 작품[82]은 높은 수준의 작품이므로 종영

---

78) 표성(表聖) : 중국 당나라의 시인 사공도(司空道, 837~908)의 자. 고결한 시풍으로 유명하며, 후세의 시론에 크게 영향을 미쳤다. 저서에 『사공표성문집(司空表聖文集)』, 『24시품(詩品)』 등이 있다.

79) 좌태충(左太冲) : 중국 서진(西晉)의 시인 좌사(左思, ?~?). 자가 태충(太沖)이다. 부(賦)에 뛰어나 이름난 작품을 많이 남겼는데, 특히 10년 동안 구상하여 지은 「삼도부(三都賦)」는 '낙양(洛陽)의 지가(紙價)를 올린다'는 고사로 유명하다. 작품에 「제도부(齊都賦)」, 「영사시(詠史詩)」, 「초은시(招隱詩)」 등이 있다.

80) 장경양(張景陽) : 서진(西晉) 때의 안평(安平) 사람 장협(張協, 약 295년 전후)을 말함. 그의 자가 경양이다. 장재(張載)의 아우로 어려서부터 재주가 뛰어나 형과 함께 이름을 날렸다. 비서랑(秘書郎) · 하간내사(河間內史) 등의 벼슬을 하기도 하였으나, 세상이 어지러운 것을 보고 은둔하였다. 작품으로 「칠명(七命)」, 「낙계부(洛禊賦)」 등이 유명하며, 문집으로 『장경양집』이 있다.

81) 포명원(鮑明遠) : 남조 송나라 문인 포조(鮑照, 414?~466). 그의 자가 명원이다. 임천왕(臨川王) 유의경(劉義慶)에게 시를 바치니, 의경이 기이하게 여겨서 국대랑(國待郎)으로 발탁하였다. 송나라 효무제 때에 중서사인(中書舍人)이 되었고, 뒤에 임해왕(臨海王) 유자욱(劉子頊)의 전군참군(前軍參軍)이 되었다가, 전쟁의 와중에 죽었다. 악부와 칠언가행을 잘 지었고, 저서에 『포참군집』이 있다.

82) 그가 지은 「잡언(雜言)」 등에 비로 인해 괴로움을 당하는 심경을 읊은 것이 있다.

의 『시품』에서 유독 그것을 칭찬했다.[83] 『문심조룡』 「명시(明詩)」에 이르기를, "장협은 그 아름다움을 떨쳤다"라 하였는데, '아름답다[麗]'는 것으로 어찌 장협을 모두 말할 수 있으랴?

張景陽詩開鮑明遠, 明遠遒警絶人. 然練不傷氣, 必推景陽獨步. 「苦雨」諸詩, 尤爲高作, 故鍾嶸『詩品』獨稱之. 『文心雕龍』「明詩」云: "景陽振其麗." '麗'何足以盡景陽哉?

38

유공간(劉公幹)[84] · 좌사의 시는 씩씩하되 비통해하지 않으며, 왕중선(王仲宣)[85] · 반안인(潘安仁)[86]의 시는 비통해하되 씩씩하지 않다. 비통해하면서 씩씩한 것은 오직 유월석(劉越石)[87]의 시 뿐이다.

劉公幹 · 左太沖詩壯而不悲, 王仲宣 · 潘安仁悲而不壯, 兼悲壯者, 其惟劉越石乎!

39

공북해(孔北海)[88]는 「잡시(雜詩)」에서 "여망(呂望)[89]은 늙은 보통사람이

83) 종영의 『시품』 권3에 이 내용이 있다.

84) 유공간(劉公幹) : 중국 후한 말기의 문인 유정(劉楨, ?~?).

85) 왕중선(王仲宣) : 중국 삼국시대 위나라의 시인 왕찬(王粲, 177~217). 자는 중선(仲宣)이다. 건안 칠자의 한 사람으로, 조조를 섬겼다. 작품에 「칠애시(七哀詩)」, 「종군시(從軍詩)」 등이 있다.

86) 반안인(潘安仁) : 중국 서진(西晉)의 문인 반악(潘岳, 247~300). 자가 안인(安仁)이다. 권세가인 가밀(賈謐)의 집에 드나들며 아첨하다가 뒤에 손수(孫秀)의 무고로 주살되었다. 작품에 망처(亡妻)를 애도한 「도망시(悼亡詩)」가 유명하며, 「서정부(西征賦)」, 「금곡집시(金谷集詩)」, 「추흥부(秋興賦)」 등이 있다. .

87) 유월석(劉越石) : 서진 때의 문인 유곤(劉琨, 271~318). 월석은 그의 자. 중산 위창(魏昌) 사람. 벼슬은 병주자사(幷州刺史) · 대장군(大將軍) · 태위(太尉) 등을 지냈다. 뒤에 석륵(石勒)에게 패하여 선비족에게 달아났다가 죽임을 당하였다. 저서에 『유월석집』이 있다.

88) 공북해(孔北海) : 중국 후한(後漢) 말기의 학자 공융(孔融, 153~208). 자는 문거(文擧). 건안 칠자의 한 사람으로, 북해(北海)의 재상이 되어 학교를 세웠고, 조조를 비판 조소하다가 일족과 함께 처형되었다. 저서에 『공북해집(孔北海集)』이 있다.

89) 여망(呂望) : 태공망(太公望). 중국 주나라 초기의 정치가. 성은 강(姜), 이름은 상(尙),

고, 관중(管仲[90])은 보잘 것 없는 갇혀있는 신하라네[呂望老匹夫, 管仲小囚臣]"라고 하였고, 유곤(劉琨)은 「중증노감시(重贈盧諶詩)」에서 "생각건대 저 태공망은, 옛날 위수(渭水) 가에 있던 늙은이라네[惟彼太公望, 昔在渭濱叟]"라고 하였고, 또 "환공(桓公)과 사냥하고 낚시질 하네[小白相射鉤]"라고 하였다. 한(漢)나라와 진(晉)나라에서 부흥하고자 했던 뜻은 한가지이다. 공융은 말하기를, "인생에 어찌 변함없는 것이 있으랴, 단지 나이가 저물어 가는 것이 근심스럽다[時哉不我與, 去乎若雲浮]"라고 하였고, 유곤은 말하기를, "시간은 나와 더불지 아니하고, 뜬구름처럼 가버린다"고 하였다. 여기서는 때에 맞추고자 하는 뜻이 또한 한가지이다. 종영은 유곤의 시가 왕찬에게서 나왔다고 했는데, 이는 그 풍격을 말한 것이다.

孔北海「雜詩」"呂望老匹夫, 管仲小囚臣", 劉越石「重贈盧諶詩」"惟彼太公望, 昔在渭濱叟", 又稱"小白相射鉤", 於漢於晉, 興復之志同也. 北海言"人生有何常, 但患年歲暮", 越石言"時哉不我與, 去乎若雲浮", 其欲及時之志亦同也. 鍾嶸謂越石詩出於王粲, 以格言耳.

40

유곤의 시는 어지러운 것을 평정하고 쇠망한 것을 붙들어 세우려는 뜻이 있고, 곽경순(郭景純[91])의 시는 찌꺼기와 더러운 것을 제거하려는 마음이 있는데, 다만 '청강(淸剛)', '준상(儁上)'으로만 지목하고 만다면 도

속칭은 강태공(姜太公). 무왕을 도와 은나라를 멸하고 천하를 평정하였다. 저서에 『육도(六韜)』를 지은 것으로 알려져 있다.

90) 관중(管仲, ?~B.C.645) : 중국 춘추시대 제나라의 재상. 이름은 이오(夷吾). 환공(桓公)을 도와 군사력의 강화, 상공업의 육성을 통하여 부국강병을 꾀하였으며, 환공을 중원(中原)의 패자(霸者)로 만들었다. 포숙아와의 우정으로 유명하며, 이들의 우정을 관포지교라고 이른다. 저서에 『관자(管子)』가 있다.

91) 곽경순(郭景純) : 중국 서진(西晉) 말에서 동진(東晉) 초의 학자 시인 곽박(郭璞, 276~324). 자가 경순(景純)이다. 박학하고 시문과 점술에 뛰어나 원제에게 상서랑(尙書郎)으로 임명되었다. 322년에 중신인 왕돈(王敦)이 반란을 일으켜 관군이 패하자 살해되었다. 『목천자전』, 『초사』, 『산해경』 등에 대한 주석이 유명하다.

리어 그 온축된 것을 엿볼 수 없을 것이다.

劉越石詩定亂扶衰之志, 郭景純詩除殘去穢之情, 第以'淸剛'·'儁上'目之, 殆猶未覘厥蘊.

41

혜강(嵇康)·곽박(郭璞)은 모두 맑은 절조가 있는 선비이다. 비록 「추호행(秋胡行)」[92]에서는 뜻을 드러내지 않고 숨기는 아치를 귀하게 여기고, 「유선시(游仙詩)」에서는 숨어사는 사람의 말로 가탁하였으나, 격렬하고 비분해 하는 마음이 말밖에 절로 드러나 있다. 이를 통해 가곡을 제대로 알려면 마땅히 그들의 진정을 들어야 함을 알 수 있다.

嵇叔夜·郭景純皆亮節之士, 雖「秋胡行」貴元默之致, 「游仙詩」假棲遯之言, 而激烈悲憤, 自在言外, 乃知識曲宜聽其眞也.

42

조식·왕찬의 시는 「이소」로부터 나왔고 완적의 시는 『장자』로부터 나왔고, 도연명(陶淵明[93])의 시는 곧 큰 요체가 『논어』로부터 나왔다.

曹子建·王仲宣之詩出於『騷』, 阮步兵出於『莊』, 陶淵明則大要出於『論語』.

43

도잠의 시에는 "어질도다! 안회여",[94] "나는 증점(曾點)과 함께 하겠

92) 「추호행(秋胡行)」: 이 시는 『문선보유(文選補遺)』 권30에 보인다.

93) 도연명(陶淵明, 365~427): 중국 동진의 시인. 이름은 잠(潛). 호는 오류선생(五柳先生). 연명은 자(字). 405년에 팽택현(彭澤縣)의 현령이 되었으나, 80여 일 뒤에 「귀거래사」를 남기고 관직에서 물러나 귀향하였다. 자연을 노래한 시가 많으며, 당나라 이후 육조(六朝) 최고의 시인이라 불린다. 시 외의 산문 작품에 「오류선생전」, 「도화원기」 등이 있다.

94) 이 말은 『논어』 「옹야(雍也)」편에 보인다.

다"[95]는 뜻이 있다. 바로 수사(洙泗)[96]의 유음(遺音)을 이어 받았다고 할 수 있다. 그는 절의를 숭상함을 귀하게 여겼으니, 형경(荊卿)[97]을 읊고, 전자태(田子泰)[98]를 찬미한 것 등의 작품은 또한 공자가 백이·숙제를 어질게 여기는 뜻이 있다.

陶詩有"賢哉回也", "吾與點也"之意, 直可嗣洙·泗遺音. 其貴尙節義, 如詠荊卿·美田子泰等作, 則亦孔子賢夷·齊之志也.

44

도잠의 시 가운데 "나 또한 내 집을 아낀다[吾亦愛吾廬]"[99]고 한 것은 내가 또한 사물에 대한 마음을 갖추고 있다는 말이다. "좋은 싹이 또한 새로 돋는다[良苗亦懷新]"[100]고 한 것은 사물이 또한 나의 마음을 갖추고 있다는 말이다. 「귀거래사(歸去來辭)」에서 또한 이르기를, "만물이 때를 얻음을 좋게 여기고, 나의 삶이 끝나가는 것에 감정이 북받친다[善萬物之得時, 感吾生之行休]"라 하였다.

陶詩"吾亦愛吾廬", 我亦具物之情也; "良苗亦懷新", 物亦具我之情也. 「歸去來辭」亦云: "善萬物之得時, 感吾生之行休."

---

95) 이 내용은 『논어』 「선진(先進)」편에 보인다.

96) 수사(洙泗): 수수(洙水)와 사수(泗水)를 아울러 일컫는 말. 공자가 이 근처에서 제자들에게 도를 가르쳤으므로, 뜻이 바뀌어 공자의 문하의 가리키는 뜻으로도 쓰이고, 공맹의 학, 더 나아가서 유학을 가리키는 말로 쓰임.

97) 형경(荊卿): 중국 전국시대의 자객 형가(荊軻, ?~B.C.227). 위나라 사람으로, 연나라 태자인 단(丹)의 부탁을 받고 진시황제를 암살하려 하였으나 실패하고 죽임을 당하였다.

98) 전자태(田子泰): 동한 말의 전주(田疇, 169~214). 자태는 그의 자이다. 우북평(右北平) 무종(無終) 사람. 처음에 유우(劉虞)의 종사가 되었는데, 우가 죽자 무리를 이끌고 서무산(徐無山)에 들어갔다. 몇년 동안 그곳에 이른 무리가 5천여 개나 되었다. 헌제 시절 조조가 북정을 할 때, 수령(蓚令)에 임명되어 향도(嚮導)를 맡기도 하였다.

99) 이 구절은 『도연명집』 권4의 「독산해경(讀山海經)」에 보인다.

100) 이 구절은 『도연명집』 권3의 「계묘세시춘회고전사이수(癸卯歲始春懷古田舍二首)」에 보인다.

45

도잠의 시에 이르기를, "바라는 바를 말하자면 맑은 바람을 타고, 높이 올라 내 맘에 맞는 것을 찾는 것이라오[願言躡淸風, 高擧尋吾契]"[101]라고 하였고, 또 말하기를, "눈앞에 펼쳐진 것이 이처럼 이미 높은데, 하필이면 화산(華山)과 숭산(嵩山)에 올라야 하리?[卽事如已高, 何必升華·嵩]"[102]라고 하였다. 여기에서 그가 고명함을 마음으로 즐기되 실지(實地)를 답사하지 않음이 없었음을 볼 수 있으니, "갑자기 돌아가 마음 둘 곳이 없다[倜然無所歸宿]"[103]고 하는 것이 아니다.

陶詩云: "願言躡淸風, 高擧尋吾契." 又云: "卽事如已高, 何必升華·嵩." 可見其玩心高明, 未嘗不脚踏實地, 不是"倜然無所歸宿"也.

46

종영(鍾嶸)은 『시품(詩品)』에서 완적(阮籍)의 「영회(詠懷)」라는 작품에 대해 말하기를, "말은 귀와 눈의 안에 있고, 정은 팔방 먼 곳의 바깥에 부친다"[104]라고 하였다. 내 말하건대, 도잠의 「독산해경(讀山海經)」은 말이 팔방 먼 곳의 바깥에 있지만 정은 더욱 절실하니, 시의 깊은 홍치를 더욱 드러내었다.

鍾嶸詩品謂阮籍詠懷之作, "言在耳目之內, 情寄八荒之表." 余謂淵明「讀山海經」, 言在八荒之表, 而情甚親切, 尤詩之深致也.

47

시를 여러 해 동안 짓지 않을 수도 있겠으나 한 수를 지어도 진실되게 짓지 않는다면 안 된다. 도잠은 경자년(400)에서부터 병진년(416)에 이

101) 이 구절은 『도연명집』 권6의 「도화원기(桃花源記)」 뒤에 있는 시에 보인다.
102) 이 구절은 『도연명집』 권2의 「오월단작화대주부(五月旦作和戴主簿)」에 보인다.
103) 이 구절은 『순자(荀子)』 「비십이자(非十二子)」편에 보인다.
104) 이 내용은 종영의 『시품』 권1에 보인다.

르기까지 17년 동안 아홉 수의 시만을 지었는데, 그 시들이 진실되다는 것은 다시 물을 필요가 없다. 저 해마다 시를 짓는 사람 내지 날마다 시를 짓는 사람들은 무엇을 밝히고자 하는 뜻을 가졌나?

詩可數年不作, 不可一作不眞. 陶淵明自庚子距丙辰, 十七年間, 作詩九首, 其詩之眞, 更須問耶? 彼無歲無詩, 乃至無日無詩者, 意欲何明?

48

사령운(謝靈運)[105]은 재주가 있고 안연지(顔延之)[106]는 학식이 있는데, 사령운은 기이하고 안연지는 법도가 있다. 도잠은 이 두 가지를 겸하여 가지고 있으면서 크게 발전시켰다. 그러므로 그 품격이 더욱 높은 것이다.

謝才顔學, 謝奇顔法, 陶則兼而有之, 大而化之, 故其品爲尤上.

49

도잠·사령운은 이어(理語)를 사용하였지만 각기 뛰어난 경지에 들었다. 종영은 『시품』에서 일컫기를, "손작(孫綽)[107]·허순(許詢)[108]·환온(桓溫)[109]·유량(庾亮)[110] 제공의 시는 모두 평이하고 전아하여 『도덕론(道

105) 사령운(謝靈運, 385~433) : 중국 남북조시대 송나라의 시인. 자는 선명(宣明). 종래 서정을 주로 하는 중국 문학 사상에 산수시(山水詩)의 길을 열어 놓았다. 저서에 『사강락집(謝康樂集)』이 있다.

106) 안연지(顔延之, 384~456) : 중국 육조시대 송나라의 시인. 자는 연년(延年). 유불(儒佛)에 통달하여 '삼세인과(三世因果)'의 설을 주장하였으며, 형식미가 풍부한 시를 썼다. 작품에 「추호시(秋胡詩)」, 「오군영(五君詠)」 등이 있다.

107) 손작(孫綽, 314~371) : 동진(東晉) 시기 태원(太原) 중도(中都) 사람. 자는 흥공(興公). 손초(孫楚)의 손자. 허순(許詢)과 함께 현언시인(玄言詩人)으로 일컬어졌으며, 부를 잘 지었다. 벼슬은 저작좌랑(著作佐郎)을 거쳐 정위경(廷尉卿) 등에 이르렀다. 작품으로 「천태산부(天台山賦)」 등이 있다.

108) 허순(許詢) : 동진 시기 고양(高陽) 사람. 자는 현도(玄度). 황로학(黃老學)을 좋아하였고, 글을 잘 지었다. 손작(孫綽)과 동향인으로 현언시(玄言詩)로 이름이 났다. 임금이 불렀지만 나아가지 않고, 사안(謝安) 등과 방외에 노닐었다.

109) 환온(桓溫, 312~373) : 동진시대 초국(譙國) 용항(龍亢) 사람. 자는 원자(元子). 명제의

德論)』[111]과 같다"[112]고 하였다. 이것은 이취가 부족한 데에서 말미암은 것이니, 어찌 이취(理趣)를 숭상하는 잘못이라고 하겠는가?

陶·謝用理語, 各有勝境. 鍾嶸『詩品』稱"孫綽·許詢·桓·庾諸公詩, 皆平典似『道德論』." 此由乏理趣耳, 夫豈尙理之過哉?

50

사령운이 객지에서 지은 시는 새기고 그린 것이 미묘하고, 그 조어는 그가 처한 것과 비슷하여, 힘을 쓰지 않아도 그 이룩한 것은 더욱 기묘하니, 시에 있어서 독특한 경지를 열었다.

謝客詩刻畫微眇, 其造語似子處, 不用力而功益奇, 在詩家爲獨闢之境.

51

사령운(謝靈運)의 시는 안연지에 비하면 멋대로 지었지만 도잠에 비하면 고심하였다. 구절을 다듬고 글자를 활용하는 것은 생소한가, 익숙한가, 깊은가, 얕은가의 사이에 그 성패가 달려 있다.

康樂詩較顔爲放手, 較陶爲刻意, 鍊句用字, 在生熟·深淺之間.

52

심약(沈約)[113]은 『송서(宋書)』「사령운전론(謝靈運傳論)」에서 말하기를,

사위이다. 부마도위(駙馬都尉)에 임명되었고, 목제(穆帝) 때에는 형주자사 등에 임명되었다. 뒤에 병권을 장악하고, 큰 공을 세우기도 하였으며, 왕위를 물려받으려고까지 하였으나, 병이 들어 죽었다.

110) 유량(庾亮, 289~340) : 동진시대 영천(穎川) 언릉(鄢陵) 사람. 자는 원규(元規). 누이동생이 명제의 황후가 되었다. 원제(元帝) 때 중서랑(中書郞)에 임명되었고, 명제(明帝) 말년에는 중서령(中書令)이 되어 정권을 농단하였다. 뒤에 도간(陶侃)과 함께 공을 세웠고, 진서장군(進西將軍)이 되었다.

111) 『도덕론(道德論)』 : 『도덕경』을 일반적으로 도덕론이라 하였다.

112) 이 내용은 『시품』「서(序)」에 나오는 말이다.

113) 심약(沈約, 441~513) : 중국 남조시대의 학자. 자는 휴문(休文). 음운학의 거두로 사성(四聲)을 처음으로 연구하고, 시의 팔병설(八病說)을 제창하였다. 저서에 『진서』, 『송서』,

"사령운은 흥회가 드높고 안연년은 체재가 분명하고 엄밀하다"[114]라고 하였다. 따라서 이 두 사람의 시를 배우는 사람에게 보일 것은 마땅히 서로의 장점을 취하면 성과가 있을 것이요, 혜휴상인(惠休上人)[115]처럼 우열을 나눌 필요는 없다는 점이다.[116]

沈約『宋書』「謝靈運傳論」謂 "靈運興會標擧, 延年體裁明密", 所以示學兩家者, 當相濟有功, 不必如惠休上人好分優劣.

53

안연지(顔延之)의 시는 체가 방폭(方幅)[117]에 가까우나, 정궤가 되는 데에는 손색이 없으니, 한 글자 한 글자를 재고 헤아려서 내놓기 때문에 하나라도 진실로 처지는 것이 없다. 문중자(文中子)[118]가 그를 일컬어 말하기를, "그의 글은 간약(簡約)함을 준칙으로 삼았으므로, 군자의 마음이 있다"[119]라고 하였다. 아마도 그의 깊음을 보았기 때문이라 생각된다.

顔延年詩, 體近方幅, 然不失爲正軌, 以其字字稱量而出, 無一苟下也. 文中子稱之曰 : "其文約以則, 有君子之心." 蓋有以觀其深矣.

『제기(齊紀)』, 『사성운보(四聲韻譜)』 등이 있다.

114) 이 내용은 『문선』 권50에 보인다.

115) 혜휴상인(惠休上人) : 남조 송나라의 중. 속성은 탕(湯). 시문을 잘 지어, 서담지(徐湛之)의 지우를 받았다. 송나라 효무제 때에 황제의 명으로 환속하여 벼슬을 받아, 양주종사(揚州從事)에 이르렀다. 그의 시는 민가의 영향을 받아 서민의 정서를 대변하였는데, 안연지(顔延之)가 그의 시를 평가절하하여 "위항 중의 가요"라고 하였다.

116) 유협은 『시품』 권하에서 세상에서는 혜휴를 포조와 필적한다고 하였지만, 혜휴는 포조의 적수가 되지 못한다고 하였다.

117) 방폭(方幅) : 정해진 규칙이나 규정 등을 말함.

118) 문중자(文中子) : 중국 수나라의 유학자 왕통(王通, 584~617). 그의 사시(私諡)가 문중자이다. 자는 중엄(仲淹). 강학(講學)에 힘썼으며 저서에 『문중자(文中子)』가 있다.

119) 이 내용은 『중설』 권3 「사근편(事君篇)」에 보인다. 안연지를 비롯하여 왕검(王儉), 임방(任昉)에 대해 한 말이다.

54

안연지는 조정의 일을 읊은 체에 장점이 있으나, 「오군영(五君詠)」[120]과 같은 시는 시골에 묻혀 사는 풍의 말을 어찌 그리도 잘 읊었는지 모를 일이다. 축적되어 있는 것이 넉넉함을 또한 볼 수 있다.

延年詩長於廊廟之體, 然如「五君詠」, 抑何善言林下風也. 所蘊之富, 亦可見矣.

55

좌사(左思)의 「영사(詠史)」는 논체(論體)와 같고, 안연지의 「오군영(五君詠)」은 전체(傳體)와 같다.

左太沖「詠史」似論體, 顏延年「五君詠」似傳體.

56

위맹(韋孟)의 「풍간시(諷諫詩)」는 경학가의 말이고, 완적(阮籍)의 「영회(詠懷)」는 제자백가의 말이고, 안연지(安延之)의 「오군영(五君詠)」은 역사가의 말이고, 장협(張協)의 「잡시(雜詩)」는 사부가의 말이다.

韋傅「諷諫詩」, 經家之言; 阮嗣宗「詠懷」, 子家之言; 顏延年「五君詠」, 史家之言; 張景陽「雜詩」, 辭家之言.

57

"외로운 쑥은 저절로 날아오르고, 놀란 모래는 낮게 날린다[孤蓬自振, 驚沙坐飛]"[121] 이는 포조(鮑照)의 부에 있는 구절이다. 옮겨다가 포조의 시를 평한다고 해도 거의 비슷할 것 같다.

"孤蓬自振, 驚沙坐飛", 此鮑明遠賦句也. 若移以評明遠之詩, 頗復

120) 「오군영(五君詠)」: 안연년이 죽림칠현(竹林七賢) 가운데 산도(山濤)와 왕융(王戎)을 뺀 나머지 다섯 사람에 대해 읊은 시이다. 『문선』 권21에 전한다.

121) 이 구절은 「무성부(蕪城賦)」에 보인다. 『문선』 권11에 수록되어 있다.

相似.

58

포조의 장구(長句)는 강개하여 기에 맡기고, 우뚝하게 재주를 부리니, 당시에 하나도 없어서는 안 되며, 둘이 있을 수도 없다. 두소릉(杜少陵)[122]은 「간설화취가(簡薛華醉歌)」에서 이르기를, "요즈음 세상에서 장구를 지음에, 그대와 산동의 이백이 좋다오. 하(何) · 유(劉) · 심(沈) · 사(謝)[123]는 힘이 정교하지 못하고, 재주는 포조를 겸하였으나 거꾸러질까 근심한다네[近來海內爲長句, 汝與山東李白好. 何 · 劉 · 沈 · 謝力未工, 才兼鮑照愁絶倒]"[124]라고 하였다. 이는 비록 마음속으로 설화(薛華)를 추천하는 일을 중히 여긴 것이지만, 또한 포조의 긴 구절에는 하손 · 유효작 · 사조가 모두 미치지 못함을 드러내었다.

明遠長句, 慷慨任氣, 磊落使才, 在當時不可無一, 不能有二. 杜少陵「簡薛華醉歌」云 "近來海內爲長句, 汝與山東李白好. 何 · 劉 · 沈 · 謝力未工, 才兼鮑照愁絶倒." 此雖意重推薛, 然亦見鮑之長句, 何 · 劉 ·

122) 두소릉(杜少陵) : 중국 당나라 때의 시인 두보(杜甫, 712~770). 자는 자미(子美), 호가 소릉(少陵)이다. 율시에 뛰어났으며, 긴밀하고 엄격한 구성, 사실적 묘사 수법 따위로 인간의 슬픔을 노래하였다. '시성(詩聖)'으로 불리며, 이백(李白)과 함께 중국의 최고 시인으로 꼽힌다. 작품에 「북정(北征)」, 「병거행(兵車行)」 등이 있다.

123) 하(何) · 유(劉) · 심(沈) · 사(謝) : 하는 하손, 유는 유효작, 심은 심약, 사는 사조를 말함. 하손(?~518?)은 중국 남조의 학자이다. 자는 중언(仲言)이고, 벼슬은 겸상서수부랑(兼尙書水部郞) 등을 지냈고, 유효작과 시로 함께 일컬어져서 당시 사람들이 '하 · 유(何劉)'라 하였다. 유효작(劉孝綽, 481~539)은 중국 남조 양나라 때 사람이다. 이름은 염(冉)이고, 자가 효작이다. 7세 때 시를 잘 지어 신동으로 이름이 났다. 벼슬은 저작랑(著作郞) · 상서수부랑(尙書水部郞) · 정위경(廷尉卿) 등에 이르렀다. 심약(沈約, 441~513)은 중국 남조시대의 학자이다. 자는 휴문(休文). 음운학의 거두로 사성(四聲)을 처음으로 연구하고, 시의 팔병설(八病說)을 제창하였다. 저서에 『진서』, 『송서』, 『제기(齊紀)』, 『사성운보(四聲韻譜)』 등이 있다. 사조(謝朓, 464~499)는 중국 남북조시대 남제(南齊)의 시인이다. 자는 현휘(玄暉). 언어의 음률미를 추구한 영명체(永明體) 시를 개척하였다. 문집에 『사선성집(謝宣城集)』이 있다.

124) 이 구절은 『두공부시집』 권3의 「소단설부연간설화취가(蘇端薛復筵簡薛華醉歌)」에 보인다.

謝均莫及也.

59

진공장(陳孔璋)[125]의 「음마장성굴(飮馬長城窟)」의 기축(機軸)이 포조(鮑照)를 열었다. 진림은 바탕이 순수하지만, 포조는 고운 점이 두드러진다. 그 물결을 건너는 사람은 그 발원이 어느 곳에서 비롯되는 지를 잊는 것이다.

陳孔璋「飮馬長城窟」機軸開鮑明遠. 惟陳純乎質, 而鮑濟以姸, 所以涉其流者, 忘其發源所自.

60

사현휘(謝玄暉)[126]의 시는 정운이 남들보다 낫다. 비록 재력(才力)은 포조에 미치지 못하지만 말은 모두 자연스럽게 유출되었으니, 같은 시대 사람으로서 또 그에 비할 자가 없다.

謝元暉詩以情韻勝, 雖才力不及明遠, 而語皆自然流出, 同時亦未有其比.

61

강문통(江文通)[127]의 시는 '해 저물 무렵 처량하여 어찌 할 바를 모른다'는 뜻이 있다. 이것은 시는 다정하지만 사람은 돼먹지 않았다는 것

125) 진공장(陳孔璋) : 중국 후한 말기의 문인 진림(陳琳). 그의 자가 공장이다. 건안 칠자의 한 사람으로, 역사적 사실을 이용하여 대구법과 대유법을 많이 사용한 산문이 유명하다.

126) 사현휘(謝玄暉) : 중국 남북조시대 남제(南齊)의 시인 사조(謝朓, 464~499). 그의 자가 현휘(玄暉)이다. 언어의 음률미를 추구한 영명체(永明體) 시를 개척하였다. 문집에 『사선성집(謝宣城集)』이 있다. 원문에는 '玄'자를 기휘하여 '元'자로 썼다.

127) 강문통(江文通) : 중국 남조시대의 문인 강엄(江淹, 444~505). 그의 자가 문통(文通)이다. 젊어서 문장으로 이름을 떨치고 유학 · 도학 · 불경에 고루 통하였다고 한다. 저서에 『제사십지(齊史十志)』, 『전후집(前後集)』 등이 있다.

이다. 비록 잡의(雜擬)[128]에 장기가 있어, 고인들의 예스럽고 웅장한 작품과 똑같이 들어맞지만, 끝내 그 본색은 아니니다.

江文通詩, 有'凄涼日暮, 不可如何'之意, 此詩之多情, 而人之不濟也. 雖長於雜擬, 於古人蒼壯之作, 亦能肖吻, 究非其本色耳.

62

유자산(庾子山)[129]의 「연가행(燕歌行)」은 당나라 초기의 칠언고시를 열었고, 「오야제(烏夜啼)」는 당나라의 칠언율시를 열었다. 기타의 시체들이 당나라의 오언절구 · 오언율시 · 오언배율의 근본이 된 것을 낱낱이 거론할 수는 없다.

庾子山「燕歌行」開唐初七古, 「烏夜啼」開唐七律, 其他體爲唐五絶 · 五律 · 五排所本者, 尤不可勝擧.

63

수나라 양처도(楊處道)[130]의 시는 매우 웅심(雄深)하고 아건(雅健)하다. 제나라 · 양나라 문사(文辭)의 폐단은 맑고 고운 것을 귀하게 여기고 기와 바탕을 중요하게 생각하지 않는 것인데, 이것을 알면 그것을 바로잡을 수 있다.

隋楊處道詩, 甚爲雄深雅健. 齊 · 梁文辭之弊, 貴淸綺不重氣質, 得此可以矯之.

---

128) 잡의(雜擬) : 잡의는 고시(古詩) 시체(詩體)의 일종으로서 전인(前人)의 여러 가지 작품을 모방해서 쓴 시를 가리킨다.

129) 유자산(庾子山) : 중국 남북조시대의 문인 유신(庾信, 513~581). 자는 자산(子山). 처음 남조의 양(梁)나라에서 벼슬을 하다가 후에 북주(北周)에서도 벼슬을 하였다. 그의 화려한 문체는 서릉(徐陵)과 함께 서유체(徐庾體)로 불리었으며, 저서로 『유자산문집』 20권이 있다.

130) 양처도(楊處道) : 수나라 때의 인물 양소(楊素, ?~606). 자가 처도이다. 처음에는 학문에 큰 뜻을 품었으나, 벼슬은 주로 무장으로 활약하여 거기대장군(車騎大將軍) 등에 이르렀고, 초국공(楚國公)에 봉해졌다.

64

당나라 초기의 네 사람[131]은 유신(庾信)에게 근원하고 있다. 두보(杜甫)가 「희위육절(戲爲六絶)」의 구절에서 네 사람을 오로지 논한 것을 보면, 제1수의 기구에서 "유신(庾信)의 문장은 늙어가면서 더욱 성숙해졌다[庾信文章老更成]"고 하였다. 의식하였건 의식하지 못하였건 간에 여룡(驪龍)의 구슬을 벌써 얻었다.

唐初四子, 源出子山. 觀少陵「戲爲六絶」句, 專論四子, 而第一首起句便云"庾信文章老更成", 有意無意之間, 驪珠已得.

65

당나라 초기의 네 사람은 진나라·수나라의 옛 것을 따랐기 때문에 재력은 매우 뛰어나지만, 사람들이 이의를 제기하도록 하는 것은 면할 수 없다. 진자앙(陳子昻)·장곡강(張曲江)[132]이 유독 하나의 풍격을 넘어 이백과 두보를 위해 선구자의 길을 열었다. 인문이 열리는 바는 하늘의 운세가 그렇게 되도록 시키는 것이 아니겠는가?

唐初四子沿陳·隋之舊, 故雖才力迥絶, 不免致人異議. 陳射洪·張曲江獨能超出一格, 爲李·杜開先. 人文所肇, 豈天運使然耶?

66

장구령(張九齡)의 「감우시(感遇詩)」는 「이소」로부터 나왔고, 진자앙(陳子昻)의 「감우시(感遇詩)」는 『장자』로부터 나왔는데, 이리저리 얽힘이 매우 뛰어나 각각 독특한 경지에 이르렀다.

曲江之「感遇」出於「騷」, 射洪之感遇出於『莊』, 纏綿超曠, 各有獨至.

131) 당나라 초기의 네 사람 : 이른바 초당사걸(初唐四傑)을 말한다. 이들은 왕발(王勃)·노조린(盧照隣)·낙빈왕(駱賓王)·양형(楊炯)이다.

132) 장곡강(張曲江) : 중국 당나라의 정치가 시인 장구령(張九齡, 673~740). 자는 자수(子壽). 현종에게 신임을 받았으며, 진자앙을 이어서 당시(唐詩)의 부흥에 힘썼다. 작품에 「감우(感遇)」 12수, 문집에 『곡강집(曲江集)』이 있다.

67

이백(李白)의 시는 『장자』·「이소」를 큰 근원으로 삼고, 완적(阮籍)의 깊고 호방함, 곽박(郭璞)의 빼어나고 높음, 포조(鮑照)의 달려나감, 사조(謝朓)의 기이하고 빼어남에서 각기 가져온 것이 있으되, 훌륭한 것을 빠뜨리지 않았다.

太白詩以『莊』·「騷」爲大源, 而於嗣宗之淵放, 景純之儁上, 明遠之驅邁, 元暉之奇秀, 亦各有所取, 無遺美焉.

68

『선화서보(宣和書譜)』에 하지장(賀知章)[133]의 초서와 예서 가운데 아름다운 곳에 대해 일컫기를, "기회와 조화가 우열을 다투니, 인공으로 미칠 수 있는 것이 아니다"[134]라고 하였다. 나는 '이백의 시 가운데 아름다운 곳도 또한 이와 같다'고 생각한다.

『宣和書譜』稱賀知章草隸佳處, "機會與造化爭衡, 非人工可到." 余謂'太白詩佳處亦如之.'

69

이백의 시는 거지(擧止)가 매우 고귀하여 상산(商山)에서 지초(芝草)를 캐던 사람[135]의 말보다 못하지 않다.

太白詩, 擧止極其高貴, 不下商山采芝人語.

70

바다에 삼신산(三神山)[136]이 있는데, 가까워지다가 문득 또 멀어진다.

---

133) 하지장(賀知章, 659~744) : 중국 당나라의 시인. 자는 계진(季眞)·유마(維摩). 호는 사명광객(四明狂客). 태상박사를 거쳐 비서감 등을 지냈고, 시인 이백의 발견자로 알려졌으며 풍류인으로 유명하다.

134) 이 말은 『선화서보(宣和書譜)』 권18에 보인다.

135) 상산사호(商山四皓)를 가리킨다.

이백의 시는 말은 평범한 말이지만 생각은 기상천외한 데에서 나오니, 자못 또한 이와 같다.

海上三山, 方以爲近, 忽又是遠. 太白詩言在口頭, 想出天外, 殆亦如是.

71

이백의 시는 근거가 없이 말을 하여 흥취가 귀착하는 바를 헤아리기 어려우니, 풍이 아보다 많고, 흥이 부보다 많은 데에서 말미암는다.

李詩鑿空而道, 歸趣難窮, 由風多於雅, 興多於賦也.

72

"때로 흰 구름이 일어나, 하늘 끝에서 걷혔다 끼었다 하네[有時白雲起, 天際自舒卷]"137) "지나쳐 온 길을 되돌아보니, 푸른 산 기운이 가로 걸렸네[却顧所來徑, 蒼蒼橫翠微]"138) 이 네 구절이면 이백 시의 경지를 상상해 볼 수 있다.

"有時白雲起, 天際自舒卷", "却顧所來徑, 蒼蒼橫翠微", 卽此四語, 想見太白詩境.

73

이백은 두보와 마찬가지로 세상을 경륜하는 일에 뜻을 두었다. 그래서 이백의 시 속에 세상에 대한 말을 많이 한 것은 이것을 위해 말한 것이다. 굴원(屈原)의 「원유(遠遊)」에 "시속(時俗)이 횡액으로 치닫는 것을 슬퍼하며, 가볍게 떨쳐버리고 먼 곳에 노닐기를 바라노라[悲時俗之迫阨

---

136) 삼신산(三神山) : 도가에서 동쪽에 있다는 신선세계. 봉래(蓬萊)·방장(方丈)·영주(瀛洲)를 말한다.

137) 이 구절은 『이태백문집』 권10의 「망종남산기자각은자(望終南山寄紫閣隱者)」에 보인다.

138) 이 구절은 『이태백문집』 권17의 「하종남산과곡사산인숙치주(下終南山過斛斯山人宿置酒)」에 보인다.

兮, 願輕擧而遠遊]”고 하였다. 이는 이백이 진실로 세상으로 나아가고자 하였는지 의심하도록 하고, 또한 굴원이 진실로 가볍게 떨쳐버리고자 하였는지 의심하도록 한다.

太白與少陵同一志在經世, 而太白詩中多出世語者, 有爲言之也. 屈子「遠遊」曰 : “悲時俗之迫阨兮, 願輕擧而遠遊.” 使疑太白誠欲出世, 亦將疑屈子誠欲輕擧耶!

74

이백이 “날마다 백성들에 대해 걱정한다[日爲蒼生憂]”[139]라 한 것은 곧 두보가 “흉년에 백성들을 걱정한다[窮年憂黎元]”[140]고 한 뜻이다. “천지는 지극히 광대하니, 어찌 물정이 다한 것을 애석해 하랴?[天地至廣大, 何惜遂物情]”[141]라고 한 것은 곧 두보가 “한 그릇 늙은이의 밥을, 덜어서 시내의 물고기에게 준다[盤飧老夫食, 分減及溪魚]”[142]는 뜻이다.

太白云“日爲蒼生憂”, 卽少陵“窮年憂黎元”之志也; “天地至廣大, 何惜遂物情”, 卽少陵“盤飧老夫食, 分減及溪魚.”之志也.

75

이백의 시는 비록 하늘에 올라 구름을 타고 가지 않는 곳이 없는 것 같지만, 절로 본래의 자리를 벗어나지는 않는다. 그러므로 함부로 하는 말이라도 실로 법도에 맞는 말이니, 이적(李赤)[143]의 구리들이 가탁할 수 있는 것이 아니다.

---

139) 이 구절은 『이태백문집』 권7의 「증청장명부질(贈淸漳明府姪)」에 보인다.

140) 이 구절은 『두공부시집』 권2의 「자경부봉선현영회오백자(自京赴奉先縣詠懷五百字)」라는 시에 보인다.

141) 이 구절은 『이태백문집』 권3의 「설벽사기고취치자반곡사(設辟邪伎鼓吹雉子班曲辭)」라는 시에 보인다.

142) 이 구절은 『두공부시집』 권30의 「추야오수(秋野五首)」라는 시에 보인다.

143) 이적(李赤) : 당나라 오군(吳郡) 사람. 자세한 행적을 알 수 없다. 다만, 자신을 이백에 견주어서 이름을 적(赤)이라 하였다는 사실만 알려져 있다.

太白詩雖若昇天乘雲, 無所不之, 然自不離本位. 故放言實是法言, 非李赤之徒所能託也.

76

"하늘을 장막으로 삼고 땅을 자리로 삼으며, 달을 벗하고 바람과 사귄다"[144]는 것은 평상적으로 살아가는 것이니, 자기를 넓혀서 크게 보이도록 하는 것이 아니다. 이백의 시는 마땅히 이러한 뜻으로 읽어야 한다.

"幕天席地, 友月交風", 原是平常過活, 非廣己造大也. 太白詩當以此意讀之.

77

"천하의 훌륭한 선비들과 벗하는 것을 부족하다고 여겨, 옛날 사람에 대해 논하기를 좋아한다"[145]고 하는데, 신선도 오히려 옛날 사람일뿐이다. 그러므로 이백이 시에서 신선에 대해 말하기를 좋아하는 것은 다만 신선을 어진 벗으로 여긴 것뿐이지, 애시당초 자기가 살던 세상을 낮게 여긴 것은 아님을 알아야 한다.

"以友天下之善士爲未足, 又尙論古之人", 神仙猶古之人耳. 故知太白詩好言神仙, 祗是將神仙當賢友, 初非鄙薄當世也.

78

이백은 시에서 협객에 대해 말하고, 신선에 대해 말하고, 여자에 대해 말하고, 술에 대해 말하였는데, 다만 악부의 형태를 차용하였을 뿐이었다. 독자들 가운데 더러 진짜 모습이라 생각하지만, 어찌 껍데기가 아

144) 이 말은 당나라 문인 왕적(王績)의 「답자사두송지서(荅刺史杜松之書)」라는 글에 보이는 것이다.

145) 『맹자』「만장(萬章)」편에 나오는 말이다.

니겠는가?

太白詩言俠・言仙・言女・言酒, 特借用樂府形體耳. 讀者或認作眞身, 豈非皮相?

79

이백의 시를 배움에 있어 마땅히 그 체(體)와 기(氣)가 높고 신묘한 것을 배워야 하고, 그 진부한 뜻을 답습하는 것은 옳지 않다. 만약 신선에 대해 말하고, 술에 대해 말하고, 협객에 대해 말하고, 여자에 대해 말하는 것을 또한 배우려고 한다면, 이는 스님 교연(皎然)이 '둔적(鈍賊)'[146]이라 말한 것이다.

學太白詩, 當學其體氣高妙, 不當襲其陳意. 若言仙・言酒・言俠・言女亦要學之, 此僧皎然所謂'鈍賊'者也.

80

이백의 시를 배우는 사람은 항상 말하기를, "자연스럽게 지으며 꾸미는 것을 없앤다면 충분하다"라고 한다. 내가 말하건대, "이는 솜씨를 발휘하는 것에 대한 부분이지 글을 쓰는 것에 관한 부분이 아니다. 반드시 이백의 시구의 뜻을 취하여 향도(嚮導)로 삼으려 한다면, 어찌 '은미한 것을 섭렵하여 끝내 정밀한 데에 이른다'고 말하지 않는가?"라고 한다.

學太白者, 常曰: "天然去雕飾, 足矣." 余曰: "此得手處, 非下手處也. 必取太白句意以爲祈嚮, 盍云: '獵微窮至精乎'?"

81

두보 시의 높고 크고 깊은 데에는 모두 이를 수가 없다. 뱉어 버린 것이 다른 사람은 뱉어 버릴 수 없는 데까지 이르렀으므로 높고, 머금어

146) 둔적(鈍賊): 남의 시구를 표절하는 자를 말한다. 교연(皎然)은 『시식(詩式)』에서 시에는 세 가지 투법(套法)이 있는데, 투어(套語)가 가장 둔적이라 하였다.

씹는 것이 다른 사람이 머금어 씹을 수 없는 데까지 이르렀으므로 크고, 자세히 밝힌 것이 다른 사람이 자세히 밝힐 수 없는 데까지 이르렀으므로 깊다.

杜詩高・大・深俱不可及. 吐棄到人所不能吐棄, 爲高; 涵茹到人所不能涵茹, 爲大; 曲折到人所不能曲折, 爲深.

82

"감히 아름다운 구절을 지으려 하는 것은 아니지만, 근심이 생겨나서 이별을 읊조린다[不敢要佳句, 愁來賦別離]"[147]라고 한 두 구절은 두보 시 전체의 뜻이다. 무릇 그가 "그를 생각하니 폐와 간이 쓰리고[念闕勞肝肺]"[148]라 한 것이나, "아우와 누이가 슬프게 노래하는 가운데[弟妹悲歌裏]"[149]라고 한 것이나, "흉년에 백성을 걱정하네[窮年憂黎元]"[150]라고 한 것은 모두 이별의 근심 아닌 것이 없다.

"不敢要佳句, 愁來賦別離."二句, 是杜詩全旨. 凡其云"念闕勞肝肺", "弟妹悲歌裏", "窮年憂黎元", 無非離愁而已矣.

83

어떤 사람의 시를 노래함에 그 작자를 아는 것이 귀하다. 선유(先儒)들이 "두자미(杜子美)는 정이 많아, 뜻을 얻었다면 반드시 세상을 잘 다스렸을 것"[151]이라 하였는데, 시를 보는 법도로 삼을 만하다.

頌其詩, 貴知其人. 先儒謂"杜子美情多, 得志必能濟物", 可爲看詩

147) 『두공부시집』 권30의 「우제(偶題)」에 보인다.
148) 『두공부시집』 권19의 「누상(樓上)」에 보인다. 여기에는 '念'이 '戀'으로 되어 있다.
149) 『두공부시집』 권24의 「구일등재주성(九日登梓州城)」에 보인다.
150) 『두공부시집』 권2의 「자경부봉선현영회오백자(自京赴奉先縣詠懷五百字)」에 보인다.
151) 『어선당송시순(御選唐宋詩醇)』 권21에 "송나라 유학자가 일컫기를, '두자미는 정이 많아 뜻을 얻었다면, 반드시 세상을 잘 다스렸을 것이다'라고 하였는데, 이것도 또 이 뜻이다[宋儒謂, '杜子美情多, 得志必能濟物.' 亦是此意]"라는 내용이 보이기는 하나, 송유 가운데 누가 이 말을 했는지는 확인이 되지 않는다.

之法.

84

이백은 어렸을 적에 종횡가(縱橫家)를 좋아하였고, 만년에는 황로학(黃老學)을 배웠다. 그러므로 시의 뜻을 늘 그것에 가탁하여 스스로 즐겼다. 두보는 한 평생 유가의 경계 안에만 있었다.

太白早好縱橫, 晩學黃老, 故詩意每託之以自娛. 少陵一生却只在儒家界內.

85

두보의 시에 이르기를, "다른 사람이 나의 참모습을 꺼릴까 두렵다[畏人嫌我眞]"[152]라고 하였고, 또 "바로 성정의 참됨을 취한다[直取性情眞]"[153]라고 하였다. 한편으로는 스스로 읊조리고 다른 한편으로는 남에게 주었지만, 모두 시를 논함에는 참여하지 않았다. 그러나 그가 시에서 숭상하는 바는 알 수 있다.

杜詩云 : "畏人嫌我眞." 又云 : "直取性情眞." 一自詠, 一贈人, 皆於論詩無與, 然其詩之所尙可知.

86

두보의 시는 다만 '있는 것', '없는 것' 두 글자로 평하면 충분하다. '있는 것'은 다만 성정의 기골(氣骨)을 볼 수 있다는 것이요, '없는 것'은 언어와 문자는 볼 수 없다는 것이다.

杜詩只'有'·'無' 二字足以評之 : '有'者, 但見性情氣骨也; '無'者, 不見語言文字也.

---

152) 『두공부시집』 권17의 「가일소원산병장종추채독륵경우겸서촉목(暇日小園散病將種秋菜督勒耕牛兼書觸目)」에 보인다.

153) 『두공부시집』 권11의 「증왕이십사시어계사십운(贈王二十四侍御契四十韻)」에 보인다.

87

두보(杜甫)가 이르기를, "시편을 끝내자 끝없이 넓고 아득함으로 이어진다[篇終接混茫]"[154]고 하였다. 무릇 시편을 끝냄에 끝없이 넓고 아득함으로 이어진다는 것은 곧 그의 모든 시를 알 수 있게 해준다. 끝없이 넓고 아득한 사람이 있고 나서 끝없이 넓고 아득한 시가 있게 마련이다. 그러므로 『장자』에 이르기를, "옛날 사람은 끝없이 넓고 아득한 가운데 있었다"[155]라고 하였다.

杜陵云: "篇終接混茫." 夫篇終而接混茫, 則全詩亦可知矣. 且有混茫之人, 而後有混茫之詩, 故『莊子』云: "古之人, 在混茫之中."

88

뜻은 침착하게 하고자 하고, 격은 고고(高古)하게 하고자 한다. 이것을 가지고 백가의 시에 대해 등급을 매긴다면, 두보의 시에 있어서는 유감이 없다.

意欲沈著, 格欲高古. 持此以等百家之詩, 於杜陵乃無遺憾.

89

두보가 이르기를, "시가 맑으니 뜻을 세운 것이 새롭다"[156]라고 하였고, 또 이르기를, "시를 지음에 기상이 나뉜다"[157]라고 하였다. 작자는 본래 의와 기상을 겸하여 취하는 것인데, 배우는 사람들은 가끔 하나만을 받들어 종파로 삼는다.

少陵云: "詩淸立意新." 又云: "賦詩分氣象." 作者本取意與氣象相

154) 『두공부시집』 권6의 「기팽주고삼십오사군적괵주잠이십칠장사참삼십운(寄彭州高三十五使君適虢州岑二十七長史參三十韻)」에 보인다.
155) 『장자』 「선성(繕性)」 제16에 나오는 말이다.
156) 『두공부시집』 권8의 「봉화엄중승서성만조십운(奉和嚴中丞西城晩眺十韻)」에 보인다.
157) 『두공부시집』 권15의 「추일기제정감호상정삼수(秋日寄題鄭監湖上亭三首)」 가운데 세 번째 시에 보인다.

兼, 而學者往往奉一以爲宗派焉.

90

두보의 오언고시・칠언고시의 서사(敍事)・절차(節次)・파란(波瀾)[158]・이합(離合)・단속(斷續) 등은 『사기』에서 얻은 것이다. 그래서 멀고 아득하며 크고 곧은 기운이 또한 그것에 아주 가깝다. 필중유(畢仲游)[159]는 다만 "두보는 사마천과 유사하다"[160]라고 만 하였을 뿐, 한 마디 말도 보태지 않고 사람들이 스스로 터득하기를 바랬다.

杜陵五・七古敍事, 節次・波瀾・離合・斷續, 從『史記』得來, 而蒼莽雄直之氣, 亦逼近之. 畢仲游但謂"杜甫似司馬遷", 而不繫一辭, 正欲使人自得耳.

91

"가느다란 힘줄이 뼈에 들어간 것이 가을 매와 같고[細筋入骨如秋鷹]", "글자 밖으로 힘을 드러내는 것은 마음속에 몽둥이가 숨어 있는 것과 같다[字外出力中藏棱]"[161]라고 하였는데, 『사기』와 두보의 시에 이러한 점이 있다.

"細筋入骨如秋鷹", "字外出力中藏棱", 『史記』・杜詩其有焉.

92

근체시의 기운과 풍격은 고고(高古)하기가 더욱 어려우니, 이것이 두

---

158) 파란(波瀾) : 시의 변화가 풍부하고 기복이 많은 것을 비유하는 말이다.

159) 필중유(畢仲游, 1047~1121) : 송나라 정주(鄭州) 사람. 자는 공숙(公叔). 철종 원우(元祐) 초에 군기위위승(軍器衛尉丞)에 임명되었고, 휘종 때에는 이부낭중에 이르렀다. 문집으로 『서대집(西臺集)』이 있다.

160) 송나라 호자(胡仔)의 『어은총화(漁隱叢話)』 전집(前集) 권11에 이 내용이 보인다.

161) 두 구절은 모두 『동파전집(東坡全集)』 권3의 「손신로구묵묘정시(孫莘老求墨妙亭詩)」에 보인다.

보의 5언배율 · 5언율시 · 7언율시가 품평에 있어 최상을 차지하는 까닭이다.

近體氣格, 高古尤難, 此少陵五排 · 五七律所以品居最上.

93

두보 이전의 율시는 부분 부분을 매어서 지었으므로, 기가 끊어지고 뜻이 촉급하여 앞뒤가 서로 어울리지 않았는데, 실로 고체시에 깊지 않았던 데에서 말미암는다. 두보는 고체시에 깊었고 율시에 고체시를 운용하였다. 따라서 변화를 열고 닫음에 적절히 베풀지 않음이 없었다.

少陵以前律詩, 枝枝節節爲之, 氣斷意促, 前後或不相管攝, 實由於古體未深耳. 少陵深於古體, 運古於律, 所以開闔變化, 施無不宜.

94

두보의 시 가운데에는 이해할 수 없는 것 및 좋은 곳을 알아볼 수 없는 구절이 있다. "문장은 천고의 일이지만, 그 득실은 작은 마음으로도 안다[文章千古事, 得失寸心知]"[162]라고 두보가 스스로 그렇게 말한 적이 있다. 작자는 본디 알아주기를 구하지 않으니, 독자가 몸소 그 경지에 도달하지 않았다면, 또한 어찌 억지로 헤아리는 것을 용납할 수 있겠는가?

杜詩有不可解及看不出好處之句. "文章千古事, 得失寸心知", 少陵嘗自言之. 作者本不求知, 讀者非身當其境, 亦何容强臆耶!

95

창려(昌黎)[163]는 바탕을 단련하였고, 두보는 정신을 단련하였다. 한유

---

162) 『두공부시집』 권15의 「우제(偶題)」에 보인다.

163) 창려(昌黎) : 중국 당나라의 문인 정치가 한유(韓愈, 768~824)의 호. 자는 퇴지(退之). 당송 팔대가의 한 사람으로, 사륙변려문을 비판하고 고문(古文)을 주장하였다. 시문집에 『창려선생집』 등이 있다.

의 시에는 듬성듬성한 곳이 없으나 두보의 시에는 있다. 그러나 천하에서 지극히 정밀한 것으로 두보의 시 같은 것은 없다.

昌黎鍊質, 少陵鍊神. 昌黎無疎落處, 而少陵有之. 然天下之至密, 莫少陵若也.

96

두보는 포조 · 유신 · 음갱(陰堅)[164] · 하손(何遜)을 즐겨 추중하며 싫어하지 않았다. 한유가 말하기를, "제나라와 양나라, 진나라와 수나라의 많은 작품은 매미가 시끄럽게 울어대는 것과 같다[齊梁及陳隋, 衆作等蟬噪]"[165]라고 하였는데, 한유의 논의는 높기는 하나 성글어서 두보의 크면서도 내실이 있는 것만 못하다.

少陵於鮑 · 庾 · 陰 · 何樂推不厭. 昌黎云 : "齊梁及陳隋, 衆作等蟬噪." 韓之論高而疎, 不若杜之大而實也.

97

이백과 두보의 시를 논하는 사람은 "이백은 뜻이 옛날로 돌아가는 데에 있고, 두보는 유독 새로운 모습을 열었다. 두보는 생각하는 것이 정밀하고, 이백은 운격이 높다"고 하였다. 그러나 진실로 감상하고자 하는 사람은 그 둘을 합하여 보아야만 한다.

論李 · 杜詩者, 謂"太白志存復古, 少陵獨開生面; 少陵思精, 太白韻高." 然眞賞之士, 尤當有以觀其合焉.

---

164) 음갱(陰鏗) : 남조 진(陳)나라 때의 사람. 자는 자견(子堅). 사전을 널리 섭렵하였고, 오언시를 잘 지었다고 한다. 벼슬은 진릉태수(晉陵太守) · 원외산기상시(員外散騎常侍) 등에 이르렀다. 진나라 문제(文帝)의 잔치자리에서 「안락궁부(安樂宮賦)」를 지어 칭탄을 받았다.

165) 송나라 위중거(魏仲擧)가 편한 『오백가주창려문집(五百家注昌黎文集)』 권2 「천사(薦士)」에 보인다.

98

왕우승(王右丞)[166] 시 가운데 어떤 점은 맹양양(孟襄陽)[167]에 가깝고, 어떤 점은 이동천(李東川)[168]에 가까운데, 맑고 고상하며 이름이 나고 뛰어난 것은 각각 마땅한 바가 있다.

王右丞詩, 一種近孟襄陽, 一種近李東川, 淸高名雋, 各有宜也.

99

왕유(王維)의 시 가운데 좋은 부분은 세속의 병폐가 없다는 데에 있다. 세속의 병폐는 예를 들자면, 재주를 믿는 것, 학식을 뽐내는 것, 신분을 드러내는 것, 연줄을 끌어당기기를 좋아하는 것 등이 이것이다.

王摩詰詩, 好處在無世俗之病. 世俗之病, 如恃才, 騁學, 做身分, 好攀引, 皆是.

100

유문방(劉文房)[169]의 시는 글자와 구절을 다듬는 것에 장점을 보이는데, 맑고 넉넉하고 한가하고 전아하여 대가의 경지를 밟았다. 그 편장들 또한 모두 법도가 있기 때문에 만당(晩唐)의 작가들과는 자른 듯이 구별될 수 있었다.

劉文房詩以研鍊字句見長, 而淸贍閑雅, 蹈乎大方. 其篇章亦儘有法

166) 왕우승(王右丞) : 중국 당나라의 시인 · 화가 왕유(王維, 699?~761?). 자는 마힐(摩詰). 벼슬이 상서우승(尙書右丞)에 이르렀으므로 이렇게 부른다. 중국 자연시인의 대표로 꼽히며 남종화의 창시자로 불린다. 작품에 시집 『왕우승집(王右丞集)』이 있다.

167) 맹양양(孟襄陽) : 중국 당나라의 시인 맹호연(孟浩然)을 말함.

168) 이동천(李東川) : 당나라 때의 시인 이기(李頎). 동천 출신이기 때문에 이렇게 부른다. 진사시에 합격하였고, 벼슬은 신향위(新鄕尉)를 지냈다. 시집 1권이 전한다.

169) 유문방(劉文房) : 당나라 때의 문인 유장경(劉長卿, ?~789). 자가 문방이다. 현종 천보(天寶)에 진사가 되었다. 벼슬은 수주자사(隨州刺史)에 이르렀기 때문에, 유수주라고 부른다. 시를 잘 지었는데, 특히 오언시를 잘 지어 스스로 "오언장성(五言長城)"이라 일컬었다고 한다.

度, 所以能斷截晩唐家數.

101

고적(高適)[170]의 시는 두 개의 『당서』[171] 본전에서 아울러 '기질이 절로 높다'고 일컬었다. 지금 칠언고시를 논한다면, 체는 당나라 초기의 시에 가까우나, 기백이 크고 굳센 점은 절로 그것에 미치지 못한다.

高適詩, 兩唐書本傳並稱其'以氣質自高'. 今卽以七古論之, 體或近似唐初, 而魄力雄毅, 自不可及.

102

고적(高適), 잠가주(岑嘉州)[172] 두 사람의 시는 모두 두보에 버금간다. 잠삼의 초탈과 고적의 실속에 대해 말한다면, 홍취를 갖는 것과 숭상하는 것이 각기 가까운 바가 있다.

高常侍・岑嘉州兩家詩, 皆可亞匹杜陵. 至岑超高實, 則趣尙各有近焉.

103

원도주(元道州)[173]의 저작에 「오원(惡圓)」, 「오곡(惡曲)」 등 편이 있는데, 그 시 또한 시의(時宜)와 딱 들어맞지는 않았다. 그러나 강한 사람은 반

---

170) 고적(高適, 707?~765) : 중국 당나라의 시인. 자는 달부(達夫), 다른 자는 중무(仲武). 벼슬은 감찰어사・절도사・산기상시(散騎常侍)에 이르러, 고상시라 부르기도 한다. 세 번 출새(出塞)를 하여 변새시(邊塞詩)를 많이 지어서 잠삼(岑參)과 더불어 변새시파의 대표 인물로 병칭되었다.

171) 두 개의 『당서』 : 『구당서』와 『신당서』를 말함.

172) 잠가주(岑嘉州) : 당나라 때의 문인 잠삼(岑參, 717?~770)을 말함. 형주(荊州) 강릉(江陵) 사람. 현종 천보(天寶) 초에 진사가 되었고, 벼슬은 가주자사(嘉州刺史)에 이르렀기 때문에 잠가주라고 부른다. 뒤에 성도(成都)에서 객사하였다.

173) 원도주(元道州) : 중국 당나라의 시인 문학자 원결(元結, 719~772). 자는 차산(次山). 현종 천보 때에 진사시에 합격하고, 수부원외랑(水部員外郞), 도주자사(道州刺史) 등을 지냈다. 인격이 고결하고 민중의 고통에 깊은 관심을 보여 백거이(白居易) 등 후세의 사회 시인에게 영향을 주었다. 저서로 『원차산집』 등이 있다.

드시 어질다고 하니, 여기에 그가 해당한다고 할 수 있다.

元道州著書有「惡圓」·「惡曲」等篇, 其詩亦一肚皮不合時宜. 然剛者必仁, 此公足以當之.

104

공자의 문하에서 만약 시를 운용하였다면, 원결의 시에서 반드시 취하였을 것이니, 생각이 진취적이면서 강직한 것으로 말미암아 알 수 있다.

孔門如用詩, 則於元道州, 必有取焉, 可由思狂狷, 知之.

105

"흐르는 세속 가운데에서 홀로 잘난 체하다가, 물에 빠진 뒤에 억지로 건지려 한다." 원결(元結)은 이렇게 심천운(沈千運)[174]의 시에 서문을 썼는데, 또한 자신의 처지를 담은 것이기도 하다.

"獨挺於流俗之中, 强攘於已溺之後", 元次山以此序沈千運詩, 亦以自寓也.

106

원결(元結)의 시는 사람들에게 "뜻을 세운 것이 분명하고, 자신의 뜻을 속이지 않았다"[175]고 생각하도록 한다. 그가 관리의 사악함을 미워하고 작록을 가볍게 여겼던 뜻이 모두 백성들을 가엾게 여기는 데에서 일어났다. 유독 「용릉행(舂陵行)」 및 「적퇴시관리작(賊退示官吏作)」만이 두보로 하여금 감탄하도록 한 것이 아니다.

次山詩令人想見"立意較然, 不欺其志." 其疾官邪. 輕爵祿意, 皆起

174) 심천운(沈千運) : 당나라 오흥(吳興) 사람. 시를 잘 지었는데, 기격(氣格)이 고고(高古)하며, 사류들이 그를 경모하여 '심사산인(沈四山人)'이라 불렀다. 원결이 7인의 시를 엮어 『협중집(篋中集)』이라 하였는데, 제일 첫머리에 그의 시가 있다.

175) 이 말은 본래 『사기(史記)』 권86 「자객열전(刺客列傳)」 제26에 보인다.

於惻怛爲民. 不獨「春陵行」及「賊退示官吏作」, 足使杜陵感喟也.

107

원결·위응물(韋應物)[176] 두 사람은 모두 도잠을 배웠다. 그러나 위응물은 오히려 한결같이 도잠을 사모하여 다만 그렇게 되려하는 뜻이 많았다. 나는 원결이 반드시 닮고자 하지는 않았지만, 진실로 닮은 것을 더욱 사랑한다.

元·韋兩家皆學陶. 然蘇州猶多一慕陶直可庶之意, 吾尤愛次山以不必似爲眞似也.

108

위응물이 백성을 근심하는 뜻은 원결과 같다. 시험 삼아 「고릉서정(高陵書情)」을 보건대 "전쟁과 흉년을 오래 거치매, 요역과 부역하느라 어찌 한가할 수 있으랴? 두려워 떠는 아랫사람들을 불쌍히 여기고, 관대한 정치를 하자니 이내 몸 근심스럽네. 해질녘에 스스로 물러날 것을 생각하고, 문을 나서며 고향을 바라본다[兵凶久相踐, 徭賦豈得閑? 促戚下可哀, 寬政身致患. 日夕思自退, 出門望故山]"[177]라 하였다. 이것은 「용릉행(春陵行)」·「적퇴시관리작(賊退示官吏作)」과 아울러 읽을 수 있는데, 다만 기세가 약한가, 굳센가 하는 점에서 구분이 될 뿐이다.

韋蘇州憂民之意如元道州, 試觀「高陵書情」云: "兵凶久相踐, 徭賦豈得閑? 促戚下可哀, 寬政身致患. 日夕思自退, 出門望故山." 此可與「春陵行」·「賊退示官吏作」並讀, 但氣別婉勁耳.

---

176) 위응물(韋應物, 737~804?) : 중국 당나라의 시인. 도연명과 함께 도위(陶韋)라고 불릴 만큼 쌍벽을 이루었다. 시집에 『위소주집(韋蘇州集)』 10권이 있다.

177) 이 구절은 『위소주집(韋蘇州集)』 권2에 수록되어 있는 「고릉서정기삼원노소부(高陵書情寄三原盧小府)」에 보인다.

109

전중문(錢仲文)[178]·낭군주(郎君冑)[179]는 대개 왕유·맹호연의 심서(心緖)를 부연하였다. 다만 왕유·맹호연의 혼성한 경지는 전기(錢起)·낭사원(郎士元)이 미칠 바가 아니다.

錢仲文·郎君冑大率衍王·孟之緖. 但王·孟之渾成, 卻非錢·郎所及.

110

왕유·맹호연 및 대력십자(大歷十子)[180]의 시는 모두 청아함을 숭상하였지만, 풍격이 이것에 그치고 변화하지 않았기 때문에 일체의 것을 감싸기엔 부족하다.

王·孟及大歷十子詩, 皆尙淸雅, 惟格止於此而不能變, 故猶未足籠罩一切.

111

시와 문은 하나의 근원에서 나온다. 한유의 시에는 바름이 있고 기이함이 있다. 바름이라고 하는 것은 이른바 "육경의 뜻을 축약해서 문장을 이루는 것"이고, 기이함이라고 하는 것은 이른바 "때때로 감격해 하고 원망스러워 하는 기괴한 말이 있는 것"이다.

詩文一源. 昌黎詩有正有奇, 正者卽所謂"約六經之旨而成文", 奇者

---

178) 전중문(錢仲文): 중국 당나라의 시인 전기(錢起, 722~780?). 그의 자가 중문(仲文)이다. 청신하고 수려하며 온화한 시풍으로 대력 십재자(大曆十才子)의 한 사람으로 꼽히며 근체시 가운데 오언 율시에 뛰어났다. 저서에 『전고공집(錢考功集)』 10권이 있다.

179) 낭군주(郎君冑): 당나라 때의 문인 낭사원(郎士元). 그의 자가 군주이다. 현종 천보 년간에 진사가 되었고, 벼슬은 좌습유(左拾遺)·영주자사(郢州刺史) 등에 이르렀다. 시를 잘 지어 전기(錢起)와 더불어 이름이 나서 '전랑(錢郎)'이라 일컬어졌다.

180) 대력십자(大歷十子): 대력 시기의 대표적 문인 열 사람을 일컫는 말이다. 대력은 당나라 대종(代宗)의 연호이다. 이 시기를 대표하는 열 사람에 대해서는 여러 가지 설이 있는데, 『당서』 「문예전」에 의하면, 노륜(盧綸)·길중부(吉中孚)·한굉(韓翃)·전기(錢起)·사공서(司空曙)·묘발(苗發)·최동(崔峒)·경위(耿湋)·하후심(夏候審)·이단(李端) 등을 '대력십재자'라고 불렀다고 한다.

卽所謂"時有感激怨懟奇怪之辭."

112

한유는 「증장적(贈張籍)」에서 이르기를, "오늘은 너무나 아쉬워, 이 술도 마시기에 부족하다[此日足可惜, 此酒不足嘗]"라고 하였다. 유자의 말은 말미암는 바가 멋대로 이르는 것과는 다르다.

昌黎贈張籍云 : "此日足可惜, 此酒不足嘗." 儒者之言, 所由與任達者異.

113

이백의 시에는 신선을 부러워하는 것이 많이 있는데, 혹은 세상을 초탈하고자 하는 뜻을 비유하기도 하고, 혹은 죽어도 없어지지 않는 것을 비유하기도 하는데, 모두 알 수 없다. 한유가 "어찌 그대를 따라 신선세계에 둥지를 틀 수 있으랴?"[181]라고 말한 것 같은 시구는 진실로 더럽고 낮게 보아 탐탁하게 여기지 않는 뜻이 있는 것이지만, 또한 어찌 반드시 우언(寓言)을 한 것이 아니겠는가?

太白詩多有羨於神仙者, 或以喩超世之志, 或以喩死而不亡, 俱不可知. 若昌黎云 : "安能從汝巢神山." 此固鄙夷不屑之意, 然亦何必非寓言耶?

114

한유의 시는 "진부한 말을 힘써 없앴기"[182] 때문에 하늘에 의지하여 땅을 뽑는 뜻이 있다. 「산석(山石)」이란 하나의 작품은 말이 기이하고 뜻

---

181) 이 말은 『동파지림(東坡志林)』 권9에 보인다.
182) 이 말은 송나라 위중거(魏仲擧)가 편한 『오백가주창려문집(五百家注昌黎文集)』 권16의 「상재상서(上宰相書)」에 보이는 "陳言之務去"이란 말을 이용하여 한유의 시를 평한 것이다.

이 그윽하여 『초사』 「초은사(招隱士)」[183]와 마주할 수 있으니, 유종원(柳宗元)의 「천대(天對)」와 같은 예이다.

昌黎詩「陳言務去」, 故有倚天拔地之意. 「山石」一作, 辭奇意幽, 可爲『楚辭』「招隱士」對, 如柳州「天對」例也.

115

한유의 칠언고시는 「초은사(招隱士)」에서 나왔으니, 마땅히 뜻과 생각이 분명하고 음절이 굳세다는 측면에서 그것의 진가를 구하여야 한다. 다만 「백량(柏梁)」[184]에서 나왔다고 하면, 오히려 미진하다.

昌黎七古出於「招隱士」, 當於意思刻畫·音節遒勁處求之. 使第謂出於「柏梁」, 猶未之盡.

116

"만약 술기운이 얼큰해 올 때 웅장하고 괴상한 글을 맘껏 짓게 한다면[若使乘酣騁雄怪]"[185]이라고 한 것은 한유가 노운부(盧雲夫)[186]의 「망추(望秋)」라는 작품에 화답한 구절이다. 한유의 시를 총체적으로 살펴보면, 자못 웅장하고 괴상한 것을 스스로 기뻐하였다.

"若使乘酣騁雄怪", 此昌黎酬盧雲夫「望秋」作之句也. 統觀昌黎詩, 頗以雄怪自喜.

---

183) 「초은사(招隱士)」: 회남소산(淮南小山)의 작품. 왕일(王逸)의 『초사장구(楚辭章句)』 권12에 실려 있다.

184) 「백량(柏梁)」: 한나라 무제가 여러 군신들과 백량대에 모여 시를 지은 것. 칠언으로 한 사람이 한 구절씩 번갈아가며 지었을 뿐만 아니라, 매 구절 운이 붙는 형식이다.

185) 이 구절은 송나라 위중거(魏仲擧)가 편한 『오백가주창려문집(五百家注昌黎文集)』 권5의 「수사문로사형운부원장망추작(酬司門盧四兄雲夫院長望秋作)」에 보인다.

186) 노운부(盧雲夫): 당나라 사람 노정(盧汀). 운부는 그의 자로 보이나, 그 밖의 행적에 대해서는 자세히 알 수 없다.

117

한유의 시는 가끔 추한 것을 아름다운 것으로 여기지만, 이는 다만 고체시에서만 베풀어야 한다. 만약 근체시에 그것을 사용한다면, 받아들여지지 않을 것이다. 이것으로 말은 각각 마땅한 자리가 있다는 것을 알 수 있다.

昌黎詩往往以醜爲美, 然此但宜施之古體; 若用之近體, 則不受矣. 是以言各有當也.

118

한유가 말하기를, "스스로 행함에 있어서 도에 부끄러움이 있어서는 안 된다"[187]고 하였다. 내가 생각하건대 '친구를 사귐'에 있어서도 또한 그래야 한다. 그의 「기노동(寄盧仝)」을 보면 "선생의 사업은 헤아릴 수 없으니, 오직 법률로 자기를 스스로 묶는다[先生事業不可量, 惟用法律自繩己]"[188]라고 말하였다. 맹교를 추천하는 시에서는 이르기를, "몸을 행함에 법도를 실천하고, 욕을 당할지언정 아첨하여 총애받는 것을 부끄러워한다[行身踐規矩, 甘辱恥媚竈]"[189]라고 하였다. 노동(盧仝)[190]과 맹교는 시로 이름이 났지만, 한유가 크게 추중한 것은 인품에 있었으니, 정말로 천고에 시를 논하는 높은 원칙이로다.

昌黎自言"其行己不敢有愧於道.". 余謂其'取友'亦然. 觀其「寄盧仝」

187) 이 구절은 송나라 위중거(魏仲擧)가 편한 『오백가주창려문집(五百家注昌黎文集)』 권1의 「감이조부(感二鳥賦)」에 보인다.

188) 이 구절은 송나라 위중거(魏仲擧)가 편한 『오백가주창려문집(五百家注昌黎文集)』 권5의 「기노동(寄盧仝)」에 보인다.

189) 이 구절은 송나라 위중거(魏仲擧)가 편한 『오백가주창려문집(五百家注昌黎文集)』 권2의 「천사(薦士)」에 보인다.

190) 노동(盧仝, 796?~835) : 당나라 때 제원(濟原) 사람. 자호는 옥천자(玉川子)이다. 낙양에 살 때에 한유는 하남령(河南令)으로 있었기 때문에 한유와 깊이 사귀었다. 차를 좋아하여 「다가(茶歌)」를 지은 것이 있고, 「월식시(月蝕詩)」가 유명하다. 저서로 『옥천자시집』이 있다.

云: "先生事業不可量, 惟用法律自繩己." 薦孟郊云: "行身踐規矩, 甘辱恥媚竈." 以盧・孟之詩名, 而韓所盛推乃在人品, 眞千古論詩之極則也哉!

119

한유는 「송맹동야서(送孟東野序)」에서 그의 시가 옛날의 작자와 부합한다고 일컬었다. 「천사시(薦士詩)」에서는 "하늘에 가로놓인듯한 굳센 말은, 표현이 적절하며 힘은 오(奡)[191]를 물리칠듯하게 짓는다[橫空盤硬語, 妥帖力排奡]"는 내용으로 그를 지목하였다. 또한 「취증장비서(醉贈張秘書)」에서 이르기를, "맹교는 걸핏하면 세속을 놀라게 하니, 아름다운 꽃봉오리가 기이한 향기를 토해내는 것 같다[東野動驚俗, 天葩吐奇芬]"라 하였다. 한유가 맹교를 추켜세운 것은 지극하다. 후대의 사람들은 한유를 높이고 맹교를 억눌렀는데, 아마도 한유의 뜻은 아닐 것이다.

昌黎「送孟東野序」, 稱其詩以附於古之作者. 「薦士詩」以"橫空盤硬語, 妥帖力排奡."目之. 又「醉贈張秘書」云: "東野動驚俗, 天葩吐奇芬." 韓之推孟也至矣. 後人尊韓抑孟, 恐非韓意.

120

한유와 맹교 두 사람의 시는 비록 크고 넉넉하며, 맑고 괴로운 것이 같지는 않으나, 어려운 것을 좋아하고 험한 것을 다투는 점은 동일하다. 오로지 마음속에 질박하고 내실이 있으며 깊고 굳은 것을 간직하고 있으므로, 이장길(李長吉)[192]과 비교하여 더욱 노성한 작가이다.

---

191) 오(奡): 중국 고대의 대력사(大力士)의 이름. 그는 육지에서도 큰 배를 끌고 다닐 수 있었다고 한다.

192) 이장길(李長吉): 중국 당나라 때의 시인 이하(李賀, 790~816). 자는 장길(長吉). 시작(詩作)에 몰두하여 15세 때에 그 이름이 알려졌으며, 몽환적인 인상과 기이한 분위기의 시로 귀재(鬼才)라는 평을 받았다. 작품에 시집 『이하가시편(李賀歌詩篇)』, 『창곡집(昌谷集)』 등이 있다.

昌黎・東野兩家詩, 雖雄富淸苦不同, 而同一好難爭險. 惟中有質實深固者存, 故較李長吉爲老成家數.

121

맹교(孟郊) 시의 좋은 점을 황산곡(黃山谷)[193]이 얻으니 부드럽고 아름다운 구절이 하나도 없고, 매성유(梅聖兪)[194]가 얻으니 저속한 구절이 하나도 없다.

孟東野詩好處, 黃山谷得之, 無一輭熟句; 梅聖兪得之, 無一熱俗句.

122

도잠과 사령운이 함께 일컬어지고, 위응물과 유종원(柳宗元)[195]이 함께 일컬어진다. 위응물은 도잠에게서 나왔고, 유종원은 사령운에게서 나왔는데, 대개 각기 그 성품과 가까운 바를 취한 것으로 보인다.

陶・謝並稱, 韋・柳並稱. 蘇州出於淵明, 柳州出於康樂, 殆各得其性之所近.

123

위응물이 이르기를, "보슬비가 밤에 지나갔지만, 봄풀이 돋아난 줄 몰랐네[微雨夜來過, 不知春草生]"[196]라 했는데, 이는 도인(道人)의 말이다. 유

193) 황산곡(黃山谷) : 중국 북송의 시인・서예가 황정견(黃庭堅, 1045~1105). 그의 호가 산곡이다. 자는 노직(魯直). 기이하고 파격적인 시를 써 송시(宋詩)에 새로운 바람을 일으켰다. 강서 시파의 원조이며, 서예가로서 뛰어나 송대 사대가의 한 사람으로 꼽힌다. 시집으로 『산곡시내외집(山谷詩內外集)』이 있다.

194) 매성유(梅聖兪) : 중국 송나라의 시인 매요신(梅堯臣, 1002~1060). 자는 성유(聖兪). 호는 완릉(宛陵). 당시(唐詩)의 섬세하고 교묘한 폐풍을 버리고 송시(宋詩)의 새로운 형식을 개척하였다. 저서에 『완릉집(宛陵集)』 60권이 있다.

195) 유종원(柳宗元, 773~819) : 중국 당나라의 문인. 자는 자후(子厚). 당송 팔대가의 한 사람으로, 고문(古文) 부흥 운동을 한유(韓愈)와 더불어 제창하였다. 전원시에 뛰어나 왕유・맹호연・위응물과 나란히 칭송된다. 작품에 「봉건론(封建論)」, 「영주팔기(永州八記)」 등이 있으며, 시문집 『유하동집(柳河東集)』이 있다.

종원은 이르기를, “회오리바람이 한 번 쓸쓸히 부니, 숲 그림자 한동안 흔들거린다[迴風一蕭瑟, 林影久參差]”[197]라 하였는데, 이는 시인의 말이다.

韋云 : “微雨夜來過, 不知春草生”, 是道人語. 柳云 : “迴風一蕭瑟, 林影久參差”, 是騷人語.

124

유몽득(劉夢得)[198]의 시는 자못 길의 이슬과 흡사하니, 골기(骨氣)는 백거이(白居易)[199]보다 나으나 운치는 유종원에 양보하여야 한다. 그러나 뛰어나게 홀로 터득한 구절은 유종원 또한 가릴 수 없다.

劉夢得詩稍近徑露, 大抵骨勝於白, 而韻遜於柳. 要其名雋獨得之句, 柳亦不能掩也.

125

두보(杜甫)를 높이는 사람들은 백거이(白居易)에게 병통이 있다고 한다. 그의 “기사에 서툴러서 한 발짝도 옮기지 못하고, 오히려 그것을 잃을까 두려워함”[200]은 두보의 “비탈 아래로 급히 내달리고 시내를 뛰어넘는 기세”[201]에 미치지 못한다고 한 것은 그럴듯하다. 그러나 『당서(唐

---

196) 이 구절은 『어정전당시(御定全唐詩)』 권193의 「유거(幽居)」에 보인다.

197) 이 구절은 『어정전당시(御定全唐詩)』 권352의 「남간중제(南磵中題)」에 보인다.

198) 유몽득(劉夢得) : 중국 당나라의 시인 유우석(劉禹錫, 772~842). 자는 몽득(夢得). 혁신파 관료인 왕숙문, 유종원 등과 정치 개혁을 기도하였으나 좌천되어 지방관으로 있으면서 농민의 생활 감정을 노래한 『죽지사(竹枝詞)』를 펴냈으며, 시문집에 『유몽득문집』, 『유빈객집(劉賓客集)』 「외집(外集)」 등이 있다.

199) 백거이(白居易, 772~846) : 중국 당나라의 시인. 자는 낙천(樂天). 호는 향산거사(香山居士) · 취음선생(醉吟先生). 일상적인 언어 구사와 풍자에 뛰어나며, 평이하고 유려한 시풍은 원진(元稹)과 함께 원백체(元白體)로 통칭된다. 작품에 「장한가」, 「비파행」이 유명하고, 시문집에 『백씨장경집』 등이 있다.

200) 이 구절은 송나라 호자(胡仔)가 찬한 『어은총화(漁隱叢話)』 「전집(前集)」 권13에 보인다.

201) 이 구절은 송나라 호자(胡仔)가 찬한 『어은총화(漁隱叢話)』 「전집(前集)」 권13에 보인다.

書)』「백거이전찬(白居易傳贊)」에서는 두목(杜牧)[202]의 말을 인용하여 그의 시를 일러 "곱고 아름다운 것을 물리치지 못한 것은 반듯한 선비나 우아한 사람들이 하는 바가 아니다. 그럼에도 사람들 사이에 전하고 입과 입으로 가르쳐주어, 사람들의 살집과 뼈 속까지 파고들어 제거할 수 없다"고 하였는데, 이는 문인들이 상대방을 경시하는 말로 실상을 잃었음을 면할 수 없다.

尊老杜者病香山, 謂其"拙於紀事, 寸步不移, 猶恐失之", 不及杜之"注坡驀澗", 似也. 至『唐書』「白居易傳贊」引杜牧語, 謂其詩"纖艶不逞, 非莊士雅人所爲. 流傳人間, 交口教授, 入人肌骨不可去." 此文人相輕之言, 未免失實.

126

백거이가 「여원미지서(與元微之書)」에서 말하기를, "나의 뜻은 천하의 사람들을 모두 구제하는 데에 있고, 행동은 홀로 착하게 되는 데에 있습니다. 받들기를 처음부터 끝까지 하면 도가 되고, 말하여 드러내어 밝히면 시가 되는 것입니다. 풍유(諷諭)가 있는 시는 천하의 사람들을 모두 구제하려는 뜻이고, 한적한 시는 홀로 착하게 되고자 하는 뜻이다"라고 하였다. 나는 말하건대, 시는 도를 아는 것보다 귀한 것은 없다고 생각한다. 백거이의 말을 보면, 어떤 때에는 나아가고 어떤 때에는 물러나지만, 도가 없는 경우는 없음을 알 수 있다.

白香山「與元微之書」曰 : "僕志在兼濟, 行在獨善, 奉而始終之則爲道, 言而發明之則爲詩, 謂之諷諭詩, 兼濟之志也; 謂之閒適詩, 獨善之義也." 余謂詩莫貴於知道, 觀香山之言, 可見其或出或處, 道無不在.

---

202) 두목(杜牧, 803~852) : 중국 당나라 말기의 시인. 자는 목지(牧之), 호는 번천(樊川). 두보(杜甫)에 상대하여 소두(小杜)라 부르며, 시풍은 호방하면서도 청신(淸新)하며, 특히 칠언 절구에 뛰어났다. 작품에 「아방궁부(阿房宮賦)」, 「산행(山行)」 등이 있다.

127

보통사람들의 말을 대신하는 것이 가장 어려우니, 굶주리고 추위에 떨고 수고롭고 힘든 고생은 비록 사람들에게 알려도 그 누구도 알지 못한다. 만일 그것을 안다면 반드시 물아(物我)가 틈이 없는 사람일 것이다. 두보·원결·백거이는 비단 자신들이 일반사람들의 집에 들어가서 그 일을 목격하였을 뿐만이 아니고, 바로 질병이 자신의 몸에 있는 것과 다름이 없다. 그 시를 노래함에 그 사람을 몰라서야 되겠는가?

代匹夫匹婦語最難, 蓋飢寒勞困之苦, 雖告人人且不知, 知之必物我無間者也. 杜少陵·元次山·白香山不但如身入閭閻, 目擊其事, 直與疾病之在身者無異. 頌其詩, 顧可不知其人乎?

128

평상적인 말은 쉽고 기이한 말은 어려운 것이 시의 첫 관문이다. 기이한 말은 쉽고 평상적인 말은 어려운 것이 시의 두 번째 관문이다. 백거이는 평상적인 것으로 기이한 것을 얻었는데, 이 같은 경지는 정말로 쉽게 이를 수 있는 것이 아니다.

常語易, 奇語難, 此詩之初關也; 奇語易, 常語難, 此詩之重關也. 香山用常得奇, 此境良非易到.

129

백거이(白居易)의 악부는 장문창(張文昌)[203]·왕중초(王仲初)[204]의 것과

203) 장문창(張文昌): 당나라 때의 문인 장적(張籍, 767?~830?)을 말한다. 그의 자가 문창이다. 덕종 15년에 진사가 되었고, 그 뒤 태상시(太常寺) 태축(太祝)을 지내기도 하였으나, 오랫동안 승진하지 못하였다. 그래서 집이 가난하였을 뿐만 아니라, 안질까지 앓았다고 한다. 그 뒤에 수부원외랑(水部員外郎)·국자사업(國子司業)이 되어 장사업(張司業) 혹은 장수부(張水部)라고 불려지게 되었다. 악부시를 잘 지어 백거이의 추숭을 받았다. 왕건과 이름을 나란히 떨쳐 장왕으로 불려지기도 하였다.

204) 왕중초(王仲初): 당나라 때의 시인 왕건(王建, 767?~831?)을 말한다. 그의 자가 중초이다. 헌종 원화(元和) 년간에 비로소 벼슬하여 소응현승(昭應縣丞)이 되었고, 태상시승(太

함께 스스로 새로운 뜻을 낸다고 여겨진다. 다른 점은 백거이는 편평하고 막힘이 없다면, 장·왕은 높고 좁다는 점에 있다.

白香山樂府, 與張文昌·王仲初同爲自出新意. 其不同者, 在此平曠而彼峭窄耳.

130

두목(杜牧)의 시는 웅장한 자태가 뛰어나고, 이번남(李樊南)[205]의 시는 깊은 정이 끝없이 이어진다. 뒤에 이상은은 종파(宗派)를 이루었지만 두목은 이루지 못하였는데, 대개 두목은 비교적 일정한 틀이 없기 때문이 아니겠는가?

杜樊川詩雄姿英發, 李樊南詩深情綿邈. 其後李成宗派而杜不成, 殆以杜之較無窠臼與?

131

시에는 색을 빌렸으되 진정한 색은 없는 것이 있으니, 비록 아름답게 짰다고는 하지만 식은 재일 따름이다. 이상은(李商隱)은 곧 아름다운 무늬 가운데 흰 바탕이 있는 것과 같다. 오기지(敖器之)[206]는 일러 그가 "깁이 조밀하고 아름다우니, 만약에 적절하게 쓰지 않았다면, 어떻게 모두 그럴 수 있었겠는가?"[207]라고 하였다. 혹시라도 「한비(韓碑)」라는 작

常寺丞)·비서랑(秘書郎) 등을 역임하고, 문종 대화(大和) 연간에는 협주사마(陜州司馬)로 나갔기 때문에 그를 왕사마라고 부른다. 악부시를 잘 지어 장적과 이름을 나란히 하여 세상에서 장왕악부(張王樂府)라 부른다. 그의 「궁사백수(宮詞百首)」가 유명하다.

205) 이번남(李樊南): 중국 당나라의 시인 이상은(李商隱, 812~858)을 말한다. 그의 호가 번남이다. 다른 호는 옥계생(玉谿生), 자는 의산(義山). 굴절이 많은 화려한 서정시를 썼다. 시집에 『이의산시집(李義山詩集)』이 있다.

206) 오기지(敖器之): 송나라 때의 문인 오도손(敖陶孫, 1154~1227). 그의 자가 기지이다. 복주(福州) 민현(閩縣) 사람. 호는 구암(臞庵). 영종(瀛宗) 때에 한탁주(韓侂冑)가 용사하면서, 주자가 외직으로 폄직되었을 때, 가장 먼저 송별시를 지어 주었다고 한다. 뒤에 진사시에 합격하여, 벼슬길에 나아갔다. 저서로 『구암집』이 있다.

207) 이 구절은 명나라 양신(楊愼)이 찬한 『승암집(升菴集)』 권54의 「오기지평시(敖器之

품 한 편으로 인하여, 기골이 한유(韓愈)와 다르지 않다고 생각하는 데에까지 이르렀다면, 또한 그 바탕이 아니다.

詩有借色而無眞色, 雖藻繢實死灰耳. 李義山卻是絢中有素. 敖器之謂其"綺密瓌妍, 要非適用, 豈盡然哉?" 至或因其「韓碑」一篇, 遂疑氣骨與退之無二, 則又非其質矣.

132

송나라의 왕원지(王元之)[208]는 자신의 시에 대해 스스로 '백거이(白居易)의 후진'이라고 말하였고, 양대년(楊大年)[209] · 유자의(劉子儀)[210]는 이상은을 배워서 서곤체(西崑體)[211]를 지었는데, 풍격은 비록 높지 않으나 오대(五代) 이래 그들처럼 편안하고 바른 것은 없었다.

宋王元之詩, 自謂'樂天後進', 楊大年 · 劉子儀學義山, 爲西崑體, 格雖不高, 五代以來, 未能有其安雅.

133

동파(東坡)[212]는 구양공(歐陽公)[213]을 일러 "큰 도(道)를 논한 것은 한유

評詩)」에 보인다.

208) 왕원지(王元之) : 송나라의 문인 왕우칭(王禹偁, 954~1001). 그의 자가 원지이다. 태종 때에 진사가 되었고, 벼슬은 한림학사 등을 지냈다. 벼슬살이 할 적에는 직언하는 것으로 이름이 났다. 시는 이백 · 두보 · 백거이를 배웠고, 문장은 한유 · 유종원 등을 배웠다.

209) 양대년(楊大年) : 송나라의 문인 양억(楊億, 974~1020)을 말함. 그의 자가 대년이다. 어려서부터 글 잘지어, 나이 11세에 임금이 불러 시험해 보고 비서성정자(秘書省正字)에 임명하였다. 뒤에 한림학사 · 공부시랑 등을 지냈다. 시는 이상은(李商隱)을 배워 화려하였으며, '서곤체(西崑體)'라 일컬어졌다.

210) 유자의(劉子儀) : 송나라 때의 문인 유균(劉筠, 971~1031). 그의 자가 자의이다. 진종(眞宗) 때에 진사가 되었고, 벼슬은 한림학사 · 여주자사(廬州刺史) 등에 이르렀다. 시를 잘 지어 양억(楊億)과 더불어 '양 · 유(楊劉)'로 일컬어졌으며, 후세에 '서곤체'라 일컬었다.

211) 서곤체(西崑體) : 중국 송나라 초기에 유행한 한시체. 당나라 말의 시인 이상은과 온정균의 시풍을 모방하였으며, 화려한 수사와 대구(對句), 고사(故事)를 중시하였다.

212) 동파(東坡) : 중국 북송의 문인 소식(蘇軾, 1036~1101)의 호. 자는 자첨(子瞻). 당송 팔

(韓愈)와 비슷하고, 시부(詩賦)는 이백과 비슷하다"[214]고 하였다. 그렇지만 시험 삼아 구양수의 시를 본다면 이백과 비슷하다고 하겠지만, 그가 각고하여 형용한 부분은 사실 한유에 더 가깝다고 하겠다.

東坡謂歐陽公"論大道似韓愈, 詩賦似李白." 然試以歐詩觀之, 雖曰似李, 其刻意形容處, 實於韓爲逼近耳.

134

구양수(歐陽脩)는 한유에게서 나왔고 매요신(梅堯臣)은 맹교(孟郊)에게서 나왔다. 구양수는 매요신을 추켜세움에 힘을 아끼지 않았는데, 한유가 맹교를 추켜세운 것과 대략 같다.

歐陽永叔出於昌黎, 梅聖兪出於東野. 歐之推梅, 不遺餘力, 與昌黎推東野略同.

135

매요신의 시는 깊고 은미하여 알기가 어렵다. 구양수가 말한 것을 보면, "매요신을 아는 사람으로 나만한 이가 없다. 항상 매요신에게 평생 동안 가장 좋아하던 구절에 대해 물었는데, 매요신이 자부하던 것은 내가 좋아하지 않던 것이었고, 매요신이 비하하던 것은 내가 지극히 칭상하던 것이었다"[215]라고 하였다. 고심하여 홀로 나아가려면, 뛰어난 사람의 뜻도 따르고자 하지 않는데, 하물며 보통 사람의 뜻을 따르려 하

대가의 한 사람으로, 구법파(舊法派)의 대표자이며, 서화에도 능하였다. 작품에 「적벽부」, 저서에 『동파전집(東坡全集)』 등이 있다.

213) 구양공(歐陽公) : 중국 송나라의 정치가 문인 구양수(歐陽脩, 1007~1072)를 말함. 자는 영숙(永叔). 호는 취옹(醉翁)·육일거사(六一居士). 당나라 때의 화려한 시풍을 반대하여 새로운 시풍을 열고, 시문 양 방면에 걸쳐 송대 문학의 기초를 확립하였으며, 당송팔대가 가운데 한 사람으로 꼽힌다. 저서에 『신오대사』, 『신당서』, 『모시본의(毛詩本義)』 등이 있다.

214) 이 구절은 『동파전집(東坡全集)』 권34 「육일거사집서(六一居士集敘)」에 보인다.

215) 이 내용은 명나라 당순지(唐順之)가 찬한 『패편(稗編)』 권74에 보인다.

겠는가?

聖兪詩深微難識, 卽觀歐陽公云: "知聖兪者莫如修. 常問聖兪生平所最好句, 聖兪所自負者, 皆修所不好; 聖兪所卑下者, 皆修所極賞." 是其苦心孤詣, 且不欲徇非常人之意, 況肯徇常人意乎?

136

매요신과 소순흠(蘇舜欽)[216]은 함께 일컬어지는데, 매요신의 시는 그윽하고 담담한 것이 극에 달하였다. 그래서 그윽한 가운데 뛰어난 것이 있고, 담담한 가운데 맛이 있다. 소순흠은 웅장하고 명쾌하여 사람들로 하여금 곧 무릎을 치며 탄복하도록 하였다. 그러나 웅장하고 명쾌하다는 것만으로는 소순흠을 다 표현했다고 하기에 부족하고, 그윽하고 담담하다는 것만으로는 매요신을 다 표현했다고 하기에 부족하다.

梅・蘇並稱, 梅詩幽淡極矣, 然幽中有雋, 淡中有旨; 子美雄快, 令人見便擊節. 然雄快不足以盡蘇, 猶幽淡不足以盡梅也.

137

왕형공(王荊公)[217]의 시는 두보를 배워 그 마르고 굳센 것을 얻었다. 그러나 두보는 뜨거운 마음을 가지고 있었고, 왕안석은 차가운 얼굴을 가지고 있었다. 대체로 그의 문장은 또한 한유를 배웠는데, 같으면서도 다르지 않은 적이 없었다.

王荊公詩學杜, 得其瘦硬; 然杜具熱腸, 公惟冷面; 殆亦如其文之學

216) 소순흠(蘇舜欽 ,1008~1049): 송나라 때의 문인. 면주(綿州) 염천(鹽泉) 사람. 자는 자미(子美), 호는 창랑옹(滄浪翁). 인종 경우(景祐) 원년에 진사가 되었다. 경력(慶歷) 년간에 범중엄(范仲淹)이 그를 추천하여 집현전(集賢殿) 교리(校理), 감진주원(監進奏院)이 되었다가, 뒤에 호주장사(湖州長史)로 죽었다. 저서로 『소학사집(蘇學士集)』이 있다.

217) 왕형공(王荊公): 중국 북송의 정치가 학자 왕안석(王安石, 1021~1086). 자는 개보(介甫). 호는 반산(半山). 부국강병을 위한 신법(新法)을 제정하여 실시하였다. 당송 팔대가의 한 사람이기도 하다. 저서에 『주관신의(周官信義)』, 『임천집』이 있다.

韓, 同而未嘗不異也.

138

소식의 시는 뒤통수를 치는 이야기와 같아, 그 정미하고 뛰어난 것은 진실로 속마음을 개척하여 호걸들을 밀어 넘어뜨리기에 족하다.

東坡詩打通後壁說話, 其精微超曠, 眞足以開拓心胸, 推倒豪傑.

139

소식의 시에서 밀어 넘어뜨리고 부축해 일으킴에 해서는 안 되는 것을 하지 않았다. 그런 비결을 얻은 것은 다만 하나의 층을 투과하여 번안(翻案)을 잘 이용하는 데에 있었다.

東坡詩推倒扶起, 無施不可, 得訣只在能透過一層, 及善用翻案耳.

140

소식의 시는 가지고 있는 바를 비우기를 잘하고, 또 없는 것 가운데 있게 하는 일을 잘하였는데, 그 핵심은 실로 선을 통한 깨달음 가운데에서 온 것이다. 삼매경(三昧境)에 든 말재주도 운에 맞추어 말을 만드니, 진실로 그 혀 아래에 물결이 일렁이는 것[218]이 이와 같다.

東坡詩善於空諸所有, 又善於無中生有, 機括實自禪悟中來. 以辯才三昧而爲韻言, 固宜其舌底瀾翻如是.

141

한편으로는 물결이 일렁이듯이 다른 한편으로는 잠잠하게 말을 해가다가, 갑자기 바뀌어 문득 주장하는 뜻을 드러낸다. 『남화경(南華經 : 장자)』·『화엄경(華嚴經)』이 이것에 가장 뛰어나다. 소식은 고시에서 이러

218) 진실로…… 일어난 것 : 파란만장하고 변화무쌍하게 뛰어난 시를 지은 것을 말한다.

한 구법을 습관적으로 사용했다.

滔滔汨汨說去, 一轉便見主意, 『南華』·『華嚴』最長於此. 東坡古詩慣用其法.

142

도잠의 시는 순수하면서도 두터운데, 소식은 이것에다 맑고 굳센 것으로 조화를 시켰으니, 마치 궁·상의 연주가 각각 절로 궁조를 이루어 아름답고 바른 것이 가려지지 않는 것과 같다.

陶詩醇厚, 東坡和之以淸勁, 如宮商之奏, 各自爲宮, 其美正復不相掩也.

143

소식은 「제여가화죽(題與可畫竹)」에서 이르기를, "끝없이 청신함을 드러낸다"고 하였다. 나는 이 구절은 소식의 시에 대한 평어로 삼을 수 있다고 생각한다. 어찌 우연히 여가(與可)[219]를 빌어서 스스로에 대해 말한 것이 아니겠는가? 두보는 이백에 대해 또한 '청신(淸新)'이라고 지목하였다. 시 짓는 사람들이 '청신'이란 두 글자를 모두 쉽게 얻을 수 있는 것이 아니다. 그런데도 원유산(元遺山)[220]은 소식의 시에 대해 어찌 '새롭다'고 그를 놀렸던가?

東坡「題與可畫竹」云: "無窮出淸新." 余謂此句可爲坡詩評語, 豈偶借與可以自寓耶? 杜於李亦以'淸新'相目. 詩家'淸新'二字, 均非易得. 元遺山於坡詩, 何乃以'新'譏之?

---

219) 여가(與可): 송나라 때의 문인이며 화가인 문동(文仝). 그의 자가 여가이다.

220) 원유산(元遺山): 중국 원나라 초기의 시인 원호문(元好問, 1190~1257). 그의 호가 유산(遺山)이다. 자는 유지(裕之). 금조(金朝)의 사적을 채록하고 저술에 전념하였다. 저서로 『원유산선생집(元遺山先生集)』, 『중주집』 등이 있다.

144

소식·방옹(放翁)[221] 두 사람의 시는 모두 호방함이 있고 막히지 않음이 있다. 그러나 육우는 시인 되는 데에 뜻이 있었지만, 소식은 비록 시를 지음에 솔직하고 거리낌이 없는 뜻을 가지고 있었기 때문에 더욱 높다.

東坡·放翁兩家詩, 皆有豪有曠. 但放翁是有意要做詩人, 東坡雖爲詩, 而仍有夷然不屑之意, 所以尤高.

145

한유(韓愈)의 시는 막힘이 없다기보다는 호방하고, 소식의 시는 호방하다기 보다는 막힘이 없다. 호방함과 막힘이 없는 것은 서로 화합할 수 있는 것이 아니지만, 어진 사람으로 또 그 가운데 출입하는 사람이 많다. 그래서 악착스런 마음을 가진 사람과는 진실로 거리가 멀리 떨어져 있다.

退之詩豪多於曠, 東坡詩曠多於豪. 豪曠非中和之則, 然賢者亦多出入於其中, 以其與齷齪之腸胃, 固遠絶也.

146

다른 사람이 매우 힘들고 매우 괴롭다고 생각하는 처지를 만났지만, 형해(形骸)를 도외시하며 이치가 절로 뛰어난 경우가 있는데, 한유와 소식 두 사람의 시에 드러난 뜻이 이와 같다.

遇他人以爲極艱極苦之境, 而能外形骸以理自勝, 此韓·蘇兩家詩意所同.

---

221) 방옹(放翁): 중국 남송(南宋)의 시인 육유(陸遊, 1125~1209)의 호. 자는 무관(務觀). 남송 제일의 시인으로, 나라의 상황을 개탄한 시나 전원의 한적한 생활을 주제로 한 시가 많다. 글씨도 뛰어났다. 시집으로 『검남시고(劍南詩稿)』와 기행문으로 「입촉기(入蜀記)」, 그리고 사서(史書)로 『남당서(南唐書)』 등이 있다.

147

소식의 시는 뜻은 퇴락하고 방종적이지만 말은 굳세고 뛰어나다. 퇴락하고 방종적인 것은 이백보다 더하고, 굳세고 뛰어남은 한유에 버금간다.

東坡詩, 意頹放而語遒警. 頹放過於太白, 遒警亞於昌黎.

148

이백은 풍(風)에 장기가 있고, 두보는 골(骨)에 장기가 있다. 한유는 질(質)에 장기가 있고, 소식은 취(趣)에 장기가 있다.

太白長於風, 少陵長於骨, 昌黎長於質, 東坡長於趣.

149

시 가운데 「이소」에서 나온 것을 정(正)으로 여기고, 『장자』에서 나온 것은 변(變)으로 여긴다. 두보는 「이소」에 정통하였고, 이백은 『장자』와 「이소」의 중간에 있다. 소식의 글 가운데 『장자』에서 나온 것이 팔할 내지는 구할쯤 된다.

詩以出於「騷」者爲正, 以出於『莊』者爲變. 少陵純乎『騷』, 太白在『莊』·『騷』間, 東坡則出於莊者十之八九.

150

황정견(黃庭堅)의 시는 소식이 시에서 드러나지 않도록 한 것만 못하나, 시 짓는 사람들의 인습적인 말을 씻어내는 데에 온 힘을 기울여 독자적인 경지를 이루는 데로 돌아갔다. 이를 테면, "장마가 다 지나가니 찬 연못의 물이 맑도다[潦水盡而寒潭淸]"222)라고 한 것과 같다.

山谷詩未能若東坡之行所無事, 然能於詩家因襲語漱滌務盡, 以歸獨

222) 이 구절은 당나라의 문인 왕발(王勃)이 지은 「추일등홍부등왕각전별서(秋日登洪府滕王閣餞別序)」에 보이는 구절이다.

得, 乃如"潦水盡而寒潭淸"矣.

151

황정견의 시는 지나칠 정도로 묘하고 능한 것만을 취하여 깊고 뛰어난 것을 지어 내었다. 그래서 드러난 가운데 함축된 것이 있고, 투명하게 비치는 것 가운데 주름이 져서 비치지 않는 것이 있어서 사람에게 한번 보면 즐겁도록 하고 오래 읽으면 더욱 흥치가 있게 한다.

山谷詩取過火一路妙能, 出之以深雋, 所以露中有含, 透中有皺, 令人一見可喜, 久讀愈有致也.

152

하나의 뜻, 하나의 일이라도 시에 들어가서 안 될 것은 없다. 당나라에서는 두보, 송나라에서는 소식・황정견이 가슴 속에 용광로를 갖추고서 금・은・동・철을 막론하고 모두 혼합되도록 하고자 했다.

無一意一事不可入詩者, 唐則子美, 宋則蘇・黃. 要其胸中具有鑪錘, 不是金銀銅鐵强令混合也.

153

당시는 정운(情韻)・기격(氣格)이 뛰어난데, 송나라의 소식・황정견은 모두 뜻이 뛰어나다. 오직 마음속에 품은 것과 그 수법이 모두 높았기 때문에, 정밀하게 하느라 혼아(渾雅)한 것을 상하게 하지는 않았다.

唐詩以情韻氣格勝, 宋蘇・黃皆以意勝. 惟彼胸襟與手法俱高, 故不以精能傷渾雅焉.

154

"진부한 말을 애써 없앤다"는 것은 두보의 시와 한유의 문장이 한가지이다. 황정견(黃庭堅)・진후산(陳后山)[223] 등 여러 사람이 두보를 배운 까닭이 여기에 있다.

"陳言務去", 杜詩與韓文同. 黃山谷・陳后山諸公學杜在此.

155

두보의 시는 웅건하면서도 허혼한 것을 겸하였다. 송나라 서강(西江)[224]의 이름난 시인들은 두보를 배워 거의 마르고 굳센 것에 있어서는 신기할 정도로 통하였다. 그렇지만 깊은 물과 우거진 숲과 같은 기상에 있어서는 거리가 멀었다.

杜詩雄健而兼虛渾, 宋西江名家學杜, 幾於瘦硬通神, 然於水深林茂之氣象則遠矣.

156

서곤체(西崑體)는 부귀함을 귀하게 여기지만 사실은 청빈함을 귀히 여기고 화려한 것은 숭상하는 바가 아니다. 서강체(西江體)는 청빈을 귀하게 여긴다 하지만 사실은 부귀함을 귀하게 여기고 썰렁하고 쓸쓸한 것은 숭상하는 바가 아니다.

西崑體貴富, 實貴淸, 襞積非所尙也. 西江體貴淸, 實貴富, 寒寂非所尙也.

157

서곤체가 두보(杜甫)의 방에 들어가지 못한 까닭은 문채가 그 바탕을

223) 진후산(陳后山) : 송나라 때의 문인 진사도(陳師道, 1053~1101)를 말함. 그의 호가 후산이다. 자는 이상(履常), 다른 자는 무이(無已). 어려서부터 문학을 좋아하여 증공(曾鞏)에게 문장을 배웠고, 벼슬하는 데에는 뜻이 없었다. 뒤에 소동파의 추천으로 서주교수(徐州敎授)가 되었고, 그 뒤 태학박사(太學博士), 비서성(秘書省) 정자(正字)가 되기도 하였다. 시를 논함에 황정견을 추복하여 강서시파의 대표시인이 되었다. 저서로『후산집』이 있다.

224) 서강(西江) : 장강(長江)의 중,하류 지역을 일컫는 말인데, 여기서는 황정견과 진사도를 중심으로 하는 강서시파(江西詩派)를 말한다.

없앴기 때문이다. 바탕과 문채는 어느 한쪽만 뛰어나서는 안 된다. 서강(西江)이 서곤(西崑)을 바로잡는 것이 갈수록 더욱 심해지니, 다시 구실을 준 것이 마땅하도다.

西崑體所以未入杜陵之室者, 由文滅其質也. 質文不可偏勝. 西江之矯西崑, 浸而愈甚, 宜乎! 復詒口實與.

158

서강(西江)의 이름난 시인들의 좋은 점은 시구를 단련하여 자연스럽게 된 점에 있다. 육유는 본래 서강을 배운 사람인데, 그가 이르기를, “문장은 본래 타고난 것으로, 솜씨가 좋은 사람은 우연히 그것을 얻는다[文章本天成, 妙手偶得之]”[225]라고 하였으니, 평소에 단련하던 일을 말 밖에서 상상해 볼 수 있다.

江名家好處, 在鍛鍊而歸於自然. 放翁本學西江者, 其云: “文章本天成, 妙手偶得之.” 平昔鍛鍊之功, 可於言外想見.

159

육유의 시는 명백하기가 말하는 것과 같다. 그러나 얕은 것 가운데 깊은 것이 있고, 평범한 것 가운데 기이한 것이 있었다. 그러므로 사람들에게 씹어 맛보도록 한다. 그의 「재중농필시(齋中弄筆詩)」를 보면, “시는 비록 애써 생각하더라도 명가가 될 수 없다[詩雖苦思未名家]”고 말하였다. 비록 스스로 겸손한 것 같지만 실제로는 자부한 것이다.

放翁詩明白如話, 然淺中有深, 平中有奇, 故足令人咀味. 觀其「齋中弄筆詩」云: “詩雖苦思未名家”, 雖自謙, 實自命也.

225) 이 구절은 송나라 육유(陸游)가 찬한 『검남시고(劍南詩稾)』 권83에 수록되어 있는 「문장(文章)」이란 시의 구절이다.

160

시란 평이한 것에서 공교한 것을 보아, 문득 절실하게 맛이 있음을 깨달을 수 있어야 한다. 백거이와 육유가 문단을 휩쓴 까닭도 이 점에 있다.

詩能於易處見工, 便覺親切有味. 白香山・陸放翁擅場在此.

161

주자의 「감흥시(感興詩)」 20편은 높고 우뚝하며 쓸쓸하고 텅 비어 진자앙(陳子昂)의 아래에 있지 않다. 오로지 이취만이 있을 뿐 이취에 장애가 되는 것은 없는데, 이 때문에 얻기 어려운 경지에 이르렀다.

朱子「感興詩」二十篇, 高峻寥曠, 不在陳射洪下. 蓋惟有理趣而無理障, 是以至爲難得.

162

어린아이가 처음 말할 적에는 '유(唯)', '유(兪)'할 뿐이지만, 점차 한 자에서부터 많은 글자에까지 이르게 된다. 글자가 적은 것은 함축한 것이고, 글자가 많은 것은 드러낸 것이다. 이런즉 오언과 칠언이 소멸되고 생성된 것은 절로 구별이 있다.

嬰孩始言, '唯' '兪'而已, 漸乃由一字以至多字. 字少者含蓄, 字多者發揚也. 是則五言七言, 消息自有別矣.

163

오언시는 『시경』과 같고, 칠언시는 「이소」와 같다. 「이소」가 비록 『시경』에서 나왔으나 그 경계를 완전히 새롭게 하였다. 대개 순수하고 알찼으며 아름답고 기이하니, 공과를 헤아려보면 장단점이 있다.

五言如『三百篇』, 七言如「騷」. 「騷」雖出於『三百篇』, 而境界一新, 蓋醇實瓌奇, 分數較有多寡也.

164

오언은 바탕을 중시하고 칠언은 문채를 중시한다. 그래서 오언은 친근하고, 칠언은 존엄하다. 전가시(田家詩)를 칠언으로 많이 지은 예를 몇이나 볼 수 있는가? 골육간에 칠언으로 많이 지은 예를 몇이나 볼 수 있는가?

五言質, 七言文; 五言親, 七言尊. 幾見田家詩而多作七言者乎? 幾見骨肉間而多作七言者乎?

165

오언과 칠언은 정경(情境)에 따라 달라진다. 예컨대 「유자가(孺子歌)」에서 "창랑수의 물 맑음이여[滄浪之水淸兮]!"[226]라고 노래한 것은 평담하고 천진하니 오언으로 짓는 것이 마땅하다. 영척(甯戚)[227]이 "창랑수의 물 가운데 흰 돌이 빛난다[滄浪之水白石粲]"[228]라고 노래한 것은 호탕하고 감격스러우니 칠언으로 짓는 것이 마땅하다.

五言與七言因乎情境, 如孺子歌"滄浪之水淸兮", 平澹天眞, 於五言宜; 甯戚歌"滄浪之水白石粲", 豪蕩感激, 於七言宜.

166

오언은 편안한 것을 숭상하고 칠언은 멋대로 하는 것을 숭상한다. 편안하기로는 앞 시대 사람은 도잠만 못하고, 뒷시대 사람은 위응물만 못하다. 멋대로 하기로는 앞 시대 사람은 포조만 못하고, 뒷시대 사람은

---

226) 이 구절은 『맹자』 권7 「이루(離婁) 상」에 보인다.

227) 영척(甯戚): 춘추시대 위(衛)나라 때 사람. 빈곤하여 노잣돈이 없어 상인들의 수레를 끌어주며 제(齊)나라에 이르렀다. 성문 밖에서 잠을 자다가, 제나라 환공(桓公)이 밤에 나와 객을 맞이하는 때를 기다려 쇠뿔을 치며 슬피 노래를 불렀다. 환공이 그 소리를 듣고 이상하게 여겨 만나보았다. 환공에게 나라를 다스리는 도를 이야기하자 환공이 크게 기뻐하며, 대부로 삼았다.

228) 이 구절은 영척(甯戚)이 불렀다는 「상가이수(商歌二首)」에 나오는데, 송나라 때 곽무천(郭茂倩)이 엮은 『악부시집(樂府詩集)』 권83에 수록되어 있다.

이백만 못하다.

五言尙安恬, 七言尙揮霍. 安恬者, 前莫如陶靖節, 後莫如韋左司; 揮霍者, 前莫如鮑明遠, 後莫如李太白.

167

오언은 "산처럼 우뚝 서고, 때에 맞게 행한다"[229]는 말과 같아야 하며, 칠언은 "북소리에 맞춰 덩실덩실 춤추는 것과 같이 해야 한다"[230]는 말과 같아야 한다.

五言要如"山立時行", 七言要如"鼛鼓軒舞."

168

오언은 한가한 글자가 없어서 쉽지만 남은 맛이 있도록 하는 것이 어렵다. 칠언은 남은 맛이 있어서 쉽지만 한가한 글자가 없도록 하는 것이 어렵다.

五言無閒字易, 有餘味難; 七言有餘味易, 無閒字難.

169

칠언은 오언보다 간혹 쉽기도 하지만, 또한 어렵기도 하며, 간혹 편하기도 하지만 또한 힘들기도 하다. 대개 잘 짓는 사람은 많은 사람이 일을 나누어하는 것과 같고, 잘 짓지 못하는 사람은 여러 사람이 앉아서 먹기만 하는 것과 같다.

七言於五言, 或較易, 亦或較難; 或較便, 亦或較累. 蓋善爲者如多兩人任事, 不善爲者如多兩人坐食也.

---

229) 이 말은 옛날 유행하던 말로 보이는데, 당나라 때 유우석(劉禹錫)의 문집인 『유빈객문집(劉賓客文集)』 권1에 있는 『문대균부(問大鈞賦)』에도 보인다.

230) 이 말은 탕빈(湯斌)이 지은 『탕자유서(湯子遺書)』 권8에 있는 「월서평노포(粵西平露布)」에 보인다.

170

어떤 사람은 "칠언이 강하게 당겨 멀리 쏘는 것과 같다"고 하지만, 나는 말하건대 "마땅히 강하게 당기기를 약한 것 당기듯 하고, 멀리 쏘기를 짧게 쏘는 것같이 해야 바야흐로 일을 잘 해낼 수 있다" 한다.

或謂"七言如挽强用長", 余謂"更當挽强如弱, 用長如短, 方見能事."

171

반분노(潘邠老)[231]가 말하기를, "칠언시는 다섯 번째 글자에 울림이 있도록 해야 한다"[232]고 하였다. 예컨대, "석양빛이 강에 비치니 석벽이 일렁거리고, 돌아가는 구름이 나무를 감싸자 산촌이 없어진 듯하다[返照入江翻石壁, 歸雲擁樹失山村]"[233]에서 '번(翻)'자와 '실(失)'자가 그러하다. 오언시에서는 세 번째 글자가 울림이 있도록 해야 하니, 예컨대 "둥근 연이 작은 잎을 띄우고, 가는 보리가 가벼운 꽃잎을 떨어뜨린다[圓荷浮小葉, 細麥落輕花]"[234]에서 '부(浮)'자 '낙(落)'자가 그러하다. 내 생각에 예로 어찌 모든 것을 설명하겠는가마는, 그러나 구절 가운데의 자연스런 절주를 논한다면, 칠언은 위의 네 글자로 한 묶음을 삼을 수 있고, 오언은 위의 두 글자로 한 묶음을 삼을 수 있다.

潘邠老謂"七言詩第五字要響", 如"返照入江翻石壁, 歸雲擁樹失山村", '翻'字'失'字; 五言詩第三字要響, 如"圓荷浮小葉, 細麥落輕花", '浮'字'落'字. 余謂'此例何可盡拘! 但論句中自然之節奏, 則七言可以上四字作一頓, 五言可以上二字作一頓耳.'

---

231) 반분노(潘邠老) : 송나라 때의 문인 반대림(潘大臨). 그의 자가 분노이다. 황주(黃州) 황강(黃岡) 사람. 어려서부터 아우 반대관(潘大觀)과 함께 시로 나란히 이름이 났다. 소식·황정견 등에게 추중을 받았다. 문집으로 『가산집(柯山集)』이 있다.

232) 이 내용은 송(宋)나라 위경지(魏慶之)가 찬한 『시인옥설(詩人玉屑)』 권6에 보인다.

233) 이 구절은 『두공부시집』 권17의 「반조(返照)」에 보인다.

234) 이 구절은 송(宋)나라 곽지달(郭知達)이 편한 『구가집주두시(九家集注杜詩)』 권21의 「위농(爲農)」에 보인다.

172

오언의 위 두 글자 아래 세 글자는 사언의 두 구절에 해당한다. 예컨대 "하루 종일 필을 이루지 못했네[終日不成章]"[235]는 "하루 종일[236] 답장을 하지 못했네[終日七襄, 不成報章]"[237]에 해당한다. 칠언의 위 네 글자 아래 세 글자는 오언의 두 구에 해당한다. 예컨대, "밝은 달이 눈이 부시게 내 침상 비추네[明月皎皎照我牀]"[238]는 "밝은 달은 얼마나 밝은가? 내 침상의 비단 장막에 비치네[明月何皎皎, 照我羅牀幃]"[239]에 해당한다. 이런즉 오언은 바로 사언을 줄인 것이고, 칠언은 곧 오언을 압축한 것이다. 이백이 일찍이 "흥을 붙임에 있어 깊고 미묘한 것은 오언이 사언만 못하고, 칠언은 또 오언만 못하다"[240]라고 말한 바가 있는데, 이는 유독 뜻이 옛 것을 높이는 데에 있을 따름이다. 어찌 그 뜻을 이해하지 못하고, 잘못 쓸데없는 글자를 첨가하여 오언이나 칠언으로 지을 것인가?

五言上二字下三字, 足當四言兩句, 如"終日不成章"之於"終日七襄, 不成報章."是也. 七言上四字下三字, 足當五言兩句, 如"明月皎皎照我牀"之於"明月何皎皎, 照我羅牀幃."是也. 是則五言乃四言之約, 七言乃五言之約矣. 太白嘗有"寄興深微, 五言不如四言, 七言又其靡也."之說, 此特意在尊古耳, 豈可不達其意而誤增閒字以爲五七哉!

173

시에는 두 구절을 합하여 칠언으로 만든 것이 있다. 예컨대, "군자에게 술이 있는데 맛 있고 풍부하다[君子有酒旨且多]"[241] "밤이 어떠한가?

---

235) 이 구절은 양(梁)나라 소통(蕭統)이 편한 『문선(文選)』 권29의 「고시십구수(古詩十九首)」에 보인다.

236) 원문의 칠양(七襄)은 묘시부터 유시까지 일곱 각이 지난다는 뜻이다.

237) 이 두 구절은 모두 『시경』 「소아」 「요아(蓼莪)」에 보인다.

238) 이 구절은 위(魏)나라 문제(文帝)가 지은 「연가행(燕歌行)」에 보인다.

239) 이 구절은 양나라 소통이 편한 『문선』 권29의 「고시십구수」에 보인다.

240) 이 내용은 명(明)나라 양신(楊愼)이 찬한 『승암집(升菴集)』 권54의 「李太白論詩」에 보인다.

밤은 아직 반도 지나지 않았네[夜如何其夜未央]"[242] 등이다. 두 구절을 합하여 오언을 만든 것도 있다. 예컨대, "기부(祈父)[243]는 진실로 총명하지 못하다[祈父亶不聰]"[244]이다. 후대에 칠언에서 늘 네 글자로 한 묶음으로 만들고, 오언은 늘 두 글자로 한 묶음으로 만들었다. 오언은 또한 혹은 세 글자를 위에 붙여서, 앞 뒤 사이에 '혜'자로 경계를 삼기도 하였다.

詩有合兩句成七言者, 如"君子有酒旨且多", "夜如何其夜未央"是也. 有合兩句成五言者, 如"祈父亶不聰"是也. 後世七言每四字作一頓, 五言每兩字作一頓, 而五言亦或第三字屬上, 上下間皆可以'兮'字界之.

174

칠언에서 음절을 말하는 것은 한나라 때의 「교사(郊祀)」 여러 악부에서 나왔고, 사실을 나열하는 것은 「백량시(柏梁詩)」에서 나왔다.

七言講音節者, 出於漢「郊祀」諸樂府; 羅事實者, 出於「柏梁詩」.

175

칠언은 오언이 늘어진 소리인데, 장단구(長短句)[245]에서 섞어 쓰는 것은 장구로 늘어진 소리로 삼고 단구로 빠른 절조로 삼는 것이다. 이것은 진실로 구절마다 칠언인 것과 아울러 논해서는 안 된다.

七言爲五言之慢聲, 而長短句互用者, 則以長句爲慢聲, 以短句爲急節. 此固不當與句句七言者並論也.

---

241) 『시경』 「소아」의 「어리(魚麗)」장에 보인다.
242) 『시경』 「소아」의 「정료(庭燎)」장에 보인다.
243) 기부(祈父) : 변경을 수비하는 임무를 맡은 갑병을 말한다. 사마(司馬).
244) 『시경』 「소아」의 「기부(祈父)」장에 보인다.
245) 장단구(長短句) : 사(詞)를 달리 이르는 말이다. 사에 3언 · 4언 · 5언 등의 단구와 7언 이상의 장구가 함께 쓰이기 때문에 이렇게 부른다.

176

오언의 두 번째 글자와 네 번째 글자, 세 번째 글자와 다섯 번째 글자, 칠언의 두 번째 글자와 네 번째 글자, 네 번째 글자와 여섯 번째 글자, 다섯 번째 글자와 일곱 번째 글자는 평측이 같으면 음이 어긋나고 다르면 음이 어울린다. 고시의 성조를 이야기하는 사람은 대개 어울리는 것을 피하고 어긋나는 것을 취하는 경우가 많다. 그러나 그 사이에 대개 천뢰(天籟)가 있으니, 다만 요체에 능한 것만을 예스럽다고 해서는 안 된다.

五言第二字與第四字, 第三字與第五字, 七言第二字與第四字, 第四字與第六字, 第五字與第七字, 平仄相同則音拗, 異則音諧. 講古詩聲調者, 類多避諧而取拗. 然其間蓋有天籟, 不當止以能拗爲古.

177

고시를 잘 지으려면 반드시 우아한 재료로 써야만 한다. 속된 뜻, 속된 글자, 속된 음조 가운데 진실로 하나라도 범하는 것은 옛날에 버리던 바이다.

善古詩必屬雅材. 俗意·俗字·俗調, 苟犯其一, 皆古之棄也.

178

무릇 시는 길게 되도록 해서는 안 되니, 오언고시는 더욱 심하다. 그러므로 시를 지음에 오언 고시를 잘 짓지 못하면, 다른 체는 비록 잘 짓는다 하더라도 높이 치지 않는다. 『서보(書譜)』에 이르기를, "사려 깊어 잘 살피며 뜻과 기개가 화평하여 과격하지 않고 사납지 않다면, 풍의와 규범이 절로 뛰어나게 된다"[246]고 하였는데, 오언고시를 짓는 사람은 마땅히 또한 이 말에서 취할 것이 있다.

---

246) 당(唐)나라 배효원(裴孝源)이 찬한 『서보(書譜)』에 나온다.

凡詩不可以助長, 五古尤甚. 故詩不善於五古, 他體雖工弗尙也. 『書譜』云: “思慮通審, 志氣和平, 不激不厲, 而風規自遠.” 爲五古者, 宜亦有取於斯言.

179

칠언고시는 고체와 근체 두 체로 지을 수 있는데, 근체는 변(騈)・해(諧)・려(麗)・면(綿)이고, 고체는 단(單)・요(拗)・수(瘦)・경(勁)이다. 하나는 풍격과 형용을 숭상하고, 다른 하나는 근골을 숭상한다. 이는 제(齊)・량(梁)과 한(漢)・위(魏)가 나뉘는 것이니, 바로 초당・성당이 구별되는 바이다.

七古可命爲古・近二體: 近體曰騈・曰諧・曰麗・曰綿, 古體曰單・曰拗・曰瘦・曰勁. 一尙風容, 一尙筋骨. 此齊梁・漢魏之分, 卽初・盛唐之所以別也.

180

시를 논하는 사람은 당나라 초기의 칠언고시의 기격이 비록 낮으나 오히려 악부의 뜻이 있다고 한다. 또한 악부가 이 체가 아니라면 그 소임을 다할 수 있었겠는가라고 생각한다. 호걸스런 선비들이 어찌 나아가 취할 것을 생각하지 않을 수 있으랴?

論詩者謂唐初七古氣格雖卑, 猶有樂府之意; 亦思樂府非此體, 所能盡乎? 豪傑之士, 焉得不更思進取?

181

당나라 초기의 칠언고시는 절차가 많으나 맑은 운은 아름다워 영탄조로 지었고, 성당의 칠언고시는 절차가 적으나 기백이 웅장하여 펴서 늘어놓는 것을 숭상하였다.

唐初七古, 節次多而淸韻婉, 詠歎取之; 盛唐七古, 節次少而魄力雄,鋪陳尙之.

182

복응(伏應)과 전접(轉接), 서술과 의론을 끼고 있는 것, 열고 닫음에 변화를 다하는 것은 고시를 짓는 법으로 근체도 또한 그것을 갖추고 있다. 하지만 오직 고시만이 파란을 비교적 장활(壯闊)하게 하였다.

伏應轉接, 夾敍夾議, 開闔盡變, 古詩之法, 近體亦俱有之. 惟古詩波瀾較爲壯闊耳.

183

율시와 절구는 행간과 글자 속에 모름지기 애매한 흥취가 있어야 한다. 고체는 비교적 발휘하는 데 뜻을 다 나타내는데, 그러나 또한 모름지기 다하지 않은 것도 있어야 한다.

律與絶句, 行間字裏須有曖曖之致. 古體較可發揮盡意, 然亦須有不盡者存.

184

율시가 '율려(律呂)'의 뜻을 취하면 조화롭게 되고, '율령(律令)'의 뜻을 취하면 엄하게 된다.

律詩取'律呂'之義, 爲其和也; 取'律令'之義, 爲其嚴也.

185

율시는 곳곳에서 통하여야 하고, 또 뛰어올라야 한다. 풀 속의 뱀이나 재 속의 실, 살아있는 용이나 움직이는 호랑이와 같이, 두 가지에 모두 능하여 한 손으로 그것을 겸하여야 한다.

律詩要處處打得通, 又要處處跳得起. 草蛇灰線, 生龍活虎, 兩般能事, 當以一手兼之.

186

율시에서 주장하는 뜻을 잡아 정하면, 열고 닫는 변화가 오직 내가 하는 바대로 된다. 두보가 힘을 얻은 것은 이것에 있다.

律詩主意拏得定, 則開闔變化, 惟我所爲. 少陵得力在此.

187

율시의 주된 구절은 더러는 기(起)에 있고, 더러는 결(結)에 있고, 더러는 가운데 있는데, 가운데에 있는 것을 비교적 어렵게 여긴다. 가운데 있는 구절은 대개 대우(對偶)를 맞추어야 하는데, 고수(高手)가 하지 않으면 반드시 사물에 이르러 변화하지 못하게 된다.

律詩主句或在起, 或在結, 或在中, 而以在中爲較難. 蓋限於對偶, 非高手爲之, 必至物而不化矣.

188

율시의 소리는 조화를 이루고 말은 짝을 이루기 때문에 가끔 공교롭게 짓기는 쉬우나 조화롭게 짓기는 어렵다. 구할 장법은 오직 자구에서 뛰어남을 다투는 것뿐만이 아니니, 만약 자구의 뛰어남만을 구한다면 체가 비록 근체이기는 하지만 기맥(氣脈)은 고체에 들 것이다.

律詩聲諧語儷, 故往往易工而難化. 能求之章法, 不惟於字句爭長, 則體雖近而氣脈入古矣.

189

기(起)에는 분합(分合) · 완급(緩急)이 있고 수에는 허실(虛實) · 순역(順逆)이 있고, 대(對)에는 반정(反正) · 평관(平串)이 있고, 접(接)에는 원근(遠近) · 곡직(曲直)이 있다. 율시의 법칙이 어떻게 변화하는가를 궁구하려면 반드시 먼저 이것에서부터 구해야 한다.

起有分合 · 緩急, 收有虛實 · 順逆, 對有反正 · 平串, 接有遠近 · 曲直. 欲窮律法之變, 必先於是求之.

190

율시는 곁가지로 뻗어나가는 것을 근심하며, 또 금슬과 같이 전일하는 것도 조심한다. 녹여서 일관되게 하는 것과 변화는 겸해야 좋다.

律詩旣患旁生枝節, 又患如琴瑟之專壹. 融貫變化, 兼之斯善.

191

율시의 편법에는 위의 반편이 열리면 아래 반편은 합하는 것이 있고, 위의 반편이 합하면 아래 반편은 열리는 것이 있다. 이른바 반편이라는 것은 다만 위 네 구와 아래 네 구를 말하는 것일 뿐만 아니라 두 구와 여섯 구, 여섯 구와 두 구 또한 각각 반편이 되는 것이다.

律詩篇法, 有上半篇開, 下半篇合; 有上半篇合, 下半篇開. 所謂半篇者, 非但上四句與下四句之謂, 卽二句與六句, 六句與二句, 亦各爲半篇也.

192

율시는 한 연 가운데에서 상하 구로써 열림과 닫힘을 논하는 것이 있고, 한 구 가운데서 위아래의 반구로써 열림과 닫힘을 논하는 것이 있다. 오로지 편법을 살펴서 피하거나 나아갈 바를 알아야 할 것이다.

律詩一聯中, 有以上下句論開合者; 一句中, 有以上下半句論開合者. 惟在相篇法而知所避就焉.

193

율시는 손으로는 이 연을 그리며 눈으로는 저 연을 기웃거리되, 감소시킬 수도 없고 증가시킬 수도 없음을 스스로 깨달아야 한다. 만약 증가시키거나 감소시킬 수 있다면 '율'이라는 글자의 이름과 뜻을 크게 잃는 것이다.

律詩手寫此聯, 眼注彼聯, 自覺減少不得, 增多不得. 若可增可減, 則於'律'字名義失之遠矣.

194

율시의 오묘함은 오로지 글자가 없는 곳에 있다. 매 위 구와 아래 구가 바뀌고 연결되는 곳이 핵심이 있는 곳이다.

律詩之妙, 全在無字處. 每上句與下句轉關接縫, 皆機竅所在也.

195

율시에는 기(起)도 없고 수(收)도 없는 것과 같은 것이 있는데, 기가 없는 것은 뒤에 반드시 기를 돕는 것이 있고, 수가 없는 것은 앞에 반드시 수를 미리 거두는 것이 있음을 알아야 한다.

律有似乎無起無收者, 要知無起者後必補起, 無收者前必豫收.

196

율시 가운데 두 연은 반드시 느긋한 것과 긴밀한 것, 먼 것과 가까운 것으로 나누어짐을 사람들이 모두 안다. 오로지 그 흐름[來龍去脈]을 살피지 않으면 느긋한 것과 긴밀한 것 먼 것과 가까운 것은 쓸데없이 베풀어 놓은 것이 된다.

律詩中二聯必分寬緊・遠近, 人皆知之. 惟不省其來龍去脈, 則寬緊・遠近爲妄施矣.

197

율체 가운데 대구는 개합(開合)・유수(流水)・도만(倒挽) 이라는 세 가지 법을 쓰지만 차표법(遮表法)[247]을 쓰는 것만큼 많지는 않다. 더러는 앞을 막고 뒤를 드러내며, 더러는 앞을 드러내고 뒤를 막는다. 표(表)는 이와 같음을 말하고, 차(遮)는 저것과 같지 않음을 말하는데, 이 두 글자는 본디 선가(禪家)로부터 나왔다. 옛 사람의 시 가운데 '시(是)'와 '비(非)', '유(有)'와 '무(無)' 등의 글자로 대를 맞춘 것이 있는데, '시(是)'와 '유(有)'는 표고, '비(非)'와 '무(無)'는 차이다. 오직 그 법은 있으나 그 이름은 없기 때문에 지적해 보았다.

律體中對句用開合・流水・倒挽三法, 不如用遮表法爲最多. 或前遮後表, 或前表後遮. 表謂如此, 遮謂不如彼, 二字本出禪家. 昔人詩中有用'是' '非'・'有' '無'等字作對者, '是' '有'卽表, '非' '無'卽遮. 惟有其法而無其名, 故爲拈出.

198

율시에서 엉겨서 무겁게 되는 것은 어렵지 않고 또한 흘러 움직이는 것도 어렵지 않다. 어려움은 한편으로 엉겨 무거우면서, 한편으로는 흘러 움직이는 것에 있다.

律詩不難於凝重, 亦不難於流動, 難在又凝重又流動耳.

199

율체는 불교의 계율로 비유할 수 있다. 미친 중은 계율을 깨뜨리니 깊이 경계해야 하고, 소심한 중은 계율에만 얽매이기 때문에 또한 취할 것이 없다.

律體可喩以僧家之律 : 狂禪破律, 所宜深戒; 小禪縛律, 亦無取焉.

---

247) 차표법(遮表法) : 불교의 용어. 차전문(遮詮門)과 표전문(表詮門)의 준말로, 이전(二詮)・이문(二門)이라고도 함. 차전(遮詮)은 차정(遮情)・표전(表詮)・표덕(表德)과도 같은 말이다. 『종경록(宗鏡錄)』 34에 "차전과 표전이 다른 것은 차는 그 잘못됨을 차견하고, 표는 그 옳은 것을 표현하는 것이다"라고 하였다(『불교대사전』 5, 384・452면).

200

절구는 지름길을 취하되 깊고 굽은 것을 귀하게 여긴다. 대개 뜻은 다할 수 없지만, 다하지 않는 것으로 다하도록 한다. 정면은 그리지 않지만 반대쪽까지도 그리고, 본면은 그리지 않지만 맞은 편 쪽, 옆쪽을 그린다. 그림자만 보고도 대나무인지 알도록 하는 것처럼 신묘하게 해야 한다.

絶句取徑貴深曲, 蓋意不可盡, 以不盡盡之. 正面不寫寫反面, 本面不寫寫對面・旁面, 須如睹影知竿乃妙.

201

절구는 육의(六義) 가운데 풍(風)・흥(興)을 흔히 취한다. 그러므로 다른 체에 비해 더욱 은미하게 되고 함축이 되어 자연히 뛰어나게 된다.

絶句於六義多取風・興, 故視他體尤以委曲・含蓄・自然爲尙.

202

새로 봄을 노래하게 하고 벌레로 가을을 노래하게 하는 것은 조물주가 단서를 빌어 뜻을 부치는 것이다. 절구에서 작은 것 가운데 큰 것을 보이는 것이 이와 비슷하다.

以鳥鳴春, 以蟲鳴秋, 此造物之借端託寓也. 絶句之小中見大似之.

203

절구의 의법(意法)은 앞이 느긋하고 뒤가 긴밀하건, 앞이 긴밀하고 뒤가 느긋하건 상관없이, 모두 반드시 수미(首尾)가 서로 맞물려야 하며, 열림과 닫힘은 모두 변해야 한다. 그것을 묘하게 사용하는 것은 오직 단서를 빌어 뜻을 부치는 것에 있을 뿐이다.

絶句意法, 無論先寬後緊, 先緊後寬, 總須首尾相銜, 開闔盡變. 至其妙用, 惟在借端託寓而已.

204

시는 율시 · 절구로 근체(近體)를 삼는데, 이는 곧 성음(聲音)으로 말하는 것이다. 사실상으로는 고체와 율시 · 절구는 모두 고체 · 근체의 구분이 있으니, 이는 마땅히 기질로써 가려내야 한다.

詩以律 · 絶爲近體, 此就聲音言之也. 其實古體與律 · 絶, 俱有古 · 近體之分, 此當於氣質辨之.

205

고체(古體)는 굳세고 질박하며 근체는 곱고 예쁜 것이 시의 변함없는 모습이다. 그 변화된 것으로 논한다면, 고체가 곱고 근체는 굳세며, 고체가 예쁘고 근체는 질박한 것 또한 많이 있다.

古體勁而質, 近體婉而姸, 詩之常也. 論其變, 則古婉近勁, 古姸近質, 亦多有之.

206

고체시와 근체시를 논함에 육기(陸機)의 「문부(文賦)」를 참고해야 하니, 그곳에서 이르기를, 절구는 "널리 배운 것을 요약하되 온아하고 부드러우며", 율시는 "문득 꺾이되 맑고 씩씩하며", 오언고시는 "평이하고 훤히 보이되 한가하고 우아하며", 칠언고시는 "환히 빛나되 속이고 어지럽다"고 하였다.

論古近體詩, 參用陸機「文賦」, 曰 : 絶"博約而溫潤", 律"頓挫而淸壯", 五古"平徹而閑雅", 七古"煒煜而譎誑".

207

음악이 시작된 것은 천둥이 땅에서 나오고 바람이 퉁소를 지나듯이 천뢰(天籟)에서 발하되 받아들이는 마음이 없는 데 있다. 이로 악부에서 숭상되는 바를 알 수 있다.

樂之所起, 雷出地, 風過簫, 發於天籟, 無容心焉. 而樂府之所尙可知.

208

문(文)·사(辭)·지(志)가 합하여 시가 되며, 음악은 소리를 귀히 여긴다. '풍(風)', '아(雅)', '송(頌)' 가운데 음악이 들어간 것을 잠시 함께 논하지 않는다면, 한나라 악부 「음마장성굴(飮馬長城窟)」의 "파릇파릇 물가의 풀"과 「고시십구수(古詩十九首)」의 "파릇파릇 물가의 풀"은 그 음절을 조금 가려 낼 수 있다.

文·辭·志合而爲詩, 而樂則重聲. 風·雅·頌之入樂者, 姑不具論, 卽漢樂府「飮馬長城窟」之"靑靑河畔草"與「古詩十九首」之"靑靑河畔草", 其音節可微辨矣.

209

「구가(九歌)」는 악부의 선성(先聲)이다. 「상군(湘君)」·「상부인(湘夫人)」은 남음(南音)이고, 「하백(河伯)」은 북음(北音)이니, 색을 베풀고 소리를 고르는 것으로 가려낼 수 있다.

「九歌」, 樂府之先聲也. 「湘君」·「湘夫人」是南音, 「河伯」是北音, 卽設色選聲處可以辨之.

210

『초사』「대초(大招)」에 이르기를, "사상(四上)[248]이 기를 다투어, 악곡의 변화가 극에 달하였다"라고 했다. 이는 곧 옛날 악절의 승가(升歌)·생입(笙入)·간가(間歌)·합악(合樂)인데, 굴원(屈原)의 「구가」는 전적으로 이 법을 따랐다. 악부를 짓는 사람이 운을 바꾸고, 뜻을 바꾸고, 곡조를 바꿈에 이것으로써 하지 않는 이가 없었다.

---

248) 사상(四上): 대(代)·진(秦)·정(鄭)·위(衛)의 네 나라를 가리키는 말이다.

『楚辭』「大招」云 : “四上競氣, 極聲變只.” 此卽古樂節之“升歌 · 笙入 · 間歌 · 合樂”也. 屈子「九歌」全是此法. 樂府家轉韻 · 轉意 · 轉調, 無不以之.

211

악부는 성률이 가장 중요한 자리를 차지하고 의경은 그 다음이지만, 의경과 성률이 서로 맞게 해야만 마땅히 행해지게 될 것이다.

樂府, 聲律居最要, 而意境卽次之, 尤須意境與聲律相稱, 乃爲當行.

212

악부 가운데 송(頌)에서 나온 것은 형용을 가장 중하게 여긴다. 『초사』「구가」에서 제사지내는 신을 그린 것은 거의 황홀하게 대상을 묘사하였다. 이 뒤에 『한서』에 실린 「교사(郊祀)」의 여러 노래와 같은 것은 그 가운데 또한 왕성한 기운이 무럭무럭 나오는 듯하다.

樂府之出於頌者, 最重形容. 『楚辭』「九歌」狀所祀之神, 幾於恍惚有物矣. 後此如『漢書』所載「郊祀」諸歌, 其中亦若有肸蠁之氣, 蒸蒸欲出.

213

악부 가운데에서 선을 행하고 가르침을 받아들이는 뜻이 있는 것은 우아한 것에 속한다. 예를 들면 「군자행(君子行)」과 같은 것이 이것이다.

樂府有陳善納誨之意者, 雅之屬也, 如「君子行」便是.

214

『한서』「예문지」에 이르기를, “효무제 때부터 악부라는 관청을 세워 가요를 채집하였다. 이에 대(代) · 조(趙) 지역의 노래와 진(秦) · 초(楚) 지역의 풍요가 있는데, 모두 슬픔과 즐거움에 감응하고, 일에 따라 드러낸 것이다”라고 하였다. 이것으로 보건대 후대의 악부는 풍(風)에 가까운

체가 아(雅)나 송(頌)보다 많고, 그 유래 또한 매우 오래되었다.

『漢書』「藝文志」云: "自孝武立樂府而采歌謠, 於是有代·趙之謳, 秦·楚之風, 皆感於哀樂, 緣事而發." 由是觀之, 後世樂府, 近風之體多於雅·頌, 其由來亦已久矣.

215

악부는 대자결(代字訣)[249]이므로, 고인의 본뜻을 먼저 얻어야 한다. 만약 스스로 품은 생각을 스스로 붙일 수 없다면, 또 병도 없으면서 끙끙 앓는 일을 면할 수 없다.

樂府是代字訣, 故須先得古人本意; 然使不能自寓懷抱, 又未免爲無病而呻吟.

216

악부는 쉬워서도 안 되고 어려워서도 안 된다. 이 일을 깊이 깨달은 사람은 호걸들이 일어나 춤을 추도록 하고, 보통의 남녀들이 입이 벌어지게 하니, 그 신묘함은 불가사의하다.

樂府易不得, 難不得. 深於此事者, 能使豪傑起舞, 愚夫愚婦解頤, 其神妙不可思議.

217

악부의 절조에는 빠름과 느림이 있고, 성운에는 성긴 것과 빽빽한 것이 있다. 무릇 느리면서도 성근 것은 앞에 있고, 빠르고 빽빽한 것은 뒤에 있는 것이 보통이다. 만약 바꾸고자 하는 사람은 또한 마음에 그 뜻을 알아야 한다.

樂府調有疾·徐, 韻有疏·數. 大抵徐·疏在前, 疾·數在後者, 常

249) 대자결(代字訣): 악부는 삼인칭으로 작자의 사상과 감정을 드러내므로, 대자결이라 한 것이다.

也; 若變者, 又當心知其意焉.

218

고제악부(古題樂府)는 초월해야만 하고, 신제악부(新題樂府)는 온건해야 한다. 예를 들면, 이백(李白)은 초월했다 할 수 있고, 백거이(白居易)는 온건하다 할 수 있다.

古題樂府要超, 新題樂府要穩. 如太白可謂超, 香山可謂穩.

219

잡언(雜言)[250]의 가행(歌行)은 음절이 정해진 것이 없는 것 같으나, 사실은 바꿀 수 없는 것도 있다. 대개 가행은 악부의 지류(支流)로, 음악이 본궁(本宮)[251]과 분리되지는 않지만, 본궁 가운데에도 또 자연히 앞뒤가 있다.

雜言歌行, 音節似乎無定, 而實有不可易者存. 蓋歌行皆樂府支流, 樂不離乎本宮, 本宮之中又有自然先後也.

220

부는 노래 부르지 않고 읊으며, 악부는 노래 부르되 읊지 않는다. 시는 노래 부르는 것과 읊는 것을 겸하여, 때에 맞추어 그것을 낸다.

賦不歌而誦, 樂府歌而不誦, 詩兼歌誦, 而以時出之.

221

시는 한편으로는 노래이니, "군자는 노래를 짓는다"[252]라고 한 것이

250) 잡언(雜言) : 한 구절의 자수가 일정하지 않고 들쭉날쭉한 시, 혹은 정해진 형식과 전혀 다른 형식으로 지어진 시를 일컫는 말인데, 이를 잡체시(雜體詩)라고도 한다. 여기서는 앞의 뜻으로 쓰였다.

251) 본궁(本宮) : 처음에 시작할 때 궁성(宮聲)을 위주로 하는 조식(調式)을 말함.

252) 이 구절은 『시경』「소아」의 「사월」에 보인다.

그것이다. 한편으로는 송인데 "길보(吉甫)가 송을 지었다"[253]라고 한 것이 그것이다. 『초사』에는 「구가(九歌)」와 「석송(惜誦)」이 있는데, 그 음절을 가려서 알 수 있다.

詩, 一種是歌, "君子作歌"是也; 一種是誦, "吉甫作誦"是也. 『楚辭』有「九歌」與「惜誦」, 其音節可辨而知.

222

「구가」는 노래이고, 「구장(九章)」은 송이다. 시 가운데 두보는 「구장」에 가깝고, 이백은 「구가」에 가깝다.

「九歌」, 歌也; 「九章」, 誦也. 詩如少陵近「九章」, 太白近「九歌」.

223

송은 드러내고 가는 은미하게 한다. 그러므로 장편은 송으로 짓고 단편은 가로 지으며, 서사는 송으로 짓고 서정은 가로 짓는다.

誦顯而歌微. 故長篇誦, 短篇歌; 敍事誦, 抒情歌.

224

시를 지음에 뜻과 법이 뛰어난 사람은 송을 짓는 데에 마땅하고, 소리와 감정이 뛰어난 사람은 가를 짓는 데에 마땅하다. 옛 사람의 시가 천 줄기 만 갈래로 나뉜 것 같지만, 일찍이 가와 송 밖으로 벗어난 것이 있었던가?

詩以意法勝者宜誦, 以聲情勝者宜歌. 古人之詩, 疑若千支萬派, 然曾有出於歌・誦外者乎?

253) 이 구절은 『시경』 「대아」의 「숭고(崧高)」에 보인다.

225

문에는 문율(文律)이 있다. 육기(陸機)가 「문부(文賦)」에서 이른바 "사조(詞條)와 문율을 널리 알린다"라고 한 것이 이것이다. 두보(杜甫)의 시에서 이르기를, "만년에는 점점 더 시율에 자세해진다[晩節漸於詩律細]"고 하였다. 시율의 '율'자를 오율·칠율의 율로만 풀이하고 만다면, 문율(文律)은 또 어떻게 풀이할 것인가? 무릇 법을 율로 생각할 따름이다.

文有文律, 陸機「文賦」所謂"普辭條與文律"是也. 杜詩云: "晩節漸於詩律細." 使將詩律'律'字解作五律·七律之律, 則文律又何解乎? 大抵只是以法爲律耳.

226

시의 국세(局勢)는 앞에서는 펼치고 뒤에서는 모으는 것이 아니면, 앞에서는 모으고 뒤에서는 펼친다. 고체·율시·절구가 다름이 없다.

詩之局勢, 非前張後歛, 則前歛後張. 古體·律·絶, 無以異也.

227

시는 이합(離合)하는 것을 질탕(跌宕)한 것으로 여긴다. 그러므로 '먼 것은 합하고 가까운 것은 떼어놓는 것'보다 좋은 것은 없다. '가까운 것은 떼어놓는다'는 것은 위구절의 뜻을 떼어놓음으로써 근접시키는 것이다. 떼어놓은 뒤에 다시 바꾸어서, 떼어놓지 않았을 때보다 서로 합하도록 하는 것이 '먼 것은 합한다'는 것이다.

詩以離·合爲跌宕, 故莫善於用'遠合·近離'. '近離'者, 以離開上句之意爲接也. 離後復轉, 而與未離之前相合, 卽'遠合'也.

228

시편의 뜻은 앞뒤가 변화무쌍하게 되면 정신이 절로 나온다. 예컨대, 「빈풍(豳風)」의 「동산(東山)」에서 여러 가지 경물과 여러 가지 정사들이 변화무쌍하게 표현된 것은 다만 '가는 것'과 '돌아오는 것' 두 글자에 있을 따름이다.

篇意前後摩盪, 則精神自出. 如「豳風」「東山」詩, 種種景物, 種種情思, 其摩盪祇在'徂' '歸'二字耳.

229

단편에서 숭상하는 바를 묻는다면, "지척에서 마땅히 만 리를 논하여야 한다[咫尺應須論萬里]"[254]라고 말한다. 장편에서 숭상하는 바를 묻는다면, "만 곡(斛)을 실을 수 있는 큰 배가 바람처럼 떠간다[萬斛之舟行若風]"[255]라고 말한다. 이 두 구절은 모두 두보의 시에서 나왔는데, 두보의 장편 시와 단편 시는 바로 이와 같다. 두 시에서는 또 이르기를, "큰 성은 쇠라도 그만 못하고, 작은 성도 만 길이 넘는다[大城鐵不如, 小城萬丈餘]"[256]라고 하였는데, 그 뜻 또한 서로 통하기에 충분하다.

問短篇所尙, 曰 : "咫尺應須論萬里". 問長篇所尙, 曰 : "萬斛之舟行若風". 二句皆杜詩, 而杜之長短篇卽如之. 杜詩又云 : "大城鐵不如, 小城萬丈餘." 其意亦可相通相足.

230

장편은 마땅히 가로 펼쳐 놓아야 하니, 그렇게 하지 않으면 힘이 단조롭게 된다. 단편은 마땅히 우여곡절이 있어야 하니, 그렇게 하지 않으면 맛이 얕게 된다.

長篇宜橫鋪, 不然則力單; 短篇宜紆折, 不然則味薄.

---

254) 이 구절은 송(宋)나라 곽지달(郭知達)이 편한 『구가집주두시(九家集注杜詩)』 권7의 「희제화산수도가(戲題畫山水圖歌)」에 보인다.

255) 이 구절은 송나라 곽지달이 편한 『구가집주두시』 권32의 「기주가십절구(夔州歌十絶句)」에 보인다.

256) 이 구절은 송나라 곽지달이 편한 『구가집주두시』 권3의 「동관리(潼關吏)」에 보인다.

231

크게 일어나면 크게 떨어지게 되고, 크게 열리면 크게 닫히게 되니, 장편을 쓸 때 이와 같아야 한다. 이것은 황하가 백 리쯤에서는 한 번 구부러졌다가 천 리쯤에서는 한 번 구부러졌다가 다시 한 번 펴지게 되는 것과 같다. 그러나 단편으로 절구에 이르러서도 한 자의 물로 물결을 일으키지 않은 적이 없는 것과 같다.

大起大落, 大開大合, 用之長篇, 此如黃河之百里一曲, 千里一曲一直也. 然卽短至絶句, 亦未嘗無尺水興波之法.

232

장편은 일을 서술하는 것[敍事]으로 짓고, 단편은 뜻을 쓰는 것[寫意]으로 짓는다. 칠언은 호방하게 노래하는 것[浩歌]으로 짓고, 오언은 그윽하게 읊조리는 것[穆誦]으로 짓는다. 이는 모두 제목이 사실 맡아서 하는 것이니, 사람이 관여할 수 있는 것이 아니다.

長篇以敍事, 短篇以寫意, 七言以浩歌, 五言以穆誦. 此皆題實司之, 非人所能與.

233

복응(伏應)・제돈(提頓)・전접(轉接)・장현(藏見)・도순(倒順)・관삽(綰揷)・천심(淺深)・이합(離合) 등 여러 법은 편 가운데, 단락 가운데, 연구 가운데, 구절 가운데에서 모두 취함이 있다. 그러나 잘 어우러져서 자취가 드러나지 않아야 좋다.

伏應・提頓・轉接・藏見・倒順・綰揷・淺深・離合諸法, 篇中・段中・聯中・句中均有取焉. 然非渾然無迹, 未善也.

234

두보의 「기고달부(寄高達夫)」 시에 이르기를, "아름다운 구절의 작법은 어떠해야 하는가?[佳句法如何]"[257]라고 하였는데, 구절을 짓는 데에는 마땅히 작법이 있어야 함을 알 수 있다. 그러나 구법(句法)을 정하고자 할 때, 그 성패는 장법(章法)・편법(篇法)에서부터 오지 않는 것이 없다.

少陵「寄高達夫」詩云:"佳句法如何." 可見句之宜有法矣. 然欲定句法, 其消息未有不從章法・篇法來者.

235

"하수가 맑고 또 찰랑거린다[河水淸且漣]"[258] "빙글빙글 수레바퀴의 굴대가 돈다[閒關車之舝]"[259]라는 것은 모두 오언이다. 또 모두 위는 두 글자 아래는 세 글자의 구법으로 지었지만, 뜻으로 볼 때는 순(順)과 도(倒)의 다름이 있다.

"河水淸且漣", "閒關車之舝", 皆是五言, 且皆是上二字下三字句法, 而意有順倒之不同.

236

시는 오언・칠언 및 구법의 도(倒)와 순(順)을 막론하고, 모두 위의 반구(半句)와 아래 반구에 대해 권한을 비교하고 힘을 재어 서로 마땅하게 해야 한다. 그렇지 않으면, 머리는 비고 발은 약하여, 하나도 좋은 것이 없다.

詩無論五七言及句法倒順, 總須將上半句與下半句比權量力, 使足相當. 不然, 頭空足弱, 無一可者.

237

연편(鍊篇)・연장(鍊章)・연구(鍊句)・연자(鍊字)는 모두 한마디로 단련

257) 『두공부시집』 권2에 보이며, 본래의 제목은 「기고삼십오서기(寄高三十五書記)」이다.
258) 이 구절은 『시경』 「정풍(鄭風)」의 「벌단(伐檀)」에 보인다.
259) 이 구절은 『시경』 「소아」의 「거할(車舝)」에 보인다.

하는 것을 귀하게 여기는데, 이는 살아있는 곳으로 가려고 단련을 하는 것이고, 죽은 곳으로 가려고 단련하는 것이 아니다. 대저 살아 있다는 것은 또한 시안(詩眼)[260]을 인정하여 취하는 것에 있다.

鍊篇・鍊章・鍊句・鍊字, 總之所貴乎鍊者, 是往活處鍊, 非往死處鍊也. 夫活, 亦在乎認取詩眼而已.

238

시안(詩眼)에는 시집 전체의 시안이 있고, 한 편의 시안이 있고, 몇 구 가운데의 시안이 있고, 한 구 가운데의 시안이 있다. 몇 구를 시안으로 삼는 것이 있고, 한 구를 시안으로 삼는 것이 있고, 한 두 글자를 시안으로 삼는 것도 있다.

詩眼, 有全集之眼, 有一篇之眼, 有數句之眼, 有一句之眼; 有以數句爲眼者, 有以一句爲眼者, 有以一二字爲眼者.

239

차가운 구절 가운데에는 뜨거운 글자가 있고, 뜨거운 구절 가운데에는 차가운 글자가 있다. 정이 드러난 구절 가운데에는 경물을 묘사한 글자가 있고 경물을 묘사한 구절 가운데에는 정이 드러난 글자가 있다. 시는 가느다란 힘줄이 뼈 속으로 파고들 듯이 해야 하는데, 반드시 이 글자를 잘 이용해서 얻어야 한다.

冷句中有熱字, 熱句中有冷字; 情句中有景字, 景句中有情字. 詩要細筋入骨, 必由善用此字得之.

240

시 가운데에는 쌍관자(雙關字)가 있고 편거자(偏擧字)도 있다. 예컨대,

260) 시안(詩眼) : 시에서 가장 핵심적인 부분을 지칭하는 말. 특히 이것이 시 가운데의 어떤 글자에 해당할 경우에는 자안(字眼)이라 한다.

도잠의 시 가운데 "구름을 바라보니 높이 나는 새에게 부끄럽고, 물가에 있자니 헤엄치는 물고기에 부끄럽네[望雲慙高鳥, 臨水愧遊魚]"[261]의 '구름[雲]', '새[鳥]', '물[水]', '물고기[魚]'는 편거자이고, '높다[高]', '헤엄치다[高]'는 쌍관자이다. 편거자는 물건을 예로 든 것이고, 쌍관자는 자기와 관련된 것이다.

詩有雙關字, 有偏擧字. 如陶詩"望雲慙高鳥, 臨水愧遊魚", '雲' '鳥' '水' '魚'是偏擧, '高' '遊'是雙關. 偏擧, 擧物也; 雙關, 關己也.

241

묻기를, "운이 통함과 통하지 않음은 무엇을 근거로 한 것인가?"라고 하여, 말하기를, "바로 옛날 것에 근거한다. 옛날 것에서 통하는 것은 나 또한 그것에 통한다. 『모시(毛詩)』, 『초사』, 한(漢), 위(魏), 육조시(漢魏六朝詩), 두보, 한유 등 대가들의 시에서부터 다른 고서의 운이 있는 글에 이르기까지 모두가 그 증거이다"라 한다.

問"韻之相通與不相通, 以何爲憑?" 曰: "憑古. 古通者, 吾亦通之. 『毛詩』, 『楚辭』, 漢·魏六朝詩, 杜·韓諸大家詩, 以及他古書中有韻之文, 皆其準驗也."

242

평성운 가운데 서로 통하는 것과 서로 통하지 않는 것을 가려내어, 이에 따라 상성·거성의 통하는 것과 통하지 않는 것을 정한다. 동(東)·동(冬)·강(江)이 통하면 동(董)·종(腫)·강(講)도 통하고, 송(送)·송(宋)·강(絳) 또한 통한다. 이로 미루어 지(支)·미(微)·제(齊)·가(佳)·회(灰)가 통하면, 지(紙)·미(尾)·제(薺)·해(蟹)·회(賄)가 통하고, 치(寘)·미(未)·제(霽)·태(泰)·괘(卦)·대(隊)가 통한다. 어(魚)·우(虞)가 통하면, 어(語)·우

261) 이 구절은 『도연명집(陶淵明集)』 권3의 「시작진군참군경곡아(始作鎭軍參軍經曲阿)」라는 시에 보인다.

(麌)가 통하며, 어(御) · 우(遇)가 통한다. 진(眞) · 문(文) · 원(元) · 한(寒) · 산(刪) · 선(先)이 통하면, 진(軫) · 문(吻) · 완(阮) · 한(旱) · 산(潸) · 선(銑)이 통하며, 진(震) · 문(問) · 원(願) · 한(翰) · 간(諫) · 산(霰)이 통한다. 소(蕭) · 효(肴) · 호(豪)가 통하면, 소(篠) · 교(巧) · 호(皓)가 통하며, 소(嘯) · 효(效) · 호(號)가 통한다. 가(歌) · 마(痲)가 통하면, 가(哿) · 마(馬)가 통하고, 개(箇) · 마(禡)가 통한다. 경(庚) · 청(靑) · 증(蒸)이 통하면, 경(梗) · 형(迥)이 통하고, 경(敬) · 경(徑)이 통한다. 침(侵) · 담(覃) · 염(鹽) · 함(咸)이 통하면, 침(寑) · 감(感) · 검(儉) · 함(豏)이 통하고, 심(沁) · 감(勘) · 염(艶) · 함(陷)이 통한다. 양(陽)은 통하지 않으니, 양(養) 또한 통하지 않으며, 양(漾) 또한 통하지 않는다. 우(尤)는 통하지 않으니, 유(有) 또한 통하지 않으며, 유(宥) 또한 통하지 않는다.

辨得平聲韻之相通與不相通, 斯上聲去聲之通不通因之而定. 東 · 冬 · 江通, 則董 · 腫 · 講通矣, 送 · 宋 · 絳亦通矣. 推之 : 支 · 微 · 齊 · 佳 · 灰通, 則紙 · 尾 · 薺 · 蟹 · 賄通, 寘 · 未 · 霽 · 泰 · 卦 · 隊通. 魚 · 虞通, 則語 · 麌通, 御 · 遇通. 眞 · 文 · 元 · 寒 · 刪 · 先通, 則軫 · 吻 · 阮 · 旱 · 潸 · 銑通, 震 · 問 · 願 · 翰 · 諫 · 霰通. 蕭 · 肴 · 豪通, 則篠 · 巧 · 皓通, 嘯 · 效 · 號通. 歌 · 痲通, 則哿 · 馬通, 箇 · 禡通. 庚 · 靑 · 蒸通, 則梗 · 迥通, 敬 · 徑通. 侵 · 覃 · 鹽 · 咸通, 則寑 · 感 · 儉 · 豏通, 沁 · 勘 · 艶 · 陷通. 陽無通, 則養亦無通, 漾亦無通. 尤無通, 則有亦無通, 宥亦無通.

243

입성운(入聲韻) 가운데 통하는 것과 통하지 않는 것은 또한 평성(平聲)으로 정한다. 동(東) · 동(冬) · 강(江)이 통하면, 옥(屋) · 옥(沃) · 각(覺)이 통한다. 진(眞) · 문(文) · 원(元) · 한(寒) · 산(刪) · 선(先)이 통하면, 질(質) · 물(物) · 월(月) · 갈(曷) · 힐(黠) · 설(屑)이 통한다. 경(庚) · 청(靑) · 증(蒸)이 통하면, 맥(陌) · 석(錫) · 직(職)이 통한다. 침(侵) · 담(覃) · 염(鹽) · 함(咸)이 통

하면, 집(緝)・합(合)・엽(葉)・흡(洽)이 통한다. 양(陽)이 통하지 않으면, 약(藥) 또한 통하지 않는다.

入聲韻之通不通, 亦於平聲定之. 東・冬・江通, 則屋・沃・覺通. 眞・文・元・寒・刪・先通, 則質・物・月・曷・黠・屑通. 庚・靑・蒸通, 則陌・錫・職通. 侵・覃・鹽・咸通, 則緝・合・葉・洽通. 陽無通, 則藥亦無通.

244

시를 논하는 사람은 더러 풍격을 단련함이 뜻을 단련함만 못하다고 생각하며, 더러는 뜻을 단련함이 풍격을 단련함만 못하다고 생각한다. 오직 강백석(姜白石)[262]의 『시설(詩說)』만이 그것을 터득하여 말하기를, "뜻은 풍격에서 나오므로, 먼저 풍격을 터득하여야 한다. 풍격은 뜻에서 나오므로 먼저 뜻을 터득하여야 한다"[263]라고 하였다.

論詩者, 或謂鍊格不如鍊意, 或謂鍊意不如鍊格. 惟姜白石『詩說』爲得之, 曰: "意出於格, 先得格也; 格出於意, 先得意也."

245

문으로는 말할 수 없는 뜻을 시로는 더러 말할 수 있다. 대개 문은 깨어 있을 때 잘 짓고, 시는 취해 있을 때 잘 짓는다. 취했을 때 하는 말은 깨어 있을 때 말할 수 없는 것을 말하는 경우가 있다. 대개 그 천기(天機)가 드러나는 것은 불가사의하다. 그러므로 나는 문의 뜻을 논하여 이르기를, "오직 이러한 성인만이 백 리를 내다보고 말한다"고 하였다. 시의 뜻을 논하여 이르기를, "백 사람 그들이 생각하는 바가 내가 하는 것

---

262) 강백석(姜白石): 중국 남송의 시인 강기(姜夔, 1155~1230)를 말함. 그의 호가 백석도인(白石道人)이다. 자는 요장(堯章). 청아하고 격조 높은 시문을 썼으며, 악률(樂律)에도 정통하였다. 시집에 『백석시집』, 『백석도인가곡』 등이 있다.

263) 송나라 위경지가 찬한 『시인옥설』 권1의 「백석시설(白石詩說)」에 보인다.

만 못하다"고 하였다.

文所不能言之意, 詩或能言之. 大抵文善醒, 詩善醉, 醉中語亦有醒時道不到者. 蓋其天機之發, 不可思議也. 故余論文旨曰: "惟此聖人, 瞻言百里." 論詩旨曰: "百爾所思, 不如我所之."

246

시에서 뜻을 나타내는 것을 귀하게 여기는 바는 모름지기 곧음, 따뜻함, 너그러움, 두려움을 근본으로 삼아야 한다는 것이다. 그렇지 않으면, 그 드러난 뜻이 거칠어지게 된다. 예컨대, 「악기(樂記)」에서 '교만한 마음', '빠져든 마음'[264]이라 말한 것이 그것이다.

詩之所貴於言志者, 須是以直·溫·寬·栗爲本. 不然, 則其爲志也荒矣, 如『樂記』所謂'喬志'·'溺志'是也.

247

'시란 말의 뜻을 잡는다는 것'이라고 할 때, 마음속으로 그 뜻을 잡는 것보다 먼저 해야 할 것은 없고, 밖으로는 풍화를 잡고 이를 따른다.

'詩之言持', 莫先於內持其志, 而外持風化從之.

248

옛 사람들은 뜻으로 인하여 시를 지었고, 후인들은 먼저 시부터 지었다. 궁구하여 시를 짓는 데 이르러도 함부로 지을 수 없었던 까닭은, 뜻이 들어왔다가도 뒤집혀 버리게 되기 때문이니, 하물며 뜻조차 없는 경우겠는가?

古人因志而有詩, 後人先去作詩, 卻推究到詩不可以徒作, 因將志入裏來, 已是倒做了, 況無與於志者乎!

---

264) 이 두 단어는 공영달(孔穎達)의 『예기주소(禮記注疏)』 권39 「악기(樂記)」에 보인다.

249

『문심조룡(文心雕龍)』에서 이르기를, "혜강(嵇康)의 뜻은 맑고 높으며, 완적(阮籍)의 뜻은 멀고 깊다"[265]라 하였고, 종영(鍾嶸)은 『시품(詩品)』에서 이르기를, "곽박(郭璞)은 뛰어나고 높은 재주를 사용하고, 유곤(劉琨)은 맑고 강한 기운에 기댄다"[266]고 하였다. 내 생각에 "'지(志)', '지(旨)', '재(才)', '기(氣)' 가운데 사람들이 한 글자씩을 차지하도록 하였으니, 이는 유독 더욱 중시하는 것으로 말한 것이다. 사실 네 글자는 시인들에게 하나라도 빠져서는 안 된다.

『文心雕龍』云 : "嵇志淸峻, 阮旨遙深." 鍾嶸『詩品』云 : "郭景純用儁上之才, 劉越石仗淸剛之氣." 余謂'志' '旨' '才' '氣', 人占一字, 此特就其所尤重者言之. 其實此四字, 詩家不可缺一也.

250

"생각함에 사특함이 없다"[267]는 말에서 '사(思)'자 가운데의 경계가 끝이 없으나, 귀결되는 바는 한 군데이다. 엄우(嚴羽)는 『창랑시화(滄浪詩話)』에서 이르기를, "손가는 대로 집어도 하나하나가 다 도이다"[268]라고 하였는데, 이 뜻에서 터득한 것 같다.

"思無邪", '思'字中境界無盡, 惟所歸則一耳. 嚴滄浪『詩話』謂"信手拈來, 頭頭是道", 似有得於此意.

251

우아한 사람은 깊은 흥치가 있고, 민풍을 읊는 시인[風人]·자신의 근심을 읊는 시인[騷人]도 역시 각기 그 깊은 흥치가 있다. 후인도 능히 그

---

265) 이 말은 양나라 유협(劉勰)이 찬한 『문심조룡(文心雕龍)』 권2 「명시(明詩)」 제6에 보인다.

266) 양나라 종영(鍾嶸)의 『시품(詩品)』 서(序)에 보인다.

267) 『시경』 「노송」 「경(駉)」에 보이는 말이다.

268) 송나라 엄우(嚴羽)가 찬한 『창랑시화(滄浪詩話)』 「시법(詩法)」에 보인다.

흥치가 있을 수 있으나, 풍(風)·아(雅)·소(騷)는 반드시 옛날에만 있었던 것이 아니다.

雅人有深致, 風人·騷人亦各有深致. 後人能有其致, 則風·雅·騷不必在古矣.

252

"옛날 내가 떠나 갈 때, 버드나무 아른거렸네. 지금 내가 돌아오니, 진눈깨비만 추적추적 내린다[昔我往矣, 楊柳依依. 今我來思, 雨雪霏霏]"269)라고 한 것은 우아한 사람의 깊은 흥치가 바로 경물을 빌어 마음을 말한 데에 드러나 있다. 만약 경물을 버리고 마음도 말하지 않는다면, 그저 "봄이 가니 겨울이 온다"고 말하는 데에 지나지 않으니, 무슨 의미가 있겠는가? 그러나 "기장이 한창 패었더니[黍稷方華]", "진눈깨비 길을 덮었으리[雨雪載塗]"270)라고 한 것은 이와 더불어 또 같으면서 다르니, 모름지기 사람을 이해시킬 방도를 찾아야 한다.

"昔我往矣, 楊柳依依. 今我來思, 雨雪霏霏." 雅人深致, 正在借景言情. 若舍景不言, 不過曰 : "春往冬來"耳, 有何意味? 然"黍稷方華", "雨雪載塗", 與此又似同而異, 須索解人.

253

하후담(夏侯湛)271)이 「주시(周詩)」를 지어서 반악(潘岳)에게 보였다. 반악이 말하기를, "이것은 다만 온아(溫雅)할 뿐만이 아니라, 특별히 효성스럽고 공손한 성품을 드러내었다"272)고 하였다. 내가 말하건대, 효성

---

269) 『시경』「소아」「채미(采薇)」에 보인다.

270) 이 구절들도 역시 『시경』「소아」「채미」에 보인다.

271) 하후담(夏侯湛, 243~291) : 서진(西晉) 초(譙)나라 사람. 자는 효약(孝若). 무제(武帝) 태시(泰始) 년간에 현량과에 합격하여 낭중(郎中)이 되었다. 혜제(惠帝) 때, 산기상기(散騎常侍)가 되었다. 반악(潘岳)과 벗으로 잘 지내었으며, 당시 사람들이 그들을 쌍벽이라 일컬었다.

스럽고 공손한 성품이란 온아한 것이다. 두 가지로 말하면, 반악은 이것을 통하여 볼 때 시를 모른다고 하겠다.

夏侯湛作「周詩」成, 示潘安仁. 安仁曰 : "此非徒溫雅, 乃別見孝弟之性." 余謂孝弟之性, 乃其所以溫雅也. 二而言之, 安仁於是爲不知詩矣.

254

사령운(謝靈運)은 그의 시에서 "일은 훌륭한 가르침을 위해 쓰는 것이고, 도는 신묘한 이치로 뛰어넘는 것이다"[273]고 하였다. 여기에서 아래 구의 뜻이 위 구와 떨어져서는 안 된다. 그렇게 하지 않으면 훌륭한 가르침 밖에 별도로 신묘한 이치가 있게 된다.

謝靈運詩, "事爲名敎用, 道以神理超." 下句意須離不得上句, 不然, 是名敎外別有所謂神理矣.

255

정(情)에서 발하지 않는다면 예와 의에 맞는 것이 아니기 때문에, 시에는 즐거움이 있고 슬픔이 있어야 한다. 정에서 발하였다고 반드시 예와 의에 맞는 것은 아니므로, 시에서는 슬픔과 기쁨이 절도에 맞아야 한다.

不發乎情, 卽非禮義, 故詩要有樂有哀. 發乎情, 未必卽禮義, 故詩要哀樂中節.

256

하늘이 사람을 복되게 함에 성정의 바름을 주는 것보다 좋은 것은 없다. 사람이 스스로 복을 받는 것으로 자신의 성정을 바르게 하는 일보

---

272) 이 말은 『진서(晉書)』 권55 「하후담열전(夏侯湛列傳)」에 보인다.
273) 양나라 소통이 찬한 『문선』 권22의 「종유경구북고응조일수(從遊京口北固應詔一首)」에 보인다.

다 좋은 것은 없다. 시에 종사해서 얻는 것이 있다면, 즐거워하되 허황한 데에 이르지 않고, 근심하되 괴로워하는 데에 이르지 않으니, 복이 어떠한가?

天之福人也, 莫過於予以性情之正; 人之自福也, 莫過於正其性情. 從事於詩而有得, 則樂而不荒, 憂而不困, 何福如之?

257

경물에는 큰 것과 작은 것이 있고 정에는 오랜 것과 잠깐인 것이 있다. 시에서 경물을 말할 때, 큰 것과 작은 것이 섞임을 걱정하는데, 큰 것과 작은 것이 서로 떨어짐도 걱정이다. 정을 말하는 것도 또한 이와 같다.

景有大小, 情有久暫. 詩中言景, 旣患大小相混, 又患大小相隔. 言情亦如之.

258

흥(興)과 비(比)는 넓음과 좁음의 구분이 있다. 아마도 비는 바름[正]은 있고 어긋남[反]이 없지만, 흥은 바름[正]과 어긋남[反]을 겸하였기 때문일 것이다.

興與比有闊狹之分. 蓋比有正而無反, 興兼反正故也.

259

옛날 사람들이 말하기를, 격앙해서 하는 말은 흥(興)에서 나온다고 하는데, 이곳의 '흥'자와 다른 곳에서 '흥'자를 말하는 것이 다르다. 격앙했다는 것은 대개 감정이 사실보다 지나친 것이다. 예컨대, 이백의 시에서 "푸른 하늘에 올라 해와 달을 보려고 한다[欲上靑天覽日月]"[274)]라고

274) 『이태백집분류보주(李太白集分類補註)』 권18에 보이는 「선주사조루전별교서숙운(宣州謝眺樓餞別校書叔雲)」라는 시의 구절이다.

한 예가 이러한 것이다.

昔人謂激昻之言出於興, 此'興'字與他處言'興'不同. 激昻大抵只是情過於事, 如太白詩"欲上青天覽日月"是也.

260

산의 정신은 그려 낼 수 없으나 연기와 노을로 그것을 그리고, 봄의 정신도 그려 낼 수 없으나 풀과 나무로 그린다. 그러므로 시에서 기상이 없다면 정신도 붙일 곳이 없게 된다.

山之精神寫不出, 以煙霞寫之; 春之精神寫不出, 以草樹寫之. 故詩無氣象, 則精神亦無所寓矣.

261

시격(詩格)의 뜻 가운데 하나는 '품격'의 '격'이니, 사람들 가운데 지혜로운 사람과 어리석은 사람, 어진 사람과 어질지 않은 사람이 있는 것과 같다. 다른 하나는 '격식'의 '격'이니, 사람들 가운데 가난한 사람과 부유한 사람, 귀한 사람과 천한 사람이 있는 것과 같다.

詩格, 一爲'品格'之'格', 如人之有智愚賢不肖也; 一爲'格式'之'格', 如人之有貧富貴賤也.

262

시의 품격은 사람의 품격에서 나온다. 사람의 품격으로는 정성스러운 것, 성실한 것, 질박한 것, 충성스러운 것이 최상이다. 초연히 높이 고개를 쳐드는 것, 띠풀을 베고 힘써 밭을 가는 것이 그 다음이다. 수고스럽게 이리 저리 왔다 갔다 하면서 속세의 부귀를 좇는 자는 기롱할 것도 없다.

詩品出於人品. 人品悃・款・朴・忠者最上, 超然高擧・誅茅力耕者次之, 送往勞來・從俗富貴者無譏焉.

263
시의 품격을 말하고자 하는 사람은 반드시 기(氣)에 대해 언급해야만 한다. 어떤 사람은 지나치게 단련을 하면 기를 상하게 된다고 의심하지만 그렇지 않다. 기를 상하게 되는 것은 대개 문사만을 단련하고 기를 단련하지 않기 때문이다.

言詩格者必及氣. 或疑太鍊傷氣, 非也. 傷氣者, 蓋鍊辭不鍊氣耳.

264
기에는 맑음과 탁함, 두터움과 엷음이 있다. 격에는 높음과 낮음, 고상함과 속됨이 있다. 시가들이 범범하게 기격(氣格)을 말하는 것은 옳지 않다.

氣有淸濁厚薄, 格有高低雅俗. 詩家泛言氣格, 未是.

265
임애헌(林艾軒)[275]이 말하기를, "소식·황정견의 차이는 장부와 여자가 빈객을 응접하는 것과 같다. 장부가 빈객을 보면 발길 닿는 대로 나와 가서 맞이하려 하지만, 여자는 분을 바르지 않으면 안 된다"[276]고 하였다. 내가 말하건대 이 논의는 황정견을 헐뜯고 소식을 깔보는 것임을 면할 수 없다. 그러나 미루어서 일체의 시를 논한다면, 다만 여자의 모습이 없어야 할뿐만이 아니고, 장부가 귀한가 천한가, 현명한가 우둔한가로 또한 크게 변별됨이 있을 것이다.

林艾軒謂 "蘇·黃之別, 猶丈夫女子之應接, 丈夫見賓客, 信步出將去, 如女子則非塗澤不可." 余謂此論未免誣黃而易蘇. 然推以論一切

---

275) 임애헌(林艾軒) : 송나라 때의 문인 임광조(林光朝, 1114~1178)을 말한다. 그의 호가 애헌이다. 자는 겸지(謙之). 효종 유흥(隆興) 원년에 진사가 되었다. 육경에 달통하여 따르는 학자들이 많았다. 벼슬은 국자좨주(國子祭酒)·중서사인(中書舍人) 등에 이르렀다.
276) 송나라 임광조(林光朝)가 찬한 『애헌집』 권2 「잡저」의 「독한유소황집(讀韓柳蘇黃集)」에 보인다.

之詩, 非獨女態當無, 雖丈夫之貴賤賢愚, 亦大有辨矣.

266

시가 남을 기쁘게 하는 것을 마음으로 삼고 남에게 자랑하는 것을 마음으로 삼는다면, 품격은 어디에 쓰겠는가? 그러나 또한 품격에 대해 요란하게 떠든다면, "사람을 물에 빠뜨려 놓고 반드시 웃는 것"과 무엇이 다르겠는가?

詩以悅人爲心與以夸人爲心, 品格何在? 而猶譊譊於品格, 其何異"溺人必笑"耶?

267

어떤 사람이 묻기를, "시가 서술하는 일에만 치우치면 뜻을 가리게 되고, 의론하는 일에만 치우치면 격에 병통이 있게 된다고 하는데, 이 설은 또한 뜻과 격을 가리는 사람도 버리지 않는 것 아닌가?"라고 하였다. 내가 말하기를, "버린다면 옳지 않고 고집한다면 천박하다"라고 하였다.

或問 : "詩偏於敍則掩意, 偏於議則病格, 此說亦辨意・格者所不遺否?" 曰 : "遺則不是, 執則淺矣."

268

"그의 시는 매우 크고", "그의 풍격은 정말 좋고"[277]라고 하였는데, 후대에 시를 짓는 사람들은 '석(碩)'과 '호(好)' 두 글자에 대해 모름지기 잘 알아야만 한다. 진실로 크게 하지 않으면 반드시 오활해 질 것이고, 진실로 좋지 않으면 반드시 곱게만 될 것이다.

"其詩孔碩", "其風肆好", 後世爲詩者於'碩' '好'二字須善認. 使非眞

277) 『시경』 「대아」 「숭고(崧高)」에 보인다.

碩, 必且迂; 非眞好, 必且靡也.

269

시는 맑지 않으면 거칠어지고 그윽하지 않으면 드러난다. "조화로운 것이 맑은 바람과 같다"[278]는 것은 마땅히 길보(吉甫)[279]에 맞추어 말하기에 알맞다.

詩不淸則蕪, 不穆則露. "穆如淸風", 宜吉甫合而言之.

270

무릇 시는 떠돌아다니는 것은 틈이 없어야 하고, 절실한 것은 다함이 없어야 하고, 넓고 큰 것은 막혀서는 안 되고, 정미한 것은 치우쳐서는 안 된다.

凡詩, 迷離者要不間, 切實者要不盡, 廣大者要不廓, 精微者要不僻.

271

시는 속되게 짓는 것을 피해야 하지만, 더욱이 익숙하게 짓는 것을 피해야만 한다. 여러 층을 벗겨버리고 바야흐로 붓을 들어 글을 쓰면, 아마도 '숙(熟)'자의 경계 안에 떨어지지는 않을 것이다.

詩要避俗, 更要避熟. 剝去數層方下筆, 庶不墮'熟'字界裏.

272

시는 '공(空)'과 '욕(欲)'이라는 두 가지 경계를 초월해야 한다. 공은 참선에 드는 것이고, 욕은 세속에 빠지는 것이다. 그것을 초월하는 법은 다름이 아니라, "정에서 발하여 예와 의에서 멈추는 것"[280]일 따름이라

278) 『시경』「대아」「증민(烝民)」에 보인다.

279) 길보(吉甫) : 위 시를 지은 작자. 모전(毛傳)에서는 윤길보(尹吉甫)라 하였다.

280) 『시경』「대서(大序)」에 보이는 말이다.

하였다.

詩要超乎‘空’ ‘欲’二界. 空則入禪, 欲則入俗. 超之之道無他, 曰 : “發乎情, 止乎禮義.”而已.

273

어떤 사람이 묻기를, “시에서 어떻게 해야 기상을 부귀하게 하느냐?”고 하였다. 말하기를, “무릇 부(富)는 옛 사람들이 이른바 ‘건곤을 함으로 덮는다’[281]라고 한 것 같고, 귀(貴)는 이른바 ‘뭇 사람들의 경향을 잘라 버린다’[282]라는 것과 같다고 함이 바로 이것이다”라고 하였다.

或問 : “詩何爲富貴氣象?” 曰 : “大抵富如昔人所謂‘函蓋乾坤’, 貴如所謂‘截斷衆流’, 便是.”

274

시의 바탕은 구리로 된 담장, 쇠로 된 벽과 같아야 하며, 기는 하늘에 부는 바람, 바다에 치는 파도와 같아야 한다.

詩質要如銅牆鐵壁, 氣要如天風海濤.

275

시에는 나만 있고 옛 것이 없으면 안 되지만, 더욱이 옛 것만 있고 내가 없어서는 안 된다. 전아하고 정밀한 것과 신묘한 것을 겸하여야 이에 좋다.

詩不可有我而無古, 更不可有古而無我. 典雅・精神, 兼之斯善.

276

종영(鍾嶸)은 완적(阮籍)의 시를 일러 “성령을 도야할 수 있다”[283]라고

281) 송나라 스님 보제(普濟)가 찬한 『오원회원(五燈會元)』 권10에 보인다.
282) 송나라 스님 보제가 찬한 『오등회원』 권12에 보인다.

하였는데, 이는 성령을 가지고 시를 논하는 사람들에게 본보기가 되었다. 두보 시에 또한 이르기를, "성령을 도야하는 일은 어느 것에 있는가? 새 시를 고치고 나서 스스로 길게 읊조린다[陶冶性靈存底物? 新詩改罷自長吟]"[284]라고 하였다.

鍾嶸謂阮步兵詩"可以陶寫性靈", 此爲以性靈論詩者所本. 杜詩亦云 : "陶冶性靈存底物? 新詩改罷自長吟."

277

원진(元稹)이 「두공부묘지(杜工部墓誌)」를 지었는데, 송나라·제나라 사이의 성령을 읊조리고 경치 좋은 곳에서 배회하며 지은 글을 매우 천박하게 여겼다. 사실 성령과 경치는 「풍」, 「아」로부터 비롯되어 일어난 것이라 떼어놓을 수 없으나, 그것을 변별하는 것은 돌아가는 홍취가 바르냐 바르지 않느냐에 있다.

元微之作杜工部墓誌, 深薄宋·齊間吟寫性靈·流連光景之文. 其實性靈光景, 自「風」「雅」肇興, 便不能離, 在辨其歸趣之正不正耳.

278

시를 꾸미기만 하면 싫어하며 낮게 여길 수 있다. 그러나 꾸미는 것은 겉모습만을 위하는 것을 배우고 본체를 기르지 않는 데에서 흔히 일어난다. 진(晉)나라 동해왕(東海王) 월(越)은 「여완첨서(與阮瞻書)」에서 이르기를, "배워 들어간 바는 얕지만, 본체가 편안히 여기는 바는 깊다"[285]라고 하였는데, 훌륭하도다.

詩涉修飾, 便可憎鄙. 而修飾多起於貌爲有學而不養本體. 晉東海王

283) 이 내용은 종영(鍾嶸)의 『시품(詩品)』 권1에 보인다.

284) 『두공부시집』 권5의 「해민십이수(解悶十二首)」에 보인다.

285) 『진서(晉書)』 권49 「열전(列傳)」 제19의 완첨전 및 명나라 매정조(梅鼎祚)가 편한 『서진문기(西晉文紀)』 권4에 보인다.

越「與阮瞻書」曰 : "學之所入淺, 體之所安深." 善夫!

279

시를 짓는 사람들이 내내 세상을 버리고 자신에게 즐거운 말만을 지어 신선의 뜻이라고 여기지만, 그것이 도리어 신선이 되는 데에 장애가 됨을 모른다. 신선의 뜻은 모름지기 음장생(陰長生)[286]이 고시에서 "신선이 모여 사는 곳에서 놀면서, 여러 어리석은 사람들을 불쌍히 여긴다[遊戲仙都, 顧愍群愚]"[287]라고 한 것과 같아야 하니, 두 구절은 거의 신선의 뜻을 얻었다 할 것이다. 아니면 『도인경(度人經)』[288]에서 말한 "슬픈 노래가 하늘에 낭랑하게 울려 퍼진다[悲歌朗太空]"와 같아야 한다.

詩一往作遺世自樂語, 以爲仙意, 不知卻是仙障. 仙意須如陰長生古詩"遊戲仙都, 顧愍群愚" 二語, 庶爲得之. 抑『度人經』所謂"悲歌朗太空"也.

280

시는 한편으로 막혀 쌓이고 먼지처럼 썩는 것을 경계해야 하고, 다른 한편으로는 가볍게 떠다니고 멋대로 넘실대는 것을 경계해야 한다. 무릇 "말을 함에 마땅히 비속하고 사리에 어긋나는 것을 멀리해야 한다"[289]라고 하였으니, 시가 어떠해야 하는지를 알 수 있다.

詩一戒滯累塵腐, 一戒輕浮放浪. 凡"出辭氣, 當遠鄙倍", 詩可知矣.

---

286) 음장생(陰長生) : 동한 때의 남양(南陽) 신야(新野) 사람 음갱(陰堅). 본래는 부귀한 집에서 태어났으나, 부귀를 싫어하여 은거하면서 세상을 피해 살며, 도술을 연마하였다고 한다. 도세법(度世法)을 하는 마명생(馬明生)의 제자가 되어 20여 년간 사사하였다.

287) 진(晉)나라 때의 갈홍(葛洪)이 찬한 『신선전(神仙傳)』 권5에 보인다.

288) 『도인경(度人經)』 : 도교 경전 가운데의 하나.

289) 이 말은 『논어』 「태백(泰伯)」에 보이는 "出辭氣, 斯遠鄙倍矣"라는 말을 쓴 것이다.

281

시 가운데에서는 진실로 미묘한 말을 얻어야 하지만, 하는 말마다 모두 미묘하게 한다면 곧바로 미묘하지 않게 된다. 내리 평탄하고 평이한 가운데 갑자기 부딪혀 드러나야, 사람들에게 신기하고 뛰어나다고 느끼도록 한다.

詩中固須得微妙語, 然語語微妙, 便不微妙. 須是一路坦易中, 忽然觸著, 乃足令人神遠.

282

꽃과 새들이 얽히고, 구름과 천둥이 치고, 현악기와 샘이 그윽이 흐느끼고, 눈과 달이 휘영청 밝아야 하니, 시는 이 네 가지 경계를 벗어나지 않는다.

花鳥纏綿, 雲雷奮發, 絃泉幽咽, 雪月空明 : 詩不出此四境.

283

『시경』의 "찌르르 찌르르 풀벌레 소리[喓喓草蟲]"[290]는 듣고서 안 것이고, "펄쩍 펄쩍 언덕의 메뚜기[趯趯阜螽]"[291]는 보고서 안 것이고, "덜거덕 덜거덕 수레 소리[有車鄰鄰]"[292]는 알고서 들은 것이고, "말은 이마가 희다[有馬白顚]"[293]는 것은 알고서 본 것이다. 시에 '알고', '듣고', '보는' 것에서 벗어나는 것이 있는가?

『詩』 "喓喓草蟲", 聞而知也; "趯趯阜螽", 見而知也; "有車鄰鄰", 知而聞也; "有馬白顚", 知而見也. 詩有外於'知'與'聞' '見'者耶?

290) 『시경』「국풍」「초충」의 구절이다.
291) 『시경』「국풍」「초충」의 구절이다.
292) 『시경』「국풍」「거린(車鄰)」의 구절이다.
293) 『시경』「국풍」「차린」의 구절이다.

284

"맑은 바람과 밝은 달은 한 푼을 쓰지 않고도 산다"[294)]고 한 것에서 앞의 네 자는 모두 아는 것이지만, 아래 다섯 글자는 혼자만 얻은 것이다. 대저 아름다운 문장 가운데에는 반드시 혼자만 얻는 구절이 있고, 아름다운 구절 가운데에도 반드시 혼자만 얻는 글자가 있다. 생각건대, 머리에 있던지 허리에 있던지 발에 있던 지는 반드시 같을 필요가 없다.

"淸風明月不用一錢買", 上四字其知也, 下五字獨得也. 凡佳章中必有獨得之句, 佳句中必有獨得之字; 惟在首在腰在足, 則不必同.

285

"구불구불한 길은 그윽한 곳으로 통하고, 선방(禪房)에는 꽃과 나무만이 우거졌다[曲徑通幽處, 禪房花木深]"라고 읊은 것을 구양수가 칭상하였다.[295)] "사경에 산에 달이 떠오르니, 새벽녘에 물은 누각을 비추네[四更山吐月, 殘夜水明樓]"라고 한 것은 소식이 그것을 칭상하였다.[296)] 이와 같은 곳에는 옛날 사람들이 스스로 만족하는 마음이 있는데, 후대 사람들이 간혹 억지로 풀이하거나, 간혹 일부러 의심하니 모두 잘못이다.

"曲徑通幽處, 禪房花木深", 六一賞之; "四更山吐月, 殘夜水明樓", 東坡賞之. 此等處古人自會心有在, 後人或强解之, 或故疑之, 皆過矣.

---

294) 『이태백문집』 권5의 「양양가(襄陽歌)」에 "淸風朗月不用一錢買"라 하였다.

295) 이 시는 당나라의 시인 상건(常建)이 지은 「파산사후선원(破山寺後禪院)」이라는 시의 구절이고, 구양수가 이것을 감상한 내용은 송나라 축목(祝穆)이 찬한 『고금사문유취(古今事文類聚)』 「별집(別集)」 권9의 「문장부(文章部)」에 보인다.

296) 이 시는 두공부시집 권17의 「월(月)」에 보이고, 소식이 이것을 감상한 내용은 소식이 찬한 『동파지림(東坡志林)』 권10에 보인다.

권3

부개(賦概)

1

반고(班固)[1]가 말하기를, "부(賦)란 것은 고시의 한 갈래이다"[2]라고 하였다. 그는 『한서(漢書)』「예문지(藝文志)」를 지었는데, 여기에서 손경(孫卿)[3]·굴원(屈原)[4]의 부를 논하여 "고시의 측은한 뜻이 있다"고 하였다.

1) 반고(班固) : 후한의 역사가·문인. 자는 맹견(孟堅). 역사가인 반표(班彪)의 아들. 반표는 사마천의 『사기』를 이어 받아 미진한 부분을 기록하고자 하였는데, 반고도 아버지의 뜻을 계승하여 역사편찬을 시도하여 『한서』를 저술하였다.

2) 『문선(文選)』 권1에 실려 있는 「양도부서(兩都賦序)」에 나오는 말이다.

3) 손경(孫卿) : 순경(荀卿). 중국 전국시대 조나라의 사상가인 순황(荀況, B.C.298?~B.C.238?). 예의로써 사람의 성질을 교정할 것을 주장하고 맹자의 성선설(性善說)에 대하여 성악설(性惡說)을 제창하였다. 저서에 『순자』가 있다.

4) 굴원(屈原) : 전국시대 초나라의 시인·정치가. 자는 영균(靈均). 초사의 창립자이며 대표적 작가이다. 「이소(離騷)」는 중상모략으로 국왕의 곁에서 멀어지게 되자 그 분함을 노래한 것이라고 『사기』에 적혀 있다. 그는 결국 양자강 이남으로 추방되어 장사(長沙)에 있는 멱라수(汨羅水)에 투신하여 죽었다. 그의 작품은 한(漢)의 부문학(賦文學)에 커다란 영향을 미쳤다.

유협(劉勰)[5]은 「전부(詮賦)」[6]에서 부에 대해 말하기를, "육의(六義)의 부용(附庸)"이라고 하였다. 이를 통하여 육의가 갖추어지지 않으면 시가 아니고 또한 부도 아님을 알 수 있다.

班固言"賦者, 古詩之流", 其作『漢書』「藝文志」, 論孫卿·屈原賦"有惻隱古詩之義." 劉勰「詮賦」, 謂賦爲"六義附庸." 可知六義不備, 非詩卽非賦也.

2

부는 "고시의 한 갈래이다"라고 하였는데, 고시는 풍(風)·아(雅)·송(頌) 같은 것이니, 곧 「이소(離騷)」는 「국풍(國風)」과 「소아(小雅)」에서 나왔음을 알 수 있다.

賦, "古詩之流." 古詩如風·雅·頌是也, 卽「離騷」出於「國風」·「小雅」可見.

3

정(情)을 말한 부는 풍(風)에서 나왔고, 의리를 진술한 부는 아(雅)에서 나왔고, 덕을 기술한 부는 송(頌)에서 나왔다.

言情之賦本於風, 陳義之賦本於雅, 述德之賦本於頌.

4

이중몽(李仲蒙)[7]이 말하기를, "사물을 서술하여 정을 말하는 것을 부라 하고, 사물을 찾아서 정에 의탁하는 것을 비라 하고, 사물을 건드려

---

5) 유협(劉勰, 495~552) : 중국 남북조시대 양나라의 학자·문인. 자는 언화(彦和)이다. 강소(江蘇) 경구(京口)에서 태어났다. 저술로 『文心雕龍』을 남겼다.

6) 「전부(銓賦)」: 『문심조룡』 제8장에 있다.

7) 이중몽(李仲蒙) : 송나라 때의 문인 이육(李育, 1020~1069). 그의 자가 중몽이다. 인종 때에 진사가 되었다. 성품이 고상하고 간결하며, 시를 잘 지었다고 한다. 특히 「비기교(飛騎橋)」라는 작품을 지었는데, 당시에 회자되었다고 한다.

서 정을 일으키는 것을 흥이라고 한다"[8]라고 하였는데, 이는 부·비·흥의 구별을 명확히 밝혀 준 것이다. 그러나 부 가운데에는 비·흥의 뜻을 겸비하지 않은 것이 없다.

李仲蒙謂: "敍物以言情謂之賦, 索物以託情謂之比, 觸物以起情謂之興." 此明賦·比·興之別也. 然賦中未嘗不兼具比·興之意.

5

시는 부의 마음이 되고, 부는 시의 몸이 된다. 시는 그 뜻을 간략히 함[持]을 말하고, 부는 그 뜻을 펴는[鋪] 것을 말한다. '지(持)'는 간략히 한다는 말이고, '포(鋪)'는 넓힌다는 말이다. 옛날 시인은 본래 두 뜻을 합하여 하나로 삼았는데, 서한 이래로 시·부는 비로소 각각 전문가가 있게 되었다.

詩爲賦心, 賦爲詩體. 詩言持, 賦言鋪, '持'約而'鋪'博也. 古詩人本合二義爲一. 至西漢以來, 詩·賦始各有專家.

6

부는 어떤 일에 대한 정감이 복잡다단한 데에서 일어나 시로는 제어할 수 없기 때문에 부를 지어 펼쳐 늘어놓는 것이다. 이에 천태만상으로 층층이 드러나고 번갈아 출현하는 것에 대해 토로함에 창달되지 않음이 없고, 창달됨에 혹시라도 고갈됨이 없다. 『초사(楚辭)』「초혼(招魂)」에서 이르기를, "지극한 생각을 엮어서 글을 지으니, 난의 향기에 비길 만하다. 사람에게 지극한 바가 있으니, 한가지 마음으로 읊는다[結撰至思, 蘭芳假些. 人有所極, 同心賦些]"라 하였는데, '지(至)'라 하고 '극(極)'이라 하였다. 이는 바로 황보사안(皇甫士安)[9]이 「삼도부서(三都賦序)」에서 "다

8) 송나라 왕응린(王應麟)이 찬한 『곤학기문(困學紀聞)』 권3에 보인다.

9) 황보사안(皇甫士安): 중국 서진(西晉)의 문학가 황보밀(皇甫謐, 215~282). 사안은 그의 자이다. 어렸을 적의 이름은 정(靜)이고, 자호를 현안선생(玄晏先生)이라 하였다. 안

른 사람이 더할 수 없도록 하고자 하였다"라고 이른 것이다.

賦起於情事雜沓, 詩不能馭, 故爲賦以鋪陳之. 斯於千態萬狀層見迭出者, 吐無不暢, 暢無或竭. 『楚辭』「招魂」云: "結撰至思, 蘭芳假些. 人有所極, 同心賦些." 曰'至'曰'極', 此皇甫士安「三都賦序」所謂"欲人不能加."也.

7

악장(樂章)은 시 아닌 것이 없으나 시가 모두 음악은 아니다. 부는 시 아닌 것이 없으나 시가 모두 부는 아니다. 그러므로 악장은 시 가운데 궁상(宮商)[10]에 맞는 것이고, 부는 시 가운데 뜻을 펴서 기술한 것이다.

樂章無非詩, 詩不皆樂; 賦無非詩, 詩不皆賦. 故樂章, 詩之宮商者也; 賦, 詩之鋪張者也.

8

부가 시와 구별되는 점은, 시는 말의 정은 적고 소리의 정은 많으며, 부는 소리의 정은 적고 말의 정은 많다는 것이다. 황보밀이 「삼도부서」에서 이르기를, "옛날 글을 짓는 사람들은 한갓 말만을 숭상하지는 않았다"고 하였다. 바로 부가 말을 숭상함을 드러낸 것으로, 설명이 필요하지 않다.

賦別於詩者, 詩辭情少而聲情多, 賦聲情少而辭情多. 皇甫士安「三都賦序」云: "昔之爲文者, 非苟尙辭而已." 正見賦之尙辭, 不待言也.

9

옛날에는 사(辭)와 부(賦)가 통칭되었다. 『사기(史記)』「사마상여전(司馬

정(安定) 조나(朝那: 지금의 甘肅省 平凉) 사람이다. 지은 시문이 많았으나 모두 일실되고, 지금은 겨우 몇 편만이 전한다.

10) 궁상(宮商): 궁(宮)·상(商)·각(角)·치(徵)·우(羽), 즉 오음(五音)을 줄여서 쓴 말이다.

相如傳)」에 말하기를, “경제(景帝)가 사부를 좋아하지 않았다”고 하였고, 『한서』「양웅전(揚雄傳)」에서도 “부 가운데 「이소」보다 깊은 것이 없고, 사 가운데 상여(相如[11])의 작품보다 고운 것이 없다”고 하였으니, 사도 또한 부가 되고, 부도 또한 사가 된다는 사실이 매우 분명하다.

古者 辭與賦通稱. 『史記』「司馬相如傳」言“景帝不好辭賦”, 『漢書』「揚雄傳」“賦莫深於「離騷」, 辭莫麗於相如”, 則辭亦爲賦, 賦亦爲辭, 明甚.

10

소는 부의 원조이다. 태사공(太史公[12])은 「보임안서(報任安書)」에서 “굴원이 쫓겨나서 「이소」를 지었다”라고 하였다. 『한서』「예문지」에서는 “굴원의 부는 25편”이라 하고, 별도로 소라는 이름을 쓰지 않았다. 유협은 「변소(辨騷)」[13]에서 말하기를, “이름난 유자(儒者)의 사부는 그 의표를 모의하지 않는 경우가 없었다”라고 하였다. 또 말하기를, “아(雅)・송(頌)에 비해서는 보잘것없지만, 사부(辭賦) 가운데에서는 영걸(英傑)이다”라고 하였다.

騷爲賦之祖. 太史公「報任安書」“屈原放逐, 乃賦「離騷」”, 『漢書』「藝文志」“屈原賦二十五篇”, 不別名騷. 劉勰「辨騷」曰 : “名儒辭賦, 莫不擬其儀表.” 又曰 : “雅頌之博徒, 而辭賦之英傑也.”

11

사마천은 「굴원전」에서 말하기를, “「이소」는 근심을 만났다는 말과

---

11) 상여(相如) : 전한의 대표적인 사부가인 사마상여(司馬相如)를 말한다. 자는 장경(長卿). 처음에는 경제(景帝)를 섬겼으나 양(梁)나라로 가서 매승(枚乘)과 함께 교유하면서 지냈다. 대표작으로 「자허부(子虛賦)」와 「상림부(上林賦)」 등이 있다. 문집으로 명나라 때 편찬된 『사마문원집(司馬文園集)』이 있다.

12) 태사공(太史公) : 『사기』의 저자 사마천(司馬遷)을 말한다. 대대로 태사의 직책을 맡아 역사를 기록하였기 때문에 이렇게 부른다.

13) 「변소(辨騷)」 : 『문심조룡』의 제5장이다.

같다"라고 하였다. '이(離)'자에 대해서 처음에는 분명하지 않아 아래에 각주를 달았다. 응소(應劭)[14]는 '만나다[遭]'의 뜻으로 '이'를 풀이하였는데, 아마도 반드시 옳다고 할 수는 없다. 왕일(王逸)[15]은 『초사장구(楚辭章句)』에서 "이는 헤어지는 것이다. 소는 근심이다. 말하자면, 자기가 방축되어 이별을 함에 마음속에 근심이 일어난다"라고 풀이하였다. 이것이 대개 그 뜻을 바로 이해한 것이다. 그러나 굴원(屈原)이 스스로 말하기를, "나는 저 이별을 어렵게 생각지 않았지만, 마음이 자꾸 바뀌는 것에 마음이 아프다"고 한 것만 못하다. 더욱이 이별을 당하여 근심하는 것은 임금을 위한 것이지 자신을 위한 것이 아니다.

太史公「屈原傳」曰:"「離騷」, 猶離憂也." 於'離'字初未明下註脚. 應劭以'遭'訓'離', 恐未必是. 王逸『楚辭章句』:"離, 別也; 騷, 愁也. 言已放逐離別, 中心愁思." 蓋爲得之. 然不若屈子自云:"余旣不難夫離別兮, 傷靈修之數化." 尤見離而騷者, 爲君非爲私也.

12

「이소」에서 이르기를, "나는 진실로 충직함이 근심을 초래할 수 있음을 알지만, 차마 버리지 못하네"라고 하였다. 「구장(九章)」[16]에서 이르기를, "전철(前轍)이 통하지 않음을 알면서도 이 법도를 고치지 않는다"라고 하였다. 굴원은 의심을 받을수록 더욱 믿음이 가도록 행동하고, 비방을 받을수록 더욱 충성을 다하였음을 여기에서 드러내었다.

「離騷」云:"余固知謇謇之爲患兮, 忍而不能舍也." 「九章」云:"知前

---

14) 응소(應劭): 후한 말의 문학자. 자는 중원(仲遠). 여남(汝南) 남돈(南: 지금의 하남성 項城 서남쪽) 사람이다. 많은 저술이 있었으나, 지금은 『풍속통의(風俗通義)』, 『한관의(漢官儀)』와 약간의 시문이 있다.

15) 왕일(王逸): 한나라 때의 문인. 자는 숙사(叔師)이고, 남군(南郡) 의성(宜: 지금 호북 지방) 사람이다. 생졸년대가 자세하지 않으나, 동한 안제(安帝) 때 활동하였다. 저서에 『초사장구(楚辭章句)』 21편이 있다. 이 밖의 시문은 명나라 때 엮은 『왕숙사집』에 수록되어 있다.

16) 「구장(九章)」: 굴원이 지은 『초사』에 들어 있는 작품의 하나.

轍之不遂兮, 未改此度.” 屈子見疑愈信, 被謗愈忠, 於此見矣.

13

반고는 굴원이 “재주를 드러내어 자신을 드날렸다”고 생각하였는데, 그 뜻은 양웅(揚雄)[17]의 「반이소(反離騷)」에 근본을 두고 있으니, 이른바 “여러 아낙이 질투하는 것을 아는데, 하필이면 나의 아미를 날릴 필요가 있는가?”라고 하는 것이 이것이다. 그러나 이러한 논의는 자못 지사의 기개를 잃은 것이다. 왕양명(王陽明)[18]은 「조굴평묘부(弔屈平廟賦)」에서 “여러 사람들이 미쳐 날뜀에, 억울하게 죽어서 자신을 드날렸네”라고 두 마디를 하였는데, 진실로 독자로 하여금 통쾌하다고 말하게 한다.

班固以屈原爲“露才揚己”, 意本揚雄「反離騷」, 所謂“知衆嫮之嫉妬兮, 何必揚纍之蛾眉.”是也. 然此論殊損志士之氣. 王陽明「弔屈平廟賦」“衆狂穉兮, 謂纍揚己”二語, 眞足令讀者稱快.

14

「이소」의 말은 비교적 시보다 자유롭다. 이것은, “『춘추(春秋)』는 근엄하고, 『좌씨(左氏)』[19]는 과장이 심하다”[20]고 하는 것과 같이, 과장이 심한 가운데 절로 근엄한 뜻이 있는 것이다.

「騷」辭較肆於詩, 此如“春秋謹嚴, 左氏浮夸”, 浮夸中自有謹嚴意在.

---

17) 양웅(揚雄) : 한(漢)나라의 학자. 자는 자운(子雲)이다. 저서로 『양자법언(揚子法言)』, 『태현경(太玄經)』 등이 있다.

18) 왕양명(王陽明, 1472~1528?) : 중국 명나라의 유학자. 이름은 수인(守仁). 자는 백안(伯安). 양명은 호. 지행합일론(知行合一論)과 심즉이설(心卽理說) 및 치양지설(致良知說)을 주장하였다. 저서에 『왕문성전서(王文成全書)』, 『전습록』이 있다.

19) 『좌씨(左氏)』 : 좌구명(左丘明)이 지었다는 『춘추좌씨전』을 말한다.

20) 한유의 「진학해(進學解)」에 나오는 구절이다.

15

“「국풍」은 여색을 좋아하되 음탕하지 않고, 「소아」는 원망하고 비방하되 어지러운 데에 이르지 않았다”[21]라고 하였는데, 회남(淮南)[22]은 이렇게 「이소」에 대해 전(傳)을 달았고, 태사공(太史公)[23]은 그것을 인용하였다. 소릉(少陵)[24]은 송옥(宋玉)[25]의 집을 읊으면서 “풍류스러우면서도 선비의 단아함을 갖춘 점이 또한 나의 스승이다[風流儒雅亦吾師]”[26]고 하였다. 아래에 있는 ‘역(亦)’자가 시안(詩眼)이 된다. 대개 굴원의 풍류스럽고 우아한 점에 대하여 말한 것이다.

“「國風」好色而不淫, 「小雅」怨誹而不亂”, 淮南以此傳「騷」, 而太史公引之. 少陵詠宋玉宅云 : “風流儒雅亦吾師.” ‘亦’字下得有眼, 蓋對屈子之風雅而言也.

16

부는 마땅히 참과 거짓으로 논해야 하며, 바름과 변함으로 논해서는 안 된다. 바르지만 거짓이 된 것은 변해서 참되게 된 것보다 못하다. 이것이 굴원의 부가 숭상되는 까닭이다.

賦當以眞僞論, 不當以正變論. 正而僞, 不如變而眞. 屈子之賦所由

---

21) 이 말은 『사기』 권84 「굴원가생열전(屈原賈生列傳)」 제24에 보인다.

22) 회남(淮南) : 회남소산(淮南小山). 회남왕을 도와 시를 정리하였다고 하나 자세한 행적은 알 수 없다. 작품으로 「초은사(招隱士)」가 있다.

23) 태사공(太史公) : 중국 전한(前漢)의 역사가 사마천(司馬遷, B.C.145?~B.C.86?)을 일컫는 말. 자는 자장(子長). 기원전 104년에 공손경(公孫卿)과 함께 태초력(太初曆)을 제정하여 후세 역법의 기초를 세웠으며, 역사책 『사기』를 완성하였다.

24) 소릉(少陵) : 중국 당나라 때의 시인 두보(杜甫, 712~770)의 호. 자는 자미(子美). 율시에 뛰어났으며, 긴밀하고 엄격한 구성, 사실적 묘사 수법 따위로 인간의 슬픔을 노래하였다. ‘시성(詩聖)’으로 불리며, 이백(李白)과 함께 중국의 최고 시인으로 꼽힌다. 작품에 「북정(北征)」, 「병거행(兵車行)」 등이 있다.

25) 송옥(宋玉, B.C.290?~B.C.222?) : 중국 춘추전국시대 초나라의 문인. 작품에 「구변(九辯)」, 「초혼(招魂)」, 「고당부(高唐賦)」 등이 있다.

26) 『집천가주두공부시집(集千家註杜工部詩集)』 권15에 있는 「영회고적오수(詠懷古跡五首)」의 두 번째 작품이다.

尙已.

17

변풍(變風)·변아(變雅)는 변한 것 가운데 바른 것이고, 「이소」도 또한 변한 것 가운데 바른 것이다. "'꿇어 앉아 소매를 펴고 글을 쓰니, 나를 깨우치는 것을 이 가운데에서 바르게 얻는다"[27]고 하였는데, 굴원은 진실로 스스로에 대해 말하는 것을 꺼리지 않았다.

變風·變雅, 變之正也; 「離騷」亦變之正也. "跪敷衽以陳辭兮, 耿吾旣得此中正." 屈子固不嫌自謂.

18

「이소」는 동편에 한 구절, 서편에 한 구절, 하늘 위에 한 구절, 땅 속에 한 구절이 있는 것처럼 열리고 닫히며 억누르고 드날리는 변화가 극에 달하였지만, 그 가운데 절로 변하지 않는 것이 존재한다.

「離騷」東一句, 西一句, 天上一句, 地下一句, 極開闔抑揚之變, 而其中自有不變者存.

19

순경(荀卿[28])의 부는 바로 가리키고, 굴원의 부는 곁으로 널리 통한다. 경(景)으로 정(情)을 담고, 문(文)으로 질(質)을 대신하는 것이 곁으로 통함을 묘하게 운용하는 일이다.

荀卿之賦直指, 屈子之賦旁通. 景以寄情, 文以代質, 旁通之妙用也.

27) 이 구절은 「이소」에 보인다.

28) 순경(荀卿) : 중국 전국시대 조나라의 사상가 순자(荀子, B.C.298?~B.C.238?)를 달리 일컫는 말. 이름은 황(況). 예의로써 사람의 성질을 교정할 것을 주장하고 맹자의 성선설에 대하여 성악설을 제창하였다. 저서에 『순자』가 있다.

20

왕일(王逸)이 이르기를, "소산(小山)[29]의 무리는 굴원을 불쌍하고 가슴 아프게 여기면서도, 또 그 글이 하늘에 올라 구름을 타고, 온갖 신을 부려 마치 신선과 같은 것을 이상하게 생각한다"[30]라고 하였다. 내 생각에 이는 단지 그 문장의 비슷하다는 것만 알았을 뿐이고, 그 취지는 아직 얻지 못한 것이다. 굴원의 뜻은 대개 '옛 고향에 임하여 흘겨본다'는 데에 있지, '청운을 건너서 널리 노니는 것'에 있지 않다.

王逸云: "小山之徒, 閔傷屈原, 又怪其文昇天乘雲, 役使百神, 似若仙者." 余案: 此但得其文之似, 尙未得其旨. 屈之旨蓋在'臨睨夫舊鄕', 不在'涉靑雲以汎濫遊'也.

21

「이소」에서 누르고 막고 가리는 것은 대개 『시경』과 『서경』의 은미하고 간략한 데에서 터득하였다. 송옥의 「구변(九辯)」에서부터는 이미 이것을 계승할 수 없었는데 이는 재주의 뛰어남이 점차 드러났기 때문이다.

「騷」之抑遏蔽掩, 蓋有得於『詩』·『書』之隱約. 自宋玉「九辯」已不能繼, 以才穎漸露故也.

22

돈좌(頓挫)하는 것이 「이소」보다 뛰어난 것은 없으니, 한 편에서부터 한 장 및 한 두 구절에 이르기까지 모두 그러한 점이 있다. 이것은 전(傳)에서 말한 '반복하여 뜻을 드러낸다'라는 것이다.

頓挫莫善於「離騷」, 自一篇以至一章及一兩句, 皆有之, 此傳所謂'反

---

29) 소산(小山): 회남소산을 말함.

30) 한나라 왕일(王逸)이 찬한 『초사장구(楚辭章句)』 권12의 「초은사장구(招隱士章句)」 제12의 소서(小序)에 보인다.

覆致意'者.

23

"사물을 서술하여 정을 말하는 것을 부라 하는데",[31] 내가 생각하기에 『초사』의 「구가」가 이 요결을 가장 잘 얻었다. 예컨대, "살랑살랑 가을바람부니, 동정호 물결 일고 낙엽도 지네[嫋嫋兮秋風, 洞庭波兮木葉下]"라고 한 것은 바로 "아득히 보이는 것 나를 근심스럽게 한다[目眇眇兮愁予]"는 것을 그려낸 것이다. "황홀하여 먼 곳을 바라보고, 물을 바라봄에 고요히 흐른다[荒忽兮遠望, 觀流水兮潺湲]"이라고 한 것은 바로 "공자를 그리워하면서도 감히 말하지 못한다[思公子兮未敢言]"[32]라는 것을 그려낸 것이다. 모두 "도가 있는 곳을 목격하였지만, 언어로 표현할 수 없다"[33]는 뜻이다.

"敍物以言情謂之賦", 余謂『楚辭』「九歌」最得此訣. 如"嫋嫋兮秋風, 洞庭波兮木葉下", 正是寫出"目眇眇兮愁予"來; "荒忽兮遠望, 觀流水兮潺湲", 正是寫出"思公子兮未敢言"來, 俱有"目擊道存, 不可容聲."之意.

24

『초사』「구가」를 두 구절로 말한다면 "즐겁게 맞이하고, 슬프게 보낸다"[34]이다.

『楚辭』「九歌」, 兩言以蔽之, 曰: "樂以迎來, 哀以送往."

25

「구가」와 「구장」은 다르니, 「구가」는 순수한 성령의 말이고, 「구장」

---

31) 송나라 왕응린(王應麟)이 찬한 『곤학기문(困學紀聞)』 권3에 보인다.

32) 위의 인용문은 모두 『초사』 「구가」의 「상군(湘君)」에 보이는 구절이다.

33) 이 말은 송나라 저백수(褚伯秀)가 찬한 『남화진경의해찬미(南華眞經義海纂微)』 권63의 주에 보이는데, 『예개』의 저자가 이것을 보고 한 말인지는 분명치 않다.

34) 명나라 호광(胡廣) 등이 찬한 『예기대전(禮記大全)』 권22에 보인다.

은 학문의 말을 겸한 것이 많다.

「九歌」與「九章」不同, 「九歌」純是性靈語, 「九章」兼多學問語.

26

굴원의 「구가」는 「운중군(雲中君)」의 '표거(猋擧)', 「상군(湘君)」의 '이유(夷猶)', 「산귀(山鬼)」의 '요조(窈窕)', 「국상(國殤)」의 '웅의(雄毅)' 등과 같이, 그 맘껏 재주를 뽐내며 힘을 얻은 부분을 분명히 낱낱이 스스로 말하였다.

屈子「九歌」如「雲中君」之'猋擧', 「湘君」之'夷猶', 「山鬼」之'窈窕', 「國殤」之'雄毅', 其擅長得力處, 已分明一一自道矣.

27

굴원의 문장은 육기(六氣)에서 취한 것으로 '어두워졌다 밝아졌다 하는 변화와 비바람이 어지럽게 부는' 뜻이 있다. 「산귀」편을 읽으면 그 대강을 엿보기에 충분하다.

屈子之文, 取諸六氣, 故有'晦明變化・風雨迷離'之意. 讀「山鬼」篇, 足覘其概.

28

굴원의 「초사」는 침통함이 늘 바뀌는 곳에 있으니, "기운이 엉겨 돌면서 절로 맺힌다"[35]라는 「비회풍(悲回風)」편의 말로 평을 빌릴 수 있다.

屈子之辭, 沈痛常在轉處, "氣繚轉而自締", 「悲回風」篇語, 可以借評.

29

굴원은 「귤송(橘頌)」에서 이르기를, "덕을 붙들고 사심이 없이, 하늘과 땅의 운행에 참여한다[秉德無私, 參天地兮]"라고 하였고, 또 이르기를, "행

35) 『초사』 「비회풍(悲回風)」에 보이는 말이다.

실은 백이(伯夷)[36]에 비할 만하니, 너를 앞에 세워 나의 길잡이로 삼으리[行比伯夷, 置以爲像兮]"라고 하였는데, '천지(天地)', '백이'는 크지만 귤을 빌어 그것을 말하였으므로, 오활하지 않고 신묘함을 얻었다.

屈子「橘頌」云: "秉德無私, 參天地兮." 又云: "行比伯夷, 置以爲像兮." '天地' · '伯夷'大矣, 而借橘言之, 故得不迂而妙.

30

「귤송」의 품조는 정밀하고 지극하니, 「구장」 가운데서도 더욱 순수한 부체에 속한다. 『사기』 「굴원전」에 이르기를, "이에 「회사부」를 지었다"고 하였으니, 이러한 유는 모두 부로 유를 묶을 수 있음을 알게 해준다.

「橘頌」品藻精至, 在「九章」中尤純乎賦體. 『史記』「屈原傳」云: "乃作懷沙之賦." 知此類皆可以賦統之.

31

장경(長卿)[37]의 「대인부(大人賦)」는 「원유(遠遊)」에서 나왔고 「장문부(長門賦)」는 「산귀(山鬼)」에서 나왔다. 왕중선(王仲宣)[38]의 「등루부(登樓賦)」는 「애영(哀郢)」에서 나왔고, 조자건(曹子建)[39]의 「낙신부(洛神賦)」는 「상군」·

---

36) 백이(伯夷, ?~?): 중국 은나라 말에서 주나라 초기의 현인. 이름은 윤(允). 자는 공신(公信). 주나라 무왕이 은나라의 주왕을 치려고 했을 때, 아우인 숙제(叔齊)와 함께 간하였으나 받아들여지지 않고 주나라가 천하를 통일하자 수양산으로 들어가 굶어 죽었다.

37) 장경(長卿): 중국 전한(前漢)의 문인 사마상여(司馬相如, B.C.179?~B.C.117)의 자. 그의 사부(辭賦)는 한위 육조(漢魏六朝) 문인의 모범이 되었다. 작품에 「자허부(子虛賦)」 등이 있다.

38) 왕중선(王仲宣): 중국 삼국시대 위나라의 시인 왕찬(王粲, 177~217). 자는 중선(仲宣)이다. 건안 칠자의 한 사람으로, 조조를 섬겼다. 작품에 「칠애시(七哀詩)」, 「종군시(從軍詩)」 등이 있다.

39) 조자건(曹子建): 삼국시대 위나라 조식(曹植). 그의 자가 자건이다. 무제 조조(曹操)의 아들이며, 문제 조비(曹丕)의 동생으로 진사왕(陳思王)에 봉해졌다. 태자 계승 문제로 인한 암투로 평생 불우한 처지에 놓여 있었다. 육친의 불화를 상징적으로 노래한 「칠보시(七步詩)」가 유명하다. 송나라 때 편찬된 『조자건집(曹子建集)』이 있다.

「상부인(湘夫人)」에서 나왔으니, 굴원은 깊고 멀다고 하겠다.

長卿「大人賦」出於「遠遊」, 「長門賦」出於「山鬼」; 王仲宣「登樓賦」出於「哀郢」; 曹子建「洛神賦」出於「湘君」·「湘夫人」; 而屈子深遠矣.

32

굴원 이후의 작품 가운데 뜻이 맑고 높은 것으로 가생(賈生)[40]의 「석서(惜誓)」 같은 것이 없고, 정감이 길게 이어진 것으로 송옥(宋玉)의 「비추(悲秋)」 같은 것이 없고, 골기(骨氣)가 기이하고 굳센 것으로 회남소산(淮南小山)의 「초은사(招隱士)」 같은 것이 없다.

屈子以後之作, 志之淸峻, 莫如賈生「惜誓」; 情之綿邈, 莫如宋玉「悲秋」; 骨之奇勁, 莫如淮南「招隱士」.

33

송옥의 「초혼」은 『초사』 가운데 더욱 이채가 많은 것이다. 그것을 요약하면 다만 두 가지 경계이니, 한편으로는 기뻐할 수 있고, 다른 한편으로는 두려워 할 수 있을 뿐이다.

宋玉「招魂」, 在『楚辭』爲尤多異采. 約之亦只兩境 : 一可喜, 一可怖而已.

34

묻기를, "「초혼」은 어찌하여 소리와 색을 모두 갖추어 성대하게 말하였나?"라고 하면, 대답하기를, "미인은 군자이고 진기한 보물은 인의이다"라고 한다. 장평자(張平子)[41]의 「사수시서(四愁詩序)」로 그것을 풀이하

---

40) 가생(賈生) : 중국 전한(前漢) 문제 때의 학자 정치가 가의(賈誼, B.C.200~B.C.168)를 말한다. 문제(文帝)를 섬기며 유학과 오행설에 기초를 한 새로운 제도의 시행을 주장하였다. 저서에 『좌씨전훈고(左氏傳訓詁)』, 『신서』, 『복조부(鵩鳥賦)』 등이 있다.

41) 장평자(張平子) : 중국 후한(後漢)의 문인 · 과학자 장형(張衡, 78~139). 그의 자가 평자(平子)이다. 혼천의(渾天儀)와 후풍지동계(候風地動計)를 만들었다. 부문(賦文)에도

면 생각이 반은 넘었다고 하겠다. 또한 그가 말한 "의탁할 수 없다", "멈출 수 없다"는 부분을 보면, "물이 깊고 눈이 흩날리는 것은 소인을 위한"[42] 예가 아닌가?

問："「招魂」何以備陳聲色供具之盛?" 曰："美人爲君子, 珍寶爲仁義.", 以張平子「四愁詩序」通之, 思過半矣. 且觀其所謂"不可以託"·"不可以止"之處, 非卽"水深雪雰爲小人"之例乎?

35

송옥의 「풍부」는 「아」에서 나왔고, 「등도자[43]호색부(登徒子好色賦)」는 「풍(風)」에서 나왔는데, 두 작품에 대한 평가는 최상을 차지하고 있다. 「조부(釣賦)」의 종횡으로 내닫는 기세는 점점 달래는 기술로 들어갔으니, 아마도 낮은 격 때문에 그럴 것이다.

宋玉「風賦」出於「雅」, 「登徒子好色賦」出於「風」, 二者品居最上. 「釣賦」縱橫之氣, 駸駸乎入於說術, 殆其降格爲之.

36

『문심조룡』에서 이르기를, "초나라 사람들이 부를 다듬었다"[44]고 하여, 은근히 『초사』 이후에 부다운 부가 없다고 말하였다. 이백도 또한 이르기를, "굴원·송옥이 죽은 뒤에는 더불어 부에 대해 얘기할만한 사람이 없다"[45]고 하였다.

『文心雕龍』云："楚人理賦." 隱然謂『楚辭』以後無賦也. 李太白亦云：

뛰어나 작품에 「이경부(二京賦)」, 「귀전부(歸田賦)」가 있다.

42) 이 내용은 『문선』 권29에 수록되어 있고 「사수시(四愁詩)」의 「병서(幷序)」에도 보인다.

43) 등도자(登徒子)：전국시대 초나라의 대부. 여색을 좋아하여, 송옥(宋玉)이 「등도자호색부(登徒子好色賦)」를 지었다고 한다.

44) 『문심조룡』에서 이 구절의 출처를 확인할 수 없다.

45) 『이태백문집(李太白文集)』 권26의 「하일제종제등여주용흥각서(夏日諸從弟登汝州龍興閣序)」에 보인다.

"屈・宋長逝, 無堪與言."

37

주자는 「답여동래(答呂東萊)」에서 이르기를, "굴원・송옥[46]・당륵(唐勒)[47]・경차(景差)[48]의 문장은 그 말은 비록 화려하지만 내용은 슬퍼하고 근심하며, 마음이 활달하여 남의 구속을 받지 않는 두 단서에 지나지 않는데, 지금에는 숨거나 끊어져 다시 볼 수 없다"[49]라고 하였다. 생각건대, 주자의 이 말은 특별히 까닭이 있어 드러낸 것이지만, 그가 지은 『초사집주』를 보면 일찍이 여러 사람들의 장점을 취하지 않았던가?

朱子「答呂東萊」, 謂"屈・宋・唐・景之文, 其言雖侈, 其實不過悲愁・放曠二端而已. 於是屛絶不復觀." 按 : 朱子此言, 特有爲而發, 觀其爲『楚辭集註』, 何嘗不取諸家好處?

38

가의(賈誼)의 「석서(惜誓)」・「조굴원(弔屈原)」・「복부(鵩賦)」 등은 모두 허튼 짓을 하고 도를 어지럽히는 뜻이 있지만, 글짓는 이들의 정경을 여기에서 오히려 볼 수 있다.

賈誼「惜誓」・「弔屈原」・「鵩賦」, 俱有鑿空亂道意. 騷人情境, 於斯猶見.

---

46) 송옥(宋玉, B.C.290?~B.C.222?) : 중국 춘추전국시대 초나라의 문인. 작품에 「구변(九辯)」, 「초혼(招魂)」, 「고당부(高唐賦)」 등이 있다.

47) 당륵(唐勒) : 전국시대 초나라 사람. 대부를 지냈다. 사부를 잘 지었는데, 스승인 굴원의 작품을 모범으로 하여, 송옥과 함께 일컬어졌다.

48) 경차(景差) : 전국시대 초나라 사람. 초나라의 공족(公族)으로, 사부를 좋아하여, 송옥・당륵과 함께 일컬어졌다.

49) 주자(朱子)의 문집인 『회암집(晦庵集)』 권33의 「답여백공(答呂伯恭)」에 보인다.

39

「복부」는 부의 변체이다. 그런데 그 체에 나아가 통달한다면, 대저 나름대로 저서를 지을만한 사람은 부를 짓는 데 있어서도 모두 스스로 일가를 이룰 수 있을 것이다.

「鵩賦」爲賦之變體. 卽其體而通之, 凡能爲子書者, 於賦皆足自成一家.

40

「석서(惜誓)」[50)]를 내가 풀이하여 '석(惜)'은 자신이 때를 만나지 못한 것을 애석해 함이니, "정에서 나오는 것"이라 하였고, '서(誓)'는 자기가 지키는 바를 바꾸지 않음을 맹세하는 것이니, "예의에서 그친다"라 하였다.[51)] 이것과 글 가운데의 말뜻은 부합된다. 왕일(王逸)의 주에 "회왕(懷王)이 자기가 약속을 하였다가 다시 배반한 것을 애석해 한다"고 하였는데, 그 말이 얕은 것 같다.

「惜誓」, 余釋以爲'惜'者, 惜己不遇於時, "發乎情"也; '誓'者, 誓己不改所守, "止乎禮義"也. 此與篇中語意俱合. 王逸注 : "哀惜懷王與己約信而復背之." 其說似淺.

41

굴원과 가의의 글을 읽으면 물을 것도 없이 뜻있는 선비와 어진 사람의 작품임을 알 수 있다. 사마천이 합하여 전을 쓴 것이나, 도잠이 합하여 찬을 지은 것은 다만 그들의 처지 때문이 아니라, 그들의 마음 때문이다.

讀屈・賈辭, 不問而知其爲志士仁人之作. 太史公之合傳, 陶淵明之合贊, 非徒以其遇, 殆以其心.

---

50) 『초사』의 편명이다.

51) 『시경』「대서」에 다음과 같은 내용이 있다. "故變風發乎情, 止乎禮義, 發乎情, 民之性也, 止乎禮義, 先王之澤也."

42

“시인은 넉넉하고 부드러우며 소를 짓는 사람은 맑고 깊으므로”[52) 후대에는 함께 하기 어려웠다. 오직 기이하고 굳센 한 경계는 비록 시와 소가 변한 것이지만, 여전히 넓힐 수 있다. 이것이 회남소산이 「초은사」를 지은 까닭이 아니겠는가?

“詩人之優柔, 騷人之淸深.”, 後來難並矣. 惟奇倔一境, 雖亦詩・騷之變, 而尙有可廣. 此淮南「招隱士」所以作與?

43

왕무공(王無功)[53)]은 설수(薛收)[54)]의 「백우계부(白牛溪賦)」를 일러 “운취가 높고 기이하며, 사의(詞議)는 넓고 높으며, 우뚝하고 소슬한 것은 진실로 말할 수 없다”[55)]고 하였다. 나는 생각건대 부 가운데 이 같은 평에 해당하는 것이 그리 많지 않으며, 이보다 앞의 것으로는 오직 회남소산의 「초은사」가 아니겠는가?

王無功謂薛收「白牛溪賦」“韻趣高奇, 詞義曠遠, 嵯峨蕭瑟, 眞不可言.” 余謂賦之足當此評者蓋不多有, 前此, 其惟小山「招隱士」乎?

---

52) 송나라 소순(蘇洵)이 찬한 『가우집(嘉祐集)』 권11의 「상전추밀서(上田樞密書)」에 보인다.

53) 왕무공(王無功) : 당나라 때의 문인 왕적(王積, 590?~644). 그의 자가 무공이다. 강주(絳州) 용문(龍門) 사람. 왕통(王通)의 아우이다. 수나라 때 세상이 어지러워지자 동고(東皐)에서 저서를 하여 ‘동고자’라 불렸고, 당나라 고조 때에는 특별히 하루에 한 말의 술을 내려주어 ‘두주학사(斗酒學士)’라는 별명도 있었다. 태종 초에 병으로 사직하고, 거문고와 술로 즐기며 지냈다.

54) 설수(薛收, 592~624) : 당나라 때의 문인. 포주(蒲州) 분양(汾陽) 사람. 자는 백포(伯褒). 설도형(薛道衡)의 아들이다. 방현령(房玄齡)이 당나라 태조 이세민(李世民)에게 천거하여 진왕부주부(秦王府主簿)가 되었고, 뒤에 기실참군(記室參軍) 등에 이르렀다.

55) 당나라 왕적(王績)이 찬한 『동고자집(東皐子集)』 권하의 「답풍자화처사서(答馮子華處士書)」에 보인다.

44

굴원의 부에서 가의는 그 바탕을 얻었고, 사마상여는 그 꾸밈을 얻었다. 비록 그 길이 각기 나뉘어졌지만, 우열을 따질 것까지는 없다. 양자운(揚子雲)[56]은 이에 이르기를, "가의는 마루에 올랐고 상여는 방에까지 들어갔다"[57]고 하였는데, 이는 자기가 사마상여를 많이 의지하고 본받았기 때문이다.

屈子之賦, 賈生得其質, 相如得其文, 雖涂徑各分, 而無庸軒輊也. 揚子雲乃謂"賈誼升堂, 相如入室.", 以己多依傚相如故耳.

45

가의의 부는 뜻이 재주를 이기고 상여의 부는 재주가 뜻을 이긴다. 가의·사마상여 이전에는 경차·송옥은 이미 이것으로 길을 달리한 것 같다. 지금 「대초(大招)」, 「초혼(招魂)」을 보면 가려낼 수 있다.

賈生之賦志勝才, 相如之賦才勝志. 賈·馬以前, 景差·宋玉已若以此分途, 今觀「大招」·「招魂」可辨.

46

사마상여가 지은 일체의 글은 모두 허구를 얽고, 위태로운 일을 행하는 것에 뛰어났다. 그의 부는 기괴함을 만들어 낼 수 있고, 또 깜깜한 곳으로 처넣을 수도 있다. 이른바 "인간 세상에서 온 것 같지 않다"는 것이 바로 이것이다. 산과 물을 모범으로 삼은 것은 오히려 보잘것없는 일이다.

相如一切文, 皆善於架虛行危. 其賦既會造出奇怪, 又會撇入窅冥,

56) 양자운(揚子雲) : 중국 전한의 학자 문인 양웅(揚雄, B.C.53~A.D.18). 그의 자가 자운(子雲)이다. 성제(成帝) 때에 궁정 문인이 되어 성제의 사치를 풍자한 문장을 남겼다. 후에 왕망(王莽) 정권을 찬미하는 글을 써 비난을 받기도 하였다. 작품에 「감천부(甘泉賦)」, 「하동부(河東賦)」, 저서에 『법언(法言)』, 『태현(太玄)』 등이 있다.

57) 『양자법언(揚子法言)』 권2의 「오자편(吾子篇)」에 보인다.

所謂"似不從人間來"者, 此也. 至模山範水, 猶其末事.

47

굴원의 부는 근육과 관절을 숨기고 드러내지 않았으나, 사마상여는 자취가 있다. 그러나 장편을 지음에 있어서는 사마상여를 배워 입문하는 것이 비교적 쉽다.

屈子之賦, 筋節隱而不露; 長卿則有迹矣. 然作長篇, 學長卿入門較易.

48

사마상여의 깊고 전아함을 추양(鄒陽)[58]·매승(枚乘)[59]은 따라가지 못한다. 그러나 추양·매승의 크고 기이한 기운에는 사마상여 또한 물러나 양보하여야 한다.

相如之淵雅, 鄒陽·枚乘不及; 然鄒·枚雄奇之氣, 相如亦當避謝.

49

『한서』「매승전」에서 "양객(梁客)[60]은 모두 사부를 잘 짓는데, 매승이 더욱 수준이 높다"고 하였으니, 당시 부를 잘 짓는다는 명성이 사마상

---

58) 추양(鄒陽): 서한(西漢) 제군(齊郡) 임치(臨淄) 사람. 경제(景齊) 때 오왕(吳王) 비(濞)를 모시면서, 한나라를 배반하지 말라고 권하였으나 듣지 않았다. 뒤에 양나라 효왕에게 의탁하였는데, 양승(羊勝) 등의 참소를 받아 투옥되었다. 글을 올려 억울함을 호소하여 석방되었고, 양왕의 상객(上客)이 되었다.

59) 매승(枚乘): 전한의 사부가(辭賦家). 자는 숙(叔). 처음 오왕(吳王)의 낭중(郎中)이 되었다가 오왕의 반란 계획을 알고 「간오왕서(諫吳王書)」를 올렸지만, 받아들여지지 않아 양효왕(梁孝王)에게 갔다. 이 일로 명성을 얻게 되었다. 만년에는 은둔 생활을 하였으나 그의 문명(文名)을 안 무제(武帝)의 부름을 받고 조정으로 가던 중 사망하였다. 『한서(漢書)』「예문지(藝文志)」에는 9편의 부를 지었다고 기록되어 있으나, 지금은 「칠발(七發)」, 「유부(柳賦)」, 「양왕토원부(梁王菟園賦)」 3편이 전한다.

60) 양객(梁客): 서한(西漢) 양효왕(梁孝王)이 세원 양원(梁苑)에 초대받은 빈객들. 사마상여·매승·추양(鄒陽) 등이 좌상객(座上客)이었다고 한다.

여보다 높았음을 알 수 있다. 후대에 사마상여의 뛰어난 점을 배우고자 하는 사람은 매승의 높음을 가지고 보충하여야 한다.

『漢書』「枚乘傳」: "梁客皆善辭賦, 乘尤高." 則知當日賦名重於相如矣. 後世學相如之麗者, 還須以乘之高濟之.

50

매승(枚乘)의 「칠발(七發)」은 송옥의 「초혼(招魂)」에서 나왔다. 매승의 빼어난 운치로도 송옥을 따라가지 못하였지만 웅혼한 절조는 그를 넘어선다.

枚乘「七發」, 出於宋玉「招魂」. 枚之秀韻不及宋, 而雄節殆於過之.

51

반첩여(班倢伃)[61]의 「도소부(擣素賦)」는 원망하면서도 화내지 않고 '색(塞)·연(淵)·온(溫)·혜(惠)·숙(淑)·신(愼)' 여섯 글자의 장점을 겸하여 갖고 있으니, 글짓는 이의 뜻을 깊이 얻었다고 할 수 있다.

班倢伃「擣素賦」怨而不怒, 兼有'塞·淵·溫·惠·淑·愼'六字之長, 可謂深得風人之旨.

52

후한 조원숙(趙元叔)[62]의 「궁어부(窮魚賦)」 및 「자세질사부(刺世嫉邪賦)」

61) 반첩여(班倢伃) : 반첩여(班婕妤)를 말한다. 서한 때의 궁녀로, 성제 즉위 초에 후궁으로 뽑혀 들어가서, 처음에는 소사(少使)가 되었다가 뒤에 첩여가 되었다. 그러나 성제가 조비연(趙飛燕)을 보고 좋아하여 총애를 잃게 되었다. 뒤에 조비연에게 참소를 받게 되자, 해를 당할 것을 두려워하여 장신궁(長信宮)에서 태후를 모시겠다고 자청하였다. 이곳에서 지내면서 자신의 처지를 비유하여 가을 부채를 읊은 시가 유명하다.

62) 조원숙(趙元叔) : 동한 때의 문인 조일(趙壹). 원숙은 그의 자이다. 한양(漢陽) 서현(西縣) 사람. 영제(靈帝) 때에 서울에 갔다가, 사도(司徒) 원봉(袁逢)에게 지우를 받아 이름이 크게 드러났다. 뒤에 여러 차례 불렀으나 모두 나아가지 않았다. 사부를 잘 지었고, 「자세질사부(刺世疾邪賦)」가 유명하다.

는 그것을 읽으면 작가가 굳세고 꼬장꼬장한 선비임을 알 수 있게 해준다. 그러나 곧바로 속내를 드러내니, 굴원과 가의가 글밖에 맛을 남기는 것과 같을 수는 없다.

後漢趙元叔「窮魚賦」及「刺世嫉邪賦」, 讀之知爲抗髒之士, 惟徑直露骨, 未能如屈・賈之味餘文外耳.

53

건안(建安)시기 이름난 사람들의 부는 기개와 격조가 굳세고 높으며, 뜻의 실마리가 아득히 이어진다. 소를 짓는 사람은 맑고 깊은데, 이러한 종류는 여전히 한 선으로 이어지고 있다. 후대에는 의기와 격조가 어떠한가를 묻지 않고, 다만 문사에 대해서만 쟁변을 하게 되니, 부와 소는 비로소 길을 달리하게 되었다.

建安名家之賦, 氣格遒上, 意緒綿邈; 騷人清深, 此種尙延一線. 後世不問意格若何, 但於辭上爭辯, 賦與騷始異道矣.

54

『초사』는 풍골(風骨)이 높고, 서한시기의 부는 풍격이 온후하다. 건안시기에는 이에 서한시기의 부에서 『초사』로 되돌아가려고 했다. 그것이 돌아갔는지 돌아가지 못했는지는 논할 바가 아니다.

『楚辭』風骨高, 西漢賦氣息厚, 建安乃欲由西漢而復於『楚辭』者. 若其至與未至, 所不論焉.

55

초나라 사와 한나라 부의 구별에 대해 묻는다면, 대답하기를, "초나라의 사는 살필수록 더욱 깊고, 한나라의 부는 넓힐수록 더욱 넓다"라고 할 것이다.

問楚辭・漢賦之別, 曰: "楚辭按之而逾深, 漢賦恢之而彌廣."

56

초나라의 사는 신비로운 이치를 높이 평가하고, 한나라의 부는 사실을 높이 평가한다. 그러나 한나라의 부 가운데 가장 뛰어난 것은 그 핵심을 반드시 초나라의 사에서 얻은 것이다.

楚辭尙神理, 漢賦尙事實. 然漢賦之最上者, 機括必從楚辭得來.

57

어떤 사람이 초나라 부를 일러 "스스로 위대한 말을 만들어냈다"[63]고 하고, "경전의 뜻을 가져다 녹였다"[64]라고 한 것은 한나라에 미치지 못한다고 의심한 것이다. 나는 초나라의 부가 경전에서 가져왔지만 깊고 은미하며 두루 잘 어우러져서 자취를 찾을 수 없으니 실로 한나라 부에 비해 더욱 높다고 여긴다.

或謂楚賦"自鑄偉辭", 其"取鎔經義", 疑不及漢. 余謂楚取於經, 深微周浹, 無迹可尋, 實乃較漢尤高.

58

초나라의 사는 부의 음악이고, 한나라의 부는 부의 예이다. 역대의 부체는 다만 이것에 근본을 두고 변별하여야만 한다.

楚辭, 賦之樂; 漢賦, 賦之禮. 歷代賦體, 只須本此辨之.

59

굴원(屈原)·도연명(陶淵明)[65]은 모두 미치광이의 자질을 타고 났다.

---

63) 양(梁)나라 유협(劉勰)이 찬한 『문심조룡(文心雕龍)』 권1의 「변소(辨騷)」에 보인다.

64) 역시 『문심조룡』 권1의 「변이소」에 보이는데, 다만 '經義'의 '義'자가 '意'로 되어 있다.

65) 도연명(陶淵明, 365~427) : 중국 동진의 시인. 이름은 잠(潛). 호는 오류선생(五柳先生). 연명은 자(字). 405년에 팽택현(彭澤縣)의 현령이 되었으나, 80여 일 뒤에 「귀거래사」를 남기고 관직에서 물러나 귀향하였다. 자연을 노래한 시가 많으며, 당나라 이후 육조(六朝) 최고의 시인이라 불린다. 시 외의 산문 작품에 「오류선생전」, 「도화원기」

굴원의 「이소」는 한결같이 특립독행(特立獨行)의 뜻이 있다. 도잠은 스스로 말하기를, "성품은 강하고 재주는 졸렬하여, 세상과 어긋나는 것이 많았다"[66]고 하였는데, 그의 부의 품격이 높은 것은 또한 까닭이 있다.

屈靈均·陶淵明, 皆狂狷之資也. 屈子「離騷」一往皆特立獨行之意. 陶自言"性剛才拙, 與物多忤, 自量爲己, 必貽俗患.", 其賦品之高, 亦有以矣.

60

굴원의 사(辭)는 '천둥 울리고' '바람 시원한' 소리가 있다. 도잠의 사는 '나무가 꽃을 피우고' '샘이 흐르는' 흥취가 있다. 비록 하나는 격렬하고, 다른 하나는 평온하다는 차이는 있지만 그 아무 구속 없이 자유자재로 노닐던 것은 한 가지이다.

屈子辭, '雷塡' '風颯'之音; 陶公辭, '木榮' '泉流'之趣. 雖有一激一平之別, 其爲獨往獨來則一也.

61

「이소」가 반드시 『삼백편』을 배운 것은 아니고, 「귀거래사」가 반드시 「이소」를 배운 것은 아니며, 모두 자득(自得)한 곳이 있다. '진실로 예스러운 것[眞古]'과 '옛 것을 모방하는 것[摹古]'은 절로 차이가 있음을 알 수 있다.

「離騷」不必學『三百篇』, 「歸去來辭」不必學「騷」, 而皆有其獨至處. 固知'眞古'自與'摹古'異也.

62

굴원의 얽히고 이어지는 것, 매승(枚乘)·사마상여의 크고도 고운 것,

등이 있다.

66) 『도연명집(陶淵明集)』 권7의 「여자엄등소(與子儼等疏)」에 보인다.

도잠의 높고 빼어남이 있는데, 우주 사이의 부의 귀취(歸趣)는 이 세 종류를 넘어서지 않는다.

屈子之纏綿, 枚叔·長卿之巨麗, 淵明之高逸, 宇宙間賦, 歸趣總不外此三種.

63

이백은 「대렵부서(大獵賦序)」에서 이르기를, "문사는 씩씩하고 고우며 뜻은 넓게 통달하는 것으로 돌아가야 한다"고 하였다. 마치 사마상여가 성람(盛覽)[67]이 부에 대해 물은 것에 대답한 뜻을 요약한 것 같은데, 이백의 부도 또한 진실로 그렇게 일컬을 만하다.

李白「大獵賦序」云: "辭欲壯麗, 義歸博達." 似約相如答盛覽問賦之旨, 而白賦亦允足稱之.

64

이백은 「대붕부서(大鵬賦序)」에서 이르기를, "완선자(阮宣子)[68]의 「대붕찬(大鵬讚)」을 보고, 낮은 마음으로 그것을 더럽게 여겼다"고 하였고, 「대렵부서」에서는 사마상여의 「자허부」·「상림부」, 양웅의 「장양부」·「우렵부」에 대해 악착(齷齪)이 심하다고 하였다. 모두 존제법(尊題法)인데, 존제는 부의 식견과 기체(氣體)가 높은 데에서 말미암은 것이다.

李白「大鵬賦序」云: "覩阮宣子「大鵬讚」, 鄙心陋之." 「大獵賦序」於相如「子虛」·「上林」, 子雲「長楊」·「羽獵」, 且謂齷齪之甚, 皆是尊題法. 尊題, 則賦之識見氣體, 不由不高矣.

---

67) 성람(盛覽): 한나라 협유(叶榆) 사람. 자는 장통(長通). 사마상여에게 수학하였고, 『부심(賦心)』 4권을 지었다.

68) 완선자(阮宣子): 서진 때의 문인 완수(阮修, 270~311)를 말함. 그의 자가 선자(宣子)이다. 완함(阮咸)의 조카이다. 『주역』과 『노자』를 좋아했으며, 청언(淸言)을 잘 하였다고 한다.

65

한유의 「복지부(復志賦)」, 이습지(李習之)[69]의 「유회부(幽懷賦)」는 모두 「이소」의 파란을 겪은 마음에서 영향을 받았지만 그 자취는 다르다. 그러므로 고운 말을 사냥하고 향내나는 풀만 주울 줄 아는 사람은 모두 어린애의 지혜에 지나지 않는다.

韓昌黎「復志賦」, 李習之「幽懷賦」, 皆有得於「騷」之波瀾意度而異其迹象. 故知獵豔辭·拾香草者, 皆童蒙之智也.

66

손가지(孫可之)[70]의 「대명궁부(大明宮賦)」는 말이 매우 굳세고 세련되었으며, 뜻은 착한 것을 권하고 못된 것을 경계하는 내용이 많다. 이고(李翱)의 「유회부」와 길은 다르지만 모두 아름답다.

孫可之「大明宮賦」, 語極遒練, 意多勸誡, 與李習之「幽懷賦」殊塗並美.

67

당나라의 유복우(劉復愚),[71] 송나라의 황정견 등은 모두 『초사』를 배우다가 넘어진 사람들이다. 그렇지만 홀로 우뚝한 일종의 흥치는 바야흐로 다시 좇기 어려우니, 다만 살진 것만을 거론하는 재상의 말이 될

69) 이습지(李習之) : 중국 당나라의 문인 이고(李翱, 772~841). 그의 자가 습지(習之)이다. 당송 십육가(唐宋十六家)의 한 사람으로, 스승 한유가 불교를 배척한 것과는 달리, 불교 사상을 채택하여 심성(心性) 문제에 대한 새로운 이해를 보였다. 저서 『복성서』는 성리학의 선구가 되었다. 그 밖의 저서로 『이문공집(李文公集)』 18권 등이 있다.

70) 손가지(孫可之) : 당나라 때의 문인 손초(孫樵). 가지는 그의 자이다. 한유(韓愈)와 종유하여 문장을 잘 지었다. 선종(宣宗) 때에 진사가 되어 중서사인(中書舍人)에 임명되었고, 직방낭중(職方郎中) 등의 벼슬을 하였다.

71) 유복우(劉復愚) : 당나라 때의 문인 유태(劉蛻). 자가 복우이다. 호는 문천자(文泉子). 선종(宣宗) 때 진사가 되어, 좌습유(左拾遺)·중서사인(中書舍人) 등을 지냈다. 글을 잘 지었고, 『문천자』라는 저술이 있다.

수는 없다.

唐之劉復愚, 宋之黃山谷, 皆學『楚辭』而困躓者. 然一種孤峻之致, 正復難蹤, 特未可爲擧肥之相者道耳.

68

『주례』의 「태사지직(太師之職)」에 비로소 '부(賦)'라는 글자가 보인다. 정현(鄭玄)[72]의 주(注)에 "부의 말뜻은 펼쳐놓는 것이다"라고 하였다. 그러나 '포(鋪)'의 본뜻에 대해서는 여전히 당기기는 했으나 펴지는 못하였다.

『周禮』「太師之職」始見'賦'字, 鄭註"賦之言鋪", 而於'鋪'之原委, 仍引而未發也.

69

포(鋪)는 펴는 것이 있고, 펼 수 있는 것이 있다. 사마상여의 「답성람문부서(答盛覽問賦書)」에 '부의 자취[賦迹]', '부의 마음[賦心]'에 관한 설이 있는데, 적(迹)이란 있는 곳이고, 심(心)이란 할 수 있는 것이다. 심과 적은 본래 칼로 자른 듯이 두 개로 나뉘는 것이 아니다. 성람이 그 말을 듣고는 곧 평생 감히 부를 지으려는 마음을 말하지 않았으니, 어찌 그리도 고루한가? 또한 '부의 마음'에 대해 말한 것은 사마상여에게서 일어난 것이 아니고, 『초사』「초혼」의 '한 마음으로 읊는다[同心賦些]'에서 이미 발단이 되었다.

鋪, 有所鋪, 有能鋪. 司馬相如「答盛覽問賦書」有'賦迹'·'賦心'之說. 迹, 其所; 心, 其能也. 心·迹本非截然爲二. 覽聞其言, 乃終身不敢言作賦之心, 抑何固哉? 且言'賦心', 不起於相如, 自『楚辭』「招魂」'同心

72) 정현(鄭玄, 127~200) : 중국 후한의 학자. 자는 강성(康成). 마융(馬融)에게 배웠으며, 일경(一經) 전문(專門)의 학풍을 타파하고 훈고(訓詁)에 힘썼다. 『육예론(六藝論)』을 저술하였고, 『시전(詩箋)』, 『예기』, 『주역』, 『논어』, 『효경』 등을 주해하였다.

賦些’已發端矣.

70

『초사』 가운데 「섭강(涉江)」·「애영(哀郢)」의 ‘강(江)’·‘영(郢)’은 자취이다. ‘섭(涉)’·‘애(哀)’는 마음이다. 제목으로 미루어 보면, 단지 자취만 있는 것에도 또한 마음이 보이고 단지 마음만을 말한 것에도 또한 자취가 갖추어져 있다.

『楚辭』「涉江」·「哀郢」 ‘江’·‘郢’, 迹也; ‘涉’·‘哀’, 心也. 推諸題之但有迹者亦見心, 但言心者亦具迹也.

71

부에서 말이 곱게 되도록 하는 것은 자취[迹]이고, 뜻이 전아해지도록 하는 것은 마음[心]이다. ‘고운 말과 전아한 뜻’은 『문심조룡』「전부(詮賦)」에 보인다. 이에 앞서 「양웅전」에 이르기를, “사마상여는 부를 지을 적에 매우 굉려면서도 온아하게 하였다”라고 하였다. 『법언(法言)』에 이르기를, “시인의 부는 고움을 원칙으로 한다”고 하였다. 그러나 ‘칙(則)’과 ‘아(雅)’에는 다른 뜻이 없다.

賦, 辭欲麗, 迹也; 義欲雅, 心也. ‘麗辭雅義’, 見『文心雕龍』「詮賦」. 前此, 「揚雄傳」云: “司馬相如作賦, 甚宏麗溫雅.” 『法言』云: “詩人之賦麗以則.” ‘則’與‘雅’, 無異旨也.

72

고인들이 시를 지은 것과 후대 사람들이 부를 지은 것은 내용은 다르나 뜻은 한가지이다. 뜻이 취한 것은 대략 대개 두 개 있는데, 그 하나는 풍간이니 「주어(周語)」에 “소경이 부를 짓고, 장님이 시를 외운다”[73)]

---

73) 『주례(周禮)』에 보이는 말로 한나라 정현의 『주례주소(周禮注疏)』 권23에서 확인할 수 있다.

라 한 것이 바로 그것이다. 또 다른 하나는 언지(言志)이니 『좌전』에서 조맹(趙孟)[74]이 말하기를, "청컨대 모두 시를 지어서 군왕의 은혜를 완성하시오. 나도 또한 칠자(七子)의 뜻을 살펴보겠소"[75]라고 하였다. 한선자(韓宣子)[76]가 말하기를, "여러분 모두 시를 지으시오. 나 역시 그로써 정나라의 의중을 알 것이오"[77]라고 한 것이 바로 그것이다. 언지·풍간이 전아하고 곱지 않으면 어떻게 좋다고 하겠는가?

古人賦詩與後世作賦, 事異而意同. 意之所取, 大抵有二: 一以諷諫, 「周語」 "瞍賦, 矇誦"是也; 一以言志, 『左傳』趙孟曰: "請皆賦以卒君貺, 武亦以觀七子之志" 韓宣子曰: "二三子請皆賦, 起亦以知鄭志."是也. 言志·諷諫, 非雅麗何以善之?

73

사마천이 「굴원전찬(屈原傳贊)」에서 말하기를, "그 뜻을 슬퍼한다"고 하였다. 「서전(敍傳)」에서 말하기를, "사를 지어서 풍자하여 간한다"고 하였다. 뜻과 풍자하여 간함에는 부의 본질[體]과 작용[用]이 갖추어져 있다.

太史公「屈原傳贊」曰, "悲其志." 「敍傳」曰, "作辭以諷諫." 志與諷諫, 賦之體用具矣.

74

굴원은 뜻을 말함·풍자하여 간함을 겸하였고, 사마상여·양웅은 풍자하여 간하는 것을 많이 지었다. 반고(班固)[78]·장형(張衡)에 이르러서

---

74) 조맹(趙孟): 춘추시대 진(晋)나라 대부(大夫). 이름은 무(武).

75) 이 말은 진나라의 두예(杜預)가 주를 달고, 당나라의 공영달(孔穎達)이 소(疏)를 단 『춘추좌전주소(春秋左傳注疏)』 권38에 보인다.

76) 한선자(韓宣子): 춘추시대 진국 사람인 한기(韓起, ?~B.C.513). 선자는 그의 시호이다. 한궐(韓厥)의 아들로 아버지를 이어 경이 되어 도공(悼公)을 섬겨, 선정을 베풀었다.

77) 이 내용은 송나라 이방(李昉) 등이 찬한 『태평어람(太平御覽)』 권467 「인사부(人事部)」에 보인다.

78) 반고(班固, 32~92): 중국 후한 초기의 역사가 문학가. 자는 맹견(孟堅). 아버지 표(彪)

는 날리는 뜻은 뛰어나고 풍자하여 간하는 뜻은 드물다.

屈兼言志・諷諫, 馬・揚則諷諫爲多, 至於班・張, 則揄揚之意勝, 諷諫之義鮮矣.

75

"비바람에 어두워진 것 같으니, 닭의 울음소리 그치지 않는다[風雨如晦, 雞鳴不已]"[79]는 것은 굴원이 뜻을 말한 것을 가리키는 것이고 "다만 지나치게 즐기지만 말고, 언제나 밖의 일도 생각해야지[無已太康, 職思其居]"[80]는 사마상여・양웅이 풍자하여 간하는 것을 가리킨다.

"風雨如晦, 雞鳴不已.", 屈子言志之指; "無已太康, 職思其居.", 馬・揚諷諫之指.

76

『사기』「사마상여전찬(司馬相如傳贊)」에서 말하기를, "사마상여는 비록 쓸데없는 허튼 말을 많이 하였지만, 그 요체는 절약함과 검소함으로 돌아가도록 이끄는 것이다. 이것이 시에서 풍자하여 간하는 것과 어찌 다르겠는가?"라고 하였다. 「서전」에 말하기를, "「자허부(子虛賦)」의 일과 「대인부(大人賦)」의 설은 곱고 과장이 심하다. 그래서 그것에서 풍자하여 간하는 뜻은 무위로 돌아간다"고 하였다. 양웅은 「감천부서(甘泉賦序)」에서 말하기를, "「감천부」를 아뢰어서 풍자하여 간하였다"고 하였다. 「우렵부서(羽獵賦序)」에서는 "애오라지 「우렵부」로 계교하여 풍간하였다"라고 하였다. 「장양부서(長楊賦序)」에서 말하기를, "한림(翰林)을 주인으로 삼고 자묵(子墨)을 객경(客卿)으로 삼아서 풍자하여 간하였다"고 하였다.

의 유지를 받아 기전체 역사서인 『한서』를 편집하였다. 저작에 『백호통의』, 「양도부(兩都賦)」 등이 있다.

79) 『시경』「정풍(鄭風)」의 「풍우(風雨)」에 나오는 구절이다.

80) 『시경』「당풍(唐風)」의 「실솔(蟋蟀)」에 나오는 구절이다.

부에서 풍자하여 간하는 일은 여기에서 그 원칙을 취할 수 있다.

『史記』「司馬相如傳贊」曰 : “相如雖多虛辭濫說, 然其要歸引之節儉. 此與詩之風諫何異?” 「敍傳」曰 : “「子虛」之事, 「大人賦」說, 靡麗多誇, 然其指風諫, 歸於無爲.” 揚雄「甘泉賦序」曰 : “奏「甘泉賦」以風.” 「羽獵賦序」曰 : “聊因校「獵賦」以風之.” 「長楊賦序」曰 : “藉翰林以爲主人, 子墨爲客卿, 以風.” 賦之諷諫, 可於斯取則矣.

77

옛 사람들은 평생의 뜻을 가끔 부에 담는다. 『사기』·『한서』의 예를 보면, 부는 열전에 실어 넣을 수 있다. 그래서 그 부를 읽는 사람에게 그 사람됨을 알 수 있게 한다.

古人一生之志, 往往於賦寓之. 『史記』·『漢書』之例, 賦可載入列傳, 所以使讀其賦者卽知其人也.

78

「굴원전」에 말하기를, “그 뜻이 깨끗하기에 그가 사물을 일컬은 것이 향기롭다”고 하였다. 『문심조룡』 「전부」에서 말하기를, “사물을 체득하여 뜻을 묘사한다”고 하였다. 내 생각에 뜻은 사물로 인하여 드러난다. 그래서 「문부」에서는 다만 “사물을 체득한 것을 편다”고 하였다.

「屈原傳」曰 : “其志潔, 故其稱物芳.” 『文心雕龍』「詮賦」曰 : “體物寫志.” 余謂志因物見, 故文賦但言“賦體物”也.

79

동광천(董廣川)[81]은 「사불우부(士不遇賦)」에서 이르기를, “마음을 바로

81) 동광천(董廣川) : 중국 전한(前漢)의 유학자 동중서(董仲舒, B.C.176?~B.C.104). 호는 계암자(桂巖子). 춘추 공양학(春秋公羊學)을 수학하여 하늘과 사람의 밀접한 관계를 강조하였다. 무제(武帝)로 하여금 유교를 국교로 삼도록 설득하였다. 저서에 『춘추번로

잡고 백 가지 이득을 얻음이여! 다시 바른 마음으로 하나의 선(善)으로 돌아가는 것만 못하다[雖矯情而獲百利兮, 復不如正心而歸一善]"라고 하였다. 이는 곧 "바르고 옳은 것으로 도를 밝힌다"는 뜻이다. 사마천은 「비사불우부(悲士不遇賦)」에서 이르기를, "죽을 때까지 이름이 드러나지 않음을 옛 사람들이 부끄러워했다[沒世無聞, 古人唯恥]"고 하였다. 이는 곧 "지난 일을 기술하고, 장래의 일을 걱정한다"는 마음이다. 도잠은 「감사불우부(感士不遇賦)」에서 이르기를, "진실로 궁하게 지내며 마음을 다스릴지언정, 왜곡하여 자기에게 누가 되게 하지는 않는다[甯固窮以濟意, 不委曲而累己]"고 하였다. 이는 곧 "쌀독이 늘 비어있어도 편안히 여긴다"는 뜻이다. 여기서 고인의 말이 반드시 뜻으로 말미암는다는 것을 볼 수 있다.

董廣川「士不遇賦」云 : "雖矯情而獲百利兮, 復不如正心而歸一善." 此卽"正誼明道"之旨. 司馬子長「悲士不遇賦」云 : "沒世無聞, 古人唯恥." 此卽"述往事, 思來者"之情. 陶淵明「感士不遇賦」云 : "甯固窮以濟意, 不委曲而累己." 此卽"屢空晏如"之意. 可見古人言必由志也.

80

『한서』「예문지」에 말하기를, "시를 배우는 선비가 포의로 버려져 있으므로, 어진 사람이 뜻을 잃은 것을 읊은 부가 지어졌다"고 하였다. 내 생각에 뜻을 잃었음은 남에게 있지 자신에게 있는 것이 아니다. 굴원은 「회사부(懷沙賦)」에서 이르기를, "고민을 만나도 남에게 옮기지 않음이여! 내 뜻에 고인의 모습이 있기를 바라네"라고 하였다. 이와 같이 비록 뜻을 잃은 부라고 하는 것도 곧 뜻을 격려하는 부가 될 수 있다.

『漢書』「藝文志」曰 : "學詩之士, 逸在布衣, 而賢人失志之賦作矣." 余案 : 所謂失志者, 在境不在己也. 屈子「懷沙賦」云 : "離慜而不遷兮, 願

(春秋繁露)』가 있다.

志之有像.” 如此, 雖謂失志之賦, 卽勵志之賦, 可矣.

81

추앙(鄒陽)의 「옥중상서(獄中上書)」는 기개가 성대하고 말이 웅혼하다. 예정평(禰正平)[82]이 황조(黃祖)의 장자를 위해 베푼 자리에서 「앵무부(鸚鵡賦)」를 지었는데, 이는 서글퍼하며 남에게 기대는 모양을 가련히 여긴 것으로, 평생의 뜻과 기개에 대해서 일컫지 않음이 없다.

鄒陽「獄中上書」, 氣盛語壯. 禰正平賦「鸚鵡」於黃祖長子座上, 蹙蹙焉有自憐依人之態, 於生平志氣, 得無未稱.

82

뜻있는 선비의 부는 한마디도 다른 사람을 따라 웃고 감탄하는 말이 없다. 그래서 비록 거꾸로 바뀌고 중복되고 뒤얽히고 숨어 있는 처지에 있더라도, 결단코 문인 재사 가운데 다른 사람은 미워하면서도 자신은 미워하려 하지 않는 사람이 능히 모방하고 본받을 수 있는 바가 아니다.

志士之賦, 無一語隨人笑歎. 故雖或顚倒複沓, 糾轇隱晦, 而斷非文人才客求慊人而不求自慊者所能擬效.

83

「웅치(雄雉)」[83]의 시에서 “저 해와 달을 보게나[瞻彼日月]”라는 두 장은 자고로 어진 사람이 뜻을 잃은 부로 이런 뜻에서 벗어나지 않는다. 이른바 “행해도 얻는 것이 없으면 돌이켜 자기에게서 원인을 구한다”[84]

---

82) 예정평(禰正平) : 후한 말의 문인 예형(禰衡). 자가 정평(正平)이다. 어려서부터 재변(才辯)이 있었으며, 성격이 강직하고 거침이 없었다. 공융(孔融) 등과 교유하였으며, 한 번 붓을 잡으면 천언(千言)을 써냈다고 한다. 「앵무부(鸚鵡賦)」는 재능있는 선비가 난세에 태어나 겪게 되는 불행한 처지를 표현한 것으로, 영물소부(詠物小賦) 가운데 대표적인 작품의 하나이다.

83) 「웅치(雄雉)」 : 『시경』 「국풍」 「邶風」에 보인다.

는 것이다. 만약 한 번이라도 "하늘을 원망하고 남을 탓한다"[85]는 것을 받아들였다면 어떻게 이러한 점이 있겠는가?

「雄雉」之詩"瞻彼日月"兩章, 自來賢人失志之賦, 不出此意, 所謂"行有不得, 反求諸己."也. 若一涉"怨天尤人", 豈有是處?

84

『한서』「예문지」에서 말하기를, "'어진 사람들이 뜻을 잃은 부는 고시의 측은한 뜻이 있다"고 하였다. 내 생각에 강호에서 임금을 걱정하고 묘당에서 백성을 걱정하는 것은, 측은히 여겨서이지 다만 뜻을 잃어서 그런 것만은 아니다. 희공(姬公)[86]의 「동산」·「칠월」[87]을 보면 알 수 있다.

『漢書』「藝文志」言 : "賢人失志之賦, 有惻隱古詩之意." 余謂 : 江湖憂君, 廟堂憂民, 惻隱不獨失志然也. 觀姬公「東山」·「七月」可見.

85

어떤 사람이 묻기를, "고인들의 부 가운데 뜻을 말한 것으로는, 한나라 때 예를 들면 최전(崔篆[88])의 '뜻을 위로함[慰志]'과 풍연(馮衍[89])의 '뜻을 드러냄 [顯志]', 위나라 때 예를 들면 유정(劉楨[90])의 '뜻을 이룸[遂志]'과 정의(丁儀[91])의 '뜻을 독려함[勵志]', 진나라 때 예를 들면 조거(棗

---

84) 이 말은 『맹자』「이루(離婁) 상」에 보인다.

85) 이 구절은 『논어』「헌문(憲問)」편에 보인다.

86) 희공(姬公) : 주공을 말함. 성이 희씨이다.

87) 「동산」·「칠월」: 두 시는 모두 『시경』「빈풍」의 편명이다.

88) 최전(崔篆) : 동한(東漢) 탁군(涿郡) 안평(安平) 사람. 최서(崔曙)의 아들이다. 왕망 때 보병교위(步兵校尉)·건신대윤(建新大尹) 등의 벼슬을 하였다. 광무제 때에 주에서 현량으로 추천하였으나, 스스로 왕망 때 벼슬한 것을 부끄럽게 여겨 벼슬하지 않았다.

89) 풍연(馮衍) : 동한 시기의 문인. 경조(京兆) 두릉(杜陵) 사람. 자는 경통(敬通). 7살 때에 『시경』을 외웠다고 한다. 광무제 때에 곡양령(曲陽令)을 지냈다.

90) 유정(劉楨) : 중국 후한 말기의 문인. 자는 공간(公幹). 건안칠자(建安七子)의 한 사람으로, 뛰어난 문장가이다. 작품에 「증종제(贈從弟)」 3수가 있다.

據[92]의 '뜻을 나타냄[表志]'과 조터(曹攄[93])의 '뜻을 기술함[述志]'과 같은 것이다. 그렇다면 부는 그 뜻을 곧바로 말하는 것을 숭상하는가?"라고 하였다. 내 생각에 부는 서술해 나아감에 뜻을 말하지 않는 것이 없다. 그런데, 반드시 이 '뜻[志]'을 제목으로 삼은 이후에야 그 부는 뜻을 말하는 것[言志]이라고 한다면, 뜻은 혹 거의 없어졌다 할 것이다.

或問："古人賦之言志者, 漢如崔篆之'慰志'·馮衍之'顯志', 魏如劉楨之'遂志'·丁儀之'勵志', 晉如棗據之'表志'·曹攄之'述志'. 然則, 賦以徑言其志爲尚乎?" 余謂：賦無往而非言志也. 必題是'志'而後其賦爲言志, 則志或幾乎息矣.

86

일체의 문자는 실사구시(實事求是)와 인기소탁(因寄所託) 이 두 가지에서 벗어나지 않는데, 부는 더욱더 하나라도 빠져서는 안 된다. "듣기 좋은 말은 믿을만하지 못하다"[94]·"사물에 빠지면 뜻을 잃는다"[95]와 같이 말을 해도 부는 또한 그만 둘 수가 없다.

實事求是, 因寄所託, 一切文字不外此兩種, 在賦則尤缺一不可. 若"美言不信", "玩物喪志", 其賦亦不可已乎!

---

91) 정의(丁儀, ?~220)：삼국시대 위(魏)나라 문인. 패국(沛國) 사람. 정비(丁斐)의 아들이다. 재주와 학식이 있어 조조(曹操)가 딸을 아내로 삼아주려고 하였으나, 눈이 한쪽 멀었다는 이유로 조비(曹丕)가 반대하였다. 조식(曹植)과 친하게 지내고, 조조에게 조식을 후사로 삼을 것을 권하였다. 조비가 즉위한 뒤에 죽임을 당하였다.

92) 조거(棗據)：서진(西晉) 때의 문인. 영천(潁川) 장두(長杜) 사람. 자는 도언(道彦). 본성은 극(棘)인데, 그 선조가 원수를 피하여 조로 고쳤다. 용모가 아름답고, 문사를 잘하였다. 벼슬은 기주자사(冀州刺史)·태자중서자(太子中庶子) 등에 이르렀다.

93) 조터(曹攄)：진나라 때의 문인. 자는 언원(顔遠). 초국(譙國) 초(譙) 사람이다. 할아버지는 조(肇)로 위위장군(魏衛將軍)을 지냈다. 조터는 어려서부터 효행이 있었고, 착한 일을 배우기를 좋아하였다고 한다. 벼슬은 정남사마(征南司馬) 등에 이르렀다.

94) 노자의 『도덕경』 권하 「현질(顯質)」에 보이는 말이다.

95) 『서전(書傳)』 「주서(周書)」에 보이는 말이다.

87

「국풍」의 시 가운데 일에 대해 지은 것은 가끔 비흥의 뜻을 겸하여 담는다. 종영의 『시품』에서 말미암은 바도 결국은 "우언으로 사물을 그린다"[96]는 것을 부라고 여겼다. 부가 비흥을 겸하면 말 안의 사실로써 말 밖의 뜻을 그린다. 그래서 옛날의 군자는 위아래 사람이 교제할 때 반드시 말이 있었던 것은 아니고, 부로 서로 드러낼 뿐이었다. 그렇지 않으면 사물에 대해 지음에 반드시 이 물건이어야만 한다고 하는 것이니, 그 쓰임이 얼마나 되랴?

「風」詩中賦事, 往往兼寓比興之意. 鍾嶸『詩品』所由竟以"寓言寫物"爲賦也. 賦兼比興, 則以言內之實事, 寫言外之重旨. 故古之君子, 上下交際, 不必有言也, 以賦相示而已. 不然, 賦物必此物, 其爲用也幾何?

88

봄에는 풀과 나무들이 있고 산에는 연기와 놀이 있다. 이는 모두 조화의 자연스러운 일로 색을 베풀어서 모방할 수 있는 것이 아니다. 그러므로 부의 도는 형상을 중시하고 더욱더 흥을 중시하여야 한다. 흥이 형상에 맞지 않는다면, 비록 어지럽게 펴서 번잡하고 빽빽하게 한다고 해도 생기는 뜻은 삭막하니, 능히 식자가 싫어하지 않겠는가?

春有草樹, 山有烟霞, 皆是造化自然, 非設色之可擬. 故賦之爲道, 重象, 尤宜重興. 興不稱象, 雖紛披繁密, 而生意索然, 能無爲識者厭乎?

89

부는 보록(譜錄)과 다르다. 보록은 오직 사물에 대해 기록하는 것만 뜻하므로, 감정이 없이 말할 수 있으며 문채가 없이도 펼 수 있다. 그래서 마치 다른 사람의 보물을 헤아리는 것처럼 자기 일과는 관계가 없다.

---

96) 양나라 종영(鍾嶸)이 찬한 『시품(詩品)』 권1에 보이는 말이다.

부체로써 이를 볼 때, 어느 것이 친하고 절실하며 높고 기이하다고 생각하겠는가?

賦與譜錄不同. 譜錄惟取誌物, 而無情可言, 無采可發, 則如數他家之寶, 無關己事. 以賦體視之, 孰爲親切且尊異耶?

90

부는 반드시 자신의 아프고 가려운 곳을 드러내는 것과 관계가 있어야 한다. 예컨대 혜강(嵇康)[97]이 거문고를 서술한 것, 상수(向秀)[98]가 피리에 대해서 느낀 것들은 어찌 병도 없이 끙끙 앓는 사람들의 말과 같을 수 있겠는가?

賦必有關著自己痛癢處. 如嵇康敍琴, 向秀感笛, 豈可與無病呻吟者同語?

91

밖에 있는 것은 형상이고, 내게 있는 것은 생명력이다. 두 가지가 서로 어우러져서 부가 나온다. 만약 자신의 생명력이 들어가는 곳이 없다면, 형상은 다만 한가한 일이 될 것이니, 뜻있는 선비들이 황급하게 물어 이르겠는가?

在外者物色, 在我者生意, 二者相摩相盪而賦出焉. 若與自家生意無相入處, 則物色祇成閒事, 志士遑問及乎?

92

부가 썩지 않고자 함은 오로지 뜻이 뛰어나야 하는 데에 있다. 『초

97) 혜강(嵇康, 223~262) : 중국 삼국시대 위(魏)나라의 문인. 자는 숙야(叔夜). 죽림칠현의 한 사람으로, 작품으로 「유분시(幽憤詩)」, 「금부(琴賦)」 등이 저명하다.

98) 상수(向秀, 230?~280) : 중국 진(晉)나라의 문인. 죽림칠현의 한 사람으로, 곽상(郭象)과 함께 초기 도가서인 『장자(莊子)』에 신도가 경향의 주석을 단 『장자주(莊子注)』를 썼다.

사』의 「초혼」에서 부를 말하여 먼저 '지극한 생각을 묶어서 찬하는 것'이라 하였으니, 진실로 천고의 돈독한 의론이다.

賦欲不朽, 全在意勝. 『楚辭』「招魂」言賦, 先之以'結撰至思', 眞乃千古篤論.

93

부짓는 사람의 주된 뜻이 정해지고 나면, 여러 뜻이 생긴다. 시험 삼아 굴원의 사 가운데에서 보면, 자기를 싫어하는 사람은 당인(黨人)과 같은 이들이고, 자기를 불쌍히 여기는 사람은 여수(女嬃)[99]·영분(靈氛)[100]·무함(巫咸)[101]과 같은 이들이다. 어부가 달리 숭상함이 있었던 것과 첨윤(詹尹)[102]이 시비를 가리는 일을 내버려두지 않는 일에 이르기까지, 모두 굴원이 먼저 주된 뜻을 가지고 있었던 데에서 말미암은 것이다. 이 때문에 서로 만나는 사람들은 모두 우르르 함께 몰려와서 두 손을 모으고 그에게로 모이는 것이다.

賦家主意定, 則群意生. 試觀屈子辭中, 忌己者如黨人, 憫己者如女嬃·靈氛·巫咸, 以及漁父別有崇尙, 詹尹不置是非, 皆由屈子先有主意, 是以相形相對者, 皆若沓然偕來, 拱向注射之耳.

94

「주남」「권이(卷耳)」 4장에 단지 "아아! 내가 임을 그리워하네[嗟我懷人]"라는 구가 바로 주된 뜻을 밝힌 것이고, 나머지 것은 이 구에 사족

---

99) 여수(女嬃) : 전국시대 초나라 사람. 굴원(屈原)의 누이.

100) 영분(靈氛) : 전국시대 초나라 사람. 점을 잘 치던 사람이라 한다. 굴원의 『초사』에도 그에 관한 이야기가 나온다.

101) 무함(巫咸) : 옛날 전설 속의 인물. 요임금의 신하였다고 한다. 축주법(祝呪法)으로 사람의 수명을 연장하거나, 병을 고치는 일을 함.

102) 첨윤(詹尹) : 곧 정첨윤(鄭詹尹)을 말한다. 전국 초나라 때의 점을 잘 쳐서 태복(太卜)이 되었다. 굴원이 추방을 당한 뒤에 답답한 마음을 풀기 위해 그에게 가서 점을 쳤다고 한다. 그의 이름이 『초사』「복거(卜居)」에 보인다.

을 단 것이 아님이 없다. 부의 체가 간략해지고 쓰임이 넓어진 것은 이것으로부터 시작되었다.

「周南」「卷耳」四章, 只"嗟我懷人"一句是點明主意, 餘者無非做足此句. 賦之體約用博, 自是開之.

95

부는 서술하는 것과 늘어놓은 것 두 가지 방법을 겸한다. 늘어놓은 것은 한편으로는 왼쪽에 한편으로는 오른쪽에 뜻을 가로로 놓는 것이다. 서술하는 것은 한편으로는 앞에 한편으로는 뒤에 뜻을 세로로 놓는 것이다.

賦兼敍·列二法 : 列者, 一左一右, 橫義也; 敍者, 一先一後, 竪義也.

96

사마상여가 부를 논하여 이르기를, "하나의 날줄과 하나의 씨줄과 같다"[103]라고 하였다. 어떤 이는 날줄은 하나로 말할 수 있지만, 씨줄은 하나로 말할 수 없다고 의심하는데, 하나를 들어 백 가지 예를 말하고, 백 가지를 합하여 하나로 만드는 것은 모르는 것이다.

司馬長卿論賦云 : "一經一緯." 或疑經可言一, 緯不可言一, 不知乃擧一例百, 合百爲一耳.

97

부를 종횡으로 마음대로 짓는 일은 부류를 아는 것에 달려 있다. 사마천은 「굴원전」에서 말하기를, "부류를 예로 드는 것이 가까우면, 뜻을 보여주는 것이 심원하다"고 하였다. 「서전(敍傳)」에 또한 말하기를, "부류를 이어서 뜻을 다툰다"고 하였다. 사마상여는 「봉선서(封禪書)」에서

103) 한(漢)나라 유흠(劉歆)이 찬한 『서경잡기(西京雜記)』 권2에 보인다.

"부류에 의지하여 기탁하고 우의한다"고 하였다. 매승은 「칠발(七發)」에서 말하기를, "말을 떠나서 부류끼리 연결한다"고 하였다. 황보밀(皇甫謐)은 「서삼도부(敍三都賦)」에서 말하기를, "한 부류의 지식을 정복하여 그것을 확장시킨다"고 하였다.

賦欲縱横自在, 係乎知類. 太史公「屈原傳」曰 : "擧類邇而見義遠." 「敍傳」又曰 : "連類以爭義." 司馬相如「封禪書」曰 : "依類託寓." 枚乘「七發」曰 : "離辭連類." 皇甫士安「敍三都賦」曰 : "觸類而長之."

98

장융(張融)[104]은 「해부(海賦)」를 지으며, 소금에 대해 말하지 않았고, 고개지(顧凱之)[105]의 말로 그것에 보태었다. 요현(姚鉉)[106]은 하송(夏竦)[107]에게 「수부(水賦)」를 짓도록 하면서 만 자로 제한하였다. 하송이 삼천 자로 짓자 요현이 화를 내며 쳐다보지도 않고 "네가 어찌 물에 대해 전후좌우로 넓혀서 말하지 않았느냐?"라고 하자, 하송이 다시 육천 자를 얻었다. 이를 통하여 부에는 있어야 할 것은 모두 있어야 하지만, 모름지기 있기 어려운 것까지도 있어야 한다는 것을 알 수 있다.

張融作「海賦」不道鹽, 因顧凱之之言, 乃益之. 姚鉉令夏竦爲「水賦」,

104) 장융(張融, 444~497) : 남조 제나라 오군(吳郡) 사람. 자는 사광(思光), 벼슬은 태자중서자(太子中庶子) · 사도좌장사(司徒左長史)에 이르렀다. 남쪽 식인종에게 잡혀 먹힐 뻔하다가 풀려나 바다에서 지은 「해부(海賦)」가 유명하다.

105) 고개지(顧凱之) : 중국 동진(東晉)의 문인 화가. 자는 장강(長康). 육조(六朝)의 삼대가(三大家) 가운데 한 사람으로, 초상화와 옛 인물을 잘 그렸으며, 대상이 지니고 있는 생명 또는 정신의 표현을 중시하였다. 작품에 「여사잠도(女史箴圖)」, 화론(畫論)에 「화운대산기(畫雲臺山記)」 등이 있다.

106) 요현(姚鉉, 968~1020) : 송나라 때의 문인. 여주(廬州) 합비(合肥) 사람. 자는 보지(寶之). 태종 때 진사가 되었고, 벼슬은 양절전운사(兩浙轉運使)에 이르렀다. 『당문수(唐文粹)』 100권이 있다.

107) 하송(夏竦, 985~1051) : 송나라 때의 문인. 강주(江州) 덕안(德安) 사람. 자는 자교(子喬). 아버지가 거란과 싸우다가 죽어서, 단양주부(丹陽主簿)에 임명되었다. 진종 대에 현량방정과(賢良方正科)에 천거되었고, 이후 벼슬이 추밀사(樞密使) 등에 이르렀다. 재주는 있으나, 탐학하여 세상 사람들이 간사하다고 일컬었다고 한다.

限以萬字. 竦作三千字, 鉉怒, 不視, 曰 : "汝何不於水之前後左右廣言之?" 竦益得六千字. 可知賦須當有者盡有, 更須難有者能有也.

99

사마상여는 이르기를, "부 짓는 사람의 마음은 우주를 포괄한다"[108]고 하였다. 성공수(成公綏)는 「천지부서(天地賦序)」에서 이르기를, "부라고 하는 것은 사물과 이치를 나누어 지어서 부연함에 방위와 장소가 따로 없음을 귀하게 여긴다. 그래서 천지의 홍성함에 생각이 이를 수 있는 것이다"고 하였다. 성공수의 뜻은 사마상여와 거의 부합한다.

司馬長卿謂"賦家之心, 包括宇宙." 成公綏「天地賦序」云 : "賦者, 貴能分賦物理, 敷演無方, 天地之盛, 可以致思矣." 意與長卿宛合.

100

부는 사물의 변화를 궁구하는 것을 취한다. 예컨대 산천과 초목은 비록 각자 본래의 의태를 갖추고 있으나, 때에 따라 다르게 보이므로 음양(陰陽)과 회명(晦明)과 풍우(風雨)가 있다.

賦取窮物之變. 如山川草木, 雖各具本等意態, 而隨時異觀, 則存乎陰陽·晦明·風雨也.

101

부를 짓는 사람의 마음은 작게는 더 이상 받아들일 것이 없고, 크게는 끝이 없다. 그러므로 그가 만나는 것에 따라 모습을 그리고 형상을 정리할 수 있다면, 이른바 "그것이 있기 때문에 그것과 비슷하다"[109]는 것이다.

---

108) 이 내용은 명나라 하부징(賀復徵)이 편한 『문장변체휘선(文章辨體彙選)』259에 실려 있는 사마상여(司馬相如)의 「답장가성람(答牂牁盛覽)」에 보인다.

109) 『시경』 「소아」의 「상상자화(裳裳者華)」의 구절이다.

賦家之心, 其小無內, 其大無垠, 故能隨其所値, 賦像班形, 所謂"惟其有之, 是以似之."也.

102

부는 사물을 형상화함에 실상을 살펴서 모습을 똑같이 하는 것은 쉽고, 아무 것도 없는 것에서 형상을 엮어내는 것은 어렵다. 형상을 엮어낼 수만 있다면, 형상은 이에 끊임없이 생겨나서 다함이 없을 것이다. 당나라 때 승려 교연(皎然)[110]이 '작용(作用)'이란 말을 가지고 시를 논하였던 일을 부에 옮겨서 논할 수 있다.

賦以象物, 按實肖象易, 憑虛構象難. 能構象, 象乃生生不窮矣. 唐釋皎然以'作用'論詩, 可移之賦.

103

부를 묘하게 운용하는 것은 '설(設)'자의 비결에 지나지 않는다. 이는 옛날의 작가들이 없는 것 가운데 있는 것을 생기게 하는 것을 보면 알 수 있다. 예컨대, '설'이라는 것은 어느 때에 해당하는가, 어느 곳에 있는가, 어떠한 사람을 만났는가 하는 부류를 말하는 것으로, 모두 예를 드는 일이 쉽지 않다.

賦之妙用, 莫過於'設'字訣, 看古作家無中生有處可見. 如設言値何時・處何地・遇何人之類, 未易悉擧.

104

부는 몇 장을 합한 이후에 갖추어진다. 그래서 「대언」, 「소언」이란 두 편의 부는 수많은 사람의 말을 함께 베풀었다. 이러한 뜻에 따른다면, 부는 한 사람의 말을 쓰는 것이기는 하지만, 또한 서너 사람의 말을

---

110) 교연(皎然) : 당나라 때의 스님이며 시인・시론가. 속성은 사씨(謝氏). 장성(長城) 사람. 『저산집(杼山集)』 10권, 『시식(詩式)』 등을 지었다.

뒤섞어낸다는 것을 알 수 있다.

賦必合數章而後備, 故「大言」·「小言」兩賦, 俱設爲數人之語. 準此意, 則知賦用一人之語者, 亦當以參伍錯綜出之.

105

부는 모름지기 곡절이 모두 변화하여야 한다. 공영달(孔穎達)[111]은 이르기를, "일을 말하는 방법은 바로 진술하는 것을 바른 것으로 여긴다"[112]고 하였다. 이것은 다만 부의 뜻을 밝힌 것이지, 그 형세를 논한 것은 아니다. 형세가 왜곡된 것은 실로 뜻을 곧게 하는 데에 방해가 되지 않는다.

賦須曲折盡變. 孔穎達謂"言事之道, 直陳爲正.", 此第明賦之義, 非論其勢. 勢曲, 固不害於義直也.

106

부는 고운 것을 취하는데 고운 것은 기이해야만 드러난다. 이 때문에 부는 기이한 것을 싫어하지 않는다. 그래서 가끔 전체가 기이하도록 하여 도리어 기이하지 않게 되는 것이 있으니, 이는 기이함을 쌓는 것이 기이함이 새나가는 것이 됨을 모르기 때문이다.

賦取乎麗, 而麗非奇不顯, 是故賦不厭奇. 然往往有以竟體求奇, 轉至不奇者, 由不知以蓄奇爲洩奇地耳.

107

담우하(譚友夏)[113]가 시를 논하는 데에서 이르기를, "한 편의 질박함

111) 공영달(孔穎達, 574~648) : 중국 당나라의 학자. 자는 중달(仲達). 태종 때 국자감의 좨주가 되고, 위징과 함께 『수서』를 편찬하였다. 또 『오경정의』를 편찬하여 오경 해석의 통일을 시도하였다.

112) 이 내용은 『흠정시경전설휘찬(欽定詩經傳說彙纂)』 권수하(卷首下) 「강령(綱領) 1」에 공영달의 말로 인용되어 있다.

은 한 구의 신령함을 기를 수 있고, 한 구의 신령함은 능히 한 편의 질박함을 만회시킬 수 있다"[114]고 하였다. 이 말은 항상 예술에 대해 의론하는 사람들에게 헐뜯음을 당했으나, 옛 것에서 그것을 징험(徵驗)한다면 부합되지 않는 것이 없다. 「진풍」 「소융(小戎)」의 "우리 임을 생각한다[言念君子]" 이하는 곧 신령함으로써 질박함을 만회시킨 것이다. 그 위는 모두 질박함으로 신령함을 기른 것이다. 「빈풍(豳風)」 「동산(東山)」의 각 장의 뜻은 모두 두 구절을 거두어들임으로 인하여 드러나는 것이다. 예컨대 "웅크리고 홀로 새우잠 잔다[敦彼獨宿]" 및 "신혼 때 그토록 즐거웠다[其新孔嘉]" 운운하는 것은 모두 신령스러운 것이다. 두 구절의 앞은 모두 질박한 것이다. 부를 짓는 사람들은 이러한 법도를 더욱 많이 사용한다. 신령스러움이 능히 질박함을 일으킨다고 하는 것은 쉽게 미루어 알 수 있다.

譚友夏論詩, 謂"一篇之朴, 以養一句之靈; 一句之靈, 能回一篇之朴." 此說每爲談藝者所訶, 然徵之於古, 未嘗不合. 如「秦風」「小戎」"言念君子"以下, 卽以靈回朴也, 其上皆以朴養靈也. 「豳風」「東山」每章之意, 俱因收二句而顯, 若"敦彼獨宿"以及"其新孔嘉"云云, 皆靈也; 每二句之前, 皆朴也. 賦家用此法尤多. 至靈能起朴, 更可隅反.

108

부 가운데 짝을 맞추는 곳은 말이 울창하고 무성한 것[蔚茂]을 취한다. 짝을 맞추지 않는 곳에는 말이 맑고 여윈 것[淸瘦]을 취한다. 이것은

113) 담우하(譚友夏) : 명나라 때의 학자 담원춘(譚元春, 1586~1637). 그의 자가 우하이다. 천계(天啓) 7년에 향시에서 일등하였고, 뒤에 경시(京試)를 보러 갔다가 객사하였다. 시문을 잘 하는 것으로 이름이 났고, 종성(鍾惺)과 더불어 경릉파(景陵派)를 창시하였다. 『당시귀(唐詩歸)』·『고시귀(古詩歸)』 등의 선집이 있고, 『악귀당집(岳歸堂集)』·『담우하합집(譚友夏合集)』 등의 문집이 있다.

114) 담원춘(譚元春)의 「제간원당시(題簡遠堂詩)」라는 글에 나오는데, 이 글은 명나라 하부징(賀復徵)이 편한 『문장변체휘선(文章辨體彙選)』 권365에 보인다.

송옥・사마상여의 부에서도 이미 그러했다.

賦中騈偶處, 語取蔚茂; 單行處, 語取淸瘦. 此自宋玉・相如已然.

109

부에서 옛 것을 숭상하는 일은 오래되었다. 고(古)의 대요(大要)에는 다섯 가지가 있는데, 성정고(性情古)・의고(義古)・자고(字古)・음절고(音節古)・필법고(筆法古)이다.

賦之尙古, 久矣. 古之大要有五 : 性情古, 義古, 字古, 音節古, 筆法古.

110

고부(古賦)의 어려움은 뜻은 독창적으로 하고 말은 자연스럽게 하는 데에 있다. 더러 말의 장단, 소리의 높낮이만을 고집하여 구하기도 하는데, 오히려 고지식한 견해를 면할 수 없다.

古賦難在意創獲而語自然. 或但執言之短長・聲之高下求之, 猶未免刻舟之見.

111

고부의 음조는 변화가 있으면서도 잘 어우러지고, 문채는 담담하면서도 고우며, 감정은 은미하면서도 드러나고, 형세는 바르면서도 기이하다.

古賦調拗而諧, 采淡而麗, 情隱而顯, 勢正而奇.

112

고부(古賦)는 뜻이 빽빽하고 체가 성글며, 속부(俗賦)는 체가 빽빽하고 뜻이 성글다.

古賦意密體疎, 俗賦體密意疎.

113

속부(俗賦)는 입만 벌리면 곧바로 수많은 후대의 사적으로 빠져들어 가는 것이 있고, 고부는 세상을 뛰어넘는 고상한 이야기로 스스로 출입문과 창문을 열었다. 어찌 지붕 아래에 지붕을 덮으려 하는가?

俗賦一開口, 便有許多後世事迹來相困躓, 古賦則越世高談, 自開戶牖, 豈肯屋下蓋屋耶?

114

부는 재주[才]와 학문[學]을 겸한다. 재주는 예를 들면 『한서』「예문지」에서 부를 논하여 말하기를, "사물에 감응하여 끝으로 나아가는데, 재주와 지혜가 매우 아름답다"라고 한 것이고, 『북사(北史)』「위수전(魏收傳)」에서 말하기를, "부를 지을 줄 알아야만 비로소 큰 재주있는 선비가 된다"라고 한 것이다. 학문은 예를 들면 양웅이 말하기를, "능히 천편의 부 작품을 읽을 수 있으면, 학문을 잘 할 수 있다"[115]고 한 것이다.

賦兼才・學. 才, 如『漢書』「藝文志」論賦曰: "感物造端, 材智深美.", 『北史』「魏收傳」曰: "會須作賦, 始成大才士"; 學, 如揚雄謂"能讀賦千首, 則善爲之."

115

부를 시의 입장에서 보면, 비교적 어지럽게 모여들고 기운이 맹렬하고 형세가 험악한 것 같다. 그래서 재기가 약한 사람은 가끔 시를 짓는 데에는 능하지만 부를 짓는 데에는 능하지 않다. 학문을 쌓아서 재주를 넓히면 기쁘지 않겠는가?

以賦視詩, 較若紛至沓來, 氣猛勢惡. 故才弱者往往能爲詩, 不能爲賦. 積學以廣才, 可不豫乎?

115) 한나라 유흠(劉歆)이 찬한 『서경잡기(西京雜記)』 권2에 보인다.

116

부는 '패(貝)' 방에 있으니 그 말은 사물이 있기를 바란 것이고, '무(武)' 변에 있으니 그 말이 순서가 있기를 바란 것이다. 『서경』에서 "그들의 조개와 옥을 모은다"[116]라고 하였고, 『곡례』에서 "당상에서는 발이 서로 닿도록 걷고, 당하에서는 발마다 자취가 남도록 걷는다"[117]라고 하였는데, 이 뜻을 생각할 만하다.

賦從'貝', 欲其言有物也; 從'武', 欲其言有序也. 『書』: "具乃貝玉." 『曲禮』: "堂上接武, 堂下布武." 意可思矣.

117

옛 사람들은 "노래로 부르지 않고 외우는 것을 부라 한다"[118]라 하였다. 그러나 부의 끝에 가끔 노래로 이었으니, 예컨대 『초사』의 '난왈(亂曰)', '중왈(重曰)', '소가왈(少歌曰)', '창왈(倡曰)' 등이 이것이다. 그러나 이는 옛날 악장의 종류로 일찍부터 외우는 데 사용되었으니 체가 아니니다. 무릇 노래로 부르는 것은 마음에 의지하고 외우는 것은 눈에 의지한다. 바야흐로 눈에 의지하려할 즈음에 노래로 부르려고 하면 어찌 겨를이 있겠는가?

古人稱"不歌而誦謂之賦." 雖賦之卒, 往往系之以歌, 如『楚辭』'亂曰'·'重曰'·'少歌曰'·'倡曰'之類皆是也, 然此乃古樂章之流, 使早用於誦之中, 則非體矣. 大抵歌憑心, 誦憑目. 方憑目之際, 欲歌焉, 庸有暇乎?

118

『초사』「석송(惜誦)」에는 노래로 부르는 조격(調格)이 없고, 「구가」에

116) 『서전』「상서」「반경(盤庚) 상(上)」에 보이는 말이다.
117) 두 구절은 모두 『예기』「곡례」에 보이는 말이다.
118) 반고(班固)가 찬한 『전한서(前漢書)』 권30 「예문지(藝文志)」 제10에 보인다.

는 외우는 조격이 없다. 가체와 송체는 이것에서 가려낼 수 있다.

『楚辭』「惜誦」無歌調, 「九歌」無誦調. 歌·誦之體, 於斯可辨.

119

『초사』를 짓는 사람은 그윽하고 깊은 것[幽深]을 취하니, 유자후(柳子厚)[119]가 이르기를, "「이소」를 참고하여 그 그윽함에 이른다"[120]고 한 것, 소노천(蘇老泉)[121]이 이르기를, "초사 작가는 청심(淸深)하다"[122]고 한 것이 이것이다. 부를 말하는 사람은 드러나고 맑은 것[顯亮]을 취하니 왕문고(王文考)[123]가 이르기를, "사물을 부로 드러낸다"[124]고 한 것, 육사형(陸士衡)[125]은 이르기를, "부는 사물을 구현해내므로 맑고 밝다"[126]고 한 것이 이것이다. 그러나 이 두 가지는 모름지기 서로 사용되어 다른 사람을 이해시킬 수 있어야 한다.

言騷者取幽深. 柳子厚謂"參之「離騷」以致其幽", 蘇老泉謂"騷人之

---

119) 유자후(柳子厚) : 중국 당나라의 문인 유종원(柳宗元, 773~819). 그의 자가 자후(子厚)이다. 당송 팔대가의 한 사람으로, 고문(古文) 부흥 운동을 한유(韓愈)와 더불어 제창하였다. 전원시에 뛰어나 왕유·맹호연·위응물과 나란히 칭송된다. 작품에 「봉건론(封建論)」, 「영주팔기(永州八記)」 등이 있으며, 시문집으로 『유하동집(柳河東集)』이 있다.

120) 유종원(柳宗元)의 문집인 『유하동집(柳河東集)』 권34 「답위중립서(荅韋中立書)」에 보인다.

121) 소노천(蘇老泉) : 중국 북송의 문인 소순(蘇洵, 1009~1060). 자는 명윤(明允). 호는 노천(老泉), 노소(老蘇)라고도 불리었다. 당송 팔대가의 한 사람으로, 소식 소철의 아버지이다. 요벽(姚闢)과 함께 『태상인혁례(太常因革禮)』를 편집하였다.

122) 명나라 모곤(茅坤)이 찬한 『당송팔대가문초(唐宋八大家文鈔)』 108의 「상전추밀서(上田樞密書)」에 보인다.

123) 왕문고(王文考) : 동한 때의 학자 왕연수(王延壽). 그의 자가 문고이다. 남군(南郡) 의성(宜城) 사람. 왕일(王逸)의 아들이다. 어려서 노나라 지역을 유람하고, 「영광전부(靈光殿賦)」를 지었다. 나이 20세 무렵에 물에 빠져 죽었다.

124) 양나라 소통(蕭統)이 편한 『문선(文選)』 권11의 「노령광전부(魯靈光殿賦)」에 보인다.

125) 육사형(陸士衡) : 중국 진(晉)나라의 문인 육기(陸機, 260~303). 그의 자가 사형(士衡)이다. 동생 육운과 더불어 이륙(二陸)이라고 칭송된다. 오(吳)나라가 망한 후, 동생과 함께 진나라에서 벼슬하였다. 화려한 문장을 썼으며, 조식(曹植) 이후의 제일인자로 꼽힌다. 주요 저작으로 「문부(文賦)」, 「변망론(辨亡論)」·『육사형집(陸士衡集)』 등이 있다.

126) 양나라 소통(蕭統)이 편한 『문선(文選)』 권17의 「문부(文賦)」에 보인다.

淸深", 是也. 言賦者取顯亮. 王文考謂"物以賦顯", 陸士衡謂"賦體物而瀏亮", 是也. 然二者正須相用, 乃見解人.

120

「이소」와 「국풍」을 배우는 데는 쉬운 것과 어려운 것이 있다. 「국풍」은 성령에서 나온 것이 많으므로, 부인과 여자들이 참여하지 않음이 없었다. 「이소」는 "거듭해서 능한 것을 닦는다",[127] "사령을 곱게 지어야 한다"[128]고 하였으니, 학사대부가 아니면 못할 일이다. 부는 「이소」에서 나왔지만, 말은 전아하고 넓으니 남다른 사람의 말이다. 그러므로 비록 널리 통달한 선비라도 자주 짓는 것을 보지 못하였으니, 흉금이 좁고 보고 듣는 것이 모자라는 사람들은 말해 무엇하랴?

學「騷」與「風」有難易. 「風」出於性靈者爲多, 故雖婦人女子無不可與; 「騷」則"重以修能", "嫻於辭令", 非學士大夫不能爲也. 賦出於「騷」, 言典致博, 旣異家人之語, 故雖宏達之士, 未見數數有作, 何論隘胸襟·乏聞見者乎?

121

범팽(范梈)[129]이 이백의 악부인 「원별리(遠別離)」편을 논하여 말하기를, "초나라 말에서 귀한 것은 끊어진 것이 또 끊어지는 것 같고, 어지러운 것이 또 어지러운 것과 같이 사의(詞義)가 반복적으로 그 사이에서 굴절하여 가지만, 실로 끊어지거나 어지러워진 적이 없다는 점이다"[130]

127) 『어정력대부휘(御定歷代賦彙)』 「외집(外集)」 권19에 실려 있는 왕세정(王世貞)의 「정희부(靜姬賦)」에 보인다.

128) 『사기(史記)』 권84 「굴원가생렬전(屈原賈生列傳)」 제24에 보인다.

129) 범팽(范木亨) : 원나라 청강(淸江) 사람. 1272~1330. 자는 형보(亨父), 다른 자는 덕기(德機). 나이 36살 때에 서울에 가서 추천에 의해 한림원편수관이 되었고, 뒤에 복건민해도지사(福建閩海道知事)가 되어 잘못된 풍속을 바로 잡았다. 시집으로 『범덕기시집』이 있다.

130) 이 내용은 왕기(王琦)가 찬한 『이태백집주(李太白集注)』 권34의 「총설(叢說)」에 보인다.

라고 하였다. 내 생각에 이 몇 마디 말은 「이소」를 배우는 사람에게 문으로 들어가게 하고, 또 겉모양만 비슷한 것을 붙들고 그것만을 찾지 않게 할 수 있다.

范木亨論李白樂府「遠別離篇」曰 : "所貴乎楚言者, 斷如復斷, 亂如復亂, 而詞義反復屈折行乎其間, 實未嘗斷而亂也." 余謂此數語, 可使學「騷」者得門而入, 然又不得執形似以求之.

122

「이소」의 음조에서는 허자(虛字)를 구의 허리로 삼는다. 예컨대, 지(之)・어(於)・이(以)・기(其)・이(而)・호(乎)・부(夫)가 그것이다. 허리 위에 있는 한 글자와 구절 끝에 있는 한 글자는 평측이 상이하면 해조(諧調)가 되고 평측이 동일하면 요조(拗調)가 된다. 이를테면 "고양임금의 후손으로서[帝高陽之苗裔兮]", "미침 인년의 인월에[攝提貞於孟陬兮]"131)의 '지(之)' '어(於)' 두 글자가 허리가 된다. '양(陽)' '정(貞)'은 허리 위의 글자이며, '예(裔)' '추(陬)'는 구절 끝의 글자이다. '양(陽)'은 평성이고 '예(裔)'는 측성으로 다르며, '정(貞)' '추(陬)'는 모두 평성으로 같다. 「구가」는 '혜(兮)'자를 가지고 구절의 허리로 삼는다. 허리 위에 있는 한 글자와 구절 끝에 있는 한 글자는 구절의 음조가 어울리던 어울리지 않던 또한 이에 준한다. 예를 들면 "좋은 날 좋은 때에[吉日兮辰良]"의 '일(日)'은 측성이고 '양(良)'은 평성이며 "난을 끓인 물로 목욕하고, 꽃을 띄운 물로 머리를 감는다[浴蘭湯兮沐芳]"의 '탕(湯)' '방(芳)'은 모두 평성이다.

「騷」調以虛字爲句腰, 如之・於・以・其・而・乎・夫是也. 腰上一字與句末一字平仄異爲諧調, 平仄同爲拗調. 如"帝高陽之苗裔兮", "攝提貞於孟陬兮", '之', '於'二字爲腰, '陽' '貞'腰上字, '裔' '陬'句末字, '陽'平 '裔'仄爲異, '貞' '陬'皆平爲同. 九歌以'兮'字爲句腰, 腰上一字

131) 이 두 구절은 각각 굴원이 지은 「이소」의 1,3구절이다.

與句末一字, 句調諧拗亦準此. 如"吉日兮辰良", '日'仄'良'平; "浴蘭湯兮沐芳", '湯' '芳'皆平.

123

부는 모의하고 본받는 것에 장점이 있지만 본색이 뛰어난 것만은 못하다. 굴원의 「이소」는 경박하게 「풍」·「아」와 비슷하게 되기를 구하지 않았기 때문에 「풍」·「아」의 핵심을 얻을 수 있었다. 사마상여(司馬相如)의 「대인부(大人賦)」는 굴원의 「원유(遠遊)」를 모의하고 본받은 자취에 떨어짐을 면할 수 없다.

賦長於擬效, 不如高在本色. 屈子之「騷」, 不沾沾求似「風」·「雅」, 故能得「風」·「雅」之精. 長卿「大人賦」於屈子「遠遊」, 未免落擬效之迹.

124

부는 편안함[夷]과 험함[險]의 두 단계가 있다. 『초사』의 「상군」과 「상부인」을 읽노라면 문득 이리저리 거닐며 여유있게 지내는 마음이 있음을 느낀다. 「초은사(招隱士)」를 읽노라면 문득 원통해하고 아득하며, 애처롭고 두려워하는 뜻이 있음을 느낄 수 있다.

賦有夷險二境. 讀『楚辭』「湘君」·「湘夫人」, 便覺有逍遙容與之情; 讀「招隱士」, 便覺有罔沕憭栗之意.

125

대안도(戴安道)[132]가 「남도부(南都賦)」를 그림으로 그렸더니 범선(范宣)[133]은 유익함이 있다고 감탄하였다. 그림 속에 부가 있다는 것을 알

---

132) 대안도(戴安道, ?~?) : 중국 진나라의 학자. 본명은 규(逵), 안도는 자(字)이다. 칠현금의 명수였고, 글과 서화에도 능하였다.

133) 범선(范宣) : 동진의 진류(陳留) 사람. 자는 선자(宣子). 어려서 은둔하는 것을 숭상하였고, 배우기를 게을리 하지 않았다. 여러 책에 두루 달통하였으나 특히 삼례(三禮)에 밝았다. 가난하였지만 여러 차례 불러도 벼슬길에 나아가지 않았다. 저서로 『예역논난

면, 부 속에도 응당 그림이 있다는 것을 알 수 있다.

戴安道畫「南都賦」; 范宣歎爲有益. 知畫中有賦, 卽可知賦中宜有畫矣.

126

정신으로 빛과 모습을 대신하고 의론으로 벌여놓고 배열하는 것은 부 가운데 별격(別格)이다. 정격(正格)은 당연히 빛과 모습으로 정신을 담고, 벌여놓고 배열하여서 의론을 감추는 것이다.

以精神代色相, 以議論當鋪排, 賦之別格也. 正格當以色相寄精神, 以鋪排藏議論耳.

127

부에는 아마도 생각이 말보다 뛰어난 점이 있다. 순경(荀卿)의 「예(禮)」·「지(智)」·「운(雲)」·「잠(蠶)」 등의 여러 부는 비록 짧기는 하지만 상상은 깊이 파고들어 남김이 없다. 육기(陸機)의 「문부(文賦)」는 정밀한 말이 이어졌는데, 그것에서 이르기를, "화려한 말은 정밀할 수가 없다"라고 하였으니, 이곳에 담긴 뜻을 알 수 있다.

賦蓋有思勝於辭者. 荀卿「禮」·「智」·「雲」·「蠶」諸賦, 篇雖短, 卻已想透無遺. 陸士衡「文賦」精語絡驛, 其曰: "非華說之所能精", 命意蓋可見矣.

128

노자·장자·석가의 뜻을 부에 들이는 것은 진실로 부를 짓는 옛 사람들의 뜻이 아니지만, 또한 이취(理趣)와 이장(理障)의 차이는 있다. 예를 들면 손흥공(孫興公)[134]은 「유천태산부(遊天台山賦)」에서 이르기를,

---

(禮易論難)』이 있다.

134) 손흥공(孫興公): 동진(東晉) 시기의 문인 손작(孫綽, 314~371). 그의 자가 흥공이다.

"신묘한 변화가 번개처럼 치달려, 문득 유(有)에서 나와 무(無)로 들어간다"고 하였는데, 이것은 이취이다. 또 이르기를, "보내어 있게 함이 다하지 않음을 깨닫고, 건너서 없어지지 않게 함에 등한함을 깨닫는다. 색(色)과 공(空)을 없애어 자취가 합하여지니, 문득 곧 있게 되어서 현묘함을 얻는다. 유명물(有名物)과 무명[無名物][135]이 같은 곳에서 나옴을 풀이하니, 식(識)·공(空)·관(觀)[136]이 하나도 없는 것으로 소멸된다"[137]고 한 것에 이르러서는, 곧 심하게 이치에 닿지 않는 것이다.

以老·莊·釋氏之旨入賦, 固非古義, 然亦有理趣·理障之不同. 如孫興公「遊天台山賦」云: "騁神變之揮霍, 忽出有而入無." 此理趣也. 至云: "悟遣有之不盡, 覺涉無之有間. 泯色空以合跡, 忽卽有而得玄. 釋二名之同出, 消一無於三幡." 則落理障甚矣.

129

부에는 사실을 기록하는 것을 중히 여기는 것이 있다. 예컨대 왕적(王績)의 「유북산부(遊北山賦)」는 한적하고 광달하게 지내는 뜻을 묘사한 것에 지나지 않는 것 같지만, 문중자(文中子)를 서술한 한 단락을 추출해 내면 족히 문헌의 증거로 삼을만하니, 이는 사실을 기록한다는 부의 성격과 관계가 있는 부분이다.

賦有以所紀之事實重者. 如王無功「遊北山賦」, 似不過寫其閒適曠達之意, 然敍文中子一段抽出之, 足爲文獻之徵, 乃賦中有關係處也.

태원(太原) 중도(中都) 사람. 손초(孫楚)의 손자. 허순(許詢)과 함께 현언시인(玄言詩人)으로 일컬어졌으며, 부를 잘 지었다. 벼슬은 저자좌랑(著作佐郎)을 거쳐 정위경(廷尉卿) 등에 이르렀다. 작품으로 「천태산부(天台山賦)」 등이 있다.

135) 색과 공: 『문선』 주에서 이선(李善)은 이명(二名)을 이렇게 풀이하였다.

136) 식(識)·공(空)·관(觀): 『문선』 주에서 이선(李善)은 삼번(三幡)을 이렇게 풀이하였다.

137) 여기에 예로 든 구절들은 모두 송나라 임사점(林師蒧)이 편한『천태전집(天台前集)』권상에 실려 있는 손작(孫綽)의 「천태산부(天台山賦)」에 보인다.

130

양웅(揚雄)은 이르기를, "글을 아로새기는 일은 장부가 하지 않는다"[138]고 하였다. 그렇지만 장부에게는 절로 장부의 부가 있다. 그렇지 않다면 주공(周公)·윤길보(尹吉甫)[139]가 서사한 작품이라도 또한 일컫기에 부족하다. 양덕조(楊德祖)는 「답임치후전(答臨淄侯牋)」에서 내 마음을 먼저 말했다.

揚子雲謂"雕蟲篆刻, 壯夫不爲." 然壯夫自有壯夫之賦, 不然, 則周公·尹吉甫敍事之作, 亦不足稱矣. 楊德祖「答臨淄侯牋」, 先得我心.

131

부는 사람에 따라 다르다. 예컨대, 순경이 「운부(雲賦)」에서 구름에 대해 언급한 것이 저와 같고, 굴원의 「운중군(雲中君)」도 또한 구름이며, 송옥의 「고당부(高唐賦)」에 이르기까지 또한 구름이다. 진(晉)나라의 양예(楊乂)와 육기에게도 모두 「운부(雲賦)」가 있으나, 그 뜻은 또 각각 다르다. 부로 사람을 보는 이는 마땅히 이것에 착안해야 한다.

賦因人異. 如荀卿「雲賦」, 言雲者如彼, 而屈子「雲中君」亦雲也, 乃至宋玉「高唐賦」亦雲也. 晉楊乂·陸機俱有「雲賦」, 其旨又各不同. 以賦觀人者, 當於此著眼.

132

시는 '붙들다'라는 뜻인데, 이 뜻은 부에도 통한다. 도잠의 「감사불우부(感士不遇賦)」는 자신을 붙드는 것이고, 이고(李翶)의 「유회부(幽懷賦)」는 세상을 붙드는 것이다.

---

138) 『양자법언(揚子法言)』 권2에 보인다.

139) 윤길보(尹吉甫) : 혜백길보(兮伯吉甫). 주나라 선왕 때의 대신. 성은 혜(兮)이고, 이름은 갑(甲)이고, 자가 백길보(伯吉甫 : 보는 혹 '父'라고도 씀)이다. 윤(尹)은 벼슬이름이다. 서주 시기 북쪽과 남쪽 변방의 종족들을 제압하였다.

詩, 持也, 此義通之於賦. 如陶淵明之「感士不遇」, 持已也; 李習之之「幽懷」, 持世也.

133

이름난 선비의 부는 늙음을 탄식하고 비루해짐에 한숨짓는 것이며, 속된 선비의 부는 아첨에서부터 시작하여 사치에까지 이른다. 그러니 자기를 붙들고 세상을 붙드는 의리를 표준으로 삼는다면, 이들은 모두 배척을 받는 것이 당연하다. 하물며 놀고먹는 일에 정신이 팔린 사람들이랴?

名士之賦, 歎老嗟卑; 俗士之賦, 從諛導侈. 以持已·持世之義準之, 皆當見斥也. 况流連般樂者耶?

134

부에서 재주를 높이 평가하는 것은 품덕(品德)을 높이 평가하는 것만 못하다. 더러는 수식을 다하여 세속에 과시하고 아첨하였는데, 이는 재주가 남는 것이 아니면 품덕이 부족한 것이다. 이것이 서릉(徐陵)[140]·유신(庾信)[141] 두 대가의 부가 사람의 뜻에 차지 않는 까닭이다.

賦尙才不如尙品. 或竭盡雕飾以夸世媚俗, 非才有餘, 乃品不足也. 徐·庾兩家賦, 所由卒未令人滿志與!

135

"높은 곳에 오르면 부를 잘 짓는다"[142]에서 높은 곳에 오른다는 것은

140) 서릉(徐陵, 507~583) : 중국 남북조시대의 문인. 자는 효목(孝穆). 유신(庾信)과 더불어 서유체(徐庾體)라고 불리는 궁체(宮體)의 시를 일으켰으며, 양나라 태자(太子) 소강(蕭綱)의 명으로 『옥대신영』을 엮었다. 저서에 『서효목집』이 있다.

141) 유신(庾信, 513~581) : 중국 남북조시대의 문인. 자는 자산(子山). 처음 남조의 양(梁)나라에서 벼슬을 하다가 후에 북주(北周)에서도 벼슬을 하였다. 그의 화려한 문체는 서릉(徐陵)과 함께 서유체(徐庾體)로 불리었으며, 저서로 『유자산문집』 20권이 있다.

비록 몸이 있는 바를 가리켜 말하는 것이기는 하지만, 재주와 식견을 품고 안는 것은 마땅히 높아야 한다는 것을 이에서 볼 수 있다. 예컨대, 도잠이 "높은 곳에 올라서 시를 읊는다[登高賦新詩]"[143]고 말한 데에도 또한 은미한 뜻이 있다.

"升高能賦", 升高, 雖指身之所處而言, 然才識懷抱之當高, 卽此可見. 如陶淵明言"登高賦新詩", 亦有微旨.

136

어떤 사람이 묻기를, "좌사(左思)[144]의 「삼도부서(三都賦序)」는 높은 곳에 올라야 부를 잘 짓는다는 것을 '그가 본 것을 찬송한다'라고 여겼는데, 본 바가 부로 짓기에 부족하면, 어찌 해야 하나?"라고 하였다. 대답하여 말하기를, "엄창랑(嚴滄浪)[145]이 '시에는 '특별한 재주', '특별한 흥취'[146]가 있다'고 했다. 나는 또한 이르기를, "부에도 남다른 눈이 있는데, 남다른 눈으로 본 바를 헤아릴 수 있겠는가?"라고 하였다.

或問："左思「三都賦序」以升高能賦爲'頌其所見', 所見或不足賦, 奈何?" 曰："嚴滄浪謂'詩有別材・別趣', 余亦謂賦有別眼. 別眼之所見, 顧可量耶?"

---

142) 『문선』 권4의 「삼도부서(三都賦序)」에 보인다.
143) 『도연명집』 권2의 「이거(移居)」에 보인다.
144) 좌사(左思, 250?~305?) : 중국 서진(西晉)의 시인. 자는 태충(太沖). 부(賦)에 뛰어나 이름난 작품을 많이 남겼는데, 특히 10년 동안 구상하여 지은 「삼도부(三都賦)」는 '낙양(洛陽)의 지가(紙價)를 올리다'라는 고사로 유명하다. 작품에 「제도부(齊都賦)」, 「영사시(詠史詩)」, 「초은시(招隱詩)」 등이 있다.
145) 엄창랑(嚴滄浪) : 송나라 때 문인 엄우(嚴羽)를 말함. 그의 자는 의경(儀卿), 다른 자는 단구(丹丘), 호는 창랑포객(滄浪逋客). 그는 『창랑시화(滄浪詩話)』의 저자로, 비평가로 이름이 크게 알려졌다.
146) 『창랑시화(滄浪詩話)』 「시변(詩辯)」에 보인다.

137
황보밀(皇甫謐)이 「삼도부서(三都賦序)」에서 말하기를, "이끌어서 펴고 비슷한 것을 건드려서 길게 묘사한다"고 하였다. 유언화(劉彦和)[147)]는 「전부(詮賦)」에서 말하기를, "형체를 모의하고, 그 알맞은 사물을 본뜬다"고 하였다. 나는 부의 법칙을 논하여 말하기를, "어진 사람이 그것을 보면 인(仁)이라 하고, 지혜로운 사람은 그것을 보면 지(智)라 한다"라고 말한다.

皇甫士安「三都賦序」曰: "引而伸之, 觸類而長之." 劉彦和「詮賦」曰: "擬諸形容, 象其物宜." 余論賦則曰: "仁者見之謂之仁, 智者見之謂之智."

147) 유언화(劉彦和): 중국 남북조시대 양나라의 문학자 유협(劉勰, 465~521). 그의 자가 언화(彦和)이다. 뒤에 불교에 귀의하여 혜지(慧地)라고 이름을 고쳤다. 경론에 박식하였다. 저서에 『문심조룡』이 있다.

권4

사곡개(詞曲槪)

1

악가(樂歌)는 옛날에 시(詩)로 지었는데, 근대에는 사(詞)로 지었다. 예를 들면, 「관저(關雎)」[1] · 「녹명(鹿鳴)」[2]은 모두 소리가 말에 근거하여 지어져 나온 것인데, 사는 말이 소리에 근거하여 지어진 것이다. 그러므로 사는 성학(聲學)이다.

樂歌, 古以詩, 近代以詞. 如關雎 · 鹿鳴, 皆聲出於言也; 詞則言出於聲矣. 故詞, 聲學也.

2

『설문해자(說文解字)』[3]에서 '사(詞)'자를 풀이하여 말하기를, "뜻은 안

1) 「관저(關雎)」: 『시경』 「주남」의 편명이다.
2) 「녹명(鹿鳴)」: 『시경』 「소아(小雅)」 「녹명지습(鹿鳴之什)」의 편명이다.
3) 『설문해자(說文解字)』: 중국 후한 때, 허신(許愼)이 편찬한 자전. 문자학의 기본적인

이고, 말은 밖이다"라고 하였다. 서개(徐鍇)[4]는 『통론(通論)』[5]에서 말하기를, "소리는 안이고, 말은 밖이다. 소리의 안에 있고, 말의 밖에 있다"[6]라고 하였다. 그러므로 사를 아는 사람은 말은 다함이 있어도 소리의 뜻은 끝이 없는 것이다.

說文解'詞'字曰 : "意內而言外也." 徐鍇通論曰 : "音內而言外, 在音之內, 在言之外也." 故知詞也者, 言有盡而音意無窮也.

3

사 가운데에는 창조(創調)·의성(倚聲)이 있는데, 창화(倡和)에 근본을 두고 있다. 창화는 우(虞)나라 궁정보다 이른 것은 없다. '이에 노래하여 말하기를[乃歌曰]' 이하 3구의 조(調)를 보면, 곧 '이에 이어서 노래하기를[乃賡載歌]'라 한 것 및 '또 노래하기를[又歌]'이라 한 사조(詞調)가 나온 바이다.[7] 「풍(風)」·「아(雅)」편은 반드시 몇 장으로 되어 있는데, 뒤의 장에서는 또한 앞의 음조를 많이 쓴다. 더러 앞뒤가 조금 다른 것도 자못 사(詞) 가운데 같은 조(調)의 또 한 체와 같다.[8]

詞有創調·倚聲, 本諸倡和. 倡和莫先於虞廷. 觀'乃歌曰'以下三句調, 卽'乃賡載歌'及'又歌'之調所出也. 風·雅篇必數章, 後章亦多用前調. 其或前後小異者, 殆猶詞同調之又一體耳.

고전의 하나로, 한자 9,353자를 수집하여 540부(部)로 분류하고 육서(六書)에 따라 글자의 모양을 분석·해설하였다. 15권으로 이루어졌다.

4) 서개(徐鍇, 920~974) : 남당(南唐) 광릉(廣陵) 사람으로, 자는 초금(楚金)이다. 소학(小學)에 뛰어나 그의 형 서현(徐鉉)과 이름을 나란히 떨쳤다. 저서에 『설문해자계전(說文解字繫傳)』 40권과 『설문해자전운보(說文解字篆韻譜)』, 『설문해자통론(說文解字通論)』 등이 있다.

5) 서개의 『설문해자통론』을 말한다.

6) 이 내용은 서개가 지은 『설문해자통론(說文解字通論)』 권하에 보이고, 『육예지일록(六藝之一錄)』의 권204에서도 확인할 수 있다.

7) 위의 내용은 『서경』 「우서(虞書)」 「익직(益稷)」편에 나오는 것이다.

8) 이 문장의 내용은 사에서 하나의 사조(詞調) 아래 있는 여러 체식 가운데 하나가 될 수 있음을 말한 것이다.

4

사는 고시(古詩)에 근원을 두고 있으므로, 또한 육의(六義[9])를 겸하여 가지고 있다. 육의를 취함에 있어서는 각각 마땅한 바를 사용하여서, 한 가지 시기의 한 가지 경우로 모두 똑같게 하지는 않는다.

詞導源於古詩, 故亦兼具六義. 六義之取, 各有所當, 不得以一時一境盡之.

5

음악에서 "바른 것에 맞으면 아(雅)가 되고, 많이 시끄러우면 정(鄭)[10]이 된다"[11]고 하였다. 사는 악장(樂章)이다. 아와 정을 구별하지 못한다면, 더 논해 무엇 하겠는가?

樂, "中正爲雅, 多哇爲鄭." 詞, 樂章也. 雅・鄭不辨, 更何論焉?

6

양(梁)나라 무제(武帝)의 「강남농(江南弄)」, 도홍경(陶弘景)[12]의 「한야원(寒夜怨)」, 육경(陸瓊)[13]의 「음주락(飮酒樂)」, 서효목(徐孝穆)[14]의 「장상사(長

9) 육의(六義) : 시의 풍(風)・아(雅)・송(頌)・흥(興)・부(賦)・비(比)의 여섯 가지 체를 말한다.

10) 정(鄭) : 『시경』「국풍」「정풍」을 일컫는 말. 정은 남방의 음탕한 습속을 노래한 작품이 많다.

11) 이 내용은 양웅(揚雄)의 『법언(法言)』「오자(吾子)」에 보이고, 송나라 위식(衛湜)이 찬한 『예기집설(禮記集說)』 권96에도 보인다.

12) 도홍경(陶宏景, 456~536) : 중국 남조 양(梁)나라 때의 문인, 도교사상가. 도홍경(陶弘景)이라고도 쓴다. 자는 통명(通明). 단양(丹陽) 말릉(秣 : 지금의 강소성 남경) 사람이다. 저술이 매우 많았으나 모두 일실되고, 전하는 것으로는 명나라 때 편집된 『도은거집(陶隱居集)』이 있다.

13) 육경(陸瓊, 537~586) : 중국 남조 진(陳)나라의 문학가. 자는 백옥(伯玉), 오군 오(강소성 소주) 사람이다. 문집 20권이 있었다고 하나 모두 일실되고, 시 6수만이 전한다.

14) 서효목(徐孝穆) : 진(陳)나라 때의 문인 서릉(徐陵). 8세부터 문장에 능했으며, 벼슬은 산기상시(散騎常侍)에 이르렀다. 유신(庾信)과 함께 이름을 떨쳐, 세상에서 서유체(徐庾體)라 일컬었다. 저서에 『서효목집』이 있다.

相思)」는 모두 사체(詞體)를 갖추었으나, 규모가 크지를 않다. 태백(太白)[15]의 「보살만(菩薩蠻)」에서 번거로운 마음을 빠른 절주에 맞춘 것과 「억진아(憶秦娥)」에서 길게 읊조리며 멀리 있는 사람을 사모하는 것과 같은 사라야만, 마침내 이것 이전의 제가들을 모두 울타리 안으로 돌아오게 한다.

梁武帝「江南弄」, 陶宏景「寒夜怨」, 陸瓊「飮酒樂」, 徐孝穆「長相思」, 皆具詞體, 而堂廡未大. 至太白「菩薩蠻」之繁情促節, 「憶秦娥」之長吟遠慕, 遂使前此諸家悉歸環內.

7

이백의 「보살만」, 「억진아」 두 수는 소릉(少陵)[16]의 「추흥(秋興)」 8수[17]에 충분히 비견할 수 있다. 그 정경을 상상해 보면, 아마도 명황(明皇)[18]이 서쪽으로 피난을 간 뒤[19]에 지은 것일 게다.

太白「菩薩蠻」·「憶秦娥」兩闋, 足抵少陵「秋興八首」. 想其情境, 殆作於明皇西幸後乎?

8

장지화(張志和)[20]의 「어가자(漁歌子)」 "서새산(西塞山)[21] 앞에는 백로가

---

15) 태백(太白) : 당나라 때의 시인 이백(李白)을 말한다.

16) 소릉(少陵) : 당나라 때의 시인 두보(杜甫)를 일컫는 말. 그는 살던 곳의 이름을 따서 소릉(少陵)이라 하였다.

17) 「추흥(秋興)」 8수 : 두보가 기주(夔州)에 있을 때 지은 칠언율시. 두보 만년의 대표작이다.

18) 명황(明皇) : 당나라 현종(玄宗)을 달리 부르는 말. 그의 시호가 지도대성대명효황제(至道大聖大明孝皇帝)이 때문에 이렇게 부름.

19) 명황(明皇)이 …… 간 뒤 : 당나라 현종(玄宗)은 처음 개원(開元) 시절에는 정치를 잘하여 이렇게 칭송을 받았었다. 서쪽으로 피난을 갔다는 것은 그가 천보(天寶) 때에 양귀비(楊貴妃)에 빠져 정치를 돌보지 않아 결국 안록산(安祿山)의 난으로 사천성(四川省) 성도(成都)로 피란을 갔던 것을 말한다.

20) 장지화(張志和, 730?~810?) : 당나라 때의 문인. 본명은 구령(龜齡), 자는 자동(子同), 호

난다[西塞山前白鷺飛]"라는 한 수는 풍류가 천고에 빛나는 것이다. 동파(東坡)[22]가 일찍이 그 구절을 「자고천(鷓鴣天)」에 넣어 사용하고, 또 「완계사(浣溪沙)」에도 사용하였지만, 그가 이어서 지은 구절은 조화(造化)에 절묘하게 통하는 장지화 원래의 작품만은 못하다. 황산곡(黃山谷)[23]이 또한 일찍이 그 사에 글자를 보태어 「완계사」를 지었는데, 그것을 외우고 자랑하는 빛이 있었다.

張志和「漁歌子」 "西塞山前白鷺飛"一闋, 風流千古. 東坡嘗以其成句用入「鷓鴣天」, 又用於「浣溪沙」, 然其所足成之句, 猶未若原詞之妙通造化也. 黃山谷亦嘗以其詞增爲「浣溪沙」, 且誦之有矜色焉.

9

이백의 「보살만」, 「억진아」와 장지화의 「어가자」는 두 작자가 모두 한편으로는 근심하고 한편으로는 즐거워하였으니, 궁극적인 뜻이 무엇이라 말하기가 어렵다. 아마도 영균(靈均)[24]의 「사미인(思美人)」·「애영(哀郢)」과 장수(莊叟 : 莊子)의 '호상(濠上)'[25]이 이에 가까울 것이다.

는 연파조도(烟波釣徒), 현진자(玄眞子) 이다. 금화(金 : 지금의 절강성에 있음) 사람이다. 숙종 때 대조한림(待詔翰林)으로 있었으나, 뒤에는 강호에 은거하였다. 저서로 『현진자』가 있다.

21) 서새산(西塞山) : 산이름. 지금의 절강성(浙江省) 오홍현(吳興縣) 서쪽에 있음.

22) 동파(東坡) : 송나라의 문인이자 정치가 소식(蘇軾, 1036~1101). 동파는 그의 호, 자는 자첨(子瞻). 당송팔대가의 한 사람. 왕안석(王安石)과 대립하여 좌천되었으나, 후에 철종에게 중용되어 구법파(舊法派)를 대표했으며, 문장으로 이름이 났다. 특히 「적벽부(赤壁賦)」는 여러 사람들의 사랑을 받았다. 저서로 『동파집(東坡集)』이 있다.

23) 황산곡(黃山谷, 1045~1105) : 중국 북송의 시인 서예가 황정견(黃庭堅). 자는 노직(魯直). 호는 산곡(山谷). 기이하고 파격적인 시를 써 송시(宋詩)에 새로운 바람을 일으켰다. 강서 시파의 원조이며, 서예가로서 뛰어나 송대 사대가의 한 사람으로 꼽힌다. 시집으로 『산곡시내외집(山谷詩內外集)』이 있다.

24) 영균(靈均, B.C.340?~B.C.278?) : 전국시대 초나라의 시인, 정치가인 굴원(屈原)의 자. 초사의 창립자이며 대표적 작가이다. 「이소(離騷)」는 중상모략으로 국왕의 곁에서 멀어지게 되자 그 분함을 노래한 것이라고 『사기』에 적혀 있다. 그는 결국 양자강 이남으로 추방되었다가 장사(長沙)에 있는 멱라수(汨羅水)에 투신하여 죽었다. 그의 작품은 한(漢)의 부문학(賦文學)에 커다란 영향을 미쳤다.

太白「菩薩蠻」·「憶秦娥」, 張志和「漁歌子」, 兩家一憂一樂, 歸趣難名. 或靈均「思美人」·「哀郢」, 莊叟「濠上」近之耳.

10

온비경(溫飛卿)[26]의 사는 정묘하기가 남보다 뛰어났으나, 아름답고 원망하는 데에 지나지 않는다. 위단기(韋端己)[27]·풍정중(馮正中)[28] 등 제가의 사는 광경을 보고 빠져들어 방황하며 슬퍼하면서 스스로 가련히 생각하니, 대개 비바람에 쉽게 날려갈 것이다. 만약 단지 그 토해낸 말의 아름다움만을 논한다면, 이것에 무엇을 더할 것이 있겠는가?

溫飛卿詞精妙絶人, 然類不出乎綺怨. 韋端己·馮正中諸家詞, 留連光景, 惆悵自憐, 蓋亦易飄颺於風雨者. 若第論其吐屬之美, 又何加焉!

11

풍연사(馮延巳)의 사에서 안동숙(晏同叔)[29]이 그 준일함을 얻었고, 구양영숙(歐陽永叔)[30]이 그 깊이를 얻었다.

---

25) 『장자』「추수(秋水)」편에 실려 있는 장자와 혜자가 호량(濠梁) 가에서 주고받은 대화를 가리킨다.

26) 온비경(溫飛卿) : 중국 당나라 말기의 사인 온정균(溫庭筠, 812?~866?). 본명은 기(岐)이고, 비경(飛卿)은 자이다. 염사(艶詞)를 많이 지었으며, 저서에 『온비경시집』, 『건손자(乾䉲子)』 등이 있다.

27) 위단기(韋端己) : 중국 전촉(前蜀)의 시인 위장(韋莊, 836?~910). 단기는 그의 자이다. 경조(京兆) 두릉(杜陵 : 지금의 섬서성 서안시 동남쪽에 있다) 사람이다. 『전당시』에 그의 시 6권이 수록되어 있고, 사 작품이 55수가 전한다.

28) 풍정중(馮正中) : 풍연사(馮延巳, 903~960)를 말한다. 정중은 그의 자이다. 또 다른 이름은 연사(延嗣)이다. 광릉(廣陵 : 지금 강소성 양주) 사람이다. 그는 당오대(唐五代)의 사 작가를 대표하는 인물로, 120수의 사를 남기고 있다.

29) 안동숙(晏同叔) : 송나라 때의 문인 안수(晏殊, 991~1055). 동숙의 그의 자이다. 무주(撫州) 임천(臨川 : 지금 강서성에 속함) 사람이다. 시호가 원헌(元獻)이라서, 안원헌이라 부르기도 한다. 북송 사단의 중요한 사 작가이다. 저서에 『주옥사(珠玉詞)』가 있다.

30) 구양영숙(歐陽永叔) : 북송의 문인, 학자 구양수(歐陽脩, 1007~1072)를 지칭하는 말. 영숙은 그의 자이다. 호는 취옹(醉翁)·육일거사(六一居士). 10세 때 한유(韓愈)의 시문에 심취하였다. 당송팔대가(唐宋八大家)의 한 사람으로 당시 유행하던 서곤체(西崑體)

馮延巳詞, 晏同叔得其俊, 歐陽永叔得其深.

12

송자경(宋子京)[31]의 사는 송나라 초기의 체이고, 장자야(張子野)[32]는 처음으로 마르고 굳은 체를 창시하였다. 비록 아름다운 구절이라고 칭찬을 하고 있기는 하지만, 사실 취향은 서로 다르다.

宋子京詞是宋初體, 張子野始創瘦硬之體, 雖以佳句互相稱美, 其實趣尙不同.

13

왕반산(王半山)[33]의 사는 비쩍 마르고 전아하며 소박하여, 오대(五代)의 옛 투습을 단 번에 씻었다. 오직 "즐거움을 거치면서 반드시 웃고, 슬픔을 말하면서 이미 탄식을 하는"[34] 경지에는 이르지 못하였기 때문에, 깊은 정을 가진 선비가 비판하는 점이 없지는 않다.

王半山詞瘦削雅素, 一洗五代舊習. 惟未能"涉樂必笑, 言哀已歎", 故深情之士不無間然.

라는 화려한 수사적 시풍을 타파하고 이른바 송시(宋詩)를 창조했다. 저서에 『구양문충공집(歐陽文忠公集)』 13권이 있다.

31) 송자경(宋子京) : 송나라 초기의 문인 송기(宋祁, 998~1061). 자경은 그의 자이다. 안주(安州) 안륙(安陸 : 지금의 호북성에 있음) 사람이다. 벼슬은 공부상서, 한림학사 승지 등을 지냈고, 시호는 경문(景文)이다. 저서에 『송경문집』이 있고, 굴만리(屈萬里)가 엮은 『송경문공장단구(宋景文公長短句)』 등이 있다.

32) 장자야(張子野) : 송나라 때의 문인 장선(張先, 990~1078). 자야는 그의 자이다. 오정(烏程 : 지금의 浙江省 吳興) 사람이다. 그는 유영(柳永)과 나란히 이름을 떨쳤다. 저서에 『장자야사(張子野詞)』가 있고, 180여 수의 사가 전한다.

33) 왕반산(王半山) : 북송(北宋)의 정치가 왕안석(王安石, 1019~1086)을 일컫는 말. 자는 개보(介甫), 반산은 호이다. 강서성 무주(撫州) 임천(臨川) 사람이다. 이른바 신법(新法)을 실시하여, 신법(新法)·구법(舊法)의 당쟁이 일어났다. 당송팔대가(唐宋八大家)의 한 사람으로, 『왕임천문집(王臨川文集)』 29권이 있다.

34) 이 말은 육기의 「문부」에 보이며, 또한 당나라 손과정(孫過庭)이 찬한 『서보(書譜)』에도 보인다.

14

유기경(柳耆卿)[35]의 사는 옛 사람들이 두보(杜甫)의 시에 비유하였는데, 사실만을 이야기하고 정치사상은 드러내지 않았기 때문이다.[36] 내 생각에 이것은 그 체를 논하는 경우에는 그렇다고 할 수 있으나, 만약 그 뜻을 논한다면, 소릉(少陵)[37]이 아마도 허락하지 않을 것이다.

柳耆卿詞, 昔人比之杜詩, 爲其實說無表德也. 余謂此論其體則然, 若論其旨, 少陵恐不許之.

15

유영의 사는 세밀하지만 따분하고 명백하면서 뻔한데, 서사(敍事)를 잘하여 앞 시대 사람보다 나은 점이 있다. 오로지 비단처럼 향기가 나고 부드러운 모양은 많은 곳에서 볼 수 있다. 그러므로 품격이 아직 높지 않음을 알 수 있다.

耆卿詞, 細密而妥溜, 明白而家常, 善於敍事, 有過前人. 惟綺羅香澤之態, 所在多有, 故覺風期未上耳.

16

소식의 사는 자못 두보의 시와 비슷하니, 담아 넣을 수 없는 뜻이 없고, 말해낼 수 없는 일이 없었기 때문이다. 만약 그 호방한 것으로 치면, 때때로 이백과 가깝다.

東坡詞頗似老杜詩, 以其無意不可入, 無事不可言也. 若其豪放之致,

35) 유기경(柳耆卿) : 송나라 때의 문인 유영(柳永, 984?~1053?). 기경은 그의 자이다. 복건성 숭안(崇安) 사람이다. 벼슬은 둔전원외랑(屯田員外郎)을 지냈으므로, 세상에서 유둔전(柳屯田)이라 부른다. 그는 사를 통속화·구어화하여, 사의 발전에 있어서 매우 중요한 역할을 하였다. 저서에 『악장집(樂章集)』이 있다.

36) 송나라 장단의(張端義)의 『귀이집(貴耳集)』 권상에 "杜詩, 柳詞, 皆無表德, 只是實說"이란 내용이 보인다.

37) 소릉(少陵) : 두보가 살던 지명으로 두보의 호이기도 하다. 여기서는 두보를 가리킨다.

則時與太白爲近.

17

이백의 「억진아」는 가락과 감정이 비장하다. 만당(晚唐)・오대(五代) 때에는 오로지 예쁘고 고운 데로만 나아갔는데, 소식에 이르러서야 비로소 옛 것으로 돌아갈 수 있었다. 후세에 사를 논하는 사람들이 더러는 소식을 변조(變調)라고 생각을 하지만,[38] 만당(晚唐)과 오대(五代)가 바로 변조라는 사실을 모르는 것이다.

太白「憶秦娥」, 聲情悲壯, 晚唐・五代, 惟趨婉麗, 至東坡始能復古. 後世論詞者, 或轉以東坡爲變調, 不知晚唐・五代乃變調也.

18

소식은 「정풍파(定風波)」에서 이르기를, "외롭고 야위었지만 아직도 눈과 서리 같은 자태 남아 있다[尙餘孤瘦雪霜姿]"라고 하였고, 「하화미(荷花媚)」에서도 이르기를, "천연스럽게 피어서 남달리 풍류스런 자태로다[天然地別是風流標格]"라고 하였다. '눈과 서리 같은 자태(雪霜姿)'나 '풍류스런 자태(風流標格)'는 소식의 사를 배우는 사람들이 곧 이것에서 취할 수 있는 것이다.

東坡「定風波」云: "尙餘孤瘦雪霜姿". 荷華媚云: "天然地別是風流標格." '雪霜姿'・'風流標格', 學坡詞者便可從此領取.

19

소식은 「여선우자준서(與鮮于子駿書)」에서 이르기를, "요즈음 자못 작은 사(詞)를 많이 짓는데 비록 유영(柳永)의 풍미는 없지만, 또한 절로 일가를 이룬다"[39]고 하였다. 언뜻 보면 유영(柳永)의 사처럼 지으려 했지

38) 진사도(陳師道)는 『후산시화(后山詩話)』에서 동파는 '시로 사를 지어[以詩爲詞]' 사의 본색이 아니라고 하였다.

만 그렇게 하지 못한 것 같다. 그러나 소식은 일찍이 진소유(秦少游)[40]의 「만정방(滿庭芳)」이란 사가 유영(柳永)의 구법을 배웠다고 나무랐으니, 그의 뜻을 알 수 있다.

東坡「與鮮于子駿書」云: "近卻頗作小詞, 雖無柳七郎風味, 亦自成一家." 一似欲爲耆卿之詞而不能者. 然坡嘗譏秦少游「滿庭芳」詞學柳七句法, 則意可知矣.

20

소식의 사는 신선이 되어 세속을 벗어난 자태가 갖추어져 있는데, 속세 밖의 선경(仙境)에 사는 백옥섬(白玉蟾)[41] 같은 사람들조차 애석하게 여기에는 나아가지 못했다.

東坡詞具神仙出世之姿, 方外白玉蟾諸家, 惜未詣此.

21

황산곡(黃山谷)[42]의 사는 뜻을 쓴 것이 깊이 이르렀으니, 하찮은 재주만 있는 사람이 지을 수 있는 것이 아니다. 그러므로 생소한 글자와 속

---

39) 이 내용은 『동파전집(東坡全集)』 권79 「척독(尺牘)」 「여선우자준삼수(與鮮于子駿三首)」 가운데 두 번째 편지에 보이는데, 그곳에는 "近作小詞, 雖無柳七郎風味, 亦自是一家"라 되어 있다.

40) 진소유(秦少游): 중국 북송의 문인 진관(秦觀, 1049~1100). 자는 소유(少游). 호는 회해 거사(淮海居士). 고문(古文)과 시에 뛰어났으며, 소문사학사(蘇門四學士)의 한 사람이다. 저서에 시집 『회해집』, 사집(詞集)으로 『회해장단구(淮海長短句)』가 있다.

41) 백옥섬(白玉蟾): 남송(南宋) 때의 도사. 원명은 갈장경(葛長庚). 경주(瓊州) 사람. 자(字)는 여회(如晦)이고, 호(號)는 해경자(海瓊子). 처음에는 뇌주(雷州)에 이르러 백씨(白氏)의 양자(養子)가 된 뒤 옥섬이라 이름하였다. 무이산(武夷山)에서 도(道)를 배워 태일궁(太一宮)에 거주하고, 자청명도진인(紫淸明道眞人)에 봉해져 도교 남종(南宗) 오조(五祖)의 하나가 되었다.

42) 황산곡(黃山谷): 중국 북송의 시인 서예가 황정견. 자는 노직(魯直). 호는 산곡(山谷). 기이하고 파격적인 시를 써 송시(宋詩)에 새로운 바람을 일으켰다. 강서 시파의 원조이며, 서예가로서 뛰어나 송대 사대가의 한 사람으로 꼽힌다. 시집으로 『산곡시내외집(山谷詩內外集)』이 있다.

된 말로 세속을 욕하고 조롱한 것은 금나라와 원나라 곡가(曲家)들의 남상(濫觴)이 될 수 있을 것 같다.

黃山谷詞用意深至, 自非小才所能辦. 惟故以生字俚語侮弄世俗, 若爲金・元曲家濫觴.

22

진관(秦觀)의 사는 소안(小晏)[43]의 아름다움이 있는데, 그 깊은 풍취는 그보다 낫다. 매성유(梅聖兪)[44]는 「소막차(蘇幕遮)」에서 이르기를, "매화꽃 모두 떨어지고 봄도 끝나 가는데, 온 천지에 사양이 비치니, 푸른 빛 연기에 섞여 사라진다[落盡梅花春又了, 滿地斜陽, 翠色和煙老]"[45]고 하였다. 이런 유의 사는 진관이 처음으로 연 것 같다.

少游詞有小晏之妍, 其幽趣則過之. 梅聖兪「蘇幕遮」云: "落盡梅花春又了, 滿地斜陽, 翠色和煙老." 此一種似爲少游開先.

23

진관의 사는 『화간집(花間集)』[46]・『준전집(尊前集)』[47]이 끼친 운을 얻었으나 청신한 것은 절로 뛰어나다. 소식 사의 웅장한 자태와 빼어난

---

43) 소안(小晏) : 송나라 때의 문인 안기도(晏幾道, 1030?~1106?). 아버지 안수(晏殊)에 대해서 소안이라 부른다. 자는 숙원(叔原), 호는 소산(小山). 신종(神宗) 희녕(熙寧) 7년 정협(鄭俠)이 상서하여 신법(新法)을 파할 것을 청한 일로 인하여 하옥되었다. 이후 벼슬을 하기도 하였으나, 경성에 퇴거하였다. 문장을 잘 지었는데, 특히 사를 잘 지었다. 주요 저작으로 『소산사(小山詞)』가 있다.

44) 매성유(梅聖兪) : 중국 송나라의 시인 매요신. 자는 성유(聖兪). 호는 완릉(宛陵). 당시(唐詩)의 섬세하고 교묘한 폐풍을 버리고 송시(宋詩)의 새로운 형식을 개척하여, 구양수・소순흠 등과 함께 송시를 연 시인으로 꼽힌다. 저서에 『완릉집(宛陵集)』 60권이 있다.

45) 이 작품은 『어선역대시여(御選歷代詩餘)』 권41에 보이는데, 여기에는 "落盡梨花春又了, 滿地殘陽, 翠色和煙老"라 되어 있다.

46) 『화간집(花間集)』: 중국 최고(最古)의 사총집(詞總集). 후촉(后蜀) 조숭조(趙崇祚)가 편하였고, 10권으로 되어 있다.

47) 『준전집(尊前集)』: 사총집으로 작자 미상이다. 2권으로 되어 있다.

기운은 옛 사람보다 훨씬 뛰어나지만, 또 진관을 일러 사수(詞手)라고 하였다. 황정견(黃庭堅)은 진관의 「천추세(千秋歲)」라는 사의 "수없이 지는 꽃잎에 근심은 바다와 같다[落紅萬點愁如海]"라는 구절에 경도되었으나, 감히 화운하는 데는 이르지 않았다. 요컨대 기타 사의 묘함이 이와 같은 것이 어찌 적으랴?

秦少游詞得『花間』·『尊前』遺韻, 卻能自出淸新. 東坡詞雄姿逸氣, 高軼古人, 且稱少游爲詞手. 山谷傾倒於少游「千秋歲」詞 "落紅萬點愁如海"之句, 至不敢和. 要其他詞之妙, 似此者豈少哉?

24

진관은 「수룡음(水龍吟)」에서 "작은 누대들은 정원에 잇달아 있으면서 허공에 가로 걸렸고, 아래로 수놓은 수레바퀴와 조각한 안장이 달리는 것을 엿본다[小樓連苑橫空, 下窺繡轂雕鞍驟]"[48]라고 하였다. 소식은 그것을 헐뜯어 말하기를, "열 세 개의 글자가 단지 한 사람이 말을 타고 누대 앞을 지나가는 것을 말했을 뿐이다"[49]라고 하였으니, 말이 매우 우습다. 그의 아들 담(湛)이 「복산자(卜算子)」에서 이르기를, "먼 곳을 바라보니 안개 속에 백 척 누대가 있는데, 사람이 누대 속에 있는가 없는가"[50]라고 했다. 말 밖의 뜻이 끝이 없어 그 아버지보다 뛰어난 것 같다. 소식이 그것을 보았다면 뭐라고 말했을지 모르겠다.

少游「水龍吟」"小樓連苑橫空, 下窺繡轂雕鞍驟.", 東坡譏之云: "十三箇字, 只說得一箇人騎馬樓前過." 語極解頤. 其子湛作「卜算子」云: "極目煙中百尺樓, 人在樓中否?" 言外無盡, 似勝乃翁, 未識東坡見之云何.

---

48) 이 작품은 『회해집(淮海集)』의 「회해장단구(淮海長短句)」 권상에 보인다.
49) 이 내용은 『어선역대시여(御選歷代詩餘)』 권115에 보이는데, 『초계어은총화』에서 인용한 것으로 밝혀 놓았다.
50) 이 작품은 『어선역대시여(御選歷代詩餘)』 권10에 보인다.

25

안기도(晏幾道)는 기특한 것을 귀하게 여기고, 방회(方回)[51]는 넉넉하고 빼어나며, 유영은 세밀하고 적절하며, 진관은 맑고 뛰어나다. 네 사람의 사는 취향이 각기 다르지만, 완약(婉弱)을 숭상함은 한가지이다.

叔原貴異, 方回贍逸, 耆卿細貼, 少游清遠. 四家詞趣各別, 惟尙婉則同耳.

26

소식의 사는 당시에 그와 같은 조격을 가졌던 사람이 드므니, 유독 진관(秦觀), 황정견(黃庭堅) 만이 별도로 두 파를 이루었던 것은 아니다. 조무구(晁無咎)[52]의 넓고 편안한 회포, 우뚝한 기개는 거의 그에 견줄 만하다. 그러나 요긴한 대목에서 초탈하는 것은 조보지가 능히 좇을 수 없다.

東坡詞在當時鮮與同調, 不獨秦七・黃九, 別成兩派也. 晁無咎坦易之懷, 磊落之氣, 差堪驂靳. 然懸崖撒手處, 無咎莫能追躡矣.

27

조보지의 사는 스케일이 자못 크다. 사람들은 신가헌(辛稼軒)[53]의 「모

---

51) 방회(方回) : 북송 때의 사작가. 하주(賀鑄, 1052~1125)를 말함. 그의 자가 방회이다. 호가 경호유로(慶湖遺老)이며, 위주(衛州) 사람이다. 송나라 철종 때 사주(泗州) 등지의 통판(通判)을 지냈고, 만년에 소주(蘇州)에 퇴거하였다. 사집으르 『경호유로집』, 『동산사(東山詞)』가 있다.

52) 조무구(晁無咎) : 송나라 대의 문인 조보지(晁補之, 1053~1110). 무구는 그의 자. 제주(濟州) 거야(巨野) 사람. 호는 제북(濟北), 자호는 귀래자(歸來子). 신종 때에 진사가 되었고, 태학정(太學正), 예부낭중(禮部郎中), 달주(達州)・사주(泗州) 지사를 지냈다. 서화와 시사에 뛰어났으며, 소동파의 제자로 소문사학사(蘇門四學士)의 한 사람이다.

53) 신가헌(辛稼軒) : 중국 남송의 문신 신기질(辛棄疾, 1140~1207). 자는 유안(幼安). 호는 가헌(稼軒). 남송 최고(最高)의 사인으로, 우국(憂國)의 정열을 노래한 작품이 많으며, 사(詞) 형식을 실험 확대하는 데 크게 기여하였다. 저서에 『가헌장단구(稼軒長短句)』 등이 있다.

어아(摸魚兒)」에 “다시 몇 차례의 풍우를 견뎌낼 것인가?[更能消幾番風雨]”라는 한 수를 후대의 이름난 사람들이 다투어 본받은 것을 알고 있다. 사실은 신기질 사의 본원은 조보지가 지은 「모어아」의 “구릉과 못을 사서 바로 버드나무를 심는다[買陂塘, 旋栽楊柳]”라는 구절에서 영향 받은 것이다.

無咎詞, 堂廡頗大. 人知辛稼軒「摸魚兒」“更能消幾番風雨”一闋, 爲後來名家所競效, 其實辛詞所本, 卽無咎「摸魚兒」“買陂塘, 旋栽楊柳”之波瀾也.

28

주미성(周美成)[54]의 사는 더러 아름다움이 모두 갖추어져 있다고 일컬어진다. 내 생각에 사를 논함에 자품보다 우선적인 것은 없다. 주방언의 사는 진실로 넉넉하고 아름다우며, 정밀하고 공교롭지만 다만 ‘정(貞)’[55]이란 자만은 얻을 수 없는 것이 당연하다. 이 때문에 사대부들이 그를 배우고자 하지 않는다. 그를 배운다면 하루종일 뜻이 어느 곳에 매여 있는 줄을 모른다.

周美成詞, 或稱其無美不備. 余謂論詞莫先於品. 美成詞信富艶精工, 只是當不得箇‘貞’字. 是以士大夫不肯學之, 學之則不知終日意縈何處矣.

29

주방언의 율격이 가장 꼼꼼하고 자세하며, 사방경(史邦卿)[56]의 구절은

54) 주미성(周美成) : 송나라 때의 문인 주방언(周邦彦, 1056~1121). 미성은 그의 자이다. 호는 청진거사(淸眞居士). 신종 때 「변도부(汴都賦)」를 올려서, 태학생으로 있다가 태학정(太學正)이 되었고, 이후 비서감(秘書監) 등을 지냈다. 음율에 정통하였으며, 사를 잘 지었다. 저서로 『편옥사(片玉詞)』가 있다.

55) 정(貞) : 순정하고 고결한 문학적 경지를 뜻한다.

56) 사방경(史邦卿) : 송나라 때의 문인 사달조(史達祖)를 말함. 그의 자가 방경이다. 개봉

가장 뛰어나고 세련되었다. 그러나 군자의 사가 되지 못하는 것은 주방언의 뜻은 방탕하고, 사달조의 뜻은 탐욕스럽기 때문이다.

周美成律最精審, 史邦卿句最警鍊, 然未得爲君子之詞者, 周旨蕩而史意貪也.

30

신기질(辛棄疾)이 풍격과 절개를 세워 한때 우뚝 뛰어났으나, 번번이 공을 이룰 때마다 문득 의론하는 사람들에게 가로막힌 것이 애석하다. 그의 「답사행(踏莎行)·화조흥국(和趙興國)」을 보면, 그 내용에 "나의 도는 끝이 없어, 가슴 속에 근심이 가득하다[吾道悠悠, 憂心悄悄]"라고 한 것이 있다. 그의 뜻과 처우를 대개 알 수 있다. 『송사』 본전에서 일컬어 그가 "장단구에 매우 능하였는데, 비장하고도 격렬하였다"고 했다. 또 일컫기를, "사교감(謝校勘)[57]이 그의 산소 곁을 지나갈 때, 당상에서 빠른 소리로 크게 불렀는데, 마치 그가 불평을 토로하는 것과 같았다"[58]고 하였다. 그렇다면 그가 장단구를 지은 것은 진실로 그것을 빌어 울부짖지 않은 것이 없다.

辛稼軒風節建豎, 卓絶一時, 惜每有成功, 輒爲議者所沮. 觀其「踏莎行·和趙興國」有云: "吾道悠悠, 憂心悄悄." 其志與遇, 槪可知矣. 『宋史』本傳稱其"雅善長短句, 悲壯激烈.", 又稱"謝校勘過其墓旁, 有疾聲

(開封) 사람. 호는 매계(梅溪). 영종(寧宗) 때에 한탁주(韓侂周)가 집정을 하였을 때, 아전이 되어 글을 도맡아 지었는데, 한탁주가 패망한 뒤에 탄핵을 받고 경형(黥刑)을 받은 뒤에 귀양갔다가 죽었다. 강기(姜夔)와 함께 사를 잘 지은 것으로 이름이 났다. 『매계사』가 있다.

57) 사교감(謝校勘) : 송나라 때의 문인 사방득(謝枋得, 1226~1289)을 말함. 신주(信州) 익양(弋陽) 사람. 자는 군직(君直), 호는 첩산(疊山). 이종(理宗) 때 진사에 합격하였고, 신주지사(信州知事)에 이르렀으나, 원나라 군사가 신주를 차지하게 되자, 이름을 바꾸고 숨어 살았다. 이후 원나라에서 여러 차례 벼슬을 내렸으나, 나아가지 않았다. 저작으로 『문장궤범(文章軌範)』, 『첩산집』 등이 있다.

58) 이상의 내용은 『송사(宋史)』 권401 「열전(列傳)」 160에 보인다.

大呼於堂上, 若鳴其不平.” 然則其長短句之作, 固莫非假之鳴者哉!

31

신기질(辛棄疾)의 사는 용이 날아오르고 호랑이가 뛰어오르는 것과 같아서 고서 가운데의 어떠한 이치가 있는 말이던 수수께끼 같은 말들이던 일단 운용하기만 하면 곧 풍류를 얻었다. 천부적 소질이라 한들 어찌 이것과 크게 다르랴?

稼軒詞龍騰虎擲, 任古書中理語・瘦語, 一經運用, 便得風流. 天姿是何夐異?

32

소식과 신기질은 모두 뛰어난 성정을 소유한 사람들이었으므로, 그들의 사도 시원하고 빼어났으나, 몽땅 온유돈후한 데에서 나왔다. 세상에서 더러 거칠고 사나운 것을 소식과 신기질에게 떠넘겼으니, 진실로 소식과 신기질 보기를 비정통파라고 하는 사람들이 있는 것이 마땅하다.

蘇・辛皆至情至性人, 故其詞瀟灑卓犖, 悉出於溫柔敦厚. 世或以粗獷託蘇・辛, 固宜有視蘇・辛爲別調者哉!

33

장옥전(張玉田)[59]은 백석(白石)[60]을 무척 칭찬하였으나, 신기질은 그리 인정하지 않았다. 남의 말에 빠지기 쉬운 사람은 마침내 두 사람에 대

59) 장옥전(張玉田): 중국 남송 말에서 원나라 초의 시인 장염(張炎, 1248~1320?)을 말함. 그의 호가 옥전이고, 다른 호는 낙소옹(樂笑翁)이다. 자는 숙하(叔夏). 장단구(長短句)에 능하였고, 「춘수사(春水詞)」로 이름이 알려져 장춘수(張春水)라 불리었다. 저서에 『사원(詞源)』, 『산중백운사(山中白雲詞)』 등이 있다.

60) 백석(白石): 중국 남송의 시인 강기(姜夔, 1155~1230)의 호. 자는 요장(堯章). 호는 백석도인(白石道人). 청아하고 격조 높은 시문을 썼으며, 악률(樂律)에도 정통하였다. 시집에 『백석도인시집』, 사집에 『백석도인가곡』 등이 있다.

하여 높고 낮음을 나누려는 뜻만 있고, 신기질의 체를 일찍이 강기가 본받았음을 알지 못한다. 문집 가운데 「영우락(永遇樂)」, 「한궁춘(漢宮春)」 같은 작품들은 모두 신기질의 작품을 차운한 것으로 그 두 사람의 언어 사용과 정조는 모두 내재적 공명이 통하는 것 같으니, 어찌 후대 사람들은 문호(門戶)를 나누려 하는가?

張玉田盛稱白石, 而不甚許稼軒. 耳食者, 遂於兩家有軒輊意, 不知稼軒之體, 白石嘗效之矣. 集中如「永遇樂」·「漢宮春」諸闋, 均次稼軒韻, 其吐屬氣味, 皆若秘響相通, 何後人過分門戶耶?

34

강기의 사는 재주 있는 사람의 사이고, 신기질의 사는 호걸스런 사람의 사이다. 재주 있는 사람과 호걸스런 사람은 각기 그 부류를 좇아 아낀다. 억지로 그것의 얻고 잃은 점에 대하여 논한다면, 모두 한 쪽으로 치우친 말이라는 것이다.

白石才子之詞, 稼軒豪傑之詞, 才子豪傑, 各從其類愛之, 强論得失, 皆偏辭也.

35

강기의 사는 그윽한 운에 차가운 향기가 있어 사람들에게 끝없이 침이 나오도록 한다. 비유하여 형용하자면, 악기에 있어서는 거문고이고, 꽃에 있어서는 매화와 같다.

姜白石詞幽韻冷香, 令人挹之無盡. 擬諸形容, 在樂則琴, 在花則梅也.

36

사를 짓는 사람들은 강기를 '백석노선(白石老仙)'이라 한다. 어떤 사람이 "도대체 어느 신선과 비슷한가?"하고 물으니, 대답하기를, "막고(藐

姑[61]의 얼음과 눈 같은 자태가 대개 그에 가깝다"고 하였다.

詞家稱白石曰, '白石老仙'. 或問 : 畢竟與何仙相似? 曰 : "藐姑冰雪, 蓋爲近之."

37

진동보(陳同甫)[62]는 신기질(辛棄疾)과 벗이 되었다. 그 사람들은 재주가 서로 비슷하였고 사도 또한 비슷하였다. 진량은 「하신랑(賀新郎)·기유안견회운(寄幼安見懷韻)」에서 "나무가 이와 같으니 어찌 거듭되는 이별을 견디랴?[63] 다만 사군께서는, 종래 나와 더불어, 이야기가 통하네. 떠나가면 잊어버릴 것은 물을 것도 없지만, 누가 예쁜 피부가 어리석은 마음을 감출 수 없다고 하였던가?[64] 다만 백아(伯牙)에게 거문고 줄을 끊지 못하게 하오[樹猶如此堪重別. 只使君, 從來與我, 話頭多合. 行矣置之無足問, 誰換妍皮癡骨! 但莫使伯牙絃絶]"[65]라 하였다. 그의 「수유안재용운견기

---

61) 막고(藐姑) : 막고야(藐姑射). 막고야는 막고야산에 사는 신선으로 피부가 빙설(氷雪)과 같다고 한다. 『장자』「소요유(逍遙遊)」에 보인다.

62) 진동보(陳同甫) : 송나라 때의 문인 진량(陳亮, 1143~1194). 그의 자가 동보이다. 학자들이 용천선생(龍川先生)이라 칭하였다. 금나라와의 화의를 반대하고, 힘껏 싸울 것을 주장하였다. 여러 차례 상소하여 국정을 논하였고, 또 여러 차례 사람들의 질시를 받아 투옥이 되기도 하였다. 소희(紹熙) 4년에 진사에 올라 벼슬을 받았으나, 취임하기 전에 죽었다. 주자와 잘 지냈으나, 학설에 있어서는 서로의 주장을 굽히지 않았다고 한다. 저작으로 『용천문집』과 『용천사』가 있다.

63) 나무도 …… 견디랴 : 이 구절은 『세설신어』「언어(言語)」에서 나옴. 환온(桓溫)이 북정(北征)할 때 당년(當年)에 옮겨 심은 버드나무의 둘레가 열 발이나 되는 것을 보고, "나무가 이와 같으니, 사람이 어찌 견디랴[木有如此, 人何以堪]?"라고 하였다고 전한다.

64) 누가 …… 하였던가 : 『진서(晉書)』「모용초재기(慕容超載記)」에서 나온 말. 모용초(慕容超)가 진(晉)에 있을 때 요씨(姚氏)에게 녹용(錄用)될까 두려워 일부러 거지행색을 하였는데, 요소(姚紹)가 그의 모습이 범상치 않음을 보고 요흥(姚興)에게 추천하였다. 모용초가 불려가서 자신의 재식(才識)을 숨기니, 요흥이 "속담에 '예쁜 얼굴로도 천박한 골기는 감출 수 없다[妍皮不裹痴骨]'고 하지만, 잘못된 말이다"라 하였다고 한다. 즉 모용초는 용모도 형편없고 지략도 없다고 하는 것인데, 여기에서는 요흥이 사람을 제대로 알아보지 못한 것을 비판하고, 자신들은 서로를 잘 알아주면서 우정이 계속되기를 희망한 것이다.

65) 다만 …… 하오 : 이 구절은 백아가 종자기가 죽자 자신의 거문고 줄을 끊어버린 것을

(酬幼安再用韻見寄)」에서는 "우뚝하고 새롭게, 깃발을 바꾸어 내어[66] 이별을 하네. 당시에는, 큰 뜻을 잡아 펼쳤다 거두었네.[67] 임지에서 한 번 부르면 내가 갈 것이니, 만 리 먼 곳가지 무서워 떨리라. 이 화제는 다만 그지없는 망상이 되었네[68][斬新換出旌麾別. 把當時, 一椿大義, 拆開收合. 據地一呼吾往矣, 萬里搖肢動骨. 這話欛只成癡絶]"라 하였다. 「회유안용전운(懷幼安用前韻)」에서는 "남아가 어찌 이별에 마음 아파하랴? 하물며 예로부터, 몇 번 만나기를, 바람에 구름이 따르듯 했네. 천리 먼 곳의 친한 이 그리는 마음에 길이 만나 마주대하니, 묘체는 본심이고 그 다음은 몸이라네. 백 척의 높은 누대에 누우니 술도 떨어졌네[男兒何用傷離別. 況古來, 幾番際會, 風從雲合. 千里情親長晤對, 妙體本心次骨. 臥百尺高樓斗絶]"[69] 라 하였다. 이것들을 보면 두 사람의 기개·우의·흉회·포부 등을 모두 알 수 있다.

陳同甫與稼軒爲友, 其人才相若, 詞亦相似. 同甫「賀新郎·寄幼安見懷韻」云: "樹猶如此堪重別. 只使君, 從來與我, 話頭多合. 行矣置之無足問, 誰換妍皮癡骨! 但莫使伯牙絃絶." 其「酬幼安再用韻見寄」云: "斬新換出旌麾別. 把當時, 一椿大義, 拆開收合. 據地一呼吾往矣, 萬里搖肢動骨. 這話欛只成癡絶." 「懷幼安用前韻」云: "男兒何用傷離別. 況古來, 幾番際會, 風從雲合. 千里情親長晤對, 妙體本心次骨. 臥百尺高樓斗絶." 觀此, 則兩公之氣誼懷抱, 俱可知矣.

38

진량의 「수룡음(水龍吟)」에 "한스러워라! 아름다운 세계들, 나그네가

거꾸로 이용하여, 떠나가더라도 자기를 잊지 말아 달라는 뜻을 드러낸 것임.

66) 참신하게 …… 내어: 새 벼슬로 바뀐 것을 말함.

67) 큰 뜻을 …… 거두었네: 신기질은 젊었을 적에 유명한 '비호군(飛虎軍)'을 건립했었다고 하는데, 여기에서는 이 사실을 말함.

68) 이 말은 …… 되었네: 위의 말들이 상상해 본 것이기 때문에 이렇게 말했다.

69) 위 작품은 모두 송나라 진량(陳亮)의 『용천집(龍川集)』 권17에 보인다.

감상하지 못하고, 모두 꾀꼬리와 제비에게 주었네[恨芳菲世界, 游人未賞, 都付與, 鶯和燕]"라고 하였다. 말은 천근하고, 가리키는 뜻은 깊으니, 바로 종유수(宗留守)가 강을 건너가라고 크게 외쳤던 것과 같은 뜻이 있다.[70]

同甫「水龍吟」云: "恨芳菲世界, 游人未賞, 都付與, 鶯和燕." 言近指遠, 直有宗留守大呼渡河之意.

39

육유(陸游)의 사는 편안하고 우아하며 맑고 넉넉하다. 그 가운데 아름다운 것은 소식과 진관의 사이에 있다. 그러나 초연한 정취와 천연스런 운미가 결핍되었기 때문에 사람들이 그가 도달한 경지를 헤아릴 수 있었다.

陸放翁詞, 安雅淸贍, 其尤佳者在蘇・秦間. 然乏超然之致, 天然之韻, 是以人得測其所至.

40

유개지(劉改之)[71]의 사는 분방하고 소탈한 가운데 절로 뛰어난 운치가 넉넉하다. 비록 침착한 것이 신기질(辛棄疾)에 미치지는 못하였지만 스스로 일가를 이루기에 충분하다. 그는 신기질의 체를 본받는 일에 뜻을 둔 것, 예컨대 「심원춘(沁園春)」의 "한 말 술과 돼지의 어깨쭉지" 등의

---

70) 종유수(宗留守)가 …… 있다: 종유수는 송나라 때의 명장 종택(宗澤, 1059~1128)을 말하는데, 일찍이 동경(東京: 지금의 河南省 開封) 유수를 지냈기 때문에 이렇게 부른다. 그는 악비(岳飛) 등과 더불어 금나라 군대에 저항하였으나, 투항하고자 하는 일파에게 배척을 받아 병을 얻어 죽게 되었다. 그러나 그는 죽음을 눈앞에 둔 상황에서도 "강을 건너라"라고 세 번이나 외쳤다고 한다.

71) 유개지(劉改之): 남송의 사인 유과(劉過, 1154~1206)를 말한다. 그의 자가 개지이고, 호는 용주도인(龍洲道人). 길주(吉州) 태화(太和) 사람. 장기간 강호 사이에서 유락하였음. 일찍이 신기질을 따라 노닐었으며, 그의 사는 신기질을 본받았다. 저서에 『용주사(龍洲詞)』가 있다.

작품은 당연히 특별히 논해야만 할 것이다.

劉改之詞, 狂逸之中自饒俊致, 雖沈著不及稼軒, 足以自成一家. 其有意效稼軒體者, 如「沁園春」 "斗酒彘肩"等闋, 又當別論.

41

고죽옥(高竹屋)[72]의 사는 강기와 우열을 다투지만, 고운 말이 많은 것이 흠이다. 예컨대 「어가행(御街行)」에서 가마를 읊은 것은 그 생각을 베푼 것이 세세하고 굴곡이 많으니, 어찌된 것인가? 「영렴(詠簾)」 또한 그렇다. 유과의 「심원춘」에는 아름다운 여인의 손톱이나 아름다운 여인의 발을 읊은 것 두 수가 있는데, 외설스럽다 하여 세상 사람들 모두에게 기롱을 당하였다. 그렇지만 그 병통이 겉으로 드러난 것은 오히려 쉽게 고칠 수 있다.

高竹屋詞, 爭驅白石, 然嫌多綺語. 如「御街行」之詠轎, 其設想之細膩曲折, 何爲也哉! 「詠簾」亦然. 劉改之「沁園春」詠美人指甲·美人足二闋, 以褻體爲世所共譏, 然病在標者猶易治也.

42

유후촌(劉後村)[73]의 사는 뜻이 바르고 말이 운치가 있다. 진서산(眞西山)[74]이 지은 『문장정종(文章正宗)』의 시가(詩歌) 한 문목(門目)을 유극장

---

72) 고죽옥(高竹屋): 송나라 소흥(紹興) 산음(山陰) 사람 고관국(高觀國)을 말함. 죽옥은 그의 호. 단도제(檀道濟)의 참군이 되었음. 사를 잘 지어 사달조(史達祖)와 늘 수창하였고, 장염(張炎)에게 추승을 받았다. 사집으로 『죽옥치어(竹屋癡語)』가 있다.

73) 유후촌(劉後村): 송나라 때의 문인 유극장(劉克莊). 후촌은 그의 호이다. 자는 잠부(潛夫). 보양(莆陽) 사람이다. 문음으로 벼슬에 나가 선도령(仙道令)이 되었는데 낙화시(落花詩)를 읊은 것이 빌미가 되어 폐기(廢棄)되었다가 10년 뒤에 기용되어 장작감(將作監)이 되고 동진사출신(同進事出身)을 시켰다. 그는 여러 관직을 거쳐 복건제형(福建提刑)에 이르러 죽었다. 문집으로 『후촌집(後村集)』이 있다.

74) 진서산(眞西山): 중국 남송(南宋) 때 학자 진덕수(眞德秀, 1178~1235). 그의 호가 서산이다. 자는 경원(景元)·경희(景希)다. 주돈이·호안국(胡安國)·주희·장식(張拭) 등의 학문을 장려하였다. 저서에 제왕의 필독서라고 일컫는 『대학연의(大學衍義)』와 『서

에게 부탁하여 유편(類編)하였고, 또 요약하기를 세상을 교화하고 백성을 떳떳한 윤리로 가르치는 것을 위주로 하였으니,[75] 반드시 마음속으로 그를 중히 여기고 있음을 볼 수 있다. 유극장의 「하신랑(賀新郞)·석상문가유감(席上聞歌有感)」에서 "「국풍」 「관저」의 마지막 부분을 대략 알아서, 꾀꼬리의 구르는 듯한 울음소리 흉내 내기를 부끄러워하였고, 아낙이 안방에서 봄을 원망하는 마음을 상관하지 않았다오"라고 하였다. 또 말하기를, "나는 평생 「이난조(離鸞操)」곡을 탔는데 자못 슬프면서도 성내지 않고, 은미하면서도 완곡하다"라고 하였다. 그 뜻은 그러한 사품에 자신을 담은 것이 아니겠는가?

劉後村詞, 旨正而語有致. 眞西山『文章正宗』詩歌一門屬後村編類, 且約以世敎民彝爲主, 知必心重其人也. 後村「賀新郎·席上聞歌有感」云:"粗識國風關雎亂, 羞學流鶯百囀, 總不涉閨情春怨." 又云:"我有生平「離鸞操」, 頗哀而不慍, 微而婉." 意殆自寓其詞品耶?

43

장죽산(蔣竹山)[76]의 사는 흘러 움직이는 것이 매우 자연스럽지는 않으나, 세련되고 정밀하며, 말을 처음으로 만든 것이 많다. 그의 뜻은 사달조(史達祖)에 비겨 더욱 곧으며, 그의 생각은 몽창(夢窗)[77]에 비겨 더욱

산선생문집(西山先生文集)』, 『서산독서기(西山讀書記)』 등이 있다.

75) 유극장(劉克莊)의 『후촌시화(後村詩話)』에 "『문장정종(文章正宗)』을 처음 엮을 때 서산선생(西山先生)이 시가 한 문목을 나에게 유편하도록 했다"는 내용이 있다. 또 이어서 세상을 교화하고 백성을 가르치는 것을 위주로 하여, 선석(仙釋)·규정(閨情)·궁원(宮怨)의 종류는 넣지 않도록 했다는 내용도 있다.

76) 장죽산(蔣竹山): 송나라 때의 문인 장첩(蔣捷). 그의 호가 죽산이다. 상주(常州) 의흥(宜興) 사람. 자는 승욕(勝欲). 도종(度宗) 때에 진사에 합격하였고, 원나라에 들어서는 여러 차례 천거가 되기도 하였으나 끝내 벼슬하지 않았다. 평생 저술에 힘썼고, 의리학과 소학에 전심하였고, 사에 뛰어났다. 저서에 『죽산사』가 있다.

77) 몽창(夢窗): 송나라 때의 문인 오문영(吳文英, 1200?~1260?)의 호. 사명(四明) 사람. 자는 군특(君特), 또 다른 호는 각옹(覺翁). 본성은 옹씨였으나, 뒤에 오씨에게 입계하였다. 만년에 영왕부(榮王府)의 문객이 되어, 가사도(賈似道)의 집에 출입하였다. 비록 평

맑다. 유문방(劉文房)[78]은 '오언의 장성(長城)'이 되었는데, 장첩(蔣捷)은 또한 '장단구의 장성'이라 할 것이다.

蔣竹山詞, 未極流動自然, 然洗鍊縝密, 語多創獲. 其志視梅溪較貞, 其思視夢窗較淸. 劉文房爲'五言長城', 竹山其亦'長短句之長城'與!

44

장염(張炎)의 사는 맑고 온자하며, 슬프고 늘어진 것이 대체로 강기(白石)을 모방하였다. 또한 일찍이 사를 쓰면 쓸수록 더욱 많은 사람을 본받지 않음이 없었다. 「탐방신(探芳信)」은 초창(草窗)[79]의 사를 차운했고, 「쇄창한(瑣窗寒)」은 벽산(碧山)[80]을 애도하였고, 「서자장(西子妝)」은 오문영(吳文英)을 본받았음을 알 수 있다.

張玉田詞, 淸遠蘊藉, 悽愴纏綿, 大段瓣香白石, 亦未嘗不轉益多師, 卽「探芳信」之次韻草窗, 「瑣窗寒」之悼碧山, 「西子妝」之效夢窗可見.

45

장염(張炎)의 사를 평하는 사람들은 말하기를, "마땅히 강기(姜夔)와 서로 대등하다"고 한다. 장염은 「쇄창한(瑣窗寒)」을 지어 왕기손을 애도하

생 포의로 지냈으나, 사귀는 사람은 현귀한 사람이 많았다고 한다. 저작으로 『몽창사』가 있다.

78) 유문방(劉文房) : 당나라 때의 문인 유장경(劉長卿, ?~789). 자가 문방이다. 현종 천보(天寶)에 진사가 되었다. 벼슬은 수주자사(隨州刺史)에 이르렀기 때문에, 유수주라고 부른다. 시를 잘 지었는데, 특히 오언시를 잘 지어 스스로 "오언장성(五言長城)"이라 일컬었다고 한다.

79) 초창(草窗) : 송나라 때의 문인 주밀(周密, 1232~1298)의 호. 제남(濟南) 사람. 자는 공근(公謹), 또다른 호는 빈주(蘋州) · 변양노인(弁陽老人) · 사수잠부(泗水潛夫) 등이다. 이종(理宗) 때에 의오령(義烏令) 등을 지냈고, 송이 망한 뒤에는 벼슬하지 않고 항주에 살았다. 시사(詩詞)에 뛰어났고, 그림을 잘 그렸다. 주요 저작으로 『초창사』가 있다.

80) 벽산(碧山) : 송나라 때의 문인 왕기손(王沂孫, 1240~1290)의 호. 회계(會稽) 사람. 자는 성여(聖與). 다른 호는 중선(中仙) · 옥사산인(玉笥山人). 원나라에 들어와서 경원로학정(慶元路學正)을 지냈다. 시사에 뛰어나서, 주밀(周密) · 당각(唐珏) 등 여러 사람들과 창화하였다. 저작으로 『벽산악부(碧山樂府)』가 있다.

였는데, 그 서문에서 말하기를, "왕기손의 사는 한아하여 강기의 뜻이 있다"고 하였다. 지금 보건대, 장·왕 두 작가는 정운이 매우 가깝다. 예컨대, 장염이 지은 「고양대(高陽臺)」의 "잎 가까이에 꾀꼬리가 둥지를 튼다"와 왕기손이 지은 「고양대(高陽臺)」의 "얕은 꽃받침의 매실은 시네"와 같은 것은 더욱이 의향을 같이 한다.

評玉田詞者, 謂"當與白石老仙相鼓吹." 玉田作「瑣窗寒」悼王碧山, 序謂 : "碧山, 其詞閑雅, 有姜白石意." 今觀張·王兩家情韻極爲相近, 如玉田「高陽臺」之"接葉巢鶯", 與碧山「高陽臺」之"淺萼梅酸", 尤同鼻息.

46

문문산(文文山)[81]의 사에는 "비바람이 치니 그믐밤과 같은데, 닭이 울기를 멈추지 않는다"[82]라는 뜻이 있다. 모르는 사람들은 변성(變聲)이라고 생각하지만, 실은 변한 것 가운데 바른 것이다. 그러므로 사는 마땅히 그 사람의 처지에 잘 맞는 지 살펴야 한다.

文文山詞有"風雨如晦, 雞鳴不已"之意, 不知者以爲變聲, 其實乃變之正也. 故詞當合其人之境地以觀之.

47

북송 때의 사는 빽빽하되 또한 성글게도 하고, 숨기기도 하되 또한 환히 드러나게 하며, 침울하되 쾌활하기도 하며, 세밀하되 또한 활달하기도 하며, 정밀하되 또한 웅혼하게 하기도 한다. 남송 때의 사는 다만 방향을 돌린 것일 뿐이다.

北宋詞用密亦疏, 用隱亦亮, 用沈亦快, 用細亦闊, 用精亦渾; 南宋只

81) 문문산(文文山) : 중국 남송의 충신 문천상(文天祥, 1236~1282). 자는 송서(宋瑞) 이선(履善). 호는 문산(文山). 옥중에서 절개를 읊은 노래인 「정기가(正氣歌)」가 유명하다. 저서에 『문산집』이 있다.

82) 『시경』 「국풍」 「정풍(鄭風)」의 「풍우(風雨)」에 나오는 구절이다.

是掉轉過來.

48

남송 때의 사 가운데에는 유영(柳永)과 가까운 것은 많고, 진관(秦觀)과 가까운 것은 적다. 진관의 사는 성글고, 유영의 사는 조밀하다.

南宋詞近耆卿者多, 近少遊者少, 少游疏而耆卿密也.

49

사품(詞品)을 시에 비유한다면, 소식 · 신기질은 이백 · 두보이고, 유영은 백거이(白居易)이고, 오문영(吳文英)은 이상은(李商隱)이고, 강기(姜夔) · 장염(張炎)은 대력십자(大歷十子)[83]이다. 위응물(韋應物)과 비슷한 사람으로는 장선(張先)이 여기에 해당할 것이다.

詞品喩諸詩 : 東坡 · 稼軒, 李 · 杜也; 耆卿, 香山也; 夢窗, 義山也; 白石 · 玉田, 大秝十子也. 其有似韋蘇州者, 張子野當之.

50

금나라 원유산(元遺山)[84]의 시는 두보 · 한유 · 소식 · 황정견의 뛰어난 점을 겸비하여 엄연히 집대성하겠다는 뜻이 있었다. 사로써 논하면, 성글고 환한 가운데 절로 깊고 아름다운 것이 넉넉하니, 남송과 북송을 집대성한 사람이라 할 만하다.

金元遺山詩兼杜 · 韓 · 蘇 · 黃之勝, 儼有集大成之意. 以詞而論, 疏

83) 대력십자(大歷十子) : 대력 시기의 대표적 문인 열 사람을 일컫는 말이다. 대력은 당나라 대종(代宗)의 연호이다. 이 시기를 대표하는 열 사람에 대해서는 여러 가지 설이 있는데, 『당서』 「문예전」에 의하면, 노륜(盧綸) · 길중부(吉中孚) · 한굉(韓翃) · 전기(錢起) · 사공서(司空曙) · 묘발(苗發) · 최동(崔峒) · 경위(耿湋) · 하후심(夏候審) · 이단(李端) 등을 '대력십재자'라고 불렀다고 한다.

84) 원유산(元遺山) : 중국 원나라 초기의 시인 원호문(元好問, 1190~1257). 그의 호가 유산(遺山)이다. 자는 유지(裕之). 금조(金朝)의 사적을 채록하고 저술에 전념하였다. 저서로 『원유산선생집(元遺山先生集)』, 『중주집』 등이 있다.

快之中，自饒深婉，亦可謂集兩宋之大成者矣.

51

소식은 도잠의 시를 일러 “파리한 것 같지만 실은 기름지고, 질박한 듯 하지만 실은 곱다”[85]고 하였다. 나는 원나라 유정수(劉靜修[86])의 사도 또한 그렇다고 생각한다.

東坡謂陶淵明詩“臞而實腴，質而實綺”. 余謂元劉靜修之詞亦然.

52

소식・신기질의 사는 위현성(魏玄成)[87]의 예쁘고 고운 것과 비슷하고, 유인(劉因)의 사는 소강절(邵康節)[88]의 풍류스러운 것과 비슷하다. 만약 그것을 범범하게 멋대로 하되 담담하다고 평가한다면 잘못이다.

蘇・辛詞似魏玄成之嫵媚，劉靜修詞似邵康節之風流，倘泛泛然以橫放瘦澹名之，過矣.

53

우백생(虞伯生)[89]・살천석(薩天錫)[90] 두 사람의 사는 모두 소식과 진관

---

85) 『동파전집(東坡全集)』 권31 「화도시칠십팔수(和陶詩七十八首)」의 앞에 있는 「추화도연명시인(追和陶淵明詩引)」에 보인다.

86) 유정수(劉靜修) : 원나라 때의 문인 유인(劉因, 1249~1293). 정수는 그의 호이다. 보정(保定) 용성(容城) 사람. 초명은 인(駰), 자는 몽기(夢驥), 뒤에 몽길(夢吉)이라고 함. 정주학(程朱學)을 배우고, 겸하여 육구연(陸九淵)의 학설도 받아들였다. 세조 때 천거되어 우찬선대부(右贊善大夫) 등의 벼슬도 하였다. 문집으로 『정수문집』이 있다.

87) 위현성(魏玄成) : 중국 당나라 초기의 공신 학자 위징(魏徵, 580~643). 자는 현성(玄成). 현무문의 변(變) 이후, 태종을 모시고 간의대부가 되었다. 『양서』・『진서』・『북제서』・『주서』・『수서』의 편찬에 관여하였다.

88) 소강절(邵康節) : 중국 북송의 학자 소옹(邵雍, 1011~1077). 자는 요부(堯夫). 호는 안락선생(安樂先生). 시호는 강절(康節). 상수(象數)에 의한 신비적 우주관과 자연 철학을 제창하였다. 저서에 「관물편(觀物篇)」, 『이천격양집(伊川擊壤集)』, 『황극경세서』 등이 있다.

89) 우백생(虞伯生) : 중국 원나라의 학자 우집(虞集, 1272~1348). 자는 백생(伯生). 호는

의 뛰어난 점을 겸하였다. 장중거(張仲擧)[91]의 사는 대체로 강기에게서 근원하였는데, 때때로 신기질(辛棄疾)로 보충하였다.

虞伯生・薩天錫兩家詞, 皆兼擅蘇・秦之勝. 張仲擧詞, 大抵導源白石, 時或以稼軒濟之.

54

사의 장법은 갈고 씻는 것 이외의 것이 아니다. 기이한 것과 바른 것, 비어있는 것과 차있는 것, 누르는 것과 추켜세우는 것, 열려있는 것과 닫혀있는 것, 정교한 것과 평이한 것, 여유 있는 것과 꽉 짜여진 것 등이 그렇다.

詞之章法, 不外相摩相盪, 如奇正・空實・抑揚・開合・工易・寬緊之類是已.

55

사 가운데 잇는 것과 바뀌는 것은 무릇 완만한 것과 굳센 것을 서로 쓰는 것에서 벗어나지 않는다. 귀한 것은 장법을 융합하고 맥락을 따지며 절주에 맞추어 표현해 내는 것이다.

詞中承接轉換, 大抵不外紆徐・斗健交相爲用, 所貴融會章法, 按脈理節拍而出之.

도원(道園)・소암(邵庵). 인종과 문종을 섬기고, 『경세대전』・『조종실록(祖宗實錄)』 등 많은 대전(大典)의 편집을 주재하였다. 저서에 『도원학고록(道園學古錄)』 50권이 있다.

90) 살천석(薩天錫) : 원나라 때 위구르 사람 살도랄(薩都剌, 1272~1340). 천석은 그의 자이다. 호는 직재(直齋)이다. 본래 안문(雁門)에 살다가 하간(河間)으로 이주하였다. 태정제(泰定帝) 때에 진사에 합격하였고, 남대어사(南臺御史) 등의 벼슬을 하였다. 만년에는 항주에 살면서, 그곳의 뛰어난 경치를 찾아다니며 시사를 읊었다. 문집으로 『안문집(雁門集)』이 있다.

91) 장중거(張仲擧) : 원나라 때의 문인 장자(張翥, 1287~1368). 중거는 그의 자이다. 진녕(晉寧) 사람. 호는 태암(蛻庵). 벼슬은 한림승지(翰林承旨)로 치사하였다. 시는 격조가 매우 높고, 사는 아름답고 풍류가 넘친다. 문집으로 『태암집』이 있다.

56

원나라 육보지(陸輔之)[92]의 『사지(詞旨)』[93]에 이르기를, "대구(對句)가 좋은 것을 얻을 수 있지만, 기구(起句)가 좋은 것을 얻기는 어렵다. 수습하는 것을 전적으로 이것에 의지하여 시작하기 때문이다"라고 하였다. 이는 대개 더욱 기구에 비중을 두는 것이다. 나는 기(起)·수(收)·대(對) 세 가지를 모두 소홀히 해서는 안 된다고 생각한다. 무릇 기구는 점차로 이끌어가는 것이 아니고 문득 들어가는 것이니, 그 묘함은 붓은 아직 이르지도 않아서 기세는 이미 삼켜버린 것에 있다. 수구(收句)는 둘러가는 것이 아니고 활짝 여는 것이니, 그 묘함은 말은 비록 그쳤지만 뜻은 다함이 없는 데에 있고, 대구는 네 번째 글자, 여섯 번째 글자에 맞추지 않고 다섯 번째 글자, 일곱 번째 글자에 맞추니, 그 묘함은 부나 시와는 다르다는 데에 있지 않다.

元陸輔之『詞旨』云: "對句好, 可得; 起句好, 難得. 收拾全藉出場." 此蓋尤重起句也. 余謂起·收·對, 三者皆不可忽. 大抵起句非漸引卽頓入, 其妙在筆未到而氣已呑; 收句非繞回卽宕開, 其妙在言雖止而意無盡; 對句非四字·六字卽五字·七字, 其妙在不類於賦與詩.

57

사에는 과변(過變)[94]이 있는데, 은연중에 시에 근본한다. 『송서』「사령운전론(謝靈運傳論)」에 이르기를, "앞에 가볍고 맑은 소리가 있으면, 뒤는 모름지기 무겁고 탁한 음이어야 한다"[95]고 하였다. 대개 시는 마

---

92) : 육보지(陸輔之) : 원나라 때의 문인 육우인(陸友仁). 그의 자가 보지이다. 오군(吳郡) 사람. 자세한 행적은 알기 어렵고, 『사지(詞旨)』 1권, 『오중구사(吳中舊事)』 등의 저술이 있다.

93) 『사지(詞旨)』 : 『사고전서총목』에는 이 책이 따로 전하지 않고, 『악부지술(樂府旨述)』의 하권이 이것이라 하면서, 조용(曹溶)의 『학해유편(學海類編)』에 이것이 『사지(詞旨)』라는 제목으로 실려 있다고 했다.

94) 과변(過變) : 환두(換頭)와 같은 말. 하편(下片)의 수구(首句)와 상편(上片)의 수구(首句)의 구식(句式)이 다른 것을 과변, 혹은 환두라 한다.

땅히 앞뒤로 변화하여야 함을 말한 것이다. 그런데 쌍조(雙調)[96] 환두(換頭)[97]의 소식(消息)이 곧 이곳에 이미 담겨 있다.

詞有過變, 隱本於詩. 『宋書』「謝靈運傳論」云 : "前有浮聲, 則後須切響." 蓋言詩當前後變化也. 而雙調換頭之消息, 卽此已寓.

58

'승가생입(升歌笙入) · 한가합악(閒歌合樂)'[98]은 『초사(楚辭)』의 「초혼(招魂)」[99]에서 말한 '사상경기(四上競氣)'[100]이다. 사가 과변(過變)하는 곳의 절차가 얕으냐 깊으냐 하는 것은 이것을 기준으로 가른다.

升歌 · 笙入 · 閒歌 · 合樂, 『楚辭』「招魂」所謂'四上競氣'也. 詞之過變處, 節次淺深, 準此辨之.

59

사는 더러 경을 앞세우고 정을 뒤로 하거나, 더러는 정을 앞세우고 경을 뒤로 하거나, 더러는 정과 경을 나란히 이르게도 한다. 서로 떨어져 있건 서로 혼융되어 있건 각기 그 묘미가 있다.

詞或前景後情, 或前情後景, 或情景齊到, 相間相融, 各有其妙.

60

---

95) '부성(浮聲)'을 평성으로, '절향(切響)'을 측성으로 보는 설도 있다.

96) 쌍조(雙調) : 사를 짓는 격식에서 한 단락만 있는 것을 '단조(單調)'라 하고, 앞 뒤로 중첩되게 짓는 것을 '쌍조'라고 한다. 앞뒤를 같은 단락으로 하는 것과 환두(換頭)하는 것이 있다.

97) 환두(換頭) : 과변(過變)과 같은 말.

98) 이에 대해 『詞曲槪天 · 經義槪天』(注譯 鄭云 外, 光明日報社)에서는 "악(樂)과 가(歌)가 서로 짝을 이루는 정황"이라 하였다.

99) 「초혼(招魂)」 : 초사 「대초(大招)」에 나오는 것을 잘못 「초혼」이라 하였다.

100) 사상경기(四上競氣) : 이 말은 『초사』 「대초(大招)」에 나오는 말로, 오음(五音) 가운데 제1음이 언제나 제4음과 상생(相生) 관계에 있음을 말한 것이다.

한 번 바뀌어 한 번 깊어지고 한 번 깊어져 한 번 묘해지는 것 이것이 시인들의 삼매경이다. 음악가에 의지해 그것을 얻으면 곧 절로 평상적인 경지를 초월하게 된다.

一轉一深, 一深一妙, 此騷人三昧. 倚聲家得之, 便自超出常境.

61

공중에서 흔들리게 하는 것[101]이 바로 사가(詞家)들의 신묘한 비결이다. 위 뜻은 본래 아래 뜻에 연결되어 들어갈 수 있는데 도리어 들어가지 못하게도 된다. 이때 그 사이에서 정신을 전하고 모습을 그리게 되면, 이에 더욱 아래의 뜻이 즐거이 움직이도록 한다. 『초사』에서 이른바 "상군(湘君)은 오지 않고 머뭇머뭇하시니, 누구를 위하여 중주(中洲)[102]에 머무시는가?"[103]라고 한 것이다.

空中蕩漾, 最是詞家妙訣. 上意本可接入下意, 卻偏不入, 而於其間傳神寫照, 乃愈使下意栩栩欲動, 『楚辭』所謂"君不行兮夷猶, 蹇誰留兮中洲."也.

62

사는 개방하여야 하는데 가장 꺼리는 것은 음보(音步)마다 이어지는 것이다. 또한 잘 거둬들여야 하는데 가장 꺼리는 것은 갈수록 멀어지는 것이다. 반드시 하늘나라의 사람처럼 오고 감에 자취가 없는 것처럼 해야 묘한 데로 들어가게 된다.

詞要放得開, 最忌步步相連; 又要收得回, 最忌行行愈遠. 必如天上人間, 去來無迹, 斯爲入妙.

---

101) 공중에서 …… 것 : 하늘을 날듯이 변화가 많고 생동적인 것을 말한다.
102) 중주(中洲) : 주중(洲中)과 같은 뜻으로 쓰였다.
103) 이 구절은 『초사』「상군(相君)」에 보인다.

63

소령(小令)은 변하기 어렵고, 장조(長調)는 융합되기 어렵다. 사실 변하는 것과, 융합이 되는 것은 곳곳마다 서로 필요하니 장단으로 구별해서는 안 된다.

小令難得變化, 長調難得融貫. 其實變化·融貫, 在在相須, 不以長短別也.

64

사는 장법(章法)을 단련해서 뜻을 함축해야 하고 자구(字句)를 단련해서 뜻을 빼어나게 해야 한다.[104] 드러내기만 하고 함축하지 않는다면, 이는 수많은 아름다운 구슬이 있으되 한 줄 실에 꿰지 않은 것과 같다.

詞以鍊章法爲隱, 鍊字句爲秀. 秀而不隱, 是猶百琲明珠, 而無一線穿也.

65

글자를 단련함에 몇 글자를 단련하는 것도 단련하는 것이고, 한 글자를 단련해도 단련하는 것이다. 구는 구의 머리, 구의 가운데, 구의 꼬리를 합하여 뜻을 드러내는데, 많은 것은 서너 층이며, 적은 것도 또한 두 층 이하로 되지 않는다. 사를 짓는 사람들은 더러 글자는 쉽게 하고 구는 어렵게 한다고 하다. 하지만 구를 단련함에 있어서는 서로 대조할 수 있지만, 글자를 단련함에 있어서는 또한 모름지기 멀리서 서로 조응하여야 함을 모르는 것이다.

鍊字, 數字爲鍊, 一字亦爲鍊; 句則合句首·句中·句尾以見意, 多者三四層, 少亦不下兩層. 詞家或遂謂字易而句難, 不知鍊句固取相足

104) 이 구절은 유협의 『문심조룡』 「은수(隱秀)」에 바탕을 두고 있다. 『문심조룡』에서는 "은(隱)이라고 하는 것은 글 밖의 함축적인 뜻이고, 수(秀)라고 하는 것은 가운데 유독 드러난 것이다"라고 하였다. 따라서 은은 함축을, 수는 드러냄을 뜻한다.

相形, 鍊字亦須遙管遙應也.

66

장염은 이르기를, "사와 시는 같지 않으나, 허자를 활용함에 있어서는 비슷하다"[105]고 하였다. 내 생각에 허자(虛字)를 쓰는 것은 바로 음악가(音樂家)들이 시를 노래하는 방법이다. 주자(朱子)는 이르기를, "고악부는 다만 시 중간에 여러 범성(汎聲)[106]을 보탠 것일 뿐인데, 후인들이 그 범성이 없어질 것을 염려하여 소리 하나하나마다 실자(實字)를 채워 넣어 마침내 장단구를 이루었다. 곡자(曲子)가 바로 이것이다"[107]라고 하였다. 내 생각에 주자가 말한 실자라는 것은 실제 글자가 있었다는 것인데, 비록 허자라고는 하지만 역시 있는 것이다.

玉田謂"詞與詩不同, 合用虛字呼喚." 余謂用虛字正樂家歌詩之法也. 朱子云 : "古樂府祗是詩, 中間卻添出許多汎聲, 後人怕失了那汎聲, 逐一聲添箇實字, 遂成長短句. 今曲子便是." 案 : 朱子所謂實字, 謂實有箇字, 雖虛字亦是有也.

67

사 가운데 좋은 곳이 구 가운데 있는 것도 있고, 구 앞이나 뒤에 있는 것도 있다. 진거비(陳去非)[108]는 「우미인(虞美人)」에서 "시를 읊으며 날마다 봄바람을 기다렸는데, 복사꽃 피자마자 바삐 가버렸다네[吟詩日日待春風, 及至桃花開後卻匆匆]"라 하였는데, 이것은 좋은 곳이 구 가운데 있

105) 이 내용은 송나라 장염(張炎)이 찬한 『사원(詞源)』 권1에 보인다.

106) 범성(汎聲) : 범성은 '산성(散聲)', '화성(和聲)'과도 같은 말인데, 연주할 때 음악이 절주에 들어맞도록 배합해 넣는 허성(虛聲)을 가리킨다.

107) 이 내용은 『주자어류(朱子語類)』 권140 「논문(論文)」 하에 보인다.

108) 진거비(陳去非) : 송나라의 문인·학자 진여의(陳與義 : 1090~1138). 그의 자가 거비이다. 호는 간재(簡齋). 벼슬은 참지정사(參知政事)에 이르렀다. 문집으로 『간재집』이 있고, 사집으로 『무주사(無住詞)』가 있다.

는 것이다. 「임강선(臨江仙)」에서는 "살구꽃 성긴 그림자 속에서, 피리를 부노라니 동트는 때가 되었네[杏花疎影裏, 吹笛到天明]"[109]라고 하였는데, 이것은 위로 '억석(憶昔)'을 잇고 아래로 '일몽(一夢)'에까지 흘러들어 간다. 그래서 이 두 구는 자신도 모르게 호탕하게 취했다가 바뀌어서 서글퍼지는 것이니, 이른바 좋은 곳이 구절 밖에 있다는 것이다. 만약 현재 이와 같다고 한다면, 그것은 매우 어리석은 것이다.

詞之好處, 有在句中者, 有在句之前後際者. 陳去非「虞美人」: "吟詩日日待春風, 及至桃花開後卻匆匆." 此好在句中者也. 「臨江仙」: "杏花疎影裏, 吹笛到天明." 此因仰承'憶昔', 俯注'一夢', 故此二句不覺豪酣轉成悵悒, 所謂好在句外者也. 儻謂現在如此, 則騃甚矣.

68

하방회(賀方回)[110]는 「청옥안(青玉案)」이란 사의 끝 네 구에서 "묻노니 한가한 수심 그 얼마런가? 온 들판의 안개 낀 풀만큼, 성 가득히 바람에 흩날리는 버들 솜만큼, 매실이 노랗게 익어갈 때 내리는 비만큼이라네[試問閒愁都幾許? 一川煙草, 滿城風絮, 梅子黃時雨]"[111]라고 하였다. 여기서 끝구의 좋은 곳은 전적으로 '시문(試問)' 구가 불러일으키는 것 및 또 위의 '일천(一川)' 두 구와 함께 쓰인 데에 있다. 더러 방회를 '하매자(賀梅子)'라고 일컫는다[112] 하여 오로지 이 구만을 칭상하는 것은 잘못이다. 또한 이 구는 원래 구래공(寇萊公)[113]의 "매실이 익어갈 때 비는 안개와

---

109) 위의 두 사는 진여의(陳與義)의 문집인 『간재집(簡齋集)』 권16에 수록된 「무주사(無住詞)」에 보인다.

110) 하방회(賀方回) : 송나라 때의 문인 하주(賀鑄, 1052~1125)를 말함. 그의 자가 방회이다. 호는 경호유로(慶湖遺老). 철종 때에 소식 등이 천거하여 승사랑(承事郎)이 되었다. 시문에 뛰어났는데, 특히 사를 지었다. 저서에 『동산악부(東山樂府)』, 『경호유로집(慶湖遺老集)』 등이 있다.

111) 명나라 주이준(朱彝尊)이 편한 『사종(詞綜)』 권7에 보인다.

112) 이 말은 주자지(周紫芝)의 『죽파시화(竹坡詩話)』 권1에 보인다.

113) 구래공(寇萊公) : 송나라 때의 문인 구준(寇準, 962~1023). 화주(華州) 하규(下邽) 사

같네[梅子黃時雨如霧]"[114]라는 시구에 근원을 두고 있는데, 그렇다면 어찌하여 구래공을 지목하여 '구매자(寇梅子)'라고 하지 않는가?

賀方回「靑玉案」詞收四句云 : "試問閒愁都幾許? 一川煙草, 滿城風絮, 梅子黃時雨." 其末句好處, 全在'試問'句呼起及與上'一川'二句並用耳. 或以方回有'賀梅子'之稱, 專賞此句, 誤矣. 且此句原本寇萊公"梅子黃時雨如霧"詩句, 然則何不目萊公爲'寇梅子'耶?

69

사 가운데 묘한 곳은 오로지 대조와 변화의 풍부함에 있다. 예컨대 문천상(文天祥)의 「만강홍(滿江紅)·화왕부인(和王夫人)」에서 "세태는 변덕을 부리는 비와 같다면, 저의 몸은 원래 밝은 달과 같답니다[世態便如翻覆雨, 妾身元是分明月]"라고 한 것과 「뇌강월(酹江月)·화우인역중언별(和友人驛中言別)」에서 "거울 속 발그레한 얼굴 모두 변해버리고, 단지 일편단심만 있어 없어지지 않는다[鏡裏朱顏都變盡, 只有丹心難滅]"[115]라고 하였는데, 두 구절 모두 위 구가 아니었다면 아래 구의 소리와 마음이 나오지 않았을 것이다.

詞之妙全在襯跌. 如文文山「滿江紅·和王夫人」云 : "世態便如翻覆雨, 妾身元是分明月." 「酹江月·和友人驛中言別」云 : "鏡裏朱顏都變盡, 只有丹心難滅." 每二句若非上句, 則下句之聲情不出矣.

70

'사안(詞眼)'이란 두 자는 육행직의 『사지(詞旨)』에 보인다. 사실 육행직

람. 자는 평중. 태종 때에 진사가 되었고, 벼슬은 재상의 지위에 이르렀고, 내국공(萊國公)에 봉하여져서 이렇게 불린다. 문집으로 『구래공집』이 있다.

114) 이 구절은 송나라 호자(胡仔)가 찬한 『어은총화(漁隱叢話)』「전집(前集)」 권37에 보인다.

115) 위의 작품은 모두 문천상(文天祥)의 문집인 『문산집(文山集)』 권19의 「지남후록(指南後錄) 1」에 보인다.

이 말한 '안(眼)'은 어떤 자를 공교하다 하고, 어떤 구는 띄어나다고 하는 것에 지나지 않는다. 내 생각에 '안'은 신광(神光)이 모이는 곳이기 때문에 전체의 '안'이 있고, 몇 구의 '안'이 있지만, 앞뒤로 안광이 비추기를 기다리지 않음이 없다. 만약 장법은 버려두고 오직 자구만을 구할 경우에는, 비록 기교를 부린다 해도 어찌 능히 맘껏 변화를 부려서 하나를 움직여 만 개가 따르도록 하겠는가?[116)]

'詞眼'二字, 見陸輔之『詞旨』. 其實輔之所謂'眼'者, 仍不過某字工, 某句警耳. 余謂'眼'乃神光所聚, 故有通體之'眼', 有數句之'眼', 前前後後無不待眼光照映. 若舍章法而專求字句, 縱爭奇競巧, 豈能開闔變化, 一動萬隨耶?

71

사 짓는 사람들이 용운(用韻)을 함에 있어서는 먼저 그 운이 통하는 것인지 다른 것인지 살펴보아야 한다. 다른 것은 반드시 통할 수 없지만, 통하는 것은 원래는 다른 운이었는지 아닌지는 알아야 한다. 예컨대 '강(江)'이 '양(陽)'에 대한 것과, '진(眞)'이 '경(庚)'에 대한 것은 고운(古韻)에서도 이미 달랐던 것이니, 비록 지금 말투에서 통하기는 하지만 어쩔 수 없이 통하는 것이다. '동(東)'과 '동(冬)'이 '강(江)'에 대한 것과, '가(歌)'가 '마(麻)'에 대한 것은 고운에서는 비록 통하였지만 지금 말투에서는 다르니, 통하는 것이라고 할 수 없다. 하나의 운에 대해 말한다면, 예컨대 '십삼원(十三元)' 운은 지금의 말투로 그것을 읽으면 그 음이 대략 세 종류로 나누어지니 또한 마땅히 가려서 취하여야 하니, 나머지 운도 이것에 준하여 처리한다.

詞家用韻, 在先觀其韻之通別. 別者必不可通, 通者仍須知別. 如'江'

116) 원문의 '일동만수(一動萬隨)'는 혜홍(惠洪)의 『냉재야화(冷齋夜話)』에 실려 있는 선자화상(船子和尙)의 게문(偈文)에 보이는데, "하나의 물결이 움직이자 만 이랑의 물결이 뒤따라 일어난다[一波才動萬波隨]"라 하였다.

之於'陽', '眞'之於'庚', 古韻旣別, 雖今吻相通, 要不得而通也; '東·冬'於'江', '歌'於'痲', 古韻雖通, 然今吻旣別, 便不可以無別也. 至一韻之中, 如'十三元'韻, 今吻讀之, 其音約分三類, 亦當擇而取之, 餘韻準此.

72

사 가운데의 평측은 일정한 규칙이 있다. 옛날 사람들은 더러 평성을 측성으로 짓고, 측성을 평성으로 짓는 사람도 있었다. 반드시 구 위, 구 아래, 구 안의 글자를 합하고 성률의 마땅한 바를 저울질해서 서로 바꿀 수 있게 되어야만, 이에 마치 동산(銅山)과 영종(靈鐘)이 동서에서 서로 응하는[117] 것과 같게 될 수 있다. 그래서 옛 것을 본받는 자들은 마땅히 하나의 체를 오로지 본받아야 하며, 저것을 따다가 이쪽에 기울임으로써 성병(聲病)이 있다고 비난을 받아서는 안 된다.

詞中平仄, 體有一定. 古人或有平作仄, 仄作平者. 必合句上·句下·句內之字, 權有律之所宜, 互爲更換, 斯得如銅山靈鐘, 東西相應. 故效古者, 當專效一體, 不可挹彼注玆, 致譏聲病.

73

평성은 상성과 입성이 될 수 있다고 한 말은 원래 장염(張炎)의 『사원(詞源)』에서 나온 것이니, 곧 평성과 거성은 서로 대신할 수 없음이 명백하다. 그러나 평성을 상성과 입성으로 대신할 수 있다고 해도 상성과 입성을 혹 바꾸어 서로 대신할 수는 없다. 장염은 그 부친 기간노인(寄

117) 동산(銅山)과 …… 응하는: 『세설신어』 「문학(文學)」에 "동산이 서쪽에서 무너지자, 영험한 종이 동쪽에서 응하여 울린다[銅山西崩, 靈鍾東應]"라는 말이 있는데, 유효표(劉孝標)가 여기에 다음과 같은 주를 달았다. 즉 「동방삭전(東方朔傳)」에 의하면, 무제(武帝) 때 미앙궁(未央宮)의 종이 스스로 삼 일 동안 울리며 그치지를 않았는데, 동방삭에게 그 까닭을 물으니 산이 무너질 조짐이라 하였다. 과연 삼 일 뒤에 남군태수(南郡太守)가 상서하여 산이 이십여 리에 걸쳐 무너졌다고 보고를 하였다고 한다.

閒老人)[118]이 지은 「서학선(瑞鶴仙)」이란 사의 "하얀 나비가 꽃 속에 붙어서 떠나지 않고, 한가로이 향기를 찾아 두 날개를 움직이네[粉蝶兒撲定花心不去, 閒了尋香兩翅]"라는 구절에서 '박(撲)'자가 화협(和協)하지 않기 때문에 마침내 '수(守)'자로 고쳤는데,[119] 이것은 성음의 도에 엄격한 것이 아니겠는가?

平聲可爲上・入, 語本張玉田『詞源』, 則平去之不可相代, 審矣. 然平可代以上・入, 而上・入或轉有不可互代者. 玉田稱其父寄閒老人「瑞鶴仙詞」"粉蝶兒撲定花心不去, 閒了尋香兩翅.", '撲'字不協, 遂改爲'守'字, 此於聲音之道, 不其嚴乎?

74

상성과 입성은 비록 평성을 대신할 수 있으나, 또한 반드시 대신할 수 없는 곳도 있다. 만약 완만하고 옮겨가는 소리로 일정하여 바뀌지 않는 성률을 어지럽힌다면, 대신한다는 설은 도리어 모르는 것이 낫다.

上・入雖可代平, 然亦有必不可代之處. 使以宛轉遷就之聲, 亂一定不易之律, 則代之一說, 轉以不知爲愈矣.

75

"상성과 거성을 서로 바꾸는 것이 마땅치 않다"[120]는 것은 송나라 심백시 의보(沈伯時 義甫)[121]의 설이다. "거성은 마땅히 소리를 높여 노래

118) 기간노인(寄閒老人) : 장염의 아버지는 장추(張樞). 자는 두남(斗南), 호가 기간(寄閒)이다.

119) 이상의 내용도 『사원』에 보인다.

120) 이 내용은 『악부지미(樂府指迷)』에 나오는 말이다. 원문은 "上聲字最不可用去聲字替"라 되어 있다.

121) 심백시 의보(沈伯時 義甫) : 송나라 때의 문인 심의보(沈義父). 그의 자가 백시이다. 평강부(平江府) 오강(吳江) 진택(震澤) 사람. 영종(寧宗) 때 추천에 의해 백록동서원산장(白鹿洞書院山長)을 지내기도 하였으나, 송이 망한 뒤에는 은거하며 벼슬하지 않았다. 사곡(詞曲)을 잘 지었다.

해야 하고, 상성은 마땅히 소리를 낮춰 노래해야 한다"는 것은 명나라 심경 사은(沈璟 詞隱)[122]의 설이다. 두 설은 후대의 사를 논하는 사람들이 본받는 바가 되었으므로, 이에 표준이 되어 나타난 것이다.

"上·去不宜相替", 宋沈伯時義甫之說也. "去聲當高唱, 上聲當低唱.", 明沈璟詞隱之說也. 兩說爲後人論詞者所本, 爰爲表而出之.

76

사를 짓는 사람이 평측을 살핌에는 마땅히 성(聲)의 음양(陰陽)[123]을 분변하여야 하며, 또 음을 거두는[收音] 구법(口法)을 분변하여야 한다. 성을 취하고 음을 취함에는 화협되게 하는 것을 숭상한다. 장염은 그 아버지가 지은 「석화춘기조(惜花春起早)」라는 사작품의 '쇄창심(瑣窗深)'이란 구를 일컬어 '심(深)'자가 화협을 이루지 못하여 '유(幽)'자로 고쳤는데, 또 화협되지 않아 다시 '명(明)'자로 고쳐서 비로소 화협되었다고 하였다.[124] 이것이 음양을 살피는 일이 아니겠는가? 또한 '심(深)'은 입을 닫는 소리이고 '유(幽)'는 입술을 거두어들이는 소리이며 '명(明)'은 코를 통하여 내는 소리이니, 없어지고 생성되는 것이 또한 다르다.

詞家旣審平仄, 當辨聲之陰陽, 又當辨收音之口法. 取聲取音, 以能協爲尙. 玉田稱其父「惜花春起早」詞'瑣窗深'句, '深'字不協, 改爲'幽'字, 又不協, 再改爲'明'字, 始協. 此非審於陰陽者乎? 又'深'爲閉口音, '幽'爲斂脣音, '明'爲穿鼻音, 消息亦別.

---

122) 심경 사은(沈璟 詞隱, 1533~1610) : 명나라 때의 문인. 사은은 그의 호이다. 자는 백영(伯英), 다른 호는 영암(寧庵)이다. 만력 2년에 진사가 되었고, 광록시승(光祿寺丞) 등의 벼슬을 하였다. 벼슬을 그만둔 뒤로 30여 년간 희곡(戱曲)의 창작에 힘썼다. 대표적 작품으로 「의협기(義俠記)」, 「매검기(埋劍記)」, 「쌍어기(雙魚記)」 등이 있다.

123) 성(聲)의 음양(陰陽) : 여기에서는 음조(音調)를 뜻하는 말로 음평(陰平)·양평(陽平)을 말함.

124) 이 내용도 장염의 『사원』에 보인다.

77

옛 사람이 지었던 원래의 사가 입성운을 사용하였다면, 그 사를 본받는 사람들도 입성을 사용해야만 음절이 가파르게 된다. 예를 들면, 이백의 「억진아(憶秦娥)」 같은 것이 이것이다.[125]

古人原詞用入聲韻, 效其詞者仍宜用入; 音節乃峭, 如太白「憶秦娥」之類是已.

78

사를 짓는 사람들은 구절을 분변하고 겸하여 구두(句讀)를 분변해야 하는데, 구두는 구 가운데에 있다. 예컨대 『초사』 「구가」는 매 구절 중간에 모두 '혜(兮)'자가 들어 있는데 '혜'는 말뜻은 없으나 성(聲)은 있는데, 그것이 곧 구두이다. 다시 고악부를 보면 편의 끝에 성이 있다. 예컨대, 「임고대(臨高臺)」의 '수중오(收中吾)'가 이것이다. 구 아래에 소리가 있는 것은 예컨대, 「유소사(有所思)」의 '비호희(妃呼豨)'가 이것이다. 어찌 유독 절구 가운데의 성만을 의심하겠는가?

詞家辨句兼辨讀, 讀在句中. 如『楚辭』「九歌」每句中間皆有'兮'字, '兮'者無辭而有聲, 卽其讀也. 更以古樂府觀之, 篇終有聲, 如「臨高臺」之'收中吾'是也. 句下有聲, 如「有所思」之'妃呼豨'是也. 何獨於句中之聲而疑之?

79

사의 구절 가운데 쌍성(雙聲)[126]과 첩운(疊韻)[127]의 글자를 쓰는 것은

125) 이 구절이 광문서국본(廣文書局本) 『예개』에는 "餘則否. 至如句中用入, 解人愼之"라 되어 있다.

126) 쌍성(雙聲) : 두 글자의 성모가 같은 것을 쌍성이라 한다. 예를 들면, 비파(琵琶), 방법(方法) 등이다. 비파의 경우 우리 음으로는 성모가 b와 p로 다르지만, 중국음으로는 모두 p이다.

127) 첩운(疊韻) : 두 글자의 운모가 같은 것을 첩운이라 한다. 예를 들면, 난간(欄干) · 편

두 글자 이상 많이 사용해서는 안 된다. 다만 첩운을 범하는 것은 적지만 쌍성을 범하는 것은 많으니, 대개 동일한 쌍성이라도 개구(開口)·제치(齊齒)·합구(合口)·촬구(撮口) 등 부르는 법이 같지 않아 그것이 쌍성임을 쉽게 잊어버린다. 이것을 아는 사람은 모름지기 다르면서 같은 것에서 그 숨어 있는 병을 없애고자 한다. 또 다만 쌍성뿐만이 아니라 후(喉)·설(舌)·치(齒)·아(牙)·순(脣)의 오음(五音)은 모두 단순하게 하나의 음을 따라 잇따라 여러 글자를 쓰는 것을 꺼린다.

詞句中用雙聲疊韻之字, 自兩字之外, 不可多用. 惟犯疊韻者少, 犯雙聲者多, 蓋同一雙聲, 而開口·齊齒·合口·撮口, 呼法不同, 便易忘其爲雙聲也. 解人正須於不同而同者, 去其隱疾. 且不惟雙聲也, 凡喉·舌·齒·牙·脣五音, 俱忌單從一音連下多字.

80

십이율(十二律)[128]과 후대의 각각의 궁조(宮調)[129]는 이름은 달라도 사실은 같다. 예컨대 황종(黃鍾)의 경우 정황종(正黃鐘)이 궁(宮)이 되면, 대석조(大石調)는 상(商)이 되고 반섭조(般涉調)는 우(羽)가 됨에 이른다. 대려(大呂)의 경우 고궁(高宮)이 궁이 되면, 고대석조(高大石調)는 상이 되고 고반섭조(高般涉調)는 우가 된다. 『사원(詞源)』에 열거된 것이 분명하고 또 갖추어져 있다.

선(翩躚) 등이다. 편선의 경우 우리 음으로는 음모가 여와 어로 서로 다르지만, 중국음으로는 모두 ian이다.

128) 십이율(十二律) : 고대의 음제(音制)로 낮은 데에서부터 황종(黃鍾)·대려(大呂)·대족(大簇)·협종(夾鐘)·고세(姑洗)·중려(仲呂)·유빈(蕤賓)·임종(林鐘)·이칙(夷則)·남려(南呂)·무사(無射)·응종(應鐘)인데, 기수(奇數)를 율(律)이라 하고, 우수(偶數)를 려(呂)라 하는데, 각각 6개씩 육율(六律)과 육려(六呂)가 있으므로, 이를 줄여 율려(律呂)라 한다.

129) 궁조(宮調) : 궁(宮)·상(商)·각(角)·변치(變徵)·치(徵)·우(羽)·변궁(變宮)을 칠성(七聲)이라 하는데, 이 칠성에다 십이율(十二律)을 배합하면, 이론상으로 십이궁(十二宮), 칠십이조(七十二調)를 얻을 수가 있는데, 이를 합하여 팔십사궁조(八十四宮調)라 한다.

十二律與後世各宮調, 異名而同實. 如在黃鍾, 則正黃鍾爲宮, 大石調爲商, 以至般涉調爲羽; 在大呂, 則高宮爲宮, 高大石調爲商, 高般涉調爲羽.『詞源』所列, 旣明且備矣.

81

사는 진실로 반드시 율에 맞도록 해야 한다. 그래서 아·송이 율에 맞을 뿐만 아니라, '상간복상(桑間濮上)'[130]도 또한 율에 맞지 않은 것이 없다. '율화성(律和聲)'은 '시언지(詩言志)'에서 비롯되었으니, 오로지 율만을 말한 것으로 한 격 더 나간 것이라 할 만하다.

詞固必期合律, 然雅·頌合律, 桑間·濮上亦未嘗不合律也. '律和聲'本於'詩言志', 可爲專講律者進一格焉.

82

옛 사람의 사는 옛 일을 노래하고 사물을 노래하였으니, 은근히 단지 감회를 읊은 것일 따름이다. 대개 그 가운데 내가 있다. 그러나 사람이 어찌 내가 없을 수 있겠는가? 오로지 "나를 깨우치는 것을 이 중정(中正)에서 얻었다"[131]라고 한 것을 숭상할 뿐이다.

昔人詞詠古詠物, 隱然只是詠懷, 蓋其中有我在也. 然人亦孰不有我? 惟"耿吾得此中正"者, 尙耳.

83

사가 홍이 깊다면, 일은 다르나 정감은 같고 일은 얕으나 정감은 깊다는 것을 깨닫는다. 따라서 요긴하지 않은 말이 지극히 요긴한 말이며,

---

130) 상간복상(桑間濮上) : 지명. 음풍(淫風)이 유행한 곳임.『예기』「악기(樂記)」에, "정(鄭)나라와 위(衛)나라의 음악은 난세의 소리이고 '상간복상(桑間濮上)'의 음악은 망국의 풍류이다"라고 하였는데, 정현(鄭玄)의 주에, "복수(濮水)의 가에 상간(桑間)이란 곳이 있는데, 망국의 음악이 이곳 물에서 나온다"라고 하였다.

131)『이소』에 나오는 말이다.

어지러운 말이 바로 지극히 어지럽지 않은 말이다. 그러므로 "바람이 불어서 연못에 가득한 봄물을 출렁이게 한들 그대에게 무슨 상관인가?"[132]라고 한 것은 본래 장난삼아 한 말임을 알아야 한다.

詞深於興, 則覺事異而情同, 事淺而情深. 故沒要緊語正是極要緊語, 亂道語正是極不亂道語. 固知"吹皺一池春水, 干卿甚事!" 原是戲言.

84

이웃 사람이 부는 피리 소리에 옛 일을 생각하는 사람이 감동하고,[133] 야곡[斜谷][134]의 방울 소리를 듣고 사랑에 빠진 사람이 슬퍼한다.[135] 소식의 「수룡음(水龍吟) · 화장질부영양화(和章質夫詠楊花)」에 "자세히 보니 버들 꽃이 아니고, 방울방울 헤어진 사람의 눈물이라네[細看來, 不是楊花, 點點是離人淚]"라고 하였는데 또한 이 뜻과 한가지이다.

鄰人之笛, 懷舊者感之; 斜谷之鈴, 溺愛者悲之. 東坡「水龍吟 · 和章質夫詠楊花」云: "細看來, 不是楊花, 點點是離人淚." 亦同此意.

85

소식은 「수룡음」의 기구에서 "꽃과 같으면서도 또한 꽃이 아닌 것 같다[似花還似非花]"라고 하였는데, 이 구절로 소식의 사 전체에 대한 평어로 삼을 수 있으니, 무릇 떨어지지도 않고 나아가지도 않은 것이다. 때

132) 마령(馬令)이 찬한 『남당서(南唐書)』 「풍연사전(馮延巳傳)」에 "연사가 '바람이 문득 불어, 못의 봄물에 물결을 일으킨다[風乍起, 吹皺一池春水]'라는 구절을 지으니, 원종상(元宗嘗)이 놀려 이렇게 말하였다"고 한다. 이 내용은 서구(徐釚)가 찬한 『사원총담(詞苑叢談)』 권3 「품조(品藻) 1」에도 보인다.

133) 이 구절은 향수(向秀)가 지은 「사구부(思舊賦)」에 보인다.

134) 야곡[斜谷]: 섬서성(陝西省) 종남산(終南山)에 곡구(谷口)가 있는데, 북구(北口)가 야(斜)이고, 남구(南口)가 포(褒)인데, 하나의 골짜기를 이룬다고 한다. 섬서(陝西)와 촉(蜀)을 연결하는 길이다.

135) 이는 당나라 현종이 촉에 있으며, 야곡에서 방울소리만 나도 양귀비를 추념하며 상심해 했던 일을 말함.

로는 사달조(史達祖)의 「쌍쌍연(雙雙燕)·영연(詠燕)」과 강기(姜夔)의 「제천악(齊天樂)·부실솔(賦蟋蟀)」을 들어 이것을 평어로 삼는 사람도 있는데, 또한 "꽃 같기도 하나 또한 꽃 아닌 것 같기도 하다"라고 말하였다.

東坡「水龍吟」起云: "似花還似非花" 此句可作全詞評語, 蓋不離不即也. 時有擧史梅溪「雙雙燕·詠燕」·姜白石「齊天樂·賦蟋蟀」令作評語者, 亦曰"似花還似非花."

86

사 가운데에서 용사하는 것은 고사에 막힘이 없는 것을 귀하게 여긴다. 어두운 것, 얕은 것, 많은 것, 판에 박힌 것 이런 것들이 모두 막힌 것이다. 강기의 사는 용사가 교묘한 데에 들었는데, 그 요결이 있는 바를 『시설(詩說)』[136]에서 볼 수 있으니 말하기를, "치우친 일은 쓸모가 있고, 익숙한 일은 쓸모가 없다", "배움이 남음이 있으되, 그것을 요약해서 쓰는 일이 용사를 잘하는 것이다", "문득 서사를 하되 간간이 철리적인 말을 하는 사람이 활법(活法)을 얻은 사람이다"[137]라고 하였다.

詞中用事, 貴無事障. 晦也, 膚也, 多也, 板也, 此類皆障也. 姜白石詞用事入妙, 其要訣所在, 可於其『詩說』見之, 曰: "僻事實用, 熟事虛用." "學有餘而約以用之, 善用事者也." "乍敍事而間以理言, 得活法者也."

87

사에는 점을 찍는 것[點]과 색을 칠하는 것[染]이 있다.[138] 유영(柳永)의 「우림령(雨淋鈴)」에 이르기를, "다정하면 예로부터 이별에 상심하니, 더구나 어찌 견디랴? 처량한 맑은 가을날에, 오늘밤 술깰 곳은 어디인

136) 『시설(詩說)』: 강기의 저작인 『백석도인시설(白石道人詩說)』을 말한다.

137) 위의 내용은 모두 위경지(魏慶之)가 찬한 『시인옥설(詩人玉屑)』 권1 「시법(詩法)」에 보인다.

138) 이 내용은 그림을 그릴 때, 점을 찍고 색을 칠하는 일을 가져다가 사를 설명한 것이다.

가? 버드나무 언덕, 새벽바람, 조각달 떠있는 곳이라네[多情自古傷離別, 更那堪冷落清秋節. 今宵酒醒何處? 楊柳岸, 曉風殘月]"[139]라고 하였는데, 위의 두 구절은 이별한 뒤 처량한 모습을 묘사하였고, '금소(今宵)' 두 구절은 위 두 구절의 뜻에 나아가서 물들였다. 점을 찍고 색을 칠하는 사이에는 다른 말과 서로 떨어지면 안 된다. 떨어져 있게 되면, 깜짝 놀랄 구절도 또한 식은 재처럼 된다.

詞有點, 有染. 柳耆卿「雨淋鈴」云:"多情自古傷離別, 更那堪冷落清秋節. 今宵酒醒何處? 楊柳岸, 曉風殘月." 上二句點出離別冷落, '今宵'二句乃就上二句意染之. 點染之間, 不得有他語相隔, 隔則警句亦成死灰矣.

88

사(詞)에는 풍(風)을 숭상한 것이 있고, 골(骨)을 숭상한 것이 있다. 구공(歐公)[140]의 「조중조(朝中措)」에 이르기를, "손수 마루 앞에 버드나무를 심었는데, 헤어진 뒤로 몇 번이나 봄바람 맞았던가[手種堂前楊柳, 別來幾度春風]?"[141]라 하였고, 소식의 「우중화만(雨中花慢)」에는 "성대한 연회에서는 애오라지 해가 짧아지는 것만 읊조리고, 추운 가을 날씨는 남아있는 꽃에게 세월을 빌려주지 않는다[高會聊追短景, 淸商不假餘姸]"[142]라 하였다. 어떤 게 '풍'이고 어떤 게 '골'인지 가려낼 수 있다.

詞有尙風, 有尙骨. 歐公「朝中措」云:"手種堂前楊柳, 別來幾度春風?" 東坡「雨中花慢」云:"高會聊追短景, 淸商不假餘姸." 孰'風'孰'骨'

139) 유영(柳永)의 『악장집(樂章集)』에 수록되어 있다.
140) 구공(歐公): 중국 송나라의 정치가 문인 구양수(歐陽脩, 1007~1072)을 말함. 자는 영숙(永叔). 호는 취옹(醉翁) 육일거사(六一居士). 당나라 때의 화려한 시풍을 반대하여 새로운 시풍을 열고, 시·문 양방면에 걸쳐 송대 문학의 기초를 확립하였으며, 당송 팔대가 가운데 한 사람으로 꼽힌다. 저서에 『신오대사』, 『신당서』, 『모시본의(毛詩本義)』 등이 있다.
141) 『어선역대시여(御選歷代詩餘)』 권17에 수록되어 있다.
142) 명나라 진요문(陳耀文)이 편집한 『화초췌편(花草粹編)』 권19에 보인다.

可辨.

89

왕세무(王世懋)는 시를 논하여 이르기를, "하류의 하급관리와 같은 몸을 반드시 내몰고, 다르게 바른 몸으로 바꾼다"[143]라고 하였다. 호명중(胡明仲)[144]은 미산 소씨(眉山蘇氏)[145]의 사를 "아름다운 비단 옷 입어 향기 나고 윤택한 모습을 단번에 씻고, 오밀조밀하고 구불구불 돌아가는 법도를 벗어나서, 사람들에게 하여금 높은 곳에 올라 먼 데까지 바라보고, 머리를 들어 높게 노래를 부르게 하니, 빼어난 회포와 호방한 기개가 세속의 겉껍질을 초월하였다"[146]고 하였다. 이것이 '바른 몸'을 말하는 것이 아니겠는가?

王敬美論詩云: "河下輿隸須驅遣, 另換正身." 胡明仲稱眉山蘇氏詞一洗綺羅香澤之態, 擺脫綢繆宛轉之度, 使人登高望遠, 擧首高歌, 而逸懷浩氣, 超乎塵埃之表." 此殆所謂'正身'者耶?

90

시에는 서강(西江)[147]과 서곤(西崑)[148]이란 두 파가 있는데 사도 또한

143) 명나라 왕세무(王世懋)가 찬한 『예포힐여(藝圃擷餘)』에 보인다. 여기서 '輿'와 '隸'는 모두 하급관리를 말한다. 하급관리처럼 천박한 자신을 바른 몸으로 바꾼다는 뜻으로, 환골탈태의 의미이다.

144) 호명중(胡明仲): 송나라 때의 문신 호인(胡寅, 1098~1256)을 말함. 그의 자가 명중이다. 휘종 선화(宣和) 3년에 진사가 되었다. 흠종(欽宗) 초에 교서랑(校書郎)이 되었고, 중서사인(中書舍人) 등을 거쳐 예부시랑겸직학사원(禮部侍郎兼直學士院)에 이르렀다. 저서에 『비연집(斐然集)』 등이 있다.

145) 미산 소씨(眉山蘇氏): 소식(蘇軾, 1036~1101)을 말함. 소식은 중국 북송의 문인으로, 자는 자첨(子瞻). 호는 동파(東坡). 당송 팔대가의 한 사람으로, 구법파(舊法派)의 대표자이며, 서화에도 능하였다. 작품에 「적벽부」, 저서에 『동파전집(東坡全集)』 등이 있다.

146) 송나라 호인(胡寅)의 문집인 『비연집(斐然集)』 권19에 있는 「향향림주변집후서(向薌林酒邊集後序)」에 보인다.

147) 서강(西江): 장강(長江)의 중하류 지역을 일컫는 말. 강서(江西)라는 말과 같은 뜻으로 쓰이는데, 여기에서는 북송 때 이곳을 중심으로 활약하던 일군의 시인들인 강서시

그렇다. 대석병(戴石屛)[149]은 「망강남(望江南)」에서 이르기를, "누가 서곤(西崑)을 배울 줄 아는가?"[150]라고 하였다. 이는 서강파(西江派)를 배우던 사람의 말이니, 오문영(吳文英) 같은 부류의 사람들은 당연히 즐겨 듣지 않았다.

詩有西江・西崑兩派, 惟詞亦然. 戴石屛望江南云: "誰解學西崑?" 是學西江派人語, 吳夢窗一流當不喜聞.

91

사란 물건은 색・향・맛이 마땅히 갖추어져야만 한다. 색으로 말하자면 빌린 색[借色]・본래의 색[眞色]이 있다. 빌린 색이 늘 속인(俗人)의 마음에 아름답게 보이는 것은 반드시 먼저 빌린 색을 모두 씻어낸 이후에 본래의 색을 볼 수 있다는 것을 모르기 때문이다.

詞之爲物, 色・香・味宜無所不具. 以色論之, 有借色, 有眞色. 借色每爲俗情所艶, 不知必先將借色洗盡, 而後眞色見也.

92

옛 사람이 사를 논하여 "예쁜 아가씨가 봄 길을 걷는 것과 같이 해야 한다"[151]라고 하였다. 내 생각에는 더욱 마땅히 그것에 더함이 있어야

파를 말함. 이 말은 본래 여본중(呂本中)이 지은 『강서시사종파도(江西詩社宗派圖)』에서 비롯되었는데, 여기에는 황정견(黃庭堅)・진사도(陳師道) 이하 25인을 열거하였다.

148) 서곤(西崑) : 시곤체(西崑體)를 말함. 송나라 초기에 양억(楊億)・유균(劉筠)・전유연(錢惟演) 등이 시를 지음에 온정균(溫庭筠)・이상은(李商隱)을 본받아 남들이 잘 알지 못하는 고사와 아름다운 말을 사용하여 시를 지어 서로 창화하여 시집을 만들고 이름을 『서곤창화집(西昆酬唱集)』이라 한 데에서, 서곤체라는 이름이 유래되었다.

149) 대석병(戴石屛) : 송나라 때의 문인 대복고(戴復古, 1167~?)를 말함. 그의 호가 석병이다. 자는 식지(式之). 고학(古學)에 독실이 뜻을 두었으며, 평생 벼슬하지 않았다. 육유(陸游)의 문하에서 시로 이름을 떨쳤다. 저서로 『석병집』이 있다.

150) 이 구절은 송나라 대복고(戴復古)의 『석병사(石屛詞)』에 보인다.

151) 이 말은 송나라 위경지(魏慶之)가 찬한 『시인옥설(詩人玉屑)』 권2의 「시평(詩評)」 제3 『구옹시평(臞翁詩評)』에 "秦少游如時女步春, 終傷婉弱"라는 데에서 엿볼 수 있다.

하니 말하기를, "별도의 군대를 조직하여 특별히 일으키는 것 같아야 하며, 하늘가의 진인(眞人)과 같아야 한다"라고 한다.

昔人論詞要"如嬌女步春." 余謂更當有以益之, 曰 : "如異軍特起, 如天際眞人."

93

사는 맑고 빈 것과 평범한 것을 숭상하니, 옛 사람들이 이미 그것에 대해 말했다. 오직 평범한 것 가운데에도 기이하고 참신한 것이 있어야 하고, 맑고 빈 가운데에도 침착하고 두터운 것이 있어야 비로소 본령이 드러난다.

詞尚淸空妥溜, 昔人已言之矣, 惟須妥溜中有奇創, 淸空中有沈厚, 才見本領.

94

사는 흡당함이 있어야 하니, 거친 것도 안 되고 섬세한 것도 안 되며, 딱딱한 것도 안 되고 부드러운 것도 안 된다. 그렇지 않으면 잡놈이 아니면 아녀자와 같다.

詞要恰好, 粗不得, 纖不得, 硬不得, 輭不得. 不然, 非傖父卽兒女矣.

95

황노직(黃魯直)[152]이 소식의 「복산자(卜算子)」의 "기운 달이 성근 오동나무에 걸렸다[缺月掛疎桐]"는 한 편에 발문을 써서 이르기를, "말의 뜻이 높고 묘하여 연기를 마시며 불을 때서 음식을 익혀 먹는 사람의 말

152) 황로직(黃魯直) : 중국 북송의 시인 서예가 황정견(黃庭堅 :1045~1105)을 말함. 그의 자가 노직(魯直)이다. 호는 산곡(山谷). 기이하고 파격적인 시를 써 송시(宋詩)에 새로운 바람을 일으켰다. 강서 시파의 원조이며, 서예가로서 뛰어나 송대 사대가의 한 사람으로 꼽힌다. 시집으로 『산곡시내외집(山谷詩內外集)』이 있다.

이 아닌 것 같다. 가슴속에 만 권의 책이 있지 않으며, 붓 아래 한 점 세속의 기미가 없는 사람이 아니라면, 누가 이러한 경지에 이를 수 있으랴?"[153]라고 하였다. 내 생각에 사의 대요는 두터우면서 맑은 것을 벗어나지 않는다. 두터우면 가지고 있는 것을 포괄하고, 맑으면 가지고 있는 것을 비운다.

黃魯直跋東坡「卜算子」"缺月掛疎桐"一闋云: "語意高妙, 似非喫煙火食人語, 非胸中有萬卷書, 筆下無一點塵俗氣, 孰能至此?" 余案: 詞之大要, 不外厚而淸. 厚, 包諸所有; 淸, 空諸所有也.

96

사는 담박한 말은 맛이 있게 해야 하고, 건장한 말은 운치(韻致)가 있게 해야 하며, 빼어난 말은 뼈대가 있게 해야 한다.

詞, 澹語要有味, 壯語要有韻, 秀語要有骨.

97

사는 맑고 새로워야 하니, 옛 사람들의 말이나 견해[154]를 주워 모으는 일은 정말로 꺼려야 한다. 옛 사람에게는 맑고 새롭게 생각되었던 것도 따라하면 곧 썩은 것이 된다. 옥구슬을 주워 모아도 재와 먼지로 변하니 어찌 매우 비루하고 우습지 않으랴?

詞要淸新, 切忌拾古人牙慧. 蓋在古人爲淸新者, 襲之卽腐爛也. 拾得珠玉, 化爲灰塵, 豈不重可鄙笑!

---

153) 황정견(黃庭堅)의 문집인 『산곡집(山谷集)』 권26에는 「발동파악부」 아래에 이 말이 있는데, 송나라 위경지의 『시인옥설』 권20에는 「동파복산자(東坡卜算子)」라는 항목 아래에 이 내용이 있다.

154) 원문의 '아혜(牙慧)'는 『세설신어』 「문학」에 "은중군(殷中軍: 殷浩)이 이르기를, '강백이 아직은 내 어금니 뒤의 지혜를 얻지 못하였다[康伯未得我牙後慧]'라 하였다"고 한 데서 유래한 것으로, 뒤에는 다른 사람의 말이나 견해를 도습하는 것을 '拾人牙慧'라 하였다.

98

머리를 묘사함에 뿔을 그리는 것은 등급이 낮은 사이다. 대개 사에는 전체가 있는데, 마땅히 그 전체를 잃지 말아야 한다. 사에는 속에 쌓아야 하는 것이 있는데 마땅히 그 쌓은 것을 잃지 말아야 한다.

描頭畫角, 是詞之低品. 蓋詞有全體, 宜無失其全; 詞有內蘊, 宜無失其蘊.

99

사의 신묘함 가운데에는 말하지 않음으로써 말하는 것보다 신묘한 것은 없으나, 실제로는 말하지 않는 것이 아니고 말에 부치는 것이다. 예컨대, 깊은 것을 얕은 것에 부치거나, 두터운 것을 가벼운 것에 부치거나, 굳센 것을 연약한 것에 부치거나, 곧은 것을 굽은 것에 부치거나, 차있는 것을 비어있는 것에 부치거나, 바른 것을 쭉정이에 부치거나 하는 것들이 모두 이것이다.

詞之妙, 莫妙於以不言言之; 非不言也, 寄言也. 如寄深於淺, 寄厚於輕, 寄勁於婉, 寄直於曲, 寄實於虛, 寄正於餘, 皆是.

100

사에서는 원래의 자리를 범하지 않음을 높게 평가한다. 소식은 「만정방(滿庭芳)」에서 "늙어감에 임금의 은혜조차 갚지 못하고, 부질없이 머리 돌려, 칼로 연주하며 슬프게 노래 부른다[老去君恩未報, 空回首, 彈鋏悲歌]"라고 하였다. 말이 정말로 강개하지만 「수조가두(水調歌頭)」의 "나는 바람 타고 돌아가고자 하지만, 또 신선세계의 좋은 누대와 집, 높은 곳에서 추위를 이기지 못할까 두렵네[我欲乘風歸去, 又恐瓊樓玉宇, 高處不勝寒]"라고 한 것만 못하다. 더욱 공령(空靈)하고 온자(蘊藉)함을 깨달을 수 있다.

詞以不犯本位爲高. 東坡「滿庭芳」: "老去君恩未報, 空回首, 彈鋏悲歌." 語誠慷慨, 然不若「水調歌頭」"我欲乘風歸去, 又恐瓊樓玉宇, 高處不勝寒." 尤覺空靈蘊藉.

101

사공표성(司空表聖)[155]은 이르기를, "매실은 신 것일 뿐이고, 소금은 짠 것일 뿐이지만, 좋은 것은 시거나 짠 것 너머에 있다"[156]고 하였고, 엄우(嚴羽)는 이르기를, "묘한 곳은 훤히 비치고 아름답게 빛나서 일괄해서 정의할 수는 없다. 마치 물속의 달과 거울 속의 모습과 같다"[157]라고 하였다. 이것은 모두 시에 대해 논한 것이기는 하나, 사도 또한 이 같은 경지에 이르러야 뛰어난 것이 될 수 있다.

司空表聖云: "梅止於酸, 鹽止於鹹. 而美在酸鹹之外." 嚴滄浪云: "妙處透徹玲瓏, 不可湊泊, 如水中之月, 鏡中之象." 此皆論詩也, 詞亦以得此境爲超詣.

102

장염(張炎)이 사에 대해 논하여 말하기를, "연밥이 익어갈 때 꽃은 절로 떨어지네[蓮子熟時花自落]"라고 하였다. 나는 여기에 이백의 두 구절을 보태여 말하기를, "맑은 물 위로 연꽃이 나오듯, 천연스러워 꾸민 흔적이 없다[清水出芙蓉, 天然去雕飾]"[158]라고 하였다.

玉田論詞曰: "蓮子熟時花自落." 余更益以太白詩二句, 曰: "清水出

---

155) 사공표성(司空表聖): 중국 당나라의 시인 사공도(司空圖, 837~908)를 말함. 그의 자가 표성(表聖)이다. 고결한 시풍으로 유명하며, 후세의 시론에 크게 영향을 미쳤다. 저서에 『사공표성문집(司空表聖文集)』, 『시집』, 『24시품(詩品)』 등이 있다.

156) 『동파전집(東坡全集)』 권93 「서황자사시집후(書黃子思詩集後)」 "唐末司空圖崎嶇兵亂之間, 而詩文高雅, 猶有承平之遺風. 其論詩曰, '梅止於酸, 鹽止於鹹. 飲食不可無鹽梅, 而其美常在鹹酸之外"이라 한 데에서 이 말을 확인할 수 있다.

157) 송나라 엄우(嚴羽)가 찬한 『창랑시화(滄浪詩話)』 「시변(詩辯)」에 보인다.

158) 왕기(王琦)가 편한 『이태백집주(李太白集注)』 권11 『經亂離後天恩流夜郎憶舊遊書懷贈江夏韋太守良宰(經亂離後天恩流夜郎憶舊遊書懷贈江夏韋太守良宰』라는 시에 보인다.

芙蓉, 天然去雕飾."

103

고악부 가운데의 지극한 말은 본래 다만 평상적인 말일 뿐인데, 한 번 말을 하게 되면 곧 독창적인 것이 된다. 사가 이 같은 뜻을 얻게 되면, 지극히 단련한 것이 단련하지 않은 것과 같아지게 되고, 색에서 나왔으되 본색이 되니, 인간세상의 소리가 모두 하늘의 소리로 돌아간다.

古樂府中, 至語本只是常語, 一經道出, 便成獨得. 詞得此意, 則極鍊如不鍊, 出色而本色, 人籟悉歸天籟矣.

104

사 가운데에서 구절과 글자는 마치 촉발되어 드러낸 것이, 이른바 지극히 단련한 것이 단련하지 않은 것과 같다는 것이다. 안수(晏殊)의 "하릴없이 꽃이 지네[無可奈何花落去]"[159]라는 두 구절은 촉발되어 드러낸 구이다. 송기(宋祁)의 "붉게 꽃 핀 살구 가지 끝에 봄뜻이 요란하다[紅杏枝頭春意鬧]"[160]라는 구절에서 '뇨(鬧)'자가 촉발되어 드러낸 글자이다.

詞中句與字, 有似觸著者, 所謂極鍊如不鍊也. 晏元獻"無可奈何花落去"二句, 觸著之句也; 宋景文"紅杏枝頭春意鬧", '鬧'字, 觸著之字也.

105

사는 본지풍광(本地風光)[161]을 얻음을 귀하게 여긴다. 장선(張先)이 수홍정(垂虹亭)에서 놀면서 「정풍파(定風波)」를 지었는데 그 구절에 이르기를, "어진 이가 오나라 지역에 모여 있다는 말을 듣고, 시험 삼아 물어

159) 송나라 안수(晏殊)가 찬한 『주옥사(珠玉詞)』의 「완계사(浣溪沙)」 가운데 한 수에 보이는 구절이다.

160) 『어선역대시여(御選歷代詩餘)』 권30에 수록되어 있는 송기(宋祈)의 「옥루춘(玉樓春)」이라는 작품의 구절이다.

161) 본지풍광(本地風光) : 본래면목(本來面目)과 같은 말. 사물의 진상(眞相)을 말함.

보니, 그 곁에 노인성(老人星)[162]이 있기 때문이라네"라고 하였다. 이때 장선의 나이는 여든다섯 살이었고, 자리에 앉아 있던 손님들도 한때의 이름난 사람들이었다. 뜻은 명확하고 절실하되 말은 자연스러우니, 진실로 쉽게 이를 수 있는 것이 아니다.

詞貴得本地風光. 張子野遊垂虹亭, 作「定風波」有云: "見說賢人聚吳分, 試問, 也應傍有老人星." 是時子野年八十五, 而坐客皆一時名人, 意確切而語自然, 洵非易到.

106

시에서 정을 읊는 것을 가(歌)라 하고, 슬퍼함이 귀뚜라미와 같은 것을 음(吟)이라 하고, 이속에 통하는 것을 요(謠)라고 하고, 시말(始末)을 실은 것을 인(引)이라고 하고, 굽이굽이 마음을 다하는 것을 곡(曲)이라 한다. 사강(詞腔)[163]에서 이러한 이름을 만날 경우에는 마땅히 시의(詩義)에까지 거슬러 올라가야 한다. 또한 강(腔)의 이름 가운데, 희(喜)·원(怨)·억(憶)·석(惜) 등의 글자는 또한 그 본래의 뜻으로 돌아가는 것이 이치에 맞다.

詩放情曰歌, 悲如蛩螿曰吟, 通乎俚俗曰謠, 載始末曰引, 委曲盡情曰曲. 詞腔遇此等名, 當於詩義溯之. 又如腔名中有喜·怨·憶·惜等字, 亦以還他本意爲合.

107

사에서 관계가 있는 일보다 요긴한 것은 없다. 장원간 중종(張元幹 仲宗)[164]은 호방형(胡邦衡)[165]이 신주(新州)로 귀양 가게 되자, 「하신랑(賀新

---

162) 노인성(老人星) : 남극성(南極星)을 말함. 이것을 자주 보면 오래 산다고 하여 노인성이라 일컬어짐.

163) 사강(詞腔) : 사조(詞調)를 말함.

164) 장원간 중종(張元幹 仲宗, 1092~1175?) : 송나라 복주(福州) 장락(長樂) 사람. 중종은 그의 자이다. 호는 노천노은(蘆川老隱)·진은산인(眞隱山人). 휘종 정화(政和)·선화(宣

郞)」을 지어 그를 송별하였는데 이것이 빌미가 되어 제명되었다.[166] 그러나 몸은 비록 쫓겨갔지만 의는 없앨 수 없었다. 장효상 안국(張孝祥 安國)[167]이 건강(建康)의 유수(留守)가 있는 자리에서 「육주가두(六州歌頭)」를 지은 것이 중신들의 감정을 상하게 하여 자리에서 쫓겨났다.[168] 그런즉 사의 흥(興)·관(觀)·군(群)·원(怨)[169]이 어찌 시보다 못하다고 하겠는가?

詞莫要於有關係. 張元幹仲宗因胡邦衡謫新州, 作「賀新郞」送之, 坐是除名, 然身雖黜而義不可沒也. 張孝祥安國於建康留守席上賦「六州歌頭」, 致感重臣罷席. 然則詞之興·觀·群·怨, 豈下於詩哉!

108

사는 풍류(風流)스럽고 유아(儒雅)한 것을 숭상하지만, 세속의 말을 유아한 것으로 여기고 아름다운 말을 풍류스러운 것으로 여기면, 이것이 풍류스러운 것과 유아한 것이 망하는 바이다.

詞尙風流儒雅, 以塵言爲儒雅, 以綺語爲風流, 此風流儒雅之所以亡也.

和) 연간에 사(詞)로 이름이 났다. 저서에 『귀래집(歸來集)』, 『노천거사사(蘆川居士詞)』 등이 있다.

165) 호방형(胡邦衡) : 송나라 때의 학자 호전(胡銓, 1120~1180)을 말함. 그의 자가 방형이고, 호는 담암(澹庵). 고종 건염(建炎) 2년에 진사가 되었고, 뒤에 진회(秦檜)가 강화를 주장하자 이에 적극 반대하였다가 귀양을 가기도 하였으나, 진회가 죽은 뒤 병부시랑., 자정전(慈政殿) 학사 등을 지냈다.

166) 이 내용은 악가(岳珂)의 『정사(程史)』 권12에 실려 있다. 호전은 글을 올려 칼을 주시면 주화자인 지회 등을 목 베겠다고 했다가 관직에서 제명되어 신주로 귀양을 가게 되었는데, 이때에 장중종이 「하신랑」을 지어 그를 송별하자, 역시 진회에게 미움을 받아 삭탈관직되어 대리(大理)로 귀양갔다고 한다.

167) 장효상안국(張孝祥安國, ?~1402) : 명나라 절강 정해(定海) 사람. 건문(建文) 때에 공부랑(工部郞)이 되었다. 정난의 역(役)이 일어나자, 배를 타고 태호(太湖)로 들어갔다가 남명이 함락되었다는 소식을 듣고, 아내와 더불어 배에 구멍을 내어 스스로 빠져 죽었다.

168) 명나라 진정(陳霆)이 찬한 『저산당사화(渚山堂詞話)』 권1에 "張安國在沿江帥幕, 一日預宴賦六州歌頭云 ……"라는 내용이 보인다.

169) 『논어』 「양화(陽貨)」편에서 시의 효용을 이야기한 것이다.

109

아름다운 말은 드러난 것이 있고 은미한 것이 있다. 꽃에 의지하고 풀에 덧붙이는 모양은 대개 사의 품격을 이야기하는 사람이면 또한 그것을 피할 줄 안다. 그러나 만약 모습은 드러내지 않고 정신만을 물들이면, 병이 더욱 심하게 된다.

綺語有顯有微. 依花附草之態, 略講詞品者亦知避之, 然或不著相而染神, 病尤甚矣.

110

"조금도 엉금엉금 기어 올라가듯 아첨하지 않고,[170] 또한 높고 가파르게 우뚝 솟은 산처럼 거만하지 않으며, 반드시 본색의 인물에 통한다[沒些兒媻珊勃窣, 也不是崢嶸突兀, 管做徹元分人物]"[171]라고 한 이것은 진량(陳亮)이 지은 「삼부악(三部樂)」의 사이다. 나는 그 말을 빌어 사의 품격을 변별하고자 한다. 사는 '본색의 인물[元分人物]'을 최상으로 삼는데, '높고 가파르게 우뚝 솟은[崢嶸突兀]' 것은 그래도 그 기이하고 걸출함을 잃지 않은 것이고, '엉금엉금 기어 올라가는[媻珊勃窣]' 것은 아첨에 빠진 것이다.

"沒些兒媻珊勃窣, 也不是崢嶸突兀, 管做徹元分人物.", 此陳同甫三部樂詞也. 余欲借其語以判詞品 : 詞以'元分人物'爲最上, '崢嶸突兀'猶不失爲奇傑, '媻珊勃窣'則淪於側媚矣.

111

사에는 음과 양이 있는데, 음한 것은 문채가 있으나 숨겨져 있으며,

170) 사마상여(司馬相如)의 「자허부(子虛賦)」에 "媻珊勃窣上金堤"라는 구절이 있는데, 이선(李善)은 이에 대해 "엉금엉금 기어 올라가는 것"이라 하였다.

171) 이 사는 진량의 『용천사(龍川詞)』에 보이는데, 본래는 '百二十歲'라는 구절이 더 있는 것을 여기에서는 생략하였다.

양한 것은 성글지만 밝다. 이것에 근본하여 제가(諸家)의 사에 대해 등급을 정하면, 크게 벗어나는 일은 없을 것이다.

詞有陰陽, 陰者采而匿, 陽者疎而亮. 本此以等諸家之詞, 莫之能外.

112

환대사마(桓大司馬)[172]의 소리는 여성스럽기 때문에 유월석(劉越石)[173]만 못하다. 어찌 오직 소리에만 여성스럽고 남자다운 것이 있겠는가? 의취와 기미에 모두 그러한 점이 있다. 사를 평하는 사람이 이것을 가려낸다면 또 사를 통하여 그 사람을 알 수 있을 것이다.

桓大司馬之聲雌, 以故不如劉越石. 豈惟聲有雌雄哉? 意趣氣味皆有之. 品詞者辨此, 亦可因詞以得其人矣.

113

제(齊)나라와 양(梁)나라의 소부(小賦), 당나라 말기의 소시(小詩), 오대(五代)의 소사(小詞) 등은 비록 작은 것이지만 또한 좋고, 비록 좋은 것이지만 또한 작으니, 대개 이른바 "아녀자의 정이 많으며 풍운아(風雲兒)의 기개는 적다"[174]는 것이다.

齊·梁小賦, 唐末小詩, 五代小詞, 雖小卻好, 雖好卻小, 蓋所謂"兒女情多, 風雲氣少."也.

---

172) 환대사마(桓大司馬): 동진시대의 정치가 환온(桓溫, 312~373)을 말함. 초국(譙國) 용항(龍亢) 사람. 자는 원자(元子). 명제의 사위이다. 부마도위(駙馬都尉)에 임명되었고, 목제(穆帝) 때에는 형주자사 등에 임명되었다. 뒤에 병권을 장악하고, 큰 공을 세우기도 하였으며, 왕위를 물려받으려고까지 하였으나, 병이 들어 죽었다.

173) 유월석(劉越石): 서진 때의 문인 유곤(劉琨, 271~318). 월석은 그의 자. 중산 위창(魏昌) 사람. 벼슬은 병주자사(幷州刺史)·대장군(大將軍)·태위(太尉) 등을 지냈다. 뒤에 석륵(石勒)에게 패하여 선비족에게 달아났다가, 죽임을 당하였다. 저서에 『유월석집』이 있다.

174) 양(梁)나라 종영(鍾嶸)이 찬한 『시품(詩品)』 권2에 보이는 말로, 종영이 장화(張華)의 시를 평하며 한 말이다.

114

유영(柳永)은 「양동심(兩同心)」에서 이르기를, "술을 그리워하고 꽃에 현혹되어, 부림을 당하고 손해를 보는 사객(詞客)[酒戀花迷, 役損詞客]"175) 이라 하였다. 내가 생각하기에는 이러한 사람은 단지 꽃에 현혹되고 술을 그리워하는 사람일뿐이지, 사객이라고 일컫기에 부족하다. 사객은 마땅히 아량이 높은 사람이라야 한다. 어떤 사람이 묻기를, "『화간집(花間集)』·『준전집(尊前集)』이란 이름난 사집에 대해 듣지도 못했던가?"라고 하기에, 대답하기를, "두 사집 속의 사람들을 불러일으킬 수만 있다면, 바야흐로 이것을 한 번 물어 보리라"라고 했다.

耆卿兩同心云 : "酒戀花迷, 役損詞客." 余謂此等只可名迷戀花酒之人, 不足以稱詞客, 詞客當有雅量高致者也. 或曰 : "不聞『花間』『尊前』之名集乎?" 曰 : "使兩集中人可作, 正欲以此質之."

115

사를 짓는 사람들은 먼저 '정(情)'자를 분변해야만 한다. 「시서(詩序)」에서 말하기를, "정에서 발한다"고 하였고, 「문부(文賦)」에서 말하기를, "시는 정을 따른다"라고 하였으니, 정에서 귀한 것은 그 바름을 얻는 것이다. 충신·효자·의부·절부 등은 모두 세간에서 지극한 정을 가진 사람들이다. 세속에서는 욕(欲)을 정이라고 잘못 생각하는데, 욕이 커지고 정은 없어지면, 근심은 세도(世道)에 있다. 소리에 기대는 일은 작은 것이다.

詞家先要辨得'情'字. 「詩序」言"發乎情", 「文賦」言"詩緣情", 所貴於情者, 爲得其正也. 忠臣孝子, 義夫節婦, 皆世間極有情之人. 流俗誤以欲爲情, 欲長情消, 患在世道; 倚聲一事, 其小焉者也.

---

175) 송나라 유영(柳永)이 찬한 『악장집(樂章集)』에 보인다.

116

사가 진보하고 사람도 또한 진보한다면 그 사는 지을 만한 것이지만, 사는 진보하되 사람은 퇴보한다면 그 사는 지을 만한 것이 못된다. 사를 짓는 사람이 훌륭한 가르침 가운데에서 절로 즐거워함이 있고, 유아의 안에서 절로 풍류가 있는 데에 이를 수 있다면, 곧 그 사람의 퇴보를 걱정하지 않아도 될 것이다.

詞進而人亦進, 其詞可爲也; 詞進而人退, 其詞不可爲也. 詞家彀到名敎之中自有樂地, 儒雅之內自有風流, 斯不患其人之退也夫!

117

곡(曲)이라는 명칭은 옛날부터 있었다. 요즈음에 곡이라고 부르는 것은 곧 금나라·원나라의 북곡인데, 그 뒤에 다시 넘쳐서 남곡(南曲)이란 것이 되었다. 곡이 없었을 때에는 사가 곧 곡이었지만, 곡이 있게 된 뒤에는 곡은 사를 깨우칠 만하다. 만약 곡의 이치에 밝지 않다면, 사도 또한 홀로 잘 되기는 어려울 것 같다.

曲之名, 古矣. 近世所謂曲者, 乃金元之北曲, 及後復溢爲南曲者也. 未有曲時, 詞卽是曲; 旣有曲時, 曲可悟詞. 苟曲理未明, 詞亦恐難獨善矣.

118

사(詞)는 시(詩) 같고, 곡(曲)은 부(賦) 같은데, 부는 시의 부족함을 채울 수 있는 것이다. 옛 사람이 이르기를, "금나라·원나라 때 쓰였던 악곡은 조잡(嘈雜)하건, 처긴(凄緊)하건, 완급(緩急)하건 간에 사(詞)를 지음에 참고할 것이 못되었으므로, 이에 다시 신성(新聲)[176]이 지어졌다"[177]고 했는데, 이는 곡이 또한 사의 부족함을 채워줄 수 있다는 것이다.

176) 신성(新聲) : 새로 지은 악곡(樂曲)으로 새롭게 뛰어나서 미묘한 악음(樂音)을 말한다.
177) 이 말은 명나라 왕세정(王世貞)이 찬한 『엄주사부고(弇州四部稿)』 권152 『예원치언(藝苑巵言)』에 보인다.

詞如詩, 曲如賦, 賦可補詩之不足者也. 昔人謂"金・元所用之樂, 嘈雜・淒緊・緩急之間, 詞不能按, 乃更爲新聲." 是曲亦可補詞之不足也.

119

남북(南北)의 곡 가운데 투를 이룬 곡은 멀리로는 고악부에 근본을 두고, 가까이로는 사가 과도하게 변한 것에 근본을 둔다. 멀게는 예컨대 한나라 때 「초중경처시(焦仲卿妻詩)」 같은 것은 서술이 수미(首尾)를 갖추고, 정사(情事)와 언상(言狀)이 하나라도 같지 않음이 없다. 양나라 때의 「목란사(木蘭辭)」 또한 그러하다. 가깝게는 예컨대 사의 삼첩(三疊)・사첩(四疊)으로는 「척씨(戚氏)」, 「앵제서(鶯啼序)」 같은 것들이 있다. 곡의 투수(套數)[178]는 이러한 의법(意法)에 근본을 두고 확대한 것이다. 다른 점은 그 패명(牌名)[179]을 순서에 따라 정리하여 목록으로 삼은 것에 지나지 않는다.

南北成套之曲, 遠本古樂府, 近本詞之過變. 遠如漢「焦仲卿妻詩」, 敍述備首尾, 情事言狀, 無一不肖. 梁「木蘭辭」亦然. 近如詞之三疊・四疊, 有「戚氏」・「鶯啼序」之類. 曲之套數, 殆卽本此意法而廣之; 所別者, 不過次第其牌名以爲記目耳.

120

악곡(樂曲)은 한 구절이 한 해(解)[180]가 되기도 하고, 한 장이 한 해(解)가 되기도 하는데, 이들은 모두 『고금악록(古今樂錄)』에 보인다. 왕승건(王僧虔)[181]이 풀이하여 이르기를, "옛날에는 '장(章)'이라 했고, 지금은

---

178) 희곡(戲曲) 혹은 산곡(散曲)(小令은 제외함) 가운데 여러 종의 곡조(曲調)를 서로 연관시켜 수미(首尾)를 이루어 한 투(套)가 되게 하는 것이므로, 투수(套數)라 부름. 또한 '투곡(套曲)'이라고도 부른다.

179) 패명(牌名) : 악곡의 사패(詞牌)를 말함.

180) 해(解) : 장절(章節)을 말함.

181) 왕승건(王僧虔, 426~485) : 남조 송나라 낭야(琅邪) 임기(臨沂) 사람. 벼슬은 태자사인

해(解)라 한다"[182]라고 하였다. 내 생각에 후대의 곡으로 말하면, 소령(小令)[183] 및 투수(套數) 가운데의 패명(牌名)은 '장(章)' '해(解)'가 남긴 뜻이 아닌 것은 없다.

樂曲一句爲一解, 一章爲一解, 並見『古今樂錄』. 王僧虔啓云: "古曰章, 今曰解." 余案: 以後世之曲言之, 小令及套數中牌名, 無非'章'·'解'遺意.

121

홍용재(洪容齋)[184]가 당시(唐詩) 가운데 장난삼아 하는 말을 논하면서 두목(杜牧)[185]의 "공변된 도는 세상사람 모두 오직 백발이 되는 것이지만, 귀한 사람의 머리에는 백발이 많지 않다네[公道世間惟白髮, 貴人頭上不曾饒]"[186]라는 구절, 고변(高駢)[187]의 "어렴풋하기 곡과 같아 겨우 들을 만하더니, 또 피리로 불어져서 별조 가운데로 나아가네[依稀似曲才堪聽, 又被吹將別調中]"[188]라고 한 것, 나은(羅隱)[189]이 "스스로 날아다니는 버

(太子舍人)·무릉(武陵)·오흥(吳興)·회계(會稽) 지방의 태수를 지냈으며, 이부상서에 이르렀다. 뒤에 제나라에서는 벼슬이 시중에 이르렀다. 문사를 좋아하고, 음율에 밝았으며, 글씨를 잘 썼다.

182) 명나라 양신(楊愼)이 찬한 『승암집(升菴集)』 권60의 「악곡명해(樂曲名解)」에 보인다.

183) 소령(小令): 편폭이 단소(短小)한 사(詞)와 산곡(散曲)을 모두 소령이라 한다.

184) 홍용재(洪容齋): 송나라의 문인 홍매(洪邁, 1123~1202)를 말함. 그의 호가 용재이다. 자는 경로(景盧), 고종 소흥(紹興) 15년에 박학굉사과(博學宏詞科)에 합격하였다. 중서사인(中書舍人) 등을 거쳐, 효종 때에는 한림학사(翰林學士)가 되었다. 저서로 『용재수필(容齋隨筆)』, 『이견지(夷堅志)』 등이 있다.

185) 두목(杜牧, 803~852): 중국 당나라 말기의 시인. 자는 목지(牧之), 호는 번천(樊川). 두보(杜甫)에 상대하여 소두(小杜)라 부르며, 시풍은 호방하면서도 청신(淸新)하며, 특히 칠언 절구에 뛰어났다. 작품에 「아방궁부(阿房宮賦)」, 「산행(山行)」 등이 있다.

186) 두목이 지은 「송은사일절(送隱士一絶)」의 구절인데, 송나라 호자(胡仔)가 찬한 『어은총화(漁隱叢話)』 「후집(後集)」 권15 의 「두목지(杜牧之)」에도 보인다.

187) 고변(高駢, 821~887): 당나라 말기의 무신. 유주(幽州) 사람. 자는 천리(千里). 대대로 금군참령(禁軍參領)이 되었다. 희종 때에 검남(劍南), 회남(淮南) 등의 절도사를 지내고, 제도행영도통(諸道行營都統)이 되어 황소(黃巢)의 난을 진압하다가, 도리어 부장에게 죽임을 당하였다.

188) 송나라 완열(阮閱)이 찬한 『시화총구(詩話總龜)』 권21 「영물문(咏物門) 하(下)」에 보

들솜 오히려 정처가 없으니, 어찌 알랴? 늘어진 버들가지 길가는 사람을 붙들어 매는 것을[自家飛絮猶無定, 爭解垂絲絆路人]"[190]이라는 구절을 인용하였다. 나는 말하건대 '이것으로 볼 때 남북극(南北劇) 가운데의 본색이라고 말할 수 있는 것은 옛 사람들도 일찍이 훤히 알고 있었던 것이다'라고 한다.

洪容齋論唐詩戲語, 引杜牧"公道世間惟白髮, 貴人頭上不曾饒.", 高駢"依稀似曲才堪聽, 又被吹將別調中.", 羅隱"自家飛絮猶無定, 爭解垂絲絆路人.". 余謂 : '觀此, 則南北劇中之本色當家處, 古人早透消息矣.'

122

『위서(魏書)』「호수전(胡叟傳)」에 이르기를, "전아한 사를 잘 짓고, 또 비속한 구를 잘 짓는다"라고 하였다. 내가 그 뜻을 바꾸어 곡을 논한다면, 그 묘한 것은 속됨을 빌어 우아함을 묘사하는 데에 있으니, 표면적으로는 거꾸로 된 것 같아도, 내면적으로는 더욱 진실되다고 생각한다. 비록 한편으로는 장중하고 다른 한편으로는 우스워 모두 전요(典要)하지는 않으나, 어찌 반드시 『장자』에서 말한 "다만 몸을 의지하고 있으면서 자기를 알아주지 않는 사람의 모독을 받고 있을 뿐이다"[191]라고 한 것이 아니겠는가?

魏書胡叟傳云 : "旣善爲典雅之詞, 又工爲鄙俗之句." 余變換其義以論曲, 以爲其妙在借俗寫雅, 面子疑於放倒, 骨子彌復認眞; 雖半莊半

인다.

189) 나은(羅隱, 833~909) : 당나라 여항(餘杭) 사람. 자는 소간(昭諫), 호는 강동생(江東生). 본명은 횡(橫), 진사시험을 열 번 보아 합격하지 못하여 이름을 바꾸었다고 한다. 시문으로 당시에 이름이 났다. 뒤에 진해군절도사(鎭海軍節度使) 전류(錢鏐)가 불러 장서기(掌書記)가 되었고, 이후 절도판관(節度判官), 급사중(給事中) 등에 옮겨졌다. 저서로 『참서(讒書)』, 『강동갑을집(江東甲乙集)』 등이 있다.

190) 송나라 완열(阮閱)이 찬한 『시화총구(詩話總龜)』 권21 「영물문(咏物門) 하(下)」에 보인다.

191) 이 말은 『장자(莊子)』 권2 「양생주(養生主)」에 나온다.

詣, 不皆典要, 何必非『莊子』所謂"直寄焉以爲不知己者詬厲"耶?

123

왕원미(王元美)[192]가 이르기를, "사가 북방의 사람들 귀에 불쾌하게 된 이후에 북곡(北曲)이 있게 되었고, 북곡이 남방의 사람 귀에 맞지 않게 된 이후에 남곡(南曲)이 있게 되었다"[193]라고 하였다. 하원랑(何元朗)[194]은 이르기를, "북곡은 글자는 많으나 곡조는 촉급(促急)한데, 촉급한 곳에 핵심이 드러난다. 남곡은 글자는 적고 곡조는 느린데, 느린 곳에 요체가 드러난다"[195]라고 하였다. 두 가지 설은 사실상 하나이다. 촉급하기 때문에 쾌활하고, 느리기 때문에 조화를 이룬다.

王元美云: "詞不快北耳, 而後有北曲; 北曲不諧南耳, 而後有南曲." 何元朗云: "北字多而調促, 促處見筋; 南字少而調緩, 緩處見眼." 二說其實一也, 蓋促故快, 緩故諧耳.

124

원나라의 장소산(張小山)[196]과 교몽부(喬夢符)[197]는 곡의 작가 가운데

---

192) 왕원미(王元美): 중국 명나라의 문학자 왕세정(王世貞, 1526~1590)을 말함. 그의 자가 원미(元美)이다. 호는 엄주산인(弇州山人). 고문 복고 운동의 중심인물로 격조를 소중히 여기는 의고주의를 주장하였다. 저서에 『엄주사부고(弇州四部稿)』, 『예원치언(藝苑巵言)』 등이 있다.

193) 명나라 왕세정(王世貞)이 찬한 『곡조(曲藻)』에 보이는데, 『엄주사부고(弇州四部稿)』 권152의 『예원치언(藝苑巵言)』 「부록(附錄) 1」에도 보인다.

194) 하원랑(何元朗): 명나라의 문인 하량준(何良俊, 1506~1573)을 말함. 그의 호가 원랑이다. 호는 자호거사(柘湖居士). 어려서부터 독실이 공부하여 20년 동안 서루에서 내려오지 않았다고 하며, 장서가 4만 권이나 되었다고 한다. 저서로 『하한림집(何翰林集)』 등이 있다.

195) 이 내용도 명나라 왕세정(王世貞)이 찬한 『엄주사부고(弇州四部稿)』 권152의 『예원치언(藝苑巵言)』 「부록(附錄) 1」에 보인다.

196) 장소산(張小山): 원나라 때의 문인 장가구(張可久)를 말함. 그의 자가 소산이다. 지정 초에 곤산막료(昆山幕僚)가 되었다. 산곡(散曲)을 잘 지었고, 교길(喬吉)과 이름을 나란히 떨쳤다. 저서로 『소산악부(小山樂府)』가 있다.

으뜸이니, 이중록(李中麓)[198]은 이 두 사람이 당나라의 이백·두보와 같다고 말하였다. 『태화정음보(太和正音譜)』[199]에 장가구의 사를 평하여 "마치 태화산(太華山) 하늘 위에 부는 바람을 쐬고, 봉래산(蓬萊山) 바다에 뜨는 달을 부르는 것 같다"라고 하였다. 이개선은 「몽부사서(夢符詞序)」를 지어 일컫기를, "그의 사를 평하는 사람은 천오(天吳)[200]가 신오(神鼇)[201]에 걸터앉아 너른 바다에서 거품을 내뱉으니 파도가 일렁여서 여러 물줄기를 끊어버리는 것과 같은 형세가 있다고 생각한다"라고 하였다. 생각건대 장가구는 소령(小令)에 특히 뛰어나고, 교길은 비록 잡극(雜劇)·산투(散套)를 짓기는 했지만 또한 소령에 가장 뛰어난 것 같다. 두 사람은 진실로 한가지로 「이소」와 「대아」, 「소아」 같아서 우스갯소리를 하는데 빠지지 않았는데, 장가구가 더욱 빼어나서 홀로 뛰어나다.

元張小山·喬夢符爲曲家翹楚, 李中麓謂猶唐之李·杜. 『太和正音譜』評小山詞 "如披太華之天風, 招蓬萊之海月." 中麓作「夢符詞序」稱 "評其詞者, 以爲若天吳跨神鼇, 噀沫於大洋, 波濤洶湧, 有截斷衆流之勢." 案: 小山極長於小令. 夢符雖頗作雜劇·散套, 亦以小令爲最長. 兩家固同一騷雅, 不落俳語, 惟張尤傪然獨遠耳.

---

197) 교몽부(喬夢符): 장가구와 같은 시대에 활동하던 교길(喬吉, ?~345)을 말함. 혹은 교길보(喬吉甫)라 함. 그의 자가 몽부이고, 호는 생학옹(笙鶴翁)이다. 또 다른 호는 성성도인(惺惺道人)이다. 태원(太原) 사람이다. 뒤에 항주 서호 가에 살다가 죽었다. 명나라 사람이 편찬한 저서로 『성성도인악부』, 『문호주집사(文湖州集詞)』, 『교몽부소령』 등이 있다.

198) 이중록(李中麓): 명나라 때의 문인 이개선(李開先, 1502~1568)을 말함. 그의 호가 중록이다. 자는 백화(伯華). 가정 8년 진사가 되었고, 호부주사(戶部主事)를 시작으로 태상시소경(太常寺少卿) 등에 이르렀다. 시가가 호방하였는데, 특히 사곡(詞曲)을 잘 지었다고 한다.

199) 『태화정음보(太和正音譜)』: 명나라 태조 주원장(朱元璋)의 아들 주권(朱權)이 찬한 책. 모두 2권이다.

200) 천오(天吳): 수신(水神)의 이름으로 『산해경』「해외동경(海外東經)」에 보인다.

201) 신오(神鼇): 바다 속에 산다는 큰 신령스러운 자라. 전설에 의하면 세 마리의 큰 자라가 신선이 산다는 동해의 삼신산을 머리에 이고 있다고 함.

125

곡은 '있는 것을 깨뜨린 것'과 '빈 것을 깨뜨린 것'을 가장 높은 품격으로 여긴다. 이개선은 장가구의 사를 일러 "삐쩍 말라 뼈만 남게 되고, 피와 살은 녹아서 모두 없어지자 이에 수만 번 단련하여 무쇠 같은 몸을 이룬 것과 같다"라고 하였는데, 이것이 '있는 것을 깨뜨린 것'이다. 또 일찍이 말하기를, "구절의 경지가 높아지면서 정이 더욱 간절하다"고 하였는데, 이것이 바로 '빈 것을 깨뜨린 것'이다.

曲以破有・破空爲至上之品. 中麓謂小山詞 "瘦至骨立, 血肉銷化俱盡, 乃鍊成萬, 轉金鐵軀.", 破有也; 又嘗謂其"句高而情更款", 破空也.

126

북곡으로 이름난 사람을 이루 다 들 수는 없다. 예를 들면, 백인보(白仁甫)[202]・관산재(貫酸齋)[203]・마동리(馬東籬)[204]・왕화경(王和卿)[205]・관한경(關漢卿)・장가구(張可久)・교길(喬吉)・정덕휘(鄭德輝)[206]・궁대용(宮大用)[207] 등은 그 가운데 더욱 드러났다. 이들은 모두 비록 남곡의 체를 열지는 못하였으나, 남곡은 바로 그들의 신미(神味)를 얻은 것이다. 그들

---

202) 백인보(白仁甫) : 원나라 때의 문인 백박(白朴 : 1226~1324). 자가 인보이고, 다른 자는 태소(太素)이며, 호는 난곡(蘭谷). 원곡(元曲) 사대가의 한 사람이다.

203) 관산재(貫酸齋) : 원나라 외올아(畏兀兒) 사람 관운석(貫雲石 : 1286~1324)이다. 본명은 소운석해애(小雲石海涯)인데, 아버지의 이름이 관지가(貫只哥)이므로 관을 성으로 삼았다. 그의 호가 산재이다. 문인이면서도 팔힘이 세어서 창을 휘두르면 바람이 일어났다고 한다. 인종 때 한림시독학사(翰林侍讀學士)・지제고동수국사(知制誥同修國史) 등을 지냈다.

204) 마동리(馬東籬) : 원나라 때의 문인 마치원(馬致遠 : 1250?~1324?). 자는 천리(千里)이고, 호가 동리이다. 원곡 사대가의 한 사람이다.

205) 왕화경(王和卿) : 원나라 때의 문인. 생졸년과 생애에 대해 자세히 알 수 없으나, 소령(小令) 20수가 세상에 전한다.

206) 정덕휘(鄭德輝) : 원나라 때의 문인 정광조(鄭光祖). 생졸년은 자세하지 않으며, 원곡 사대가의 한 사람이다.

207) 궁대용(宮大用) : 원나라 때의 문인 궁천정(宮天挺). 그의 자가 대용이다. 생졸년은 자세하지 않으며, 원곡 사대가의 한 사람이다.

이 지은 것을 보면 원숙하고 상쾌하며, 실이 엉키듯이 함축되어 있으니, 이 일에 진실로 특별한 재주를 가지고 있는 것 같다.

北曲名家, 不可勝擧, 如白仁甫・貫酸齋・馬東籬・王和卿・關漢卿・張小山・喬夢符・鄭德輝・宮大用, 其尤著也. 諸家雖未開南曲之體, 然南曲正當得其神味. 觀彼所製, 圓溜瀟灑, 纏綿蘊藉, 於此事固若有別材也.

127

『태화정음보(太和正音譜)』에 있는 모든 평들을 요약하자면 다만 '맑고 깊은 것[淸深]', '크고 넓은 것[豪曠]', '곱고 예쁜 것[婉麗]'의 삼품(三品)으로 나뉜다. 맑고 깊은 것은 오인경(吳仁卿[208])의 '산 사이의 밝은 달'과 같은 것이고, 넓고 큰 것은 관운석(貫雲石)의 '준마가 굴레를 벗은 것'과 같은 것이고, 곱고 예쁜 것은 탕순민(湯舜民[209])의 '비단 병풍에 봄바람이 부는 것'과 같은 것이다.[210]

『太和正音譜』諸評, 約之只淸深・豪曠・婉麗三品. 淸深如吳仁卿之'山間明月'也, 豪曠如貫酸齋之'天馬脫羈'也, 婉麗如湯舜民之'錦屛春風'也.

128

북곡의 육궁(六宮)과 십일조(十一調)는 각각 그 소리의 정감을 갖추고 있는데, 원나라의 주덕청(周德淸[211])이 품평한 것이 이미 전한다. 육궁에 대해 말하기를, "선려(仙呂)는 맑고 새로우면서 길게 이어지고, 남려(南

---

208) 오인경(吳仁卿) : 원나라의 문인 오굉도(吳宏道)를 말함. 그의 자가 인경이다. 강서성 검교연사(江西省檢校掾史)가 되었고, 『중주계찰(中州啓札)』이 있다.

209) 탕순민(湯舜民) : 원나라 때의 문인으로 이름은 탕식(湯式)이고, 그의 자가 순민이다.

210) 여기에서 오굉도・관운석・탕식 세 사람에 대해 평한 것은 모두 명나라 왕세정(王世貞)이 찬한 『엄주사부고(弇州四部稿)』 권152의 『예원치언(藝苑巵言)』 「부록(附錄) 1」에 보인다.

211) 주덕청(周德淸) : 원나라 고안(高安) 사람. 자는 정재(挺齋), 악부시를 잘 지었고, 음률에 정통하였다. 저서로 『중원음운(中原音韻)』이 있다.

呂)는 한탄하면서 슬퍼하고, 중려(中呂)는 높고 낮은 것이 번개같이 빠르고, 황종(黃鍾)은 부귀한 것이 끝없이 이어지고, 정궁(正宮)은 서글프면서도 웅장하고, 도궁(道宮)은 매우 뛰어나면서 맑고 그윽하다"라고 하였다. 십일조에 대해 말하기를, "대석(大石)은 풍류스러우면서 함축적이고, 소석(小石)은 깃발이 펄럭이듯 아름답고, 고평(高平)은 막힘이 없이 질펀하고, 반섭(般涉)은 주워 모아 구덩이를 채우고, 헐지(歇指)는 급하면서도 비어 있고, 상각(商角)은 슬퍼하되 부드럽고, 쌍조(雙調)는 빠르면서 격렬하고, 상조(商調)는 처량해하면서 원망하고, 각조(角調)는 오열하면서 흐느끼고, 궁조(宮調)는 전아하면서 침중하고, 월조(越調)는 빗고 그리면서 냉소하는 것이다"[212]라고 하였다. 곡을 짓는 사람은 늘 한 궁과 한 조를 씀에 그 정신과 이치가 딱 들어맞아야만 하니, 남곡 가운데의 구궁(九宮)과 십삼조(十三調)는 이것을 준칙으로 삼아 미루어나갈 수 있다.

北曲六宮十一調, 各具聲情, 元周德淸氏已傳品藻. 六宮曰 : "仙呂淸新綿邈, 南呂感歎傷悲, 中呂高下閃賺, 黃鍾富貴纏綿, 正宮惆悵雄壯, 道宮飄逸淸幽." 十一調曰 : "大石風流蘊藉, 小石旖旎嫵媚, 高平條暢滉漾, 般涉拾掇坑塹, 歇指急併虛歇, 商角悲傷宛轉, 雙調健捷激裊, 商調悽愴怨慕, 角調嗚咽悠揚, 宮調典雅沈重, 越調陶寫冷笑." 製曲者每用一宮一調, 俱宜與其神理脗合. 南曲之九宮十三調, 可準是, 推矣.

129

곡에는 차궁(借宮)[213]이 있지만, 그러나 예차(例借)[214]는 있으되 의차(意借)[215]는 없다. 반드시 어느 한 궁조 가운데 어느 패명을 빌릴 수 있는지를 고려해야 하고, 또 부위를 어느 곳에 두는 것이 마땅한가를 고

---

212) 이 말들은 원나라 주덕청(周德淸)이 찬한『중원음운(中原音韻)』권하에 보인다.

213) 차궁(借宮) : 어떤 궁조(宮調)로 곡을 쓸 때, 기타 궁조에 속하는 곡패를 빌어다가 곡에 넣는 것을 말한다.

214) 예차(例借) : 빌어온 곡패(曲牌)의 격식을 따르는 것.

215) 의차(意借) : 빌어온 곡패의 궁조의 성정(聲情)에 따라 쓰는 것.

려해야 한다. 그래야 절율(節律)에 일정한 법칙이 있고, 파열이 되는 병통이 없다.

曲有借宮, 然但有例借而無意借. 既須考得某宮調中可借某牌名, 更須考得部位宜置何處, 乃得節律有常, 而無破裂之病.

130

곡투(曲套) 가운데의 패명(牌名)에는 이름은 같지만 체가 다른 것이 있고, 체는 같지만 이름이 다른 것이 있다. 이름이 같지만 체가 다른 것은 그 궁이 다르기 때문이고, 체는 같지만 이름이 다른 것은 또한 그 궁이 다르기 때문이다. 가벼움과 무거움, 씩씩함과 예쁨이 적절한 것은 각기 그 궁체(宮體)로 말미암아 붙어 나오는 것이다.

曲套中牌名, 有名同而體異者, 有體同而名異者. 名同體異, 以其宮異也; 體同名異, 亦以其宮異也. 輕重雄婉之宜, 當各由其宮體貼出之.

131

패명(牌名)에는 또한 각각 그 신묘한 이치가 갖추어져 있다. 옛날 사람들이 가곡(歌曲) 가운데 잘된 것을 논하면서 이르기를, "「옥부용(玉芙蓉)」, 「옥교지(玉交枝)」, 「옥산공(玉山供)」, 「불시로(不是路)」는 달리려고 하고, 「침선상(鍼線箱)」, 「황앵아(黃鶯兒)」, 「강두금계(江頭金桂)」는 규율에 맞추려 하고, 「이랑신(二郎神)」, 「집현빈(集賢賓)」, 「월아고(月兒高)」, 「염노교(念奴嬌)」, 「본서(本序)」, 「쇄자서(刷子序)」는 억양에 맞추려 한다"고 하였는데, 아마도 곡을 짓는 것에 대해서도 겸하여 말한 것같다.

牌名亦各具神理. 昔人論歌曲之善, 謂"「玉芙蓉」·「玉交枝」·「玉山供」·「不是路」要馳騁, 「鍼線箱」·「黃鶯兒」·「江頭金桂」要規矩, 「二郎神」·「集賢賓」·「月兒高」·「念奴嬌」·「本序」·「刷子序」要抑揚." 蓋若已兼爲製曲言矣.

132

곡에서 의격(依格)[216]보다 중요한 것은 없다. 동일한 궁조로 지은 작자는 예로부터 매우 많은데 그 가운데 한 사람의 격을 선정하면 패명(牌名)의 앞뒤, 구절의 길고 짧음, 운의 많고 적음과 평측 등은 그 사람의 격을 모두 써야 한다. 그래야만 장씨의 모자를 이씨가 쓰거나 학의 다리를 잘라 오리에게 이어주는 일[217]이 있지 않게 된다.

曲莫要於依格. 同一宮調, 而古來作者甚多, 旣選定一人之格, 則牌名之先後, 句之長短, 韻之多寡·平仄, 當盡用此人之格, 未有可以張冠李戴·斷鶴續鳧者也.

133

곡에 있어서 조(調)를 잃는 것을 가장 두려워해야 하는 까닭은, 한 자라도 조를 잃으면 한 구절이 조를 잃게 되고, 한 패(牌)와 한 궁(宮)이 모두 조를 잃기 때문이다. 이에 왕백량(王伯良)[218]의 『곡률(曲律)』, 이원옥(李元玉)[219]의 『북사광정보(北詞廣正譜)』가 원래 가혹하게 논의하는 것을 좋아하지 않았음을 알 수 있다.

曲所以最患失調者, 一字失調, 則一句失調矣, 一牌·一宮俱失調矣. 乃知王伯良之『曲律』, 李元玉之『北詞廣正譜』, 原非好爲苛論.

---

216) 의격(依格) : 다른 곡의 격식(格式)을 따르는 것.

217) 장씨의 …… 일 : 사물의 본성을 어기거나, 일의 순서나 내용이 맞지 않는 것을 비유적으로 하는 말.

218) 왕백량(王伯良) : 명나라 절강 회계 사람인 왕기덕(王驥德, ?~1623)을 말함. 그의 자가 백량이다. 다른 자는 백기(伯驥)라고도 한다. 자호는 방제생(方諸生)·진루외사(秦樓外史)라 한다. 사곡을 잘 지었다. 「서상기(西廂記)」, 「비파기(琵琶記)」 등을 교정하였다. 곡에 관한 저작으로 「곡율(曲律)」도 있다.

219) 이원옥(李元玉) : 명말 청초의 사곡가인 이옥(李玉)을 말함. 자는 현옥(玄玉), 호는 소문소려(蘇門嘯侶)·일사암주인(一蓑庵主人)이다. 오현(吳縣) 사람. 생애가 제대로 알려져 있지 않은데, 명나라 때의 재상 신시행(申時行)의 가노(家奴)였다고 전한다. 신분은 미천하였으나 박학다식하여, 지은 극본이 50여 종이 있었다고 하나 지금 20여 종만이 전한다.

134

강기(姜夔)는 사를 지음에 스스로 글자 곁에다 박자를 적어 넣었다. 장염(張炎)은 『사원(詞源)』에서 자세히 십이율의 각종 기록법(記錄法)을 소개하여 주석이 되기에 충분하니, 대개 곧 율에 맞추는 좋은 척도이다. 『요사(遼史)』「악지(樂志)」에 이르기를, "대악(大樂)[220]에는 그 소리가 무릇 열 개있는데, 곧 오(五)・범(凡)・공(工)・척(尺)・상(上)・일(一)・사(四)・육(六)・구(句)・합(合) 등이다"라고 하였다. 악가들은 『요사』「악지」를 보는 일을 일상으로 삼기 때문에 강기가 기록한 것이 기이한 비결임을 의심하지 않았다.

姜白石製詞, 自記拍於字旁. 張玉田『詞源』詳十二律諸記, 足爲注脚, 蓋卽應律之工尺也. 『遼史』「樂志」云: "大樂, 其聲凡十: 五・凡・工・尺・上・一・四・六・勾・合." 樂家旣視『遼』「志」爲故常, 當不疑姜記爲奇秘矣.

135

곡은 평측을 가릴 뿐만 아니라, 겸하여 측성(仄聲)가운데 상성(上聲)・거성(去聲)도 가려낸다. 대개 곡을 짓는 사람들은 '거성(去聲)'를 송음(送音)으로 삼고, 상성(上聲)을 돈음(頓音)으로 삼는데, 송음은 높고 돈음은 낮다. 상성・거성을 가려내는 데 있어서는 더욱이 그 미구(尾句)를 죽이는 것을 중요하게 여기는데, 미구를 죽이는 데 있어서는 더욱이 끝의 한 글자를 중요하게 여긴다.

曲辨平仄, 兼辨仄之上・去. 蓋曲家以去爲送音, 以上爲頓音, 送高而頓低也. 辨上・去, 尤以煞尾句爲重, 煞尾句, 尤以末一字爲重.

220) 대악(大樂):『요사(遼史)』「악지(樂志)」「대악」에 "조정에서 쓰는 것으로 아악과 구별되는 것을 대악이라 한다"라고 하였다.

136

장염(張炎)의 『사원(詞源)』은 결성(結聲[221])을 가장 중시한다. 대개 십이궁에 머무는 글자가 다른 것은, 반드시 서로 범하는 일을 용납하지 않기 때문이다. 이것은 비록 육(六)·범(凡)·공(工)·척(尺)·상(上)·일(一)·사(四)·구(句)·합(合)·오(五)로 말한 것이 평성·상성·거성으로도 미루어 알 수 있다.

玉田『詞源』, 最重結聲, 蓋十二宮所住之字不同者, 必不容相犯也. 此雖以六·凡·工·尺·上·一·四·勾·合·五言之, 而平·上·去可推矣.

137

북곡에서의 설자(楔子[222])는 척곡(隻曲)보다 앞선 것이고, 남곡에서의 인자(引子[223])는 정곡(正曲)보다 앞선 것이다. 말의 뜻은 알찬 것도 꺼리고 또한 비어 있는 것도 꺼리며, 빠지는 것을 두려워하며, 또한 뒤섞이는 것도 두려워하니, 이것이 커다란 요체(要諦)이다.

北曲楔子先於隻曲, 南曲引子先於正曲. 語意旣忌占實, 又忌落空; 旣怕罣漏, 又怕夾雜, 此爲大要.

138

곡은 한 가지의 궁조(宮調) 안에서는 패명(牌名)이 몇 개인가를 막론하고, 그 편법은 시(始)·중(中)·종(終)의 삼정(三停[224])을 넘어서지 않는다.

---

221) 결성(結聲) : 결미에 있는 한 자의 성조(聲調).

222) 설자(楔子) : 희곡(戲曲)·소설(小說)의 인자(引子)를 말함. 일반적으로 편수(篇首)에 사용하여 정문(正文)을 보충함. 원나라 때의 잡극(雜劇)에도 본(本)과 본(本) 혹은 절(折)과 절(折) 사이에 사용하는 것이 있다.

223) 인자(引子) : 희곡(戲曲) 가운데 중요한 각색(脚色)이 등장할 때의 첫 번째 곡자(曲子)를 말함. 대개 극중의 규정을 소개할 때 쓰인다. 예를 들면 「비파기(琵琶記)·고당칭경(高堂稱慶)」의 「서학선(瑞鶴仙)」이나, 「모란정(牡丹亭)·유원(游園)」의 「요지유(繞池游)」 등이 이에 해당한다.

224) 삼정(三停) : 삼성(三成)과 같은 말로 세 부분으로 이루어진 것을 말함. 서법이론(書法

시(始)는 함축함에 법도가 있어야 하고, 중(中)은 종횡으로 모두 변화해야 하고, 종(終)은 여유 있게 노닐며 다하지 않아야 한다.

曲, 一宮之內, 無論牌名幾何, 其篇法不出始・中・終三停. 始要含蓄有度, 中要縱橫盡變, 終要優游不竭.

139

"늘어선 모양이 가지런하기가 구슬을 꿴 것 같네"[225]라 한 것은 노래하는 법으로 보면, 분명하게 하여 연결시킨 것을 취한 것이다. 곡의 장법(章法)에서 중시하는 것도 이것은 넘어서지 않는다.

"纍纍乎端如貫珠", 歌法以之, 蓋取分明而聯絡也. 曲之章法所尙, 亦不外此.

140

곡의 구절 가운데에는 당연히 홀수라야 하는 것이 있고, 당연히 짝수라야 하는 것도 있다. 홀수라야 하는데 짝수이거나, 짝수라야 하는데 홀수인 것은, 모두 구두(句讀)・운각(韻脚) 및 친자(襯字)[226]에 어두워 잘못을 저지른 것이다.

曲句有當奇, 有當偶. 當奇而偶, 當偶而奇, 皆由昧於句讀・韻脚及襯字以致誤耳.

理論)에서 글자의 결구를 상・중・하의 삼단으로 나누는 것도 삼정이라 한다.

225) 이 말은 『예기(禮記)』 「악기(樂記)」에 보인다.

226) 친자(襯字) : 곡사(曲詞) 가운데 곡율(曲律)에 규정된 자수(字數) 이외에 증가한 글자를 말함. 평상적으로 어기(語氣)를 돕고, 성정(聲情)의 색채를 증가시키기 위해 사용한다. 그러나 가창(歌唱)할 때에 중요한 박자가 있는 부분에 쓰지 않고, 구의 끝에는 쓰지 않고, 운각(韻脚)에는 써서 안 된다. 자수(字數)를 막론하고 일반적으로 소령(小令)에는 친자가 적고, 투수(套數)에는 많으며, 잡극(雜劇)에는 더욱 많다. 또한 점자(墊字)라고도 부른다.

141

곡은 구 가운데에서 친자(襯字)를 많이 사용하는데, 진실로 시끄럽게 떠드는 손님이 주인 자리를 빼앗는 것을 피해야 한다. 그렇지만 또한 예로부터 친자를 쓰는 곳으로 전하는 것이 있는데, 이 경우에 쓰지 않으면 도리어 영활(靈活)하지 않는 것이 된다.

曲於句中多用襯字, 固嫌喧客奪主; 然亦有自昔相傳用襯字處, 不用則反不靈活者.

142

곡은 소령(小令) · 잡극(雜劇) · 투수(套數) 세 가지 종류에 그친다. 소령 · 투수는 대자결(代字訣)[227]을 쓰지 않으나, 잡극은 모두 대자결을 쓴다. 대(代)를 하지 않았던 까닭은 품격을 높이고자 해서이고, 대를 했던 것은 재주를 넉넉하게 하려던 것이다. 이것 또한 '시언지(詩言志)'와 '부체물(賦體物)'을 구별하는 것과 같다. 또 투수는 잡극에 비하여 더욱 꿰어 통하도록 해야 하는데, 잡극을 빌어다가 곡과 곡을 연결해 주기 때문이다.

曲止小令 · 雜劇 · 套數三種. 小令 · 套數不用代字訣, 雜劇全是代字訣. 不代者品欲高, 代者才欲富. 此亦如'詩言志' · '賦體物'之別也. 又套數視雜劇尤宜貫串, 以雜劇可借白爲聯絡耳.

143

곡가(曲家) 가운데 고수(高手)는 가끔 소령(小令)을 더욱 중시한다. 대개 소령은 한 결(闋)[228] 가운데 일의 앞뒤를 모두 갖추어야하고, 또 말 밖에 남은 맛이 있게 해야 한다. 짓기 어려운 까닭은 투수(套數)처럼 내가 임의로 펴거나 늘어놓을 수 없기 때문이다.

曲家高手, 往往尤重小令. 蓋小令一闋中, 要具事之首尾, 又要言外

227) 대자결(代字訣) : 투자(套子)와 비슷함.

228) 결(闋) : 한 번 음악이 끝나는 단위. 그래서 일결을 일곡(一曲)이라고도 한다.

有餘味. 所以爲難, 不似套數, 可以任我鋪排也.

144

소령(小令)이 제대로 지어졌는지의 여부를 가려내는 것은 더욱 그 무두(務頭)[229]를 가려내는 데에 있다. 대개 강(腔)의 높낮이, 절(節)의 느림과 빠름 등이 관건이 된다. 그러므로 다만 그 무두가 매우 깊고 안온하며 환하고 맑은 것을 보면 반드시 작가들이 쓴 것임을 알 수 있다. 평범한 솜씨를 가진 사람은 본조(本調)의 무두가 어떤 구절 어떤 글자에 있는지 묻지 않고, 다만 편평하게 채워나가므로, 관건이 되는 곳에서 이미 차이가 나고, 전체 작품의 빛깔이 줄어들게 된다.

辨小令之當行與否, 尤在辨其務頭. 蓋腔之高低, 節之遲速, 此爲關鎖. 故但看其務頭深穩瀏亮者, 必作家也. 俗手不問本調務頭在何句何字, 只管平塌塡去, 關鎖之地旣差, 全関爲之減色矣.

145

곡(曲)은 육부(六部)[230]로 소리를 거둔다. 동(東)·동(冬)·강(江)·양(陽)·경(庚)·청(靑)·증(蒸) 일곱 운은 천비수(穿鼻收)이고, 지(支)·미(微)·제(齊)·가(佳)·회(灰) 다섯 운은 전보수(展輔收)이고, 어(魚)·우(虞)·소(蕭)·효(肴)·호(豪)·우(尤) 여섯 운은 염순수(斂脣收)이고, 진(眞)·문(文)·원(元)·한(寒)·산(刪)·선(先) 여섯 운은 지악수(舐齶收)이고, 가(歌)·마(麻) 두 운은 직후수(直喉收)이고, 침(侵)·담(覃)·염(鹽)·함(咸) 네 운은 폐구수(閉口收)이다. 육부가 분명해 진 뒤에는, 또 그 높낮이, 빠르고 느림, 기쁨

229) 무두(務頭): 희곡(戲曲) 용어의 하나인데, 무엇을 말하는지에 대한 해설은 여러 가지가 있다. 혹은 곡 가운데 가장 긴요한 곳 혹은 정채가 있는 구절을 말하기도 하고, 혹은 곡 가운데의 평·상·거 삼성이 잇따라 붙어 있는 곳을 가리키기도 한다. 여기에서는 아마도 전자의 뜻으로 사용된 것으로 보인다.

230) 육부(六部): 곡에서 소리를 거두는 여섯 가지 방식으로 천비수(穿鼻收)·전보수(展輔收)·염순수(斂脣收)·지악수(舐齶收)·직후수(直喉收)·폐구수(閉口收)를 말함.

과 슬픔을 살펴야 하고, 어떤 운이 마침내 어떠한 신묘한 이치가 있는지를 살펴보아야, 아마도 곡을 헤아릴 때에 정과 운이 서로 어긋나거나 잘못되지 않는다.

曲以六部收聲. 東·冬·江·陽·庚·青·蒸七韻穿鼻收, 支·微·齊·佳·灰五韻展輔收, 魚·虞·蕭·肴·豪·尤六韻斂脣收, 眞·文·元·寒·刪·先六韻舐齶收, 歌·麻二韻直喉收, 侵·覃·鹽·咸四韻閉口收. 六部旣明, 又須審其高下·疾徐, 歡愉·悲戚, 某韻畢竟是何神理, 庶度曲時, 情韻不相乖謬.

146

시의 운(韻) 가운데 입성(入聲)을 지닌 것은 동(東)·동(冬)·강(江)·진(眞)·문(文)·원(元)·한(寒)·산(刪)·선(先)·양(陽)·경(庚)·청(青)·증(蒸)·침(侵)·담(覃)·염(鹽)·함(咸)이 이것이다. 그러나 북곡의 운에는 모두 입성이 없다. 시의 운 가운데 입성(入聲)을 지니지 않은 것은, 지(支)·미(微)·어(魚)·우(虞)·제(齊)·가(佳)·회(灰)·소(蕭)·효(肴)·호(豪)·가(歌)·마(麻)·우(尤)가 이것이다. 북곡운은 곧 동(東)·동(冬)에서 염(鹽)·함(咸)에 이르기까지 각각의 운의 입성자를 지(支)·미(微) 등 운의 평·상·거 삼성(三聲)에 나누어 예속시켰다. 예컨대 옥(屋)은 본래 동(東)의 입성이고, 옥(沃)은 본래 동(冬)의 입성이지만, 곡에서는 모두 어(魚)·모(模)의 상성에 예속시켰다. 각(覺)은 본래 강(江)의 입성이지만, 곡에서는 소(蕭)·호(豪)의 상성에 예속시켰다. 더 나아가 질(質)은 진(眞)의 입성이지만, 곡에서는 제(齊)·미(微)의 상성이다. 물(物)은 문(文)의 입성이지만, 곡에서는 어(魚)·모(模)의 거성에 속한다. 월(月)은 원(元)의 입성이지만, 곡에서는 차(車)·차(遮)의 거성이다. 갈(曷)은 한(寒)의 입성이지만, 곡에서는 가(歌)·과(戈)의 평성이다. 힐(黠)은 산(刪)의 입성이지만, 곡에서는 가(歌)·마(麻)의 평성이다. 설(屑)은 선(先)의 입성이지만, 곡에서는 차(車)·차(遮)의 상성이다. 약(藥)은 양(陽)의 입성이지만, 곡에서는 소(蕭)·호(豪)의 거성이다. 맥(貊)은 경(庚)의 입성이지만, 곡에서는 개(皆)·내(來)의 거성이다. 석(錫)은 청(靑)의 입성이고, 직(職)은 증(蒸)의 입성이고, 집(緝)은 침(侵)의 입성이지만, 곡에서는 모두 제(齊)·미(微)의 상성이다. 합(合)은 담(覃)의 입성이지만, 곡에서는 가(歌)·과(戈)의 평성이다. 엽(葉)은 염(鹽)의 입성이지만, 곡에서는 차(車)·차(遮)의 거성이다. 흡(洽)은 함(咸)의 입성이지만, 곡에서는 가(歌)·마(麻)의 평성이다. 이것이 그 개략이다.

詩韻有入聲者, 東·冬·江·眞·文·元·寒·刪·先·陽·庚·靑·蒸·侵·覃·鹽·咸是也. 北曲韻俱無入聲. 詩韻無入聲者, 支·微·魚·虞·齊·佳·灰·蕭·肴·豪·歌·麻·尤是也. 北曲韻卽以東·冬至鹽·咸各韻入聲, 配隸支·微等韻之平·上·去三聲. 如屋本東之入聲, 沃本冬之入聲, 曲俱隸魚·模上聲. 以及覺本江入, 曲隸蕭豪上; 質, 眞入, 曲齊微上; 物, 文入, 曲魚模去; 月, 元入, 曲車遮去; 曷, 寒入, 曲歌戈平; 黠, 刪入, 曲家麻平; 屑, 先入, 曲車遮上; 藥, 陽入, 曲蕭豪去; 陌, 庚入, 曲皆來去; 錫, 靑入, 職, 蒸入, 緝, 侵入, 曲俱齊微上; 合, 覃入, 曲歌戈平; 葉, 鹽入, 曲車遮去; 洽, 咸入, 曲家麻平. 是其槪已.

147

평측을 호협하는 것[平仄互叶][231]은 곡보다 사에서 먼저 했다. 예를 들면 「서강월(西江月)」, 「추노아만(醜奴兒慢)」, 「소년심(少年心)」, 「환소앵봉(換巢鸞鳳)」, 「척씨(戚氏)」가 바로 이것이다. 또한 「고적령(鼓笛令)」, 「발도자(撥棹子)」, 「접련화(蝶戀花)」, 「어가오(漁家傲)」, 「석노교(惜奴嬌)」, 「대성악(大聖樂)」은 또한 모두 호협(互叶)하는 형식이 있다. 사는 상성과 거성으로 평성에 화합하는데 그치니, 북곡(北曲)에서 입성으로 삼성(三聲)[232]에 호협하는

231) 평측을 호협(互叶)하는 것: 사곡(詞曲)에 압운을 하는 특수한 형식의 일종. 이러한 형식은 어느 곳에 평성을 사용하고 어느 곳에 측성을 사용하는 지를 규정한다. 또한 일정한 위치에서 동운부의 평측 사이에서도 사용한다.

232) 삼성(三聲): 평성·상성·거성을 아울러 말함.

것만 못하다.

平仄互叶, 詞先於曲, 如「西江月」·「醜奴兒慢」·「少年心」·「換巢鸞鳳」·「戚氏」是也. 又「鼓笛令」·「撥棹子」·「蝶戀花」·「漁家傲」·「惜奴嬌」·「大聖樂」亦俱有互叶之一體. 然詞止以上·去叶平, 非若北曲以入與三聲互叶也.

148

입성은 삼성(三聲)에 배분되어 속하는데 『중원음운(中原音韻)』에서 첫 번째 운 '동(東)' '종(鍾)'에서부터 열아홉 번째 운 '렴(廉)' '섬(纖)'까지 모두 이러하다. 그러나 곡 가운데 입성으로 평성을 삼는 글자는 있을 수는 있지만 많아서는 안 된다. 많으면 좋지 않은 작풍이 너무 심하게 되고 또 높은 소리로 부르기도 어렵다.

入聲配隸三聲, 『中原音韻』自一'東'·'鍾'至十九'廉'·'纖', 皆是也. 然曲中用入作平之字, 可有而不可多, 多則習氣太重, 且難高唱矣.

149

옛날 사람들이 정청(正淸)·차청(次淸)에 속하는 입성을 말함에, 북방의 음에서는 모두 상성으로 삼았다. 차탁(次濁)은 거성으로 만들고, 정탁(正濁)은 평성으로 만들었다. 이것은 그 대략만을 예로 들었을 뿐이다. 『중원음운』의 운부(韻部)를 살펴보면, 입성을 상성으로 삼은 것은 비록 모두 청성이기는 하지만, 청성을 거성으로 만들려고 한 것도 열 가운데 서너 개가 넘으니, 어찌 구별하여 알아두지 않을 수가 있겠는가?

昔人言正淸·次淸之入聲, 北音俱作上聲; 次濁作去, 正濁作平. 此特擧其大略而已. 檢『中原』韻部, 入作上者, 雖皆淸聲, 要其淸聲之作去者, 不下十之三四, 作平者亦十之二三, 焉得不別而識之!

150

북곡(北曲)에서는 『중원음운』을 사용하고 남곡(南曲)에서는 『홍무정운(洪武正韻)』을 사용한다고, 명나라 사람들은 말하였다. 그러나 남곡은 다만 『홍무정운』의 평성·상성·거성을 나누는 부분을 따랐으나, 입성을 운각으로 삼는 것은 안 된다고 하였다. 생각건대, 『홍무정운』의 이십이 운 가운데 입성이 무릇 10개이다. '동운(東韻)'의 입성 '옥(屋)'에서 '염운(鹽韻)'의 입성 '엽(葉)'에 이르기까지, 그 입성은 바로 입성으로 읽으니, 삼성(三聲)은 모두 그것과 서로 어울리지 않는다. 곧 구절 가운데 각각의 글자는 『중원음운』에서 입성을 평성으로 지은 것이니, 아울러 사용하지 않는 것이 타당하다. 아마도 남곡은 원래 북곡에서 환골탈태한 것이니, 또한 북방 사람의 입에 껄끄럽게 해서는 안 된다.

北曲用『中原音韻』, 南曲用『洪武正韻』, 明人有其說矣. 然南曲祗可從『正韻』分平·上·去之部, 不可用其入聲爲韻脚. 案『正韻』二十二韻, 入聲凡十. 自'東'之入'屋', 以至'鹽'之入'葉', 其入聲徑讀入聲, 三聲皆不能與之相叶; 卽句中各字於『中原』之入作平者, 幷以勿用爲妥. 蓋南曲本脫胎於北, 亦須無使北人棘口也.

151

곡을 짓는 사람들이 말하는 음성(陰聲)은 곧 등운가(等韻家)들이 말하는 맑은 소리[淸聲]이다. 곡을 짓는 사람들이 말하는 양성(陽聲)은 곧 등운가들이 말하는 탁한 소리[濁聲]이다. 『절운지장(切韻指掌)』·『절운지남(切韻指南)』·『사성등자(四聲等子)』에서부터 36개의 자모는 이미 맑음과 탁함을 표준으로 했다. 명나라의 진신모 헌가(陳藎謨 獻可)[233]의 『전음경위(轉音經緯)』는 더욱 명백하고 알기 쉽다. 이 때문에 심군징(沈君徵)[234]의 『곡

233) 진신모 헌가(陳藎謨 獻可) : 명나라의 문인 진신모를 말함. 헌가는 그의 자. 호는 숙암(礵庵). 절강(浙江) 가흥(嘉興) 사람. 저서에 『상림(象林)』, 『원음통운(元音統韻)』, 『황극도운(皇極圖韻)』, 『숙암참(礵庵槧)』 등이 있다.

도수지(度曲須知)』[235]에 그것을 벌여 넣었다. 『전운경위』에서는 견(見)·단(端)·지(知)·방(幫)·비(非)·정(精)·영(影)·조(照) 여덟 모음을 순청(純淸)으로 삼고, 계(溪)·투(透)·철(徹)·방(滂)·부(敷)·효(曉)·청(淸)·심(心)·천(穿)·심(審) 열 모음을 차청(次淸)으로 삼고, 군(群)·정(定)·정(澄)·병(竝)·봉(奉)·갑(匣)·종(從)·사(邪)·상(牀)·선(禪) 열 모음을 순탁(純濁)으로 삼고, 의(疑)·니(泥)·양(孃)·명(明)·미(微)·유(喩)·내(來)·일(日) 여덟 모음을 차탁으로 삼았으니, 결국 이른바 반청(半淸)·반탁(半濁)·불청(不淸)·불탁(不濁)이란 것이 없다. 그러므로 가히 숭상할 만하다. 곡운(曲韻)은 『중원음운』에서 음·양·평으로 나누었고, 명나라 때의 범선주(范善溱)[236]의 『중주전운(中州全韻)』에서는 비로소 음·양·거로 나누었다. 후대 사람들은 또 음·양·상으로 나누었다. 또한 입성을 평·상·거로 하는 사람은 모두 음양으로 나누었으니, 사실 음양에 관한 설이 아직 일어나지 않아, 청탁이란 명칭은 일찍이 성립되었던 것이다.

曲家之所謂陰聲, 卽等韻家之所謂淸聲; 曲家之所謂陽聲, 卽等韻家之所謂濁聲. 自『切韻指掌』·『切韻指南』·『四聲等子』於三十六字母已標淸濁, 明陳藎謨獻可之『轉音經緯』, 尤明白易曉, 是以沈君徵『度曲須知』列入之. 『轉音經緯』見·端·知·幫·非·精·影·照八母爲純淸, 溪·透·徹·滂·敷·曉·淸·心·穿·審十母次淸, 群·定·澄·竝·奉·匣·從·邪·牀·禪十母純濁, 疑·泥·孃·明·微·喩·來·日八母次濁, 總無所謂半淸·半濁·不淸·不濁者, 故可尙也. 曲韻自『中原音韻』始分陰·陽·平, 明范善溱『中州全韻』始分陰·陽·去, 後人又分陰·陽·上, 且於入聲之作平·上·去者, 均以陰陽分之, 其實陰陽之說未興, 淸濁之名早立矣.

---

234) 심군징(沈君徵) : 명나라의 문인 심총수(沈寵綏)를 말함. 그의 자가 군징. 명나라 소주(蘇州) 오강(吳江)사람. 제생(諸生)으로 예에 따라 국자감에 들어감. 성품이 총명하였는데, 특히 음율학에 밝아, 성율과 음운에 관련된 저술이 많음.

235) 『곡도수지(度曲須知)』: 명나라 심총수(沈寵綏)가 곡에 관하여 찬한 책.

236) 범선주(范善溱) : 생애를 자세히 알 수 없음.

152

곡에서는 성(聲)과 음(音)을 변별하는데, 음을 아는 것은 성을 아는 것보다 훨씬 어렵다. 성은 평측(平仄)・돈송(頓送)・음양(陰陽)에 지나지 않으나, 음에는 출자(出字)・수음(收音)・원음(圓音)・첨음(尖音)의 구별이 있다. 그 이치는 자못 은미해서 모두를 말하기가 쉽지 않다. 임시로 개략적인 것을 들어 말하자면, "소(蕭)는 서(西)에서 나왔고, 강(江)은 기(幾)에서 나왔고, 우(尤)는 이(移)에서 나왔다. 어(魚)는 우(于)로 거두어들이고, 모(模)는 오(嗚)로 거두어들이고, 제(齊)는 희(噫)로 거두어들이고, 마(痲)는 애(哀)와 파(巴)의 반절로 거두어들인다. 원음(圓音)인 것은 기(其)・효(孝)와 같은 것이고, 첨음(尖音)인 것은 제(齊)・소(笑)와 같은 것이다"고 하겠다.

曲辨聲・音, 音之難知過於聲. 聲不過如平仄・頓送・陰陽而已, 音則有出字・收音・圓音・尖音之別; 其理頗微, 未易悉言. 姑擧其概曰: "蕭出西, 江出幾, 尤出移; 魚收于, 模收嗚, 齊收噫, 痲收哀巴切之音. 圓如其・孝, 尖如齊・笑."

153

『곡도수지(度曲須知)』에서 이르기를, "글자의 머리・배・꼬리의 음과 절자(切字)[237]의 이치는 서로 통하니 '절법(切法)이 곧 창법(唱法)'이다"라고 했다. 내 생각에 창법에서 쓰이는 것은 곧 합성(合聲)[238]과 관계되어 있는 것 같다. 합성이란 것은 절법 가운데 더욱 정밀한 것이다. 절자에서 위 한 글자를 모체로 삼아 소리의 청탁을 변별하는 경우에는, 구법(口法)이 열리고 닫히는 것은 논하지 않지만 합성에서는 열리고 닫히는 것을 겸하여 구별한다. 절자에서 아래 한 자를 운으로 삼아 구법이 열리고 닫히는 것을 변별하는 경우에는 소리의 청탁은 논하지 않는다. 또

237) 절자(切字): 반절법(半切法)을 말함.

238) 합성(合聲): 이 말뜻은 여러 가지 있으나, 여기에서는 두 글자를 합하여 한 글자의 음을 만드는 것을 말함.

합성에서는 거두어들이는 소리는 영(影)·유(喩)의 두 자모를 벗어나지 않는데, 예를 들면 애(哀)·희(噫)·오(嗚)·우(于)가 모두 이것이다.

『度曲須知』謂字之頭·腹·尾音與切字之理相通, '切法卽唱法.' 余以爲唱法所用, 乃係合聲. 合聲者, 切法之尤精者也. 切字上一字爲母, 辨聲之淸濁, 不論口法開合, 合聲則兼辨開合矣. 切字下一字爲韻, 辨口法開合, 不論聲之淸濁, 合聲則兼辨淸濁矣. 且合聲法, 收聲不出影·喩二母, 如哀·噫·嗚·于皆是.

154

일에 있어서 진정으로 아는 것보다 귀한 것이 없다. 주정재(周挺齋)[239]는 옛 것을 답습하는 단계를 거치지 않고 『중원음운(中原音韻)』을 편찬하여 길이 곡운(曲韻)의 시조가 되었다. 명나라 가정(嘉靖)[240]·건륭(隆慶)[241] 년간에 강서(江西) 위량보(魏良輔)[242]가 '수마조(水磨調)'[243]를 개창하자 누동(婁東)[244] 지역에서 처음 유행하였는데, 후대에는 마침내 '곤강(崑腔)'[245]이라 불리게 되었으니, 이는 진정으로 알았기 때문이었다. 내 생각에 곡은 헤아리지 않아도 괜찮겠지만 성과 음이 쓰이는 방법은 몰라서는 안 된다. 정어중(鄭漁仲)[246]은 「칠음약서(七音略序)」에서

239) 주정재(周挺齋): 원나라 때의 학자 주덕청(周德淸)을 말함. 정재는 그의 호. 악부를 잘 지었고, 음율에 정통하였다고 한다. 『중원음운(中原音韻)』을 지음.

240) 가정(嘉靖): 명나라 세종(世宗)의 연호. 1522~1566년.

241) 건륭(隆慶): 명나라 목종(穆宗)의 연호. 1567~1572년.

242) 위량보(魏良輔): 명나라 가정 년간에 살았던 인물. 자는 상천(尙泉) 예장(豫章) 사람. 당시 곤산 일대에 유행하던 민간 희곡극을 혁신하여, 곤강으로 완성하여 유행시켰다.

243) 수마조(水磨調): 수마공(水磨腔)을 말함. 수마공은 곤강이 명말 청초에 이르러 피리·퉁소·비파 등을 반주로 하고, 춤이 매우 아름다웠고, 곡조는 더욱 고와졌으므로, 이렇게 불렀다고 한다.

244) 누동(婁東): 누강(婁江)의 동쪽을 말함. 지금의 강소성 일대. 누강은 소강(小江)·유하(劉河)라고도 한다. 태호에서 시작되어 소주 등을 거쳐 장강으로 들어간다.

245) 곤강(崑腔): 곤산강(昆山腔)이라고도 부름. 중국의 전통 희곡극(戲曲劇)의 이름이다. 원래는 원말명초(元末明初)에 강소성의 곤산(昆山) 일대에서 유행하던 민간의 희곡강조(戲曲腔調)인데, 위량보가 고쳐 완성하였다.

이르기를, "스님은 참선을 큰 깨달음으로 여기고, 통음(通音)을 작은 깨달음으로 여긴다"고 하였다. 저 '작은 깨달음'인들 또한 어찌 쉽게 말할 수 있으랴?

事莫貴於眞知. 周挺齋不階古昔, 撰『中原音韻』, 永爲曲韻之祖; 明嘉·隆間, 江西魏良輔創'水磨調', 始行於婁東, 後遂號爲'崑腔' : 眞知故也. 余謂曲可不度, 而聲音之道不可不知. 鄭漁仲「七音略序」云 : "釋氏以參禪爲大悟, 以通音爲小悟." 夫'小悟'亦豈易言哉!

155

장형(張衡)이 비로소 도곡(度曲)[247]에 대해 말했다. 그는 「서경부(西京賦)」에서 "도곡이 미처 끝나기도 전에, 구름이 일어나고 눈이 휘날린다[度曲未終, 雲起雪飛]"라고 한 것이 이것이다. 곡을 짓는 사람이 이 두 마디 말만을 체득한다면, 곡 가운데에서의 억양법(抑揚法)을 반 넘어 생각한 것이다.

張平子始言度曲, 「西京賦」所謂"度曲未終, 雲起雪飛."是也. 製曲者體此二語, 則於曲中揚抑之道, 思過半矣.

156

왕세정(王世貞)이 곡(曲)을 평하여 일컫기를, "북곡(北曲)은 힘줄이 현(絃)에 있고, 남곡(南曲)은 힘이 판(板)에 있다"[248]고 하였다. 왕세정 당시에는 현악의 규율이 아직 남아 있음을 알 수 있고, 이 뒤에는 판에 관한

---

246) 정어중(鄭漁仲) : 송(宋)의 학자 정초(鄭樵, 1104~1160)를 말함. 어중은 그의 자, 호는 협제(夾漈). 박학다식하고, 고증하기를 좋아하였다고 한다. 벼슬은 추밀원 편수에 이르렀고, 『통지(通志)』를 지었다.

247) 도곡(度曲) : 곡을 짓는 일을 가리키기도 하지만, 여기에서는 곡보(曲譜)에 맞추어 노래 부르는 일을 말한다.

248) 이 말은 명나라 왕세정(王世貞)이 찬한 『곡조』에 보이고, 『엄주사부고(弇州四部稿)』 권152 『예원치언(藝苑巵言)』 부록1에도 보인다. 여기에는 모두 '北筋'이 '北力'으로 되어 있다.

규율이 있었음을 알 수 있다. 그러나 판이 있으면 현이 있는 것이니, 심총수(沈寵綏)가 판에다 바로 더한 것은 박자를 맞추는 것과 통한다고 논한 것이 이에 가깝다.

王元美評曲, 謂"北筋在絃, 南力在板." 可知元美時絃索之律, 猶有存者. 後此則知有板而已. 然板存卽是絃存, 沈君徵論板之正贈, 通於彈拍, 近之.

157

「악기(樂記)」에서 "성(聲)과 가(歌)는 각각 마땅한 바가 있다"고 말한 것은 "자신을 바르게 하여 덕을 편다는" 데로 돌아간다. 노래를 부름에는 예나 지금이나 다름이 없이 모두 바른 소리로 사람들을 감동시킨다는 것을 알 수 있다. 그래서 곡 가운데 교화에 보탬이 되지 않고, 권계(勸戒)와 관계가 없는 것을 군자는 짓지 않는다.

「樂記」言"聲歌各有宜", 歸於"直已而陳德." 可知歌無今古, 皆取以正聲感人. 故曲之無益風化, 無關勸戒者, 君子不爲也.

158

「요전(堯典)」의 끝에 정현(鄭玄)[249]이 주를 달아 이르기를, "노래는 시의 뜻과 소리의 곡절(曲折)을 늘여 말하는 것이다"라고 하였고, 또 "말을 늘여서 하여 소리가 되고, 율에 맞추어 화(和)가 된다"고 하였다. 『주례(周禮)』「악사(樂師)」에 정현이 주를 달아 "합성(合聲)이 되는 바는 또한 그 곡절(曲折)과 같으니 절주에 응하도록 해야 한다"고 하였다. 내 생각에 곡의 명의(名義)는 곧 곡절이란 뜻이다. 『한서(漢書)』「예문지(藝文志)」에서 "「하남주가성곡절(河南周歌聲曲折)」 7편, 「주요가시곡절(周謠歌詩曲折)」 75편"

249) 정현(鄭玄, 127~200) : 중국 후한의 학자. 자는 강성(康成). 마융(馬融)에게 배웠으며, 일경(一經) 전문(專門)의 학풍을 타파하고 훈고(訓詁)에 힘썼다. 『육예론(六藝論)』을 저술하였고, 『시전(詩箋)』, 『예기』, 『주역』, 『논어』, 『효경』 등을 주해하였다.

이라 한 것은, 대개 이러한 예가 아니겠는가?

「堯典」末鄭注云：“歌所以長言詩之意, 聲之曲折.” 又：“長言而爲之聲, 中律乃爲和.” 『周禮』「樂師」鄭注云：“所爲合聲, 亦等其曲折, 使應節奏.” 余謂曲之名義, 大抵卽曲折之意. 『漢書』「藝文志」：「河南周歌聲曲折」七篇, 周「謠歌詩曲折」七十五篇. 殆此類耶?

159

사(詞)와 곡(曲)은 본디 떨어질 수 없는 것인데, 오로지 사는 문언(文言)으로 짓고 곡은 성언(聲言)으로 짓는다. 사(詞)와 사(辭)는 통하니, 『좌전(左傳)』 양공(襄公) 29년에 대한 두예(杜預[250])의 주에 “이것은 모두 각각 본국의 노래에서 항상 사용되는 성곡(聲曲)에 의거하였다”고 하였다. 그리고 『정의(正義)』[251]에서는 이르기를, “그 지은 문사(文辭)는 모두 그 음악의 소리를 표준으로 삼아 궁상(宮商)이 서로 어울리도록 하고, 가곡(歌曲)이 이루어지도록 한다”고 하였는데, 이것은 사(詞)는 문에 속하고 곡(曲)은 소리에 속한다는 사실을 매우 분명히 드러내었다. 옛날 악부(樂府)에 사(辭)라 한 것도 있고, 곡(曲)이라 한 것도 있는데, 사실은 사(辭)는 곡(曲)의 사(辭)이고 곡(曲)은 사(辭)의 곡(曲)이다. 양공 29년에 대해 『정의(正義)』에서 또한 이르기를, “소리는 사(辭)를 따라 변하고, 곡(曲)이 다하자 다시 노래 부른다”고 하였는데, 이것은 사(詞)와 곡(曲)이 하나로 합하여진 증거이다.

詞曲本不相離, 惟詞以文言, 曲以聲言耳. 詞·辭通, 『左傳』襄二十九年杜注云：“此皆各依其本國歌所常用聲曲.” 『正義』云：“其所作文辭, 皆準其樂音, 令宮商相和, 使成歌曲.” 是辭屬文, 曲屬聲, 明甚. 古樂府

---

250) 두예(杜預)：진(晉)나라 무제(武帝) 때 사람으로, 자는 원개(元凱). 일찍이 진남대장군(鎭南大將軍)으로 오(吳)를 쳐서 평정하였는데, 『춘추』를 좋아하여 저서로 『춘추좌씨경전집해(春秋左氏經傳集解)』와 『춘추장력(春秋長歷)』이 있다(『晉書』 卷34).

251) 『정의(正義)』：공영달(孔穎達)과 안사고(顔師古)가 찬한 『춘추좌전정의』를 말함.

有曰辭者, 有曰曲者, 其實辭卽曲之辭, 曲卽辭之曲也. 襄二十九年『正義』又云 : "聲隨辭變, 曲盡更歌." 此可爲詞 · 曲合一之證.

권5

서개(書概)

1

성인(聖人)[1]이 『주역(周易)』을 지을 때 형상(形象)을 만들어 그 의미를 다 나타내었다. 의미는 하늘이 열리기 전부터 존재한 것이니 글씨의 본체(本體)가 되고, 형상은 하늘이 열리고 난 뒤에 나타난 것이니 글씨의 작용이 된다.

聖人作『易』, 立象以盡意. 意, 先天, 書之本也; 象, 後天, 書之用也.

2

하늘과 더불어 무리가 되고 옛날과 더불어 무리가 되는 일이, 글씨를 배우는 사람이 갖추어 가져야 할 일이다. 글씨를 배우는 사람은, 하늘에서는 마땅히 그 문채(文彩)[2]를 보아야 하고, 옛날 것에서는 그 변화를 보

1) 성인(聖人) : 『주역(周易)』을 만든 복희씨(伏羲氏)·문왕(文王)·공자(孔子) 등을 가리킨다.

아야 한다.

與天爲徒, 與古爲徒, 皆學書者所有事也. 天, 當觀於其章; 古, 當觀於其變.

3

주(周)나라의 전서(篆書)에는 글씨의 원리가 상세하게 갖추어져 있으니, 「석고문(石鼓文)」[3]이 바로 거기에 해당된다. 진(秦)나라의 전서(篆書)[4]는 간단하면서 필획(筆劃)이 곧나니, 「역산비(嶧山碑)」[5]나 「낭야대비(琅邪臺碑)」[6] 등이 이것이다. 「석고문」과 진나라 전서의 차이를 비유하자면, 가는 삼 실로 만든 치포관(緇布冠)[7]과 굵은 실로 짠 갓과의 관계와 같다.

周篆爲備, 如「石鼓」是也. 秦篆簡直, 如「嶧山」·「琅邪臺」等碑是也. 其辨可譬之麻冕與純焉.

---

2) 문채(文彩) : 하늘의 문채는 해·달·별 등이다. 그것을 본받아 글씨의 모양을 만들어 낸다는 뜻이다.

3) 「석고문(石鼓文)」 : 전국시대(戰國時代) 진(秦)나라의 석각(石刻) 유물. 북 모양으로 된 열 개의 돌 위에 새겨진 명문(銘文). 명문은 사언시(四言詩)로 되어 있고, 서체(書體)는 대전(大篆)에 해당된다. 당(唐)나라 초기에 섬서성(陝西省)에서 발견되었는데, 서예가들 가운데 이 서체를 따라 배운 사람이 많다. 현재 북경(北京) 고궁박물원(故宮博物院)에 원석(原石)이 수장(收藏)되어 있다.

4) 진(秦)나라의 전서(篆書) : 진시황(秦始皇)이 천하를 통일한 뒤에 이사(李斯)에게 명하여 전국시대 각 나라마다 달랐던 문자를 통일하여 새로운 간편한 문자를 만들어 냈다. 이 서체(書體)를 소전(小篆), 혹은 진전(秦篆)이라고 한다.

5) 「역산비(嶧山碑)」 : 진시황이 천하를 통일하고 문자를 통일하여 새로 소전(小篆)을 만든 뒤, 자기의 공덕(功德)을 홍보하고 문자를 보급할 목적으로, 역산(嶧山)·태산(泰山)·낭야대(琅琊臺)·지부(芝罘) 등에 비를 세웠다. 비석에는 '역산(嶧山)'이 '역산(繹山)'으로 새겨져 있다.

6) 「낭야대비(琅邪臺碑)」 : 진(秦)나라 때의 석각(石刻). 진시황(秦始皇)이 동쪽 지방을 순수하면서 자기의 공덕을 칭송하여 산동성(山東省) 낭야대(琅琊臺)에 세웠다. 글씨체는 소전(小篆)인데, 이사(李斯)가 쓴 것으로 전해진다.

7) 치포관(緇布冠) : 검게 물들인 베로 만든 갓으로 유생들이 평소에 썼다.

4

이사(李斯)[8]는 『창힐편(倉頡篇)』[9]을 지었고, 조고(趙高)[10]는 『원력편(爰歷篇)』을 지었고, 호모경(胡母敬)[11]은 『박학편(博學篇)』을 지었는데, 모두 소전(小篆)으로 썼다. 그러나 조고의 책과 호모경의 책은 지금 남아 있지 않지만, 세상에 전해 오는 소전(小篆) 속에 섞여 들어가 있지 않았겠는가? 위항(衛恒)[12]이 지은 『서세(書勢)』[13]에서 이사의 전서를 칭찬했다. 아울러 말하기를, "한(漢)나라 건초(建初)[14] 연간(年間)에 부풍(扶風)에 있던 조희(曹喜)[15]의 소전(小篆)은 이사(李斯)의 것과 조금 다르지만, 역시 칭찬할 만하다"라고 했다. 이 말은 조희는 진실로 우뚝하여 충분히 스스로 일가를 이룰 만한 사람이라는 것이다. 조희가 썼다는 「대풍가(大風歌)」[16]가 후세에 전해오지만, 서체(書體)가 전혀 예스럽거나 우아(優雅)하지 못하다. 물어보지 않아도 가짜라는 것을 알 수 있다.

李斯作『倉頡篇』, 趙高作『爰歷篇』, 胡母敬作『博學篇』, 皆爲小篆. 而高·敬之書迄無所存, 然安知不卽雜於世所傳之小篆中耶? 衛恆『書勢』稱李斯篆, 幷言"漢建初中, 扶風曹喜少異於斯, 而亦稱善.", 是喜固偉然足自立者. 後世乃傳有喜所書之「大風歌」, 書體甚非古雅, 不問而

8) 이사(李斯) : 진(秦)나라의 승상(丞相). 진시황(秦始皇)을 도와 천하통일에 공이 많았고, 문자를 통일하여 소전(小篆)을 만들어 내었다. 뒤에 조고(趙高)에게 무함을 받아 죽임을 당하였다.

9) 『창힐편(倉頡篇)』 : 이사(李斯)가 사주(史籒)의 대전(大篆)을 변형시켜 지은 고문자서(古文字書).

10) 조고(趙高) : 진(秦)나라의 환관. 이사(李斯)를 죽이고 승상(丞相)이 되었다가 황제 자영(子嬰)에게 살해되었다.

11) 호모경(胡母敬) : 진(秦)나라의 신하. 벼슬은 태사령(太史令)을 지냈다.

12) 위항(衛恒) : 진(晋)나라의 서예가. 벼슬은 황문랑(黃門郎)을 지냈다. 초서와 예서를 잘 썼다.

13) 『서세(書勢)』 : 진(晋)나라 위항(衛恒)이 지은 서예에 관한 책. 본래의 정식명칭은 『사체서세(四體書勢)』이다.

14) 건초(建初) : 후한(後漢) 장제(章帝)의 연호. 76~84년.

15) 조희(曹喜) : 후한(後漢) 때의 인물로 벼슬은 비서랑(秘書郎)을 지냈다. 전서(篆書)를 잘 써서 천하에 이름을 날렸다.

16) 「대풍가(大風歌)」 : 한(漢)나라의 시조 한고조(漢高祖)가 천하를 얻은 뒤 지은 시.

知爲僞物矣.

5

옥저(玉筯)[17]라는 명칭은, 단지 소전(小篆)에서만 사용할 수 있다. 서원여(舒元輿)[18]가 말한, "진(秦)나라 승상(丞相) 이사(李斯)는 창힐(倉頡)의 주문(籀文)[19]을 변화시켜 옥저체(玉筯體)의 전서(篆書)를 만들었다"라고 한 것이 이것이다. 주문(籀文)과 소전(小篆)의 다른 점을 논한다면, 창힐의 주문은 옥저체(玉筯體)로 쓸 수가 없다. 서로 통용되는 점을 논한다면, 팔분체(八分體)[20] · 해서(楷書) · 행서(行書) · 초서(草書)에도 옥저(玉筯)의 분위기가 없은 적이 없었다.

玉筯之名僅可加於小篆, 舒元輿謂"秦丞相斯變倉頡籀文爲玉筯篆." 是也. 顧論其別, 則頡籀不可爲玉筯; 論其通, 則分 · 眞 · 行 · 草, 亦未嘗無玉筯之意存焉.

6

옥저체(玉筯體)가 앞에 생겼고, 현침체(懸針體)[21]는 나중에 생겨났고, 파(波)[22] · 책(磔)[23] · 구(鉤)[24] · 도(挑)[25] 등의 필법이 모두 현침에서 나왔다. 현침은 조희(曹喜)에게서 시작되었으나, 주문(籀文)에도 이미 이런 필법이 배어 들어가 있다.

---

17) 옥저(玉筯) : 필획(筆劃)의 끝이 옥 젓가락 끝 모양으로 반원형으로 된 것을 말한다.
18) 서원여(舒元輿) : 당(唐)나라의 문신(文臣). 벼슬은 동평장사(同平章事)에 이르렀다. 문장을 잘하여 그가 지은 「모란부(牡丹賦)」는 유명하다.
19) 주문(籀文) : 전서(篆書)의 한 종류로 대전(大篆)이라고 한다.
20) 팔분체(八分體) : 서체의 하나로 소전과 예서(隸書)의 중간 형태임.
21) 현침체(懸針體) : 바늘을 달아맨 모양처럼 글씨의 세로획의 끝이 점점 가늘어지면서 뾰족해지는 필획.
22) 파(波) : '八'자의 왼쪽 획 같은 모양의 필법. 일설에는 오른쪽 획 모양이라고 한다.
23) 책(磔) : '八'자의 오른쪽으로 뻗은 획과 같은 모양으로 쓰는 필법(筆法).
24) 구(鉤) : 필획을 써가다가 반대로 꺾어 올리는 필법.
25) 도(挑) : 필획을 아래로 써 내려가다가 위로 튀겨 올리는 필법.

玉筯在前, 懸針在後. 自有懸針, 而波·磔·鉤·挑由是起矣. 懸針作於曹喜, 然籒文卻已豫透其法.

7

손과정(孫過庭)[26]의 『서보(書譜)』[27]에 이르기를, "전서(篆書)는 완곡(婉曲)함을 숭상하면서도 서로 기운이 통해야 한다"라고 했다. 나는 "전서는 모름지기 완곡하면서도 더욱 굳세어야 하고, 기운이 통하면서도 더욱 절도(節度)가 있어야 된다. 그렇지 않으면 글자를 본떠 그리는 것처럼 될까 두렵다"고 생각한다.

孫過庭『書譜』云: "篆尙婉而通." 余謂"此須婉而愈勁, 通而愈節, 乃可. 不然, 恐涉於描字也."

8

전서(篆書)는 마땅히 용이 솟아오르는 듯, 봉황새가 날아오르는 듯이 해야 한다. 창려(昌黎)[28]의 「석고가(石鼓歌)」를 보면 그러해야 된다는 것을 알 수 있다. 간혹 정제(整齊)된 것만 취하고 변화가 없는 것은, 목판(木板) 새기는 사람도 충분히 할 수 있다.

篆書要如龍騰鳳翥, 觀昌黎歌「石鼓」可知. 或但取整齊而無變化, 則槧人優爲之矣.

---

26) 손과정(孫過庭): 당(唐)나라의 서예가. 자(字)가 건례(虔禮)이므로 손건례(孫虔禮)라고도 한다. 벼슬은 솔부녹사참군(率府錄事參軍)을 지냈다. 여러 서체에 두루 능했지만 특히 초서를 잘 썼다. 직접 쓰고 지은 서예이론인 『서보(書譜)』는 후세에 끼친 영향이 아주 크다.

27) 『서보(書譜)』: 당나라 전기의 서예가 손과정(孫過庭)이 짓고 쓴 서예이론서. 그 내용은 중국 당나라 때 서예 미학과 예술철학에 관한 수준 높은 이론이고, 그 글씨는 왕희지(王羲之)와 왕헌지(王獻之)를 본받아 필세(筆勢)가 굳세다.

28) 창려(昌黎): 당(唐)나라의 문학가 한유(韓愈). 창려백(昌黎伯)에 봉해졌으므로 이렇게 일컫는다. 당송팔대가(唐宋八大家)의 한 사람으로 고문운동(古文運動)을 주도하였다. 그 당시 석고문(石鼓文)이 처음으로 발견되었으므로, 한유가 「석고가(石鼓歌)」를 지었다.

9

전서에서 숭상하는 바는 필획의 힘살보다 더한 것이 없다. 그러나 힘살은 늘어지는 것을 문제로 삼고 또 조급한 것도 문제로 삼는다. 두 가지 문제점을 없애려고 한다면, 질긴 것[韌]이 요결(要訣)이다.

篆之所尙, 莫過於筋, 然筋患其弛, 亦患其急. 欲去兩病, 韌字乃要訣也.

10

삼국시대 위(魏)나라 초기에 한단생(邯鄲生)[29]이 고문자(古文字 : 大篆)를 전했다. 그와 같은 시대에 오직 위기(衛覬)[30]만이 고문자에 능하였고, 그 나머지는 이름난 사람이 없었다. 고문자를 잘 쓰려면 그 글자에 대한 문자학(文字學) 지식이 있어야 하고, 또 서법(書法)이 있어야 한다. 반드시 문자학과 서법을 겸해야 하므로, 고문자 쓰기가 어려운 것이다. 비록 하(夏)・은(殷)・주(周) 삼대(三代)로부터 남겨진 그릇에 새겨진 글자를 후세 사람들 가운데서 따라 배우는 사람이 있지만, 단지 글자 알기에만 힘쓰면서 남이 하지 않는 끊어진 학문을 한다고 자랑한다. 옛 사람이 다시 나온다면 아마 싫증을 낼 것이다.

魏初, 邯鄲生傳古文, 同時惟衛覬亦善之, 餘無聞焉. 蓋古文有字學, 有書法, 必取相兼, 是以難也. 雖三代遺器款識, 後世亦多有從事者, 然但務識字, 已矜絶學. 使古人復作, 其遂饜志也耶?

11

관지(款識)[31]에 관한 학문은 북송(北宋)시대에 처음으로 생겨났다. 구공

---

29) 한단생(邯鄲生) : 삼국시대 위(魏)나라의 문신인 한단순(邯鄲淳). '생(生)'은 공부하는 사람에게 붙이는 접미사. 한단축(邯鄲竺)이라고 하기도 한다. 벼슬은 급사중(給事中)을 지냈다. 전서(篆書)와 예서(隸書)에 능하였다. 위나라 정시(正始, 240~249) 연간에 만든 삼체석경(三體石經)은 그가 쓴 것이다.

30) 위기(衛覬) : 삼국시대 위(魏)나라의 문신. 벼슬은 시중(侍中)에 이르렀다. 대전(大篆) 등 여러 체의 글씨에 두루 능하였다.

(歐公)[32]의 『집고록(集古錄)』[33]에서 이르기를, "유원보(劉原父)[34]는 박학하고 옛 것을 좋아하여 옛 사람들이 새겨둔 명문(銘文)을 능히 읽을 수 있으므로, 명문에 나오는 사람의 사적을 고찰하여 알았다. 매양 얻은 것이 있으면, 반드시 그 글을 베껴서 보내 주었다"라고 했다. 이제 보니, 「모백대(毛伯敦)」, 「공백이(龔伯彝)」, 「숙고보자궤(叔高父煮簋)」, 「백서보대(伯庶父敦)」 등 『집고록』에 실려 있는 여러 명문(銘文)들이 바로 그런 것이다. 그 당시 태상박사(太常博士) 양남중(楊南仲)[35]이 있었는데 고문자로 된 대전(大篆)을 잘 읽었다. 유창(劉敞)이 고문자로 된 「한성정명(韓城鼎銘)」을 그 당시 사용하던 한자로 풀이했는데, 구양수(歐陽脩)[36]가 이르기를, "양남중(楊南仲)이 베낀 것과 때때로 같지 않은 것이 있다"라고 했다. 비록 두 사람 가운데 누가 옳은지는 판정되지 않았으나, 고문자가 읽기 어렵다는 것을 알 수 있다. 정어중(鄭漁仲)[37]이 지은 『금석략(金石略)』[38]에는 『진강정(晋姜鼎)』에서부터 「지가부(軹家釜)」에 이르기까지 삼대(三代:夏·殷·周)의 그릇. 이름 237개가 나열되어 있으니, 많다고 말하지 않을 수 있겠는가? 그러나 그 속에 실린 고문자의 내용을 그 당시 쓰이는 한자로 풀이하지 않았으니 어떻게 하겠는가?

31) 관지(款識) : 옛날의 종정(鍾鼎) 비석 등 금석(金石)에 새겨진 글자를 말하는데, 음각(陰刻)된 것은 관(款)이라 하고, 양각(陽刻)된 것을 지(識)라 한다.

32) 구공(歐公) : 북송의 문학가 구양수(歐陽脩). 금석문(金石文)을 해설·비평한 『집고록(集古錄)』을 지었다.

33) 『집고록(集古錄)』 : 구양수(歐陽脩)가 고금의 금석문(金石文)을 수집해서 해설·비평한 책. 금석문을 체계적으로 정리한 최초의 업적이다.

34) 유원보(劉原父) : 북송의 문신 유창(劉敞). 원보는 자(字). 벼슬은 판남경어사대(判南京御史臺)를 지냈다. 박학하였고 특히 『춘추(春秋)』의 연구에 조예가 깊었다.

35) 양남중(楊南仲) : 북송(北宋)의 금석 학자. 고문자(古文字)의 판독에 능하였다. 저서로 『석경(石經)』, 『삼체효경(三體孝經)』 등이 있다.

36) 구양수(歐陽脩) : 북송(北宋)의 문학가. 자는 영숙(永叔). 벼슬은 참지정사(參知政事)에 이르렀다. 당송팔대가(唐宋八大家)의 한 사람으로서 『구양수집(歐陽脩集)』을 남겼고, 금석학에 조예가 깊어 『집고록(集古錄)』을 남겼다.

37) 정어중(鄭漁仲) : 북송의 학자 정초(鄭樵). 어중은 자(字). 박람강기(博覽强記)하여 문을 닫고 글을 읽고 책을 지었다. 분류사인 『통지(通志)』를 지었다.

38) 『금석략(金石略)』 : 정초(鄭樵)의 『통지(通志)』 속에 『금석략(金石略)』 1권이 들어 있다.

款識之學, 始興於北宋. 歐公『集古錄』稱“劉原父博學好古, 能讀古人銘識, 考知其人事蹟, 每有所得, 必摹其文以見遺.” 今觀「毛伯敦」·「龔伯彝」·「叔高父煮簋」·「伯庶父敦」諸銘, 載『錄』中者皆是也. 時太常博士楊南仲亦能讀古文篆籒, 原父釋「韓城鼎銘」, 公謂“與南仲所寫時有不同.”, 蓋雖未判兩家孰是, 而古文之難讀見矣. 鄭漁仲『金石略』, 自『晉姜鼎』迄「軹家釜」, 列三代器名二百三十有七, 可不謂多乎? 然如未詳其辭何!

12

고문자(古文字)는 글자 수가 적다. 그래서 편방(偏旁)이 없지만 마땅히 편방이 있어야 하는 것이 있다. 말로 할 때는 본래 두 글자지만 글에 쓰일 때는 한 글자로 된 것도 있다. 대전(大篆)과 소전(小篆)이 생겨난 때로부터, 글자가 더욱 많이 불어나자, 고문자를 연구하는 데 종사하는 사람이 없게 되었다. 대로(大輅)[39] 가운데는 바퀴살 없는 원시적인 수레의 원래 모양도 그 안에 들어 있는 것이다.

古文字少, 故有無偏旁而當有偏旁者, 有語本兩字而書作一字者. 自大小篆興, 孳乳益多, 則無事此矣. 然大輅之中, 椎輪之質固在.

13

예서(隸書)와 팔분서(八分書)[40] 가운데서, 어느 것이 앞에 나오고 어느 것이 나중에 나왔는지, 같은 것인지 다른 것인지를 분별하면 분별할수록 더욱 애매해진다. 그 잘못은 모두 예서의 범위를 너무 좁게 잡고 팔분서의 범위를 너무 넓게 잡았기 때문이다. 예서체 가운데는 팔분서보다 더 오래된 것이 있나니, 진(秦)나라의 저울추에 쓰인 글자가 바로 예

39) 대로(大輅): 은(殷)나라 때 임금이 타던 수레.
40) 팔분서(八分書): 한자 서체의 한 가지. 예서와 비슷하면서도 파책(波磔)을 많이 띠고 있다. 진(秦)나라 왕차중(王次仲)이 창조하였다고 전해지고 있다.

서이다. 팔분서의 오래 된 것에 미치지 못하는 예서도 있으므로, 종요(鍾繇)[41]와 왕희지(王羲之)[42]의 해서도 또한 예서인 것이다. 대개 예서라는 명칭은 통용되는 명칭이고, 팔분(八分)이라는 명칭은 포괄적인 명칭이다. 마치 저울추를 쇠라고 할 수 있지만, 쇠를 두고 저울추라고 할 수 없는 것과 같다. 예서와 팔분서에 종사하는 사람들은 어찌하여 이런 점을 먼저 살피지 않는가?

隸與八分之先後同異, 辨而愈晦, 其失皆坐狹隸而寬分. 夫隸體有古於八分者, 故秦權上字爲隸; 有不及八分之古者, 故鍾・王正書亦爲隸. 蓋隸其通名, 而八分統矣. 稱錘可謂之鐵, 鐵不可謂之稱錘. 從事隸與八分者, 盍先審此!

14

팔분서(八分書)라는 용어에서 '분(分)'자는, '분수(分數)'라 할 때의 '분'자의 뜻이 있다. 『서원(書苑)』[43]에서 인용한 채문희(蔡文姬)[44]가 팔분서를 논한 말이 바로 그것이다. 또 '분별(分別)하다' 할 때의 '분'자의 뜻이 있으니, 『설문해자(說文解字)』[45]에서 '팔(八)'자를 해석한 것이 바로 그것이다. 종래부터 팔분서를 논하는 사람들은 이 두 가지 뜻에서 벗어날 수 없다.

八分書'分'字, 有'分數'之'分', 如『書苑』所引蔡文姬論八分之言是也; 有'分別'之'分', 如『說文』之解'八'字是也. 自來論八分者, 不能外

---

41) 종요(鍾繇) : 삼국시대 위(魏)나라의 서예가. 해서(楷書)의 창시자로 알려졌다.

42) 왕희지(王羲之) : 동진(東晋)의 서예가. 벼슬은 우군참군(右軍參軍)을 지냈으므로 왕우군(王右軍)이라 일컫기도 한다. 서예에 특별히 뛰어나 서성(書聖)으로 추앙받고 있다.

43) 『서원(書苑)』 : 송나라 진사(陳思)가 편찬한 책으로, 서예에 대해서 논한 옛날 사람들의 말을 분류한 책. 정식명칭은 『서원정화(書苑菁華)』이다.

44) 채문희(蔡文姬) : 후한 말기의 여류시인 채염(蔡琰). 문희는 자(字). 유명한 학자 채옹(蔡邕)의 딸이다. 박학하고 음률에 뛰어났다.

45) 『설문해자(說文解字)』 : 후한의 허신(許愼)이 지은 자전. 문자학(文字學) 훈고학(訓詁學)의 중요한 고전이다.

此兩意.

15

『서원(書苑)』에서, "정막(程邈)[46]의 예서(隷書)를 팔등분하여 이분(二分)을 취하고, 이사(李斯)의 전서(篆書)를 이등분하여 팔분(八分)을 취하여 팔분서를 만들었다"는 채문희(蔡文姬)의 말을 인용하였는데, 여기서는 팔분의 '분'자를 '분수(分數)'의 뜻으로 해석하였다. 그러나 정말 '잘라서 취했다[割取]'는 이야기처럼, 비록 팔분서가 십분의 팔은 예서고 십분의 이는 전서라 해도, 그 서체는 다른 예서보다 더 예스럽다. 하물며 전서가 십분의 팔이고 예서가 십분의 이라면 엄연히 전서인 것이다. 이런 점에서 볼 때 이 말은 채문희에게서 나오지 않았다는 것을 알 수 있다.

書苑引蔡文姬言 : "割程隷字八分取二分, 割李篆字二分取八分, 於是爲八分書." 此蓋以'分'字作'分數'解也. 然信如'割取'之說, 雖使八分隷二分篆, 其體猶古於他隷, 况篆八隷二, 不儼然篆矣乎? 是可知言之不出於文姬矣.

16

무릇 예서(隷書)의 서체(書體) 속에는 모르는 가운데 전서(篆書)의 서체가 포함되어 있다. '분수(分數)'의 뜻으로 팔분서(八分書)를 논하고자 한다면, 마땅히 먼저 정막(程邈)의 예서(隷書)는 몇 분(分)이나 되는 서체인지 물어봐야 한다. 비록 정막의 예서는 세상에 전해 오지 않지만, 한(漢)나라의 예서로 미루어 올라가 보면, 『순화각첩(淳化閣帖)』[47]에 수록된 정막의 예서와는 틀림없이 같지 않을 것이다. 『순화각첩』에 수록된 것은

---

46) 정막(程邈) : 진(秦)나라의 옥리(獄吏). 전서(篆書)의 복잡한 획을 줄여 예서(隷書)를 만들었다고 한다.

47) 『순화각첩(淳化閣帖)』 : 북송(北宋) 태종(太宗) 순화(淳化) 3년(992)에 비각(秘閣)에 소장된 역대의 법첩을 모아 돌에 새겨 찍어낸 법첩(法帖). 많은 고대의 묵적(墨蹟)이 이 법첩으로 인해서 후세에 전해지게 되었다.

예서가 아니고 바로 해서다.

凡隸體中皆暗包篆體, 欲以'分數'論分者, 當先問程隸是幾分書. 雖程隸世已無傳, 然以漢隸逆推之, 當必不如『閣帖』中所謂程邈書直是正書也.

17

왕음(王愔)[48]이 이르기를, "차중(次仲)[49]은 처음에 '대전(大篆)은 모나고 넓어서 파세(波勢)[50]가 적다'라고 생각하여, 건초(建初)[51] 연간에 예서(隸書)를 초서화(草書化) 한 것으로써 해서의 법도로 삼더니, 서체(書體)는 모나고 '팔(八)'자가 나누어진 것 같아 아주 표준이 되었다"라고 했다. 오구연(吾邱衍)[52]의 『학고편(學古編)』[53]에 이르기를, "팔분서(八分書)라는 것은 한(漢)나라의 예서 가운데서 도법(挑法)[54]이 없는 서체이다. 진(秦)나라 예서와 비교하면 알기 쉽고, 한나라 예서와 비교하면 약간 전서(篆書) 같은 면이 있다. 만약 전서 쓰는 붓으로 한나라 예서(隸書)를 쓴다면 팔분서가 된다"라고 했다. 파세(波勢)와 전서 쓰는 붓 사이에는, 두 가지 의미가 맞지 않다. 홍씨(洪氏)[55]의 『예석(隸釋)』[56]에는 "한(漢)나라의 서체(書體)에는 팔분서(八分書)가 있고 예서(隸書)도 있었는데, 그 학문이 중간

48) 왕음(王愔) : 진(晋)나라의 서예가.

49) 차중(次仲) : 후한(後漢)의 서예가 위굉(衛宏)의 자(字).

50) 파세(波勢) : 여덟 '팔(八)'자의 오른 쪽 획을 쓰는 방법. '날(捺)'이나 '책(磔)'과 같은 말이다. 왼쪽 획을 쓰는 방법이라는 설도 있다.

51) 건초(建初) : 후한(後漢) 장제(章帝)의 연호. 76~84년.

52) 오구연(吾邱衍) : 원(元)나라의 학자. 오연(吾衍) 또는 오구연(吾丘衍)으로 쓰기도 한다. 경사(經史)와 백가(百家)에 두루 통했고, 특히 전서(篆書)와 예서(隸書)에 능하였다.

53) 『학고편(學古編)』 : 원(元)나라 오구연(吾邱衍)이 지은 전각(篆刻)과 인장(印章)에 관한 내용을 다룬 책.

54) 도법(挑法) : 필획 처리의 한 방법. 밑에서 튀겨 올리는 방법으로 쓰는 것을 말한다. 삼점변(三點邊)의 맨 아래 획을 쓸 때 사용하는 방법.

55) 홍씨(洪氏) : 남송(南宋)의 문신 홍괄(洪适).

56) 『예석(隸釋)』 : 남송(南宋)의 홍괄이 지은 책. 예서(隸書)로 쓴 한(漢)나라 비문을 수록하였다.

에 끊어져서 분별할 수가 없게 되었다"라고 말했다. 중간에 끊어진 것이 아니라 한나라 사람들 사이에도 본래 예서에 관해서는 완성된 정설(定說)이 없었던 것이다.

王愔云: "次仲始以'古書方廣少波勢', 建初中以隸草作楷法, 字方八分, 言有模楷." 吾邱衍『學古編』云: "八分者, 漢隸之未有挑法者也. 比秦隸則易識, 比漢隸則微似篆, 若用篆筆作漢隸字, 卽得之矣." 波勢與篆筆, 兩意難合. 洪氏『隸釋』言"漢字有八分, 有隸, 其學中絶, 不可分別." 非中絶也, 漢人本無成說也.

18

왕음(王愔)이 이른바 "서체(書體)는 모나고 '팔(八)'자처럼 나누어졌다"라고 한 것은, 글자의 모양이 여덟 '팔(八)'자의 나누어진 것에 비교할 수 있다는 것이다. 『설문해자(說文解字)』에서 "'팔(八)'자의 뜻은 '헤어진다'는 뜻이니, 나누어져 서로 등진 모양을 나타낸 것이다"라고 했다. 이것은 비록 팔분서(八分書)를 위해서 말한 것은 아니지만, 팔분서(八分書)의 뜻과 법도가 갖추어져 있다.

王愔所謂"字方八分."者, 蓋字比於八之分也. 『說文』: "'八', 別也. 象分別相背之形." 此雖非爲八分言之, 而八分之意法具矣.

19

「개통포사도석각(開通褒斜道石刻)」[57]은 예서(隸書) 가운데서 시기가 오래된 것이다. 「사삼공산비(祀三公山碑)」[58]는 전서(篆書)에서 예서로 변해

57) 「개통포사도석각(開通褒斜道石刻)」: 한대(漢代) 예서(隸書)의 대표적 작품. 63년에 사천성(四川省) 포성(褒城)에 세워진 것으로, 서체(書體)는 예서와 전서(篆書)의 중간 형태이다.

58) 「사삼공산비(祀三公山碑)」: 「삼공산비(三公山碑)」라고도 한다. 117년에 하북현(河北縣) 성 밖에 세워진 비석이다. 서체(書體)는 전서(篆書)이면서 이미 예서(隸書)와 행초(行草)의 필의(筆意)가 있다.

오는 과정에 있다. 연광잔비(延光殘碑)[59]와 「하승비(夏承碑)」[60]와 오(吳)나라의 「천발신참비(天發神讖碑)」[61] 등은 팔분(八分)은 전서이고 이분(二分)은 예서(隸書)라는 설(說)에 해당될 수 있다. 그러나 반드시 이들을 팔분서(八分書)라고 여긴다면, 팔분(八分)에서 좀 부족하다. 어떤 사람은 "「홍도석경(鴻都石經)」[62]이 바로 팔분체(八分體)다"라고 말한다.

「開通褒斜道石刻」, 隸之古也; 「祀三公山碑」, 篆之變也. 「延光殘碑」·「夏承碑」·吳「天發神讖碑」差可附於八分篆二分隸之說, 然必以此等爲八分, 則八分少矣. 或曰"鴻都石經乃八分體."也.

20

전서체(篆書體)를 참고하고 혼합하여 팔분체(八分體)를 만든다고 여기는 것은, 후세 사람들이 팔분체의 기원을 올려 잡아 하는 말이다. 파세(波勢)가 있는 것을 팔분서(八分書)로 치니, 팔분서를 처음 만들었을 때의 사실에 좀더 접근했음을 알 수 있다.

以參合篆體爲八分, 此後人亢而上之之言也. 以有波勢爲八分, 覺於始制八分情事差近.

21

대전(大篆)에서부터 변화하여 소전(小篆)이 되었고, 소전에서부터 변화하여 예서(隸書)가 되었으니, 모두가 점점 간편해지고 쓰기에 빠르도록

59) 연광잔비(延光殘碑) : 연광은 한(漢)나라 안제(安帝)의 연호. 122~125년. 그 때 세워진 비석.

60) 「하승비(夏承碑)」: 한대(漢代)의 예서(隸書) 비석. 170년에 세워졌는데, 채옹(蔡邕)이 글씨를 썼다고 한다.

61) 「천발신참비(天發神讖碑)」: 오(吳)나라의 전서(篆書) 비석. 276년에 남경(南京)에 세웠다. 필획이 모나고 굳세어 독특한 풍격을 이루고 있다.

62) 「홍도석경(鴻都石經)」: 한대(漢代) 「희평석경(熹平石經)」의 별칭. 홍도는 성문 이름이다. 175년 낙양(洛陽)의 태학(太學) 문 밖에 세웠다. 자체(字體)가 방정(方正) 엄근(嚴謹)하였다.

된 것이다. 유독 예서에서 팔분서(八分書)로 된 것은 그렇지 않다. 소자량(蕭子良)[63]이 말하기를, "왕차중(王次仲)[64]은 예서를 꾸며서 팔분서를 만든다"라고 했다. 이때 '꾸민다[飾]'라는 뜻은 '정리하고 장엄하게 한다'는 것이다.

由大篆而小篆, 由小篆而隸, 皆是寖趨簡捷, 獨隸之於八分不然. 蕭子良謂"王次仲飾隸爲八分.", '飾'字有'整飭矜嚴'之意.

22

위항(衛恒)의 『서세(書勢)』에서 말하기를, "예서라는 것은 전서를 빨리 쓴 것이다"라고 했고, 이어서 말하기를, "상곡(上谷)에 살았던 왕차중(王次仲)이 비로소 해서 쓰는 법을 만들어 내었다"라고 했다. 해서가 곧 팔분서(八分書)인데, 처음에는 분명하게 말하지 않았다. 양곡(梁鵠)[65]의 제자 모굉(毛宏)[66]을 서술함에 이르러서야 비로소 "지금 팔분서는 모두 모굉이 만든 법이다"라고 말했다. 이보다 앞서 비록 팔분서가 있었지만, 결국 글자 획수가 적은 것을 싫어하였고, 가차(假借)하여 대체할 글자를 찾지 않으면, 쓰기에 걸핏하면 부족하였다. 모굉에 이르러서야 이런 종류의 글자를 증가시켜 일체가 구비되도록 했다는 것을 알 수 있을 따름이다.

衛恆『書勢』言"隸書者篆之捷.", 卽繼之曰 : "上谷王次仲始作楷法." 楷法實卽八分, 而初未明言. 直至敍梁鵠弟子毛宏, 始云 : "今八分皆宏

63) 소자량(蕭子良) : 남북조시대 제(齊)나라 무제(武帝)의 아들. 벼슬은 시중(侍中)을 지냈다. 저서로 『사부요략(四部要略)』이 있다.

64) 왕차중(王次仲) : 진(秦)나라 때 사람으로 전서(篆書)가 쓰는 데 시간이 걸리고 실용성이 없는 것을 보고 예서(隸書)를 창시했다고 한다. 일설에는 후한(後漢) 때 상곡(上谷) 태수를 지낸 사람으로 팔분해서(八分楷書)를 창시했다 한다. 자세한 생애는 알려져 있지 않다.

65) 양곡(梁鵠) : 후한 때의 사람으로 벼슬은 선부상서(選部尙書)를 지냈다. 팔분서를 잘 쓰는 것으로 이름이 있었다.

66) 모굉(毛宏) : 후한 때 사람으로 벼슬은 낭중(郎中)을 지냈다.

法.” 可知前此雖有分書, 終嫌字少, 非出於假借, 則易窮於用, 至宏乃益之, 使成大備耳.

23

위항이 말하기를, “왕차중(王次仲)이 처음으로 해서의 법을 만들었다”라고 했는데, 그것은 팔분서를 가리킨다. 예서(隸書)는 전서(篆書)를 간략하게 생략하여 노예들도 편리하게 쓸 수 있도록 한 것이다. 그 뒤 세속을 따라 수준이 점점 낮아져 돌이킬 수 없게 되어, 용속(庸俗)하고 비루(鄙陋)함이 날로 더욱 심해졌다. 음악에 비유하자면 중화(中和)[67]의 소리에서 다섯 번 내려가면 연주할 수 없게 되는 것과 같다. 그러므로 팔분서는 예서를 절제한 것이다. 팔분서의 중요한 점은 자획(字劃)이 일정한 것으로, 증감하거나 옮겨서는 안 된다는 것이다. 위로는 옛날 법도를 어지럽히고 아래로는 용속한 데로 흘러 들어갔는데, 해서의 법은 여기에 존재한다. 파세(波勢) 한 가지로서 같지 않은 것을 표시하는 것은 아니다.

衛恆言“王次仲始作楷法.”, 指八分也. 隸書簡省篆法, 取便徒隸, 其後從流下而忘反, 俗陋日甚. 譬之於樂, 中聲以降, 五降之後不容彈. 故八分者, 隸之節也. 八分所重在字畫有常, 勿使增減遷就, 上亂古而下入俗, 則楷法於是焉在, 非徒以波勢一端示別矣.

24

종요(鍾繇)가 말하기를, “팔분서는 곧 법률 규정 같은 글이다”라고 했는데, 무릇 법률 규정은 그 글자가 과거 답안지에 부합되기 때문에 말한 것이다. 한(漢)나라 법에 여섯 가지 서체(書體)로 학동(學童)을 시험했는데, 예서도 그 가운데 들어 있었다. 아전이나 백성들이 글을 올릴 때, 바르지 못한 글자가 있으면 곧 탄핵을 받았다. 이로 인해서 그 당시의

67) 중화(中和) : 당(唐)나라 때 성행한 악곡 이름.

글씨는 반드시 법률 규정 같은 것이 있었음을 알 수가 있다. 이미 법률 규정 같은 것이 있으므로 글씨에는 바른 체(體)만 있고 속된 체는 존재하지 않았다. 실제로 한(漢)나라에서 말하는 바른 체는 진(秦)나라에서 말하는 바른 체와 꼭 같을 것은 없었고, 진나라에서 말한 바른 체는 꼭 주(周)나라와 같을 필요는 없었다. 후세에서 말하는 바른 체라는 것도, 옛날 사람의 관점에서 본다면, 꼭 속된 체가 아니라고 할 수도 없는 것이다. 다만 속된 체도 오래 되면 바른 체가 되는 것이다. 후세 사람들이 한(漢)나라의 예서가 나라에서 정한 규정에 부합되는가를 알려고 한다면, 주조(主潮)를 이루는 글씨를 따르면 될 뿐이다.

鍾繇謂"八分書爲章程書.", 章程, 大抵以其字之合於功令而言耳. 漢律以六體試學童, 隸書與焉. 吏民上書, 字或不正, 輒擧劾. 是知一代之書, 必有章程. 章程旣明, 則但有正體而無俗體. 其實漢所謂正體, 不必如秦; 秦所謂正體, 不必如周. 後世之所謂正體, 由古人觀之, 未必非俗體也. 然俗而久, 則爲正矣. 後世欲識漢分孰合功令, 亦惟取其書占三從二而已.

25

소전(小篆)은 진(秦)나라에서 만든 전서(篆書)이고, 팔분서(八分書)는 한(漢)나라 때의 예서이다. 그러나 진나라 때는 소전이라는 이름은 없었고, 한나라 때는 팔분서라는 이름이 없었다. 이것을 이름 붙인 것은 모두 후세의 사람들이다. 후세 사람들은 주전(籒篆)[68]을 대전(大篆)이라 하였으므로, 진나라 전서를 소전(小篆)이라고 하였고, 바르게 쓰는 글씨를 예서라 하였으므로, 한나라의 예서를 팔분서라 하였던 것이다.

小篆, 秦篆也; 八分, 漢隸也. 秦無小篆之名, 漢無八分之名, 名之者皆後人也. 後人以籒篆爲大, 故小秦篆; 以正書爲隸, 故八分漢隸耳.

---

68) 주전(籒篆) : 주(周)나라 이전에 사용되던 전서. 곧 종정(鍾鼎)에 쓰인 전서.

26

글씨에 예서가 있게 된 것은 전서에서 생겨났는데, 이는 마치 오음(五音) 가운데서 치음(徵音)이 궁음(宮音)에서 생겨난 것과 같은 것이다. 그래서 전서는 붓의 힘을 안으로 거두어들이면서 기운(氣韻)이 뻗어나가게 하고, 예서는 필세(筆勢)가 험준하면서도 마디를 짧게 하는 것이다. 붓을 움직이는 법과 붓을 떨치는 법이 같지 않다.

書之有隷, 生於篆, 如音之有徵, 生於宮. 故篆取力弇氣長, 隷取勢險節短, 蓋運筆與奮筆之辨也.

27

예서의 모양은 전서와 서로 반대가 되지만, 예서의 분위기는 전서와 서로 연관이 되게 해야 한다. 험준하고 급격한 속에다 느긋한 기운을 감추고, 강경하고 강직한 속에 여유 있고 완곡한 기운을 붙여 균형을 추구해야 한다. 그렇지 않고 마치 칼을 짚고 눈을 부릅뜨고서 노려본다면 그 능력 없음을 나타낼 따름이다.

隷形與篆相反, 隷意卻要與篆相用. 以峭激蘊紆餘, 以倔强寓款婉, 斯徵品量. 不然, 如撫劍疾視, 適足以見其無能爲耳.

28

채옹(蔡邕)[69]이 비백체(飛白體)[70]라는 글씨를 만들어 냈다. 왕승건(王僧虔)[71]이 말하기를, "비백체는 붓을 가볍게 대어서 쓴 팔분서이다"라고

---

69) 채옹(蔡邕) : 후한 말기의 학자. 자는 백개(伯喈). 다방면의 학문에 정통하였고, 특히 서예에 뛰어나 육경(六經)을 직접 써서 돌에 새겨 낙양(洛陽)의 태학(太學)에 세웠는데, 이것이 이른바 '희평석경(熹平石經)'이다. 문집 『채중랑집(蔡中郎集)』이 있다.

70) 비백체(飛白體) : 후한 채옹이 창서한 서체의 이름. 필획을 힘 있게 빨리 긋기 때문에 필획의 중간이 흰 무늬처럼 된 글씨.

71) 왕승건(王僧虔) : 남북조시대 제(齊)나라의 문신. 왕희지(王羲之)의 족현손(族玄孫)이다. 벼슬은 이부상서(吏部尙書)를 지냈다. 글씨를 잘 썼다. 『논서(論書)』라는 저서가 있고, 작품으로는 「왕염첩(王琰帖)」이 남아 있다.

했다. 위항(衛恒)은 '산예(散隸)'라고 불렀고, 위속(韋續[72])은 "산예의 필적은 비백과 같다"라고 여겼다. '비(飛)'니 '백(白)'이니 '산(散)'이니 하고 부르는데, 그 법을 팔분서나 산예에서만 취한 것은 아니다. 이것은 '수로(垂露)'[73]와 '현침(懸針)'[74] 등의 방법과 같은데, 모두 전서 쓰는 방법이다. 다른 서체에서도 늘 쓰는 방법이다.

蔡邕作飛白, 王僧虔云: "飛白, 八分之輕者." 衛恆作'散隸', 韋續謂"迹同飛白." 顧曰'飛', 曰'白', 曰'散', 其法不惟用之分隸. 此如'垂露'·'懸針', 皆是篆法, 他書亦恆用之.

29

글씨 전체에서 차지하는 전서(篆書)의 성분이 몇 분(分)이냐 하는 분의 수를 가지고 팔분서(八分書)를 논할 것은 없고, 분의 수를 가지고서 서체를 논할 수는 있다. 한나라의 예서는 소전의 성분이 8할쯤 섞인 글씨라 할 수 있다. 이런 까닭으로 소전은 대전(大篆)의 성분이 8할쯤 섞인 글씨라 할 수 있다. 그러나 정서(正書 : 해서를 말함)는 고야왕(顧野王)[75]이 『설문해자(說文解字)』에 의거하여 『옥편(玉篇)』을 지을 때부터 글자체가 간혹 예서보다도 더 엄격해졌으므로 그 성분이 얼마나 되느냐 하는 것을 확정하기가 쉽지 않게 되었다.

分數不必用以論分, 而可借以論書. 漢隸既可當小篆之八分書, 是小篆亦大篆之八分書, 正書亦漢隸之八分書也. 然正書自顧野王本『說文』以作『玉篇』, 字體間有嚴於隸者, 其分數未易定之.

---

72) 위속(韋續) : 당(唐)나라의 서예가. 『묵수(墨藪)』라는 저서가 있다.
73) 수로(垂露) : 내려 긋는 획의 끝부분이 이슬방울이 아래로 맺힌 것처럼 둥글게 반원형으로 끝내는 방법.
74) 현침(懸針) : 내려 긋는 획의 끝을 바늘을 달아맨 것 모양으로 뾰족하게 끝내는 방법.
75) 고야왕(顧野王) : 남북조시대 양(梁)나라의 문자 학자. 고문자에 능통하여 『옥편(玉篇)』 30권을 지었다.

30

정서(正書)가 있기 이전에는 팔분서(八分書)는 단지 예서(隸書)라고만 일컬었다. 정서가 있은 이후부터 예서는 팔분서라고 일컫지 않을 수 없었다. 팔분서라는 이름을 취하게 된 것은, 지금의 예서와 구별하기 위해서였다. 구양수(歐陽脩)의 『집고록』에서는 한나라의 예서는 '예서'라 부르고, 당나라의 예서는 '팔분서'라고 불렀다. 논의하는 사람들이 그 말 바깥의 미묘한 뜻을 살피지 못하였으니, 사람들이 구양수의 잘못을 헐뜯는 것도 마땅하다 하겠다.

未有正書以前, 八分但名爲隸; 既有正書以後, 隸不得不名八分. 名八分者, 所以別於今隸也. 歐陽『集古錄』於漢曰'隸', 於唐曰'八分'. 論者不察其言外微旨, 則譏其誤也亦宜.

31

한(漢)나라의 「양진비(楊震碑)」[76]의 예서 서체는 대략 후세의 정서(正書)에 가깝다. 「오형양태수갈부군비(吳衡陽太守葛府君碑)」[77]는 바로 정서(正書)로 되어 있다. 그래서 평론가들이 의심을 품는다. 그러나 종요(鍾繇)의 정서는 이미 「오형양태수갈부군비(吳衡陽太守葛府君碑)」 이전부터 이미 있었다. 종요가 죽은 것은 위(魏)나라 태화(太和) 4년(230)인데, 그 때는 오나라가 아직도 장사(長沙)[78]의 서쪽 지방을 형양군(衡陽郡)[79]으로 삼지 않았던 때였다.

漢「楊震碑」隸體略與後世正書相近, 若「吳衡陽太守葛府君碑」則直

76) 「양진비(楊震碑)」: 정식 명칭은 「한태위양진비(漢太尉楊震碑)」이다. 124년에 세워졌는데, 서체는 예서로 되어 있다.

77) 「오형양태수갈부군비(吳衡陽太守葛府君碑)」: 일명 「갈조비(葛祚碑)」라고도 한다. 삼국시대 오(吳)나라에서 세운 것으로 강소성(江蘇省)에 있는데, 비문은 다 마멸되었고, 정서(正書)로 된 비액(碑額)만 남아 있다.

78) 장사(長沙): 호남성(湖南省)에 있는 지명.

79) 형양군(衡陽郡): 삼국시대 오나라에서 설치한 고을. 옛날의 군 소재지가 지금 호남성 상담현(湘潭縣)에 위치해 있다.

是正書, 故評者疑之. 然鍾繇正書已在「葛碑」之前, 繇之死在魏太和四年, 其時, 吳猶未以長沙西部爲衡陽郡也.

32

당나라 태종(太宗)[80]이 자기 손으로 지은 「왕희지전(王羲之傳)」[81]에서 말하기를, "예서를 잘 쓰는 것이 고금의 으뜸이었다"라고 했다. 왕희지가 쓴 예서는 없으므로 어떤 사람은 의심을 했다. 사실인즉, 당나라 이전에는 해서(楷書)를 예서라고 일컬었던 것이다. 동위(東魏)[82] 「대각사비(大覺寺碑)」[83]의 비액(碑額)을 예서라고 한 것이 바로 이런 경우다. 곽충서(郭忠恕)[84]는 "팔분서가 바뀌어 예서가 출현하였다"라고 했는데, 이 말을 인용하여 「왕희지전」의 주석으로 삼을 수 있겠다.

唐太宗御撰「王羲之傳」曰 : "善隸書, 爲古今之冠." 或疑羲之未有分隸, 其實自唐以前皆稱楷字爲隸, 如東魏「大覺寺碑」題曰隸書是也. 郭忠恕云 : "八分破而隸書出." 此語可引作「羲之傳」注.

33

해서를 모두 금예(今隸)라고 일컫지만, 그 과정은 같지 않다. 파책(波磔)[85]은 작으면서 구각(鉤角)[86]은 보이지 않게 하면 전서에 가깝게 되고,

---

80) 태종(太宗) : 당나라 2대 황제. 이름은 이세민(李世民). 글씨를 매우 좋아하고 잘 썼는데, 특별히 왕희지(王羲之)의 글씨를 좋아하여 왕희지 작품 5,000여 점을 모아 자기 무덤 속에 부장(副葬)하도록 하여, 지금 세상에 왕희지의 진적(眞蹟)이 하나도 없도록 만들었다.

81) 「왕희지전(王羲之傳)」: 『진서(晋書)』 「왕희지전(王羲之傳)」을 말하는데, 실제로는 당 태종이 지은 것은 「왕희지전」에 붙어 있는 전론(傳論) 부분뿐이다.

82) 동위(東魏) : 남북조시대 탁발씨(拓拔氏)가 세운 북조(北朝)의 북위(北魏)가 534년에 동위(東魏)와 서위(西魏)로 나누어졌다.

83) 「대각사비(大覺寺碑)」: 소재 미상.

84) 곽충서(郭忠恕) : 북송(北宋) 초기의 문자 학자. 특히 전서에 뛰어났다. 문자의 변천을 밝힌 『패휴(佩觿)』라는 책을 지었다.

85) 파책(波磔) : 오른쪽으로 대각선으로 눌러 뻗은 획. 일설에는 왼쪽으로 삐친 획은 '파

파책을 크게 하고 구각을 뚜렷하게 하면 팔분서에 가까운 것이다.

正書雖統稱今隸, 而涂徑有別. 波磔小而鉤角隱, 近篆者也; 波磔大而鉤角顯, 近分者也.

34

해서는 정해진 이름이 없으니 정서(正書)라고 하는 것만은 아니다. 한(漢)나라의 북해경왕(北海敬王) 유목(劉睦)[87]은 사서(史書)[88]를 잘 썼는데, 세상에서는 해서라고도 하였으니, 이는 대전(大篆)도 해서라고 일컬을 수 있다는 증거이다. 위항(衛恒)이 지은 『서세(書勢)』에서 이르기를, "왕차중(王次仲)이 처음으로 해서의 법을 만들었다"라고 했는데, 이것은 팔분서(八分書)를 두고 해서라고 한 것이다. 또 "백영(伯英)[89]은 붓을 대었다 하면 해서를 썼다"라고 했는데, 이때는 초서를 해서라고 일컬은 것이다.

楷無定名, 不獨正書當之. 漢北海敬王睦善史書, 世以爲楷, 是大篆可謂楷也. 衛恆『書勢』云: "王次仲始作楷法." 是八分爲楷也. 又云: "伯英下筆必爲楷." 則是草爲楷也.

35

전서(篆書)와 예서(隸書)를 옛날 글씨로 치고, 정서(正書: 해서)를 지금 글씨로 치는데, 이는 서체에 근거하여 말한 것이다. 실제로 서체의 구분은 전적으로 솜씨와 역량에 있는 것이고, 서체는 마지막에 논할 일이다.

以篆隸爲古, 以正書爲今, 此只是據體而言. 其實書之辨全在身分斤

(波)', 오른쪽으로 눌러 뻗은 획은 '책(磔)'이라 한다.

86) 구각(鉤角): 갈고리 모양으로 삐쳐 올린 획.

87) 유목(劉睦): 한나라 광무제(光武帝)의 종손자로 북해왕에 봉해졌다. 시호(諡號)는 경(敬)이다.

88) 사서(史書): 일반적으로 대전(大篆)을 가리키는데, 예서(隸書)를 가리키는 경우도 있다.

89) 백영(伯英): 후한 때의 서예가 장지(張芝)의 자(字). 초서를 잘 썼으므로 후세에 초성(草聖)으로 일컬어진다.

兩, 體其末也.

36

세상에서 말하기를, "한(漢)나라 유덕승(劉德升)[90]이 행서를 만들었다"고 하고, 『진서(晋書)』「위항전(衛恒傳)」에는 "위(魏)나라에 종요(鍾繇)와 호소(胡昭)[91] 두 서법가가 있어 행서를 만들었는데, 둘 다 유덕승에게 배웠다"라고 되어 있다. 애초에 행서가 유덕승에게서 만들어졌다는 것은 말하지 않았다. 세 사람의 글씨의 품등(品等)에 대해서는 유견오(庾肩吾)[92]가 이미 논하여 서열을 정하였다. 대개 유덕승은 중지상(中之上)이고, 호소는 상지하(上之下)이고, 종요는 상지상(上之上)이라고 한다.

世言"漢劉德升造行書.", 而『晉』「衛恆傳」但謂"魏初有鍾·胡二家爲行書法, 俱學之於劉德升.", 初不謂行書自德升造也. 至三家之書品, 庾肩吾已論次之. 蓋德升中之上, 胡昭上之下, 鍾繇上之上云.

37

행서(行書)에는 해서에 가까운 행서가 있고, 초서에 가까운 행서도 있다. 해서에 가까운 행서는 해서에 가까우면서도 해서보다 더 자유분방한 것이다. 초서에 가까운 행서는 초서에 가까우면서도 초서보다 좀 조심스럽게 쓴 것이다. 동파(東坡)[93]는 이르기를, "해서는 서 있는 것과 같

---

90) 유덕승(劉德升) : 후한 때의 서예가. 행서(行書)를 만들었다 한다. 종요(鍾繇)와 호소(胡昭)가 그 제자이다.

91) 호소(胡昭) : 삼국시대 위(魏)나라 학자, 서예가. 자는 공명(孔明). 평생 은거하면서 학문에 전념하였다. 글씨에 능하였다.

92) 유견오(庾肩吾) 남북조시대 양(梁)나라의 문학가. 자(字)는 자신(子愼). 벼슬은 탁지상서(度支尙書)에 이르렀다. 문장에 능했고 서예에 뛰어났으며, 저서로 『서품(書品)』이 있다.

93) 동파(東坡) : 북송(北宋)의 문학가인 소식(蘇軾)의 호. 당송팔대가의 한 사람. 서예에도 뛰어나서 송대 사대 서예가의 한 사람으로 일컬어진다. 저서로는 『동파집(東坡集)』이 있다.

고, 행서는 걸어가는 것 같고, 초서는 달리는 것과 같다"라고 했다. 걸어가는 것이 어찌 서 있는 것이나 달리는 것과 같을 수 있겠는가?

行書有眞行, 有草行. 眞行近眞, 而縱於眞 ; 草行近草, 而斂於草. 東坡謂"眞如立, 行如行, 草如走.", 行豈可同諸立與走乎!

38

행서가 세상에 널리 퍼진 정도는 해서와 대략 같다. 전서나 예서나 초서는 다 행서만 못하다. 그러나 행서가 있은 때로부터 오로지 행서의 법만을 논한 사람은 있지 않았다. 대개 행서란 것은 해서를 빨리 쓰는 것이자, 초서를 신경을 써서 쓰는 것과 같다. 행서가 해서나 초서와 어떤 관계인가를 아는 것은 그림 그리는 사람이 초록색을 만드는 것과 같나니, 청색과 노란 색을 합치면 되는 것이지, 따로 초록색의 원료를 갖출 필요는 없는 것이다.

行書行世之廣, 與眞書略等, 篆隸草皆不如之. 然從有此體以來, 未有專論其法者. 蓋行者眞之捷而草之詳. 知眞草者之於行, 如繪事欲作碧綠, 只須會合青黃, 無庸別設碧綠料也.

39

허숙중(許叔重)[94]은 이르기를, "한(漢)나라가 일어나면서부터 초서가 있게 되었다"라고 했다. 위항(衛恒)의 『서세(書勢)』에서는 초서를 일러, "만든 사람의 성명을 알지 못한다. 제(齊)나라의 정승 두도(杜度)[95]는 글을 잘 지었다"라고 했는데, 초서는 실로 두도에게서 시작되지 않았다. 어떤 사람은 저소손(褚少孫)[96]이 『사기(史記)』를 보완하면서 일찍이 "해

---

94) 허숙중(許叔重) : 후한(後漢) 때의 문자 학자 허신(許愼). 숙중(叔重)은 그의 자(字)다. 문자학·훈고학의 고전인 『설문해자(說文解字)』를 지었다.

95) 두도(杜度) : 후한 때의 제나라의 정승. 장초(章草)를 잘 쓰는 것으로 유명했다. 최원(崔瑗)과 장지(張芝)가 그의 제자이다.

96) 저소손(褚少孫) : 전한(前漢)시대의 학자. 『노시(魯詩)』를 배워 박사가 되었다. 『사기

서와 초서로 된 조서(詔書)를 삼가 논하여 편차(編次)를 정하여 뒤쪽에다 묶었다"라고 말한 것을 가지고서, 이에 "한나라 무제(武帝) 때 이미 초서가 있었다"라고 말했다. 그러나 일을 이해하는 사람은 '비침(裨諶)[97]이 문서를 기초(起草)하고', '굴원(屈原)[98]이 초고(草稿)를 지었다' 등에 쓰이는 '초(草)'자의 용례(用例)로 이해하고 있다. 그가 '진서(眞書 : 해서)'니 '초서'니 하고 대조적으로 말했지만, 한나라 무제 때 어찌 진서라는 명칭이 있었겠는가?

許叔重謂"漢興有草書.", 衛恆『書勢』謂草書"不知作者姓名, 至齊相杜度號善作篇."云云, 是草固不始於度矣. 或又以褚先生補『史記』嘗云"謹論次其眞草詔書, 編於左方.", 遂謂"孝武時已有草書.". 然解人第以'裨諶草創'·'屈原屬草稿'例之. 且彼以'眞'·'草'對言, 豈孝武時已有眞書之目耶?

40

장초(章草)[99]라고 할 때의 '장(章)'자는 장주(章奏 : 아뢰는 글)할 때의 '장'자를 가리키는 것이지, 장제(章帝)를 가리키는 '장'자는 아니다. 이 점에 대해서는 이전의 사람이 상세히 논했다. 세상에서 잘못 장초가 장제의 '장'에서 나온 것으로 여기는 것은, 『순화각첩(淳化閣帖)』[100]에 한 나라 장제의 글씨가 실려 있는 것을 보았기 때문이다. 장초가 비록 장제에게

(史記)』를 보완한 적이 있다.

97) 비침(裨諶) : 춘추시대 정(鄭)나라 대부. 『논어(論語)』에 "외교문서를 만들 때 비침(裨諶)이 처음으로 초(草)를 잡고[爲命, 裨諶草倉園]"라는 구절이 있다.

98) 굴원(屈原) : 전국시대 초(楚)나라의 문학가. 『초사(楚辭)』에 그의 사부(辭賦) 작품이 많이 들어 있다.

99) 장초(章草) : 초서의 한 종류인데, 예서의 맛이 남아 있다. 한(漢)나라 장제(章帝) 때 만들어졌다 하여 '장초'라 일컫는다는 설과, 『급취장(急就章)』이라는 책에 처음 쓰였다 하여 '장초'라 한다는 설이 있다.

100) 『순화각첩(淳化閣帖)』 : 북송 태종(太宗) 때 궁중에 소장하고 있던 왕희지 등 역대 저명한 서예가들의 글씨를 돌에 새겨 찍어낸 법첩(法帖). 현존하는 가장 오래된 법첩이다.

서 나온 것은 아니지만, 순화각첩에서 장제의 글씨라고 한 것은 장초를 모아서 만든 것이다. 『서단(書斷)』[101]에서 장백영(張伯英 : 張芝)을 일컬어, “초서를 잘 썼고, 더욱 장초에 능했다”라고 했다. 『순화각첩』에 실린 장지(張芝)의 글씨의 끝 부분은 글자 모양이 반듯하며 고르고 파책(波磔)이 분명하여 앞의 몇 단락과는 같지 않고, 도리어 장제(章帝)의 글씨라는 것과 같다. 끝 부분은 장초지만, 앞 부분은 초서라 일컬을 수 있겠다. 대개 장초는 붓을 사용하여 글자를 끝맺을 때 법식(法式)이 있는 것을 친다. 손과정(孫過庭)이, “장초는 마무리를 잘 하는 것으로 간편하다”라고 말했으니, 대개 마무리를 잘하지 못하면 경건하게 상소(上疏)하는 것이 되지 못하기 때문이다. 『순화각첩』에 실린 황상(皇象)[102]의 초서 역시 장초의 법식으로 쓴 것이다.

章草‘章’字, 乃章奏之章, 非指章帝, 前人論之備矣. 世誤以爲章帝, 由見閣帖有漢章帝書也. 然章草雖非出於章帝, 而閣帖所謂章帝書者, 當由集章草而成. 『書斷』稱張伯英“善草書, 尤善章草.” 『閣帖』張芝書末一段, 字體方匀, 波磔分明, 與前數段不同, 與所謂章帝書卻同. 末段乃是章草, 而前僅可謂草書. 大抵章草用筆結字, 取乎有制. 孫過庭言“章務檢而便.”, 蓋非檢不足以敬章也. 又如『閣帖』皇象草書, 亦章草法.

41

장초(章草)에는 사유(史游)[103]의 장초가 있다. 그의 『급취장(急就章)』은 예서의 속박을 벗어나 간략하게 썼지만, 예서의 서체를 아직 벗어나지

---

101) 『서단(書斷)』: 당(唐)나라 장회관(張懷瓘)이 지은 서예 이론서. 제1권에서는 열 가지 서체를 논하였고, 제2,3권에서는 역대의 서예가들을 신품(神品)·묘품(妙品)·능품(能品)으로 나누어 수록하였다.

102) 황상(皇象): 삼국시대 오(吳)나라 서예가. 자(字)는 휴명(休明). 장초(章草)가 신의 경지에 들어갔다. 「천발신참비(天發神讖碑)」가 그의 작품이라고 전해 온다.

103) 사유(史游): 전한 때의 서예가. 벼슬은 황문령(黃門令)에 이르렀다. 전해 오는 말에 그가 예서(隸書)로 『급취장(急就章)』을 빨리 쓰는 바람에 장초(章草)라는 용어가 생겨났다고 한다. 예서의 속박을 벗어나 예서를 해체시켰다.

못했다. 두도(杜度)의 장초가 있는데, 장제(章帝)가 그의 초서를 애호했기 때문에 장주(章奏 : 상소)를 할 때 초서로 쓰도록 했다. 이 때문에 장주(章奏)하는 글을 지을 때는 실제로 초서를 썼다. 장백영(張伯英 : 張芝)에 이르러서는 초서를 잘 썼는데 더욱 장초를 잘 썼다. 그래서 장회관(張懷瓘)[104]은 장백영(張伯英)을 일러 말하기를, "장초의 강건(剛健)한 골격은 하늘이 낸 것이고, 초서는 변화가 무궁하다"라고 하여, 다른 서예가와 다르다는 것을 알렸다.

章草, 有史游之章草, 蓋其『急就章』解散隸體, 簡略書之, 此猶未離乎隸也; 有杜度之章草, 蓋章帝愛其草書, 令上表亦作草書, 是用則章, 實則草也. 至張伯英善草書, 尤善章草. 故張懷瓘謂伯英"章則勁骨天縱, 草則變化無方.", 以示別焉.

42

황장예(黃長睿)[105]가 말하기를, "파책(波磔)을 나누어 그어낸 것은 장초(章草)이고, 그렇지 않은 것은 다만 초서라고 한다"라고 했다. 옛날 사람들 가운데는, "각각의 글자를 이어 쓰지 않은 것은 장초라 하고 서로 이어 쓴 것은 지금 사람들이 말하는 초서다"라고 말한 사람도 있다. 초서와 장초의 서체는 완전히 한 가지는 아니다. 세상의 서예 작품에는 두 가지가 서로 뒤섞인 것이 있으니, 이른바 용이라 하자니 뿔이 없고, 뱀이라 하자니 발이 있는 꼴이다.

黃長睿言"分波磔者爲章草, 非此者但謂之草." 昔人亦有謂"各字不連緜曰章草, 相連緜曰今草"者. 按草與章草, 體宜純一; 世俗書或二者相間, 乃所謂以爲龍又無角, 謂之蛇又有足者也.

---

104) 장회관(張懷瓘) : 당나라의 서예가. 벼슬은 한림원공봉(翰林院供奉)에 이르렀다. 글씨를 잘 썼고, 서예이론서인 『서단(書斷)』, 『평서약석론(評書藥石論)』 등을 지었다.

105) 황장예(黃長睿) : 북송의 서예가. 비서랑(秘書郎)을 지냈다. 글씨를 잘 썼고, 저서로는 『법첩감오(法帖勘誤)』, 『동관여론(東觀餘論)』 등이 있다.

43

한(漢)나라 시대 전서 작품인 「사삼공산비(祀三公山碑)」에 나오는 '루(屢)'자의 하반부는 행초(行草)의 형세를 띠고 있다. 예서로 쓰여진 「양맹문송(楊孟文頌)」[106]에 나오는 '명(命)'자와 「이맹초비(李孟初碑)」[107]에 나오는 '년(年)'자는 아래로 드리워진 필획이 길어서 글자 두 개 정도의 길이가 되니, 또한 초서와 비슷하다. 그러나 초서는 건초(建初)[108] 때 이미 출현했으므로 억지로 장주(莊周)가 곽상(郭象)의 저서에 주석을 달 수는 없는 것[109]이다.

漢篆「祀三公山碑」'屢'字, 下半帶行草之勢; 隸書「楊孟文頌」'命'字, 「李孟初碑」'年'字, 垂筆俱長兩字許, 亦與草類. 然草已起於建初時, 不當强以莊周注郭象也.

44

소자량(蕭子良)이 이르기를, "고서(藁書 : 草稿)란 것은 '동중서(董仲舒)[110]가 자연 재해를 이야기하려고 하였으나 초고(草稿)를 올리지 않았다'라고 했는데 그것이 곧 고서(藁書)다"라고 했다. 이 말을 살펴 보건대, 여기서 말한 '고서'라는 것은 그 글자의 서체는 알 수 없다. 알 수 있는 것

---

106) 「양맹문송(楊孟文頌)」: 보통 「석문송(石門頌)」이라고 일컫는다. 후한 건화(建和) 2년(148)에 새긴 마애석각(磨崖石刻)이다. 섬서성(陝西省) 포성현(褒城縣) 동북쪽 포사곡(褒斜谷) 석문(石門)의 절벽에 있다. 글자의 크기가 일정하지 않고 자연스럽고 가로 세로로 뻗어 나왔는데, '한나라 예서 중의 초서'라는 명칭이 있다.

107) 「이맹초비(李孟初碑)」: 후한 영흥(永興) 2년(154)에 세웠다. 하남성(河南省) 남양시(南陽市) 와룡강(臥龍岡) 한비정(漢碑亭)에 있다.

108) 건초(建初): 후한 장제(章帝)의 연호. 76~83년.

109) 장주(莊周)가 …… 없는 것: 장주는 전국시대 사상가 장자(莊子)로 『장자』라는 저서를 남겼는데, 진(晋)나라 곽상(郭象)이 주석을 달았다. 시대가 앞선 장자가 곽상의 저서에 주석을 달 수 없듯이, 건초(建初) 년간에 이미 초서가 존재했으므로, 건초 이후에 나온 위에 열거한 비석에 초서의 분위기가 있는 서체가 나타난다고 해서 새삼 언급할 것은 없다는 뜻이다.

110) 동중서(董仲舒): 전한 무제(武帝) 때의 유학자. 벼슬은 강도상(江都相)을 지냈다. 저서로는 『춘추번로(春秋繁露)』가 있다.

으로는 위속(韋續)이 "고서란 것은 행초(行草)의 글씨이다"라고 했는데, 옳은 것 같다.

蕭子良云: "藁書者, '董仲舒欲言災異, 藁草未上', 卽爲藁書." 按: 此所謂'藁', 其字體不可得而知矣. 可知者, 如韋續言"藁者行草之文.", 近是.

45

주흥사(周興嗣)[111]의 「천자문(千字文)」에 '두고종예(杜藁鍾隷)'[112]라는 구절이 있는데, 이때의 '고(藁)'자는 '초서'라는 뜻에 해당되는 것 같다. 그러나 황산곡(黃山谷)[113]이 안로공(顔魯公)[114]이 쓴 「제백부호주자사문고(祭伯父濠州刺史文藁)」를 두고 이르기를, "해서 행서 초서의 법이 다 갖추어져 있다"라고 했다. 그러니 '고(藁)'라는 글자의 뜻이 초서라는 한 가지에 국한하지 않는다는 것을 알 수 있다.

周興嗣「千字文」: '杜稿鍾隷', '藁'之名似乎惟'草'當之. 然黃山谷於顔魯公「祭伯父濠州刺史文稿」, 謂"其眞·行·草法皆備.", 可見'藁'不拘於一格矣.

46

서예가 가운데 전성(篆聖: 전서의 성인)이나 예성(隷聖: 예서의 성인)은 없

111) 주흥사(周興嗣): 남북조시대 양(梁)나라 학자. 벼슬은 시랑(侍郎)을 지냈다. 「천자문」은 본래 왕희지 글씨 천 자를 운자(韻字)에 맞추어 배열한 시이지, 책은 아니다. 전해오는 말에, 하룻밤 사이에 「천자문」을 짓고 머리가 허옇게 샜다 하여, 천자문을 일명 「백수문(白首文)」이라고 한다.

112) 두고종예(杜藁鍾隷): "후한의 두조(杜操)가 초서를 만들고, 삼국시대 위(魏)나라 종요가 예서(隷書)를 만들었다"는 뜻이다. 여기서 말하는 예서는 금예(今隷)로서 곧 해서(楷書)를 가리킨다.

113) 황산곡(黃山谷): 북송(北宋)의 문학가인 황정견(黃庭堅). 산곡은 그의 호이다. 서예에도 뛰어나 송대 사대 서법가로 일컬어진다. 저서로는 『산곡집(山谷集)』이 있다.

114) 안로공(顔魯公): 당나라의 서예가 안진경(顔眞卿). 노국공(魯國公)에 봉해졌다.

으나, 초성(草聖 : 초서에 있어서의 성인)은 있다. 대개 초서의 도(道)는 천변만화(千變萬化)하여 하나의 방식을 견지하여 따라하면 좋은 글씨와 더욱 멀어져 엉터리가 된다. 그러니 신명(神明)처럼 스스로 터득한 사람이 아니면 누가 능히 지극히 좋은 경지에 머무를 수가 있겠는가?

書家無篆聖・隷聖, 而有草聖. 蓋草之道千變萬化, 執持尋逐, 失之愈遠, 非神明自得者, 孰能止於至善耶?

47

다른 서체(書體)는 법도가 의경(意境)보다 많지만, 초서는 의경이 법도보다 많다. 그래서 초서를 잘못 말하는 사람은 의경과 법도를 서로 해치게 되고, 초서를 잘 말하는 사람은 의경과 법도를 서로 보완하여 완성한다. 초서의 의경과 법도는 전서・예서・해서 등의 의경과 법도와 서로 대대적(對待的) 관계[115]와 횡적으로 통하는 관계에 있다. 행서 같은 것은 본디 초서에 속하는 것이다.

他書法多於意, 草書意多於法. 故不善言草者, 意法相害; 善言草者, 意法相成. 草之意法, 與篆隷正書之意法, 有對待, 有旁通; 若行, 固草之屬也.

48

필획(筆劃)의 위치를 바꾸거나 필획을 증감하는 사례는 해서에 비해서 초서에 많이 있다. 초서를 배우는 사람들은 필획의 위치를 바꾸는 것에 대해서는 쉽게 알면서도 필획을 증감하는 것에 대해서는 매번 다 이해하지를 못한다. 대개 필획이 짧거나 길거나 굵거나 야위거나 하는 것을 변화시키는 것이 다 증감이지, 필획 하나를 더하거나 줄이는 것을 말하는 것은 아니다.

---

115) 대대적(對待的) 관계 : 서로가 상대적이면서도 서로가 서로를 필요로 하는 관계.

移易位置, 增減筆畫, 以草較眞有之, 以草較草亦有之. 學草者移易易知, 而增減每不盡解. 蓋變其短長肥瘦, 皆是增減, 非止多一筆少一筆之謂也.

49

초서는 글자 한 자의 짜임새에 있어서, 치우치게 하는 것을 귀하게 여기면서도 중정(中正)함을 얻어야 한다. 치우친다는 것은 글자 위쪽을 지나치게 높게 하거나 낮게 하는 것, 아래쪽을 지나치게 길게 하거나 짧게 하는 것, 글자의 양옆을 옆의 글자와 지나치게 다투는 듯이 하거나 지나치게 양보하는 듯이 하는 것이 다 그런 것이다.

草書結體貴偏而得中. 偏如上有偏高偏低, 下有偏長偏短, 兩旁有偏爭偏讓皆是.

50

속된 행서나 초서의 글자 짜임새를 맺는 것에 있어서 더욱 범하기 쉬운 것은 위쪽과 왼쪽을 작고 가늘게 하는 것, 아래쪽과 오른쪽을 크고 살찌게 하는 것, 가로 획 세로 획, 파(波)와 책(磔)을 만들 때 용필(用筆)의 경중(輕重)에 있어서도 또한 그러하다.

庸俗行草結字之體尤易犯者, 上與左小而瘦, 下與右大而肥. 其橫竪波磔, 用筆之輕重亦然.

51

옛날 사람들의 초서는 공백이 적으면 신운(神韻)이 고원(高遠)하고, 공백이 많으면 신운이 엄밀하다. 속된 글씨는 이와 반대이다.

古人草書, 空白少而神遠, 空白多而神密. 俗書反是.

52

회소(懷素)[116]가 초서에서 터득한 바를 스스로 서술한 것이 있는데, "여름 구름 가운데 기이한 봉우리가 많은 것을 일찍이 스승으로 삼았다"라고 했다. 그렇다면 초서를 배우는 사람들이 기이한 봉우리를 스승으로 삼으면 되겠는가? 안 된다. 왜냐하면 기이한 봉우리는 고정적인 모양이 있기 때문에, 고정적인 모양이 없는 여름 구름만 못한 것이다.

懷素自述草書所得, 謂"觀夏雲多奇峯, 嘗師之." 然則學草者徑師奇峯可乎? 曰 : 不可. 蓋奇峯有定質, 不若夏雲之奇峯無定質也.

53

옛날 사람들이 말하기를, "글씨의 모양을 만들 때는 모름지기 그 형태에 부합되도록 해야 하나니, 앉는 것처럼, 걸어가는 것처럼, 나는 것처럼, 움직이는 것처럼, 가는 것처럼, 오는 것처럼, 드러누운 것처럼, 일어나는 것처럼, 근심스런 것처럼, 기뻐하는 것처럼 나타내야 하되, 한 가지 모양이 되지 않도록 해야 한다. 한 가지 모양이 아닌 것 가운데서 서로 흘러 통하고 서로 비추어 크게 같은 것이 그 속에 존재하는 것이다. 그래서 초서를 잘 알아보는 사람은 글씨의 맥락을 더욱 중요하게 생각한다.

昔人言"爲書之體, 須入其形, 以若坐·若行·若飛·若動·若往·若來·若臥·若起·若愁·若喜, 狀之取不齊也. 然不齊之中, 流通照應, 必有大齊者存. 故辨草者, 尤以書脈爲要焉.

54

초서는 필력(筆力)을 더욱 중시한다. 대개 초서는 험(險)한 것을 숭상하는데, 무릇 사물 가운데서 험한 것은 쉽게 엎어진다. 그러니 큰 힘을

116) 회소(懷素) : 당나라의 승려. 초서를 잘 쓰는 것으로 유명하다. 작품으로 「자서첩(自敍帖)」, 「초서천자문(草書千字文)」 등이 있다.

갖추지 않으면 어떻게 그것을 견고하게 할 수 있겠는가?

草書尤重筆力. 蓋草勢尙險, 凡物險者易顚, 非具有大力, 奚以固之?

55

초서에서 사용되는 필획은 다른 서체에 옮겨놓을 만한 것이 하나도 없다. 그러나 다른 서체에서 사용되는 글씨의 의경(意境)은 초서에서는 이해하지 않은 것이 없어야 한다.

草書之筆畫, 要無一可以移入他書, 而他書之筆意, 草書卻要無所不悟.

56

풍수가 땅을 볼 때 먼저 용(龍)이 꿈틀거리는가 꿈틀거리지 않는가를 본다. 곧은 것은 꿈틀거리지 않는 것이고, 굽은 것은 꿈틀거리는 것인데, 초서에서 붓을 사용하는 방법도 마찬가지다. 현명한 풍수가 말하는 굽은 것 곧은 것과, 범속한 풍수가 말하는 굽은 것은 곧은 것 다른 것이다.

地師相地, 先辨龍之動不動, 直者不動而曲者動, 蓋猶草書之用筆也. 然明師之所謂曲直, 與俗師之所謂曲直異矣.

57

초서에서는 근절(筋節)[117]을 더욱 중시하는데, 만약 필획에 전환(轉換)이 없이 바로 흘러내린다면 근절이 없는 것이다. 기맥(氣脈)은 본래 이어지는 것을 숭상하지만, 아무튼 앞에 그은 필획은 이어지는 데가 있어야 하고, 뒤에 긋는 필획은 시작하는 데가 있어야 한다. 기맥이 분명하게 이어지거나 암암리에 끊어지는 것이지 되는 대로 쓰는 것이 아니다.

草書尤重筋節, 若筆無轉換, 一直溜下, 則筋節亡矣. 雖氣脈雅尙緜, 然總須使前筆有結, 後筆有起, 明續暗斷, 斯非浪作.

117) 근절(筋節) : 강하게 힘을 실은 필획이 굽은 곳이나 연결된 곳.

58

초서에서의 갈필(渴筆)[118]은 본래 비백체(飛白體)에서 근원한 것이다. 갈필을 쓸 때는 분명하고 신중해야 하는데, 그 이유는 갈필에서 시작되는 것이 아니다. 매양 한 글자를 만들어 나갈 때 반드시 글자마다 중봉(中鋒)[119]으로 쌍구(雙鉤)[120]로 하여 글자를 만들어 나가야 한다.

草書渴筆, 本於飛白. 用渴筆分明認眞, 其故不自渴筆始. 必自每作一字, 筆筆皆能中鋒雙鉤得之.

59

해서(楷書)는 안정(安靜) 속에서 동작(動作)을 다스리는 것이고, 초서는 동작 속에서 안정을 다스리는 것이다.

正書居靜以治動, 草書居動以治靜.

60

초서는 해서에 비교하면, 필획은 줄어들었지만 의미는 남아 있는 것이니, 필획 끼리 다투고 양보하고 서로 향하고 등지고 하는 가운데서 글씨의 이치를 터득하는 것이다.

草書比之正書, 要使畫省而意存, 可於爭讓向背間悟得.

61

초서를 쓰려고 하면 먼저 지혜를 던져 버리고 자기 몸을 잊어버리고 혼돈(混沌)[121]을 초월하여 도(道)의 근원에 접근한 다음에 붓을 대야 한다. 옛 사람이 "바쁘면 초서를 쓸 수 없다"라고 했는데, 그렇게 말하는

---

118) 갈필(渴筆): 먹물이 좀 적게 묻어 글씨 획에 흰 부분이 생기는 필획.

119) 중봉(中鋒): 글씨를 쓸 때 붓털의 끝이 필획의 중심을 지나가도록 붓을 바로 세워서 글씨를 쓰는 방법.

120) 쌍구(雙鉤): 검지와 중지가 붓대롱 앞으로 나가도록 붓을 잡는 방식.

121) 혼돈(混沌): 천지가 나누어지기 이전의 태고의 상태.

까닭이 있는 것이다.

欲作草書, 必先釋智遺形, 以至於超鴻濛, 混希夷, 然後下筆. 古人言 "匆匆不及草書.", 有以也.

62

무릇 글씨는 두 가지 종류이다. 전서(篆書)·팔분서(八分書)·해서(楷書)가 한 종류인데, 모두 다 상세하면서도 고요한 것이다. 행서와 초서가 한 종류이니, 간결하면서도 활동적인 것이다.

書凡兩種 : 篆·分·正爲一種, 皆詳而靜者也; 行·草爲一種, 皆簡而動者也.

63

「석고문(石鼓文)」[122]을 두고, 위응물(韋應物)[123]은 주(周)나라 문왕(文王)이 만든 북으로 보았고, 한퇴지(韓退之)[124]는 주나라 선왕(宣王)이 만든 북으로 보았다. 모두 주나라를 벗어나지 않았다. 그러나 『통지(通志)』[125]「금석략(金石略)」편의 서문에 이르기를, "삼대(三代 : 夏·殷·周) 이전에는 오직 솥이나 술단지 등 청동기에만 글자를 새겼는데, 진(秦)나라 사람들이 그 제도를 확대하여 북 모양의 돌을 사용하였고, 진시황(秦始皇)이 그 글을 상세히 싣고자 하여 큰 비석을 사용하게 된 것이다"라고 했다. 그

122) 「석고문(石鼓文)」: 춘추시대 진(秦)나라에서 만든 북 모양으로 된 열 개의 돌인데, 그 윗쪽에 사언시를 새겨 놓았다. 당나라 때 섬서성(陝西省) 보계(寶溪)의 삼치원(三峙原)에서 발견되었다. 원석(原石)은 북경 고궁박물원(故宮博物院)에 소장되어 있다.

123) 위응물(韋應物): 당나라 시인. 저서로 『위소주집(韋蘇州集)』이 있다. 「석고문」을 두고 「석고가(石鼓歌)」라는 한시를 읊었는데, 「석고문」을 주나라 선왕(宣王)이 만든 것으로 보았다. 『예개(藝槪)』 본문에서 "문왕이 만든 것으로 보았다"라고 한 것은 『예개(藝槪)』의 저자가 착오를 일으킨 것이다.

124) 한퇴지(韓退之): 당나라의 문학가 한유(韓愈). 퇴지는 그의 자. 호는 창려(昌黎). 당송팔대가(唐宋八大家)의 한 사람. 저서로는 『창려집(昌黎集)』이 있다.

125) 『통지(通志)』: 북송의 정초(鄭樵)가 지은 분류사.

래서 『금석략(金石略)』에서 진(秦)나라의 전서 작품의 목록을 나열하면서 「석고문」을 맨 첫머리에 실었다. 그러나 진나라가 석고(石鼓)를 사용하였다는 것은, 사리상 혹 그럴 수 있다. 그러나 '아거기동(遬車旣同 : 내 수레는 이미 같고)'이 새겨진 석고를 「금석략」을 지은 정초(鄭樵)가 직접 보지는 못했던 것이다. 그렇지 않다면 「석고문」의 말이 순박하고 글자가 예스러운 것이 어째서 큰 비석과 완전히 다르겠는가?

石鼓文, 韋應物以爲文王鼓, 韓退之以爲宣王鼓, 總不離乎周鼓也. 而『通志』金石略序云 : "三代而上, 惟勒鼎彝, 秦人始大其制而用石鼓, 始皇欲詳其文而用豐碑." 故「金石略」列秦篆之目, 以「石鼓」居首. 夫謂秦用鼓, 事或有之, 然未見卽爲'遬車旣工'之鼓. 不然, 何以是鼓之辭醇字古, 與豐碑顯異耶?

64

「사무함대추문(祀巫咸大湫文)」126)은 속칭 「저초문(詛楚文)」인데, 글씨의 서체가 대전(大篆)과 소전(小篆)의 중간쯤 된다. 소전을 논하는 사람들은 "소전은 진(秦)나라에서 시작되었지 이사(李斯)에서 시작된 게 아니다"라고 말하며, 이 글을 인용하여 증거로 삼는다. 대개 진(秦)나라 혜문왕(惠文王) 때의 글씨다. 그러나 『통지(通志)』의 「금석략(金石略)」에서는 이사가 쓴 전서(篆書)로 되어 있는데, 반드시 고증한 바가 있을 것이리라.

「祀巫咸大湫文」, 俗呼「詛楚文」, 字體在大小篆閒. 論小篆者, 謂"始於秦, 而不始於李斯.", 引此文爲證, 蓋以爲秦惠文王時書也. 然『通志』「金石略」作李斯篆, 其必有所考與?

65

『순화각첩(淳化閣帖)』에서는 정막(程邈)127)의 예서(隸書)를 해서로 해

126) 「사무함대추문(祀巫咸大湫文)」 : 진(秦)나라의 석각문(石刻文). 진나라 왕이 초(楚)나라 군사를 이기게 도와달라고 비는 내용의 글을 돌에 새겼다.

놓았다. 대개 장회관(張懷瓘)이 "정막이 글자를 아뢴 것은 모두 바른 글자였다"라는 말 때문인 것 같다. 그러나 한(漢)나라의 예서인 「개통포사도석각(開通褒斜道石刻)」[128] 같은 것은 어찌 해서가 아니던가? 어찌 후세의 해서와 다르지 않은 적이 있던가?

『閣帖』以正書爲程邈隷書, 蓋因張懷瓘有"程邈造字皆眞正."之言. 然如漢隷「開通褒斜道石刻」, 其字何嘗不眞正哉! 亦何嘗不與後世之正書異也!

66

한(漢)나라 사람의 글씨는 예서가 많고 전서는 적다. 전서는 서체가 네모나고 납작하여 점차 예서로 변해갔다. 오직 「소실(少室)」[129]과 「개모(開母)」[130] 등 두 바위 동굴에 새긴 명(銘)은 고아(高雅)하고 깨끗하여 법도가 있는데, 상채(上蔡) 사람인 이사(李斯)의 서체의 법식이 이것과 거리가 멀지 않다는 것을 약간 느낄 수 있다.

漢人書隷多篆少, 而篆體方扁, 每駸駸欲入於隷. 惟「少室」·「開母」兩石闕銘, 雅潔有制, 差覺上蔡法程於茲未遠.

67

『집고록(集古錄)』의 발문(跋文) 끝에 이르기를, "우리 집에 옛 것을 수

127) 정막(程邈) : 진(秦)나라의 옥리(獄吏). 죄를 지어 옥중에 있으면서 예서(隷書) 3천 자를 만들어 진시황(秦始皇)에게 바쳐 어사(御史)로 임명되었다.

128) 「개통포사도석각(開通褒斜道石刻)」 : 일명 「석문명(石門銘)」이라고 한다. 북위(北魏) 영평(永平) 2년(509)에 섬서성(陝西省) 서쪽 포사도(褒斜道) 석문(石門) 위에 새긴 마애석각(磨崖石刻). 서체는 해서로 되어 있다. 본문에서 "한(漢)나라 예서"라 하였는데, 석각이 여러 개 있을 것이다.

129) 「소실(少室)」 : 정식 명칭은 「소실석궐명(少室石闕銘)」이다. 후한 때의 석각으로 하남성(河南省) 등봉현(登封縣)에 있는데, 전서로 되어 있다.

130) 「개모(開母)」 : 정식 명칭은 「개모묘석궐명(開母廟石闕銘)」이다. 후한 때의 석각 작품으로 하남성 등봉현에 있는데, 전서로 되어 있다.

집하여 기록한 것 가운데 삼대(三代: 夏·殷·周) 이래의 종(鍾) 솥 술동이 그릇 등에 새겨진 명(銘)이 갖추어져 있다. 후한(後漢) 이후에 이르러서야 비로소 비문이 있게 된다. 전한 시대의 비갈(碑碣)을 구하려고 해도 끝내 얻을 수가 없었다. 이는 무덤의 비석은 후한 이후부터 비로소 있기 시작한 것이다"라고 했다. 살펴 보건대, 전한시대의 묘비(墓碑)는 본디 없다. 다른 석각(石刻)도 적다. 이런 점이 「노효왕각석(魯孝王刻石)」[131]의 광채와 값을 높이는 까닭이다.

『集古錄』跋尾云: "余家集古所錄三代以來鐘鼎彝器銘刻備有, 至後漢以來始有碑文, 欲求前漢時碑碣, 卒不可得, 是則冢墓碑自後漢以來始有也." 案: 前漢墓碑固無, 卽他石刻亦少, 此「魯孝王之片石」所以倍增光價與!

68

한(漢)나라 비석 가운데서 글씨의 맛이 쓸쓸하고 산만한 것으로는 「한칙비(韓敕碑)」[132]와 「공주비(孔宙碑)」[133] 같은 것이 있고, 엄밀하기로는 「형방비(衡方碑)」[134]와 「장천비(張遷碑)」[135] 같은 것이 있는데, 모두 예서 가운데서 훌륭한 것들이다. 「화산묘비(華山廟碑)」[136] 같은 것은 우

---

131) 「노효왕각석(魯孝王刻石)」: 일명 「오봉각석(五鳳刻石)」이라고 한다. 전한시대의 석각(石刻) 작품으로 지금 산동성 곡부(曲阜)의 공묘(孔廟) 왼쪽 회랑에 보관되어 있다. 예서이면서도 전서의 분위기를 띠고 있고, 파책(波磔)이 없다.

132) 「한칙비(韓敕碑)」: 보통 「예기비(禮器碑)」라고 부르는데, 후한 영수(永壽) 2년(156)에 예서로 새긴 것이다. 산동성 곡부(曲阜) 공묘(孔廟) 왼쪽 회랑에 보관되어 있다.

133) 「공주비(孔宙碑)」: 후한 연희(延熹) 7년(164)에 예서로 새긴 비석. 현재 산동성 곡부(曲阜) 동문문(同文門) 동쪽에 서 있다.

134) 「형방비(衡方碑)」: 후한 건녕(建寧) 원년(168)에 세운 비석. 주등(朱登)이 예서로 쓴 것인데, 산동성 태안시(泰安市) 대묘(岱廟)에 있다.

135) 「장천비(張遷碑)」: 후한 중평(中平) 3년(186)에 예서로 써서 세운 것인데, 지금 원비(原碑)는 없어지고, 번각본(飜刻本)만 남아 있다.

136) 「화산묘비(華山廟碑)」: 후한 연희(延熹) 8년(165)에 서악(西岳) 화산(華山)에 세운 예서로 된 비석. 원비(原碑)는 1555년 지진으로 훼손되고 지금은 뒷면 일부만 남아 있다. 서법이 엄정하고 단아한 가운데 변화가 있어 예서를 배우는 사람들이 중요하게 여기고

람하면서도 기운이 뭉쳐 있고, 유리(流利)하면서도 표일(飄逸)하고 질탕(跌宕)하며 변화가 많아 그 의미가 더욱 무궁무진하다.

漢碑蕭散如「韓勑」·「孔宙」, 嚴密如「衡方」·「張遷」, 皆隸之盛也. 若「華山廟碑」, 旁礴鬱積, 瀏灕頓挫, 意味尤不可窮極.

69

「화산비(華山碑)」[137], 「곽태비(郭泰碑)」[138], 「하승비(夏承碑)」, 「부각비(郙閣碑)」[139], 「노준비(魯峻碑)」[140], 「희평석경(熹平石經)」[141], 「범식비(范式碑)」[142] 등 여러 비석은 모두 세상에서 채옹(蔡邕)의 글씨라고 한다. 「을영비(乙瑛碑)」[143], 「한칙비(韓敕碑)」, 「상존호비(上尊號碑)」[144], 「수선비(受禪碑)」 등 여러 비석은 모두 세상에서 종요(鍾繇)의 글씨라고 한다. 채옹이 죽은 것과 종요가 처음 벼슬한 것은 모두 한(漢)나라 헌제(獻帝, 190~219) 초기다. 한나라 비석을 이야기하는 사람들은, 전기의 비석을 만나면 곧 채옹의 글씨라 여기고, 후기의 비석을 만나면 종요의 글씨로 치는데 억지로 끌어다 붙였으면서도 그럴 듯하다. 「을영비」나 「한칙비」 등 두 비석은 종요가 태어나기 이전에 만들어진 것이고, 「범식비」는 채

있다.

137) 「화산비(華山碑)」: 즉 「화산묘비(華山廟碑)」이다.

138) 「곽태비(郭泰碑)」: 「곽유도비(郭有道碑)」 또는 「곽임종비(郭林宗碑)」라고도 한다. 후한 건녕(建寧) 2년(169)에 예서로 써서 새긴 비석. 원비(原碑)는 없어지고, 중각본(重刻本)만 남아 있다.

139) 「부각비(郙閣碑)」: 후한 건녕(建寧) 5년(172)에 예서로 쓴 마애석각(磨崖石刻).

140) 「노준비(魯峻碑)」: 일명 「노충혜비(魯忠惠碑)」이라고 한다. 후한 희평(熹平) 2년(173) 예서로 새긴 석각.

141) 「희평석경(熹平石經)」: 후한(後漢) 희평(熹平) 연간에 돌에 새긴 유교경전. 글씨는 예서로 되어 있고, 글씨를 쓴 사람은 채옹(蔡邕)이다.

142) 「범식비(范式碑)」: 일명 「범거경비(范巨卿碑)」라고도 한다. 삼국시대 위(魏)나라에서 청룡(青龍) 3년(235) 예서로 세운 비석.

143) 「을영비(乙瑛碑)」: 후한 영흥(永興) 원년(153) 예서로 세운 비석.

144) 「상존호비(上尊號碑)」: 일명 「권진비(勸進碑)」라고 한다. 삼국시대 위(魏)나라에서 예서로 세운 비석. 양곡(梁鵠) 및 종요(鍾繇)의 글씨라고 전해 온다.

옹이 죽은 뒤에 만들어진 것이니, 더욱 이해하기 어렵다. 그러나 옛날 사람들 가운데서 이 문제를 해결한 사람이 있었다.

「華山」·「郭泰」·「夏承」·「郙閣」·「魯峻」·「石經」·「范式」諸碑, 皆世所謂蔡邕書也. 「乙瑛」·「韓勑」·「上尊號」·「受禪」諸碑, 皆世所謂鍾繇書也. 邕之死, 繇之始仕, 皆在獻帝初. 談漢碑者, 遇前輒歸蔡, 遇後輒歸鍾, 附會猶爲近似. 至「乙瑛」·「韓勑」二碑, 時在鍾前, 「范式碑」時在蔡後, 則尤難解, 然前人固有解之者矣.

70

채옹은 통달했고, 종요는 치밀하다. 나는 "두 사람의 글씨는 도(道)를 같이 한다"라고 생각한다. 통달했으면서도 바늘 하나 꽂을 데를 용납하지 않고, 치밀하면서도 말을 달릴 수 있다. 이는 마땅히 신운(神韻)에서 분변할 일이다.

蔡邕洞達, 鍾繇茂密. 余謂"兩家之書同道.", 洞達正不容鍼, 茂密正能走馬. 此當於神者辨之.

71

종요(鍾繇)나 양곡(梁鵠)의 글씨라고 일컫는 것으로 반드시 「을영비(乙瑛碑)」와 「공선비(孔羨碑)」[145] 두 비석을 추천하는데, 하나는 정신이 뛰어났고, 하나는 골격이 단련되었기 때문이다. 「을영비」는 종요가 태어나기 이전에 만들어진 것이니, 나중에 추가로 세운 것이 아니라면 종요의 손에서 나오기는 힘든 것이다. 「공선비」는 더욱 의심할 것도 없이 양곡의 글씨가 아니다. 「상존호비(上尊號碑)」 및 「수선비(受禪碑)」는 글씨 쓴 사람이 종요인지 양곡인지는 전해 오는 이야기가 일정하지 않다. 글

145) 「공선비(孔羨碑)」: 「노공자묘비(魯孔子廟碑)」라고도 한다. 삼국시대 위(魏)나라 황초(黃初) 원년(220)에 공선(孔羨)이 공자 사당을 수리하고 세운 비석인데, 예서로 쓰여졌다. 지금 산동성 곡부(曲阜) 동문문(同文門) 서쪽에 있다.

씨가 좋을수록 말썽이 더욱 많아진다. 글씨가 사람에게 피해를 주는 것이 아니라, 사람이 글씨에 피해를 줄 따름이다.

稱鍾繇·梁鵠書者, 必推「乙瑛」·「孔羨」二碑, 蓋一則神超, 一則骨鍊也. 「乙瑛碑」時在鍾前, 自非追立, 難言出於鍾手. 至「孔羨」則更無疑其非梁書者. 「上尊號碑」及「受禪碑」, 書人爲鍾爲梁, 所傳無定. 其書愈工而垢彌甚, 非書之累人, 乃人之累書耳.

72

해서와 행서는 종요의 글씨에서 처음 보이는데, 그의 글씨는 대교약졸(大巧若拙) 격이라, 후세 사람들이 따라갈 수가 없나니, 이에 앞서 팔분서(八分書)에서 따라갈 수 없었기 때문이다. 손과정(孫過庭)의 『서보(書譜)』에서, "원상(元常 : 鍾繇의 字)은 초서를 쓰지 않는다"라고 했는데, 이는 대개 백혼무인(伯昏無人)[146]이 이른바 "쏘지 않는 쏨[不射之射]"이다.

正·行二體始見於鍾書, 其書之大巧若拙, 後人莫及, 蓋由於分書先不及也. 過庭『書譜』謂"元常不草.", 殆亦如伯昏無人所云"不射之射"乎?

73

최자옥(崔子玉)[147]의 「초서세(草書勢)」에 이르기를, "호방(豪放)하여 얽매이지 않으면 기이한 글씨를 낳는다"라고 했고, 또 "한 획도 고치거나 옮겨서는 안 된다"라고 했다. '기이한 것'과 '한 획도 고치거나 옮겨서는 안 된다'라는 두 가지 특징을 합쳐서 하나로해야 하는데 그렇게 하기가 어렵다. 지금 최자옥의 초서를 찾고자 한다면, 『순화각첩(淳化閣帖)』에서 모사(摹寫)하는 것 이외에도 적지 않게 볼 수 있다. 이 두 가지 말의 기주에 일정한 과정을 거치면 도달할 수 있고, 충분히 절묘한 글

146) 백혼무인(伯昏無人) : 춘추시대 정(鄭)나라 사람.

147) 최자옥(崔子玉) : 후한의 서예가 최원(崔瑗). 자옥은 자. 초서를 잘 썼는데, 두도(杜度)를 사사하여 두도와 제명(齊名)하였으므로, 세상에서 '최두(崔杜)'라고 일컬었다.

씨에 해당될 수 있는 점이 많다.

崔子玉「草書勢」云: "放逸生奇.", 又云: "一畵不可移." '奇'與'不可移'合而一之, 故難也. 今欲求子玉草書, 自『閣帖』所摹之外, 不少槩見, 然兩言津逮, 足當妙蹟已多矣.

74

장백영(張伯英 : 張芝)의 초서는 한 줄 건너서도 끊어지지 않는데, 이를 일러 일필서(一筆書)라고 한다. 한 줄 건너서까지 끊어지지 않게 쓰는 것은 글씨체가 고른 사람인 경우에는 오히려 쉽지만, 크고 작고, 성기고 빽빽하고, 짧고 길고, 살찌고 야위고 하는 것이 잠시 사이에 만 가지로 변하는데도, 능히 잠겨 있는 기운이 안으로 구른다. 그래서 신묘(神妙)한 경지라 일컫는 것이다.

張伯英草書隔行不斷, 謂之一筆書 蓋隔行不斷, 在書體均齊者猶易, 惟大小疏密, 短長肥瘦, 倏忽萬變, 而能潛氣內轉, 乃稱神境耳.

75

종요(鍾繇)의 글씨를 평가하는 사람들은 "품덕(品德)은 고상한 군자 같고, 용모는 어리석은 사람 같다"라고 하는데, 이는 알기 쉽다. 장지(張芝)의 글씨를 평하는 사람들은 "공수반(公輸班)[148]이 집을 짓는 것 같아서 더하거나 줄일 수 없다"라고 하는데, 이것은 알기 어렵다. 그러나 종요의 글씨에서는 졸렬함 속에서 정취를 탐구할 수 있다면, 장지의 글씨에서는 호방(豪放)한 가운데 들어 있는 규칙을 터득할 수 있을 것이다.

評鍾書者, 謂"如盛德君子, 容貌若愚.", 此易知也. 評張書者, 謂"如班輸構堂, 不可增減.", 此難知也. 然果能於鍾究拙中之趣, 亦漸可於張得放中之矩矣.

---

148) 공수반(公輸班) : 노(魯)나라의 솜씨 좋은 목수.

76

진(晋)나라의 예서(隸書)는 남조(南朝) 송(宋)나라나 제(齊)나라에서 계승하기 어려운 바였으나, 손부인비(孫夫人碑)[149] 및 「여망표(呂望表)」[150] 등은 진나라 예서 가운데서 가장 뛰어난 것이다. 논평하는 사람들이 여기기를, "우뚝하고 정돈되고 뛰어나서, 양곡(梁鵠)과 종요에 견줄 수 있다"라고 하는데, 지나친 말은 아니다.

晉隸爲宋·齊所難繼, 而孫夫人碑及「呂望表」尤爲晉隸之最. 論者以"其峻整超逸, 分比梁·鍾.", 非過也.

77

삭유안(索幼安)[151]의 팔분서(八分書)는 옛날 사람들이 위탄(韋誕)[152]·종요(鍾繇)·위관(衛瓘)[153] 등과 비교하였는데, 더욱이 초서의 조예가 최고였다. 그가 지은 「초서장(草書狀)」에 이르기를, "혹은 뜻이 크고 비범하여 무리와 어울리지 못하는 것 같고, 혹은 일상적인 법도를 점검하는 것 같다"라고 했다. 오직 뜻이 크고 기개가 높을수록 더욱 스스로 점검해야 하는데, 이런 것이 능히 뜻이 크고 기개가 높게 될 수 있는 점이다.

索幼安分隸, 前人以韋誕·鍾繇·衛瓘比之, 而尤以草書爲極詣. 其自作「草書狀」云 : "或若俶儻而不群, 或若自檢其常度." 惟俶儻而彌自檢, 是其所以眞能俶儻與?

---

149) 「손부인비(孫夫人碑)」: 「임성태수손부인비(任城太守孫夫人碑)」이다. 진(晋)나라 태시(泰始) 8년(272)에 예서로 세웠는데, 지금 산동성 임성현(任城縣)의 현학(縣學)에 있다.

150) 「여망표(呂望表)」: 정식 명칭은 「제태공여망표(齊太公呂望表)」이다. 진(晋)나라 때 예서로 세웠다. 지금 하남성 급현(汲縣) 공묘(孔廟)에 있다.

151) 삭유안(索幼安) : 진(晋)나라의 서예가 삭정(索靖). 유안은 그의 자. 벼슬은 정서사마(征西司馬)를 지냈다. 특히 장초(章草)에 뛰어났다.

152) 위탄(韋誕) : 삼국시대 위(魏)나라의 서예가. 장지(張芝)의 글씨를 배워 현액(懸額) 글씨를 잘 썼다.

153) 위관(衛瓘) : 진(晋)나라 정치가. 벼슬은 사공(司空)에 이르렀다, 초서를 잘 썼다.

78

삭정(索靖)의 글씨는 마치 회오리바람 속에서 문득 독수리가 솟아올라 나는 것 같다. 굳세면서도 무르녹는 것의 극치다. 논평하는 사람들은 그를 추앙하여 북파(北派)[154]의 으뜸으로 치고, 구양신본(歐陽信本)[155]은 그 지파(支派)로 쳤는데, 이야기가 옳은 듯하다. 그러나 구양순(歐陽詢)이 삭정이 쓴 글씨 밑에 자리를 깔고 삭정이 쓴 글씨를 삼일 동안 보았다는 일은 꼭 인용할 필요가 없다.

索靖書如飄風忽擧, 鷙鳥乍飛, 其爲沈著痛快極矣. 論者推之爲北宗, 以歐陽信本書爲其支派, 說亦近是. 然三日觀碑之事, 不足引也.

79

왕희지(王羲之)의 작품인 「악의론(樂毅論)」, 「화상찬(畫像贊)」, 「황정경(黃庭經)」, 「태사잠(太師箴)」, 「난정서(蘭亭序)」,[156] 「고서문(告誓文)」 등에 대해서, 손과정(孫過庭)이 『서보(書譜)』에서 논하여, 그 뜻과 신비로운 생각을 정밀하고 깊게 궁구하였다. 왕희지에게 있어서는 사물의 정(情)에 순응하는 것이 되지만, 손과정에게 있어서는 지식의 근원이 될 것이다.

右軍「樂毅論」·「畫像贊」·「黃庭經」·「太師箴」·「蘭亭序」·「告誓文」, 孫過庭『書譜』論之, 推極情意神思之微. 在右軍爲因物, 在過庭亦爲知本也已.

---

154) 북파(北派) : 중국 남북조시대 비석을 중시하는 북조 여러 나라의 서예의 일파. 글씨가 법도를 중시하며 졸박(拙樸)한데, 비석 묘지명이나 제액(題額) 등의 작품이 많다.

155) 구양신본(歐陽信本) : 당나라의 저명한 서예가 구양순(歐陽詢). 신본(信本)은 자.

156) 「난정서(蘭亭序)」 : 진(晋)나라 왕희지(王羲之)가 쓴 행서 작품. 「난정서(蘭亭叙)」, 「난정집서(蘭亭集序)」, 「계첩(禊帖)」 등의 이칭이 있다. 353년 왕희지가 당시의 명사 41인과 더불어 회계(會稽) 산음(山陰)의 난정(蘭亭)에 모여 계모임을 열고 술을 마시고 시를 지었다. 이때 지은 시집에 붙인 서문에 해당되는데, 왕희지가 술이 반쯤 취한 상태에서 홍을 일으켜 잠견지(蠶繭紙)에 서수필(鼠鬚筆)로 즉석에서 쓴 작품이다. '천하제일행서(天下第一行書)'라는 칭송을 듣는다. 원본은 당(唐)나라 태종(太宗)이 죽으면서 자기 능 속에 부장(副葬)하도록 하였으므로, 지금 세상에 전하는 「난정서」는 모두 당 태종 때 임모(臨摹)한 것이다.

80

왕희지가 스스로 말하기를, "이사(李斯) · 조희(曹喜)[157] · 양곡(梁鵠) 등의 글씨를 보고, 종제 왕흡(王洽)[158]의 집에서 채옹(蔡邕)이 쓴 「희평석경(熹平石經)」을 보고, 장창(張昶)[159]이 쓴 「화악비(華岳碑 : 西岳華山廟碑)」를 보았다"라고 했는데, 이는 그의 글씨에 도움을 받은 것이 많았다는 것이다. 어떤 사람은 "왕도(王導)[160]가 「선시표(宣示表)」[161]를 휴대하고 양자강(揚子江)을 건너왔다"라고 여겼는데, 동진(東晋)의 서예 수준은 이 「선시표」에서 벗어나지 못했다라는 점으로 말한 것이다. 이는 암암리에 왕희지를 비판한 것이었다. 대개 왕희지의 글씨가 종요(鍾繇)의 테두리에서 벗어나지 못한 것을 볼 수 있는데, 「선시표」 역시 종요 글씨 가운데서 십분지일에도 미치지 못하는 수준의 것이다. 다만 마음을 공평하게 하여 논한다면, 왕희지의 글씨는 당연히 종요의 글씨에서 벗어나지 못했다.

右軍自言"見李斯 · 曹喜 · 梁鵠等字, 見蔡邕「石經」於從弟洽處, 復見張昶「華嶽碑」, 是其書之取資博矣." 或第以爲"王導攜「宣示表」過江", 輒謂東晉書法不出此表., 以隱寓微辭於逸少. 蓋以見王書不出鍾繇之外, 而「宣示」之在鍾書, 又不及十一也. 然使平情而論, 當不出此.

---

157) 조희(曹喜) : 후한의 서예가. 벼슬은 비서랑(秘書郎)을 지냈다. 전서를 잘 써 천하에 이름이 났다. 「필론(筆論)」이라는 글을 남겼다.

158) 왕흡(王洽) : 왕도(王導)의 아들로 벼슬은 중서령(中書令)을 지냈다. 글씨를 잘 썼다.

159) 장창(張昶) : 후한의 서예가. 장지(張芝)의 아우로 벼슬은 황문시랑(黃門侍郎)을 지냈다. 초서를 잘 썼다. 장지를 초성(草聖), 장창을 아성(亞聖)이라고 세상에서 일컬었다. 세상에 전해오는 장지의 초서 가운데서 실제로 장창의 글씨가 많다.

160) 왕도(王導) : 동진(東晋) 초기의 승상. 행서와 초서를 잘 썼다. 진(晋)나라가 북쪽의 이민족에게 밀려 양자강(揚子江)을 건너 남쪽으로 옮겨가 남경(南京)에 수도를 정하게 되었을 때 왕도는 옷 띠 속에다 종요(鍾繇)의 「선시표(宣示表)」를 감추어 가지고 왔다 한다.

161) 「선시표(宣示表)」 : 삼국시대 위(魏)나라 종요(鍾繇)의 해서 작품.

81

왕희지의 글씨는 말 없는 가운데 사시(四時)의 기운이 다 갖추어져 있다. 이른바 "진실로 중화(中和)의 기운을 진실로 법도로 삼은 것"이다. 형편 되는 대로 굳세게도 하고 약하게도 하겠다는 마음 자세로 배우려고 한다면, 결국 되지 않을 것이다.

右軍書不言而四時之氣亦備, 所謂"中和誠可經"也. 以毗剛毗柔之意學之, 總無是處.

82

왕희지의 글씨를 두 마디 말을 가지고 논평한다면, "힘은 만 명의 사내를 꺾고, 기운(氣韻)은 천고(千古)에 높다"라고 할 수 있다.

右軍書以二語評之, 曰 : "力屈萬夫, 韻高千古."

83

왕희지의 도량(度量)은 치공(郗公)[162]이 사위감을 구할 때 나타났다. 동쪽 사랑에서 배를 드러내고 누워서 마치 사윗감 구하러 왔다는 말을 듣지 못한 것처럼 했다. 그의 글씨가 고요하면서도 절묘한 것이 많은 것은 당연하다. 왕희지의 경륜(經綸)은 사안(謝安)[163]에게 쓸데없는 이야기로 직무를 폐기하고 부화한 글은 요점에 방해가 된다고 간한 데서 나타났으니, 그의 글씨가 충실하면서도 옳은 것을 구하는 것이 당연하다 하겠다.

---

162) 치공(郗公) : 왕희지의 장인 치감(郗鑒). 벼슬은 태부(太傅)를 지냈다. 그의 제자로 하여금 왕도(王導)의 집에 가서 사윗감을 구하도록 했는데, 왕도가 동쪽 사랑에 가서 마음대로 구하도록 했다. 왕씨 집안의 자제들이 사윗감 구하러 왔다는 말을 듣고 제 나름대로 용모에 신경을 썼지만, 왕희지는 배를 드러내고 그대로 누워 있었다. 이 때문에 사위로 발탁되었다.

163) 사안(謝安) : 동진(東晋)의 정승. 자는 안석(安石). 왕희지(王羲之)와 절친하였고, 초서를 잘 썼다. 서예작품「육월첩(六月帖)」등이 남아 전한다.

羲之之器量, 見於郗公求壻時, 東牀坦腹, 獨若不聞, 宜其書之靜而多妙也. 經綸見於規謝公以虛談廢務, 浮文妨要, 宜其書之實而求是也.

84

당나라 태종(太宗)이 지은 「왕희지전론(王羲之傳論)」에서, "소자운(蕭子雲)[164]은 장부의 기개가 없다"라고 말함으로써, 왕희지는 진선진미(盡善盡美)하다는 것을 밝혔다. 후세에 왕희지와 비슷하다고 이름하는 사람들은 장부의 기개가 없는 정도가 소자운보다도 더 심하다. 그래서 창려(昌黎) 한유(韓愈)의 "왕희지의 속된 글씨는 고운 모양만 추구했네[羲之俗書趁姿媚][165]"라는 시구가 있게 되었다. 그러나 왕희지가 그 허물을 덮어써야 할 것은 아니다.

唐太宗著「王羲之傳論」謂"蕭子雲無丈夫氣.", 以明逸少之盡善盡美. 顧後來名爲似逸少者, 其無丈夫之氣甚於子雲, 遂致昌黎有"羲之俗書趁姿媚."之句, 然逸少不任咎也.

85

황산곡(黃山谷)이 이르기를, "대령(大令)[166]의 초서는 백영(伯英: 張芝의 자)에 아주 접근했다"라고 했다. 이 때문에 중간에 글씨를 논하는 사람들이 왕희지의 초서는 능품(能品)에 들어갔고, 왕헌지의 초서는 신품(神品)에 들어갔다고 생각하게 되었다. 내가 생각건대 왕헌지가 기발함을 독차지한 것은 실로 초서에 있다. 그러나 왕헌지의 글씨를 논하면서 꼭 왕희지와 서로 비교할 필요는 없다.

黃山谷云: "大令草書殊迫伯英." 所以中間論書者, 以右軍草入能品,

---

164) 소자운(蕭子雲): 남북조시대 양(梁)나라의 서예가. 벼슬은 시중(侍中)에 이르렀다. 초서와 예서를 잘 써 세상의 표준이 되었다.

165) 한유(韓愈)의 「석고가(石鼓歌)」 맨 마지막 구절임.

166) 대령(大令): 왕민(王珉)이 왕헌지(王獻之)를 대신해서 늘 중서령(中書令)을 겸하고 있었다. 당시 사람들이 왕헌지를 대령(大令), 왕민을 소령(小令)이라고 일컬었다.

而大令草入神品. 余謂大令擅奇固尤在草, 然論大令書不必與右軍相較也.

86

왕헌지의 「낙신부(洛神賦)」[167] 13행을 두고, 황산곡(黃山谷)은 "송선헌공(宋宣獻公)[168]이나 주선부(周膳部)[169] 등도 조금만 필력(筆力)을 더하면 역시 그 정도에는 미칠 수 있다"라고 했다. 이것은 말을 너무 쉽게 한 것 같지만, 왕헌지의 글씨는 아름답고 절묘한 점에 있어서만 뛰어나지 않았다는 것을 밝히는 말이다. 그의 「보모전지(保母磚志)」[170]는 요즈음 비록 모사본이 있지만 오히려 굳세고 질박한 분위기가 있다. 진(晋)나라 글씨[171]를 배우는 사람은 더욱 마땅히 굳세고 질박한 것을 우선으로 해야 할 것이다.

大令「洛神」十三行, 黃山谷謂"宋宣獻公·周膳部少加筆力, 亦可及此." 此似言之太易, 然正以明大令之書, 不惟以姸妙勝也. 其「保母磚志」, 近代雖祇有摹本, 卻尙存勁質之意. 學晉書者, 固尤當以勁質先之.

87

청렴한 것을 다른 사람들이 모를까 두려워하는데, 다른 사람들이 알까 두려워하는 것보다 못하다. 자경(子敬 : 왕헌지의 字)의 글씨의 높은 정취(情趣)와 빼어난 기운을 왕희지에 비교하면, 호위(胡威)[172]를 그 아버지

167) 「낙신부(洛神賦)」: 위(魏)나라 조식(曹植)이 지은 글을 왕헌지가 작은 해서 글씨로 쓴 법첩. 지금 13행만 남아 있다.

168) 송선헌공(宋宣獻公) : 북송(北宋)의 문신. 이름은 송수(宋綬). 선헌은 시호. 벼슬은 참지정사(參知政事). 글씨에 고인(古人)의 법도가 있었다.

169) 주선부(周膳部) : 북송의 주기(周起). 선부(膳部)는 예부(禮部)에 속한 관아 이름. 벼슬은 예부시랑(禮部侍郎)을 지냈다. 글씨를 잘 써 당시 칭송을 많이 들었다.

170) 「보모전지(保母磚志)」: 왕헌지의 필적이라고 전해 온다. 행서로 된 법첩이다.

171) 진(晋)나라 글씨 : 왕희지 왕헌지의 글씨를 말한다.

172) 호위(胡威) : 진(晋)나라 사람. 그 아버지 호질(胡質)이 형주자사(荊州刺史)로 있을 때

호질(胡質)에게 비교하는 것과 같도다!

淸恐人不知, 不如恐人知. 子敬書高致逸氣, 視諸右軍, 其如胡威之於父質乎?

88

구양수(歐陽脩)의 『집고록(集古錄)』에 이르기를, "남조(南朝)[173]의 지식인들은 기개가 낮고 약하여, 글씨를 잘 쓰는 사람들은 모두가 섬세하고 힘있고 맑고 고운 것을 아름다운 것으로 친다"라고 했다. 이 말은 잘못된 것을 바로잡을 수는 있지만, 공평한 마음을 가지고 한 말은 아니다. 남조의 글씨 가운데도 고고(高古)하고 엄중(嚴重)한 것도 있는데, 도정백(陶貞白)[174] 같은 사람이 이런 경우이다. 왕희지의 글씨가 웅후(雄厚)하면서도 힘있는 것은 말할 것도 없다.

『集古錄』謂"南朝士人, 氣尙卑弱, 字書工者, 率以纖勁淸媚爲佳." 斯言可以矯枉, 而非所以持平. 南書固自有高古嚴重者, 如陶貞白之流便是, 而右軍雄强無論矣.

89

「예학명(瘞鶴銘)」[175]은 심하게 침식되어 떨어져나가 남아 있는 글자가

찾아가 뵈었는데, 돌아올 때 비단 한 필을 내려주었다. 호위가 "아버지는 청렴하신데 이것을 어디서 얻었습니까?"라고 물었더니, 아버지가 "내 봉급에서 남긴 것이다"라고 했다. 그 뒤 호위가 서주자사(徐州刺史)가 되었을 때 무제(武帝)가 "그대와 그대 아버지 가운데서 누가 더 청렴하오?"라고 묻자, "저의 아버지는 청렴함을 다른 사람들이 알까 두려워하는데, 신은 다른 사람들이 모를까 두려워합니다"라고 대답했다.

173) 남조(南朝): 남북조시대 남경(南京)에 도읍한 왕조. 진(晋)·송(宋)·제(齊)·양(梁)·진(陳) 왕조를 가리킨다.

174) 도정백(陶貞白): 남조 양(梁)나라의 은자인 도홍경(陶弘景). 정백은 시호. 특히 행서에 뛰어났다.

175) 「예학명(瘞鶴銘)」: 강소성(江蘇省) 진강시(鎭江市) 초산(焦山)에 있는 마애석각. 상황산초(上皇山焦)가 썼다고 비석에 낙관되어 있으나, 누구인지에 대해서는 논란이 많다. 송나라 황백사(黃伯思)는 514년에 도홍경(陶弘景)이 쓴 것이라고 고증해 내었다. 글씨

비록 적지만, 그 구도가 크고 기세가 빼어나 감상하는 사람으로 하여금 무궁한 맛을 느끼도록 한다. 글씨 쓴 사람에 대해서는 본래 확정하기 어렵다. 도홍경(陶弘景)의 손에서 나왔다고 하는 것은 왕희지나 고황(顧況)[176]이 썼다고 말하는 것보다는 사리에 가깝다.

「瘞鶴銘」剝蝕已甚, 然存字雖少, 其擧止歷落, 氣體宏逸, 令人味之不盡. 書人本難確定主名, 其以爲出於貞白者, 特較言逸少・顧況爲近耳.

90

「예학명(瘞鶴銘)」은 붓놀림이 전서의 분위기와 가만히 통한다. 북위(北魏)시대 정도소(鄭道昭)[177]의 글씨와 딱 들어맞는다. 이런 사실은 남조(南朝)와 북조(北朝)의 서법을 두루 연구한 사람과만 함께 이해할 수 있는 것이다. 채충혜(蔡忠惠)[178]는 말하기를, "북위시대에는 모두가 예서만 배웠고, 수(隋)나라가 진(陳)나라를 평정한 때로부터 해서(楷書)와 예서가 서로 뒤섞이게 되었다. 「예학명」에는 해서와 예서가 뒤섞여 있으니, 이것은 수나라 때 글씨다"라고 했다. 그는 북조의 글씨를 논하면서 전서(篆書)의 법을 깊이 궁구한 적이 없었다. 그래서 「예학명」을 논한 것도 다 맞는 것이 아니다.

「瘞鶴銘」用筆隱通篆意, 與後魏鄭道昭書若合一契, 此可與究心南北書者共參之. 蔡忠惠乃云: "元魏間盡習隸法, 自隋平陳多以楷隸相參, 「瘞鶴」文有楷隸筆, 當是隋代書." 其論北書未嘗推本於篆, 故論「鶴銘」亦未盡肯也.

가 고졸(古拙) 기초(奇峭)하고 웅장하면서도 빼어나다.

176) 고황(顧況) : 당나라의 서예가. 호는 화양진일(華陽眞逸). 초서와 행서를 잘 썼다.

177) 정도소(鄭道昭) : 북위(北魏)의 서예가. 벼슬은 비서감(秘書監)에 이르렀다. 해서를 잘 썼는데, 글씨가 고상하면서도 빼어났다. 그가 쓴 비석이 많이 남아 있다.

178) 채충혜(蔡忠惠) : 북송(北宋)의 서예가 채양(蔡襄). 충혜는 시호. 송대 사대 서법가의 한 사람이다.

91

삭정(索靖)의 글씨를 세상에서 북조의 으뜸으로 떠받든다. 소자운(蕭子雲)이 삭정의 글씨를 임서(臨書)한 것을 세상에서는 삭정의 글씨인 것으로 판정한다. 남조(南朝)의 글씨라 하여 가벼이 평가할 수 있겠는가?

索征西書, 世所奉爲北宗者. 然蕭子雲臨征西書, 世便判作索書, 南書顧可輕量也哉!

92

구양수(歐陽脩)의 『집고록(集古錄)』에서 왕헌지(王獻之)의 법첩(法帖)에 발문(跋文)을 달기를, "이른바 법첩이란 것은 그 내용이 모두 다 조문(弔問)하거나 문병하거나 이별의 정을 서술하거나 소식을 통하는 것으로, 집안사람들이나 친구들 사이에서 주고받은 것으로 서너 줄일 따름이다. 대개 처음부터 신경을 써서 글씨를 쓴 것도 아니고, 자연스러운 붓놀림으로 남은 흥치를 써낸 것이다. 먹물을 푹 찍어 되는 대로 붓을 휘둘러 움직인 것이기 때문에 어떤 데는 아름답지만 어떤 데는 추한 등 온갖 모습이 멋대로 생겨난다. 보는 사람이 갑자기 보면 놀라지만, 한참 보고 있노라면 그 의미가 더욱 끝이 없다. 고문대책(高文大冊)[179]의 경우에는 어찌 이런 식으로 쓰는 것이 있겠는가?"라고 하였다. 살펴보건대, 고문대책은 비석이 아니고 무엇이겠는가? 구양수의 말은 비록 법첩을 논하는 데 치중했지만, 비석을 중요하게 생각하는 뜻도 나타나 있다.

歐陽『集古錄』跋王獻之法帖云: "所謂法帖者, 率皆弔哀·候病·敍暌離·通訊問, 施於家人朋友之閒, 不過數行而已. 蓋其初非用意, 而逸筆餘興, 淋漓揮灑, 或妍或醜, 百態橫生, 使人驟見驚絶, 守而視之, 其意態愈無窮盡. 至於高文大冊, 何嘗用此!" 案: 高文大冊, 非碑而何? 公之言雖詳於論帖, 而重碑之意亦見矣.

179) 고문대책(高文大冊): 나라에서 쓰는 중요한 글 등을 일컫는 말.

93

"진(晋)나라 초기에는 비석 세우는 것을 금지했다"라는 이 말은 임언승(任彦升)[180]이 범시흥(范始興)[181]을 위해서 지은 「구립태자비표(求立太子碑表)」라는 글에 보인다. 남북조의 송(宋)나라 의희(義熙, 405~418) 초년에 살았던 배세기(裵世期)[182]가 표문(表文)에서 말하기를, "비명(碑銘)을 짓는 것은 후손들에게 분명하게 가리켜 주기 위한 것이니, 특별한 공훈이나 보통 이상의 덕행이 아니라면 이 제도를 윤허(允許)해서는 안 됩니다. 세속의 거짓스런 폐단이 일어나고, 부화(浮華)하고 번거로워진 지 이미 오래 되었습니다. 엄금하지 않으면 그 폐단이 끝이 없을 것입니다"라고 했다. 비석 세우는 것을 금지하는 법이 제(齊)나라 때까지도 늦추어지지 않았음을 알 수 있다. 그러나 범운(范雲)의 표문(表文)에서 요청한 바가 마침내 없었던 일로 되어 시행되지 않게 되었다. 북조(北朝)에서는 이런 금지조항이 없었으므로 비석이 많다. 두기(竇臮)[183]가 쓴 「술서부(述書賦)」에서 진(晋)·송(宋)·제(齊)·양(梁)·진(陳) 등을 열거하여 145명에 이른다. 만약 남조에서 비석을 금지하는 법규가 없었다면, 비석 글씨가 성황을 이루어 북조를 능가하여 앞서나갈 수도 있었을 것이다.

"晉氏初禁立碑", 語見任彦昇爲范始興作「求立太宰碑表」. 宋義熙初, 裴世期表言 : "碑銘之作, 以明示後昆, 自非殊功異德, 無以允應玆典. 俗敝僞興, 華煩已久, 不加禁裁, 其敝無已." 則知當日視立碑爲異

---

180) 임언승(任彦升) : 남북조시대 양(梁)나라 문학가 임방(任昉). 언승은 자(字), 언승(彦昇)으로도 쓴다. 벼슬은 비서감(秘書監)을 지냈다. 글씨를 잘 썼고, 문집 『임언승집(任彦升集)』이 있다.

181) 범시흥(范始興) : 남북조시대 양(梁)나라 문학가 범운(范雲). 시흥은 자. 벼슬은 상서좌복야(尙書左僕射)에 이르렀다. 진(秦)나라의 석각문(石刻文)에 대해서 잘 알았다.

182) 배세기(裵世期) : 진(晋)나라 역사가 배송지(裴松之). 세기는 그의 자. 『삼국지주(三國志注)』와 『진기(晋紀)』를 지었다. 글씨에도 능했다.

183) 두기(竇臮) : 당나라의 서예가. 벼슬은 형부원외랑(刑部員外郎)을 지냈다. 초서와 예서에 정통하였다. 그가 쓴 「술서부(述書賦)」에서는 역대의 서예가 198명에 대해여 서술하였는데, 진(晋)나라 및 남북조시대의 서예가가 145명을 차지한다.

數矣. 此禁至齊未弛, 故范表之所請, 卒寢不行. 北朝未有此禁, 是以碑多. 竇臮「述書賦」列晉・宋・齊・梁・陳至一百四十五人. 向使南朝無禁, 安知碑蹟之盛, 不駕北而上之耶?

94

서진(西晉)시대의 삭정(索靖)과 위관(衛瓘)은 글씨를 잘 써서 이름이 나란하였다. 『진서(晉書)』에 실린 삭정의 본전(本傳)에 말하기를, "위관의 필력(筆力)은 삭정보다 낫지만 해서의 법도에 있어서는 삭정에게 훨씬 미치지 못한다"라고 했다. 두 사람을 두고 논평하는 사람들은 한편으로 치우쳐서 점수를 줄 수 없다는 사실을 알 수 있다. 위관의 서학(書學)은 위로 그 아버지 위기(衛覬)를 계승하여, 아래로 아들 위항(衛恒)을 열어 주었다. 그러나 삭정은 수수(受授)한 바가 없다. 결론적으로 말해서 두 사람은 남북조시대 서예계를 다 포괄한 사람이다. 진(晋)나라가 양자강을 건너 남쪽으로 옮겨온 이후로 왕씨・사씨(謝氏)・치씨(郗氏)・유씨(庾氏) 집안에 서예가가 가장 많았으나, 왕희지(王羲之)・왕헌지(王獻之)는 세상에 그 짝이 없어 드디어 남북조 서법에 있어 할아버지가 되었다. 그 뒤 송나라에 이르러서 이름을 독점한 사람으로는 양흔(羊欣)[184]만한 사람이 없는데, 그는 실로 자경(子敬 : 왕헌지의 자)에게서 서예를 전수 받았다. 제나라에서는 왕승건(王僧虔) 만한 사람이 없고, 양나라에서는 소자운(蕭子雲) 만한 사람이 없는데, 연원(淵源)은 모두 다 왕희지・왕헌지에게서 나왔다. 진(陳)나라의 승려인 지영(智永)[185]은 더욱 왕희지의 진수(眞髓)를 얻었다. 오직 왕희지의 글씨를 잘 배운 사람들은 모두 기량이 수준에 이르렀다. 남조의 서예가들이 골력(骨力)이 굳세지 못하면서 한

184) 양흔(羊欣) : 남북조시대 송(宋)나라 서예가. 자는 경원(敬元). 벼슬은 신안태수(新安太守)를 지냈다. 예서에 특히 뛰어났다. 왕헌지(王獻之)의 사위이다.

185) 지영(智永) : 진(陳)나라의 서예가로 왕희지의 7대손이다. 승려로서 서법에 정통하였다. 해서와 초서로 쓴 「천자문(千字文)」 800벌을 강남의 여러 절에 나누어 주었다. 현재 3종이 남아 전한다.

갓 모양만 비슷하게 모사했기 때문에, 북조의 글씨를 숭상하는 서파(書派)에서 남조의 글씨를 비난하는 것인져!

西晉索靖・衛瓘善書齊名. 靖本傳言"瓘筆勝靖, 然有楷法, 遠不及靖." 此正見論兩家者不可觭爲輕重也. 瓘之書學, 上承父覬, 下開子恆, 而靖未詳受授. 要之兩家皆並籠南・北者也. 渡江以來, 王・謝・郗・庾四氏, 書家最多; 而王家羲・獻, 世罕倫比, 遂爲南朝書法之祖. 其後擅名宋代, 莫如羊欣, 實親受於子敬; 齊莫如王僧虔, 梁莫如蕭子雲, 淵源俱出二王; 陳僧智永尤得右軍之髓. 惟善學王者, 率皆本領是當. 苟非骨力堅强, 而徒摹擬形似, 此北派之所由誚南宗與?

95

북조(北朝)의 글씨를 논하는 사람들은 위로 한(漢)나라나 북위(北魏)시대로 근원을 찾아간다. 예를 들면 「경석욕대자(經石峪大字)」[186], 「운봉산오언(雲峯山五言)」[187], 「정문공비(鄭文公碑)」[188], 「조혜공지(刁惠公志)」[189] 등의 작품은 「을영비(乙瑛碑)」에서 나왔다. 「장맹룡비(張猛龍碑)」[190], 「가사군비(賈使君碑)」[191], 「위령장조상기(魏靈藏造像記)」[192], 「양대안조상기(楊大

186) 「경석욕대자(經石峪大字)」: 북위(北魏)시대의 석각(石刻) 작품. 산동성(山東省) 태산(泰山) 석면 바닥에 새겨진 팔분체(八分體)의 『금강경(金剛經)』이다. 글자 한 자의 크기가 직경 30센티 정도나 된다.

187) 「운봉산오언(雲峯山五言)」: 북위시대 서예가 정도소(鄭道昭)가 자작시를 해서로 석각한 작품. 산동성 액현(掖縣) 운봉산(雲峯山)에 있다.

188) 「정문공비(鄭文公碑)」: 북위시대의 마애(摩崖) 석각. 상하 두 개의 비가 있다. 정도소(鄭道昭)가 해서로 쓴 작품이다.

189) 「조혜공지(刁惠公志)」: 북위시대의 묘지명(墓誌銘). 해서로 쓰여 있으나 누가 썼는지는 모른다.

190) 「장맹룡비(張猛龍碑)」: 북위시대의 해서 작품인데, 누가 썼는지 모른다. 산동성 곡부시(曲阜市) 공묘(孔廟) 안에 있다.

191) 「가사군비(賈使君碑)」: 북위시대의 석각 작품. 해서로 썼는데 누가 썼는지는 모른다. 산동성 연주(兗州)의 주학(州學) 안에 있다. 「가사백비(賈思伯碑)」라고도 한다.

192) 「위령장조상기(魏靈藏造像記)」: 북위시대의 석각 작품. 해서로 썼는데 누가 언제 썼는지 모른다. 낙양(洛陽)의 용문석굴(龍門石窟) 안에 있다.

眼造像記」[193] 등 여러 비석은 「공선비(孔羨碑)」에서 나왔다. 만약 앞 시대의 사례에 근거하여 뒷 시대의 것을 유추한다면, 당나라 저수량(褚遂良)[194]이나 구양순(歐陽詢) 두 파도 역시 이런 것에 기준하여 나눌 수 있다고 나는 생각한다.

論北朝書者, 上推本於漢·魏 若「經石峪大字」·雲峰山五言·「鄭文公碑」·「刁惠公志」, 則以爲出於「乙瑛」; 若「張猛龍」·「賈使君」·「魏靈藏」·「楊大眼」諸碑, 則以爲出於「孔羨」. 余謂若由前而推諸後, 唐褚·歐兩家書派, 亦可準是辨之.

96

구양수(歐陽脩)가 동위(東魏)시대의 「노공자묘비(魯孔子廟碑)」[195]에 발문(跋文)을 달기를, "후위(後魏)[196]와 북제(北齊) 시대의 글씨는 이런 것이 많다. 필법이 그렇게 썩 좋지는 않지만 그렇다고 속된 것도 아니고, 때때로 서로 비슷한 것들도 있다. 아마도 그 당시 숭상하던 바에 그 나름대로 법도가 있었던 것 같다"라고 했다. 북제의 「상산의칠급비(常山義七級碑)」[197]에 발문을 달기를, "글자의 필획이 아름답고 가끔 옛날 법도도 있다"라고 했다. 내가 생각건대, 북위시대의 작품은 본래 잘된 곳과 못된 곳이 번갈아 나타나므로 단점이 장점을 다 덮지는 못한다. 다만 그 장점을 다 배울 방법이 없다.

---

193) 「양대안조상기(楊大眼造像記)」: 북위시대의 석각 작품. 해서인데 누가 언제 썼는지 모른다. 낙양의 용문석굴 안에 있다.

194) 저수량(褚遂良): 당나라 초기의 저명한 서예가. 자는 등선(登善). 벼슬은 상서좌복야(尙書左僕射)에 이르렀다. 하남군공(河南郡公)에 봉해졌기 때문에 저하남(褚河南)이라 일컬어진다. 구양순(歐陽詢)·우세남(虞世南)·설직(薛稷) 등과 함께 초당(初唐) 사대서예가로 일컬어진다.

195) 「노공자묘비(魯孔子廟碑)」: 공선비(孔羨碑)의 정식 명칭이다.

196) 후위(後魏): 즉 북위(北魏)이다.

197) 「상산의칠급비(常山義七級碑)」: 「한영의등조칠불보감비(韓永義等造七佛寶堪碑)」를 지칭하는 듯하다. 북위시대의 해서 석각 작품인데 하남성(河南省) 언사현(偃師縣)에 있다.

歐陽公跋東魏「魯孔子廟碑」云: "後魏·北齊時書多如此, 筆畫不甚佳, 然亦不俗, 而往往相類. 疑其一時所尙, 當自有法." 跋北齊「常山義七級碑」云: "字畫佳, 往往有古法." 余謂北碑固長短互見, 不容相掩, 然所長已不可勝學矣.

97

북위(北魏) 시대의 서예가로는 최씨(崔氏)와 노씨(盧氏) 두 집안[198]이 가장 번성하다. 『위서(魏書)』「최원백전(崔元伯傳)」에 최원백(崔元伯)[199]이 글씨를 잘 쓴 것에 대해서 자세하게 서술하여, "최원백의 조부 최열(崔悅)과 범양(范陽)[200]의 노심(盧諶)은 둘 다 예술과 문학에 널리 통한 것으로 유명하였다. 노심은 종요(鍾繇)를 본받았고, 최열은 위관(衛瓘)을 본받았으나 모두 삭정(索靖)의 초서를 배웠는데, 그 절묘함을 다했다. 노심은 그 아들 노언(盧偃)에게 전해주었고, 노언은 그 아들 노막(盧邈)에게 전해주었다. 최열은 그 아들 최잠(崔潛)에게 전해주었고, 최잠은 그 아들 최원백에게 전해주었다. 대대로 그 가업(家業)이 쇠퇴하지 않았으므로 북위(北魏)의 초기에는 최씨와 노씨의 서법을 귀중하게 여겼다"라고 했다. 이 기록에 근거하여 보건대, 최씨와 노씨 집안의 학풍(學風)이 어찌 남조(南朝) 동진(東晋)의 왕희지(王羲之) 왕헌지(王獻之) 집안보다 못하겠는가? 수(隋)나라 이후로 당나라 태종(太宗)이 왕우군(王右軍 : 王羲之)을 유명하게 만들었고, 당나라 현종(玄宗)이 왕헌지의 「환산송(桓山頌)」[201]에만 독실하게 뜻을 두

198) 최씨(崔氏)와 노씨(盧氏) 두 집안 : 오호십육국(五胡十六國)시대 후조(後趙)시대 사도우장사(司徒右長史)를 지낸 최열(崔悅)의 집안과 중서감(中書監)을 지낸 노심(盧諶)의 자손들. 대대로 글씨를 잘 썼다.

199) 최원백(崔元伯) : 원래 이름은 최현백(崔玄伯)인데, 청나라 강희제(康熙帝)의 이름 때문에 '현(玄)'자를 휘(諱)하여 '원(元)'자로 고쳤다. 북위(北魏)시대에 천부대인(天部大人)에 이르고 공(公)에 봉해졌다. 최열(崔悅)의 손자로 글씨를 잘 썼다.

200) 범양(范陽) : 하북성(河北省)에 있는 지명.

201) 「환산송(桓山頌)」 : 왕헌지가 쓴 서예 작품으로 후량(後梁) 때 낙양(洛陽)에서 발굴되었다. 지금은 "桓山頌獻之銘"이라는 여섯 글자만 남아 있다.

어, "「환산송(桓山頌)」이 다시 여기에 있다"라는 비답(批答)이 있게 되었다. 송(宋)나라 태종(太宗)[202]이 다시 왕희지 왕헌지를 숭상하였다. 한림시서(翰林侍書)로 있던 왕저(王著)[203]에게 명하여 『순화각첩(淳化閣帖)』을 새기게 했다. 비록 여러 서예가들의 작품을 널리 모았지만, 그 목적은 사실 왕희지 왕헌지를 위주로 한 것이다. 이로 인해서 서예계에서는 시간이 갈수록 습관이 되어, 더불어 왕희지 왕헌지에 대해서 이야기하면 기뻐하면서도, 그들을 최열(崔悅)과 노심(盧諶)과 같이 이야기하면 곧 의혹스럽게 여기고 이해하지 못했다. 그런데 하물며 최열이나 노심보다 못한 사람일 경우이겠는가?

北朝書家, 莫盛於崔・盧兩氏. 『魏書』「崔元伯傳」詳元伯之善書云: "元伯祖悅, 與范陽盧諶並以博藝著名. 諶法鍾繇, 悅法衛瓘, 而俱習索靖之草, 皆盡其妙. 諶傳子偃, 偃傳子邈; 悅傳子潛, 潛傳元伯; 世不替業. 故魏初重崔・盧之書" 觀此, 則崔・盧家風, 豈下於南朝羲・獻哉! 惟自隋以後, 唐太宗表章右軍; 明皇篤志大令「桓山頌」, 其批答至有 "「桓山之頌」, 復在於玆"之語. 及宋太宗復尙二王, 其命翰林侍書王著摹『閣帖』, 雖博取諸家, 歸趣實以二王爲主. 以故藝林久而成習, 與之言羲・獻, 則怡然; 與之言悅・諶, 則惘然. 況悅・諶以下者乎!

98

전서(篆書)를 쓰는 법은 완전(婉轉)[204]하면서도 툭 트인 것을 중시하니, 남조(南朝)의 법첩(法帖)이 이와 비슷하다. 예서(隸書)를 쓰는 법은 정치(精緻)하면서도 세밀(細密)하게 하려고 하니, 북조(北朝)의 비석이 이와 비슷

202) 송(宋)나라 태종(太宗): 송나라 제2대 황제인 조광의(趙匡義)는 문화를 중시하는 정책을 펼쳤다.

203) 왕저(王著): 북송의 문신으로 벼슬은 전중시어사(殿中侍御史)에 이르렀다. 해서와 행서를 잘 썼다. 지영(智永)의 서예 작품인 「천자문(千字文)」의 빠진 수백 자를 보완하여 돌에 새겨 보급하였다.

204) 완전(婉轉): 부드럽게 살며시 굽은 것.

하다.

篆尚婉而通, 南帖似之; 隸欲精而密, 北碑似之.

99

북파(北派)의 서법은 골격(骨格)이 우수하고, 남파(南派)[205]는 운치(韻致)가 뛰어나다. 그러나 북파는 북파대로의 운치가 있고, 남파는 남파대로의 골격이 있다.

北書以骨勝, 南書以韻勝. 然北自有北之韻, 南自有南之骨也.

100

남파의 글씨는 온화하면서도 고아(高雅)하고, 북파의 글씨는 웅장하면서도 강건(剛健)하다. 남파의 글씨는 원굉(袁宏)[206]이 우저(牛渚)에서 시를 읊는 것처럼 맑고 화려하고, 북파의 글씨는 곡율금(斛律金)[207]이 「칙륵가(敕勒歌)」를 부르는 것과 같아 기세가 호방(豪放)하고 비장하다. 그러나 이런 경향은 한 가지 장점만 얻은 사람인 경우에만 해당되는 것이지, 여러 가지 사물을 길러 다양한 재주를 포용한 사람은 이런 것으로써 그 풍격(風格)을 제한할 수가 없다.

南書溫雅, 北書雄健. 南如袁宏之牛渚諷詠, 北如斛律金之「敕勒歌」. 然此祇可擬一得之士, 若毋群物而腹衆才者, 風氣固不足以限之.

---

205) 남파(南派) : 남북조시대(南北朝時代) 남쪽 왕조의 서예의 경향을 이룬 일파. 글씨가 아름다우면서도 시원한데, 특히 상소문 서간 등에 많이 쓰였다. 주로 비단이나 종이에 쓰인 작품이 많다.

206) 원굉(袁宏) : 동진(東晋)의 시인. 벼슬은 참군(參軍)을 지냈다. 문장이 아주 아름다웠다. 사안(謝安)이 우저(牛渚)에 주둔하고 있을 때 배 속에서 어떤 사람이 청아한 목소리로 시를 읊는 것을 듣고서 알아봤더니, 원굉이 역사시를 읊고 있었다. 이우저는 곧 안휘성(安徽省) 양자강 남안의 채석기(采石磯)이다.

207) 곡율금(斛律金) : 북제(北齊)의 인물로 함양군왕(咸陽郡王)에 봉해졌다. 「칙륵가(敕勒歌)」는 본래 북쪽 지방의 민요인데, 북제의 고환(高歡)이 북주(北周)의 전쟁에서 패배하여 사기가 떨어지자, 곡률금으로 하여금 「칙륵가(敕勒歌)」를 불러 사기를 진작시키도록 했다.

101

채군모(蔡君謨[208])가 수(隋)나라의 정도호(丁道護[209])가 쓴 「계법사비(啓法寺碑)」[210]의 뒤에 기록하기를, "이 글씨는 북위(北魏) 시대에 남긴 법도를 아울러 갖추고 있다. 당나라와 수나라가 바뀔 적에 글씨 잘 쓰는 사람이 많았다. 다 한 가지 법도에서 나왔는데, 정도호가 터득한 바가 가장 많았다"라 하였다. 구양수(歐陽脩)가 이 비문의 발문(跋文)에 기재하기를, "수나라 말년에 서예가[211]가 더욱 많았는데, 우리 집안의 솔경(率更[212])과 우세남(虞世南[213])도 모두 그 당시 사람들이다. 그 뒤 당(唐)나라에 들어와서 크게 유명해져 아주 뛰어난 서예 작품이 되었다. 내가 수집하여 기록한 개황(開皇[214]) · 인수(仁壽[215]) · 대업(大業[216]) 때의 비석이 자못 많은데, 그 필획은 모두 정묘(精妙)하면서도 힘이 있다"라고 하였다. 이 말에 근거한다면, 구양순이나 우세남의 글씨는 정도호와 부절(符節)을 합친 듯 꼭 한 가지이니, 북위에서 끼친 법도의 영향이 넓다는 것을 알 수 있다. 이런 점을 수나라의 「용장사비(龍藏寺碑)」[217]에 미루어

---

208) 채군모(蔡君謨) : 북송(北宋)의 사대 서예가인 채양(蔡襄). 군모는 그의 자.

209) 정도호(丁道護) : 수나라 초군(譙郡) 사람으로 북위(北魏)의 서법을 이어받아 해서를 잘 썼다. 당나라 구양순(歐陽詢) 우세남(虞世南)에게 많은 영향을 끼쳤다.

210) 「계법사비(啓法寺碑)」 : 수나라 정도호(丁道護)가 쓴 비석으로 호북성(湖北省) 양양(襄陽) 계법사에 있었으나 송나라 때 이미 비석은 없어졌고 탁본만 남아 있는데, 필법(筆法)이 고박(古朴)하다.

211) 서예가 : 『예개(藝概)』 원문의 '서가(書家)'가 구양수(歐陽脩)의 『집고록(集古錄)』에는 '서학(書學)'으로 되어 있다.

212) 솔경(率更) : 당나라 초기의 서예가 구양순(歐陽詢)을 말한다. 그가 태자솔경(太子率更)이라는 벼슬을 지냈기 때문이다.

213) 우세남(虞世南) : 당나라 초기의 서예가. 자는 백시(伯施), 벼슬은 홍문관(弘文館) 학사(學士)를 지냈다. 영흥현자(永興縣子)에 봉해졌기 때문에 우영흥(虞永興)이라 일컫기도 한다. 왕희지 7대손 지영(智永)에게서 왕희지의 글씨를 배워 그 묘법을 터득하였다.

214) 개황(開皇) : 수(隋)나라 문제(文帝)의 연호. 581~600년.

215) 인수(仁壽) : 수나라 문제(文帝)의 연호. 601~604년.

216) 대업(大業) : 수나라 양제(煬帝)의 연호. 605~617년.

217) 「용장사비(龍藏寺碑)」 : 수(隋)나라의 해서 석각 작품. 서기 586년 하북성(河北省) 정정(正定)에 세운 것이다. 서법이 굳세면서도 곱고 느긋하여 수나라 비석 글씨 가운데서 걸작이다.

적용해 보자면, 「용장사비」를 두고서 구양수는 "필획이 힘이 있는 것이 구양순 우세남의 체(體)가 있다"라고 말했다. 그런데 후세 사람들 가운데 어떤 사람은, 「이중선비(李仲璇碑)」[218], 「경현준비(敬顯儁碑)」[219] 등 두 비석에서 나왔다고 생각하고 있는데, 대개 다 같은 의미다. 글씨 쓴 사람을 상고할 수 없는 점이 안타까울 따름이다.

蔡君謨識隋丁道護「啓法寺碑」云 : "此書兼後魏遺法. 隋・唐之交, 善書者衆, 皆出一法, 道護所得最多." 歐陽公於是碑跋云 : "隋之晩年, 書家尤盛. 吾家率更與虞世南, 皆當時人也. 後顯於唐, 遂爲絶筆. 余所集錄開皇・仁壽・大業時碑頗多, 其筆畫率皆精勁." 由是言可知歐・虞與道護若合一契, 而魏之遺法所被廣矣. 推之隋「龍藏寺碑」, 歐陽公以爲"字畫遒勁, 有歐・虞之體." 後人或謂出東魏「李仲琁」・「敬顯儁」二碑, 蓋猶此意, 惜書人不可考耳.

102

소동파(蘇東坡)가 지영선사(智永禪師)의 글씨를 평하여, "골격(骨格)과 기세가 심오하면서도 안온(安穩)하고, 서체(書體)는 서예가의 절묘한 점을 아울러 얻었다. 정밀하고 숙달된 정도가 극도에 이르자 도리어 성기고 담박(澹泊)하게 되었다"라고 했다. 그러니 그 실제의 뛰어난 경지는 어떠하겠는가? 지영의 『천자문』 작품의 모사본(摸寫本)이 지금까지도 세상에 많이 남아 있지만, 소동파가 비평한 말에 의한다면, 그 차이가 몇 백리나 될지 모르겠다.

永禪師書, 東坡評以"骨氣深穩, 體兼衆妙, 精能之至, 反造疏澹." 則

---

218) 「이중선비(李仲璇碑)」 : 정식 명칭은 「이중선수공자묘비(李仲璇修孔子廟碑)」이다. 글씨는 해서이나 예서의 분위기가 많이 남아 있다. 산동성(山東省) 곡부(曲阜) 공묘(孔廟) 안에 있다.

219) 「경현준비(敬顯儁碑)」 : 정식명칭은 「경사군비(敬使君碑)」이다. 글씨는 해서나 전서의 분위기가 많이 남아 있는데, 우세남(虞世南) 저수량(褚遂良) 글씨의 선구(先驅)라 할 수 있다. 비석은 하남성(河南省) 장갈(長葛) 경산서원(經山書院)에 있다.

其實境超詣爲何如哉? 今摹本『千文』, 世尙多有, 然律以東坡之論, 相去不知幾由旬矣.

103

이양빙(李陽冰)[220]은 「역산비(嶧山碑)」를 배웠고, 「연릉계자묘제자(延陵季子墓題字)」에서 힘을 얻어 변화하였다. 그 스스로 글씨를 논하여 이르기를, "하늘·땅·산·내, 해·달·별, 구름·노을·풀·나무, 문물(文物)·의복·갓 등 모든 것에서 다 힘을 얻은 바가 있다"라고 했다. 비록 사람들에게 전서(篆書)의 비결을 보여준 것은 없지만, 이미 사람들에게 다 보여준 셈이다.

李陽氷學「嶧山碑」, 得「延陵季子墓題字」而變化. 其自論書也, 謂"於天地山川·日月星辰·雲霞草木·文物衣冠, 皆有所得." 雖未嘗顯以篆訣示人, 然已示人畢矣.

104

이양빙(李陽冰)의 전서는 활발하고 날아 움직이는 듯한데, 힘으로 그 몸을 들 수 있기 때문이다. 모든 서법은 다 몸이 가벼운 것을 숭상한다. 그러나 기력을 증진시키는 방법 말고는 달리 몸으로 하여금 가볍게 하여 들 수 있는 비법은 없다.

李陽氷篆活潑飛動, 全由力能擧其身. 一切書皆以身輕爲尙, 然除卻長力, 別無輕身法也.

105

당(唐)나라의 비석은 대전(大篆)으로 쓴 전액(篆額)이 드물지만, 「벽락비

220) 이양빙(李陽冰) : 당나라 서예가. 자는 소온(少溫). 벼슬은 장작소감(將作少監)을 지냈다. 전서(篆書)에 능했는데, 이사(李斯)가 쓴 「역산비(嶧山碑)」를 공부하여 하나의 격조를 이루었다.

(碧落碑)」[221] 덕분에 그 부족한 점을 보충할 수 있다. 대저 글씨가 후세에 전해지는 것은 그 필법이 기특하기 때문이지 글씨의 체가 예스러운 것 때문이 아니다. 이조(李肇)[222]가 지은 『국사보(國史補)』에서 말하기를, "이양빙이 이 비석을 보고는 그 아래서 자면서 며칠이 되도록 떠나지를 못했다"라고 했다. 그러나 논의하는 사람들은 "이양빙의 전서가 이 비석보다 나으니, 응당 그렇게까지 마음이 쏠리고 탄복하지는 않았을 것이다"라고 하나, 또한 그렇지 만은 않은 것이다. 이양빙 정도의 학식이 있는 사람이 아니라면 그가 마음이 쏠리고 탄복한 이유를 어떻게 알 수 있겠는가? 「벽락비」의 글씨가 이양빙에게 미치지 못할 수도 있다. 왕희지(王羲之)가 왕이(王廙)[223]에게 글씨를 배웠지만, 왕희지가 글씨를 이룸에 미쳐서는 왕이보다 훨씬 나았다. 푸른색은 쪽풀에서 나오지만 쪽 빛보다 더 푸르듯이, 이런 사례는 진실로 많이 있다. 이양빙이 이 비석을 멸시했다면, 어찌 이양빙이 될 수 있었겠는가? 「벽락비」를 쓴 사람에 대해서는 혹은 진유옥(陳惟玉)[224]이니 혹은 이찬(李譔)[225]이라고 하는 등, 이전 분들도 확정하지를 못했다.

唐碑少大篆, 賴「碧落碑」以補其闕. 然凡書之所以傳者, 必以筆法之奇, 不以託體之古也. 李肇『國史補』言"李陽氷見此碑, 寢臥其下, 數日不能去." 論者以爲"陽氷篆筆過於此碑, 不應傾服至此", 則亦不然. 蓋人無陽氷之學, 焉知其所以傾服也. 卽其書不及陽氷, 然右軍書師王廙,

221) 「벽락비(碧落碑)」: 당나라의 석각 작품. 곧 「이훈조상기(李訓造像記)」이다. 전서로 쓴 것인데, 쓴 사람으로는 진유옥(陳惟玉)·이찬(李言巽)·이훈(李訓) 등이라는 설이 있다.

222) 이조(李肇): 당나라의 학자. 벼슬은 한림학사(翰林學士)에 이르렀다. 저서로 『한림지(翰林志)』, 『당국사보(唐國史補)』 등이 있다.

223) 왕이(王廙): 진(晋)나라의 서예가. 벼슬은 평남장군(平南將軍)에 이르렀다. 왕희지의 숙부로서 장초(章草)와 해서에 능하여 왕희지 이전에는 그의 글씨가 일세를 풍미하였다.

224) 진유옥(陳惟玉): 당나라의 서예가 전서에 능하였다. 필법이 기고(奇古)하였다.

225) 이찬(李言巽): 당나라의 종실(宗室)로 문장에 능하였다. 글씨를 잘 썼다는 기록은 없다. 당나라 현종(玄宗) 때 이손(李巽)이라는 사람이 있었는데, 글씨를 잘 썼다.

及其成也, 過廙遠甚. 青出於藍, 事固多有. 謂陽氷必蔑視此碑, 夫豈所以爲陽氷哉! 至書者或爲陳惟玉, 或爲李諶, 前人已不能定矣.

106

원(元)나라 오구연(吾邱衍)이 이르기를, "이양빙(李陽冰)은 바로 두보(杜甫)[226]의 생질 이조(李潮)[227]다"라고 했지만, 논의하는 사람들은 매양 그렇게 여기지 않았다. 『신당서(新唐書)』 「재상세계표(宰相世系表)」를 보면, 조군(趙郡) 이씨(李氏) 옹문(雍門)의 아들 가운데, 맏이는 식(湜)이고, 그 다음은 해(澥)인데 자가 견빙(堅冰)이다. 그 다음이 양빙(陽冰)이다. 조(潮)라는 이름의 모양이 '식(湜)' '해(澥)'와 서로 비슷하고, '양빙'과 '견빙'은 모두 다 자(字)인 것 같다. 혹 처음에 이양빙의 이름이 '조(潮)'이고 자가 '양빙(陽冰)'이었다가, 그 뒤 자를 이름으로 삼고 따로 소온(少溫)이라고 자를 지은 것일까? 알 수가 없다. 또 두보의 시에 이르기를, "하물며 조(潮)의 소전(小篆) 진(秦)나라 정승인 이사(李斯)에 다가갔네[況潮小篆逼秦相]"라고 했다. 그러나 구양수(歐陽脩)의 『집고록(集古錄)』에는 이조(李潮)의 전서에 관한 기록이 없다. 정어중(鄭漁仲 : 鄭樵)이 지은 「금석략(金石略)」에 당나라의 전서를 잘 쓰는 서예가 가운데 이양빙(李陽冰) 이외에 당원도(唐元度)[228] · 이유(李庾)[229] · 왕휼(王遹)[230] 등 여러 사람을 열거했지만, 이조(李潮)에 대해서 언급하지 않은 것은 어째서일까?

---

226) 두보(杜甫) : 당나라의 시인. 자는 자미(子美), 벼슬은 공부원외랑(工部員外郎)에 그쳤다. 중국 역사상 최고의 사실주의 시인으로 시성(詩聖)이라 일컬어진다. 저서로 『두공부시집(杜工部詩集)』이 있다.

227) 이조(李潮) : 당나라 서예가. 소전(小篆)과 팔분체(八分體)에 능했다. 이양빙(李陽冰)과 동일 인물인지에 대해서는 정설이 없다.

228) 당원도(唐元度) : 당나라의 서예가. 벼슬은 한림대조(翰林待詔)를 지냈다. 소전(小篆)과 초서 예서에 능하였다.

229) 이유(李庾) : 당나라의 서예가. 벼슬은 호남관찰사(湖南觀察使)를 지냈는데 전서(篆書)에 능했다. 작품으로 「오계명(浯溪銘)」이 남아 있다.

230) 왕휼(王遹) : 당나라의 서예가. 전서(篆書)에 능하였다.

元吾邱衍謂“李陽氷卽杜甫甥李潮.”, 論者每不然之. 觀『唐書』「宰相世系表」, 趙郡李氏雍門子, 長湜, 次澥字堅氷, 次陽氷. 潮之爲名, 與‘湜’・‘澥’正復相類, ‘陽氷’與‘堅氷’似皆爲字, 或始名‘潮’, 字‘陽氷’, 後以字爲名, 而別字少溫, 未可知也. 且杜詩云“況潮小篆逼秦相.”, 而歐陽『集古錄』未有潮篆, 鄭漁仲「金石略」於唐篆家, 陽氷外, 但列唐元度・李庚・王遹諸人, 亦不及潮, 何也?

107

이양빙(李陽冰)은 스스로 “전서(篆書)에 있어서, 이사(李斯) 노인 이후로는 바로 나다”라고 생각했다. 그러나 구양수(歐陽脩)가 『집고록(集古錄)』에서 당나라의 전서를 논하면서 이양빙의 앞에 왕휼(王遹)을 일컬었고, 그 뒤로 이영성(李靈省)[231]을 일컬었다. 그러한즉, 그 당시에도 사람이 없지 않았는데, 하물며 옛날에 사람이 없었겠느냐?

李陽氷篆書, 自以爲“斯翁之後, 直至小生.” 然歐陽『集古錄』論唐篆, 於陽氷之前稱王遹, 於其後稱李靈省, 則當代且非無人, 而況於古乎!

108

당나라의 팔분서(八分書)는 두보(杜甫)의 시[232]에서, 한택목(韓擇木)[233]・채유린(蔡有鄰)[234]・이조(李潮) 세 사람을 칭찬하였다. 구양수(歐陽脩)는 이들에다 사유칙(史維則)[235]을 더하여 ‘네 명의 서예가’라고 일컬었다. 이 네 명의 서예가의 글씨 가운데서 세상에 전해 오는 것으로는 사유칙이

231) 이영성(李靈省) : 당나라의 서예가. 전서에 능하였다.

232) 두보(杜甫)의 시 : 「이조팔분소전가(李潮八分小篆歌)」라는 시이다.

233) 한택목(韓擇木) : 당나라의 서예가. 벼슬은 예부상서를 지냈다. 예서와 팔분서(八分書)에 능했다.

234) 채유린(蔡有鄰) : 당나라의 서예가. 벼슬은 병조참군(兵曹參軍)을 지냈다. 채옹(蔡邕)의 18대손이다.

235) 사유칙(史維則) : 당나라의 서예가. 벼슬은 집현전(集賢殿) 직학사(直學士)에 이르렀다. 전서(篆書)와 비백서(飛白書)에 능했다.

한택목보다 많고, 한택목이 채유린보다 많다. 이조의 작품은 오직 「혜의사미륵상비(慧義寺彌勒像碑)」와 「팽원요묘지(彭元曜墓誌)」만이 조명성(趙明誠)[236]의 『금석록(金石錄)』[237]에 실려 있으니, 어찌 그리도 쓸쓸한지? 오구연(吾邱衍)은 이조(李潮)와 이양빙(李陽冰)이 동일 인물일 거라고 했는데, 전서가 이미 대단히 많이 전해오고 있으니, 팔분서는 전해 오는 것이 비록 적더라도 유감될 것이 없다.

唐八分, 杜詩稱韓擇木·蔡有鄰·李潮三家, 歐陽六一合之史維, 則稱'四家'. 四家書之傳世者, 史多於韓, 韓多於蔡, 李惟「慧義寺彌勒像碑」·「彭元曜墓志」載於趙氏『金石錄』, 何寥寥也! 吾邱衍疑潮與陽冰爲一人, 則篆旣盛傳, 分雖少, 可無憾矣.

109

문충공(文忠公) 구양수(歐陽脩)는 당나라의 팔분서(八分書) 가운데서 한택목(韓擇木)·사유칙(史惟則)·이조(李潮)·채유린(蔡有鄰) 등을 사가(四家)라 하여 더욱 추앙하고 찬탄하였다. 이 네 사람은 진실로 우뚝이 뛰어나 걸출한 서예가이지만, 이 네 사람 이외에도, 장조(張璪), 구령문(瞿令問), 고계사(顧戒奢), 장정규(張庭珪),[238] 호증(胡證), 양승경(梁升卿), 한수영(韓秀榮), 한수필(韓秀弼), 한수실(韓秀實), 유승(劉升), 육견(陸堅), 이저(李著), 주량필(周良弼), 사호(史鎬), 노효(盧曉) 같은 사람들도 팔분서로 이름이 났다. 그 나머지 사람들이라고 해서 평범하여 무능하다고 생각해서는 안 된다. 근래에 한(漢)나라 팔분서를 오로지 이야기하는 사람이 있어, 당나라 팔분서

236) 조명성(趙明誠) : 송나라의 금석 학자. 벼슬은 지강녕부사(知江寧府事)를 지냈다. 부인 이청조(李淸照)와 함께 금석문을 좋아하여 『금석록(金石錄)』을 지었다.

237) 『금석록(金石錄)』 : 송나라 금석 학자 조명성(趙明誠)이 그 부인 이청조(李淸照)와 함께 지은 책. 삼대(三代)의 이기(彝器)로부터 한당(漢唐) 이래의 석각(石刻) 작품 2천여 종이 소개되어 있다.

238) 장정규(張庭珪) : 당나라 전기의 서예가. 장정규(張廷珪)라고도 쓴다. 벼슬은 황문시랑(黃門侍郎)에 이르렀다. 해서와 예서를 잘 썼고, 이옹(李邕)과 절친하였다.

를 평론할 가치도 없는 것으로 간주하니, 그 또한 지나친 것이다.

歐陽文忠於唐八分尤推韓・史・李・蔡四家. 夫四家固卓爲書傑, 而四家外若張璪・瞿令問・顧戒奢・張庭珪・胡證・梁升卿・韓秀榮・秀弼・秀實・劉升・陸堅・李著・周良弼・史鎬・盧曉, 各以能鳴, 亦未可謂餘子碌碌也. 近代或專言漢分, 比唐於自鄶以下, 其亦過矣.

110

당(唐)나라 예서의 전범은 북위(北魏)시대 비에서 나온 것이 십에 팔구할이다. 굳세고 힘있는 필력은 자못 위나라 비에 근접했다. 무릇 엄정(嚴整)하여 사람에게 정신이 번쩍 들게 할 정도가 되는 것이 그 장점이다.

唐隸規模出於魏碑者十之八九. 其骨力亦頗近之. 大抵嚴整警策, 是其所長.

111

당나라 예서를 논하는 사람들은 당나라 초기의 구양순(歐陽詢)・설순타(薛純陀)[239]・은중용(殷仲容)[240] 등 여러 사람에게는 한나라・위(魏)나라의 분위기가 남아 있고, 개원(開元, 713~741) 연간에 이르러서는 한나라 위나라의 분위기에서 멀어졌다고 여겼는데, 이는 기운(氣韻)이나 풍격(風格)을 가지고 말한 것이다. 그러나 역량은 사람에게 있는 것으로서, 시간의 흐름에 따라 변하는 것은 아니니, 마땅히 다시 살펴봐야 할 것이다.

論唐隸者, 謂唐初歐陽詢・薛純陁・殷仲容諸家, 漢・魏遺意尙在, 至開元間, 則變而即遠, 此以氣格言也. 然力量在人, 不因時異, 更當觀之.

---

239) 설순타(薛純陀) : 일명 설순(薛純). 당나라 초기의 서예가. 벼슬은 비서정자(秘書正字)를 지냈다. 그의 글씨는 구양순(歐陽詢)의 초서체와 비슷하다. 그의 작품 「지주명(砥柱銘)」은 필력에 여유가 있고 예서의 분위기가 많이 남아 있다.

240) 은중용(殷仲容) : 당나라 중기의 서예가. 화가. 벼슬은 공부랑중(工部郎中)에 이르렀다. 전서(篆書)와 예서(隸書)에 능했고, 인물화와 화조화(花鳥畫)에 능했다.

112

예서를 논하는 사람들은 한(漢)나라의 예서는 예스럽고 고상하면서 그윽하고 깊고, 당나라의 예서는 평이하고 풍만하고 얕고 비근하다고 여긴다. 다만 채유린(蔡有鄰)의 「울지형비(蔚遲迥碑)」·「광천서발(廣川書跋)」은 「홍도석경(鴻都石經)」을 계승한 것이니, 한나라 예서와 당나라 예서를 어찌 지나치게 구분할 것이 있겠는가? 구양수(歐陽脩)는 "채유린의 「흥당사석장경찬(興唐寺石經藏讚)」은 삼대(三代 : 夏·殷·周)의 종정(鍾鼎) 등 그릇의 명문(銘文)과 무엇이 다르겠는가?"라고 생각했는데, 논평이 비록 지나친 것 같으나, 나의 불공정함을 가지고 다른 사람의 불공정함을 깨뜨리는 격이다.

言隷者, 多以漢爲古雅幽深, 以唐爲平滿淺近. 然蔡有鄰「尉遲迥碑」·「廣川書跋」謂當與「鴻都石經」相繼, 何嘗於漢·唐過分畛域哉! 至有鄰「興唐寺石經藏讚」, 歐陽公謂"與三代器銘何異.", 論雖似過, 亦所謂以我不平破汝不平也.

113

북위(北魏)의 「효문조비간묘문(孝文弔比干墓文)」은 전서와 예서의 서체가 뒤섞여 있는데, 최호(崔浩[241])가 쓴 것으로 전해져 온다. 동위(東魏)시대의 이중선(李仲璇[242])의 「수공자묘비(修孔子廟碑)」와 수(隋)나라 때의 「조자건비(曹子建碑)」는 모두 영향을 받은 것이다. 당나라 때의 「경룡관종명(景龍觀鐘銘)」도 그것을 본받은 것이나, 자못 예법으로 절제한 것이다.

後魏「孝文弔比干墓文」, 體雜篆隷, 相傳爲崔浩書. 東魏李仲琁「修孔子廟碑」·隋「曹子建碑」, 皆衍其流者也. 唐「景龍觀鐘銘」蓋亦效之,

241) 최호(崔浩) : 북위(北魏)시대의 학자. 경사(經史)와 백가(百家)를 널리 보았고, 천문 역법(曆法)에도 통했다. 벼슬은 시중(侍中)에 이르렀다.

242) 이중선(李仲璇) : 동위(東魏)의 관리. 벼슬은 장작대장(將作大將)에 이르렀다. 공자(孔子)의 사당을 중수한 적이 있다.

然頗能節之以禮.

114

당(唐)나라 승려 회인(懷仁)이 집자(集字)한 「성교서(聖敎序)」는 예스럽고 고상하여 깊은 운치가 있다. 황장예(黃長睿)가 이르기를, “비석 가운데 있는 글자는 왕우군(王右軍 : 王羲之)이 남긴 서첩(書帖)에 있는 글자와 세밀한 부분까지 아주 같다”라고 했다. 지금 남아 있는 서첩의 글자가 진짜 왕희지 글씨인지 아닌지는 분별하기 어렵고, 도리어 이 「성교서」의 글자를 가지고 남아 있는 서첩의 글씨를 증명하는 것이 옳다. 어떤 사람은 회인이 능히 이 「성교서」를 집자했는데, 다른 데는 왕희지의 글씨가 보이지 않는가? 그러나 어찌 꼭 다른 글씨에 보여야 하겠는가?

唐僧懷仁集「聖敎序」古雅有淵致. 黃長睿謂“碑中字與右軍遺帖所有者, 纖微克肖.” 今遺帖之是非難辨, 轉以此證遺帖可矣. 或言懷仁能集此序, 何以他書無足表見? 然更何待他書之表見哉!

115

「성교서(聖敎序)」를 배우는 사람들의 글씨는 원체(院體)[243]가 되었는데, 당(唐)나라 오통미(吳通微)[244]에게서 비롯되었다. 송(宋)나라 고숭망(高崇望)과 백숭구(白崇矩) 등에 이르러서는 더욱 더 그런 말을 할 수 있게 만들었다. 그래서 소식(蘇軾)[245]과 황정견(黃庭堅)[246]이 글씨를 논할 때,

243) 원체(院體) : 서법(書法) 유파의 하나. 당나라 정원(貞元) 연간의 한림학사(翰林學士) 오통미(吳通微)는 행서와 초서에 능했는데, 그 서체가 예서에 가까웠다. 한림원의 서리들이 그 서체를 본받아 세상에 크게 유행하였는데, 그 서체를 원체라 하였다.

244) 오통미(吳通微) : 당나라의 서예가. 벼슬은 한림학사에 이르렀다. 박학하고 문장에 능했다.

245) 소식(蘇軾) : 송(宋)나라 문학가 · 서예가. 자는 자첨(子瞻), 호는 동파(東坡). 당송팔대가(唐宋八大家)의 한 사람이고, 송대 사대서예가(四大書藝家)의 한 사람이다. 저서로는 『동파집(東坡集)』이 있다.

246) 황정견(黃庭堅) : 송(宋)나라 문학가 · 서예가. 자는 노직(魯直), 호는 산곡(山谷). 송나

단지 안상서(顔尙書)[247]와 양소사(楊少師)[248]만을 성하게 일컬어, 그들의 글씨가 「성교서」와 다르다는 것을 부각시켰다. 사실은 안진경(顔眞卿)[249]과 양응식은 「성교서」에 비하면 선(禪)의 번안(飜案)과 같다. 부처가 마음으로 서로 비추는 것처럼, 표면적으로는 떨어져 있어도 속으로는 가만히 관계가 있는 점을 취한 것이다. 원체(院體)는 융통성 없게 형식에 얽매이는 데서 비롯된 것으로, 심기(心機)를 전환하여 훤히 깨닫지 못한 것이다. 작은 것에 얽매이는 선승(禪僧)이 스스로 자신을 구속하는 것이 어찌 부처의 잘못이겠는가?

學「聖教」者致成爲院體, 起自唐吳通微, 至宋高崇望・白崇矩益貽口實. 故蘇・黃論書但盛稱顔尙書・楊少師, 以見與「聖教」別異也. 其實顔・楊於「聖教」, 如禪之翻案, 於佛之心印, 取其明離暗合; 院體乃由死於句下, 不能下轉語耳. 小禪自縛, 豈佛之過哉!

116

당(唐)나라 사람 가운데서 왕희지(王羲之)의 글씨를 잘 집자(集字)한 것으로 회인(懷仁)의 「성교서(聖教序)」 이외에, 승려 대아(大雅)가 집자한 「오문비(吳文碑)」[250]를 친다. 「성교서」가 세상에 유행하는 것이 본디부터 성

라 사대서예가(四大書藝家)의 한 사람이다. 저서로는 『산곡집(山谷集)』이 있다.

247) 안상서(顔尙書) : 당(唐)나라의 서예가 안진경(顔眞卿). 이부상서(吏部尙書)를 지냈기 때문에 이렇게 부른다.

248) 양소사(楊少師) : 오대(五代)시대의 서예가 양응식(楊凝式). 소부소사(少傅少師)를 지냈으므로 이렇게 일컫는다. 초서와 행서에 능하였는데, 구양순체(歐陽詢體)와 안진경체(顔眞卿體)를 다 배웠다.

249) 안진경(顔眞卿) : 당나라 중기의 서예가. 자는 청신(淸臣), 시호는 문충(文忠), 벼슬은 이부상서(吏部尙書)에 이르렀다. 노군공(魯郡公)에 봉해졌기 때문에 안노공(顔魯公)이라고 부른다. 그는 중후한 해서체인 안체(顔體)를 창시하였다. 세상에 전해오는 필적으로는 「안근례비(顔勤禮碑)」, 「안씨가묘비(顔氏家廟碑)」, 「제질문고(祭姪文稿)」 등이 있다.

250) 「오문비(吳文碑)」 : 당(唐)나라 승려 대아(大雅)가 왕희지의 글씨를 모아서 새긴 비. 대아가 흥복사(興福寺)의 승려이기 때문에 「흥복사비(興福寺碑)」라 일컫기도 한다. 왕희지의 정신과 근력을 얻었기 때문에 역대의 서예가들이 중시한다.

했지만, 이 비의 글씨도 족히 한 가지 유파가 될 만하다. 대개 「성교서」의 글씨는 간간이 험준한 형세가 있지만, 이 「오문비」는 더욱 험준하고 높아, 왕희지 글씨의 험준한 것만 모아놓았는가 하는 생각이 든다. 당나라 태종이 지은 「왕희지전론(王羲之傳論)」에서 "글씨의 형세가 비스듬하면서도 도리어 바르다"라고 했다. 이것을 보면, 그 말에 더욱 맛이 있다.

唐人善集右軍書者, 懷仁「聖教序」外, 推僧大雅之「吳文碑」. 「聖教」行世, 固爲尤盛, 然此碑書足備一宗. 蓋「聖教」之字雖間有峭勢, 而此則尤以峭尙, 想就右軍書之峭者集之耳. 唐太宗御製「王羲之傳」曰: "勢如斜而反正." 觀此, 乃益有味其言.

117

우영흥(虞永興 : 虞世南)의 서법(書法)은 지영(智永)에게서 나왔다. 그래서 필획의 날이 밖으로 드러나지 않고 근육과 뼈대가 안으로 함축되어 있다. 그래서 서호(徐浩)[251]는 말하기를, "구양순(歐陽詢)과 우세남(虞世南)은 모두 매인데, 구양순이 매인 것은 쉽게 알 수 있지만, 우세남이 매인 것은 알기가 어렵다"라고 했다.

虞永興書出於智永, 故不外耀鋒芒而內涵筋骨. 徐季海謂"歐・虞爲鷹隼. 歐之爲鷹隼易知. 虞之爲鷹隼難知."也.

118

우세남(虞世南)의 글씨를 배우려면, 맨 먼저 근 근육과 뼈대가 살보다 낫다는 것을 알아야 한다. 이전 사람들이 그의 「공자묘당비(孔子廟堂碑)」[252]를 칭찬하는 까닭을 종합해 볼 때, 이 얼마나 정신이 깃든 것인가? 그러나 거듭해서 번각(飜刻)하다 보니, 천박해지고 마모가 되었다. 오늘날

---

251) 서호(徐浩) : 당나라의 서예가. 자는 계해(季海), 벼슬은 이부시랑(吏部侍郎)에 이르렀다. 서예에 능하여 여덟 가지 서체에 두루 능했는데, 초서와 예서에 더욱 정통하였다.
252) 공자묘당비(孔子廟堂碑) : 당나라 우세남(虞世南)이 짓고 쓴 해서로 된 비.

에 와서는 도리어 「소인사비(昭仁寺碑)」[253]를 배우는 것만 못하게 되었다.

學永興書, 第一要識其筋骨勝肉. 綜昔人所以稱「廟堂碑」者, 是何精神! 而展轉翻刻, 往往入於膚爛, 在今日則轉不如學「昭仁寺碑」矣.

119

당(唐)나라 사람들의 서법을 논할 때, 구양순(歐陽詢)·저수량(褚遂良)은 나누어서 북파(北派)라 하고, 우세남(虞世南)을 남파(南派)라고 한다. 북파는 예서에 근거하였는데 이 때문에 구양순·저수량을 존중하려고 한다. 우세남은 그대로 전서의 옥저(玉筯)[254]의 필의(筆意)가 있는데, 북파의 서법을 주장하는 사람들은 이 사실을 말하려고 하지 않는다.

論唐人書者, 別歐·褚爲北派, 虞爲南派. 蓋謂北派本隸, 欲以此尊歐·褚也. 然虞正自有篆之玉筯意, 特主張北書者不肯道耳.

120

왕소종(王昭宗)[255]의 글씨는 우세남(虞世南)과 비슷한데, 「왕징군청석명(王徵君靑石銘)」[256]을 보면 알 수 있다. 왕소종이 어떤 사람에게 주는 편지에서 일찍이 이르기를, "저의 글씨는 잘된 것이 없습니다"라고 했고, 또 "오중(吳中)[257]의 육대부(陸大夫)[258]가 일찍이 나를 우군(虞君 : 우세

---

253) 「소인사비(昭仁寺碑)」: 당나라 정관(貞觀) 4년에 세운 비석. 글씨는 해서로 되어 있다. 우세남(虞世南)이 썼다고 전해오는데, 확인되지 않았다. 글씨는 빼어나고 잘 정돈되어 있다.

254) 옥저(玉筯): 필획(筆劃)의 끝이 옥 젓가락 끝 모양으로 반원형으로 된 것을 말한다.

255) 왕소종(王昭宗): 당나라 초기의 서예가. 벼슬은 비서소감(秘書少監)에 이르렀다. 특히 초서와 예서에 능했다.

256) 「왕징군청석명(王徵君靑石銘)」: 정식명칭은 「왕징군임종구수명(王徵君臨終口授銘)」이다. 당나라 해서 석각(石刻) 작품으로 하남성(河南省) 등봉현(登封縣) 노군동(老君洞)에 세워져 있다.

257) 오중(吳中): 춘추시대(春秋時代) 오(吳)나라가 있던 곳으로 지금의 강소성(江蘇省) 일대를 말한다.

258) 육대부(陸大夫): 당나라 초기의 서예가 육간지(陸柬之)를 말한다. 그가 조산대부(朝

남)에게 견주었는데, 내가 그를 그대로 모사하지 않았기 때문일 것이다" 라고 했다. 이 몇 가지 말은 서예가의 진실 된 비결인데, 모르는 사람들은 그가 높게 해석하기를 좋아한다고 여길 것이다.

王紹宗書似虞伯施, 觀「王徵君靑石銘」可見. 紹宗與人書, 嘗言"鄙夫書無工者.", 又言"吳中陸大夫嘗以余比虞君, 以不臨寫故也." 數語乃書家眞實義諦, 不知者則以爲好作勝解矣.

121

솔경령(率更令)을 지낸 구양순(歐陽詢)의 「화도사비(化度寺碑)」[259] 글씨는 대단찮으나 의미는 심장하다. 웅건(雄健)하면서도 또 심후(深厚)하여 고상한 정취가 있다. 평론하는 사람들이 "곧은 나무에 굽은 쇠로 된 글씨로서 무사가 감히 범하지 못할 기색이 있다"라고 했지만, 뜻을 다하지는 못했다. 어떤 사람은 이 비평을 가지고 난대(蘭臺)[260]의 「도인법사비(道因法師碑)」[261]를 평하는데, 접근하였을 따름이다.

率更「化度寺碑」筆短意長, 雄健彌復深雅. 評者但謂是'直木曲鐵法, 如介胄有不可犯之色, 未盡也.' 或移以評蘭臺「道因」, 則近耳.

122

대구양(大歐陽)과 소구양(小歐陽)[262]의 글씨는 모두 팔분서(八分書)와 예

散大夫)를 지냈으므로 이렇게 말한다. 우세남(虞世南)의 생질로서 우세남을 따라 글씨를 배워 예서·행서·초서가 다 묘품(妙品)에 들었다.

259) 「화도사비(化度寺碑)」: 당나라 초기의 석각(石刻) 작품. 이백약(李百藥)이 짓고 구양순(歐陽詢)이 해서로 썼다.

260) 난대(蘭臺): 당(唐)나라 때 비서성(秘書省)을 가리킨다. 여기서는 중서사인(中書舍人)을 지낸 구양통(歐陽通)을 말한다.

261) 「도인법사비(道因法師碑)」: 당나라 석각 작품. 이엄(李儼)이 짓고 구양통(歐陽通)이 해서로 썼는데, 지금 서안(西安)의 비림(碑林)에 보존되어 있다. 구양통은 구양순(歐陽詢)의 아들이다.

262) 대구양(大歐陽)과 소구양(小歐陽): 당나라 초기의 구양순(歐陽詢)과 그 아들 구양통(歐陽通)은 둘 다 유명한 서예가인데, 아버지를 대구양, 아들을 소구양이라고 일컫는다.

서에서 나왔다. 구양통의 「도인법사비(道因法師碑)」를 보면 비법(批法)[263]이 있으니, 예서의 필의(筆意)가 뚜렷하다. "구양통이 예서를 배웠으면서 무엇 때문에 그 글씨의 자취를 다 변화시키지 않았는가?"라고 의심하는 사람이 있지만, 당나라 초기에는 수(隋)나라의 서법을 참작하여 그 분위기가 섞여 있으므로, 이런 점을 가지고 그의 작품의 가치를 재는 것은 마땅하지 않다.

大小歐陽書並出分隷, 觀蘭臺「道因碑」有批法, 則顯然隷筆矣. 或疑"蘭臺學隷, 何不盡化其跡?" 然初唐猶參隋法, 不當以此律之.

123

동파(東坡) 소식(蘇軾)이 저수량(褚遂良)의 글씨를 평가하여 "맑고 아름답고 산뜻하다"라고 했다. 장사(長史)를 지낸 장욱(張旭)[264]이 저수량의 글씨에 대해서 안진경(顔眞卿)에게 고하여 말하기를, "필봉(筆鋒)을 감추면 필획이 침착해진다"라고 했다. 이 두 이야기는 모두 저수량의 글씨를 배우는 사람의 자료가 될 수 있다. 그러나 아름다운 작품을 보는 것과 훈계를 주는 것은 구별이 있다.

東坡評褚河南書"清遠蕭散." 張長史告顔魯公述河南之言, 謂"藏鋒畫乃沈著." 兩說皆足爲學褚者之資, 然有看繡・度鍼之別.

124

저수량(褚遂良)은 당나라에 있어서 광대교화주(廣大教化主)[265]이다. 평

263) 비법(批法): 팔분서(八分書)에서의 파법(波法)을 말한다. 왼쪽으로 삐치는 획이 '파(波)'이고, 오른 쪽으로 삐치는 획이 '별(撇)'이다.

264) 장욱(張旭): 당나라 중기의 서예가. 자는 백고(伯高), 벼슬은 우솔부장사(右率府長史)를 지냈다. 초서와 해서에 능했다. 전해오는 작품으로는 「낭관석기(郎官石記)」, 「두통첩(肚痛帖)」 등이 있다.

265) 광대교화주(廣大教化主): 당나라 중기의 시인 백거이(白居易)를 가리킨다. 그의 시는 평이하여 누구나 다 알 수 있어 널리 유행되었다. 여기서는 저수량의 글씨가 광범위하게 많은 사람들의 사랑을 받았다는 의미이다.

원태수(平原太守)를 지낸 안진경(顔眞卿)은 저수량의 근육을 얻었고, 서호(徐浩)의 무리는 그 살을 얻었다. 그러나 서호는 "저수량을 배우다가 다 배우지 못했다"라고 스스로 말하지 않고, 도리어 "색채만 갖추고 힘이 없다"라고 비난하니, 어찌 그리도 패륜적인 사람인가?

褚河南書爲唐之廣大敎化主. 顔平原得其筋, 徐季海之流得其肉. 而季海不自謂"學褚未盡.", 轉以"翬翟."爲譏, 何誖也!

125

저수량이 쓴 「이궐불감비(伊闕佛龕碑)」[266]는 구양순(歐陽詢)과 우세남(虞世南)의 장점을 다 갖고 있다. 「자은사비(慈恩寺碑)」[267]와 「성교서(聖敎序)」[268]에 이르러서는, 간혹 왕행만(王行滿)[269]이 쓴 「성교서(聖敎序)」를 가지고 견준다. 왕행만의 글씨는 비록 치밀하면서도 생동적이나 저수량의 빼어난 기운보다는 못하다.

褚書「伊闕佛龕碑」, 兼有歐·虞之勝. 至「慈恩」·「聖敎」, 或以王行滿「聖敎」擬之. 然王書雖縝密流動, 終遜其逸氣也.

126

당(唐)나라 구양순(歐陽詢)과 우세남(虞世南)의 글씨는 각자 한 서체(書

---

266) 「이궐불감비(伊闕佛龕碑)」: 당나라 초기의 석각 작품. 잠문본(岑文本)이 짓고 저수량이 해서로 썼는데, 낙양(洛陽) 용문석굴(龍門石窟)의 빈양동(賓陽洞) 석벽에 새겨져 있다. 글씨가 평정하고 강건(剛健)하며 팔분서(八分書)의 필법을 참작하였다.

267) 「자은사비(慈恩寺碑)」: 정식 명칭은 「자은사기공탑비(慈恩寺基公塔碑)」이다. 이 비는 이홍도(李弘度)가 짓고 증대덕(曾大德)이 행서로 쓴 것이다. 본문에서 저수량의 작품으로 본 것은 잘못이다.

268) 「성교서(聖敎序)」: 왕희지의 글씨를 집자한 「성교서」가 있고, 또 저수량이 쓴 「성교서」가 있는데, 저수량이 쓴 것은 자은사(慈恩寺)의 대안탑(大雁塔)에 새겨져 있다. 저수량 만년의 득의한 작품으로 독특한 풍격을 갖추고 있다.

269) 왕행만(王行滿): 당나라 고종(高宗) 때의 서예가. 벼슬은 문하록사(門下錄事)를 지냈다. 글씨를 잘 쓰는 것으로 이름이 났다. 그가 쓴 「성교서」는 해서인데, 글자의 짜임이 무게가 있고, 치밀하면서도 생동적이다.

體)를 차지하고 있다. 그러나 위로 거슬러 올라가면 동위(東魏)의 「이중선비(李仲璇碑)」와 「경현준비(敬顯儁碑)」 등 두 비로부터 모아서 변통하였음을 볼 수 있다. 구양수(歐陽脩)만이 수(隋)나라 「용장사비(龍藏寺碑)」에 구양순과 우세남의 서체가 있다고 생각한 것이 아니다.

唐歐·虞兩家書, 各占一體. 然上而溯之, 自東魏「李仲琁」·「敬顯儁」二碑, 已可觀其會通, 不獨歐陽六一以有歐·虞體評隋「龍藏寺」也.

127

구양순(歐陽詢)과 우세남(虞世南)이 아울러 일컬어지는데, 그 서법은 방(方)과 원(圓), 강(剛)과 유(柔)가 서로 보완적으로 쓰인다. 우세남의 온화함을 잘 배운 사람은 흐르지 않고, 구양순의 위엄을 배운 사람은 사납게 되지 않는다.

歐·虞並稱, 其書方圓剛柔, 交相爲用. 善學虞者, 和而不流·善學歐者, 威而不猛.

128

구양순과 저수량(褚遂良) 두 사람은 다같이 팔분서(八分書)와 예서(隸書)에서 나왔지만, '굳세고 빼어났다'라는 글자는 두 사람 모두에게 접근하여 있다. 만약 옛날의 글씨 평론을 빌려 평한다면, 구양순의 글씨는 용이 위엄이 있는 듯 호랑이가 떨치는 듯 했고, 저수량의 글씨는 학이 노는 듯 기러기가 희롱하는 듯하도다.

歐·褚兩家並出分隸, 於'遒逸'二字, 各得所近. 若借古書評評之 : 歐其如龍威虎震, 褚其如鶴遊鴻戲乎.

129

우세남(虞世南)의 '략(掠)'과 '책(磔)'[270]은 '륵(勒)'과 '노(努)'[271]에 가깝고, 저수량(褚遂良)의 '노'와 '륵'은 '략'과 '책'에 가깝다. 그 서체의 요긴한 곳은 암암리에 전서와 예서로부터 변별된다.

虞永興'掠'·'磔'亦近'勒'·'努', 褚河南'勒'·'努'亦近'掠'·'磔', 其關捩隱由篆隸分之.

130

육간지(陸柬之)의 글씨는 혼후(渾厚)하면서도 굳세다. 설직(薛稷[272])의 글씨는 맑고 깊다. 육간지는 우세남(虞世南)에서 나왔고, 설직은 저수량(褚遂良)에서 나왔다. 세상에서는 구양순·우세남·저수량·설직을 일컫기도 하고, 혹은 구양순·우세남·저수량·육간지를 일컫기도 하는데, 으뜸으로 쳐 숭상하는 바가 달라서, 멋대로 올리고 깎아내리는 것이 아니겠는가?

陸柬之之書渾勁, 薛稷之書清深. 陸出於虞, 薛出於褚. 世或稱歐·虞·褚·薛, 或稱歐·虞·褚·陸, 得非以宗尚之異, 而漫爲軒輊耶?

131

당나라 초기에는 구양순(歐陽詢)·우세남(虞世南) 이외에 왕지경(王知敬[273])과 조모(趙模[274]) 두 사람의 글씨는 모두 푹 젖어 익었고, 굳세고 빼어나 당시에 매우 이름이 있었다. 왕지경(王知敬)이 쓴 이정비(李靖碑[275])와

---

270) '략(掠)'과 '책(磔)' : 영자팔법(永字八法)에서 왼쪽 대각선으로 뻗은 획이 '략'이고, 오른쪽 대각선으로 뻗은 마지막 획이 '책'이다.

271) '륵(勒)'과 '노(努)' : 영자팔법에서 가로로 뻗은 획이 '륵'이고, 세로로 뻗은 획이 '노'이다.

272) 설직(薛稷) : 당나라 초기의 서예가. 자는 사통(嗣通), 벼슬은 예부상서(禮部尙書)에 이르렀다. 필획이 웅건(雄健)하여 천하에 이름이 났다. 전해오는 작품으로는 「신행선사비(信行禪師碑)」가 있다.

273) 왕지경(王知敬) : 당나라 측천무후(則天武后) 때의 서예가. 벼슬은 태자가령(太子家令)에 이르렀다. 해서 행서 초서에 능했는데, 글씨가 날카로우면서도 빼어났다.

274) 조모(趙模) : 당나라 초기의 서예가. 벼슬은 한림공봉(翰林供奉)을 지냈다. 왕희지의 글씨를 집자하여 「천자문」을 만들었다.

275) 이정비(李靖碑) : 당나라 중기의 석각 작품. 허경종(許敬宗)이 짓고 왕지경(王知敬)이

조모가 쓴 「고사렴비(高士廉碑)」[276]는 이미 그 의법(意法)을 증명할 수 있다. 그러나 글씨는 아름다우나 쓴 사람의 이름이 나타나지 않은 동시대의 비가 있는데, 가만히 감식(鑑識)하는 사람들은 "이 두 사람의 손에서 나왔다"고 늘 말한다. 글씨가 여기에 이르고서도, 구양순(歐陽詢)이나 우세남(虞世南)의 대열과 가지런할 수가 없었으니, 이것이 산에 오르는 사람은 반드시 정상에 올라야 하는 까닭이다.

唐初歐·虞·褚外, 王知敬·趙模兩家書, 皆精熟遒逸, 在當時極爲有名. 知敬書李靖碑, 模書「高士廉碑」, 旣已足徵意法, 而同時有書佳而不著書人之碑, 潛鑒者每謂"出此兩家之手." 書至於此, 猶不得儕歐, 虞之列, 此登嶽者所以必凌絶頂哉!

132

손과정(孫過庭)의 초서는 당(唐)나라 글씨 가운데서는 진(晋)나라의 글씨를 숭상하여 잘 따른 것이다. 그가 쓴 『서보(書譜)』는 붓을 사용하는 것이 파격적인데도 글씨는 더욱 완전하고, 어지러운데도 글씨는 더욱 잘 정리되어 있고, 나부낄수록 더욱 침착하고, 하늘거릴수록 더욱 강건해졌다.

孫過庭草書, 在唐爲善宗晉法. 其所書『書譜』, 用筆破而愈完, 紛而愈治, 飄逸愈沈著, 婀娜愈剛健.

133

손과정(孫過庭)이 『서보(書譜)』에서 이르기를, "옛날에는 질박(質朴)했는데, 지금은 아름답다"라고 했다. 그러나 자기의 글씨는 아름다운 요소가

해서로 썼다. 658년 섬서성(陝西省) 예천현(醴泉縣) 소릉(昭陵)에 세웠다. 평자들이 "이 비석은 방현령(房玄齡)이나 은중용(殷仲容)과 서로 백중이다"라고 평한다.

276) 「고사렴비(高士廉碑)」: 당나라 초기의 석각 작품. 허경종(許敬宗)이 짓고 조모(趙模)가 글씨를 지어 섬서성(陝西省) 예천현(醴泉縣)에 세워져 있다. 글씨가 반듯하고 빼어났다.

많다. 시험 삼아 장욱(張旭)이나 회소(懷素)의 질박한 것과 비교해 보면, 저절로 나타난다.

孫過庭『書譜』謂"古質而今姸." 而自家書卻是姸之分數居多. 試以旭·素之質比之自見.

134

북해태수(北海太守) 이옹(李邕)[277]은 글씨의 기(氣)와 체(體)가 높고도 특이하다. 한 획 한 획이 마치 벽돌을 던져 땅에 떨어뜨리는 것 같아 사람으로 하여금 괜히 거드름을 피우는 마음으로는 견줄 수 없게 만든다.

李北海書氣體高異, 所難尤在一點一畫皆如抛磚落地, 使人不敢以虛憍之意擬之.

135

북해태수 이옹(李邕)의 글씨는 보통의 격에서 벗어났으면서도 우뚝하고 굳세어 힘이 있고, 의젓하여 인위적으로 만든 것이 없다. 이해를 못하는 사람은 시세에 영합하여 경솔한 길로 달려간다고 여긴다. 이것이 이옹이 이른바, "나와 비슷한 사람은 속되고, 나를 배우는 사람은 죽은 것이다"라는 것이다.

李北海書以拗峭勝, 而落落不涉作爲. 昧其解者, 有意低昂, 走入佻巧一路, 此北海所謂"似我者俗, 學我者死"也.

136

이옹(李邕)과 서호(徐浩)는 글씨에 특이한 기세가 많다. 그러나 믿는 바는 전적으로 필력(筆力)에 있다. 소동파가 글씨를 논하여 이르기를, "빨

---

277) 이옹(李邕): 당나라 중기의 서예가. 자는 태화(泰和), 북해태수(北海太守)를 지냈으므로 이북해(李北海)라고 일컫기도 한다. 기왕의 틀을 벗어나 필력(筆力)을 새롭게 했다. 전해오는 작품으로는 「이사훈비(李思訓碑)」, 「악록사비(岳麓寺碑)」 등이 있다.

리 달리기로는 절름발이만한 것이 없다"라고 했는데, 나는 "절름발이로는 준마(駿馬)만한 것이 없다"라고 생각한다.

李北海·徐季海書多得異勢, 然所恃全在筆力. 東坡論書謂"守駿莫如跛.", 余亦謂"用跛莫如駿."焉.

137

손과정(孫過庭)의 『서보(書譜)』에서 왕희지(王羲之)의 글씨를 일컬어, "격앙되지도 않고 사납지도 않다"라고 했다. 두보(杜甫)가 장욱(張旭)의 초서를 일컬어, "호탕하면서도 감격적이다"라고 했다. 멈추어 있는 물이나 흘러가는 물이나 실제로는 두 가지가 아닌 것과 같다.

過庭『書譜』稱右軍書"不激不厲." 杜少陵稱張長史草書"豪蕩感激.", 實則如止水·流水, 非有二水也.

138

장욱(張旭)이 쓴 해서 「낭관석기(郎官石記)」[278]를 두고 소동파가 "글자를 만드는 것이 간결하면서도 심원(深遠)하여, 진(晋)나라나 송(宋: 劉宋)나라 사람의 글씨 같다"라고 했다. 글씨를 논하는 사람들이 "글씨를 아는 말이다"라고 했다. 그러나 장욱의 초서를 배우는 사람들은 왕왕 그 법도를 궁구하지 않고 먼저 그 광적인 이상한 뜻을 가지고 시작한다. 초서가 진실로 해서에서 나왔다는 것과 장욱의 해서가 어떠하다는 것을 이들이 어떻게 알겠는가? 산곡(山谷) 황정견(黃庭堅)이 말하기를, "서울 사람들 가운데서 광적으로 괴이한 글씨를 따라 모사하며 왕희지의 법도에 맞지 않은 것은 장욱(張旭)의 글씨가 아니다"라고 했는데, 이 말을 살펴보면, 장욱의 진실이 나타난다.

278) 「낭관석기(郎官石記)」: 육구언(陸九言)이 짓고 장욱이 해서로 쓴 석각 작품. 당나라 현종(玄宗) 때 새겼다. 글씨는 자연스러운 데서 나와 정교하면서 굳세고 엄정하면서 무게가 있다.

張長史眞書「郎官石記」, 東坡謂“作字簡遠, 如晉・宋間人.” 論者以爲“知言.” 然學張草者, 往往未究其法, 先挾狂怪之意. 豈知草固出於其眞, 而長史之眞何如哉? 山谷言 : “京洛間人, 傳摹狂怪字, 不入右軍父子繩墨者, 皆非長史筆.” 審此而長史之眞出矣.

139

초서를 배우는 사람은 팔분서(八分書)와 예서(隸書), 대전(大篆)과 소전(小篆)에서 근본을 찾아내면, 더할 것이 없다고 생각한다. 장욱은 옛날 종이나 솥, 과두전(科斗篆)[279]에서 초서의 법도를 얻어 가지고 기이함으로써 나타내었다. 이러한 장욱이 저들을 보면 마치 바다의 신이 강의 신을 보는 것 같지 않겠는가?

學草書者, 探本於分隸二篆, 自以爲不可尙矣. 張長史得之古鐘鼎銘科斗篆, 卻不以觭見之. 此其視彼也, 不猶海若之於河伯耶?

140

창려(昌黎) 한유(韓愈)가 장욱(張旭)의 글씨를 일러, “변하여 움직이는 것이 마치 귀신같아 그 끝을 헤아릴 수가 없다”라고 했는데, 이 말은 기이한 듯하면서도 정상적이다. 대저 귀신의 또는 도한 굽히고 펴고 닫고 여는 것일 따름이다.

韓昌黎謂張旭書“變動猶鬼神不可端倪.” 此語似奇而常. 夫鬼神之道, 亦不外屈信闔闢而已.

141

장욱(張旭)이나 회소(懷素)는 모두 장지(張芝)의 금초(今草)[280]에 뿌리를

279) 과두전(科斗篆) : 필획이 올챙이 모양으로 생긴 전서.
280) 금초(今草) : 일반적인 초서. 육조시대(六朝時代)의 장초(章草)와 구분하여 일컫는 용어이다.

두었다. 장욱의 「천자문(千字文)」 잔본(殘本)은 웅장하면서 예스럽고 깊이가 있고, 아득하여 짝할 것이 적다. 회소의 대소(大小) 두 가지 「천자문」을 두고 어떤 사람은 진본이 아니라고 한다. 그 정신은 장욱보다 조금 못하나 그 형세는 자연스럽다. 마땅히 원본에서 태를 벗고 나온 것이다. 성모첩(聖母帖)[281]에 이르러서는 왕희지 · 왕헌지의 노선과 다를 바 없다.

長史 · 懷素皆祖伯英今草. 長史「千文」殘本, 雄古深邃, 邈焉寡儔. 懷素大小字「千文」, 或謂非眞, 顧精神雖遜長史, 其機勢自然, 當亦從原本脫胎而出; 至聖母帖, 又見與二王之門庭不異也.

142

장욱이 글씨를 쓸 때는 슬픈 기운과 기쁜 기운을 아울러 쓴다. 회소가 글씨를 쓸 때는 슬픈 기운과 기쁜 기운을 아울러 배제한다.

張長史書悲喜雙用, 懷素書悲喜雙遣.

143

장욱(張旭)과 회소(懷素)의 글씨는 근엄함의 극치다. 어떤 사람은 미친 듯하다고 여기면서도 배우는 것은, 송(宋)나라 상씨(向氏)[282]가 도적을 배우는 것과 어찌 다르겠는가? 장욱과 회소가 반드시 이들에게 일러, "만약 미친 듯함의 도리를 잃었다면 어찌 여기에 이르렀겠는가?"라고 할 것이다.

旭 · 素書可謂謹嚴之極, 或以爲顚狂而學之, 與宋向氏學盜何異? 旭 · 素必謂之曰 : "若失顚狂之道, 至此乎?"

---

281) 성모첩(聖母帖) : 당나라 중기 회소(懷素)가 쓴 초서 작품. 글씨가 온화하면서도 굳세고 힘이 있다.

282) 상씨(向氏) : 춘추시대(春秋時代) 송(宋)나라 대부 상퇴(向魋). 환퇴(桓魋)라고도 한다. 공자(孔子)가 송나라에 가서 제자들과 예를 익히자 공자를 죽이고자 하였다.

144

안진경(顔眞卿)의 글씨는 위진(魏晉)으로부터 당나라 초기의 여러 서예가의 글씨의 장점을 다 모아 조화하여 쓴 것이다. 소동파(蘇東坡)의 시, "안공(顔公)은 법을 바꾸어 새로운 뜻을 만들어 내었다[顔公變法出新意]"라는 구절이 있는데, 실제로는 법을 바꾸어 옛날 뜻을 얻은 것이다.

顔魯公書, 自魏·晉及唐初諸家皆歸檃括. 東坡詩有"顔公變法出新意."之句, 其實變法得古意也.

145

안진경의 해서는 북조(北朝)의 비석 글씨인 「고식묘지(高植墓志)」 및 목자용(穆子容)[283]이 쓴 「태공여망표(太公呂望表)」에서 나왔다고 어떤 사람들은 여긴다. 또 안진경의 행서는 「장맹룡비(張猛龍碑)」의 뒷부분의 행서 몇 줄과 서로 비슷하다고 하는데, 이 말은 그럴 듯하다. 안진경이 옛날 것을 배우면서 많은 것을 널리 꿰뚫어보지 않은 것이 있었겠는가?

顔魯公正書, 或謂出於北碑「高植墓志」及穆子容所書「太公呂望表」, 又謂其行書與「張猛龍碑」後行書數行相似, 此皆近之. 然魯公之學古, 何嘗不多連博貫哉!

146

구양순(歐陽詢)·우세남(虞世南)·저수량(褚遂良) 세 대가의 장점을 안진경은 한 손으로 다 거머쥐었다. 가령 구양순이 안진경이 쓴 「곽가묘비(郭家廟碑)」[284]를 보고, 우세남과 저수량이 「송광평비(宋廣平碑)」[285]를

283) 목자용(穆子容): 북위(北魏)의 대표적인 서예가. 서법이 방정하고 필력이 두드러졌다. 안진경(顔眞卿)이 그의 영향을 많이 받았다.

284) 「곽가묘비(郭家廟碑)」: 당나라 중기의 석각 작품. 안진경(顔眞卿)이 짓고 썼다. 비 전면은 해서이고 후면은 행서인데, 비석은 서안(西安)의 비림(碑林)에 보관되어 있다.

285) 「송광평비(宋廣平碑)」: 당나라 석각 작품. 일명 「송경비(宋璟碑)」라고 한다. 안진경(顔眞卿)이 짓고 해서로 썼다. 글씨가 기이하고 빼어나며 위진(魏晉)의 풍골(風骨)이 있다.

보았다면, 반드시 가슴을 어루만지면서 감탄하고 기뻐했을 것이니, 마치 사양(師襄)이 사문(師文)[286]에게서 감탄을 발하는 것과 같은 격이다.

歐·虞·褚三家之長, 顔公以一手擅之. 使歐見「郭家廟碑」, 虞·褚見「宋廣平碑」, 必且撫心高蹈, 如師襄之發歎於師文矣.

147

안진경이 쓴 「송광평비(宋廣平碑)」는 느긋하게 함축적인 맛이 있어 그 기교가 잘 드러나지 않아, 사람으로 하여금 맛을 체득해도 다함이 없다. 그러나 실제로는 특별히 기특한 것도 없다. 단지 「매화부(梅花賦)」로부터 정신을 전수받아 따라 쓴 것일 따름이다. 이전 사람들이 안진경의 글씨는 「예학명(瘞鶴銘)」으로부터 나왔다고 여기는 사람이 있는데, 또한 글씨를 아는 말이다.

魯公書「宋廣平碑」, 紆餘蘊藉, 合人味之無極. 然亦實無他奇. 只是從「梅花賦」傳神寫照耳. 至前人謂其從「瘞鶴銘」出, 亦爲知言.

148

「쟁좌위첩(爭坐位帖)」[287]은 배우려고 하는 사람이 그 뜻을 얻는다면 스스로 운영하여 원본에 접근할 수가 있다. 그래서 평론하는 사람들이 방편법문(方便法文)[288]이라고 한다. 그러나 가슴 속에 웅장한 뜻이 있고, 팔 사이에 진실한 힘이 풍부해야만, 기법(技法)이 거의 됐다는 정도에 이를 것이다. 그렇지 않으면 비록 글자 하나하나 필획 하나하나를 그대로 따라 베낀다 해도 결국 장자(莊子)가 말한 '사람 비슷한 것'을 면하지 못할 것이다.

---

286) 사문(師文) : 전국시대(戰國時代) 정(鄭)나라의 악사. 사양(師襄)의 제자다.

287) 「쟁좌위첩(爭坐位帖)」: 일명 좌위첩(坐位帖)이라고도 한다. 안진경(顔眞卿)이 곽복야(郭僕射)에게 주는 서신의 초고이다. 행초서로 되어 있는데. 「난정서(蘭亭叙)」와 더불어 쌍벽을 이룬다.

288) 방편법문(方便法文) : 융통성이 있는 방식.

「坐位帖」, 學者苟得其意, 則自運而輒與之合, 故評家謂之方便法門. 然必胸中具旁礡之氣, 腕閒贍眞實之力, 乃可語庶乎之詣. 不然, 雖字摹畫擬, 終不免如莊生所謂'似人'者矣.

149

안진경(顏眞卿)의 글씨는 글씨 가운데서 급암(汲黯)[289]과 같은 격이다. 세상에 영합하는 공손홍(公孫弘)[290]이나 지혜를 발휘하는 장탕(張湯)[291] 같은 사람들은 그와 대등하게 될 수가 없다.

顏魯公書, 書之汲黯也. 阿世如公孫宏, 舞智如張湯, 無一可與並立.

150

어떤 사람이 "안진경(顏眞卿)의 글씨는 어떻습니까?"라고 묻기에, 내가 "사마천(司馬遷)[292] 같다"라고 대답했다. "회소(懷素)는 어떻습니까?"라고 묻기에, "장자(莊子)와 같다"라고 대답했다. 그 사람이 "한 사람은 침착하고 한 사람은 표일(飄逸)하기 때문에 그렇게 말한 것이 아니겠습니까?"라고 하기에, "꼭 그렇게 말하면, 사마천은 표일하지 않고 장자는 침착하지 않은 것처럼 말하는 것이 된다"라고 대답했다.

或問 : "顏魯公書何似?" 曰 : "似司馬遷." "懷素書何似?" 曰 : "似莊子." 曰 : "不以一沈著・一飄逸乎?" 曰 : "必若此言, 是謂馬不飄逸, 莊不沈著也."

---

289) 급암(汲黯) : 한(漢)나라 무제 때의 강직한 신하. 벼슬은 도위(都尉)에 이르렀다. 한나라 무제가 사직(社稷)의 신하라고 칭찬하였다.

290) 공손홍(公孫弘) : 한(漢)나라 무제(武帝) 때의 승상. 밖으로는 선량한 듯 했으나 마음 속으로는 시기심이 많아 많은 사람들을 해쳤다.

291) 장탕(張湯) : 한(漢)나라 무제(武帝) 때의 인물. 벼슬은 중산대부(中散大夫)에 이르렀는데, 옥사를 가혹하게 처리한 것으로 유명하다.

292) 사마천(司馬遷) : 한(漢)나라 때의 유명한 역사가. 그가 필생의 심혈을 기울여 저작한 『사기(史記)』는 중국 역사상 최초의 기전체(紀傳體) 사서인 동시에 문장도 뛰어나다.

151

소령지(蘇靈芝)[293]의 글씨를 세상에서 혹 이옹(李邕) · 안진경(顔眞卿) · 서호(徐浩)와 아울러 일컫는다. 그러나 소령지의 글씨는 편안하면서도 툭 트였다. 이옹이 뜻이 크고 기개가 높은 것이나 안진경이 웅장하면서도 굳센 것이나, 서호가 운치와 법도가 있는 것에는 훨씬 미치지 못한다. 그러나 글씨를 쓴 비석이 매우 많다. 구양수(歐陽脩)가 이르기를, "당나라에는 불경을 전문적으로 쓰는 서예가가 있다"라고 했는데, 소령지 같은 사람은 '비석을 전문적으로 쓰는 서예가'라고 하겠다.

蘇靈芝書, 世或與李泰和 · 顔淸臣 · 徐季海並稱. 靈芝書但妥帖舒暢, 其於李之倜儻, 顔之雄毅, 徐之韻度, 皆遠不能逮, 而所書之碑甚多. 歐陽六一謂"唐有寫經手.", 如靈芝者, 亦可謂'唐之寫碑手'矣.

152

유공권(柳公權)[294]의 글씨 가운데서 「이성비(李晟碑)」[295]는 구양순(歐陽詢)의 「화도사비(化度寺碑)」에서 나왔고, 「현비탑비(玄秘塔碑)」[296]는 안진경(顔眞卿)의 「곽가묘비(郭家廟碑)」에서 나왔다. 「기주보조사비(沂州普照寺碑)」 같은 것에 이르러서는 비록 후세 사람이 유공권의 글씨를 모아 만든 것이지만, 강건하면서도 여유가 있어 저수량의 정신과 비슷하다.

柳誠懸書, 「李晟碑」出歐之「化度寺」, 「玄秘塔」出顔之「郭家廟」, 至

---

293) 소령지(蘇靈芝) : 당(唐)나라 중기의 서예가. 벼슬이 참군(參軍)에 이르렀다. 현종(玄宗) 숙종(肅宗) 연간에 서예로 이름을 날렸다.

294) 유공권(柳公權) : 당(唐)나라 중기의 서예가. 자는 성현(誠懸). 벼슬은 태자소사(太子少師)에 이르렀다. 글씨의 결구(結構)가 굳세면서도 아름답고, 뼈대가 굵고 기운이 강하여 그의 글씨를 '유체(柳體)'라고 한다.

295) 「이성비(李晟碑)」 : 당나라의 석각 작품. 배도(裴度)가 짓고 유공권이 해서로 썼다.

296) 「현비탑비(玄秘塔碑)」 : 당나라 중기의 석각 작품. 배휴(裴休)가 짓고 유공권이 해서로 썼다. 전액(篆額)도 유공권이 썼다. 원석(原石)은 서안(西安) 비림(碑林)에 있다. 글씨는 굳세고 정련하여 구양순(歐陽詢) · 안진경(顔眞卿)의 정신을 흡수하여 유공권의 대표작이 되었다.

如「沂州普照寺碑」, 雖係後人集柳書成之, 然剛健含婀娜, 乃與褚公神似焉.

153

배휴(裴休)[297]의 글씨는 대체로 구양순(歐陽詢)을 으뜸으로 삼았다. 미불(米芾)[298]이 그의 글씨를 평하여, "진솔(眞率)하여 사랑스럽다"라고 했다. '진솔'이라는 두 글자는 가장 얻기 어려운데, 도연명(陶淵明)의 시가 보통 사람의 시보다 뛰어난 점이 바로 여기에 있다.

裴公美書, 大段宗歐, 米襄陽評之以"眞率可愛." '眞率'二字, 最爲難得, 陶詩所以過人者在此.

154

진(秦)나라 비석은 힘이 굳세고, 한(漢)나라 비석은 기운이 두텁다. 어떤 시대의 글씨는 그 시대의 사람과 글과 닮지 않은 것이 없다. 「금석략(金石略)」편의 서문에 이르기를, "진(晋)나라 사람들의 글자 획을 보면, 진나라 사람들의 풍격과 생각을 알 수 있고, 당나라 사람들의 글씨를 보면 당나라 사람들의 법도를 알 수 있다"라고 하는데, 정말 그렇다.

秦碑力勁, 漢碑氣厚, 一代之書, 無有不肖乎一代之人與文者. 「金石略」序云 : "觀晉人字畫, 可見晉人之風猷; 觀唐人書蹤, 可見唐人之典則." 諒哉!

155

동파(東坡) 소식(蘇軾)과 산곡(山谷) 황정견(黃庭堅)은 오대(五代)의 글씨 가운데서 유독 양응식(楊凝式)[299]만 친다. 지금 그의 글씨 가운데서 걸출

---

297) 배휴(裴休) : 당나라 중기의 서예가. 자는 공미(公美). 벼슬은 중서문하평장사(中書門下平章事)에 이르렀다. 문장에 능하고 글씨에 능하였는데, 특히 해서는 법도가 있었다.

298) 미불(米芾) : 송나라의 사대서예가 · 화가. 자는 원장(元章), 호는 양양거사(襄陽居士).

한 것을 보건대, 「대산첩(大山帖)」 같은 것은 형세가 기이하고 힘이 강할 뿐만 아니라 골격이 근엄하여, 정말 사람으로 하여금 틈을 찾을 수 없게 만든다. 이는 꼭 안진경(顏眞卿)과 유공권(柳公權)을 본뜨려고 급급하지 않으면서도 안진경과 유공권의 알맹이가 다 갖추어져 있다.

五代書, 蘇·黃獨推楊景度. 今但觀其書之尤傑然者, 如「大仙帖」, 非獨勢奇力强, 其骨裏謹嚴, 眞令人無可尋閒. 此不必沾沾於摹顏擬柳, 而顏·柳之實已備矣.

156

양응식의 글씨의 기본 틀은 안진경(顏眞卿)에게서 나왔으나, 법도에 얽매이지 않아 스스로 일가를 이루었다. 그러나 양응식을 배우는 사람은 그 필력이 족히 겨룰 만 한 것을 귀하게 여겨야 한다. 법도에 얽매이지 않는 것은 그 바깥 모습일 뿐이다.

楊景度書, 機括本出於顏, 而加以不衫不履, 遂自成家. 然學楊者, 尤貴筆力足與抗行, 不衫不履, 其外焉者也.

157

구양수(歐陽脩)가 서현(徐鉉)[300]과 그 아우 서개(徐鍇)[301]을 일러, "팔분서(八分書)와 소전(小篆)을 잘 썼으나 필법에 힘이 조금 부족한 것 같다"라고 했다. 산곡(山谷) 황정견(黃庭堅)이 서현의 글씨를 일러, "기질이 높고 예스러워 이양빙(李陽冰)과 우열을 다툰다"라고 했다. 나는 "두 분이 다 우연히 본 서현의 글씨를 보고 말한 것이다. 그의 글씨가 본래 정해

299) 양응식(楊凝式) : 오대(五代)시대의 서예가. 자는 경도(景度), 소부소사(少傅少師)를 지냈으므로 양소사(楊少師)라고 일컫는다. 초서와 행서에 능하였는데, 구양순체(歐陽詢體)와 안진경체(顏眞卿體)를 다 배웠다.

300) 서현(徐鉉) : 송나라 초기의 학자. 자는 정신(鼎臣). 벼슬은 산기상시(散騎常侍)에 이르렀다. 문자학에 정통했고, 소전(小篆)을 잘 썼다.

301) 서개(徐鍇) : 송나라 초기의 학자. 문자학에 정통했고, 소전(小篆)을 잘 썼다.

진 품격이 없는 것은 아니다. 두 말이 다 옳다면, 오직 높고 고상한 점만 취하면 될 뿐이다"라고 생각한다.

歐陽公謂徐鉉與其弟鍇"皆能八分小篆, 而筆法頗少力." 黃山谷謂鼎臣篆"氣質高古, 與陽冰並驅爭先." 余謂"二公皆據偶見之徐書而言, 非其書之本無定品也. 必兩言皆是, 則惟取其高古可耳."

158

서현(徐鉉)의 전서는 바르면서도 순수하고, 곽충서(郭忠恕)나 승려 몽영(夢英)302)의 전서는 기이하면서도 잡되다. 몽영은 세상의 틀을 벗어나 사는 사람이고, 곽충서는 기이한 사람이다. 비평하는 사람들이 서현을 가지고서 그들의 수준을 평가하려고 해서는 안 된다. 몽영은 글씨를 논하면서 유독 곽충서만 추앙하고 서현은 언급하지 않았다. 곽충서는 본래 행실에 광적인 면이 있었으니, 인정하는 사람이 마땅히 적으리라. 요컨대 서현의 문자학은 그 당시 으뜸이었으니, 몽영이나 곽충서의 수준을 넘는 것에서 그치지 않는다. 혹 문자학에 지나치게 얽매이지 않고 글씨의 재주만 가지고 논한다면, 몽영이나 곽충서가 사실 서현의 아래에 있지는 않을 따름이다.

徐鼎臣之篆, 正而純, 郭恕先・僧夢英之篆. 奇而雜. 英固方外, 郭亦畸人, 論者不必强以徐相絜度也. 英論書獨推郭而不及徐, 郭行素狂, 當更少所許可. 要之, 徐之字學冠絶當時, 不止踰於英・郭. 或不苛字學而但論書才, 則英・郭固非徐下耳.

159

구양수(歐陽脩)가 이르기를, "당나라 시대에는 사람 사람마다 다 글씨를 잘 썼다. 지금의 사대부들은 글씨는 배울 것이 없다고 소홀히 하여

302) 몽영(夢英) : 송나라 초기의 승려로 옥저체(玉筯體)의 전서를 잘 썼다.

때때로 겨우 능히 붓을 잡을 수 있을 정도이다"라고 했다. 이것은 대개 송나라에서 해서가 쇠퇴한 것을 개탄한 것이다. 팔분서(八分書)가 쇠퇴한 것은 더욱 심한데, 팔분서를 잘 쓴 사람인 곽충서는 전서의 예스러운 붓을 가지고 팔분서와 예서를 써서 높은 정취를 이루었다. 사단(嗣端)[303]과 운승(雲勝)[304] 두 승려는 예서로써 이름을 울렸다. 사단(嗣端)은 그래도 당나라 사람들이 남긴 법도를 잃지 않았으나, 운승(雲勝)은 겨우 다른 사람의 법도를 취하여 필요할 때 써먹을 뿐이다. 금(金)나라 당회영(黨懷英)은 이미 전서와 대전(大篆)에 능하면서 또 예서에도 능했다. 이 사람이 가헌(稼軒) 신기질(辛棄疾)[305]과 남쪽으로 가지 못한 것이 애석할 따름이다.

歐陽公謂 : "唐世人人工書, 今士大夫忽書爲不足學, 往往僅能執筆." 此蓋歎宋正書之衰也. 而分書之衰更甚焉. 其善者, 郭忠恕以篆古之筆溢爲分隸, 獨成高致. 至如嗣端・雲勝兩沙門, 並以隸鳴. 嗣端尙不失唐人遺矩, 雲勝僅堪取給而已. 金党懷英旣精篆籒, 亦工隸法, 此人惜不與稼軒俱南耳.

160

북송(北宋)의 이름난 사람의 글씨는 당나라 글씨를 배웠는데, 각자 접근한 바가 있다. 동파(東坡) 소식(蘇軾)은 안진경(顔眞卿)에 가깝고, 산곡(山谷) 황정견(黃庭堅)은 유공권(柳公權)에 가깝고, 미불(米芾)은 저수량(褚遂良)에게 가깝다. 오직 채양(蔡襄)만은 접근한 바가 쉽게 나타나지 않는다.

---

303) 사단(嗣端) : 송나라 중기의 승려. 팔분서(八分書)와 예서를 잘 썼는데, 당시 사람들이 "당나라 사람의 법도를 얻었다"라고 했다.

304) 운승(雲勝) : 송나라 초기의 승려. 대표작으로는 「삼장성교서(三藏聖教序)」가 남아 전한다.

305) 신기질(辛棄疾) : 남송(南宋)의 애국시인. 호는 가헌(稼軒). 금나라가 산동(山東) 지방을 함락시켰을 때 신기질은 남쪽으로 갔고, 당회영은 가지 못했다. 두 사람은 어릴 때 동문수학했다.

황정견이 이르기를, "그의 해서와 행서 간찰(簡札)은 능히 우세남의 경지에 이르렀다"라고 하였다.

北宋名家之書, 學唐各有所尤近 : 蘇近顔, 黃近柳, 米近褚. 惟蔡君謨之所近, 頗非易見, 山谷蓋謂"其眞行簡札, 能入永興之室."云.

161

채양(蔡襄)의 글씨를 두고 평하는 사람들이 "지금의 안진경(顔眞卿)이다"라고 말한다. 이는 큰 해서만 그런 것이 아니다. 그러나 또 심하게 닮은 것은 아니다. 황정견이 이르기를, "채양의 「갈묵첩(渴墨帖)」[306]은 진(晋)나라 송(宋 : 劉宋)나라의 글씨와 비슷하다"라고 했는데, 자못 미묘한 정취를 본 것이다.

蔡君謨書, 評者以爲"宋之魯公." 此獨其大楷則然耳, 然亦不甚似也. 山谷謂"君謨「渴墨帖」彷彿似晉・宋間人書." 頗覘微趣.

162

동파(東坡) 소식(蘇軾)의 시는 화엄법계(華嚴法界)[307]와 같고, 그의 문장은 만 섬이나 되는 샘물과 같은데, 그의 글씨는 이런 뜻을 자못 얻었다. 그의 행서 「취옹정기(醉翁亭記)」[308]에서 볼 수 있다. 그의 해서는 글자 사이가 가지런한데, 안진경(顔眞卿) 「동방삭화상찬(東方朔畫像贊)」에 가까운 것이 많다. 그러나 스스로 새로운 정취를 내놓은 것이 많다.

東坡詩如華嚴法界, 文如萬斛泉源, 惟書亦頗得此意, 卽行書「醉翁亭記」便可見之. 其正書字間櫛比, 近顔書「東方畫讚」者爲多, 然未嘗

306) 「갈묵첩(渴墨帖)」: 전해오는 채양의 작품 가운데 「갈묵첩」이란 것은 없는데, 작품의 이름이 아니고, 그냥 먹이 덜 묻은 서첩을 가리키는 것일 가능성도 있다.

307) 화엄법계(華嚴法界) : 화엄(華嚴)은 불교의 대승(大乘) 경계(境界)를 말하고, 법계는 각종 사물의 현상과 본질을 개괄적으로 가리킨 것이다.

308) 「취옹정기(醉翁亭記)」: 송나라 구양수(歐陽脩)가 저주자사(滁州刺史)로 부임하여 「취옹정기」를 지었는데, 그 뒤 소식이 글씨를 썼다.

不自出新意也.

163

「단주석실기(端州石室記)」[309]는 어떤 사람은 장정규(張庭珪)가 썼다고 하고, 어떤 사람은 이옹(李邕)이 썼다고 한다. 동파(東坡) 소식(蘇軾)의 해서는 자신만만하고 웅장한 기운이 있다.

「端州石室記」, 或以爲張庭珪書, 或以爲李北海書; 東坡正書有其傲岸旁礴之氣.

164

산곡(山谷) 황정견(黃庭堅)은 글씨를 논할 때 운치라는 '운(韻)'자 하나를 가장 중시한다. 속된 기운이 다 없어지지 않으면 운치라고 말할 수가 없다. 그가 혜숙야(嵇叔夜 : 嵇康)의 시를 써서 조카 가(榎)에게 준 것을 보면, 시에 한 점의 속기가 없는 것을 칭찬하였다. 그리고 말하기를, "선비가 이 세상에서 살아가면서 온갖 것을 다 할 수 있지만, 오직 속되어서는 안 된다. 속된 것은 고칠 수도 없다"라고 했는데, 이는 속된 것을 제거하기 위해서 힘쓴 것이다. 어찌 글씨뿐이겠는가? 글씨를 가지고 논하자면, 식견 있는 사람들은 「예학명(瘞鶴銘)」의 높은 운치를 느낄 것이다. 이것은 가히 따를 만하다.

黃山谷論書最重一'韻'字, 蓋俗氣未盡者, 皆不足以言韻也. 觀其書嵇叔夜詩與姪榎, 稱其詩無一點塵俗氣, 因言"士生於世, 可以百爲, 惟不可俗, 俗便不可醫." 是則其去俗務盡也, 豈惟書哉! 卽以書論, 識者亦覺「鶴銘」之高韻, 此堪追嗣矣.

---

309) 「단주석실기(端州石室記)」: 당나라의 석각 작품. 광동성(廣東省) 고요현(高要縣) 칠성암(七星岩)의 절벽에 새겨져 있다. 이옹(李邕)이 글을 지었고, 글씨를 쓴 사람은 밝혀져 있지 않다.

165

미불(米芾)의 글씨는 대체로 저수량(褚遂良)에서 나왔으나 다시 여러 서체를 잘 본받았다. 그가 결심을 하고 옛 것을 으뜸으로 여겨 본뜨니, 그 당시에 '글자를 따다 모은다'는 비난이 있게 되었다. 스스로 일가를 이룸에 미쳐서는 나아가는 바를 변화시키니, 어떤 자취로써 구할 수가 없었다.

米元章書大段出於河南, 而復善摹各體. 當其刻意宗古, 一時有'集字'之譏; 迨旣自成家, 則惟變所適, 不得以轍迹求之矣.

166

미불(米芾)의 글씨는 평범하고 비근한 것을 벗어났다. 비록 때때로 장난기가 있지만, 장난기가 고상함을 해치지는 않았다. 그래서 식견이 높은 사람은 혹시라도 비난하는 경우가 적다.

米元章書脫落凡近, 雖時有諧氣, 而諧不傷雅, 故高流鮮或譏之.

167

송(宋)나라 설소팽(薛昭彭)[310]의 글씨는 왕희지(王羲之)와 왕헌지(王獻之)의 법도를 얻었으나, 그 작품이 전하는 것은 당(唐)나라의 고정신(高正臣)[311]과 장소제(張少悌)[312] 등보다 못하다. 대개 그 당시 소식(蘇軾) 황정견(黃庭堅) 등이 바야흐로 변법(變法)을 숭상했기 때문에 진(晋)나라 왕희지 등의 법도를 착실하게 따르는 사람들은 배척을 당했다. 그러나 그가

---

310) 설소팽(薛昭彭) : 송나라 중기의 서예가. 자는 도조(道祖). 벼슬은 비각수찬(秘閣修撰)에 이르렀다. 글씨를 잘 쓰는 것으로 이름이 났다.

311) 고정신(高正臣) : 당나라 중기의 서예가. 벼슬은 위위소경(衛尉少卿)에 이르렀다. 그는 왕희지의 글씨를 배웠으나 살이 많고 뼈가 많지 않았다. 당 현종(玄宗)이 그의 글씨를 좋아하였다.

312) 장소제(張少悌) : 당나라 중기의 서예가. 행서를 잘 썼는데, 청원(淸圓)하고 수일(秀逸)하다는 평을 얻었다.

쓴 「누관시(樓觀詩)」 같은 것은 고아하고 빼어나 후세에 이름을 남길 만하다.

宋薛紹彭道祖書得二王法, 而其傳也, 不如唐人高正臣·張少悌之流. 蓋以其時蘇·黃方尙變法, 故循循晉法者見絀也. 然如所書「樓觀詩」, 雅逸足名後世矣.

168

어떤 사람이 말하기를, "유작(游酢)[313]선생이 쓴 초서가 많이 있는데, 그 사람에게 맞지 않는 것 같다"라고 한다. 내가 "초서의 법칙은 지극히 엄격하다. 초서를 쓰는 사람이 담력이 커야 될 뿐만 아니라, 마음이 치밀해야 한다. 이것이 학문이다. 어찌 해서만 그럴 뿐이겠는가?"라고 답했다.

或言"游定夫先生多草書, 於其人似乎未稱." 曰: "草書之律至嚴, 爲之者不惟膽大, 而在心小. 只此是學, 豈獨正書然哉!"

169

글씨를 쓸 때는 붓을 사용하는 것이 중요하다. 붓을 쓰는 것은 그 사람에게 달려 있다. 그래서 글씨를 잘 쓰는 사람은 붓을 사용하는 것이고, 글씨를 잘 쓰지 못하는 사람은 붓에게 쓰이는 것이다.

書重用筆, 用之存乎其人, 故善書者用筆, 不善書者爲筆所用.

170

중랑(中郎) 채옹(蔡邕)의 「구세(九勢)」[314]에 이르기를, "붓의 중심이 항상 점이나 획의 속에서 다니도록 하라"라고 했다. 그 뒤 서현(徐鉉)의 소

---

313) 유작(游酢) : 송나라의 성리학자. 자는 정부(定夫), 정자(程子)의 제자이다. 벼슬은 태학박사(太學博士)에 이르렀고, 『역설(易說)』 등의 저서가 있다.

314) 「구세(九勢)」 : 채옹(蔡邕)이 필획을 이루는 아홉 가지 형세를 논한 글.

전(小篆)은 획의 중심에 한 가닥 짙은 먹이 그 한가운데를 점하고 있는데, 굽은 곳 꺾인 곳에 이르러서도 항상 가운데 있고, 치우치거나 기울어진 곳이 없으니, 대개 채옹이 남긴 법이었다.

蔡中郎「九勢」云 : "令筆心常在點畫中行." 後如徐鉉小篆, 畫之中心有一縷濃墨正當其中, 至於屈折處亦當中, 無有偏側處, 蓋得中郎之遺法者也.

171

한 획을 만들 때마다 반드시 중심이 있어야 하고, 바깥 경계도 있어야 한다. 중심은 주된 필봉(筆鋒)에서 나오고 바깥 경계는 부호(副毫)[315]에서 나온다. 필봉은 처음에는 똑바로 세우고 나중에는 맺는 것이 모두 충실해야 한다. 붓털은 상하 좌우가 모두 가지런해야 한다.

每作一畫, 必有中心, 有外界. 中心出於主鋒, 外界出於副毫. 鋒要始中終俱實, 毫要上下左右皆齊.

172

필획을 만들 때 붓을 시작할 때는 우뚝해야 하고, 붓을 멈출 때는 힘이 들어가야 하고, 붓을 움직여 갈 때는 충실해야 한다. 붓을 돌릴 때는 시작할 때와 멈출 때와 움직일 때의 동작을 아울러 겸해야 한다.

起筆欲斗峻, 住筆欲峭拔, 行筆欲充實, 轉筆則兼乎住・起・行者也.

173

필획을 만들 때, 반대로 들어가서 껄끄럽게 나아가고 긴밀하게 거두는 것이 붓을 놀리는 중요한 법이다. 가로 획을 그으면서 마지막 부분이 왕왕 처음보다 커지거나 가운데 부분이 양 머리보다 작아지는데, 그

315) 부호(副毫) : 붓 중심을 둘러싼 털.

병통은 이런 원리를 모르기 때문일 따름이다. 세로 획, 오른 쪽으로 눌러 삐치는 획, 누르는 획 등도 또한 그러하다.

逆入・澀行・緊收, 是行筆要法. 如作一橫畫, 往往末大於本, 中減於兩頭, 其病坐不知此耳. 豎・撇・捺亦然.

174

붓의 중심은 장수이고, 중심을 둘러싼 가장자리 털은 졸병이다. 졸병은 서로 교대를 하지만, 장수는 교대가 없다. 글씨는 논하는 사람들이 매양 "붓의 중심을 바꾼다"라고 말하는데, 실제로는 붓의 방향을 바꾸는 것이지, 붓의 질을 바꾸는 것은 아니다.

筆心, 帥也; 副毫, 卒徒也. 卒徒更番相代, 帥則無代. 論書者每曰"換筆心.", 實乃換向, 非換質也.

175

장욱(張旭)의 글씨는 점과 획이 조금만 있으면 뜻이 담긴 모양이 저절로 충족하다. 약간이라도 점과 획이 있는 곳은 모두 다 붓의 중심이 충실하게 이르렀다는 것을 알 수 있다. 그렇지 않으면 비록 점과 획이 크게 있을지라도 붓의 중심이 도리어 이르지 못하는데, 어찌 충족하다고 이를 수 있겠는가?

張長史書, 微有點畫處, 意態自足. 當知微有點畫處, 皆是筆心實實到了; 不然, 雖大有點畫, 筆心卻反不到, 何足之可云!

176

붓의 중심이 필획의 가운데 있는 중봉(中鋒), 붓을 한 쪽으로 눕히는 측봉(側鋒), 붓의 끝을 감추는 장봉(藏鋒), 붓 끝을 완전히 노출시키는 노봉(露鋒), 필획의 중심 부분을 충실히 하는 실봉(實鋒), 필획의 중심 부분을 허하게 하는 허봉(虛鋒), 필획을 온전히 하는 전봉(全鋒), 붓끝을 반쯤

만 드러내는 반봉(半鋒) 등 붓끝을 처리하는 방법이 여덟 가지 있는 것 같지만, 사실은 중봉·장봉·실봉·전봉 등은 단지 한 가지 봉(鋒 : 붓의 끝)이고, 측봉·노봉·허봉·반봉 등 또한 단지 한 가지 봉(鋒)이다.

中鋒·側鋒·藏鋒·露鋒·實鋒·虛鋒·全鋒·半鋒, 似乎鋒有八矣. 其實, 中·藏·實·全, 祇是一鋒; 側·露·虛·半, 亦祇是一鋒也.

177

중봉(中鋒)을 쓰면 획이 둥글게 되고, 측봉(側鋒)을 쓰면 획이 평평하게 된다. 필봉을 두고 획을 논하게 되면, 마치 발 밖에 발자국이 있을 수 없는 것과 같은 격이다.

中鋒畫圓, 側鋒畫扁. 舍鋒論畫, 足外固有迹耶?

178

글씨 쓸 때 중봉(中鋒)을 쓰는 것은 마치 군대가 곧으면 씩씩한 것과 같다. 그렇지 않으면 군대가 굽어 피곤한 것과 같다. 병법가는 자기 나라 군대를 피곤하게 만들려고 하지 않는다. 서예가라고 어찌 다르겠는가?

書用中鋒, 如師直爲壯; 不然, 如師曲爲老. 兵家不欲自老其師, 書家奈何異之?

179

필봉(筆鋒)이 이르지 않은 곳이 없게 하려고 하면 모름지기 역자결(逆字訣)[316]을 사용해야 한다. 늑(勒) 획을 그을 때는 붓끝은 오른쪽으로 가고 붓대는 왼쪽으로 가게 하고, 내리긋는 획인 노(努) 획은 붓끝은 아래로 가게 하고 붓 대롱은 위로 가게 하는 것이 다 역자결이다. 그러나 다만 표나지 않게 마음속으로 이렇게 해 나가는 것이지, 의식적으로 표나

316) 역자결(逆字訣) : 필획을 그을 때 그어 나가고자 하는 방향과 반대 방향으로 갔다가 다시 긋는 방법.

게 하면 옳게 되지 않는다.

要筆鋒無處不到, 須是用逆字訣. 勒則鋒右管左, 努則鋒下管上, 皆是也. 然亦只暗中機括如此, 著相便非.

180

글씨에는 비스듬히 점을 찍는 측(側), 가로로 긋는 륵(勒), 세로로 내리긋는 노(努), 내리긋다가 위로 쳐 올리는 적(趯), 왼쪽에서 대각선으로 쳐 올리는 책(策), 오른쪽에서 대각선으로 삐쳐 내리는 략(掠), 오른쪽에서 대각선으로 찍는 점인 탁(啄), 왼쪽에서 대각선으로 삐쳐 내리는 책(磔) 등 여덟 가지 법이 있다. 무릇 글씨에서 획을 그을 때 점에서 시작하는 경우가 많으니, 곧 이른바 측(側)이다. 그래서 측 한 가지 법이 나머지 법을 충분히 통괄할 수 있다. 붓끝이 충실한가 부실한가를 분별하고자 한다면, 그 측법(側法)을 보아서 대부분을 다 이해할 수가 있다.

書以側・勒・努・趯・策・掠・啄・磔爲八法. 凡書下筆多起於一點, 卽所謂側也. 故側之一法, 足統餘法. 欲辨鋒之實與不實, 觀其側則思過半矣.

181

획에는 음과 양이 있다. 가로 긋는 획인 경우에는 윗면이 양이고 아랫면이 음이고, 세로 긋는 획은 왼쪽 면이 양이고 오른쪽 면이 음이다. 오직 붓털을 가지런히 하는 것은 음양이 함께 이른 것이다. 그렇지 않으면 양(陽)일 따름이다.

畫有陰陽. 如橫則上面爲陽, 下面爲陰; 豎則左面爲陽, 右面爲陰. 惟毫齊者能陰陽兼到, 否則獨陽而已.

182

글씨는 필획마다 그 본래의 모습으로 돌아가야 한다. 조금도 본래 모습을 피하여 기교를 취하지 않는 것이 극도의 조예이다. 영자팔법(永字八法)은 사람에게 가로로 그어야 할 획은 가로로 긋고, 세로로 그을 획은 세로로 긋는 것일 따름이다.

書能筆筆還其本分, 不稍閃避取巧, 便是極詣. 永字八法, 只是要人橫成橫·豎成豎耳.

183

중랑(中郞)을 지낸 채옹(蔡邕)이 이르기를, "필획이 부드러우면 기괴(奇怪)함이 생겨난다"라고 했다. 내가 이 부드러울 '연(輭)'자를 살펴 보건대, 외톨이로서 짝이 없다. 대개 능히 부드럽기도 하고 강하기도 한 것을 일러 '연(輭)'이라고 하는 것이지, 부드러운 것만 있고, 강한 것이 없는 것을 '연'이라고 하지는 않는다.

蔡中郞云: "筆輭則奇怪出焉." 余按此一'輭'字, 有獨而無對. 蓋能柔能剛之謂'輭', 非有柔無剛之謂'輭'也.

184

무릇 글씨는 필획마다 눌러야 하고, 또 필획마다 들어야 한다. 필획을 시작하는 곳에서는 마땅히 눌러야 하고, 필획을 그치는 곳에서는 마땅히 들어야 한다.

凡書要筆筆按, 筆筆提. 辨按尤當於起筆處, 辨提尤當於止筆處.

185

서예가는 '든다'는 뜻의 '제(提)'자와 '누른다'는 뜻의 '안(按)'자 두 글자의 관계에서 서로 화합을 이루어야지 서로 떨어져서는 안 된다. 그러므로 글씨를 쓰다가 붓을 놀리는 것이 무거운 곳에서는 가볍게 들어 올려야 하고, 붓을 놀리는 것이 가벼운 곳에서는 모름지기 꽉 눌러야 한다. 그래야만 떨어지거나 나부끼는 두 가지 문제점을 벗어날 수가 있다.

書家於'提'·'按'兩字, 有相合而無相離. 故用筆重處正須飛提, 用筆輕處正須實按, 始能免墮·飄二病.

186

글씨에는 필획을 그어나가면서 떠는 '진(振)'과 필획을 급하게 마무리 짓는 '섭(攝)'이라는 두 가지 법이 있다. 삭정(索靖)의 글씨는 필획은 짧아도 의미는 긴데, 섭법(攝法)을 잘 썼기 때문이다. 육간지(陸柬之)의 글씨는 마디마디 힘이 들어가 있는데, 진법(振法)을 잘 썼기 때문이다.

書有'振'·'攝'二法: 索靖之筆短意長, 善攝也; 陸柬之之節節加勁, 善振也.

187

붓을 움직여 갈 때 느리고 빠르고는 말할 것 없고 법도가 갖추어지기를 기약해야 한다. 글씨를 잘 쓰는 사람은 비록 빨라도 법도가 갖추어져 있고, 글씨를 잘 쓰지 못하는 사람은 비록 느리게 쓰지만 법도는 빠뜨린다. 그러나 혹 빨리 쓰는 것을 귀하게 여기고 느리게 쓰는 것을 천하게 여긴다면 또한 잘못된 것이다.

行筆不論遲速, 期於備法. 善書者雖速而法備, 不善書者雖遲而法遺. 然或遂貴速而賤遲, 則又誤矣.

188

옛날 사람들은 붓을 사용할 때 '질(疾 : 빨리 쓰는 것)'과 '삽(澀 : 필획 양면을 울퉁불퉁하게 쓰는 것)' 두 가지 법에서 벗어나지 않는다. 삽(澀)한 것은 더딘 것이 아니고, 질(疾)한 것이 빠른 것이 아니다. 느리게 쓰는 것과 빠르게 쓰는 것을 질이나 삽인 줄로 여긴다면, 능히 질하고 삽할 사람이 없게 될 것이다.

古人論用筆, 不外'疾'·'澀'二字. 澀非遲也, 疾非速也. 以遲速爲疾澀, 而能疾澀者無之!

189

붓을 사용하는 사람은 다 삽필(澁筆)[317]에 대한 이야기를 들었을 것이다. 그러나 어떻게 하면 꺼끌꺼끌하게 삽필이 될 수 있는가는 모른다. 붓이 바야흐로 가려고 할 때 어떤 물건이 있어 그것을 막으면 힘을 다하여 그것과 다투는데, 이렇게 되면 꺼끌꺼끌하게 하려고 하지 않아도 저절로 꺼끌꺼끌하게 된다. 삽법(澁法)은 벌벌 떨면서 끌고 가는 것과 같은 방법이다. 다만 벌벌 떨면서 끌고 가는 것은 형태가 있어, 억지로 본받으려고 하면 도리어 문제가 되니, 보이지 않게 신비하게 운용하는 삽법만 못할 따름이다.

用筆者皆習聞澀筆之說, 然每不知如何得澀. 惟筆方欲行, 如有物以拒之, 竭力而與之爭, 斯不期澀而自澀矣. 澀法與戰掣同一機竅, 第戰掣有形, 强效轉至成病, 不若澀之隱以神運耳.

190

필획에는 완벽한 법을 쓰기도 하고 파격적인 법을 쓰기도 한다. 굽은 옥과 달아맨 금장식, 오래 된 뗏목, 기괴하게 생긴 돌 같은 것 등이 여기서 다 구별이 된다.

筆有用完, 有用破. 屈玉垂金, 古槎怪石, 於此別矣.

191

글씨는 붓으로 바탕을 삼고, 먹으로 문채(文彩)를 삼는다. 무릇 밖으로 드러나는 사물의 문채는 다 안에 바탕이 있기 때문이 아닌 것이 없다.

書以筆爲質, 以墨爲文. 凡物之文見乎外者, 無不以質有其內也.

---

317) 삽필(澁筆) : 양면이 고르지 않게 쓰인 필획. 힘이 많이 들어가 침착하고 장중한 느낌을 준다.

192

손자(孫子)[318]가 이르기를, "이기는 군대는 먼저 전략에서 이긴 뒤에 싸우기를 구하는데, 지는 군대는 먼저 싸운 뒤에 전략에서 이기기를 구한다"라고 했다. 이 말은 글자의 모양을 만드는 데도 적용된다. 반드시 비밀리에 부서를 정하여 패하지 않을 곳에 서게 한 뒤에 붓을 댄다. 글자의 모양은 옛날 것을 따르기도 하고 자신이 구상하기도 한다. 옛날 것에 따르면 새롭게 되기가 어렵고, 스스로 구상하면 안온하기가 어렵다. 모두가 전체적인 틀을 명확하게 알지 못하기 때문이다.

孫子云 : "勝兵先勝而後求戰, 敗兵先戰而後求勝." 此意通之於結字, 必先隱爲部署, 使立於不敗而後下筆也. 字勢有因古, 有自構. 因古難新, 自構難穩, 總由先機未得焉耳.

193

글자의 형세를 알고자 하면, 먼저 구궁(九宮)[319]을 알아야 한다. 구궁에서는 맨 가운데 있는 중궁(中宮)보다 중요한 것이 없다. 중궁이란 글자의 주된 필획이다. 주된 필획은 혹 글자의 중심에 있기도 하고, 혹은 사방 모서리의 네 칸과 사방 정면의 네 칸에 있기도 하다. 글씨는 여기에 착안해야 한다. 이것을 일러 '살아 있는 중궁[活中宮]을 안다'고 한다. 음양가(陰陽家)들은 구궁도(九宮圖)의 위치를 돌려 첫 번째 흰색에서 시작해서 마지막 보라색에서 마친다. 다섯 번째 황(黃)을 중궁으로 삼는다. 다섯 번째 황이 어찌 꼭 중앙에만 있어야 하는가?

欲明書勢, 須識九宮. 九宮尤莫重於中宮, 中宮者, 字之主筆, 是也. 主筆或在字心, 亦或在四維四正. 書, 著眼在此, 是謂'識得活中宮.' 如陰陽家旋轉九宮圖位, 起一白, 終九紫, 以五黃爲中宮, 五黃何嘗必在戊己哉!

---

318) 손자(孫子) : 춘추시대 병법가 손무(孫武). 『손자병법(孫子兵法)』을 지었다.

319) 구궁(九宮) : 글씨 연습하기 위해서 정사각형 속에다 우물 '정(井)'자를 그어 전체를 아홉 개의 칸으로 균등한 것.

194

산을 그릴 때면, 반드시 주봉(主峰)이 있어 여러 봉우리들이 거기로 향한다. 글자를 쓸 때도 반드시 주된 필획이 있어 나머지 필획이 거기로 향한다. 주된 필획이 잘못되면 나머지 필획이 다 망하게 된다. 그래서 글씨를 잘 쓰는 사람은 반드시 이 한 필획을 다툰다.

畫山者必有主峰, 爲諸峰所拱向; 作字者必有主筆, 爲餘筆所拱向. 主筆有差, 則餘筆皆敗, 故善書者, 必爭此一筆.

195

글자 '자(字)'의 뜻은, 점점 새끼를 쳐 불어난다는 것이다. 새끼를 친다는 것은, 형체는 나누었으나 기운은 한 가지임을 가히 알 수 있다. 그래서 글씨에서 필획이 위로 쳐다보거나 다른 것을 받치고 있거나 구부리거나 아래로 쏟아져 내리거나 왼쪽을 돌아보거나 오른쪽을 돌아보거나 간에 모두가 다 그 숨결이 서로 같음을 잃지 않으려고 할 따름이다.

'字'之爲義, 取孳乳浸多. 言孳乳, 則分形而同氣可知也. 故凡書之仰承俛注, 左顧右盼, 皆欲無失其同焉而已.

196

글자를 짜 맞출 때 성긴 것과 빽빽한 것이 모름지기 서로 조화를 이루어야 한다. 그래서 성긴 것은 성긴 것을 싫어하지 않고 빽빽한 것은 빽빽한 것을 싫어하지 않아야 한다. 서로 조화를 이루는 것은 성긴 것과 빽빽한 것에만 사용하는 것은 아니다.

結字疏密須彼此互相乘除, 故疏不嫌疏, 密不嫌密也. 然乘除不惟於疏密用之.

197

글자의 모양은 안으로 싸는 것이 있고, 밖으로 싸는 것이 있다. 아래

위로 놓인 두 개의 가로 획과 좌우로 놓인 두 개의 세로 획은 마치 활의 등은 밖으로 향하면서 현(弦)은 안으로 향하는 것과 같은데, 이를 일러 안으로 싸는 것이라고 한다. 등은 안으로 향하면서 현이 바깥으로 향한 것을 밖으로 싸는 것이라고 한다. 전서는 안으로 싸는 것만을 전적으로 사용하지는 않지만 안으로 싸는 것이 많다. 예서는 밖으로 싸는 것이 아닌 것이 없다. 해서 · 행서 · 초서를 구분하는 것은 이것을 가지고서 그 변화를 확정하면, 전서 · 예서에서 어느 것이 나왔는지를 알 수 있다.

字形有內抱, 有外抱. 如上下二橫, 左右兩竪, 其有若弓之背向外弦向內者, 內抱也; 背向內弦向外者, 外抱也. 篆不全用內抱, 而內抱爲多; 隷則無非外抱. 辨正 · 行 · 草書者, 以此定其消息, 便知於篆 · 隷孰爲出身矣.

198

글자의 모양이 정제된 것도 있고, 어긋난 것도 있다. 정제된 것은 바로 응하는 것을 취하고, 어긋난 것은 반대로 응하는 것을 취한다.

字體有整齊, 有參差. 整齊, 取正應也; 參差, 取反應也.

199

글씨는 굽으려고 하면서 곧은 체가 있고, 곧으면서 굽은 정취가 있다. 만약 늘어졌으면서도 엄정하지 못하거나 경박하면서 침착한 맛이 없다면 이른 바 굽은 것 곧은 것이란 것이 잘못된 것이다.

書要曲而有直體, 直而有曲致. 若弛而不嚴, 剽而不留, 則其所謂曲直者誤矣.

200

글씨는 한결같이 모나게만 하면 둥근 것이 흐릿하게 되고, 한결같이 둥글게만 하면 모난 것이 바로 드러나게 된다. 땅은 모나고 하늘은 둥글다는 것을 왜 생각하지 않는가? 취하고 버리는 것을 한쪽으로 치우치게 해서는 용납되지 않는다.

書一於方者, 以圓爲模棱; 一於圓者, 以方爲徑露. 盍思地矩天規, 不容偏有取舍.

201

글씨는 평정(平正)해야지 기울어져서는 안 된다. 옛날 사람 가운데서 기울어지게 쓰는 것을 장점으로 삼은 사람이 있었는데, 암암리에 자기의 비법을 운용한 사람이다. 『화결(畫訣)』에 이르기를, "그림에 나무가 바르면 산의 돌을 기울어지게 하고, 산의 돌이 바르면 나무는 삐뚤어지게 한다"라고 했다. 어찌 돌 하나 나무 한 그루만 가지고 논할 것인가?

書宜平正, 不宜攲側. 古人或偏以攲側勝者, 暗中必有撥轉機關者也. 『畫訣』有"樹木正, 山石倒; 山石正, 樹木倒.", 豈可執一石一木論之?

202

글씨를 논하는 사람들이 말하기를, "진(晋)나라 사람들은 뜻을 숭상하고, 당(唐)나라 사람들은 법(法)을 숭상한다"라고 하는데, 이것은 모서리나 구조에 간격이 있느냐 없느냐를 가지고 구별할 따름이다. 실제로는 진나라 글씨에는 모서리 없는 모서리가 있고, 구조의 간격이 없는 간격이 있으니, 법도 아닌 것이 없다. 당나라 글씨에는 모서리와 구조의 간격이 있으나 여러 이름난 서예가들이 각자 체(體)를 이루어 서로 답습하지 않는데 이 또한 뜻 아닌 것이 없다.

論書者謂"晉人尙意, 唐人尙法.", 此以觚棱間架之有無別之耳. 實則晉無觚棱間架, 而有無觚棱之觚棱, 無間架之間架, 是亦未嘗非法也; 唐有觚棱間架, 而諸名家各自成體, 不相因襲, 是亦未嘗非意也.

203

글씨의 장법(章法)[320]에는 큰 것과 작은 것이 있다. 작은 것은 한 글자에서 몇 글자까지이고, 큰 것은 한 줄에서 몇 줄까지, 한 폭에서 몇 폭까지 모두 서로 양보하고 서로 모양을 내고, 서로 부르고 응하는 절묘함이 있어야 한다.

書之章法有大小, 小如一字及數字, 大如一行及數行, 一幅及數幅, 皆須有相避相形·相呼相應之妙.

204

무릇 글씨에 있어서 필획은 굳세려 하면서도 조화로워야 하고, 체세(體勢)는 기이하고자 하면서도 안온해야 하고, 장법(章法)은 변화하려고 하면서도 꿰뚫는 원리가 있어야 한다.

凡書, 筆畫要堅而渾, 體勢要奇而穩, 章法要變而貫.

205

글씨의 요점은 '골(骨)'과 '기(氣)'라는 두 글자로 통일되어야 한다. 골과 기는 통달(洞達)했다고 하는데, 가운데로 꿰뚫는 것을 '통(洞)'이라 하고, 가장자리로 꿰뚫는 것을 '달(達)'이라고 한다. 통달하게 되면 글자의 성긴 것, 빽빽한 것, 살찐 것, 야윈 것 등이 다 좋게 된다. 그렇지 않으면 모두 병통이 있다.

書之要, 統於'骨'·'氣'二字. 骨氣而曰洞達者, 中透爲'洞', 邊透爲'達'. 洞達則字之疏密肥瘦皆善, 否則皆病.

206

글자에 과감한 힘이 있는 것이 '골(骨)'이고, 함축적으로 참는 힘이 있

320) 장법(章法) : 글씨의 구도를 잡는 법.

는 것이 '근(筋)'이다. 골을 써서 골을 얻으니 손가락에 힘이 들어가는 것을 취하고, 근을 써서 근을 얻었으니 현완(懸腕[321])의 방법을 취하는 것이다.

字有果敢之力, '骨'也; 有含忍之力, '筋'也. 用骨得骨, 故取指實; 用筋得筋, 故取腕懸.

207

위관(衛瓘)은 초서를 잘 썼는데, 그 당시 사람들은 "위관이 장지(張芝)의 근육을 얻었다"라고 했으나 골(骨)은 이야기하지 않았다. 위부인(衛夫人[322])의 「필진도(筆陣圖)」[323]에서 비로소 "골이 많고 근육이 풍부하다"라고 아울러 언급했다. 범중엄(范仲淹[324])의 「제석만경문(祭石曼卿文)」에 "안진경은 근육이고 유공권은 뼈다"라는 말이 있는데, 근과 골의 구분을 더욱 뚜렷하게 하였다.

衛瓘善草書, 時人謂"瓘得伯英之筋.", 猶未言骨; 衛夫人「筆陣圖」乃始以"多骨豐筋."並言之. 至范文正「祭石曼卿文」有"顔筋柳骨."之語, 而筋骨之辨愈明矣.

208

글씨에 뼈가 적으면 먹 돼지라고 욕을 먹는다. 그러나 뼈를 숭상하는 것은 마르지도 않고 드러나지도 않는 데 있다. 그렇지 않으면 해골과 같아지니, 뼈가 작은 것에 비길 것이 아니다.

---

321) 현완(懸腕) : 팔꿈치를 들고 글씨를 쓰는 방법.

322) 위부인(衛夫人) : 진(晋)나라의 여류 서예가. 이름은 삭(鑠). 종요(鍾繇)를 스승으로 삼아 그 서법을 전하였고, 왕희지(王羲之)가 젊었을 때 배웠다. 「필진도(筆陣圖)」는 위부인이 지은 것으로 세상에 전해온다.

323) 「필진도(筆陣圖)」 : 글씨의 원리를 군대의 진에 비유하여 설명한 글. 위부인이 지은 것으로 알려져 있다.

324) 범중엄(范仲淹) : 북송의 정치가. 벼슬은 참지정사(參知政事)에 이르렀다. 유명한 「악양루기(岳陽樓記)」를 지었다.

書少骨, 則致誚墨豬. 然骨之所尙, 又在不枯不露. 不然, 如髑髏固非少骨者也.

209

골력(骨力)과 형세 등은 서예가가 마땅히 강구해야 할 사항이다. 가장 중시해야 할 바를 반드시 알아야 하나니, 당나라 태종(太宗)이 이미 "그 골력을 구하면 형세는 절로 생긴다"라고 했다.

骨力·形勢, 書家所宜並講. 必欲識所尤重, 則唐太宗已言之, 曰: "求其骨力而形勢自生."

210

글씨는 음양 두 가지 기운을 아울러 갖추어야만 한다. 대저 침착하고 맺혀 있는 기운은 음기이고, 기발하고 호쾌하고 통달한 기운은 양기이다.

書要兼備陰陽二氣. 大凡沈著屈鬱, 陰也; 奇拔豪達, 陽也.

211

고상한 운치와 깊은 감정, 굳센 기질과 호연(浩然)한 기운 가운데서 하나만 빠져도 글씨가 되지 않는다.

高韻深情, 堅質浩氣, 缺一不可以爲書.

212

무릇 글씨의 기운을 논함에 있어서 선비의 기운을 으뜸으로 친다. 부녀자의 기운, 군사의 기운, 시골 기운, 시장 기운, 기술자 기운, 썩은 기운, 속된 기운, 광대의 기운, 강호(江湖)의 기운, 문객(門客)의 기운, 술과 고기의 기운, 나물과 죽순의 기운 등은 다 선비가 버리는 것이다.

凡論書氣, 以士氣爲上. 若婦氣·兵氣·村氣·市氣·匠氣·腐氣·傖氣·俳氣·江湖氣·門客氣·酒肉氣·蔬筍氣, 皆士之棄也.

213
글씨는 힘은 가득하면서 기운은 비어 있어야 한다. 그러나 반드시 가득한 데서 빈 것을 구해야 한다. 종이를 꿰뚫지 못하는데 기운이 종이에 퍼지는 경우는 있지 않다.

書要力實而氣空, 然求空必於其實, 未有不透紙而能離紙者也.

214
글씨는 마음은 미세하면서 기백(氣魄)은 커야 한다. 미세한 것은 글자 안에서 조리가 잡히고, 큰 것은 글자 밖에 퍼져 있다.

書要心思微, 魄力大. 微者條理於字中, 大者旁礴乎字外.

215
필획이 적은 곳에서는 역량이 풍족해야 필획이 많은 것을 당할 수 있다. 필획이 야윈 곳에서는 역량이 풍족해야만 살찐 것을 당할 수 있다. 필획이 많은 것과 작은 것, 살찐 것과 야윈 것은 형세는 달라도 실제로는 같다는 것을 믿으면 글씨가 진보될 것이다.

筆畫少處, 力量要足, 以當多; 瘦處, 力量要足, 以當肥. 信得「多少」「肥瘦」形異而實同, 則書進矣.

216
사공도(司空圖)[325]의 『이십사시품(二十四詩品)』[326]은 글씨에도 유익한 바가 있어, 유견오(庾肩吾)의 『서품(書品)』보다 낫다. 대개 유견오의 품평은 옛 사람을 등급을 매겼을 뿐인데, 사공도의 『시품』은 자기 자신을

325) 사공도(司空圖) : 당나라 말기의 평론가. 자는 표성(表聖). 벼슬은 예부랑중(禮部郎中)에 이르렀다. 저서로는 『이십사시품(二十四詩品)』이 있다.

326) 『이십사시품(二十四詩品)』 : 사공도(司空圖)가 지은 시 평론서. 넉 자로 된 시어(詩語)로써 시를 평론했는데, 시를 24개의 품격으로 분류하였다.

위해서 가슴 속이 도야(陶冶)가 된다. 이는 오직 글씨를 깊이 알면서도 글씨에 국한되지 않은 사람이 알 것이다.

司空表聖之『二十四詩品』, 其有益於書也, 過於庾子愼之『書品』. 蓋庾品祗爲古人標次第, 司空『品』足爲一己陶胸次也. 此惟深於書而不狃於書者知之.

217

글씨와 그림은 형태는 달라도 품격은 같다. 그림은 의상(意象)이 변화하여 끝까지 궁구할 수 없지만, 요약하면 신품(神品)·능품(能品)·일품(逸品)·묘품(妙品) 등 네 가지 품격에 지나지 않을 것이다.

書與畫異形而同品. 畫之意象變化, 不可勝窮, 約之, 不出神·能·逸·妙四品而已.

218

글씨를 논하는 사람들은 예스럽다는 '창(蒼)', 웅장하다는 '웅(雄)', 빼어나다는 '수(秀)'를 말하는데, 나는 마땅히 다시 깊을 '심(深)'자 한 글자를 추가해야 한다고 생각한다. 무릇 예스러우면서도 늙고 머리가 빠지는 것처럼 되는 것이나 웅장하면서도 거칠고 엉성한 잘못이 있거나 빼어나면서도 경박한 데로 들어가는 것은 깊지 못하기 때문이다.

論書者曰'蒼'·曰'雄'·曰'秀', 余謂更當益一'深'字. 凡蒼而涉於老禿, 雄而失於麤疏, 秀而入於輕靡者, 不深故也.

219

영화전(靈和殿)[327] 앞의 수양버들은 사람으로 하여금 사랑하는 마음이 일어나게 만든다. 제갈공명(諸葛孔明)의 사당[328] 앞의 측백나무는 사람

327) 영화전(靈和殿): 남북조시대 제(齊)나라 무제(武帝)가 세운 궁전 이름.
328) 사당: 사천성(四川省) 성도(成都)에 제갈량(諸葛亮)을 모신 무후사(武侯祠)가 있다.

으로 하여금 공경하는 마음이 일어나게 만든다. 이것을 가지고 글씨를 논하여 모양과 정취를 취할 수 있는데, 어떻게 하면 기운과 격조를 숭상할 수 있을 것인가?

靈和殿前之柳, 令人生愛; 孔明廟前之柏, 令人起敬. 以此論書, 取姿致何如尙氣格耶?

220

글씨를 배우는 사람은 처음에는 공(工)하지 않은 데서 공함을 구할 것이고, 그 뒤에 이어서는 공한 가운데서 공하지 않은 것을 구할 것이다. 공(工)하지 않는 것이 공의 극치이다. 『장자(莊子)』「산목편(山木篇)」에 이르기를, "새기고 쪼고 하여 다시 소박한 데로 돌아간다"라고 했는데, 그 말이 좋도다!

學書者始由不工求工, 繼由工求不工. 不工者, 工之極也. 『莊子』「山木篇」曰 : "旣雕旣琢, 復歸於樸." 善夫!

221

괴이한 돌은 추한 것으로써 아름다운 것으로 친다. 추함이 극도에 이르면 곧 아름다움이 극도에 이른 것이다. 하나의 '추(醜)'자 가운데 심오한 경지가 있어 말로 다할 수가 없는 것이다.

怪石以醜爲美, 醜到極處, 便是美到極處. 一'醜'字中, 邱壑未易盡言.

222

속된 글씨는 곱고 아름답게 하려고 힘쓴 것이 아니고 일부러 추하고 졸한 데다 뜻을 의탁한다. 아름다운 것과 추한 것이 같지 않은데, 사람들이 보는 것을 위한 것은 한 가지다.

俗書非務爲姸美, 則故託醜拙. 美醜不同, 其爲爲人之見一也.

223

서예가는 다같이 숙련되는 것을 숭상하지만, 숙련에도 정교한 것, 거친 것, 깊은 것, 얕은 것의 구별이 있다. 오직 날 것을 사용하여 숙련되게 하는 숙련이 귀한 것이다. 세상에서 가볍고 속되고 매끄럽고 쉬운 것을 숙련된 것으로 여기면서부터 진짜 숙련은 없어지고 말았다.

書家同一尙熟, 而熟有精麤深淺之別, 惟能用生爲熟, 熟乃可貴. 自世以輕俗滑易當之, 而眞熟亡矣.

224

글씨는 사람으로 하여금 사랑하게 하는 것이 어려운 것이 아니고, 다른 사람이 사랑하는 것을 구하지 않는 것이 어려운 것이다. 대개 욕심이 있느냐 없느냐가 인위적이냐 자연적이냐를 구분하는 기준이다.

書非使人愛之爲難, 而不求人愛之爲難. 蓋有欲無欲, 書之所以別人天也.

225

글씨를 배우는 사람들이 더하기에 힘쓰는 것은 덜기에 힘쓰는 것보다 못하다. 실제로 더는 것이 곧 더하는 것이다. 추운 것을 덜고 속된 것을 더는 류와 같은 것이다. 덜기를 다하면 더하는 것이 아니고 무엇이랴?

學書者務益不如務損. 其實損卽是益, 如去寒去俗之類, 去得盡非益而何?

226

글씨는 인위적인 작용이 있어야 하기도 하고, 또 없기도 해야 한다. 벗어난다느니 안배(按配)한다느니 하는 것은 다 옳지 못하다.

書要有爲, 又要無爲, 脫略安排俱不是.

227

「낙서(洛書)」[329]는 맨 처음 글자를 쓰기 시작한 것이다. 「낙서」에서 사용한 것은 오행(五行)일 따름이다. 오행의 본성은 오상(五常)[330]일 따름이다. 그래서 글씨는 비록 옛 사람에게서 배우나 실제로는 본성(本性)에서 취하여 스스로 만족하는 것이다.

「洛書」爲書所託始. 「洛書」之用, 五行而已; 五行之性, 五常而已. 故書雖學於古人, 實取諸性而自足者也.

228

글씨는 음・양・강(剛)・유(柔) 어느 쪽으로도 치우쳐서는 안 된다. 대체로 「우서(虞書)」[331]의 아홉 가지 덕[332]에 합치되는 것을 숭상한다.

書, 陰陽剛柔不可偏陂, 大抵以合於「虞書」九德爲尙.

229

양자(揚子)[333]는 글씨를 마음의 그림[334]으로 보았다. 그래서 글씨는 마음의 공부다. 마음이 다른 사람과 같지 못하면서 그 글씨만 다른 사람보다 나으려고 하니, 부지런히 해도 얻는 바가 없는 것은 당연한 일

329) 「낙서(洛書)」: 하(夏)나라 우(禹)임금 때 낙수(洛水)에서 신령스런 거북이가 등에 지고 나온 글.

330) 오상(五常): 인(仁)・의(義)・예(禮)・지(智)・신(信).

331) 「우서(虞書)」: 『서경(書經)』의 편명.

332) 아홉 가지 덕: 「우서(虞書)」에 나오는 아홉 가지 덕은 이러하다. 너그러우면서도 엄격한 것, 부드러우면서도 꿋꿋한 것, 성실하면서도 공손한 것, 잘 다스리면서도 경건한 것, 온순하면서도 굳센 것, 곧으면서도 온화한 것, 간략하면서도 세심한 것, 억세면서도 착실한 것, 강하면서도 의로운 것.

333) 양자(揚子): 한(漢)나라의 학자 양웅(揚雄)에 대한 존칭. 자는 자운(子雲). 『양자법언(揚子法言)』, 『태현경(太玄經)』 등의 저서가 있다.

334) 마음의 그림: 『양자법언(揚子法言)』 「문신편(問神篇)」에, "말은 마음의 소리고, 글씨는 마음의 그림이다. 소리와 그림이 나타나면, 군자인가 소인인가가 보인다"라는 말이 있다.

이다.

揚子以書爲心畫, 故書也者, 心學也. 心不若人而欲書之過人, 其勤而無所也宜矣.

230

글자를 쓰는 것은 자기 뜻을 쓰는 것이다. 그래서 장욱(張旭)이 안진경(顔眞卿)에게 주는 글에서, "뜻 있는 선비나 고상한 사람이 아니라면 어찌 더불어 중요하고 오묘한 경지를 논할 수 있겠습니까?"라고 했다.

寫字者, 寫志也. 故張長史授顔魯公曰: "非志士高人, 詎可與言要妙!"

231

송(宋: 춘추시대)나라 화가는 옷을 벗고 다리를 쭉 뻗고 앉아 있었고,[335] 장욱은 모자를 벗고 정수리를 드러내었다. 모르는 사람들은 감정을 멋대로 발산한다 하겠지만, 아는 사람들은 그 뜻이 어지럽지 않은 것에 탄복할 것이다.

宋畫史解衣槃礴, 張旭脫帽露頂, 不知者以爲肆志, 知者服其用志不紛.

232

붓의 본성과 먹의 감정은 모두 그것을 쓰는 사람의 본성과 감정으로써 근본으로 삼는다. 이런 까닭에 자신의 본성과 감정을 다스리는 것이 글씨 쓰는 데 있어서 첫 번째로 할 일이다.

筆性墨情, 皆以其人之性情爲本. 是則理性情者, 書之首務也.

---

335) 송(宋: 춘추시대)나라 …… 있었고: 『장자(莊子)』 「전자방편(田子方篇)」에 이런 이야기가 있다. 송나라 원공(元公)이 그림을 몇 폭 그리려고 화가들을 불러 모아 임무를 주었는데, 모든 화가들은 명을 받고는 그림 그리는 방으로 가서 붓을 빨고 먹을 고르고 있었다. 어떤 화가가 늦게 도착하여 임무를 받고는 그림 그리는 방으로 가지 않고 자기 방으로 갔다. 원공이 사람을 시켜 살펴봤더니, 그 화가는 웃통을 홀랑 벗고 발을 쭉 뻗고 앉아 있었다. 원공이 "됐다! 이 사람이야말로 진정한 화가다"라고 했다.

233

종요(鍾繇)의 「필법(筆法)」이라는 글에 이르기를, "필적이란 것은 경계(境界)고, 유창하고 아름다운 것은 사람이 만드는 것이다"라고 했다. 왕희지(王羲之)의 「난정서(蘭亭序)」에서 말하기를, "의탁한 바를 붙인다", "회포에서 취한다"라는 말을 했는데, 은연중에 글씨의 취지를 함축한 것 같다.

鍾繇「筆法」曰: "筆迹者, 界也. 流美者, 人也." 右軍「蘭亭序」言"因寄所託.", "取諸懷抱.", 似亦隱寓書旨.

234

장융(張融)[336]은 "신에게 왕희지(王羲之)·왕헌지(王獻之)의 법이 없는 것이 한스러운 것이 아니라, 왕희지·왕헌지에게 신의 법의 없는 것이 한스러운 일입니다"라고 했다. 내가 생각건대, 다만 이 말만 본다면, 그가 왕희지 왕헌지를 잘 배웠다는 것을 알 수 있다. 이른바 식견이 스승보다 나을 때 겨우 전수해 주는 것만 받고 말겠는가?

張融云: "非恨臣無二王法, 恨二王無臣法." 余謂但觀此言, 便知其善學二王. 儻所謂見過於師, 僅堪傳授者耶?

235

당(唐)나라 태종(太宗)이 글씨를 논하여, "내가 하는 바는 다 먼저 마음을 먹는 것이다. 이런 까닭으로 결과적으로 성공하는 것이다"라고 말했다. 우세남(虞世南)은 『필수(筆髓)』[337]를 지었는데, 그 가운데 한 편은 「변

---

336) 장융(張融): 남북조시대 제(齊)나라 서예가. 벼슬은 사도좌장사(司徒左長史)에 이르렀다. 글씨에 능했고, 특히 초서를 잘 썼다. 제나라 고제(高帝)가 일찍이 그에게 일러, "경의 글씨에는 뼈대와 힘은 있지만, 왕희지(王羲之) 왕헌지(王獻之)의 법이 없는 것이 한스럽다"라고 하자, 장융은 본문의 말로써 대답했다.

337) 『필수(筆髓)』: 당(唐)나라 서예가 우세남(虞世南)이 지은 글로 붓을 사용하는 정신의 작용을 논한 글이다.

의(辨意)」이다. 대개 "글씨에서 비록 법을 중시하지만, 그러나 뜻은 법이 명령을 받는 곳이다"라는 것이다.

唐太宗論書曰 : "吾之所爲, 皆先作意, 是以果能成." 虞世南作『筆髓』, 其一爲「辨意」. 蓋"書雖重法, 然意乃法之所受命."也.

236

동파(東坡) 소식(蘇軾)은 오도자(吳道子)[338]의 그림을 논하여, "법도 가운데서 새로운 의상(意象)을 만들어내었고, 호방한 밖에 오묘한 이치를 붙였다"라고 했다. 이 말을 글씨에 미루어 적용해 보건대, 법도와 호방함만 숭상하고 새로운 의상이나 오묘한 이치가 없다면 끝장이다.

東坡論吳道子畫"出新意於法度之中, 寄妙理於豪放之外." 推之於書, 但尙法度與豪放, 而無新意妙理, 末矣.

237

글씨를 배우는 것은 신선을 배우는 것과 통한다. 정신을 단련하는 것이 가장 높은 경지고, 기운을 단련하는 것이 그 다음이고, 형체를 단련하는 것이 또 그 다음이다.

學書通於學仙, 鍊神最上, 鍊氣次之, 鍊形又次之.

238

글씨는 신(神)의 경지에 들어가는 것을 귀하게 여긴다. 그러나 신에는 나의 신과 남의 신의 구별이 있다. 남의 신에 들어가는 사람은 내가 변하여 옛 것이 된다. 나의 신에 들어가는 사람은 옛 것을 변화시켜 내 것으로 만든다.

---

338) 오도자(吳道子) : 당(唐)나라의 화가. 도현(道玄)이라는 이름도 있다. 벼슬은 내교박사(內敎博士)에 이르렀다. 불상과 도사 등 인물화를 잘 그려 후세에 화성(畫聖)으로 추앙을 받는다.

書貴入神, 而神有我神他神之別. 入他神者, 我化爲古也; 入我神者, 古化爲我也.

239
글씨에서 사람을 보고자 한다면 행서나 초서를 보는 것 만한 것이 없다. 동파(東坡) 소식(蘇軾)은 정신을 전하는 것을 일러 "의관을 갖추고 앉아 용모를 가다듬고 스스로 자기의 모습을 유지하고 있으면 그의 천진성(天眞性)을 다시는 볼 수 없다"라고 했다. 『장자(莊子)』「열어구편(列禦寇篇)」에서, "술로 취하게 만들어 그 법도를 본다"라는 말이 있는데, 다 이런 뜻이다.

觀人於書, 莫如觀其行草. 東坡論傳神, 謂"具衣冠坐, 斂容自持, 則不復見其天."『莊子』「列禦寇篇」云: "醉之以酒而觀其則." 皆此意也.

240
글씨는 같게 하는 것[如]이다. 그 학문과 같게 하고, 그 재주와 같게 하고, 그 뜻과 같게 하는 것이니, 종합하여 말하자면, "그 사람과 같게 하는 것일 따름이다"라고 하겠다.

書, 如也, 如其學, 如其才, 如其志, 總之曰"如其人而已."

241
현철한 사람의 글씨는 온화하면서도 순박하고, 준걸하고 웅장한 사람의 글씨는 침착하면서도 굳세고, 기이한 선비의 글씨는 산뜻하여 얽매이지 않고, 재주 있는 사람의 글씨는 빼어나다.

賢哲之書溫醇, 駿雄之書沈毅, 畸士之書歷落, 才子之書秀穎.

242
글씨를 통해서 어떤 사람의 식견을 볼 수 있다. 붓 사용하는 방법과 글씨의 체는 서로 간에 취하고 버리는 것이 다르지만 식견의 높고 낮음은 거기에 남아 있다.

書可觀識. 筆法字體, 彼此取舍各殊, 識之高下存焉矣.

243

읍하고, 사양하는 등 예를 차리는 일과 말 타고, 활 쏘는 일 등을 두 사람이 각각 그 한 가지를 잘하는 것은 한 사람이 두 가지를 다 잘하는 것보다는 못하다. 그래서 글씨도 재주와 법도를 아울러 갖추는 것을 상등으로 친다.

揖讓騎射, 兩人各善其一, 不如幷於一人. 故書以才度相兼爲上.

244

글씨는 맑으면서 두터운 것을 숭상한다. 맑으면서 두터운 것은 반드시 마음과 실행에 근본을 두어야 한다. 그렇지 않으면 글씨가 비록 경박하고 혼탁한 것을 면했다 해도, 다른 사람의 것을 베낀 것이 되고 말 것이다.

書尙淸而厚, 淸厚要必本於心行. 不然, 書雖幸免薄濁, 亦但爲他人寫照而已.

245

글씨는 마땅히 자연스러운 데로 나아가야 한다. 중랑(中郎) 채옹(蔡邕)은 "글씨는 자연에서 비롯되었다"라고 했다. 이런 관점은 자연적인 것을 설치하여 인위적인 것을 규정하지만, 인위적인 것에서 시작해서 자연적인 것으로 돌아가는 것에는 미치지 못했다.

書當造乎自然. 蔡中郎但謂"書肇於自然.", 此立天定人, 尙未及乎由人復天也.

246

글씨를 배우는 사람은 두 가지 보는 법이 있는데, 사물을 보는 것과 자신을 보는 것이다. 사물을 보아서 자기의 감정과 맞추고, 자신을 보아서 덕을 통하는 것이다. 이렇게 하면 글씨 쓰기 전후의 일이 글씨 아닌 것이 없으니, 글씨 쓸 때를 알 수 있을 것이다.

學書者有二觀 : 曰觀物, 曰觀我. 觀物以類情, 觀我以通德. 如是, 則書之前後莫非書也, 而書之時可知矣.

권6

경의개(經義槪)

1

경의(經義)[1]로 선비를 시험하여 뽑는 일은 송(宋)나라 신종(神宗)[2] 때 처음으로 시행되었다. 신종이 왕안석(王安石)[3] 및 중서성(中書省)과 문하성(門下省)의 건의를 받아들여 과거(科擧)의 법규를 정했다. 그렇게 하여 선비들로 하여금 『역경(易經)』, 『시경(詩經)』, 『서경(書經)』, 『주례(周禮)』, 『예기(禮

1) 경의(經義) : 과거 시험 종류의 하나로 북송(北宋) 신종(神宗) 때부터 시작되었다. 경서에 있는 문구를 제목으로 출제하면, 응시자들은 그 뜻을 부연하여 그 뜻을 천명하였다. 명(明)나라 · 청(淸)나라 때에는 더 형식적으로 되어 팔고문(八股文)을 짓게 하였다. 경서의 기본정신은 망각한 채 경서의 내용을 찢어서 억지로 끌어 맞추어 형식적인 글을 짓기 때문에 인재를 망친다는 비판을 많이 받았다.

2) 신종(神宗) : 북송(北宋)의 제6대 황제 조욱(趙頊). 재위기간 1068~1086년. 왕안석(王安石)을 등용하여 신법(新法)을 실시하여 정치의 개혁을 도모하였다.

3) 왕안석(王安石) : 북송의 문학가, 정치가. 자는 개보(介甫), 호는 반산(半山). 참지정사(參知政事)가 되어 신종(神宗)의 신임을 얻어 신법(新法)을 시행하였으나, 보수파(保守派)의 반대로 실효를 보지 못했다. 문집 『왕임천집(王臨川集)』이 있다. 당송팔대가(唐宋八大家)의 한 사람이다.

記)』 가운데서 각자 한 가지 경서만 오로지 전공하게 하고, 『논어(論語)』와 『맹자(孟子)』도 아울러 공부하도록 했다. 맨 처음에 전공하는 경서를 시험하게 하고, 그 다음에 아울러서 경서의 대략적인 내용[經大義]을 시험하게 하였다. 그리하여 경서의 내용을 묻는 것이 드디어 과거 시험의 정해진 제도가 되었다. 원(元)나라에서는 사서의(四書疑)[4]가 있게 되었고, 명(明)나라에서는 사서의(四書義)[5]가 있게 되었다. 그러나 사실은 송나라의 과거제도에서 이미 『논어(論語)』·『맹자(孟子)』와 『예기(禮記)』를 시험하게 했는바, 『예기』에는 그 속에 이미 『중용(中庸)』과 『대학(大學)』이 들어 있다. 학자들은 지금의 사서(四書)의 글을 경전의 내용과 함께 이야기한다. 사서는 성현에게서 나왔는데, 성현은 말을 토하기만 하면 경서가 되었다. 경서라 하여 존중하는 것은 이름과 실제에 맞는 일이다. 경의(經義)를 짓는 사람은 경서에 담긴 성현이 남긴 말의 내용을 생각하여, 자신에 의해서 경서의 뜻이 밝혀지는 것이 마땅하지, 자신에 의해서 경서의 뜻이 어두워지게 해서는 안 된다. 그러한즉, 경의를 지을 때는 구차하게 지어서는 안 된다.

經義試士, 自宋神宗始行之. 神宗用王安石及中書門下之言定科擧法, 使士各專治『易』·『詩』·『書』·『周禮』·『禮記』一經, 兼『論語』·『孟子』. 初試本經, 次兼經大義, 而經義遂爲定制. 其後元有四書疑, 明有四書義, 實則宋制已試『論』·『孟』·『禮記』, 『禮記』已統『中庸』·『大學』矣. 今之四書文, 學者或並稱經義. 四書出於聖賢, 聖賢吐辭爲經, 以經尊之, 名實未嘗不稱. 爲經義者, 誠思聖賢之義, 宜自我而明, 不可自我而晦, 則爲之自不容苟矣.

2

두원개(杜元凱)[6]의 『춘추좌씨경전집해(春秋左氏經傳集解)』의 서문에 이

4) 사서의(四書疑) : 사서의 내용 가운데서 의문이 가는 곳을 뽑아 묻는 과거시험의 한 종류.

5) 사서의(四書義) : 사서의 내용을 묻는 과거시험 과목의 한 종류.

르기를, "경서에 나오는 사실에 주석을 달 때는, 경서에 나오는 사실보다 앞에서부터 기술하고, 경서에 나오는 내용보다 더 뒤에까지 기술하고, 경서의 내용에 의거해서 귀결할 이치를 밝히고, 경서에 중복해서 나오는 용어를 주석에서는 비슷한 뜻의 단어로 교체해서 사용해야 한다"라고 했다. 경의(經義)를 지을 때, 이런 방법을 유지해 나간다면, 글 짓는 요령(要領)을 알게 될 것이라고 나는 생각한다. 두예(杜預)가 말한 '경서(經書)'라는 말은 과거 시험에서의 '제목'에 해당되고, '앞에서부터 기술한다', '뒤에까지 기술한다', '의거한다', '교체한다' 등등의 말은, 과거시험에서 글을 짓는 것에 해당된다.

杜元凱『左傳』序云"先經以始事, 後經以終義, 依經以辯理, 錯經以合異." 余謂經義用此法操之, 便得其要. 經者, 題也; 先之・後之・依之・錯之者, 文也.

3

무릇 글을 지음에 있어, 그 논지를 전개해 나갈 때, 그 요점을 한 마디 말로 포괄할 수 있어야 한다. 확대해 나가면 천자 만자의 글이 될 수 있지만, 요약하면 한 마디 말이 될 수 있어야 하나니, 이른바 핵심어(核心語)라는 것이다. 파제(破題)[7]와 기강(起講)[8]에서 핵심을 잘 장악해야 한다. 승제(承題)[9] 등 팔고문(八股文)의 각 부분은 여기서 나누어져 서술되는 것이다. 핵심어는 모두 다 모름지기 확대할 수도 있고, 정밀할 수도

6) 두원개(杜元凱) : 진(晋)나라의 정치가・학자인 두예(杜預). 원개는 자(字). 벼슬은 진남대장군(鎭南大將軍)을 지냈다. 『춘추좌씨전(春秋左氏傳)』을 특별히 좋아하여, 최초의 주석서인 『춘추좌씨경전집해(春秋左氏經傳輯解)』를 지었다.

7) 파제(破題) : 당(唐)나라나 송(宋)나라의 과거시험에서, 시부(詩賦)나 경의(經義)를 지을 때, 첫머리의 몇 구절에서 그 글의 요지를 말하는 것을 말한다. 명나라 청나라 때의 팔고문(八股文)의 처음 두 구절을 '파제'라고 일컬었는데, 고정된 형식이 되었다.

8) 기강(起講) : 경의(經義)나 팔고문(八股文)을 지을 때 본격적으로 논의를 시작하는 부분.

9) 승제(承題) : 팔고문(八股文)에서 파제(破題) 부분의 내용을 계승하여 3,4구로 부연해 나가는 부분.

있어야 하는데, 어떤 장(章)의 요지와 절(節)의 요지와 구(句)의 요지 가운데서 마땅히 중요하게 다루어야 할 곳은 중요하게 다루어야 한다. 억지로 의견을 내어놓아서는 안 된다. 핵심어를 이미 장악했으면, 동적(動的)인 부분은 정적(靜的)인 것으로써 조절하고, 번거로운 것은 간결한 것으로써 다스려야 한다. 하나의 맥락으로 끝까지 밀고나가 백 번 변화할지라도 그 으뜸 되는 취지에서 이탈해서는 안 된다. 병사들은 장수가 아니면 거느려지지 않는 것과 같고, 활쏘기에서 과녁이 아니면 적중시키려는 뜻을 두지 않는 것과 같다.

凡作一篇文, 其用意俱要可以一言蔽之. 擴之則爲千萬言, 約之則爲一言, 所謂主腦者是也. 破題・起講, 扼定主腦; 承題・八比, 則所以分攄乎此也. 主腦皆須廣大精微, 尤必審乎章旨・節旨・句旨之所當重者而重之, 不可硬出意見. 主腦既得, 則制動以靜, 治煩以簡, 一線到底, 百變而不離其宗, 如兵非將不御, 射非鵠不志也.

4

옛 사람들이 글을 논함에 있어, "아직 파제(破題) 부분을 짓지 않았을 때는 문장이 나에게서 말미암지만, 이미 파제 부분을 지었으면 내가 문장에 말미암는다"라고 말했다. 나는 이렇게 생각한다. "글의 제목이 경서(經書)에서 나온 것은, 제목을 중심에 두고 글을 지어야 하지만, 글의 제목이 나에게서 나온 것은 자기 것으로 굳혀야 한다. 파제 부분은 자기가 낸 제목이다".

昔人論文, 謂"未作破題, 文章由我: 既作破題, 我由文章." 余謂"題出於書者, 可以斡旋; 題出於我者, 惟抱定而已. 破題者, 我所出之題也."

5

글을 지음에 있어서, 글의 제목을 높이는 것보다 더 귀한 일은 없다. 글의 제목을 높이는 것은, 파제(破題)와 기강(起講) 부분에서부터 시작한다. 승제(承題) 부분과 팔고문(八股文)의 각 부분은, 단지 이미 높여 놓은 것에 바탕해서 높이는 것이다. 제목을 높이는 일은, 제목을 이야기하는 것과 아주 관계가 크고, 제목을 높이면 그 글은 구차하게 지은 것이 아니라는 것을 알 수 있게 해 준다.

文莫貴於尊題. 尊題自破題・起講始. 承題及分比, 只是因其已尊而尊之. 尊題者, 將題說得極有關係, 乃見文非苟作.

6

파제(破題) 부분은, 글 전체의 축소판이다. 파제(破題)에는 제목의 표방하는 말과 제목의 뜻이 있고, 나누었다 합쳤다 하는 기법, 밝게 했다 어둡게 했다 하는 기법, 반대로 했다 바로 했다 하는 기법, 뒤집었다 순리대로 하는 기법, 근본을 탐구하다 미루어 확대해 나가는 기법, 대신 이야기하거나 단정해서 글을 짓는 기법, 아래에 비추어 위와 관계시키는 기법 등 여러 가지 기법이 있다는 것은 사람들이 알지만, 한 편의 글 전체의 신기한 변화는, 파제에서 실마리를 보인다는 것은 알지 못한다.

破題是箇小全篇. 人皆知破題有題面, 有題意, 以及分合明暗・反正倒順・探本推開・代說斷做・照下繳上諸法, 不知全篇之神奇變化, 此爲見端.

7

출제된 글의 제목을 잘 아는 일이 있고, 출제된 글의 제목에 아주 접근하는 일이 있다. 제목을 잘 알면, 제목 밖에는 다른 글이 안 보이고, 제목에 아주 접근하면, 그 글 밖에는 제목이 없다.

有認題, 有肖題. 善認題, 故題外無文; 善肖題, 故文外無題.

8

글의 요점은 식견(識見)과 실력이다. 식견은 출제된 글의 제목을 알아보는 데서 나타나고, 실력은 출제된 글의 제목에 아주 접근하는 데서 나타난다.

文之要, 曰識 曰力. 識見於認題之眞, 力見於肖題之盡.

9

출제된 글의 제목을 잘 아는 일과 출제된 글의 제목에 접근하는 일은 출제된 글의 제목을 잘 읽는 데 다 달려 있다. 『춘추(春秋)』의 희공(僖公)[10] 21년에 해당되는 『곡량전(穀梁傳)』[11]에 이르기를, "'이(以)'자는 무게 있게 읽어야 할 글자다"라고 했고, 선공(宣公)[12] 7년에 해당되는 『곡량전』에 이르기를, "'이(而)'자는 천천히 읽어야 할 글자다"라고 했다. 글하는 사람들에게는 무게 있게 읽는 법, 가볍게 읽는 법, 빨리 읽는 법, 급하게 읽는 법 등 여러 가지 읽는 법이 있는데, 그것이 이때 이미 시작된 것이다.

認題・肖題, 全在善於讀題. 『春秋』僖二十一年『穀梁傳』云: "以, 重辭也." 宣七年『傳』云: "而, 緩辭也." 文家重讀・輕讀・急讀・緩讀之法, 此已開之.

10

출제된 글의 제목에 접근하는 사람은 접근하지 못하는 것이 없다. 그 정신・기운・소리・모양까지도 다 닮도록 접근한다. 글 제목에 쓰인 글자가 있는 곳에서는 간절하게 닮아 접근하도록 하고, 제목에 쓰인 글자가 없을 경우에는 다른 것으로 보완하여 닮게 만들어 접근한다. 제목에 접근하지 못하면, 제목을 읽는 것이나 제목을 알아보는 것이 모두 무용

10) 희공(僖公): 춘추시대 노(魯)나라의 제18대 임금. 재위기간 660~627년.

11) 『곡량전(穀梁傳)』: 『춘추(春秋)』에 노(魯)나라 학자 곡량적(穀梁赤)이 붙인 주석서. 정식 명칭은 『춘추곡량전(春秋穀梁傳)』.

12) 선공(宣公): 춘추시대 노(魯)나라 제20대 임금. 재위기간 609~591년.

지물이 되고 만다.

肖題者, 無所不肖也: 肖其神, 肖其氣, 肖其聲, 肖其貌. 有題字處, 切以肖之; 無題字處, 補以肖之. 自非肖題, 則讀題·認題, 亦歸於無用矣.

11

글의 제목에는 힘살도 있고 마디도 있다.13) 글 하는 사람이 글의 마디를 분변(分辨)해 낼 줄 안다면 글의 전체적인 구도가 분명해지게 되고, 글의 힘살을 분변해 낼 줄 알면 글의 맥락이 서로 연관되게 된다.

題有筋有節. 文家辨得一'節'字, 則界畫分明; 辨得一'筋'字, 則脈絡聯貫.

12

글의 제목에는 제목의 눈[題眼]이 있고, 글에는 글의 눈[文眼]이 있다. 제목의 눈은 때로는 제목 속의 글자 가운데 들어 있기도 하고, 때로는 허자(虛字)14) 속에 들어 있기도 하고, 때로는 글자 없는 곳에 있기도 하다. 글의 눈은 글 가운데서 관심을 두는 뜻 있는 글자나 허자(虛字)나 글자 없는 곳에 있다.

題有題眼, 文有文眼. 題眼或在題中實字, 或在虛字, 或在無字處; 文眼卽文之注意實字·虛字·無字處是也.

13

글에는 제목의 요점이 있고 제목의 실마리도 있다. 제목의 요점을 잘 장악하는 것은 제목의 실마리를 잘 통제하기 위해서고, 제목의 실마리

13) 힘살은 제목의 의미 전체를 관통하는 작용을 지닌 글자를 가리키고, 마디는 의미를 단계별로 나누는 작용을 지닌 글자를 가리킨다.

14) 허자(虛字): 그 글자 자체의 뜻은 거의 없으면서 문법적인 기능을 하는 글자. 전치사·조사·접속사 등으로 쓰이는 글자를 말한다.

를 잘 다스려나가는 것은 글의 제목을 잘 받들기 위해서다.

有題要, 有題緖. 善扼題要, 所以統題緖也; 善理題緖, 所以拱題要也.

14

한 장(章)[15]의 요지가 그 제목에 있는 경우에는 그 제목의 뜻을 밝히는 것은 그 장의 뜻을 밝히기 위해서다. 장의 뜻이 그 아래 위의 글에 있는 경우에는 반드시 그 글의 제목으로써 그것을 감싸야 한다. 감싸는 곳은 세 군데가 있는데, 내용 있는 글자와 허자(虛字)와 글자 없는 곳이다.

章旨在本題者, 闡本題卽所以闡章旨也. 章旨在上下文者, 必以本題攝之. 攝有三位 : 實字, 虛字, 無字處.

15

글에는 제목의 표제어(標題語)와 제목의 뜻이 같은 것이 있고, 제목의 표제어와 제목의 뜻이 다른 것이 있다. 실제로는 어떤 내용을 인정하면서도 글에서는 인정하지 않는 경우가 있고, 실제로는 인정하지 않으면서 글에서는 인정하는 경우도 있는데, 이것이 이른바 다른 경우이다.

有題面與題意同者, 有題面與題意異者. 實與而文不與, 實不與而文與, 皆所謂異也.

16

제목의 뜻은 있으나 글에는 내용이 없는 경우가 있는데, 이런 경우를 감제(減題)라고 한다. 제목에는 뜻이 없으나 글에는 내용이 있는 경우가 있는데, 이런 경우를 첨제(添題)라고 한다. 글은 제목과 같이 짓는 것을 귀하게 여긴다. 간혹 감제를 하거나 첨제를 하기도 하는데, 모두 다 잘못된 것이다.

---

15) 장(章) : 문장에서 독립된 내용을 갖고 있는 단락.

題義有而文無, 是謂減題; 題義無而文有, 是謂添題. 文貴如題, 或減或添俱失之.

17

제목에는 평범한 것이 있고, 전편을 관통하는 것이 있지만, 짓는 방법은 통하지 않는 것이 없다. 대개 평범한 제목에서 나누어 짓는 경우도 있고, 관통하는 제목에서 잘라서 짓는 경우도 있고, 평범한 제목에서 총괄적으로 짓는 경우도 있고, 관통하는 제목에서 뒤섞어 짓는 경우도 있다. 나누어야 할지, 잘라야 할지, 총괄적으로 해야 할지, 뒤섞어서 해야 할 지에 대한 것은, 제목을 잘 보는 사람이라면 저절로 알 수 있다.

題有平有串, 做法未嘗不通. 蓋在平題爲分做者, 在串題爲截做; 在平題爲總做者, 在串題爲滾做也. 至宜分宜截, 宜總宜滾, 善相題者自知之.

18

"나누어서 짓는 것과 잘라서 짓는 것, 총괄적으로 짓는 것과 뒤섞어 짓는 것에 있어서, 그 글의 의의(意義)는 무엇을 숭상합니까?"라고 묻는다면, "나누거나 자르는 것은 견고함[16]을 취하려는 것이고, 총괄적으로 짓거나 뒤섞어서 짓는 것은 공령(空靈)[17]함을 취하려는 것이다"라고 답하겠다.

問"分做截做與總做滾做, 其文之意義何尚?" 曰 : "分截取乎結實, 總滾取乎空靈."

---

16) 견고함 : 글의 서술에 조리가 있어서 내용이 분명하고 충실한 것을 가리킨다.

17) 공령(空靈) : 앞의 견고함과 반대되는 개념으로서, 글이 자연스러우면서도 신축성이 있어서 함의가 풍부하고 연상작용이 큰 것을 가리킨다.

19

제목의 자구가 적으면, 글자를 나누어서 쓰는 비결을 사용하고, 자구가 많으면 글자를 아울러서 쓰는 비결을 써야 한다. 비록 글자를 아우르는 비결을 쓸지라도, 긴요한 자구는 그대로 특별히 말해야 하는데, 이것은 글자를 나누어서 쓰는 것 아님이 없다.

題字句少 則宜用拆字訣, 字句多 則宜用幷字訣. 雖用幷字訣, 然緊要之字句仍須特說, 是亦未嘗非拆字也.

20

제목의 글자를 나누어 쓰는 방법은 몇 개의 글자를 각각 하나의 뜻으로 하거나, 하나의 글자를 몇 개의 뜻으로 하는 것이 다 이런 식이다. 구(句)를 나누거나 절(節)을 나누는 것도 다 이런 원리와 같다.

拆題字法, 如數字各爲一義, 一字自爲數義, 皆是也. 拆句・拆節亦如之.

21

글자를 나누어 쓰는 방법은 뒤집어 쓴 방법과 비슷한 바가 있다. 제목의 말은 이렇게 해서는 안 된다. 글은 앞에서 이렇게 이야기하고, 그 다음에도 이렇게 이야기해도 되지만, 마지막은 이렇게 이야기해서는 안 된다. '그 이야기가 이와 같다'는 것과 '이렇게 해도 된다'는 것 하고는 뒤집는 것 같지만, 사실은 글자를 나누는 것이다.

拆字訣有似於反, 如題言不可如此, 文先說如此. 次說可如此, 後說不可如此. 其說如此與可如此處, 卽似反矣, 其實乃拆字也.

22

제목 앞에 미리 짓는 것이 있고, 제목 뒤에 보완하여 짓는 것이 있다. 제목 가운데도 보충하여 짓는 것도 있고 미리 짓는 것도 있다.

題前有豫作, 題後有補作; 題中亦補作, 亦豫作.

23

'제목 앞', '제목 뒤'라고 하는 것은 꼭 전체 제목의 앞이거나 뒤일 필요가 없다. 제목에 세 단계가 있다면, 일층의 뒤가 곧 이층의 앞이고, 이층의 뒤가 곧 삼층의 앞이다. 일층에도 다시 앞이 있고, 삼층에도 다시 뒤가 있다.

'題前'·'題後', 不必全題之前, 全題之後也. 如題有三層, 一層之後卽二層之前, 二層之後卽三層之前, 而一層乃復有前, 三層乃復有後也.

24

글에는 모서리를 공격하는 방법과 웅덩이를 메우는 두 가지 방법이 있는데,[18] 모서리를 공격한다는 것은 제목 글자에 맞추어 글을 짓는 것이고, 웅덩이를 메우는 방법은 제목을 물음형식으로 만드는 것이다.

文有攻棱·補窪二法: 攻棱做題字也, 補窪做題問也.

25

제목에는 제목을 꿰매는 방법이 있는데, 제목 꿰매는 글 짓는 방법은 네 가지가 있는데, 급한 맥(脈)을 천천히 받는 법, 느린 맥을 급하게 받는 법, 바른 맥을 굽혀 받는 법, 굽은 맥을 바르게 받는 법 등이다.

題有題縫. 題縫中筆法有四, 曰: 急脈緩受, 緩脈急受, 直脈曲受, 曲脈直受.

26

제목을 꿰매는 데는 두 개의 잘라진 제목만 있는 것이 아니라, 무릇

18) '모서리를 공격한다'는 것은 글이 제목에 꼭 들어맞게 함을 가리키고, 웅덩이를 메운다는 것은 제자(題字) 사이의 관계를 잘 처리함을 가리킨다.

제목 가운데 이 글자로부터 저 글자로 가기도 하고, 저 글자로부터 이 글자로 오기도 하여, 가려고 하나 가지 못하는 사이가 다 이런 식이다.

題縫不獨兩截題有之, 凡由題中此字說到彼字, 彼字說到此字, 欲到未到之間皆是.

27

제목에 허(虛)와 실(實)을 겸한 글자가 있다. 글에는 허에 앉아서 실을 부르는 방법과 실에 앉아서 허를 부르는 방법 두 가지가 있다. 제목에는 위 구절과 아래 구절을 겸한 것이 있는데, 글에는 위에 앉아서 아래를 부르는 방법과 아래에 앉아서 위를 부르는 두 가지 방법이 있다. 이는 마치 풍수가 땅을 보는 것과 같나니, 빈 곳과 찬 곳 두 가지 방향이 있고, 순한 국(局)과 거스른 국 등 두 국이 있는 것과 같다.

題兼虛實字者, 文則有坐虛呼實・坐實呼虛二法. 題兼上下句者, 文則有坐上呼下・坐下呼上二法. 此猶地師相地, 有空滿二向・順逆二局也.

28

제목 글자에는 무거운 것과 가벼운 것이 있는데, 무거운 것은 상세히 하고 가벼운 것은 간략하게 하는 것이 글 쓰는 정상이다. 그러나 상세하지 않은데도 이미 무겁게 한 것이 있고, 간략하지 않는데도 이미 가볍게 한 것이 있다. 정신의 향배(向背)에 따른 것이다.

題字有重有輕. 詳重略輕, 文之常也. 然亦有不詳而固已重之, 不略而固已輕之者, 存乎其神之向背也.

29

제목 글자를 점검해보면 느리느냐 급하느냐 쌓였느냐 쏟느냐 하는 것이 다른데, 점검하는 것은 제목의 참된 경지에 푹 젖어들어 얻는 것이다. 먼저 점검했으면 반드시 나중에 짓고, 나중에 점검했으면 반드시 먼저 짓는다. 먼저 점검하여 아래를 열기도 하고, 뒤에 점검하여 위를 맺기도 한다. 나중에 경서(經書)를 다루면 의리로 끝맺고, 먼저 경서를 다루면 일로 시작한다. '점검하는 것은 곧 경서(經書)이다.

點題字緩急蓄洩之異, 皆從題之眞際涵泳得之. 先點必後做, 後點必先做; 先點以開下, 後點以結上. 後經終義, 先經始事. 點者, 乃經也.

30

제목의 글자를 점검해 보면, 분명한 것도 있고 은미(隱微)한 것도 있다. 만약 파제(破題)를 지을 것 같으면, 분명하게 설파해도 파제가 되고, 은미하게 설파해도 파제가 된다. 다만 그 알맞은 바를 봐서 실행해야 한다.

點題字有明有暗. 如作破題, 明破爲破, 暗破亦爲破也, 但須相其宜而行之.

31

제목의 글자를 점검하는 것은 자연스럽게 해야 하지만, 또한 마음대로 경솔히 하는 것을 경계해야 한다. 어떤 때는 그 속에 있는 것에 견주어야 하지만 어떤 때는 바깥에 있는 것에 견주어야 하는데, 모름지기 모두 다 힘 있게 해야 한다.

點題字要自然, 又戒率意. 或在比中, 或在比外, 皆須出得有力.

32

제목 가운데서 요긴한 글자는 마땅히 먼저 허공에 새기 듯[19] 해야 하고, 반대되는 곳에서 공격해야 한다.[20] 만약 요긴한 글자가 아니라면 평

---

19) 허공에 새기 듯: 제목 가운데서 관건(關鍵)이 되는 글자를 먼저 단독으로 뽑아내어 음미하고 분석하여 깊이 있고 철저하게 파악하는 것을 말한다.

상적인 말로 해도 된다.

題中要緊之字, 宜先於空中刻鏤, 反處攻擊; 若非要緊之字, 或可作平常說出.

33

'출(出)'자와 '락(落)'자 두 글자는 구별이 있다. 제목 글자가 없는 데서 제목을 점검하는 것은 '출'자라 해야지, '락'자라 할 수는 없는 것이다. 제목 중의 이 글자로부터 저 글자를 낸다면, 저 글자로 나가서 말하는 것을 '출'이라고 한다. 이 글자로부터 저 글자로 가서 말하는 것을 '락'이라고 한다. '출'과 '락'이 오는 길과 가는 길을 살펴야만 글의 맥락이 참 되게 된다.

'出'·'落'二字有別. 自無題字處點題字, 可謂之'出', 不可謂之'落'; 自題中此字出彼字, 就彼字而言謂之'出', 就自此之彼而言謂之'落'. 審於'出'·'落'之來路去路, 文之脈理斯眞矣.

34

'출(出)'하고 '락(落)'하는 것을 따라 글의 위를 맺거나 아래를 열어 줄 때는 어느 곳에서 맺히고 어느 곳에서 열리는지를 살펴봐야 한다. 맺힌 곳이 많으면서 열린 곳이 적은 경우도 있고, 맺힌 곳이 적으면서 열린 곳이 많은 경우도 있다. 대개 앞에 있는 것은 열린 경우가 많고, 뒤에 있는 것은 맺힌 경우가 많다. 중간에 있는 것은 어떤 경우에는 맺힌 것이 많고 어떤 경우에는 열린 곳이 많다.

'出'·'落'以結上開下, 須視結至何處, 開至何處. 有所結多而所開少者, 有所結少而所開多者. 大凡在前者多開, 在後者多結, 中間或多結, 或多開.

---

20) 반대되는…… 한다: 제목 가운데 중요한 내용을 담고 있는 부분에 대해서는 뒤집어서 생각해 봐야 한다는 뜻이다.

35

옛날 사람들의 글의 배치를 논할 때는 원(原)・반(反)・정(正)・추(推) 등 네 가지 방법이 있다. '원'은 제목의 실마리를 끌어내는 것이고, '반'은 제목의 형세를 짓는 것이고, '정'은 제목의 위치로 돌아가는 것이고, '추'는 제목의 함축한 바를 나타내는 것이다.

昔人論布局, 有原・反・正・推四法: '原'以引題端, '反'以作題勢, '正'以還題位, '推'以闡題蘊.

36

공중에서 걸음을 일으켜서 단단한 땅에다 발을 딛고, 끊어진 곳에서 전기(轉機)를 맞이한다.[21] 글 배치하는 방법에 이 세 가지를 얻었다면, 글은 이루 다 쓸 수가 없을 것이다. 더욱이 그 절차를 잘 살펴서 시행할 것이다.

空中起步, 實地立脚, 絶處逢生, 局法具此三者, 文便不可勝用; 尤在審節次而施之.

37

기(起)・승(承)・전(轉)・합(合) 네 가지가 있는데, '기'라는 것은 아래를 일으킨다. '합'과 이어도 '기'가 그 안에 들어 있다. '합'이란 것은 위에 것 하고 합하는 것이다. '기'와 이어져도 '합'은 그 안에 있는 것이다. 중간에 '승'을 쓰고 '전'을 써도 모두 다 '기'와 '합'을 둘러보는 것이다.

起・承・轉・合四字, '起'者, 起下也, 連'合'亦'起'在內; '合'者, 合上也, 連'起'亦'合'在內; 中間用'承'用'轉', 皆兼顧'起'・'合'也.

---

21) 글의 핵심이 아닌 곳에서 점차 글의 핵심으로 들어가고, 핵심처에 이르러서는 분명하고 투철하게 쓰며 출로(出路)가 보이지 않을 때에는 다른 방향에서 전기를 찾아 글을 전개하는 방법을 가리킨다.

38

글의 구도를 짜는 방법은 글의 전반부로부터 후반부를 미루어내는 방법이 있고, 후반부로부터 전반부를 밀어내는 방법이 있다. 미루어내는 방법은 본디 순(順)과 역(逆)을 겸해서 쓰는데, 순서대로 미루어 나가는 방법이 때로는 역으로 미루어내는 방법보다 못한 경우가 있는데, 역으로 미루어 나가는 길이 비교적 넓고 융통성이 있기 때문이다.

局法, 有從前半篇推出後半篇者, 有從後半篇推出前半篇者. 推法固順逆兼用, 而順推往往不如逆推者, 逆推之路較寬且活也.

39

글의 순(順)과 역(逆)은 제목으로 인하여 이름을 붙인다. '순'이란 제목 머리로부터 아래로 차례로 내려가는 것이고, '역'이란 제목 끝에서부터 위로 올라오는 것이다. 한 편의 차례로서 말하자면 앞부분의 길은 '순'의 방법을 쓰는 것이 마땅하고, 뒷부분의 길은 '역'의 방법을 쓰는 것이 마땅하다. 순서를 뛰어넘는 것을 경계하면서 판에 박은 듯이 융통성 없는 것도 경계해야 한다.

文之順逆, 因題而名. '順'謂從題首遞下去, '逆'謂從題末繞上來. 以一篇位次言之, 大抵前路宜用'順', 後路宜用'逆', 蓋一戒淩躐, 一避板直也.

40

글의 구도는 느긋한 데도 있고 긴장된 곳도 있다. 대개 제목이 느긋하면 구도는 긴장되게 해야 하고, 제목이 긴장되었으면 구도는 느긋하게 하려고 해야 한다.

文局有寬有緊. 大抵題位寬則局欲緊, 題位緊則局欲寬.

41

글의 구도는 앞부분이 비고 뒷부분이 실한 경우도 있고, 앞부분이 실하면서 뒷부분이 빈 경우도 있다. 겹겹으로 실한 것만 쓰는 경우도 있고 겹겹으로 빈 것을 쓰는 경우도 있다. 앞부분은 뒤집고 뒷부분은 정상으로 하는 경우도 있고, 앞부분은 바르면서 뒷부분을 뒤집는 경우도 있다. 정상적인 것을 겹겹으로 쓰는 경우도 있고, 뒤집는 것을 겹겹으로 쓰는 경우도 있다. 겹겹으로 쓰는 경우에는 제목의 첫 글자와 반드시 같지 않도록 해야 한다. 정상적으로 하고 뒤집어 하는 데도 모두 비고 찬 것이 있고, 비고 찬 것에도 모두 정상적으로 하는 것과 뒤집어 하는 것이 있다는 것은 사실 말할 필요도 없다.

文局有先空後實, 有先實後空, 亦有疊用實・疊用空者; 有先反後正, 有先正後反, 亦有疊用正・疊用反者. 其疊用者, 必所發之題字不同. 至正反俱有空實, 空實俱有正反, 固不待言.

42

글에서 대구(對句)를 만들어 내는 방법은 일곱 가지가 있다. 하나를 갈라서 둘로 만드는 방법, 하나를 보완하여 둘로 만드는 방법, 하나를 돌려서 둘로 만드는 방법, 하나를 뒤집어서 둘로 만드는 방법, 하나를 잘라서 둘로 만드는 방법, 하나를 벗겨서 둘로 만드는 방법, 하나를 덧대서 둘로 만드는 방법 등이다.

文之有出對比其七法, 曰 : 剖一爲兩, 補一爲兩, 迴一爲兩, 反一爲兩, 截一爲兩, 剝一爲兩, 襯一爲兩.

43

글에서 한 줄기를 두 가지 내용으로 나눌 때는 모름지기 한 갈래만 보면 치우치게 되는데, 두 갈래를 합쳐서 볼 적에 온전하게 되어야 한다. 만약 한 갈래만 보는데도 이미 온전하다면 합쳐서 보는 것은 군더

더기가 된다.

杜分兩義, 總須使單看一比則偏, 合看兩比則全. 若單看已全, 則合看爲贅矣.

44

글에서 줄기를 세울 때는 모름지기 세 개의 대구를 분명히 해야 한다. 어휘(語彙)의 대구는 내용의 대구만 못하다. 정상적인 대구는 반대되는 대구만 못하다. 평면적인 대구는 관통하는 대구[22]만 못하다.

立柱須明三對. 大抵言對不如意對, 正對不如反對, 平對不如串對.

45

글에서 줄기의 내용은 가장 정확해야 한다. 제목 가운데서 실자(實字 : 내용 있는 글자)와 허자(虛字 : 내용 없는 문법적 기능을 하는 글자) 및 글자 없는 곳에 각각 마땅히 세워야 할 줄기가 있다. 만약 줄기가 아닌데 세웠다면, 다른 제목으로 옮기면 그렇게 되지 않는다. 그 글 안에서는 앞뒤로 서로 바꿀 수는 있다.

柱意最要精確, 如題中實字虛字及無字處, 各有當立之柱. 若非其柱而立之, 則可移入他題, 卽不然, 亦可於本篇中前後互換矣.

46

제목의 뜻을 분석할 때 '양(兩)'자를 쓰는 경우와 '이(二)'자를 쓰는 경우는 같지 않다. '이(二)자'는 차례가 있는 뜻이니 관통하는 뜻이 있으나, '양(兩)'자는 짝하는 뜻이 있으니 평범한 뜻이다.

分析題義, 用'兩'與用'二'不同. '二', 有次序, 串義也; '兩', 乃敵耦, 平義也.

---

22) 관통하는 대구 : 의미가 여러 단계로 층차를 이루고 있으면서도 하나의 큰 의미로 일관하는 대구를 가리킨다.

47

글 하는 사람들은 모두 구절과 글자를 다듬을 줄 안다. 그러나 단순히 자구만 다듬는 일은 쉽지만, 대구를 염두에 둔 편(篇)과 장(章)에서는 자구를 다듬기가 어렵다. 자구가 능히 편이나 장과 서로 호응이 되면, 글 속에 눈이 있게 된다. 그렇지 않으면 수양하는 사람들이 이른바 '맹목적인 단련'과 같은 격이다.

文家皆知鍊句鍊字, 然單鍊字句則易, 對篇章而鍊字句則難. 字句能與篇章映照, 始爲文中藏眼, 不然, 乃修養家所謂'瞎鍊'也.

48

많은 구절 가운데서도 반드시 한 구절이 주가 된다. 많은 글자 가운데서 반드시 한 글자가 주가 된다. 자구를 다듬는 사람은 반드시 이 점에 모름지기 마음을 쏟아야 한다.

多句之中必有一句爲主, 多字之中必有一字爲主, 鍊字句者, 尤須致意於此.

49

글 하는 사람이 글을 쓰는 방법은 느슨함과 급격함을 서로 보완적으로 써야 한다. 느슨하면서도 해이하지 않은 사람은 급격함으로써 느슨함을 떨치게 할 수 있다. 급격하면서도 돌격적이지 않는 사람은 느슨함으로써 급격함을 기를 수 있다.

文家用筆之法, 不出紆陡相濟. 紆而不懈者, 有陡以振其紆也; 陡而不突者, 有紆以養其陡也.

50

글 쓰는 방법 가운데 큰 것으로 세 가지가 있나니, 기필(起筆)[23]・행필(行筆)[24]・지필(止筆)[25]이 그것이다. 모든 방법 가운데 세 가지 법을 겸하지 않은 것이 없다. 예를 들면 기필에는 기필의 기필, 기필의 행필, 기필의 지필이 있다.

筆法之大者三 : 曰起, 曰行, 曰止. 而每法中未嘗不兼具三法, 如起, 便有起之起, 有起之行, 有起之止也.

51

글을 시작할 때는 뒤집어 쓰든 정상으로 쓰든, 허(虛)하게 쓰든 실(實)하게 쓰든 할 것 없이 모름지기 모두 다 일체를 꿰뚫어 통괄해야 한다. 그런 뒤에 전환적으로 접(接)하여 거두어 합하여 되돌아보아야 한다.

起筆無論反正虛實, 皆須貫攝一切, 然後以轉接收合回顧之.

52

정상적으로 시작하여 뒤집어 접하는 경우도 있고, 뒤집어 접한 뒤 다시 반대되는 뜻으로 반박하면 정상적으로 접하는 것과 함께 실(實)하게 된다. 또 정상적으로 접하는 것과 비교해 보면 제목의 위치가 조금 넓어지고 제목의 뜻도 두 배로 투명해지게 된다. 그러므로 이 방법은 글 짓는 사람들이 더욱더 숭상한다.

正起反接, 反接後復將反意駁倒, 則與正接同實, 且視正接者題位較展, 而題義倍透. 故此法尤爲作家所尙.

53

글에는 전환적으로 접(接)하는 것으로 인하여 합해지는 경우도 있고, 전환적으로 접하는 것으로 인하여 열리는 것도 있다. 춘하추동과 추동

23) 기필(起筆) : 글을 쓰기 시작하는 단계를 가리킨다. 붓글씨에서는 붓을 종이에 대어 글씨 획을 시작하는 단계를 말한다.

24) 행필(行筆) : 글을 써가는 과정을 가리킨다.

25) 지필(止筆) : 글을 마무리하는 단계를 가리킨다.

춘하(秋冬春夏)는 한 가지다.

文有因轉接而合者, 有因轉接而開者. 春夏秋冬, 秋冬春夏, 一也.

54

글 쓰는 방법은 애초에 솜씨에 달린 것이 아니다. 솜씨가 있으면 있을수록 글 쓰는 방법을 강구해야만 한다. 글 쓰는 방법이 솜씨를 발휘할 수 있게 하는 것이다.

筆法, 初非本領之所存, 然愈有本領, 愈要講求筆法. 筆法所以達其本領也.

55

"기강(起講)에서는 무엇을 숭상해야 합니까?"라고 묻는다면, "생각을 일으켜야 합니다"라고 대답할 것이다. "제목을 손에 넣었으면 어떻게 해야 합니까?"라고 묻는다면, "자기 것으로 만들어야 합니다"라고 대답할 것이다. "제비(提比)[26]는 어떻게 시작해야 합니까?"라고 묻는다면, "잘 제기해야 한다"라고 대답할 것이다.

問"起講何尙?" 曰 : "要起得起." 問"入手領題何尙?" 曰 : "要領得起." 問"提比何尙?" 曰 : "要提得起."

56

제비(提比)의 요결(要訣)은 완전히 원래 제목에 달려 있다. 원래 제목을 모르면서 멋대로 내용의 논의를 내놓는 것은 본래 자리에 알맞지 않을 뿐만 아니라, 중간 이후의 글과도 결코 근본적인 관계가 없는 것이다.

提比要訣, 全在原題. 不知原題而橫出意議, 豈但於本位不稱, 幷中後之文亦無根本關係矣.

26) 제비(提比) : 팔고문(八股文) 중의 첫째 갈래. 통칭 기고(起股)라고 한다. 제비(題比)로도 쓴다.

57

앞부분은 뜻은 너그럽게 하고 말은 긴장되게 해야 한다. 긴장되게 하는 것은 그 너그러움을 잘 쓰는 것이다. 뒷부분은 뜻은 충실하게 하고 말은 융통성 있게 해야 한다. 융통성 있게 하는 것이 충실함을 잘 쓰는 것이다.

前路要意寬語緊, 緊乃所以善用其寬; 後路要意實語靈, 靈乃所以善用其實.

58

팔고문(八股文)의 체제는 두 가지가 있다. 하나는 주석(註釋)에 근본을 두는 것이니, 제목에 나아가서 제목을 짐작하는 것이다. 다른 하나는 고문(古文)에 근본을 두는 것이니, 그것을 가지고 서술하고 논의하는 것이다. 주석은 합한 것은 많고 열린 것은 적고, 고문은 작게 열리고 크게 합쳐진 것과 크게 열리고 작게 합쳐진 것이 다 있다.

制藝體裁有二 : 一本註釋, 就題詮題也; 一本古文, 夾敍夾議也. 註釋, 合多開少; 古文, 小開大合, 大開小合, 俱有之.

59

앞에서 서술하고 뒤에서 논의하면 내가 경전(經典)에 주석을 다는 것이 되지만, 앞에서 논의하고 뒤에서 서술하면 경전이 나를 주석다는 것이 된다. 글 짓는 방법은 비록 천변만화(千變萬化)하지만, 총체적으로 서술과 논의 두 가지를 벗어나지 않는 것에서 구해야 한다.

先敍後議, 我注經也; 先議後敍, 經注我也. 文法雖千變萬化, 總不外於敍議二者求之.

60

열고 합치고 하는 데 있어, 크고 작은 것을 나누는 것은 글을 가지고 말하는 것이지 제목을 가지고 말하는 것은 아니다. 한 갈래에 나가서 논한다면, 열린 것이 큰 것이 되는 경우는 열 구절이 열리면 한 구절이 합치되는 것이 바로 이것이다. 합한 것이 큰 것으로 되는 경우는 한 구절이 열리면 열 구절이 합치되는 것이 바로 이것이다. 이것을 제목의 글자에서 살펴보면, 제목 가운데 한 글자가 열린 것이 되면, 반드시 이 한 글자에 나가서 합쳐진다. 합쳐지는 곳에서는 하나의 제목 글자도 더할 수가 없는 것이다. 제목 가운데 두 글자가 열린 것이 되면, 반드시 이 두 글자는 아울러 합쳐진다. 합해지는 곳에서는 제목의 한 글자도 줄일 수 없는 것이다. 어찌 크고 작음을 나눌 수 있겠는가?

開合分大小, 以文言, 不以題言也. 就一比論之, 開大者, 如十句開一句合是也; 合大者, 如一句開十句合是也. 若按諸題字, 則爲題中一字作開者, 必仍就此一字合, 合處不得添出一題字; 爲題中兩字作開者, 必仍兼此兩字合, 合處不得減去一題字. 何大小之可分耶?

61

앞에서 하나의 내용을 성립시킨 그런 뒤에 분리되는 것도 있고 합치되는 것도 있다. 분리되는 것은 이 내용에서 분리되고, 합치되는 것도 이 내용에서 합치되는 것이다. 만약 먼저 성립된 내용이 없다면, 분리되고 합치되는 것이 무엇인지 모르게 된다.

立一義於先, 然後有離有合, 離者離此, 合者合此也. 若未嘗先有所立之義, 不知是離合箇甚.

62

글에는 앞에 합치되는 열림이 있고, 또 앞에 열리는 열림도 있다. "이제 과인(寡人)을 버리고 돌아가니[今又棄寡人而歸]"[27] 같은 두 구절은 "한

27) 이제 과인(寡人)을 버리고 돌아가니[今又棄寡人而歸] : 『맹자(孟子)』 「양혜왕하편(梁惠王下篇)」에 나오는 구절이다.

조정에서 모시고 함께 있을 수 있어 심히 기뻤습니다[得侍同朝甚喜]”라는 구절로 열림을 삼는다. “한 조정에서 ……” 구절은 또 “전날에는 만나보고 싶었으나 그러지 않았습니다[前日願見而不可得]”라는 구절로 열림을 삼는다.

文有合前之開, 有開前之開, 如“今又棄寡人而歸”兩句, 以“得侍同朝甚喜”爲開; “得侍”句又以“前日願見而不可得”爲開也.

63

글은 제목에 있어서, 완전히 뒤집은 것을 정상적인 것으로 삼고, 반쯤 뒤집힌 것을 번복(飜覆)으로 삼는다. 제목의 말이 이러하면 좋다. 글이 이러하지 않으면 좋지 않은 것이니, 위 아래 두 단락이 모두 다 제목의 등을 공격하게 된다. 내용을 요약하면 이렇게 말하면 좋을 따름이다. 그래서 “완전히 뒤집는 것이 정상적인 것이다”라고 말하는 것이다. 만약 제목을 이렇게 말하는 것이 좋다면 글의 내용은 이렇게 말하는 것이 좋지 않은 것이니, 위 부분을 뒤집는 것이다. 어떤 사람은 “이렇게 말하는 것이 꼭 좋지는 않다”라고 말하는데, 이는 아래 부분을 뒤집는 것으로 이른바 반쯤 뒤집는 것을 번복으로 삼는 것이다.

文於題全反爲正, 半反爲翻. 如題言如此則好, 文言不如此則不好, 是上下兩截俱攻題背, 要其意中則仍是言如此則好耳, 故曰“全反爲正.” 若題言如此則好, 文言不如此也好, 是反上截; 或言“如此也未必好.”, 是反下截, 所謂半反爲翻也.

64

무릇 제목의 반대쪽에 나가서 그 폐단을 도려내는 것은 정상적으로 쓴 글이지, 뒤집어서 쓴 글은 아니다. 그런데도 사람들이 때때로 뒤집어서 쓴 글로 간주하는데, 그 글이 뒤집어 쓴 글과 서로 비슷하기 때문일 따름이다. 그것이 실제로 정상적으로 쓴 글인지 뒤집어 쓴 글인지를 알려고 한다면, 증명하는 방법이 있다. 다만 본제목 아래 이어 들어가는 글에 '고(故)'자로서 첫머리에 올려놓았다면, 이어지는 것이 정상적으로 쓴 글임을 곧 알게 된다. 만약 정상적으로 쓴 글이 아니라면, 어찌 '연(然)'자를 사용하여 전환하려고 하지 않겠는가?

凡就題之反面抉其弊者, 是正文, 非反文也. 而人往往以反文目之, 爲其與反文相似耳. 欲實知其爲正爲反, 有驗之之法, 但權將本題接入文下, 而以'故'字冠其首, 如接得者便知是正文矣. 若非正文, 何以不待用'然'字作轉乎?

65

글에는 표면적이지 않은 것이 있는데, 모르는 사람들은 내용으로 생각하는 경우가 있고, 사이비 표면도 있는데, 아는 사람들이 무례하다고 여기는 경우가 있다.

文有非面, 如不知者以爲爲肉是也; 有似面, 如其知者以爲爲無禮是也.

66

덧대는 법에는 제목을 들어 올리는 경우도 있고, 제목을 누르는 경우도 있다. 제목을 들어 올리는 경우는 제목이 낮고 얕기 때문이고, 제목을 누르는 경우에는 제목이 높고 깊기 때문이다.

襯法有捧題, 有壓題. 捧題以低淺, 壓題以高深.

67

덧대는 것은, 쓰잘 데 없는 말이 아니고, 서로 모양을 내고 서로 바로잡아 주는 요긴한 말이다. 제목의 뜻을 도와주거나 반대하는 것이니, 이른 바 "글은 손님이 썼지만 내용은 주인의 것이다"라는 격이다.

襯托不是閒言語, 乃相形相勘緊要之文, 非幇助題旨, 卽反對題旨, 所謂“客筆主意”也.

68

글의 드날리는 곳은 너그럽게 하고, 부딪치는 곳은 긴장되게 지어야 한다. 너그러움도 사용하고 긴장됨도 사용하여 서로 뒤섞기도 하고 서로 나타내기도 해야 한다. 만약 완전히 너그러운 것만 쓴다면 그것은 너그러움이 없게 되고 완전히 긴장된 것만 쓴다면 그것은 긴장된 것이 없는 것이다.

文之颺處爲寬, 拍處爲緊. 用寬用緊, 取其相間相形. 若全寬是無寬, 全緊是無緊也.

69

글 가운데서, 갑작스럽게 하는 것이 끊어지는 것이니 변화를 두고 이른 것이다. 글을 오므렸다가 문득 글을 펼치는 것이 그것이다. 다시 그렇게 하는 것이 잇는 것이니, 꿰뚫어나가는 것을 이른 것이다. 앞에서 이미 글을 오므렸다가 중간에서 글을 펼치고, 뒤에서 다시 글을 오므려서 앞 부분과 호응되게 하는 것이 그것이다.

文忽然者爲斷, 變化之謂也, 如斂筆後忽放筆是; 復然者爲續, 貫注之謂也, 如前已斂筆, 中放筆, 後復斂筆以應前是.

70

글을 눌렀다 높였다 하는 방법에 네 가지가 있나니, 누르려고 하면서 먼저 높여주는 방법, 높이려고 하면서 먼저 눌러주는 방법, 누르려고 하면서 먼저 눌러주는 방법, 높이려고 하면서 먼저 높여주는 방법 등이다. 침울(沈鬱)[28]하고 돈좌(頓挫)[29]함은 반드시 이렇게 하는 데서 얻는 것이다.

---

28) 침울(沈鬱) : 글이 함축적이고 무게가 있는 것이다.
29) 돈좌(頓挫) : 문장의 기세에 변화가 있는 것이다.

抑揚之法有四, 曰 : 欲抑先揚, 欲揚先抑, 欲抑先抑, 欲揚先揚. 沈鬱頓挫, 必於是得之.

71

글자를 떨쳐주는 방법으로 세 가지가 있는데, 아래를 떨쳐주는 방법, 위를 떨쳐주는 방법, 아래 위를 다 떨쳐주는 방법이다.

振字訣其用有三, 曰 : 振下, 振上, 兼振上下.

72

글에는 관건(關鍵)[30]이 중요하다. 제목 글자의 관건이 있나니, 이것을 지으려고 하면서 저것을 움직이는 것이 이것이고, 글 짓는 법의 관건이 있나니, 앞에 숨겼다가 뒤에서 호응하는 것이 이것이다.

文有關鍵便緊. 有題字之關鍵, 如做此動彼是也; 有文法之關鍵, 如前伏後應是也.

73

글에는 바늘과 칼날이 서로 대립적이어야 한다. 시작하는 부분은 마무리하는 부분과 대립해야 하고, 마무리하는 부분은 시작하는 부분과 대응해야 한다. 시작하는 부분과 마무리하는 부분이 중간에서 대립하기도 한다. 그러나 한 글자 한 구절도 대립하지 않는다면, 닿는 곳이 없게 되고 순수하지 못하게 된다.

文要鍼鋒相對 : 起對收, 收對起, 起收對中間. 但有一字一句不鍼對, 卽爲無著, 卽爲不純.

---

30) 관건(關鍵) : 본래 뜻은 문의 빗장의 열쇠란 뜻인데, 사물의 중요한 부분 · 핵심. 문제 해결의 방법을 가리킨다.

74

글의 구조를 짬에 있어서, 다른 요소를 서로 뒤섞여 들어가게 해야 한다. 예를 들면, 뒤집는 것과 정상적인 것, 얕은 것과 깊은 것, 허한 것과 실한 것, 순리적인 것과 거스르는 것이 이것이다. 구절을 만드는 데 있어서도 서로 뒤섞여 들어가게 해야 한다. 밝은 것과 어두운 것, 긴 것과 짧은 것, 홑으로 된 것과 쌍으로 된 것, 부드러운 것과 험한 것 등이 이것이다.

章法之相間, 如反正·淺深·虛實·順逆皆是; 句法之相間, 如明暗·長短·單雙·婉峭皆是.

75

제목을 맞추는 데 있어서, 정상적으로 맞추는 방법, 뒤집어서 맞추는 방법, 순리대로 맞추는 방법, 거꾸로 맞추는 방법 등 한 가지가 아니다. 그러나 맞추기 전에 먼저 그것을 위해서 바탕을 잘 마련해야 한다. 이것이 이른바 '날아오른 뒤에 모여든다[翔而後集]'[31]는 격이다.

拍題有正拍·反拍·順拍·倒拍之不同, 而全在未拍之先善爲之地, 所謂'翔而後集'也.

76

글이란 논리·법·어휘·기운에서 벗어나지 않는 것이다. 논리는 바르고 정밀한 것을 취한다. 법은 치밀하면서도 통하는 것을 취한다. 어휘는 고상하면서도 간절한 것을 취한다. 기운은 맑으면서도 두터운 것을 취한다.

文不外理·法·辭·氣. 理取正而精, 法取密而通, 辭取雅而切, 氣取淸而厚.

---

31) 날아오른 뒤에 모여든다[翔而後集]: 『논어(論語)』 「향당편(鄕黨篇)」에 나오는 구절이다. 미리 전체적 상황을 살핀 뒤에 자리 잡는다는 뜻이다.

77

제목의 논리와 법이 있고, 글의 논리와 법이 있다. 글을 가지고 말하자면, 말에 대응되는 실물이 있는 것이 논리이고, 말에 차례가 있는 것이 법이다.

有題之理法, 有文之理法. 以文言之, 言有物爲理, 言有序爲法.

78

글에는 세 가지 필요한 것이 있나니, 주제는 순일(純一)하면서도 포괄적이어야 하고, 짜임새는 정제(整齊)되어 있으면서도 변화가 있어야 하고, 글자와 구절은 확실하면서도 자연스러워야 한다.

文之要三 : 主意要純一而貫攝, 格局要整齊而變化, 字句要刻畫而自然.

79

글에는 일정한 짜임이 있는 것이 아니고, 제목에 따라서 짜임이 정해지는 것이다. 일정한 줄기가 있는 것이 아니고, 제목에 따라서 일정한 줄기가 생기는 것이다. 일정한 구절의 격조(格調)가 있는 것이 아니고, 제목에 따라서 구절의 격조가 이루어지는 것이다. 그렇지 않으면 이른바 짜임・줄기・격조란 것이 조잡해지고 표피적(表皮的)인 것이 되는 것이다.

文無一定局勢, 因題爲局勢; 無一定柱法, 因題爲柱法; 無一定句調, 因題爲句調. 不然, 則所謂局勢・柱法・句調者粗且外矣.

80

글은 고상한 것과 요긴한 것보다 더 귀한 것이 없다. 놓아 보내지 않는 것이 요긴한 것이고, 솜씨를 범하지 않는 것이 고상한 것이다.

文莫貴於高與緊. 不放過爲緊, 不犯手爲高.

81

글에 고사(故事)를 잘 활용하면, 실(實)한 것을 허하게 할 수 있고 허한 것을 실하게 할 수도 있다. 글에 논리를 잘 전개하면, 뚜렷한 것을 미미하게 할 수도 있고 미미한 것을 뚜렷하게 할 수도 있다.

文之善於用事者, 實者虛之, 虛者實之 : 文之善於抒理者, 顯者微之, 微者顯之.

82

글에서는 정신을 흩트리지 않아야 하고 기운을 깨뜨리지 않아야 한다. 마치 음악의 음율(音律)과 같나니, 이미 하나의 궁음(宮音)[32]을 인정했으면 다시 다른 궁음을 만들어 어지럽혀서는 안 된다.

文要不散神, 不破氣, 如樂律然, 旣已認定一宮爲主, 則不得復以他宮雜之.

83

글은 기이하면서도 온건한 것을 숭상한다. 이런 취지는 창려(昌黎)[33]의 「답유정부서(答劉正夫書)」에서 비롯되었다. 기이한 것은 보통 것과 다른 것이고, 온건한 것은 이른바 옳은 것이다.

文尙奇而穩, 此旨本昌黎「答劉正夫書」. 奇則所謂異也, 穩則所謂是也.

84

하늘의 도(道)를 이루는 것은 음(陰)과 양(陽)이고, 땅의 도를 이루는 것은 유(柔)와 강(剛)이다. 글이란 것은 하늘과 땅을 다스리는 것이니, 글의

---

32) 궁음(宮音) : 음악에서 오음(五音)의 기본음.

33) 창려(昌黎) : 당(唐)나라의 문학가 한유(韓愈)의 호. 자는 퇴지(退之). 벼슬은 이부시랑(吏部侍郎)에 이르렀다. 당나라 때 고문운동(古文運動)을 주도하였고, 당송팔대가(唐宋八大家)의 한 사람이다. 저서로 『한창려집(韓昌黎集)』이 있다.

도는 음양과 강유(剛柔)가 이에 해당된다.

立天之道曰陰與陽, 立地之道曰柔與剛. 文, 經緯天地者也, 其道惟陰陽剛柔可以該之.

85

『주역(周易)』「계사전(繫辭傳)」[34]에서 말하기를, "사물이 서로 뒤섞였기 때문에 '문(文)'이라고 한다"라고 했다. 『국어(國語)』[35]에서 말하기를, "사물은 하나가 되면 무늬가 없다"라고 했다. 글과 사물은 반드시 상대가 된다는 것을 알 수 있다. 그러나 상대되는 것에는 반드시 주(主)가 되는 것이 있어, 상대적으로 되는 것이다.

『易』「繫傳」言"物相雜故曰文.", 『國語』言"物一無文.", 可見文之爲物, 必有對也, 然對必有主是對者矣.

86

제의(制義)[36]는 경전의 내용을 밝히는 것으로, 전(傳)[37]의 체재에 가깝다. 전(傳)으로는 『주역(周易)』의 십익(十翼)[38]보다 더 앞선 것이 없다. 『대학(大學)』에 이르러서 '소위(所謂)'라는 말을 써서 경서를 해석하였으니, 이미 은연중에 성인의 말씀을 대신하려고 하였으니, 글에 말의 기운이 들어 간 것이다.

---

34) 「계사전(繫辭傳)」: 『주역』 각각의 괘(卦)의 관계를 풀이한 글. 공자(孔子)가 지었다고 전해 온다.

35) 『국어(國語)』: 중국 전국시대 각국의 역사. 좌구명(左丘明)이 지었다고 전해 온다.

36) 제의(制義): 곧 팔고문(八股文)이다. 과거시험에서 경서(經書)의 뜻을 부연하여 글을 짓되, 문장체제는 반드시 대구가 되어야 하는 등 격식이 아주 까다롭고, 자기 의견을 담으면 안 된다. 후대에 많은 비판을 받는 문체(文體)다.

37) 전(傳): 경서의 주석.

38) 십익(十翼): 『주역』의 경문(經文)을 풀이한 열 가지 종류의 글. 「단전(彖傳)」 상·하편, 「상전(象傳)」 상·하편, 「계사전(繫辭傳)」 상·하편, 「문언전(文言傳)」, 「설괘전(說卦傳)」, 「서괘전(序卦傳)」, 「잡괘전(雜卦傳)」 등이다.

制義推明經意, 近於傳體. 傳莫先於『易』之十翼. 至『大學』以‘所謂’字釋經, 已隱然欲代聖言, 如文之入語氣矣.

87

한(漢)나라 환담(桓譚)[39]은 오경(五經)을 두루 익혔는데, 모두 큰 줄거리에 뜻만 풀이하였지 장구(章句)를 나누지는 않았다. 여기서 뜻이란 말이 장구에 대해서 상대적인 말이라는 것을 알 수 있다. 경의(經義 : 八股文)로 선비를 선발하는 것 또한 유래가 있다. 조기(趙岐)[40]가 「맹자제사(孟子題辭)」에서 말하기를, “한(漢)나라가 일어나자 문제(文帝 : 한나라 5대 황제)가 유학(遊學)할 수 있는 길을 넓혀 『맹자(孟子)』에 대해서도 박사(博士)를 설치하였다. 지금 여러 경전의 두루 통하는 뜻은 『맹자』를 인용하여 사실을 밝히고 있는데, 이를 일러 글의 ‘뜻을 확대하는 것’이라고 한다”라고 했다. 당나라 양창(楊瑒)[41]이 아뢰기를, “과거를 담당하는 관리가 경서의 뜻을 밝히는 명경과(明經科)에서 첩괄(帖括)[42]로 시험을 보고 전체적인 큰 뜻은 묻지 않았기 때문에 그 문제점이 나타납니다”라고 아뢰었다. 송(宋)나라 인종(仁宗) 때 범중엄(范仲淹)[43]과 송기(宋祁)[44] 등이 아뢰기를, “전체적인 뜻을 물으면 경서를 잡고 공부하는 사람들이 외우는 것만 오로지 일삼지는 않을 것입니다”라고 했다. 이 몇 가지 이야기를 종합해 보면, 경의(經義)를 쓰는 근본적인 뜻을 다 볼 수 있다.

漢桓譚偏習五經, 皆訓詁大義, 不爲章句, 於此見義對章句而言也. 至

39) 환담(桓譚) : 후한의 경학가(經學家). 저서로 『신론(新論)』이 있다.

40) 조기(趙岐) : 후한의 경학가. 자는 빈경(邠卿), 최초의 『맹자(孟子)』 주석서인 『맹자장구(孟子章句)』를 지었다.

41) 양창(楊瑒) : 당나라 문신. 자는 요광(瑤光). 벼슬은 국자좨주(國子祭酒)에 이르렀다.

42) 첩괄(帖括) : 경서의 어려운 구절이나 잘 출제되는 구절을 모아 노래처럼 만든 글.

43) 범중엄(范仲淹) : 북송(北宋)의 문신. 자는 희문(希文). 벼슬은 참지정사(參知政事)에 이르렀다. 문집 『범중엄집(范仲淹集)』이 있다.

44) 송기(宋祁) : 북송의 문신. 자는 자경(子京). 벼슬은 한림학사(翰林學士)에 이르렀다. 저서로 『신당서(新唐書)』가 있고, 문집 『송경문집(宋景文集)』이 있다.

經義取士, 亦有所受之. 趙岐「孟子題辭」云: "漢興, 孝文廣遊學之路, 『孟子』置博士. 訖今諸經通義得引『孟子』以明事, 謂之'博文'." 唐楊瑒奏"有司試帖明經, 不質大義, 因著其失." 宋仁宗時, 范仲淹·宋祁等奏言有云: "問大義, 則執經者不專於記誦矣." 合數說觀之, 所以用經義之本意具見.

88

『송문감(宋文鑑)』[45]에 장재숙(張才叔)[46]이 지은 「자정인자헌어선왕(自靖人自獻於先王)」이라는 글이 실려 있는데, 은연중에 경의(經義)를 고문(古文)의 한 체(體)로 간주하고 있는데, 그 전례(前例)를 혼란하게 하는 것 같다. 그러나 송나라 이전에 이미 한창려(韓昌黎: 韓愈)가 이미 성시(省試)[47]에서 「안자불이과론(顔子不貳過論)」을 제목으로 과거시험을 출제했으니, 경의(經義)가 법령으로 정해지기 이전에는 이런 글 등을 고문(古文)이라고 이름할 수 있었던 것임을 알 수 있다.

『宋文鑑』載張才叔「自靖人自獻於先王」一篇, 隱然以經義爲古文之一體, 似乎自亂其例. 然宋以前已有韓昌黎省試「顔子不貳過論」, 可知當經義未著爲令之時, 此等原可命爲古文也.

89

원(元)나라 예사의(倪士毅)[48]가 지은 『작의요결(作義要訣)』이란 책에 당시 경의(經義)의 체례(體例)를 밝혀 놓았다. 첫째는 도리(道理)를 투철하게 알아야 하고, 둘째는 경서 본문의 내용을 분명하게 알고 있어야 하고, 셋째는 고금의 치란(治亂)과 안위(安危)의 대략을 알고 있어야 한다고 했

45) 『송문감(宋文鑑)』: 여조겸(呂祖謙)이 송나라 때의 시문을 선집한 책.
46) 장재숙(張才叔): 북송(北宋)의 장정견(張庭堅)의 자. 벼슬은 통판(通判)을 지냈다.
47) 성시(省試): 당나라 송나라 때 예부(禮部)에서 시행하던 과거시험. 예부시(禮部試)라고도 한다. 곧 회시(會試).
48) 예사의(倪士毅): 원나라 문신. 자는 중홍(仲弘). 저서로 『사서집석(四書集釋)』이 있다.

다. 내가 볼 적에 첫째와 셋째는 둘째에 포함되는 것이다. 성인(聖人)은 눈을 들어 쳐다보면 백리를 본다고 말했다. 경서의 내용을 알면, 모든 것이 다 거기에 포함된다.

元倪士毅撰『作義要訣』, 以明當時經義之體例 : 第一要識得道理透徹, 第二要識得經文本旨分曉, 第三要識得古今治亂安危之大體. 余謂第一第三俱要包於第二之中. 聖人瞻言百里, 識經旨則一切攝入矣.

90

경의(經義)는 평이하고 직선적으로 짓는 것을 경계하고, 또 어렵게 깊이 있게 짓는 것을 경계한다. 『작의요결(作義要訣)』에서 이르기를, "길지만 새 뜻으로 전환하면 길어도 해로울 것이 없다. 짧지만 자세한 뜻을 다 표현했으면 짧아도 해로울 것이 없다"라고 했는데, 바로 평이하고 직선적으로 짓는 것을 두고 이른 것이다. 또 이르기를, "고아(高雅)하게 하려고만 힘쓰면 편벽되게 되는 경우가 많고, 새롭게 하려고 하면 대개 괴이한 데로 빠진다. 글자를 놓을 때 있어서는 속된 것을 싫어하지만, 인위적으로 너무 지나치게 만들어내면 말이 껄끄러워진다. 내용을 만드는 데 있어서는 한 가지로 되는 것을 싫어하지만, 너무 특이한 것을 찾으려고 애쓰면, 논리에 어긋나게 된다"라고 했는데, 어렵고 깊게 짓는 것을 경계하는 것을 두고 이른 것이다.

經義戒平直, 亦戒艱深. 『作義要訣』云 : "長而轉換新意, 不害其爲長; 短而曲折意盡, 不害其爲短." 戒平直之謂也. 又云 : "務高則多涉乎僻, 欲新則類入乎怪. 下字惡乎俗, 而造作太過則語澀 : 立意惡乎同, 而搜索太甚則理背." 戒艱深之謂也.

91

뿌리를 두터이 하고 나아갈 방향을 정하고서 경전을 연구하는 것을 위주로 해야 한다. 진한(秦漢)시대의 문장은 이치에 합당한 것을 취하고,

당송(唐宋)시대의 문장은 활용하기에 적절한 것을 취해야 한다. 경의(經義)를 지으려면 옛날 훌륭한 분들의 글을 많이 읽고 나머지는 신중하게 취해야 한다.

厚根柢, 定趨向, 以窮經爲主. 秦・漢文取其當理者, 唐・宋文取其切用者. 制義宜多讀先正, 餘愼取之.

92

다른 글에서는 백가(百家)의 글을 섞어 넣을 수 있지만, 경의(經義)에서는 오직 성인의 도리만 밝혀야 하기에, 대개 천지의 떳떳한 법도와 고금에 두루 통하는 의리에서 벗어나서는 안 된다. 왕임천(王臨川)[49]의 「답증자고서(答曾子固書)」에 이르기를, "경서를 읽기만 하면 경서를 알 수가 없다"라고 했다. 여러 가지 책을 널리 보아야 한다는 것을 여기서도 볼 수 있다.

他文猶可雜以百家之學, 經義則惟聖道是明, 大抵不離天地之常經, 古今之通義也. 然觀王臨川「答曾子固書」云: "讀經而已, 則不足以知經." 此又見群書之宜博也.

93

배우고자 하는 사람은 자기 마음을 간직하고 몸을 수양할 줄 알아야 하는데, 마땅히 책을 강론(講論)하는 것으로 첫째 가는 일로 삼아야 한다. 책을 강론하려면 모름지기 자기에게 간절하게 몸으로 터득해야 하고, 눈앞에서 늘 보는 일로써 증명을 하여야만 재미가 있다는 것을 느낄 수 있게 된다. 또 문제를 많이 설정하여 그 내용을 보도록 한다. 그

49) 왕임천(王臨川) : 북송의 문학가 왕안석(王安石). 강서성(江西省) 임천(臨川) 사람이다. 자는 개보(介甫), 호는 반산(半山). 벼슬은 문하평장사(門下平章事)에 이르렀다. 신법(新法)을 주도하였다. 신학(新學)을 주장하여 문자학・훈고학 방면에 있어 이전 사람들과 다른 학설을 많이 내놓았다. 당송팔대가(唐宋八大家)의 한 사람으로 문집 『임천집(臨川集)』이 있다.

런 뒤에 몇 마디 말을 하여 인도하는 것이다. 이렇게 하면 글 짓는 데만 도움이 될 뿐만 아니라, 글 자체에도 도움이 된다.

欲學者知存心修行, 當以講書爲第一事. 講書須使切己體認, 及證以目前常見之事, 方覺有味. 且宜多設問以觀其意, 然後出數言開導之. 惟不專爲作文起見, 故能有益於文.

94

명(明)나라 유학자 풍소허(馮少虛)[50]선생이 과거에 쓰인 글을 편집하여 『이학문곡(理學文鵠)』이라고 이름하였다. 이학(理學)이란 치지(致知)와 역행(力行)을 아울러서 말한 것이다. 우리 청(淸)나라에서 글을 논한 명언으로는 진계림(陳桂林)[51]이 「기왕한개서(寄王罕皆書)」에서 말하기를, "비록 과거에 응시하지 않더라도 또한 한 가지 격언(格言)이 될 수 있다"라고 했는데, 이는 경의(經義)가 녹을 구하기 위한 것이라고 비루(鄙陋)하게 보는 견해를 깨뜨리고 논리를 구하는 실제 공부임을 증명한 것이다.

明儒馮少墟先生名所輯擧業爲『理學文鵠』, 理學者, 兼致知力行而言之也. 我朝論文名言, 如陳桂林「寄王罕皆書」云: "雖不應擧, 亦可當格言一則." 此亦足破干祿之陋見, 證求理之實功已.

95

글이란 쉽게 지을 수도 없고, 쉽게 알 수도 없다. 그 글을 보면, 능히 그 글이 잘 되고 못되고 엉성하고 치밀하고 한 것의 범위 밖에서, 그 사람의 성정(性情)과 뜻과 숭상하는 바를 알아 볼 수 있다. 글이란 아마도 말을 알아보고 사람을 알아보는 학문인져!

---

50) 풍소허(馮少虛) : 명나라 문신. 풍종오(馮從吾). 자는 중호(仲好). 벼슬은 공부상서(工部尚書)에 이르렀다. 문집 『풍소허집(風少虛集)』이 있다.

51) 진계림(陳桂林) : 청나라 진조범(陳祖範). 자는 역한(亦韓), 호는 견복(見復). 벼슬은 국자사업(國子司業)을 지냈다. 문집 『진사업시문집(陳司業詩文集)』이 있다.

文不易爲, 亦不易識. 觀其文, 能得其人之性情志尙於工拙疎密之外, 庶幾知言知人之學也與!

찾아보기

ㄱ

ㄴ

ㄷ

ㄹ

ㅁ

ㅂ

ㅌ

ㅍ